常德市民政志

（1988—2013）

常德市地方志编纂委员会
常 德 市 民 政 局　　编

方志出版社
Publishing House of Local Records

图书在版编目（CIP）数据

常德市民政志：1988—2013 / 常德市地方志编纂委员会，常德市民政局编. -- 北京 : 方志出版社，2017.10

ISBN 978-7-5144-2640-5

Ⅰ. ①常… Ⅱ. ①常… ②常… Ⅲ. ①民政工作—工作概况—常德—1988-2013 Ⅳ. ①D632

中国版本图书馆CIP数据核字(2017)第260813号

常德市民政志（1988—2013）

编　　者：常德市地方志编纂委员会　常德市民政局

责任编辑：黄　彦

出 版 人：冀祥德

出 版 者：方志出版社

地址　北京市朝阳区潘家园东里9号（国家方志馆 4层）

邮编　100021

网址　http://www.fzph.org

发　　行：方志出版社图书经销中心

电话（010）67110500

经　　销：各地新华书店

印　　刷：常德市湘北彩印厂　　0736-7187272

开　　本：787×1092　　1/16

印　　张：40

字　　数：922千字

版　　次：2017 年 10月第1版　2017年10月第1次印刷

印　　数：0001～1000册

ISBN 978-7-5144-2604-5　　**定价**：280.00元

常德市地方志编纂委员会

《常德市民政志(1988—2013)》编纂委员会

序

纵观中华民族五千年文明史，“民政”这一古老的国家行政管理工作可上溯至西周时期开展的领土疆域划分、基层行政组织设置等活动。辗转千年，经唐代的“安民立政”，至清光绪三十二年(1906)清政府改制民政部，民政工作内容虽屡有变更，然而变中有恒，其“惠民利民安民”的民本思想传承至今。

新中国成立后，中央人民政府设立内务部，后改为民政部，并正式设立地方各级民政机构。经历次职能调整，民政部门日渐成为政府履行公共服务和社会管理职能的重要部门。主要担负基层政权建设、区划地名、优抚安置、低保救助、救灾减灾、社会福利和慈善事业、社会事务、社会组织管理等主要职责，在调节社会利益、化解社会矛盾、促进社会公平、维护社会稳定等方面发挥着重要的基础性作用。

与共和国成长同步，常德民政从新中国成立前夕组建机构，到二十世纪五六十年代事业得到初步发展；从改革开放后工作逐步走向规范，到新世纪以来阔步前行、跨越发展，历代民政人全神贯注、负重致远、殚精竭虑、筚路蓝缕，奋力谱写了常德民政事业的五彩华章。1988—2013年，是中国发展进程中不平凡的26年，也是常德民政工作成果丰硕的26年。1988年，常德地区民政局被民政部授予“全国民政系统先进集体”称号，嗣后，全市各级民政部门先后获得省、部级授予的先进单位殊荣197项次，126人次获得省、部级以上奖励表彰。

昔日封建王朝更替，世事风云多变，未能编修民政史志。今逢盛世，续编新修《常德市民政志》，反映国务院批准撤销常德地区和常德县，常德市升为地级市以来，全市民政工作和民政事业发展的历史和现状，以“镜往事，诫来兹，鉴兴废，考得失”，达到“资治、教化、存史”之目的，具有重大的现实意义和深远的历史意义。

鉴于此，常德市民政局党组根据中共常德市委、常德市人民政府的要求，决定编修《常德市民政志》，经过四年的努力，终于付梓面世。

《常德市民政志》以辩证唯物主义和历史唯物主义的观点和方法，客观记载了常德市1988—2013年民政工作各个发展阶段的重要史实，真实地记录了常德民政人拼搏奋斗、锐意进取的生动图景。全志用大量数据和典型事例，体现了“上为国家分忧，下为群众解愁”的民政工作宗旨，是一部可信性和可读性强的部门志书。

《常德市民政志》的编纂是一项浩繁、琐碎的系统工程。在起始和整个编修过程中，常德市方志办领导亲临指导；市民政局机关各科室(办)、局直属各单位和各区县、市民政局以及市、县(区、市)残联做了大量艰苦细致的工作；参与志书编修工作的全体人员，任劳任怨，辛勤笔耕，反复锤炼，终成此志。在此，我谨代表常德市民政局向为此项浩繁工程付出宝贵心血和辛勤劳动的同志，向民政志编写的组织者、参与者、支持者表示衷心的感谢，并致以崇高地敬意！

《常德市民政志》的问世，是中共常德市委、常德市人民政府的一件大事，也是全市各级民政部门的一件大事。此志的编纂面世，倘若能为常德民政人及社会各界更加了解民政、热心民政、发展民政提供借鉴，并且从中吸取有益的经验，编写者将会感到无限欣慰！

我们坚信，在新的历史征程中，常德市的全体民政人一定会不辱使命，不负重托，全面落实科学发展观，紧扣构建“新常德、新创业”的发展战略，全面推进民政公共服务体系建设，积极创新社会管理，努力在建设阳光民政、和谐民政、精细化民政、创新型民政的实践中谱写常德民政新篇章，为实现中华民族伟大复兴的梦想而努力奋斗！

常德市民政局局长、党组书记　龚美爱

2017年7月1日

凡　例

一、本志系第二轮《常德地区志·民政志》，设中、英文目录。

二、本志以马克思列宁主义、毛泽东思想、邓小平理论和“三个代表”重要思想、科学发展观、习近平新时代中国特色社会主义思想为指导，坚持辩证唯物主义和历史唯物主义的立场、观点和方法，坚持实事求是的思想路线，根据思想性、科学性、资料性、实用性和学术性相一致的原则，本着继承历史，反映现实，不负前人，不误后人，详今略古，开展编纂工作，充分体现时代特点和民政工作特色。

三、本志记述以时系事，一般上限为1988年，下限为2013年。为保持事物的完整性，部分史事上溯至常德解放初期，或至常德撤区建市之前，下限延至2014年。

四、本志记述自1988年以来，全市民政系统在中共常德市委、常德市人民政府以及全市各级党委、政府的正确领导下，履行职责，艰苦奋斗的历程，反映各个历史阶段民政工作的实践活动及所取得的巨大成就。

全志运用语体文，横排竖写，据事直书。本志设章、节、目、子目四层，在概述之后，分设行政区划、基层政权、抚恤优待、退役军人安置、救灾救济、社会救助、社会福利、残疾人事业、老龄工作、社区建设、社会组织管理、社会事务、信息建设、民政建制十四章和人物。

五、本志体例和行文，均按中国地方志指导小组制定的《地方志书质量规定》和《〈湖南省志〉编写行文通则》《常德市志书编纂工作细则》执行。组织机构和领导人职务，一律采用当时使用的称谓。机构名称第一次出现用全称，之后用简称。

六、坚持生不立传的原则。本志人物选介仅限于对该人物的主要事迹简述,不加评论,亦不为个人传记。

七、本志所书各类数字,除朝代纪年、章、节、目次第序号用汉字书写外,其余均用阿拉伯数字书写。

八、本志所书计量单位,人民币以元或万元;粮食以斤或万斤;田土以亩或万亩;衣服以件或万件;木材以立方米或万立方米;长度以米或万米书写。

九、本志设有图像资料、概述、大事记并冠于全志之首,以起提纲挈领之作用,使读者开卷了然。

常德市行政区划图

常德市人民政府编制

湖南省国土资源厅监制　湖南省第三测绘院制作　二〇一八年五月

湖南省常德市民政局（2013年）

常德市民政局1号办公楼（2013年）

常德市民政局2号办公楼（2013年）

昔日的常德市民政局、常德市残疾人联合会机关（1990年）

武陵区民政局（2013年）

鼎城区民政局（2013年）

安乡县民政局（2013年）

临澧县民政局（2013年）

汉寿县民政局（2013年）

石门县民政局（2013年）

澧县民政局（2013年）

桃源县民政局（2013年）

津市市民政局（2013年）

市康复医院新住院大楼（2014年）

市康复医院住院部（1988年）

市康复医院门诊大楼（1991年）

常德市康复医院（1993年）

常德市残疾人康复中心（2010年）

常德市社会福利院（2004年）

常德市社会福利院老年公寓楼（2004年）

常德市社会福利院收养楼（2004年）

常德市殡葬事业管理处、常德市殡葬服务中心（2013年）

常德市救助管理站（2013年）

常德市第二社会福利院（2017年）

常德市军队离退休干部休养所（2013年）

常德市军休所新址（2013年）

常德市军休所旧址（1990年）

武陵区敬老院、光荣院（1990年）

西湖夕阳红敬老院（2004年）

安乡县三岔河镇敬老院（2004年）

津市市渡口镇敬老院（2005年）

石门县子良乡敬老院（2005年）

桃源县漳江镇敬老院（2006年）

澧县澧澹乡敬老院（2006年）

临澧县安福镇敬老院（2007年）

汉寿县鸭子港乡敬老院（2007年）

鼎城区蒿子港镇敬老院（2007年）

常德经济技术开发区石门桥镇福康敬老院（2007年）

西洞庭社会福利中心（2010年）

常德市鼎城区玉霞街道鼎城社区（2014年建）

常德市石门县楚江街道观山社区（2014年建）

常德市武陵区启明街道唐家溶社区（2016年建）

1991年9月16日，民政部部长崔乃夫（第二排右五）到常德考察，与临澧县民政局机关干部合影

2002年7月3日，中国残疾人联合会主席邓朴方（前排）考察常德市残疾人工作

2013年9月2日，中国残疾人联合会主席张海迪（前排右二）会见常德市残联理事长田大春（前排左）

2013年7月，省委常委、省军区政委李有新（中），副省长盛茂林（左三）一行考察常德市『双带双促』工作

2016年7月20日，中共湖南省委书记、省人大常委会主任徐守盛（前排右）实地考察常德市完美社区建设工作

2014年11月28日，湖南省人民政府副省长、省政府秘书长戴道晋（中）实地考察常德市完美社区建设工作

2006年9月2日，常德市人大常委会主任莫道宏（前排左二）在市民政局局长卜功元（前排左一）陪同下考察常德市福利院

2009年8月19日，常德市政府市长陈文浩（中）在市民政局局长熊国建（右）陪同下到常德市福利院检查指导工作

2009年10月29日，省民政厅厅长余长明（前排中）在市民政局局长熊国建（前排左）、副局长周晓平（前排右）等陪同下考察临澧县四新岗敬老院建设情况

2010年3月26日，省残联理事长肖红林（前排右二）在市残联理事长涂传勇（前排左一）陪同下考察常德市康复中心

2011年7月8日，省社会救助管理局局长李文玉（后排左二）在常德市民政局副局长周晓平（后排左）、市社会救助管理局局长余普阳（后排右）陪同下调研石门县『一站式』即时结算情况

2011年11月17日，常德市政协主席刘春林（前排左二）一行考察常德市康复中心

2013年4月9日，中共常德市委书记王群（前排右）实地考察津市市社会养老服务中心

2013年4月26日，中共常德市委常委、常德军分区司令员董正武（前排左三）在安乡县督导防汛工作

2013年6月25日，常德市政府市长周德睿（前排右）在市民政局局长龚美爱（前排左）陪同下实地调研殡葬服务工作

2013年6月28日，省民政厅厅长段林毅（前排左二）在市民政局局长龚美爱（前排左）等陪同下考察常德市民政局

2014年3月26日，常德市人民政府市长周德睿（右）深入武陵区方家巷社区调研完美社区建设工作，与社区居民代表亲切座谈

2015年4月10日，中共常德市委书记王群（中）在市民政局局长龚美爱（左三）、副局长周晓平（右四）等陪同下实地调研武陵区完美社区建设工作

2010年6月1日，省残联副理事长刘平秀（前排右二）在市残联副理事长刘家秀（前排右一）陪同下考察常德市康复中心

2011年10月12日，市领导韩林安（前排左一）、王春阳（后排左二）在市民政局副局长傅临南（后排左三）陪同下考察桃源革命遗址保护工程

2010年4月21日，常德市政府副市长徐万发（左三）一行，在市民政局局长熊国建（前排右一）、副局长殷宗仁（后排右三）、朱绍松（后排右四）、杨健全（后排右一）陪同下，检查常德市军休所建设工作

2013年8月2日，常德市政府副市长朱晓平（前排右三）在鼎城区草坪镇王家冲村指挥抗灾救灾工作

2017年2月1日，常德市政府副市长龚德汉（前排左二）在市民政局局长龚美爱（前排右一）陪同下考察白鹤山殡仪馆

2017年4月25日，常德市政府副市长龚德汉（前排右）、市民政局局长龚美爱（前排中）等前往津市市襄阳街道“爱心幸福园”，看望慰问抗日阵亡国军将领王剑岳将军遗腹女王观英

2011年6月9日，常德市民政局局长熊国建（右）主持“扶危济困牵手慈善”捐赠仪式

2012年5月23日，常德市民政局党组书记、局长龚美爱参加行风热线，在线解答民政政策

2013年4月28日，常德市残联理事长田大春（前右）带领机关干部深入石板滩镇开展调研活动

2017年6月8日，常德市民政局党组书记、局长龚美爱（右）深入石门县白云镇青龙桥村指导精准扶贫

2009年8月15日，常德市民政局副局长杨健全（前排右二）深入干旱严重地区调查旱情指导救灾

2012年12月24日，常德市民政局党组副书记、副局长李巨开（左）做客嘉宾访谈

2015年5月22日，常德市民政局党组成员、工会主席彭志莉（第二排右）等为中双色球一等奖站点送喜报

2016年2月25日，市民政局副局长沈英琼（左四）深入福彩站点检查指导工作

2016年6月14日，常德市民政局党组成员、纪检组组长杨庭贵（后排右）主持召开全市民政系统“雁过拔毛”专项整治工作调度会

2008年4月8日，常德市民政局组织市直民政系统登山活动

2009年7月，常德市民政局组织机关干部井岗山红色之旅

2011年6月10日，常德市民政局组织市直民政系统庆祝建党90周年专场晚会

2011年9月20日，常德市民政局机关部分离退休老同志赴云南省香格里拉参观学习

2012年5月10日，常德市民政局组织机关离退休老同志游览桃花源

2012年9月25日，常德市民政局组织市直民政系统拔河比赛

2012年10月31日，常德市民政局组织市直民政系统登山活动参与者合影

2017年1月22日，常德市民政局局长龚美爱（右）慰问军休干部（常德军分区原司令员）方子珍

2010年2月8日，常德市民政局党组成员、副局长戴平（左）慰问改制企业困难职工

2011年9月9日，市民政局党组成员、市社会救助管理局局长余普阳（左）中秋节慰问敬老院老人

2013年1月31日，常德市民政局党组成员、副局长邓保平（右一）慰问困难群众

2013年2月4日，常德市民政局党组成员、副局长傅临南（前排右）慰问困难军休干部及其遗属

2013年3月5日，常德市民政局党组成员、副局长朱绍松（左一）慰问困难群众

2017年5月25日，常德市民政局党组副书记、副局长殷宗仁（前排左二）慰问鼎城区大龙站镇敬老院

2018年3月19日，常德市民政局党组成员、副局长李新辉（前排左二）走访慰问市夕阳红颐养院院民

1996年5月7日，常德地区民政局1985年发起湘鄂川黔四省十一地市州民政局长联席会议，图为出席在湖南省怀化市召开的第十一次联席会议代表合影

2003年9月23日，湖南省民政厅在石门县召开全省烈编工作会议

2008年3月6日，常德市民政局召开推行行政责任制加强行政效能监察工作动员大会

2009年8月21日，常德市民政局举行『爱心改变命运』助学金发放仪式

2010年8月11日，中国城乡困难家庭社会政策支持系统课题工作会议在常德市召开

2011年12月19日，常德市民政局召开建设人民满意政府工作汇报会

2012年10月24日晚，部分募捐代表在“真爱慈善人间情”常德市大型慈善募捐晚会舞台上亮出捐赠牌

2012年12月2日，常德市民政局召开法治建设动员大会

2014年2月19日，中共常德市委、常德市人民政府召开全市完美社区建设动员大会

2014年11月28日，湖南省社区党建和社区建设工作会议在常德市召开

2015年4月16日，津市市举办『完美社区一家亲』文艺汇演活动

2015年9月28日，上海市金山区委党校学员来常德市考察交流完美社区建设

2016年9月8日，中共常德市委、常德市人民政府召开全市完美社区建设阶段性工作总结会

2016年9月22日，常德市民政局召开道路命名专家座谈会

2016年12月10日，常德市慈善总会在泓鑫桃林广场举行以“关爱特困励志学子”为主题的“善德行”大型公益慈善活动

2017年5月12日，常德市民政局召开常德市复员退伍军人座谈会

2017年9月26日，常德市民政局召开全市2017年退役士兵安置工作会议

2017年12月16日，常德市慈善总会在鼎城区沅江河畔举行『关爱特困环卫工人』为主题的『善德行』大型公益慈善活动

2018年2月4日晚，常德市社会组织联合会承办的『精准扶贫·你我同行』常德市社会组织公益年会在白马湖文化馆举行

2018年4月3日，常德市民政局局长龚美爱主持『金叶慈善医疗卡』项目启动仪式

桃源县宋教仁先生之墓（1914年建）

1927年11月18日，创建湘西第一个红色政权即桃源县徐溶熙苏维埃政府。图为政府旧址

石门县红军桥（1933年建）

陆军第七十四军常德会战阵亡将士纪念塔（1935年11月建）

石门县壶瓶山镇贺锦斋烈士纪念碑（1951年建）

石门县磨市镇覃振亚烈士旧居（1951年建）

石门县南乡起义烈士纪念墓（1951年建）

石门县王尔琢烈士塑像（1951年建）

石门县蒙泉镇南乡革命烈士纪念碑（1951年3月建）

澧县革命烈士纪念碑（1985年4月建）

安乡县革命烈士纪念碑（1985年6月建）

汉寿县革命烈士就义纪念地（1988年建）

武陵区刘泽远烈士纪念亭（1990年7月建）

林伯渠故居（1990年建）

常德市城区双拥路（2010年命名）

常德市革命烈士纪念碑（2016年建）

常德烈士公园（2016年建）

（《常德市民政志》“图像史料”系高泽宏、王茗语拍摄提供）

目 录

第二章 基层政权

第三章 抚恤优待

第四章 退役军人安置

第五章 救灾救济

第六章 社会救助

第七章 社会福利

第八章 残疾人事业

第九章 老龄工作

第十章 社区建设

第十一章 社会组织管理

第十二章　社会事务

第十三章　信息建设

第十四章　民政建制

人　物

CONTENTS

Chapter 2 Grass-root Regime

Chapter 3 Pension and Preferential Treatment

Chapter 4 Resettlement of Ex-servicemen

Chapter 5 Provide Relief

Chapter 6 Social Salvation

Chapter 7 Social Welfare

Chapter 8 The Undertaking of the Disabled

Chapter 9 The Undertaking of the Aged

Chapter 10 Community Building

Chapter 11 The Management of the Social Organizations

Chapter 12 Social Affairs

Chapter 13 Information Construction

Chapter 14 Affairs System

Characters

概 述

常德市位于湖南省西北部，东临西洞庭湖，与益阳市的南县、沅江市湖港交错；西倚湘西山地，与张家界市桑植县、永定区及怀化市沅陵县的武陵山脉相承；北枕鄂西山地和江汉平原，与湖北恩施土家族苗族自治州鹤峰县、宜昌市五峰县的山地及荆州市松滋市、公安县、石首市的平原相连；南抵资水流域，乌云山脉是常德市与益阳市资阳区、桃江县、安化县的分水岭。常德市市境东西极宽179.35公里，南北极长190.8公里。全市总面积为1.819万平方公里，占全省土地总面积的8.6%。至2013年年底，全市总人口为631.95万人。辖武陵、鼎城2区，汉寿、安乡、澧县、临澧、桃源、石门6县及津市市。全市共有19个街道办事处、208个乡镇，其中镇106个、乡98个、民族乡4个，共2927个村、493个社区。

常德的民政部门，在不同的历史时期，具有不同的性质与职能。清末、民国时期，民政属于维护统治、强化政权的“管民”之政；中华人民共和国（简称新中国）成立后，民政坚持“为国分忧，为民解困”的宗旨，真正成为维护稳定，巩固政权的为民之政。

1949年8月，常澧区行政专员公署置民政科。是月底，改为常德区行政专员公署民政科，为政府的重要职能部门。

1949—1978年，全区各级民政部门在30余年的社会主义革命和社会主义建设事业中，承担着繁重的工作任务，筚路蓝缕，作出了重大贡献。

新中国成立初期，中共常德地委和常德专员公署面临着建立和巩固政权、医治战争创伤以及抗美援朝等艰巨任务。民政部门围绕党的中心，在土地改革，废除保甲，民主建政，动员支前，优待抚恤，以工代赈，安置就业，干部任免，人事调配，救灾救济，资遣难民，改造游民、娼妓，兴办孤老残幼场所，禁烟禁毒，少数民族，华侨事务，征集兵员，婚姻登记等方面，做了许多卓有成效的工作，对安定社会秩序，保障人民正常生活，巩固国防，发挥了重要作用。1949年8—11月，常德专署、县（市）民政科（局）负责接待湘、鄂、黔等地过往部队，为中国人民解放军第二、四野战军南下西进服务。组织劳军慰问团，前往部队驻地开展慰问活动，并动员群众向部队官兵赠送各类慰问品计5.4万件，慰问信2800封，锦旗28面。这次紧张的过境部队接待结束后，全区各地又接待过境的荣誉军人、复员军人、转业建设军人以及国民党被俘官兵资遣回乡人口9.465万人。1950年，朝鲜战争爆发，常德专署、县（市）民政科（局）组织动员开展抗美援朝、保家卫国运动。是年冬，全区青年报名参军者达4.5万人，首批赴朝作战志愿军3998人。1951年，全区捐献10架战斗机，捐献现款152亿元（旧币），支援抗美援朝战争。1950年5月，常德专署民政科在城区置临时收容遣送站，资遣急待中转的国民党官兵2.56万人,灾民、难民2.5829万人,流亡学生350人,其他人员1.5356万人。共发给路费和生活费6.8854万元,粮食2483斤。这年,全区共遣送各类外流人员6.7135万人次。1952年,专署民政科拨出专款50万元、大米1.5万斤,收容公、暗娼625人,并分别送进新生妇女教养所,集中进行教育改造。对近600名有性病和259名有梅毒的娼妓检查治疗,至年底,85%以上的娼妓改造成为新生的、能自食其力的妇女。1950—1952年,全区开展对鸦片、海洛因等毒品的清缴、禁戒运动。共取缔大小烟馆3500多家,查缴烟土、白面等345.89万两,当众焚毁250万两。1954年,常德大水,灾民纷纷外出。是年9月,全区民政部门共收容遣送外流农民5509人。1955—1960年,常德专署民政科重点在南县、茅草街、常德等地开展制止人口盲目外流和群众性劝返工作,先后劝返回乡生产者达2万余人。

在1956年后的十年社会主义建设中,随着经济建设的发展,行政管理机构不断增加,民政部门将司法、卫生、人事、劳资等项工作,划归有关部门主管,着重抓拥军优属,优待抚恤,退伍老红军、复员退伍军人安置,救灾救济等工作。在此期间,常德地区形成了"热爱解放军,优待烈军属"的良好社会风尚,优抚对象在各条战线上发挥了骨干作用。原有的一些救济事业单位开始转为社会福利事业单位,无依无靠的社会孤老残幼分别由县(市)育幼院、福利院、残老院收养安置。随着社会救济政策的逐步完善,农村的五保户、贫困户以及城乡孤老残疾人员的基本生活,有了社会保障,做到"有荒人不慌,有灾人不愁"。此外,民政部门还担负基层选举、婚姻登记、殡葬改革等社会行政事务工作,及时妥善处理1959—1961年间,大批农民流入城市的社会问题,稳妥地解决1961—1965年精减退职老弱残职工及其家属的生活困难。这些工作,对稳定社会秩序,保护人民正常生活,巩固人民民主政权,促进社会主义所有制和社会生产力的发展,支援社会主义建设,均有巨大作用。

"文化大革命"中,常德民政工作受到严重干扰。各级民政机构在运动初期就被冲垮,仅设立隶属于革命委员会办事组的民政组。由于党和国家对民政工作的多年建设与客观要求,民政部门仍承担起优抚、安置、救灾、救济和福利保障等部分工作。

1978—1987年,改革开放初期至常德"撤区建市"前,全区各级民政部门坚持依靠社会力量,依靠国家支持的两条腿走路的方针,运用经济规律,发展民政经济,开辟新的资金渠道,开展社区社会福利服务,在承担基层政权建设、社会保障、行政管理的部分工作中,不断创新,不断前进,不断发展。

这一时期,全区各地改革人民公社政社合一和生产大队为核算单位的管理体制,整顿和加强城市居民委员会。先后建立250个乡人民政府和71个镇人民政府,建立健全4356个村民委员会和215个居民委员会。嗣后,陆续开展对乡(镇)长、村(居)委会主任培训,不断加强和巩固基层政权和基层自治组织建设。同时,改革优抚制度,调整抚恤标准,初步形成国家、社会、群众相结合的优待抚恤体系。全区各地开展优抚对象的普查工作,解决一些历史遗留问题;开展南疆保卫战的拥军支前和伤亡抚慰以及区内城乡拥军优属活动,进一步密切了军政军民关系。全区各地在巩固家庭自我保障的基础上,初步形成以国家福利事业单位为骨干，带动和影响一批集体福利事业单位以及各种社区服务设施和便民利民网点的建立并以之为主体的新格局。作为特殊性质企业的社会福利工厂，全区确定以集体、小型、分散为发展方向，安排大批有劳动能力的残疾人就业，残疾人事业日益兴旺。各地进一步改变依靠国家单一救济的倾向，逐步形成由国家救济、社会扶持、群众互助、救灾、养老保险五个方面组成的保障体系。1986—1987 年，为改造安乡县 9 个乡（镇）自然形成的两个低洼易涝地带，湖南省民政厅和常德地区民政局支持专项改造资金，先在县城东北片的 5 个乡（镇）进行第一批低洼易涝地的改造试点。以立足抗灾为原则，以种、养、加工项目为主体，以壮大民政经济为前提，以扶贫济困为目的，采取深入实地调查，选准改造项目；制定改造计划，保证项目质量；确定相应比例，规定投资标准；实行有偿回收，注重经济效益，建立扶贫救济基金的办法，共兴办经济实体 68 个，发展庭院经济 718 户，总投资 350 万元。通过乡镇干部群众的艰苦努力，深挖鱼池，变水害为水利，5 个乡（镇）两个冬春完成挑挖土方 418 万立方米，开挖精养鱼池 1895 亩，解决 3300 亩低洼田（占 65%）的涝灾；种植芦苇 4100 亩，使 12 公里临洪险堤安全度汛，保住了人民生命财产的安全。

这一时期，常德地区地、县（市）党委、政府改变过去行政区划中城乡分割的做法，设置县辖镇，依新标准，推动建制镇的发展。合理地调解在边界发生的区内外争议。加强地名管理。上述工作对促进全区商品经济发展，加强城乡交流，建立合理的经济体系，均有积极作用。在改革浪潮中，常德各级民政部门积极而稳步地建立农村社会保障制度，城镇社区服务迈开步伐，农村社会养老保险业已启动，农村救灾合作保险卓见成效，民政计划财务管理、民政干部队伍素质水平等均得到提高，民政部门自身建设得到加强。1988 年 1 月，常德地区民政局被民政部授予“全国民政系统先进集体”荣誉称号。

1988—1999 年，随着改革开放的深入，民政职能亦不断拓展，表现为“群众性、社会性、多元性”的显著特征。全市民政工作从稳定、发展、改革的大局出发，全面启动所承担的 52 项主要工作，为维护社会稳定，促进经济建设服务，常德“撤区建市”后，民政事业迅猛发展。

这一时期，常德市境自然灾害频发。每遇大灾，常德市、县（区、市）党委、政府，组织数以万计的干部、百万群众抗灾救灾，民政部门拨出救灾款、物，妥善安置灾民，重建家园。群众称：“共产党领导好，灾年不见灾”“社会主义制度优越，一方有难，八方支援”。1988 年，常德各地先后遭受冰冻、冰雹、龙卷风的袭击和罕见的持续干旱困扰以及百年未有的特大秋汛的危害，损失惨重。灾后，常德市民政局先后拨发救灾救济款 1167.5 万元，其中，建房补助款 381.7 万元，救济粮款 636.9 万元，救济物资折款 148.9 万元，以维持灾区群众的基本生活。1991 年春夏，狂风、暴雨席卷全市，沅澧两水瀑涨，全市溃决堤垸 29 个，倒塌房屋 5.973 万间，因灾死亡 72 人，60 万抗洪抢险群众患腹泻、感冒、手脚溃烂、红眼病等流行疾病。民政部部长崔乃夫、副部长陈虹、特邀顾问章明，省民政厅厅长许岳松，副厅长李定坤、余先端、陈代祥、高家余等以及省、市党委、政府主要领导先后 18 次到灾区现场视察，指导抗灾救灾。常德市民政局及时下拨救灾款 2100 万元，市救灾办组织募捐赈灾款 523.7 万元，救灾物资折款

325万元。到年底,全市新建64个防灾村落,2.37万全倒户喜迁新居。全市各级民政部门在增强救灾工作活力和群众防灾救灾能力的同时,把扶贫扶优(简称“双扶”)有机地结合起来,用多种方法扶持贫困户和优抚对象发展生产,变“输血”为“造血”,对“双扶”工作产生重大影响。

1987年,报请民政部批准,临澧县为全国7个农村救灾合作保险试点县之一。1988年,桃源、澧县纳入全省试点范围,共争取无偿垫底专项资金200万元。救灾合作保险的范围是农房、水稻、劳动力意外伤害和使役牲畜四项。至1993年,三个救灾保险县入保农户达54万户、207万人,共收取保费2600万元。自开办保险业务后的5年中,为民理赔3200万元。救灾合作保险不以赢利为目的,是党和政府为灾情多发地区开辟的一条救灾救济新渠道。

这一时期,全市全面启动农村社会养老保险。随着农村推行家庭联产承包责任制,农村的经济体制发生了重大变化,原有单一的,以生产队为基础的保障制度趋于瓦解,传统的家庭保障也显弱化趋势,建立适应农村新的经济体制的社会保障制度成为当务之急,民政部门义不容辞地承担起了这一历史重任。1992年7月17日,常德市人民政府召开政府常务会议专题研究全市的社会养老保险工作,并下发《常德市农村养老保险试点方案》(常政发〔1992〕16号)。随后,临澧、鼎城、津市、安乡、桃源等县、区(市)开展试点,大致经历了调查研究,稳妥开展;总结经验,扩大试点;加大力度,加快步伐三个阶段。这年底,全市9个试点单位参加养老保险的农民达到50万人,收取养老保险金500万元。有3个区、县(市)应参加保险农民的投保面达30%以上;其余6个县(区)完成试点乡镇投保面达85%。1995年3月14~15日,全市第二次民政会议召开,中共常德市委书记吴定宪、副书记彭孟芝、王孝忠,市政府副市长莫道宏出席会议并就农村社会养老保险工作作重要讲话,会议确定了全市农村社会养老保险5年的工作目标和分年度的具体任务。不久,市委办、市政府办下发《关于在全市农村建立社会养老保险制度的通知》(常办通字〔1995〕38号),从加强领导、稳步发展、归口管理和基金筹措等方面作出了明确规定。12月8日,市政府在临澧县召开全市农村社会养老保险工作会议,省民政厅副厅长余先端到会并讲话,副市长洪明祥对全市后段的农村社会养老保险工作作了具体部署,提出了明确的要求。

这一时期,全市各地以《中华人民共和国村民委员会组织法》(简称“村组法”)为准绳,围绕规范村级组织和干部群众的行为这个重点,建立健全了以民主选举、民主决策、民主管理、民主监督为核心内容的村民自治制度体系。1987年11月24日,国家颁布《中华人民共和国村民委员会组织法(试行)》,定于1988年6月1日起试行。常德市根据省委、省人大常委会、省人民政府的相关通知精神,自全省第一次实施“村组法”工作会议后,于1988年年初试点,大体经历了由一个村范围试点,到一个乡范围试点,再到局部县(市)全面铺开的工作过程。1989年8月25日,全市“村组法”实施试点工作现场会在临澧县召开,它既是一次现场试点经验交流会,又是一次全面实施的动员大会。常德市人大常委会副主任吴愈俊作工作报告,中共常德市委书记陈彰嘉、常德市政府副市长颜永盛、秘书长杨万柱等出席并讲话,省人大常委会副主任谢新颖参加会议并作了重要指示。是年9月起,各区县、市坚持“积极、稳妥、求实”的工作方针，加强领导，保证质量，由点到面，脚踏实地地组织实施“村组法”。到1990年1月，全市267个乡镇的4075个村，均依法建立健全了村民委员会。1994年8月中旬，美国哈佛大学政府系副教授戴慕珍女士应民政部邀请，专程到常德市考察村民自治工作，给予了高度评价。她的英文题词是：“中国像太平村（临澧县）这样发展，前途光明。”1998年6月12日，常德市民政局发出《关于印发村民自治制度的通知》（常民〔1998〕53号），就村民自治模范村标准、村委会及下属委员会职责、村民自治制度建设、村民自治章程和村规民约（提纲）以及村务档案管理办法等均作出明确规定，以推动村民自治活动有序健康发展。是年，临澧县被民政部授予“全国村民自治模范县”称号。

这一时期，全市启动建立城乡最低生活保障制度。1995年，常德市民政局根据第十次全国民政会议精神，部署各区县、市开展对城市社会救济对象逐步实行按当地最低生活保障线标准进行救济的调查研究，即做好低保准备。1996年，根据民政部南宁会议精神，社会保障工作被列为当年民政工作的首要任务，明确提出大力加强城乡社会保障制度，建立城乡最低生活保障线。由此，常德民政人默默改写了中国数千年的救助史，使救助成为一种制度。1997年开始试点。1998年，在市城区和津市市实施，是年12月29日，常德市人民政府出台《关于实施城市居民最低生活保障制度的通知》。至1999年7月1日，各区县、市基本建立城市居民最低生活保障制度。从而，使城市百姓第一次有了一道最后的生活防线。

这一时期，社区建设被提上全市民政工作的重要议事日程。这是一项在党和政府的领导下，依靠社区力量，利用社区资源，强化社区功能，解决社区问题，促进社区政治、经济、文化、环境协调健康发展，不断提高社区成员生活水平和生活质量的社会工程。1993年，国家14部委联合下发《关于加快发展社区服务业的意见》，正式启动社区建设工作。1995年，常德市民政局报请市人民政府，将社区服务业纳入发展第三产业的总体规划和国民经济发展计划，并制定社区服务发展规划，并努力付诸实施。1997年9月26日，常德市民政局下达“常德市社区服务中心示范标准和常德市社区服务示范街道（居委会）标准的通知”（常民字〔1997〕69号）。此后，各区县、市和街道、居委会制定了一系列规章制度。在市、县（区、市）民政部门的直接指导下，全市社区服务快速发展，开始形成燎原之势。

2000—2013年，党的十六大提出全面建设小康社会，党的十七大提出建设和谐社会。民政工作承担履行政府公共服务和社会管理职能，充分发挥民政工作在构建社会主义和谐社会的重要基础作用，其工作职能概括为不断完善“六大体系”，即城乡社会救助体系、灾害应急救援体系、社会福利服务体系、优抚安置保障、城乡社区建设和基层民主政治建设体系、社会事务管理服务体系。步入21世纪后的13年，全市各级民政部门和广大民政工作者为实现人本民政、法治民政、廉洁民政、创新性民政、精细化民政的工作目标，阔步前行，跨越发展，取得了令人瞩目的成绩。

这一时期，全市城乡基层民主政治建设全面推进。2002年，全市农村，“村组法”得到认真贯彻，村民自治向广度和深度发展，开创了农村基层民主政治建设的新局面，市、县、乡

(镇)普遍制定了开展村民自治的具体规定,村委会选举的民主化、规范化程度逐步提高,村民自治沿着法治化的方向不断推进。1988—2013年,全市先后成功进行了8次村委会换届选举,顺利完成了8次居委会换届选举。在农村,通过贯彻实施"村组法",各地村委会的经常性民主自治活动日益普及,90%的村建立了村民会议或代表会议制度,95%以上的推行了村务公开制度。在城镇,随着社区建设的全面推进,"居组法"得到深入贯彻,居委会的组织建设得到加强,居民自治水平不断提高,社区居民的自我服务、自我管理、自我教育、自我监督的工作逐步落实。2003年,临澧县被民政部评为"全国村民自治模范县";常德市民政局被民政部评为"贯彻实施居委会组织法先进单位";临澧县被民政部评为"全国村务公开民主管理示范县"。

这一时期,全市救灾防灾工作稳步开展。2002—2013年,常德市域自然灾害屡有发生。全市各级民政部门制订自然灾害应急预案,建立救灾应急机制;以地方财力增强为依托,建立救灾工作分级管理、救灾资金分级负责体制;以信息技术为支撑,建立灾情反馈信息网络和电脑自动化报灾系统;建立赈灾募捐社会救援机制,构建全市救灾物资储备网络。从而,开辟了救灾防灾工作规范化、制度化、信息化的崭新局面,使抗灾救灾工作真正成了有效保障受灾群众生命财产安全的堡垒。2007年,常德市民政局被民政部评为"全国减灾宣传工作先进单位"。

这一时期,全市社会救助全面推进。1997年,以城市低保为起点的社会救助工作,经历16年风雨,已建立起"以城市最低生活保障、农村最低生活保障、五保供养救助为主体,以医疗救助、各类临时救助为补充,以住房、教育、司法等专项援助相配套,以各项优惠政策相衔接"的新型社会救助体系,并创造了许多好的做法,有些经验还在全国和全省推广。2004年11月,全国农村医疗救助工作现场会在常德市召开。2005年,全省社会救助体系建设经验交流会在石门县召开,民政部低保司司长米勇生在会上称赞:"建立城乡社会救助体系,石门堪称表率。"2005年8月,常德市人民政府出台《常德市农村居民最低生活保障制度实施办法(试行)》(常政办发〔2005〕27号),标志着全市农村低保正式启动,实现由特困户救助向制度化、规范化的低保救助转变,为全省最早建立农村低保制度的市(州)之一,比全国"建制"还早2年。2004年,石门、临澧、澧县开展农村大病医疗救助试点;2005年,常德市人民政府出台《常德市城乡医疗救助制度实施办法》,启动全市城乡医疗救助制度,对城乡低保户、五保户家庭中患癌症、尿毒症、重症肝炎等六项重大疾病患者给予救助。2006年开始,常德市、县(区、市)民政局实施由以大病救助为主的模式,逐步转变为"一个为主、两个为辅"的新型医疗救助模式。即:"一个为主"就是对五保户和低保户家庭以落实"住院救助"为主;"两个为辅"就是对低保户、五保户开展常见病"门诊"救助和资助参加新农合与城市居民医疗保险。对城市无生活来源、无自理能力、无住房对象和农村五保户患大病的实行"零"起付线救助,对重病、重残户家庭实行降起付线救助。2007年又积极探索建立住院救助、资助参合参保、门诊救助、临时救助、慈善援助"五位一体"的医疗救助模式并逐步完善,使更多的困难群众从医疗救助中获得更多的实惠。

这一时期，全市五保供养全面落实。各地在认真总结以往五保供养经验教训的基础上，以推广乡镇统筹、承包服务的分散供养为主，同时积极发展敬老院，实行集中供养，大力发展院办经济，走出了一条以院养院的新路子。农村税费改革后，五保供养资金由乡镇统筹改为财政转移支付，纳入公共财政保障体系。2003 年 6 月，常德市人民政府下发《关于切实做好农村五保供养工作的通知》，明确了五保供养资金渠道，统一了资金发放办法。1986 年，根据 1984 年省人民政府公布的《湖南省农村五保户供养试行条例》精神，常德地区民政局曾提出乡乡办敬老院，有条件的地方大力发展村办敬老院的要求。至 1987 年年底，全区敬老院迅速发展到 428 所，比 1985 年年底的 89 所净增 339 所。然而，当时兴办敬老院热火朝天，入住对象却顾虑重重。不久，有的因供养资金不落实而停办；有的因管理不善而解散；有的因系旧房改造，设施落后而无以为继。至 1988 年年底，村办敬老院基本歇业，仅存乡镇办敬老院 175 所，占乡镇总数的 57%；共收养 1404 人，占五保总人数的 0.05%。1990 年后，针对农村敬老院分散、偏僻、保障条件差的状况，全市各地采取向上级争取一点、下拨救济款倾斜一点、当地财政安排一点、发行福利彩票筹集一点、乡村凑一点的“五个一点”的办法，多方面、多渠道筹措资金，加大了对农村敬老院的投入，建起了一批上档次、上规模的农村敬老院。夹山寺敬老院以院养院的经验在全省得到推广；澧南敬老院成为华中地区最大的乡镇敬老院。从 2004 年开始，全市广泛开展了乡(镇)敬老院改扩建工作，并把改扩建农村敬老院纳入常德市、县(区、市)人民政府“为民办实事”工程。至 2013 年年底，全市共完成改扩建乡(镇)敬老院 255 所，改扩建村级“五保之家”129 个，集中供养五保对象 1.2679 万人，五保老人的吃、穿、住、医、葬等方面得到了更好的保障。与此同时，从 2004 年开始，全市对农村特困无房户采取民政牵头、部门配合、社会资助的方式，抓好“爱心房”建设。2008 年，全市启动 1126 户“农村安居工程”建设。2009 年，常德市政府又将建设 1000 户“农村安居工程”任务纳入市、县(区、市)人民政府为民办实事内容之一。至 2012 年年底，全市共完成农村危房改造 2.7416 万户。从 2001 年开始，民政部门又开始实施“星光计划”，通过政策指导和资金支持，为真正实现“老有所养、老有所医、老有所敬、老有所靠、老有所为、老有所乐”的老龄工作目标为期不远了。2012 年，津市市被民政部评为“全国养老服务示范活动示范单位”。2007 年 7 月，为了切实解决“三无”人员(无生活来源、无自理能力、无住房)这类最困难群众的基本生活，常德市人民政府出台《常德市“三无”人员救助办法》，从吃、穿、住、医、学、葬等六个方面给予“三无”人员全面救助。此项工作在全省乃至全国尚属首创。2010 年，市救助管理站被民政部评为“全国救助管理先进单位”。

这一时期，全市和谐社区全面创建。2002 年，常德市民政局在临澧县开展农村社区建设试点，并会同县民政局总结出该县实行“五个结合”的试点工作经验，即：与社会主义新农村建设相结合，整合农村社区资源；与农村建整扶贫工作相结合，完善社区服务设施；与社区组织建设相结合，强化社区管理和公共服务功能；与农村精神文明建设相结合，营造良好的社区建设氛围;与“三清五改”活动相结合,改变农村的旧容旧貌。2009年,常德市被省人民政府授予“全省和谐社区建设先进市”称号。此后,全市民政系统按照中央和省里的统一部署,以构建和谐社区为主题,以服务居民为宗旨,以民主自治为重点,在大力加强社区建设、构建和谐常德方面,因地制宜创特色、树品牌,坚持体制创新与机制创新并举,软件完善与硬件建设同步,重心下移与强化自治相结合,推出了一系列创建和谐社区的新举措。2013年,中共常德市委、常德市人民政府提出“基础建设、体系重构、管理创新、回归自然”的完美社区建设思路,旨在建设优美的社区环境、构建健全的管理体系,提供便利的民生服务,从而打牢工作基础,增强群众福祉,激发基层活力。随即,成立常德市完美社区建设指挥部,全面启动完美社区建设工程。

这一时期,全市优抚安置全面落实。各地认真落实优抚政策,及时兑现优抚对象抚恤补助及提标资金。至2013年,全市有8.9598万名优抚对象享受国家抚恤补助,年金额达24648.335万元。同时,各地紧密结合全省“两万三千”活动,广泛深入开展宣传教育、走访慰问、解困帮扶和军民共建,全市共投入资金近千万元,解决了1.3596万余名重点优抚对象实际存在的“三难”问题。期间,全市双拥创模活动扎实开展。2007年,临澧县被命名为“全省双拥模范县”。2010年,澧县、常德市(城区)荣获“湖南省双拥模范城(县)”荣誉称号。2008年,市民政局谭亚东被人事部、国家双拥办授予“全国爱国拥军模范”称号;2010年,市民政局高泽宏、安乡县民政局云昌世被省委、省政府评为“全省爱国拥军模范”。2001—2013年,常德市域退役军人接收安置工作一步一个脚印扎实展开。全市符合条件给予政策性安置的退役士兵共2.7024万人,自谋职业者达6562人,共发放自谋职业补助金1.1亿元。同时,各地严明责任,推动实施对下岗参战退役人员再就业援助,建立下岗残疾军人等部分退役人员再就业工资递增机制;认真做好复员退伍军人矛盾纠纷排查化解,集中力量抓好退役士兵稳定工作,进一步加大信访调处力度,有效地化解了集体上访事件,确保了社会稳定。至2013年,全市已建立军休所9个,共接收安置军队离退休人员352名。各地的军休工作始终围绕中心,服务大局,突出重点,整体推进,军休干部的“两个待遇”全面落实,文体活动丰富多彩,使他们充分感受到了党和政府的关怀和温暖。同时,加强了军供站整体建设,接待过境新兵及退役军人工作正常运转。2011年,市军休所被民政部授予“和谐军休家园”称号。

这一时期,全市社会公共管理和服务水平不断提升。2002年4月,常德市、县(区、市)民政局在全面清理整顿规范社会团体的基础上,启动对市域民办非企业单位的复查登记工作。此后,各地加强民间组织的管理服务,大力加强党组织的建设,注重发展行业协会和农村专业经济协会,以促进经济发展。至2013年,全市共有登记注册的社会团体1006个、民办非企业单位829个,其中市级社团305个、民办非企业单位200个。全市各级各类社会组织,按照章程开展活动,为实现会员的共同意愿,同心共筑中国梦而努力奋斗。各地依据国务院颁布的《婚姻登记条例》,积极推进婚姻登记体制改革,婚姻登记由乡镇政府办理集中到县级民政部门办理,实现了婚姻登记管理与服务的统一,保障了婚姻当事人的合法权益。规范了婚姻登记和收养登记工作，登记合法率达100%。2004年，常德市民政局被民政部评为“全国先进婚姻登记机关”；2008年，临澧县民政局、澧县民政局被民政部评为“全国婚姻登记规范化建设先进单位”；2009年，安乡县民政局、石门县民政局被民政部评为“全国婚姻登记规范化合格单位”。各地认真贯彻实施国务院《殡葬管理条例》，常德市人民政府出台一系列关于加强殡葬管理相关规定，组建市殡葬事业管理处，理顺了管理体制；新建常德市火葬场，进一步完善了殡葬服务设施，提高了服务水平。同时，各地加大殡改执法力度，全市强制火化区火化率达65%以上。2012年，常德市民政局被民政部评为“全国清明节工作优秀单位”，市殡葬管理处、市殡葬服务中心的清明节服务工作受到民政部的通报表彰。各地积极做好区划地名工作，全面完成了涉及常德市的省、市级和市域各县（区、市）之间行政区划界线的勘定及第一、二轮联检工作任务。同时，全面推进了常德市域的城市设标工作。2001年，常德市民政局、鼎城区民政局被省人民政府授予“全省勘界工作先进集体”称号。2005年，常德市被民政部、交通部、工商行政管理总局、质量监督检验检疫总局评为“全国地名标志设置工作先进城市”。随着人口老龄化速度加快，常德市民政局对社会福利事业明确提出“三个转变”，即由救济型向福利型转变，由单纯供养型向供养康复型转变，由封闭型向开放型转变，使社会福利机构的服务对象突破了传统的收养界线，亦使社会福利事业走出了最狭义的概念。2002年以来，常德市民政局全面完成常德市社会福利院的整体搬迁重建，并使之基本建成集孤寡老人、孤残儿童收养、社会老人寄养、老年人活动及社区老年服务于一体的综合性福利服务中心。同时，积极探索、引导、鼓励社会力量兴办社会福利事业。社会力量参与成为常德市社会福利事业发展的一道亮丽风景线，打破长期以来国家包办福利事业的传统模式，一个以国家、集体举办福利机构为骨干、其他社会力量兴办福利机构为新的增长点，多渠道、多形式发展会福利事业的格局开始形成。至2013年年底，全市有公办福利机构14所，年末在院入住对象1447人；民办福利机构30所，入住对象1905人。常德市社会福利院被省民政厅评为省一级福利院；临澧县、津市市福利院被评为省二级福利院，常德市阳光孤儿院成为全省乃至全国民办福利机构的一面红旗。2002年以来，常德市民政局加大社会福利彩票发行力度，努力扩大发行规模，取得明显成效。至2013年，全市累计发行福利彩票21.9亿元，共筹集社会福利7.66亿元，支持福利建设项目2000余个。全市老龄工作稳步开展。至2013年年底，常德市60岁以上老年人达到114.9567万人，占全市总人口的18%，其中100岁以上的152人。面对银发浪潮，全市各级老龄管理机构迎难而上，贯彻执行常德市委、市政府下达的相关政策规定，落实老年人优惠待遇，维护老年人合法权益，付出了艰辛的劳动，创造了显著的业绩。2004年、2005年、2007年，临澧县被民政部评为“全国老龄工作先进县”。2010年，汉寿县被全国老龄委评为“全国老龄工作先进单位”。2011年，石门县民政局杜登庆被人社部、全国老龄委评为“全国老龄系统先进工作者”。2013年，石门县民政局被全国老龄委授予“全国敬老文明号”称号。

这一时期，全市民政基层基础不断夯实。常德市民政局党组十分重视全市民政系统基层基础工作,始终坚持把党风廉政建设与民政业务一起研究,一起部署,一起抓落实,注重治本、注重预防、注重制度建设,认真抓好执法监察工作。在民政系统全面推行行政责任制,促进依法行政,打造阳光民政;召开行风建设评议经验交流会,建立完善基层窗口单位行风建设评议标准,积极开展廉政文化进机关、进社区活动,在民政系统内部形成尊廉崇廉的良好氛围;组织市直民政系统干部职工到武陵监狱进行警示教育,筑牢拒腐防变的思想防线;深入开展"做党的忠诚卫士,当人民群众的贴心人"等主题实践活动,认真落实党风廉政建设责任制和廉洁自律各项规定。至 2013 年,全市民政系统未发生一件大的违纪违规事件;各单位在本地组织的优化经济环境测评中都取得了好的成绩。市民政局党组一班人,致力于创建惠民、法治、阳光、高效、节约、廉政机关,在民政队伍建设上使大力气,在创一流业绩上下狠功夫,一步一个脚向前迈进。

常德"撤区建市"以来的民政史,是人民创造的,是各级人民政府的贡献史,是各级民政部门的奉献史,将以光辉的一页,载入史册。愿所有的常德民政人"深怀爱民之心,恪守为民之责,善谋富民之策,多办利民之事",求真务实,与时俱进,创造出更加辉煌的业绩,为实现中华民族伟大复兴的中国梦而努力奋斗!

大　事　记

（1949—2013）

1949 年

6 月 12 日　中国人民解放军南下工作队途经河南省开封一带时，组建常澧区行政专员公署民政科。8 月 29 日，改为常德区行政专员公署民政科，接管原民国湖南省第四行政督察专员公署民政科全部事务。时专署民政科主管全区行政人员任免、土地行政、选举事务、户籍、卫生行政、赈灾、抚恤、战争动员、军事支差、人民团体登记、取缔娼妓、禁赌禁毒、动员人民及其他内政相关事项。

7 月 23 日至 8 月 4 日　常德地区各县相继解放，随即成立县（市）人民政府，并着手筹备划区建政工作。7 月 23 日凌晨 3 点，澧县县城解放；7 月 23 日，津市和平解放；7 月 25 日凌晨，石门县城解放；7 月 24 日晚，临澧县和平解放；7 月 28 日，桃源县解放；7 月 29 日晨，常德县解放；7 月 31 日，安乡县解放；8 月 4 日，汉寿县和平解放。

8 月 15 日　常澧专区支前司令部成立。钟汉九任支前司令部参谋长兼专署民政科科长，将办事机构与民政科合署办公。各县（市）设立过境军人接待站。8～11 月，全区接待湘、鄂、黔等地过往部队，为中国人民解放军第四野战军和第二野战军南下西进服务。

8—9 月　常德刚刚解放，外地流入城区的难民、城区无固定职业的贫民和失业工人、小商贩、失学学生以及亟待中转遣散的国民党官兵，总计 6 万余人，绝大部分生活无着，急等救济。专署民政科拨发大米 30.77 万斤，救助款 243.6 万元（旧币），及时救济严重贫困市民 1065 户、3717 人。为资遣亟待中转的国民党官兵 9649 人、灾、难民 829 人、流亡学生 350 人，共拨发救济粮 6.1538 万斤，资遣款 122.55 万元（旧币）。

10 月 1 日　常德专署、常德市、常德县人民政府联合在常德公墓广场举行 3 万多人的隆重集会，庆祝中华人民共和国成立，即第一个“国庆节”，会后举行盛大游行，晚上举行提灯晚会。

11 月　刘、邓大军（即指刘伯承、邓小平领导的中国人民解放军第二野战军）路过常德，出现欢迎刘、邓大军过境的壮观场面。部队过境期间，常德专署、常德市人民政府还派出劳军慰问团，前往部队驻地组织慰问，和指战员一起座谈、联欢。同时，还向部队指战员赠送各类慰问品计 5.4 万件，慰问信 2800 封，锦旗 28 面。

1950 年

5 月 常德专署批准在常德城区置临时收容遣送站。拨款 122.54 万元（旧币），资遣急待中转的国民党官兵 2.56 万人，灾民、难民 2.5829 万人，流亡学生 350 人，其他人员 1.5356 万人，共发给路费和生活费 6.8854 万元，粮食 2483 斤。这年，全区共遣送各类外流人员 6.7135 万人次。

6 月 常德专署会同各县（市）人民政府，指示县（市）公安、民政部门联合行动，对民国年间设立的民间社团和封建迷信团体进行审查登记。据统计：常德及汉寿、桃源、临澧、津市、澧县就有反动会道门 78 家，会众道徒达 5143 人；卜卦算命等迷信职业者 172 人。有 28 家堂、馆因煽动迷信，蛊惑人心，对抗人民政府被依法取缔；对道首、会馆头目进行收容审查。经教育改造，除同善社（亦称同善堂）道首李作林被镇压外，其余会众、道徒皆遣回原地，自谋生计。

6 月 25 日 朝鲜战争爆发。常德地区 4.5 万名热血青年坚决响应党中央、毛主席关于“抗美援朝”的伟大号召，纷纷报名参加中国人民志愿军。是年 10 月 19 日，常德首批志愿军官兵 3998 人赴朝作战。

9 月下旬 常德专署发布《关于禁烟禁毒工作实施细则》，明令各县（市）人民政府，以民政科为主，联合文教、公安、法院、卫生等部门及人民团体、进步人士等，组成禁烟禁毒委员会办公室，民政科长兼任主任。各区、乡（镇）、街道、保（村），由各县（市）禁烟禁毒委员会视情况分别成立禁委或禁烟毒小组，由区、乡（镇）、保长（村长）兼任禁委主任或禁烟毒组长，农会主席或知名、进步人士任副主任或副组长。是年，全区设立戒烟所 1079 个，时共有烟民 8.594 万人，自戒烟民回家由群众监督戒禁；对 6.14 万名瘾烟民进行隔离施戒，一次戒断瘾者发给光荣证、牌；戒断后又吸食者警告、重戒；不听者送入严管队，强制施戒，直至彻底戒断瘾为止。

10 月 常德专署及各县（市）人民政府民政科（局）成立革命烈士资格审查委员会或烈士资格审查小组。10—12 月，依照国务院关于追功、追授给予褒扬的指示，专署民政科会同各县（市）人民政府对在旧民主主义革命时期和新民主主义革命时期（1949 年新中国成立前）牺牲的早期革命者、红军干部战士、八路军、新四军官兵和人民解放军官兵，以及党的地下工作者等 2345 人，分别追认为革命烈士。

12 月 8 日 常德专区废除旧区公所，建立区人民政府。对县辖镇和乡级镇均划入区人民政府的建制之内，即镇仍称镇公所，但要更换新政人员，置正、副镇长各 1 名，内部置秘书、民政、卫生、文教人员各 1 名，办事员 2～3 名。时全区建立区人民政府 114 个，镇公所 30 个。

1951 年

2 月 专署民政科通知各县、区、乡人民政府，对烈属、军属、革命残废军人和牺牲、病故、失踪军人家属以及参战民兵、民工家属开始实行群众优待。全年全区对 1.3599 万户烈军属，代耕代种 25.4 万亩，共投入工日 190 万个。

4 月 10 日 常德专区成立常德专署抗美援朝分会，陈采夫任主任委员。专区捐献 10 架战斗飞机支援抗美援朝。

6 月 25 日 常德市（今武陵区）6 个居委会完成生产捐献和节约捐献现款人民币达 8835.714 万元（旧币）；居民订立爱国公约者达 5.15 万人，参加行动计划的有 4.835 万人；捐献飞机、大炮款达 4.5 亿元（旧币）。

8 月 1—7 日 常德专署发出号召，在全区范围内开展“拥军优属运动周”活动，广泛进行“饮水思源，拥军优属”的思想教育。时中小学校的学生，以班级为单位，敲锣打鼓为烈、军属送光荣灯、慰问信，帮助打扫卫生，挑水劈柴等；居民群众的服务队为烈、军属和驻军指战员拆洗被子、料理家务、缝补衣服，各人力三轮车服务站免费乘车，各影剧院免费增开早场等。

1952 年

2 月 常德专署委托常德市人民政府成立常德市临时收容处理站。本着广泛收容、集中短时教养、分类安置、群众监督的原则，对城区收容的 1.2538 万名游民，除 9650 人情况清楚，愿意回乡，经临时教育后，予以资遣外，对 1569 名青壮年游乞以劳动为主；464 名老弱残游乞以赡养为主；496 名难童、弃孤游乞以抚恤为主，并分别辅以施教。同时，对 266 名会众、道徒施以社会主义和弃恶从善、改过自新的教育。这些人通过办学习班，个别谈话，询问、审查教育后，觉悟有不同程度的提高。收容处理站分别情况予以处理、安置。其中常德城区集中改造 45 人、分类安置 45 人、交群众监督 130 人、转送教养院 25 人、遣返回原籍交当地政府监督生产的 21 人。此时，各城镇游乞大为减少，社会秩序好转。

3 月 专署民政科总结推广各县（市）代耕代种的经验，并决定将代耕代种作为优待烈、军属的制度。派员会同各县（市）、区、乡优抚委员会，下到村、组具体实施，协助基层组织检查落实，为代耕代种户订立代耕代种合同，并将这个制度纳入村民《爱国公约》。这年，全区 14 县、2 市共给 1.3573 万户优抚对象，代耕代种 23.9 万亩，投工 190.89 万个，有 54.4%的代耕代种优抚对象的田地得以丰收。

11 月 常德专署民政科将干部任免、奖惩和干部统计工作交专署人事科管理。

10—12 月 常德专署发出在年内取缔、改造娼妓的通知，并召开有关县（市）政府主要负责人参加的专门会议。会后，由各县（市）民政、公安、文教、卫生、妇联、法院等部门，联合组成妓女处理委员会。

至1953年6月，常德专区对教育改造好的娼妓和38名罪行轻微改过自新的乐户、班主，分三批处理：第一批165名；第二批89名；第三批78名，共332名。其中，安置就业的82名，择偶结婚的39名，资遣回乡生产的128名，有痼疾又无家可归的48名交教养院、残老院养治，逮捕法办9名。至6月底，常德各地的妓女改造工作结束。

1953年

2月 常德专署及慈利、石门、华容县等5名代表出席在长沙召开的湖南省第一次老根据地会议。会议评比67个老区重点建设乡，其中，常德专区20个乡（慈利2个乡、石门18个乡）为重点扶持建设乡。是年，省人民政府给常德专区重点扶持乡下拨救济粮100万公斤、救济款150万元；常德专署拨给大米40万公斤、救济款100万元。

7月下旬 常德专署成立拥军优属慰问团，由地委第一书记李瑞山为团长，第二书记、专员孙云英等为副团长，带领各界人民代表深入驻常部队营地、老革命根据地和人民武装部（兵役局）等单位，举行文娱晚会（亦称劳军义演会）、英模报告会（志愿军战斗英雄、劳动模范作报告）及烈、军属座谈会。给每个被慰问的对象赠发毛巾、牙膏、肥皂、瓷缸等日用品和副食、水果等；给每个被慰问的单位赠送大量的猪、牛、羊肉和鸡、蛋、米、酒等物资。给每户烈、军属赠送“光荣烈属”“光荣军属”的匾额。

11月 全区各地开始建立小乡政权，并将农民协会的权力逐步过渡，还权于乡。同时，完善县辖镇建置，时全区共建立镇58个，其中，益阳市3个、常德县10个、沅江县5个、益阳市6个、安化县9个、慈利县5个、石门县6个、澧县3个、桃源、临澧、南县、华容等4县各2个、汉寿、桃江、安乡等3县各一个，常德、津市2市未设镇。镇人民政府组织为委员制，镇政府设主席1名，副主席1～2名，内置民政、财务、治安、工商等机构，设秘书1名，主办镇内日常事务。

1954年

2月 常德专署成立普选领导小组，由地委书记孙云英任组长，副专员陈采夫、赵玉及民政科长张光远任副组长，下设办公室。从专署党政军机关抽调25名科（局）级干部，各县政府抽调173名干部，分赴区内14县3市的20个乡，近100个村进行普选试点。3月底试点结束。4～6月，乡的普选工作全面展开。4月初，各县、乡相继成立普选委员会，县、乡长任选举委员会主任。4月中旬至5月上旬，各地培训普选工作人员。然后，以乡、村为单位，划分若干选区，发动群众，登记选民，统计张榜，填发选民证。5月底至6月初，各选区选民讨论酝酿候选人，选举乡人民代表；6月中旬，召开乡人民代表大会，选举正、副乡长和出席县（市）首届人民代表大会的代表。这年,全区共 675.6971 万人,选出基层人民代表 8105 名。

10 月 5—10 日 常德专署召开常德专区优抚模范代表会,出席会议的正式代表 190 人,特邀代表 23 人。中共常德地委第一书记李瑞山、第二书记、专员孙云英等出席会议并讲话。

10 月 专署民政科会同常德市民政部门在城东、城北、城西几个受灾严重的居委会,组织生产自救试点,发动贫困户,采取自己想、自己找、自己干、政府予以必要的扶持的办法,仅 3 个月时间,先后创办 18 个自救厂、组。如搓麻绳组、挞线组、组草袋厂、糊纸盒厂、纳鞋底组和收废旧店等,参加生产的有 627 人。

1955 年

5 月 常德专署转业建设委员会决定,对历史清楚、政治可靠、无家可归的,在部队担任副排级以上干部的,具有各种专业技术的,入伍前家居城镇能胜任工作的残疾军人,在机关、厂矿、企业、学校参军并具有初中以上文化的,均可安排在国家、集体企事业单位工作。这年,全区共安排退役军人 3058 人。其中工业战线 190 人,商业战线 450 人(其中科股级干部 94 人),交通等部门 389 人。对回乡的复员军人,70%以上的担任村、组干部。城镇的 856 名复员军人,除 13 人因病残接受医疗、照顾生活外,其余全部安排工作。其中,商业系统 254 人(饮食服务业 185 人),工业系统 124 人(轻纺工业 80 名),参加公私合营企业 190 人,政府部门 288 人(政法 198 人)。

5 月 常德专区 14 县 3 市及所辖 62 个镇的居委会进行缩编整改工作。根据居民户数划定居委会 280 个,产生居委会正、副主任 824 名。内置民政调解、治安保卫、妇女、卫生等委员会,其正、副主任均由居委会委员兼任;下设若干居民小组,置正、副小组长 2290 人。

是年 全区 6 万户烈、军属得到人民政府的扶持和补助,1.8 万名优抚对象的子女被招工、招干,4700 名优抚对象参加各类生产组织。

1956 年

6 月 各县(市)在民主建政的基础上,调整层次,简化机构,整顿、建立乡一级镇政权。常德专区 14 县 3 市,由 1955 年的 62 个镇缩并为 28 个镇,城市由原来的区街政权机构缩并为政府的派出机构,即为 15 个街道办事处。镇设立人民委员会,属城镇基层政权机关。

6—10 月 全区各县开展撤区并乡,乡取代区人民政府的职权。区改为县人民政府的派出机构,在各自行政区域内,行使县人民委员会直接分派给区机关的职能。时全区共撤销 168 个区,将 2714 个小乡合并为 453 个乡,设乡人民委员会。撤并后的乡人民委员会委员,小乡由原来的 3~13 名增至 5~15 名;大乡由原 5~15 名增至 20~25 名。区内 14 县 3 市 453 个乡,选出乡人民委员 6290 名,其中贫下中农 2079 名,占委员数的 32.85%;乡民主人士

11 名,占 0.02%;妇女 495 名,占 12.7%;中共党员 1819 名,占委员总数 28.9%,共产生正、副乡长 882 名,占委员总数的 14%。

7—11 月 各县相继成立农业生产合作社,土地收归集体。对老、幼、残实行保吃、保住、保穿、保医、保葬、(孤儿保教),简称五保。全区共有五保对象 8.97 万户,13.585 万人。

12 月 全区农业生产形式由初级农业生产合作社转为高级农业生产合作社,全区 6.94 万户优抚对象同时加入合作社。对其中 1.69 万户达不到一般社员生活水平的优抚对象,各县人民委员会决定,给予优待劳动工日(亦称劳动工分)的补助。

1957 年

2 月 常德专署民政科拨发农村扶贫救济款 200 万元,重点扶持 12 万贫困农民加入农业生产合作社,其中桃源县 2140 户、慈利县 1760 户、石门县 2090 户、常德县 1860 户、澧县 2150 户、安乡县 890 户、临澧县 580 户、常德市郊区 346 户、津市市郊区 280 户。

6 月 常德专区将街道办事处缩减为 6 个,益阳市 5 个未变,津市市未设立街道派出机构,居委会由市政府直隶。

7 月 全区经过查对,核准抚恤对象 123 户,共发放一次性抚恤金 3.69 万元。全区给 2.5 万户烈军属和二等乙级以上革命残废军人给予劳动日优待,人均 65.5 个劳动日。

11 月 全区各地按照行业归口的办法,先后有 70 个生产自救厂、组移交机械、交通、二轻、电业等部门领导,随厂、组就业的 1918 名社会困难户和烈、军属成为国营或集体企业的职工。

1958 年

3 月 20 日 中共常德地委以第 70 号文通知,常德专署民政科、劳动科合并,置常德专署民政科。同年 10 月,地委决定劳动工作从民政科析出,分设常德专署劳动局。

4 月 常德专署、各县(市)民政科将移民工作交专署、县(市)农水部门管理。

5 月 常德地委指派专署民政科长翟一志、副科长卢金泉负责,开展外流人口劝返工作,并成立常德专署劝返外流人员工作组,由卢金泉任组长。

8—10 月 常德专区普遍建立人民公社。实行政社合一体制,共建立人民公社 117 个。

1959 年

11 月 18—23 日 常德专署召开全区烈军属、荣、复、转退军人社会主义建设积极分子代表大会。出席会议的正式代表 311 人,特邀列席代表 28 人。常德专署专员孙云英、副专员陈采夫等出席并讲话。大会收到各地贺电、贺信53份,喜报56份,实物报喜28件。

是年 区内因自然灾害影响,国民经济发生困难,农村中“左倾”冒进比较突出,人口外流日趋严重。据南县、澧县、常德、安乡、华容、汉寿、益阳、沅江、桃源、临澧等10县摸底统计,约有10万多农民向湖北省的荆州、宜昌,孝感地区的江陵、公安、石首、监利、潜江、嘉鱼、天门县和沙市、宜昌市等地的一些农场、市镇和农村作临时工或参加农业生产。是年,省民政厅指派办公室主任成岗,中共常德地委指派常德专署副专员杨子实,分别与中共荆州地委、专署的领导交涉劝返外流人员工作中的重大问题。在荆州地委、专署领导支持下,经过3个多月的努力,共劝返外流人口3.2万余人,尚剩1.2万余人在鄂。

1960 年

3月 常德专署指令专署民政科会同县人民委员会,组织医务人员,协助公社卫生院,采用中西医结合治疗的办法医治水肿、妇科病和儿童营养不良症等。至翌年底,共医治水肿、妇科病等各种严重病人35万人。

6月 常德地委成立常德专区整风整社领导小组,王敬为组长,李钦武、陈志良为副组长。11月,成立常德地委、专署农村整风整社办公室,翟立普为主任,王耀、李钦武、郭春荣、陈志良、郭洪亮为副主任。

8月 常德专署组织2850名干部,专门检查各地对烈、军属、残废军人、复员军人的优待补助情况。时全区所辖14县、3市共有优抚对象12.07万户,给予基本口粮优待的8.13万户,工分粮优待的3.94万户。

10—11月 慈利县在发放救济款、治病救灾的同时,开展整风整社运动,反对“平调”,反对“强迫命令”,对区、社、队犯有“五风”错误的干部集中整训,退赔“一平二调”的农民房屋财产,解散公共食堂,给生产队以核算单位等自主权,使农村生产发展,人民生活得到改善。

11月18—27日 专署民政科分别在南县、茅草街、常德等地召开各县(市)民政干部座谈会,检查制止人口盲目外流和开展群众性劝返工作。结合农村普遍开展的整风整社运动,贯彻中共中央十二条指示和湖南省委十大政策以及开展改革落后队的工作,制止盲流,争取外流人口返乡生产,使外流势头迅速得到控制。是年底,劝返回乡生产者达6000多人。

1961 年

2月 常德地区划小原公社管理范围,恢复常德、汉寿、沅江、益阳、桃江、安化、桃源、慈利、石门、澧县等10个县的县辖区建制。全区由1960年的5个建制区、205个建制公社、24个建制镇,分别增加到75个区、491个公社、20个镇、9个街道办事处。

6月 常德专署对烈属、军属、残废军人实行集体优待和国家补助、政治教育和物质优待、优待烈军属和保障五保户生活相结合的优待补助原则，采取年初评定，分段兑现，灾祸调整，年终结算的方法予以落实。是年，全区优待生活困难的烈属、军属、残废军人4.13万户，共优待劳动日3242.05个，户平785个工日，分得口粮485.8万公斤，户平81.3公斤；分得现金109.884万元，户平36.6元，其生活水平略高出全区农民生活一般水平的10%~15%。这一年，全区享受双定补助的对象有4386户、7102人。各公社(镇)逐人填证并凭证于1月和7月发给双定补助款。全区共拨发双定补助款2.15万元。

10月 常德专署会同汉寿、安乡、桃源等县，采用借田生产的办法，借田1.01万亩，社员自留地10.69万亩，种上冬季作物和蔬菜，以度荒年。是年，专署民政科发放临时补助款6.93万元，保证3345户、1.943万人烈、军属的基本生活；追加救济款120万元，以解决区内绝粮户的燃眉之急。

11月 专署民政科会同各县(市)民政部门开展对抗美援朝失踪人员进行普查登记工作。对158名失踪人员家属共发给一次性抚恤金4.3万元。

12月 全区各地相继撤销居民点，解散公共食堂。各县(市)五保户由集中与分散供养形式全部改为分散供养。

1962年

1月 专署民政科会同县民政部门检查核对冬令救济情况，主要解决缺衣少被群众的越冬问题。解决的办法是：高寒山区和不产棉区由国家发放寒衣棉被救济；产棉区动员群众，互相调剂，翻新补旧，集体照顾等。时全区共下拨冬令救济款3.8万元，发放布证15万尺。

3月 专署民政科会同县(市)民政部门，进一步抓了优待补助的评定。全区4.89万户、12.4477万人优待对象中，经群众评定，有2.2839万户享受优待工分补助，补助工日2481.11万个。

10月 根据“调整、巩固、充实、提高”的八字方针，常德专署责成区内各级民政部门对社会福利工厂、组进行全面整顿。是年，保留县(市)民政部门直接管理的福利生产单位共15家。

12月 常德专署及各县(市)民政科，将户政、地政工作分别交专署公安处、县(市)公安局和专署建设委员会、县(市)计划委员会管理。

12月30日 国务院批准(内杨字第424号)恢复益阳专区。管辖原常德专区所辖的益阳市、益阳、南县、沅江、华容、安化六县(市)和湘潭专区的宁乡县，共一市七县。

1963年

3月30日 专置民政科组织常德县与常德市人民政府及相关部门共同协商，形成《湖南省常德港口码头管理办法实施细则》，从而确定了落路口的管理区域范围，明确此处权属。

6 月 中国人民解放军总政治部追认在中印边界反击战中牺牲的 29 名常德籍官兵为革命烈士，政府给其遗属共发给一次性抚恤金 1.5 万元。

7 月 专署民政科和县（市）民政部门，开始办理精减退职老弱残职工的救济。是年，全区退职老弱残职工 1.45 万人，由县（市）民政部门按原标准工资的 30%发给救济费的 1548 人，总计款 1.85 万元。

10—11 月 常德专署民政科按照年定季调、民主评议、县（市）审定的办法，对全区城镇常年贫困户实行定期定量救济。是年，全区评定双定救济对象 1297 户、2899 人，累计发放救济款 2.32 万元。

12 月 专署民政科下拨一次性临时补助款 180.59 万元，由各县（市）民政科发放到人，时全区有烈属、军属、革命残废军人和复员退伍军人共计 15.986 万人享受补助。

1964 年

5 月 区内各地在进行“四清”运动的同时，开展扶持严重困难户的工作。专署民政科在汉寿县新兴嘴公社的 3 个生产大队进行重点扶持严重困难户的试点，探索和总结严重困难户的条件和扶持严重困难户的做法。这年底，专署民政科会同各县进行全面摸底、重点扶持的办法，相继在全区 14 个公社、28 个生产大队、275 个生产队进行试点。翌年初，全面开展扶持严重困难户工作。地、县民政科派员到开展“四清”的新兴嘴、丹洲、枫树、通津铺、二都、杉板、澧阳、安文等公社进行实地核实，加上各县掌握的 1365 个重点穷队，共审定严重困难户 2.79 万户。专署拨给各县扶贫救济款 300 万元，户平 107.5 元，使 8.975 万人得到救济性扶持。

6 月 专署民政科根据前 3 年自然灾害救济和社会救济、扶持贫困户的经验，通令各县（市）民政部门，对贫困优抚对象，不仅在财力和物资上扶持，而且要在精神上鼓励他们克服困难，发展生产，勤劳致富。年内，桃源县在八字路，澧县在澧南，慈利县在零溪，石门县在二都，安乡县在安成，汉寿县在周文庙，临澧县在停弦渡，常德市在护城，津市市在郊区菜农队进行扶贫试点。专署民政科对全区困难烈军属 1250 户、2146 人，在乡复员退伍军人 1530 人，拨出专款 180 万元，各县（市）适当增补一定数量经费，并抽调近 200 名干部，下到各试点单位，开展扶持、救济。

12 月 常德地区对农村五保户实行照顾工分，年底参加分配，从公益金中给予补助。这年，全区享受五保的对象有 9.808 万户，14.408 万人。共计照顾劳动工日 957.619 万个，人均 66.5 个。分得粮食 2509.76 万公斤，年人平 175 公斤。公益金支付生活补助费 450 多万元，年人均 31.2 元。国家对极为困难的还给予适当救济。

1965年

10月 专署民政科在给各县(市)拨发双定补助款18万元之后,给各县(市)追加优抚对象双定补助款12万元,分配如下:

常德县1.2万元、桃源县1.2万元、慈利县1.2万元、石门县1.2万元、澧县1.3万元、安乡县1万元、汉寿县1.1万元;常德市1.2万元、津市市8000元;临澧县1万元、西湖农场4000元、西洞庭湖农场4000元。

11月 全区享受双定救济对象为1751户、2181人,年发放双定救济款10.81万元,同时,对3842户实施临时救济,共发放救济款1.459万元。

1966年

6月 专署民政科召开全区民政会议,安排区内扶持穷队试点的工作,并决定在汉寿县聂家桥公社开始扶持穷队的试点。各县相继在1~2个生产大队进行试点。地委给各县拨发扶持穷队试点专款120万元。帮助试点单位购买化肥、农药、种子,经营副业生产。不久,"文化大革命"开始,各地撤回工作队,全区扶贫工作停办。

7月 常德专署民政科追加双定补助款7.25万元。时全区有1764户(人)优抚对象享受双定补助,全年共发放双定补助款15.5848万元。

10月 全区共核定退伍红军战士60名。其中1949年10月1日后退伍的45名,1945—1949年9月30日期间退伍的15名。经核准后,专署民政科一次拨给安置费5万元。各县(市)根据安置对象的要求和当地情况,配发粮、棉、油等计划物资,给定居农村的,每人发给优待口粮250~300公斤,给缺劳户安排专人挑水、做饭、料理家务。

12月 根据毛主席的"五七"指示,全区原有街道、居委会举办的生产自救厂、组,参加生产的自救人员,一部分转入街道、镇办工业企业,一部分合并转交归口行业部门。通过整顿,全区自救性的生产厂、组保留136个,有人员1317人。

1967年

7月 正值"文化大革命",专署民政科处于半瘫痪状态。原工作人员无一人在编,仅从其他单位和部门抽调部分人员,组成临时民政工作班子,时有军代表1名。

是年 常德专署民政科追加双定补助款5.89万元。时全区有2419户(人)优抚对象享受双定补助,全年发放双定补助款15.0194万元。全区发放社会救济费1.47万元,临时救济3875户困难户。

1968 年

2 月 常德地区革命委员会成立，未设专门民政机构，由地区革委会办事组指定 1 ~ 2 名工作人员办理部分民政业务。

5 月 常德地区的民政工作实行军管，由军代表负责，组成临时民政机构（民政组）。由于党和国家对民政工作的多年建设与客观要求，民政部门仍承担起优抚、救灾、救济和社会福利等部分工作。

5~9 月 常德地区各县（市）成立革命委员会。全区 39 个县辖区、289 个人民公社、15 个镇、5 个街道办事处等基层政权组织均成立革命委员会。由军队（武装部）、干部（结合进来的原机关领导干部）、群众（时称革命、生产积极分子）组成基层政权组织。党、政、军、学、商为一体，实行党的一元化领导体制。各地生产大队相继成立革委会，置主任 1 名，副主任 2–3 名，内设文书、会计、妇联、治保各 1 名，民兵营长原职未变。

6 月 地革委民政组追拨双定补助款 5.98 万元。时全区有 2237 户（人）优抚对象享受双定补助，全年发放双定补助款 15.4718 万元。

1969 年

9 月 常德地革委会给澧县在广东汕头市牛洋抗强台风斗争中牺牲的 37 名烈士家属发给一次性抚恤金共 6710 元。

11 月 常德军管会批准设立常德地区革命委员会办事组民政组，行使“文化大革命”前常德专署民政科部分职能。

12 月 地革委民政组追拨双定补助款 7.93 万元。全区有 2345 户（人）优抚对象享受双定补助，全年发放双定补助款 21.1247 万元。

是年 全区各县（市）优抚组织拥军优属慰问活动开始走向正轨。

1970 年

3 月 地革委民政组追拨双定补助款 8.53 万元。时全区有 2671 户（人）优抚对象享受双定补助，全年发放双定补助款 18.6044 万元。

12 月 常德地区组成“湖南省新年春节拥军优属慰问总团常德地区分团”，由地委书记、副书记、地革委会副主任和地直有关部门主要负责人以及各县（市）慰问团团长组成，慰问团临行前，议定慰问对象、物资、路线和要求。配合省慰问总团分 3 路对常德市区和津市市、慈利县驻军组织慰问活动。常德地革委民政组具体负责、组织协调慰问活动相关事宜。

是年 区内基层政权组织经过调整后，仍实行一元化领导，各单位革委会主任1人，副主任3~5人或5~7人，内置武装部长、公安特派员、民政会计（亦移民政专干）、财政会计辅导员、妇联主任、工商管理员和炊事员以及秘书各1名，各司其职。

1971年

3月 地革委民政组追拨双定补助款9.54万元。时全区有1.5186万户（人）优抚对象享受双定补助，全年发放双定补助款21.119万元。

5月5日 将常德地区革命委员会人保组管理的收容遣送站，改为常德地区革命委员会收容遣送站，恢复传统的外流人口收容遣送办法。

7月 地革委民政组下拨残废抚恤金3.04万元，时全区有残废军人404人，其中在职94人，在乡310人。

是年 常德地区成立拥军优属慰问分团，配合省慰问总团分4路对慈利、澧县、临澧、石门、津市驻军组织慰问活动，共配备文艺宣传队和电影放映队各2个。

1972年

5月 全区各地对2347人实施双定救济，计款2.81万元；对3048户进行临时救济，计款1.15万元。

是年 全区第三次残疾人员换发新证。对745名持有原内务部制发的“革命残废军人抚恤证”“人民警察残废抚恤证”“革命工作人员残废抚恤证”“民兵、民工残废抚恤证”的残废人员，换发以湖南省革命委员会名义印制的新残废证。

是年 常德地区组成拥军优属慰问分团，配合省慰问总团分10路对全区各县（市）驻军及慈利县海军转运站开展慰问活动，每路配备电影放映队1个。慰问活动一般为走访、联欢，并给一定数量的招待和慰问物资。

1973年

9月20日 中共常德地委批准（常发〔1973〕33号），撤销常德地区革命委员会办事组民政组，组建常德地区革命委员会民政局，办公地址设常德市建设西路（原常德专署南院宿舍）。负责管理全地区优抚安置、行政区划、救灾救济、收容遣送、社会福利、婚姻登记、殡葬改革等项工作。

10月 全区各地对2184人实施双定救济，计款2.62万元；对3171户进行临时救济，计款1.34万元。

11 月 常德地革委民政局下拨残废抚恤金 3.9259 万元。时全区有残废军人 572 人，其中在职 172 人，在乡 400 人。

12 月 常德地革委民政局对 180 名生活困难的散居归国华侨、港澳同胞及其眷属共拨发 9000 元救济款，进行临时性救济。对外国侨居常德各地的 6 名侨民每人每年发放救济款 1000～1500 元，以实施人道主义救济。

1974 年

3—4 月 全区共接收安置复员退伍军人 2868 人，其中农村入伍的 2785 人，城镇入伍的83 人。按照省革委〔1974〕48 号文件精神，安排工作的 960 人，其中复工复职 33 人，安排全民所有制单位的 912 人，集体所有制单位 15 人。同时，全区共拿出布票 3 万尺，棉花 2 万斤，棉被 4000 床，红糖 5500 斤，肥皂 3285 条，烧柴 40 万斤，木材 200 立方米和楠竹等物，以解决部分农村退伍军人的实际困难。

9 月 8—21 日 常德地委、地革委开展拥军优属活动，由党政领导带队，成立 4 个分团（201 名成员、工作人员均佩戴不同标记），分赴慈利、石门、常德、澧县、津市和临澧县等地驻军及干休所进行走访慰问。8 个文艺团体、电影队随慰问团演出共 45 场，观众达 2.9 万人。慰问团共走访 36 个驻军单位，组织座谈 910 人次。

1975 年

6 月 全区侨务工作会议召开，各县（市）民政局（科）及地直有关单位负责人出席，地革委民政局侨务工作负责人谢雪安传达省侨务工作座谈会精神，地革委民政局局长卢金泉主持会议，副局长赵咏力作会议总结。

7 月 26—27 日 常德地区复退安置工作会议在常德市召开。常德军分区副参谋长李大全主持，省革委会民政局局长苏林、省民政局优抚处长王海清、地革委副主任王迎之、地革委劳动局局长宋书明出席会议并讲话。地区退伍办副主任王佐臣作专题发言，地革委劳动局秘书阙羡岳传达省革委复退安置工作座谈会精神，军分区副司令员刘子荣作总结报告。

12 月 25—27 日 常德地区复员退伍安置工作会议在常德市召开。各县（市）民政局（科）长、人武部主管退伍工作科长、计委主管劳动工作的负责人共 35 人参加会议。地革委民政局局长卢金泉作专题报告，地革委劳动局局长宋书明传达中共湖南省委对 1969 年至 1974 年底尚未安排工作的复员干部安置的指示精神，常德军分区副司令员刘子荣作总结报告。

1976 年

1 月 7—11 日 常德地区老红军、烈军属、荣复转退军人代表大会在常德市隆重召开。出席这次大会的代表共 189 名（正式代表 166 名，特邀列席代表 23 名）。

2 月 常德地区开始接收、安置中华人民共和国特赦释放国民党县、团以上军政人员（亦称宽大释放人员）20 名。地区民政局对首批宽大释放人员拨发生活费 2000 元，各县（市）共发给救济费 946 元。1979 年 10 月，全区宽释人员增至 44 人，地区民政局拨发生活补助费共4176 元、困难救济费 2850 元。1984 年，地区民政局对第二批特赦释放国民党县、团以下人员 391 名，共拨发生活救济费 6.438 万元，由县（市）民政部门监发到人。1985 年后，全区对这类人员采取双定救济和临时救济的办法，列为社会救济对象，使其过着安稳的生活。

5 月 12—13 日 常德地区复员退伍军人先进代表座谈会在常德市召开。30 名复退军人代表出席座谈会，一致通过给伟大领袖毛主席的"致敬信"。地革委民政局局长卢金泉、地革委退伍办副主任王佐臣先后主持会议，地革委副主任王迎之、常德军分区政委王磊、副政委傅勇、常德军分区副参谋长李大全等出席座谈会，傅勇作总结报告。

1977 年

3 月 20 日晚 地委副书记、地革委会副主任、地区退伍工作领导小组组长刘佳时主持召开地区退伍办公室工作会议。常德军分区副司令员、地区退伍工作领导小组副组长王秀堂、地革委退伍办公室副主任罗桂平以及地革委会交通局副局长刘彦魁、地区运输公司有关方面负责参加会议。会议集中研究了途经常德的复退军人接待转运工作的有关事宜，具体部署了车辆调配，中转复退军人工作。

4 月 21—22 日 常德地区退伍工作现场经验交流会在澧县召开。各县、市（镇）退伍办负责人、秘书以及澧县红湖区委、澧阳区委和余家台、澧西公社，汉寿县聂家桥公社、石门县二都公社、常德县河洑公社主管退伍工作的负责人，红湖区、社的民政干部和部分退伍军人代表共 60 余人参加会议。地革委民政局副局长陆勤、地革委退伍办副主任罗桂平先后主持会议。会上，澧县及红湖、澧阳区等 9 个单位和 5 名退伍军人代表作了典型发言，现场参观学习了澧西公社荷花二队的退伍安置工作。常德地区退伍工作领导小组副组长、常德军分区副司令员王秀堂作总结报告。

1978 年

6 月 常德地革委民政局追拨双定补助款 9.8149 万元。时全区有 3657 名优抚对象享受双定补助，全年发放双定补助款33.9万元。另全区有246户、1128人享受双定救济，共发放双定救济款18.93万元；对全区2980户实施临时救济，共发放临时救济款25.38万元。

11月 常德地区对新中国成立30多年中出现的冤、假、错案及其人员，分别进行改正处理。地、县民政部门对其中205名改正处理人员进行困难救济。同时，对1957年和1959年打成右派被摘掉右派分子帽子人员中的180名生活无着者、27名文艺界知识分子生活严重困难者，每人年平均发放社会救济款120元，多者人发300元。此外，民政部门对刑满释放人员中的168人给予救济，其中平反释放人员35人，刑满释放归侨5人，参与林彪、江青反革命集团被判刑释放人员19人，其他刑事犯罪刑满释放人员109人，共发救济款3360元。

12月12日 地革委民政局副局长陆勤等带领地区和汉寿县民政局部分工作人员，到聂家桥公社中牛桥大队进行扶贫试点。是月12—31日，召开大小会议30场次，层层动员，深入发动。翌年1—2月，进行认真摸底调查，反复审定对象。经过调查核实，确定29户、146人为严重困难户，随即开展扶贫活动。至年底，3户缺房户搬进新居，2户破漏小茅棚翻修成瓦房；21户、124人彻底改变模样；39人超支缺吃，有病无钱医治的得到及时扶持和照顾；3名游手好闲，既无生产工具也无生活用具，长期受人歧视，破罐破摔的，经过教育、帮助、扶持，当年摆脱贫困，自给有余。

1979年

2月25日 常德地区革命委员会发出《关于做好优抚对象普查工作的通知》(常革发〔1979〕5号)。各地采取集中领导、集中时间、集中力量，抓住宣传发动、清查登记、复审验收、统计上报和汇报处理五个主要环节，在全区范围内开展优抚对象普查，至5月底基本结束。时全区共有优抚对象29.0538万人。对在历次政治运动中遭受迫害打击的75人给予平反昭雪；给2.6698万户、10.6212万人落实劳动工分优待，给2114户、2804人落实双定补助；共拿出木材523立方米、楠竹1.5万根，帮助692户修建住房710间；解决资金6.7086万元，帮助4490户解决穿衣困难；解决资金15.2428万元，帮助1.1155万户解决吃饭当务之急。同时，社、队减免2531户优抚对象长期拖欠的公款15.7288万元，核减2259户超欠的集体粮食29.331万斤。

5月 常德地区革命委员会民政局更名为常德行政公署民政局。是年8月，改为常德地区民政局。时区内各县(市)革命委员会民政局相继更名为县(市)民政局。

6月21—23日 常德行署民政局召开全区南疆保卫战优抚工作总结会。在1979年2月进行的南疆保卫战中，全区参战官兵共涌现出战斗英雄模范、立功人员482名；荣立一等功者26人，二等功者77人，三等功者376人；阵亡烈士192名，其中干部18人，战士174人，中共党员93名，共青团员87名。烈士中系1977年入伍的130人，1978年入伍的24人，1979年入伍的15人。革命烈士分布全区9个县、市的112个公社和6个农场、机关单位。

12 月 常德地、县(市)民政局认真进行居民下放落实政策工作。1968 年、1969 年,全区城镇下放人员共 2.8781 万户、9.3513 万人,按照政策及时收回 2.318 万户、7.5533 万人,就地安置 5601 户、1.978 万人。全区适时下拨木材 567 立方米,经费 26.7 万元,以济群众之急需。

1980 年

4 月 1—20 日 地区民政局抽调 13 名干部,组成 3 个小组,对全区退伍工作进行巡回大检查,对 24 个公社、43 个大队的退伍军人安置情况进行深入细致地了解,先后召开大小座谈会 36 个,走访当年回乡退伍军人 110 人。发现了一批如安乡县安福公社、澧县余家台公社、常德市东郊公社、常德县洞庭公社等依靠群众,落实安置政策好的单位。

9 月 常德地区民政局根据省收遣工作会议精神,将桃源、汉寿、慈利、澧县、临澧、安乡等 6 县收容遣送站撤销,对外保留站名、公章,留 1～2 名专职收遣干部,开展正常的收容遣送安置业务。

9 月 17—18 日 全区召开收遣安置工作座谈会,专题研究长流人员安置工作。地区民政局局长卢金泉主持,充分肯定了津市收遣站与公安部门密切配合,依靠基层落实安置,使长流人员"浪子回头金不换"的典型经验。

10 月 常德地区改进优抚对象定期定量补助工作顺利结束,此项工作从 1979 年 12 月开始,历时一年。时全区优抚对象 4.65 万户、18.82 万人,享受双定补助的 1442 户、4965 人,年补助金额为 47.09 万元。

12 月 全区撤销区、公社等基层革命委员会,恢复管委会等行政领导体制,实行党政分置,其内部机构与人员编制,恢复到 1966 年以前的状况。

1981 年

3 月 地区民政局牵头,联系地直农、林、财、银行、工商、交通、建委等部门的领导和部分干部、职工,分赴临澧、安乡县,开始扶贫扶优工作,并协助两县开展试点。

4—11 月 全区进行第四次换发残废证的工作。采用全国统一编号(常德地区的残废人员抚恤证编号为:湘荣字第 140001～149999 号),凭旧证发新证。至 11 月底,全区残废人员除 2 人因罪在押和外出未归的 46 人外,有 2567 人换发民政部统一印制的"革命残废人员抚恤证",其中:革命残废军人 2554 人;残废工作人员 8 人;残废人民警察 2 人;残废民兵、民工 3 人。

6 月 22—28 日 中共常德地委委员刘淑元、地区民政局局长卢金泉等带领 20 名老区慰问团成员,赴石门、慈利两县走访慰问革命老区人民、优抚对象。慰问团抵达石门后,在石门县委书记彭长清、县长韩金松、组织部长阎双和等陪同下,先后到磨市、城关、蒙泉等 7 个区开展走访慰问活动，重点深入磨市、南岳、皂市、易市、二都、蒙泉、官渡等7个公社。召开4次座谈会，走访老党员、老干部、老红军、老劳动模范16名，抚慰9户烈士家属，看望部分特困群众，老区人民万分感激。

12月 地区民政局主管的选举工作交常德地区行政公署办公室。

1982年

8月17—19日 全区精减退职老弱残职工补办40%救济手续工作会议召开，各县（市）人民政府负责人和民政局长以及地直有关单位负责人参加，行署副专员张宜林出席会议并讲话。此项工作，是年8月21日开始，至翌年6月10日基本结束，历时9个多月。

11月 省民政厅统一编印《湖南省革命烈士英名录》，第十卷为常德分册，入录烈士4509名，其中，男性4489名，女性20人。属于第一次国内革命战争时期牺牲的72人；第二次国内革命战争时期牺牲的2342人；抗日战争时期牺牲的174人；解放战争时期牺牲的123人；抗美援朝战争时期牺牲的1144人；社会主义建设时期牺牲的654人。

1983年

5月11日—11月30日 根据民政部和省民政厅关于换发、补发“革命烈士证明书”的统一部署和具体要求以及民政部在郑州市的试点经验，全区全面开展换发、补发“革命烈士证明书”的工作。是年，全区共为2070名革命烈士家属换发、补发民政部统一印制的新证。其中，属于旧证换新证的837名，补证的1233名，转外地换证、补证的47名。其新证统一由县（市）人民政府加盖公章，填写完毕后，根据不同情况发证。对革命烈士较多的单位，由人民公社、街道办事处召开隆重的发证大会，授证给革命烈士家属；革命烈士较少的单位，则由公社或大队组织青年、民兵、学生敲锣打鼓送证上门。

11月 按照中共中央、国务院《关于实行政社分开建立乡政府的通知》和中共湖南省委、省人民政府的部署，全区各县（市）全面开展政社分设，建立乡政府的工作。中共常德地委成立建乡领导小组，地委书记陈彰嘉任组长，副书记罗寅阶、秘书长曾繁友任副组长，地委政法委及地区民政、公安和组织、人事、宣传等部门主要负责人为成员。下设办公室、组织组、宣传组，负责全区建乡的组织领导和其他事务。

至1984年12月 全区完成建立乡人民政府的工作任务。由乡人民代表大会选举产生正、副乡长，每届任期3年。乡政府设民政、司法、企业、财粮、统计、农业、林业、计划生育等部门和共青团委、妇联等组织。生产大队和生产队分别改为村民委员会、村民小组。村民委员会主任和村民小组长均由群众民主选举产生。公社党委会改称乡党委会，由中共乡党员代表大会选举产生，委员7～11人。乡人民政府，设乡长（或由乡党委副书记兼任）1名、副乡长（一般为乡党委成员)1～2名。乡政府内置秘书(亦有党政并兼)、公安员(部分乡建有派出所而代之)、民政助理员、司法助理员、财政粮食管理员、计划统计员和文教、农科、计划生育专干等。乡办公室(大乡党政各置办公室)由秘书主持办公室工作。此外,县延伸到乡的直属单位,有供销社、乡卫生院、财政所、联校、畜牧兽医站、广播站、建设站、土地管理站、统计站以及派出所等。

1984年

2月10日 常德地区行政公署批准(常署发〔1984〕5号),将常德地区行政公署民政处改为常德地区民政局。

2—4月 人民公社改为乡人民政府后,随即生产大队、生产队分别改为村、组,设村民委员会、村民小组,均属基层群众自治组织。村民委员会置主任1名、副主任2～3名,委员5～9名。内设治安保卫、人民调解、社会福利、公共卫生等委员会,直隶于村委会。是年,全区8县2市,有38个县辖区,250个乡、71个镇、8个街道办事处,4856个村、5.11149万个村民小组,215个居委会、1843个居民小组。

5月16—18日 全区双扶现场经验交流会在临澧县召开。地区民政局局长庹朝明作专题报告,肯定这个县"五定""四包"的做法。地委副书记罗寅阶、行署副专员肖宗荣出席会议并讲话。

9月 地区民政局主管的华侨事务工作交常德地区行政公署办公室管理。

1985年

2月 全区对1399名"三属"户改定期补助为定期抚恤,占全区3061名"三属"户总数的45.7%。地区民政局拨发定期抚恤费85.9万元,其中烈、军属每人每年平均达275.19元。

3月8—10日 地区民政局召开全区双扶先进单位先进个人表彰大会。地委政法委副主任李子芹致开幕词,行署副专员、地区双扶领导小组副组长肖宗荣作题为《以治穷致富为目标,把"双扶"工作推向新的发展阶段》的工作报告,地委副书记、地区双扶领导小组组长罗寅阶致闭幕词。地区民政局长庹朝明宣读1984年度双扶工作表彰通报,临澧、安乡、常德3县和35个双扶工作先进乡、镇以及胡林生等125名责任心强、扶持效果显著的热心扶持承包的年度双扶工作党员、干部受到表彰。

10月9—14日 全省优抚事业先进单位和先进个人表彰大会在长沙市召开,常德地区的慈利县溪口区光荣院、石门县仙阳区光荣院院长伍香德、桃源县漆河区光荣院院长罗立成受到表彰。

1986 年

3 月 19—26 日 省民政厅厅长赵悌一行在地区民政局局长庹朝明、副局长方继辉等陪同下，深入慈利、桃源、临澧、常德县、常德市五个县市及所属八个区、乡(镇)和部分福利事业单位、“双扶”经济实体及部分村、组和贫困户、五保户家中进行了调查、走访、座谈。

4 月 11—17 日 民政部副部长章明在省民政厅副厅长马静波和地区民政局副局长方继辉陪同下，实地考察了桃源、慈利等县的民政工作。地委副书记罗寅阶、行署副专员曾繁友、地委政法委副主任黄德元接待了章明副部长一行。

5 月 16—17 日 全区召开首届民政理论讨论会，各县市民政局理论研究小组组长及提交会议讨论的论文主笔等 30 余人参加会议。省民政厅办公室副主任王中藻、地委政法委副主任黄德元等莅临会议指导。会后，省民政厅办公室编印了《常德地区首届民政理论讨论会专辑》。

9 月 22—24 日 民政部在福州召开的民政厅(局)办公室主任会议上，充分肯定了常德地区开展民政理论信息工作所取得的成绩，并转发了地区民政局关于《增强信息观念，促进民政工作》的经验材料。

12 月 14—16 日 全区双扶工作经验交流暨表彰大会召开。地委委员、地委政法委主任王大元致开幕词，临澧县委副书记易湘域传达全国扶贫扶优工作经验交流暨表彰大会精神，地区民政局副局长樊长富作题为《把扶贫扶优工作更加深入地扎实地开展下去，为实现共同富裕而努力奋斗》的工作报告，局长庹朝明宣读表彰决定(表彰 63 个先进集体、153 名先进个人)，地委副书记罗寅阶出席会议并讲话，行署副专员曾繁友致闭幕词。地区民政局卢金泉、周明志、王华桢、陆勤等领导均到会并先后主持会议。

1987 年

7 月 专员程林义签发常德地区行政公署办公会议纪要，决定常德地区收容遣送中心站，与地区文物工作队换址建常德博物馆。是年 8 月，全国人大常委会批转民政部会同湖南省人民政府调查处理。因直属国家财产，换址未被批准。1990 年，中共常德市委常委会议，以〔1990〕14 号纪要作出决定，于 1991 年 7—8 月，常德市收容遣送站由武陵大道(时为鼎城中路)东侧搬迁至城北光荣路，与市文物队换址。换址后，市收容遣送站址占地面积仅 7 亩，建筑面积(危房)2000 余平方米。

8 月 5—11 日 地区民政局局长庹朝明、副局长方继辉带队，分别前往石门县商溪乡、南镇乡和慈利县广福桥镇、国太桥乡等 10 个老革命根据地乡(镇)慰问。

12 月 25 日 民政部印发《民政部关于表彰全国民政系统先进集体和模范个人的决定》

(民〔1988〕人字2号)。翌年1月12日,民政部在北京召开新中国成立以来第一次表彰全国民政系统先进集体和模范个人新闻发布会,民政部部长崔乃夫出席会议并讲话。时常德地区民政局被授予“全国民政系统先进集体”荣誉称号。

1988年

1月23日 国务院以国函〔1988〕18号文,向湖南省人民政府发出《国务院关于湖南省撤销常德地区实行市领导县体制的批复》。

2月9—10日 常德地区军民共建共育工作先进典型代表座谈会在常德市举行。全区28名先进单位和个人代表参加,地区民政局局长庹朝明致辞,地委副局书记罗寅阶、行署副专员曾繁友等出席并讲话。

12月31日 根据《革命烈士褒扬条例》的有关规定,常德市(地区)民政局对于过去为革命牺牲的有名、无名或无法查明牺牲时间的,或纠错补漏的革命烈士,进行全面清理,并报请湖南省民政厅备案,认定史绍根等6471人为革命烈士。

7月27日 中共湖南省委办公厅下达《关于批复常德市市直党政群机关机构设置的通知》(湘办〔1988〕37号),明确设立常德市民政局,为市政府工作部门。同年8月24日,中共常德市委下发《关于常德市市直党政群机关机构设置的通知》(常通字〔1988〕11号),进一步确立了民政局作为市人民政府工作部门的地位。民政局设党组,党组正、副书记和成员由市委任命;局长由市人大常委会任命,副局长由市政府任命。

9月20日 根据第七届全国人民代表大会常务委员会第二次会议通过的《中华人民共和国中央军事委员会关于授予军队离休干部中国人民解放军功勋荣誉的规定》,中国人民解放军广州军区命令《授予邢广文等609人中国人民解放军功勋荣章》(〔1988〕军勋字第18号),常德地区:中国人民解放军独立功勋荣誉章邢广文,中国人民解放军胜利功勋荣誉章李绍禹、毛振中、郝清文、姜忠和、代炳杰、董元和、何鹏、刘贵福、武序民、范有才、周志友、雷琢成、孟宪才、袁锡才、郭殿君、周保和、葛金贵、王兴文、徐桂忠、关志和、孙殿荣、李春庆、刘铁春、刘克复、江辉、雷汉卿、李桂春、杨惠、张武汉、胡庆余、王泽春、赵世清、刘德风、杨松、黄榜秀。

11月16日 湖南省人民政府以(湘政函〔1988〕51号),发出《关于湖南省大庸市实行市管县体制的通知》,批准大庸市升为地级市,将常德市所辖的慈利县和湘西土家族苗族自治州所辖的桑植县划归大庸市管辖,市人民政府驻永定区。

12月31日 根据《革命烈士褒扬条例》的有关规定,常德市(地区)民政局对于过去为革命牺牲的有名、无名或无法查明牺牲时间的,或纠错补漏的革命烈士,进行全面清理,并报请湖南省民政厅备案,认定史绍根等6471人为革命烈士。

是年 全区普遍实行“承包干部、扶持对象、脱贫措施”一条龙的包户扶优责任制,共扶持1.65万户，由1.6493万名党员、干部与被扶持对象签订承包扶持合同书，这些承包干部中，有县级干部35名、乡级干部6837名、村级干部9545名、退休干部76名。

1989年

3月9日 常德市人民政府常务副市长卜启圣签署常政报〔1989〕12号文，向省人民政府呈送《关于恢复常德县，调整武陵、鼎城区行政区域的请示》。

3月21日 湖南省人民政府向国务院呈送《关于恢复常德县，调整武陵、鼎城区行政区域的请示》；3—4月，市民政局副局长方继辉、科长杨海滨等与省民政厅领导先后3次赴京向民政部汇报。1991年12月5日，民政部对湖南省人民政府发出《关于湖南省恢复常德县及调整武陵、鼎城区行政区域问题的批复》（民行批〔1991〕84号）。

8月25日 全市《村组法》实施工作现场会在临澧县召开。市人大常委会副主任吴愈俊作工作报告，市委书记陈彰嘉、副市长颜永盛、杨万柱、省人大常委会副主任谢新颖出席会议并讲话。

1990年

3月1—3日 常德市第一次民政会议隆重召开。各区县、市分管民政工作的县(市)长、民政局局长及部分基层单位代表参加会议。市民政局局长庹朝明作工作报告。会议全面系统地总结了全市“七五”期间的民政工作情况和经验，围绕稳定，分析了民政工作面临的形势和任务，研究和部署了1990年和今后一个时期的民政工作。市委书记庞道沐、市委常委、常德军分区司令员方子珍等出席会议并讲话。

7月3—4日 民政部副部长张德江率部救灾专员李智光、副处长周建国等，在副省长董志文、省民政厅厅长赵悌陪同下，赵常德慰问灾区，并考察民政工作。市民政局局长庹朝明就全市民政工作做了全面汇报，市长蔡长松、秘书长钦时中专程到茶庵铺区公所接待并汇报全市灾情及抗救情况。张德江对全市民政工作和抗灾救灾给予了充分肯定。

11月 市民政局对全市219家福利企业进行全面建卡登记。是年，全市219个福利工厂共安置“四残”人员1902人，贫困户1266人，优抚对象567人。全年共创产值5328万元，利税932.3万元。

12月28—29日 市人民政府在常德宾馆召开常德市残疾人联合会(简称残联)第一次代表大会。市长蔡长松出席并致闭幕词。大会选举市残联第一届主席团委员21名，选举市人民政府副市长钦时中为常德市残联第一届主席团主席，张安中、庹朝明、樊长富、张世云为副主席；主席团委员会议推举市民政局副局长樊长富兼任市残联第一届执行理事会理事长。

1991 年

1 月 31—2 月 1 日 市民政局召开全市“学雷锋、树新风、甘当孺子牛”经验交流暨表彰大会。各区、县(市)民政局长、股长,先进个人代表,市局各科室及直属单位负责人出席会议。会议由市民政局纪检组副组长罗平之主持。副局长樊长富作工作报告,局长庹朝明向先进集体、个人表示祝贺,并向 53 个先进集体、121 个先进个人颁发了证书和奖金。大会还代表省、市人民政府给 201 名长期从事居委会工作的同志颁发了荣誉证书和奖金。

5 月 11 日 市委常委、市人大常委会主任罗寅阶,副主任刘运武、市政府副市长钦时中、市政协副主席戴平安、军分区司令员方子珍带队,由市民政局、市协作委、市财委、市外经委等有关单位负责人组成常德市党政军慰问团,到驻守在越南边境的边防三师走访慰问,并向驻守在法卡山的边三师七团、九团和七连、九连赠送锦旗和慰问信、慰问品,参观荣誉室、祭扫烈士纪念碑,召开常德籍干部战士代表座谈会。

5 月 13—22 日 市民政局局长庹朝明带领各区县、市民政局局长等一行 17 人,赴广西南宁、凭祥、北海、柳州、桂林等地走访慰问边防部队和参观学习民政工作经验。广西区民政厅厅长白先经、副厅长兰志流等接待了代表团全体人员。5 月 14 日,兰志流厅长组织区厅办公室、双退办、基政、优抚、民政、城福等 6 个业务处室的负责同志向代表们专门介绍了全区相关业务情况和经验。

9 月 16—19 日 民政部部长崔乃夫、民政部国际司副司长邵雷、秘书裴航一行,由省委副书记孙文盛、省民政厅厅长许岳松、副厅长李定坤等陪同,到常德市视察生产救灾,重建家园情况。中共常德市委书记庞道沐、副书记周阳生、副市长钦时中、市民政局局长庹朝明陪同崔乃夫部长一行考察津市受灾严重的阳由乡果园村、澧县梦溪镇李家村灾民新村的建设情况。

10 月 20 日 省民政厅副厅长、省残联理事长陈代祥由市民政局副局长、市残联理事长樊长富陪同,到澧县梦溪镇、临澧县烽火乡慰问受灾残疾人,并捐赠救济款 2 万元。

12 月 30—31 日 常德市退伍安置工作总结暨表彰会在常德宾馆召开。市委常委、军分区司令员方子珍、市政府副市长饮时中、军分区政治部主任梅荣保、市委政法委副书记杜振汉、市政府副秘书长王德盛等出席会议。市民政局局长庹朝明作题为《振奋精神,深化改革,进一步做好退伍安置工作》的报告。会上,市政府对 69 个退伍安置工作先进单位、34 名退伍安置工作、退伍军人先进个人给予通报表彰;欧阳西圣等 8 名退伍军人向全市在乡退伍军人发出题为《安心农村,立志为振兴农业做贡献》的倡议书。

1992 年

1 月 常德市人民政府召开专题会议,启动第一次城市道路命名、更名工作。

1 月 13—14 日 全市 1991 年度民政工作总结表彰大会召开。各区县、市民政局长、办公室主任、民政工作先进集体和先进个人代表以及市民政局各科室、市精神病院、收遣站负责人参加会议。市民政局局长庹朝明作工作报告,会上通报表彰了 59 个先进集体和 106 名先进个人,临澧、津市、澧县三县(市)民政局长作了大会发言,会议确定 1992 年在全市民政系统开展“民政工作效益年”活动。市人大常委会副主任徐霞霖、市政府副秘书长王德盛、市委政法委副书记龚玉昆出席会议并讲话。

5 月 11—15 日 市民政局组织津市、鼎城、武陵、桃源等区、县(市)的乡镇、街道企业产品,参加民政部在深圳举行的’92 中国乡镇、街道之星产品博览会。参展的鼎城区石门桥镇檀树坪村油轴承厂生产的油轴承荣获金奖;武陵区仁智桥居委会电子游戏卡厂生产的可录式游戏卡获银奖;石门县南渡茶厂的绿茶、津市市白衣茶厂银毫松针茶获优秀奖。

9 月 20 日上午 常德市人大常委会副主任吴愈俊、市政府副市长刘昌进、市政协副主席杨功裕以及市民政局局长庹朝明、副局长程涛和市委宣传部副部长邵启发、市体委主任赵长寿,副主任彭运球、向玉成,市民政局副局长、市残联理事长樊长富,津市残联钟吉华等热情接待载誉回常的运动员周学元及陪同人员。在欢迎座谈会上,副市长刘昌进对周学元顽强拼搏、为国争光的精神给予了高度赞扬,并颁发奖金 2000 元,市电视台、市电台等新闻单位对这次座谈会进行了及时报道。

1993 年

4 月 湘鄂川黔四省十二地州市民政局长联席会议在常德市召开。湖南省益阳市、大庸市、怀化地区、湘西自治州,湖北省宜昌市、沙市市、荆州地区、鄂西自治州,四川省黔江地区、万县市,贵州省铜仁地区等地、州、市民政局长、办公室主任出席会议。现场参观了临澧县、武陵区、鼎城区和市直民政事业单位。会议充分肯定了常德市民政工作改革发展成果,并就今后民政改革的基本思路广泛交换了意见。

5 月 常德市首届残疾人文艺会演在市城区举办。市委副书记彭孟芝,市委常委、宣传部部长蒯定勋,副市长莫道宏以及省广播电视厅、民政厅、文化厅、省残联的领导观看了首场演出,并接见全体演职员,对演出成功表示热烈祝贺。期间,共巡回演出 15 场,观众 2 万余人。

5 月 14 日 常德市人大常委会专题审议全市农村社会养老保险工作。市民政局局长庹朝明受市人民政府委托,就全市民政部门按照国务院、省、市人民政府相关规定,开展农村社会养老保险工作情况作了详细汇报。常委会组成人员对全市坚持因地制宜、实事求是、积极稳妥、分类指导原则,确定其实施目标给予了充分肯定。

1994 年

5 月 8 日 “六合彩”首发式在中国银行机关门前举行,市委副书记彭孟芝、市人大常委会副主任何星甫、市政协副主席姚正友及市募委会成员等出席首发式。市政府副秘书长田晓川主持,各区、县(市)中行行长、民政局局长参加首发式。省中行副行长侯云龙、市政府副市长洪明祥先后致辞。首发式后举行盛大游行宣传,以形成购彩热潮。

8 月 16—18 日 美国哈佛大学副教授戴慕珍女士应民政部邀请到临澧县实地考察村民自治,省民政厅基政处长肖文焕、常德市民政局局长庹朝明、临澧县委政法委书记杨绪沐等陪同考察。重点走访了合口镇白鹤村、修梅镇太平村等地,她高度赞扬了该县村民自治成果,并欣然英文题词:“中国像太平村这样发展,前途光明。”

11 月 24 日 市人民政府办公室以(常政办函〔1994〕90 号)文,向市救灾办发出《关于从市救灾捐款中拨给古丈县 100 万元的通知》。

1995 年

3 月 14—15 日 常德市第二次民政会议在桃林宾馆隆重召开。各区、县(市)分管民政的副区、县(市)长、民政局长、残联理事长、民政工作先进代表,市直有关部门负责人等 150 人参加会议。市委书记吴定宪,副书记彭孟芝、王孝忠,市政府副市长莫道宏等出席会议并讲话。会上,市民政局局长庹朝明作工作报告,安乡县等 10 个单位作典型发言,对临澧县等 21 个民政工作先进单位和安乡等 2 个 1994 年农村社会养老保险先进单位予以通报表彰,对何光义等 32 人授予“常德市民政工作先进工作者”称号。

8—10 月 常德市全面开展撤区并乡工作。至 10 月底,石门县、桃源县、澧县、鼎城区的撤区并乡全部完成,共撤销 31 个县辖区,合并 56 个乡(镇)。时全市共辖 10 个街道办事处、84 个镇、127 个乡(其中民族乡 4 个),共 4075 个村、414 个居委会。

11 月 30 日至 12 月 2 日 民政部副部长阎明复、民政部城福司司长吴忠泽、民政部救灾司捐赠处处长张心国、民政部优抚司处长柳玉生等一行,在副省长庞道沐、省民政厅厅长李定坤、省民政厅救灾处处长朱海棠、优抚处处长刘宏玉等陪同下,到常德考察。常德市政府市长张昌平、市委副书记王孝忠、市政府副市长陈君文、市政府副秘书长田晓川、市民政局局长庹朝明、副局长卜功元等陪同阎明复副部长一行深入汉寿县大南湖、围堤湖等重灾区实地调研。阎副部长对常德市的救灾及优抚工作给予了高度评价。

12 月 7—8 日 常德市农村社会养老保险工作会议在临澧县召开。各区、县(市)分管民政工作的副区、县(市)长、民政局长参加会议。市民政局局长庹朝明主持,市政府副市长洪明祥作专题报告。省民政厅副厅长余先端出席会议并讲话。

1996 年

1 月 6—7 日 湖南省村委会建设工作暨农村基层先进集体和先进个人表彰大会在临澧县召开。省民政厅厅长李定坤就今后农村村委会的建设工作作了工作报告。

3 月 24 日 常德市基层政权建设工作会议召开,各区县、市政府分管副县(区、市)长、民政局长参加会议,市政府副市长洪明祥主持会议,市民政局局长庹朝明作工作报告。会议回顾总结第一次全市村委会换届选举以来基层政权建设工作情况与经验,具体部署了第三次村委村换届选举工作。

4 月 18 日 临澧县被确定为全省加强农村社会保障体系建设试点县,市民政局亦确定澧县、安乡、鼎城三个市级试点县。临澧县农村社会保障体系建设的经验被民政部在全国予以推介。

1997 年

1 月 21 日 市民政局在柳叶湖旅游度假区召开专题会议,研究解决柳叶湖旅游度假区行政区划调整后存在的有关遗留问题。度假区党委书记李朝纲就度假区 1995 年 12 月 25 日区划调整后存在的遗留问题及民政工作安排等作了详细地汇报。武陵区、鼎城区民政局主要负责人出席了会议。会议就相关事宜达成共识,并形成了专题会议纪要。

6 月 10—13 日 湖南省民政财务工作会议在常德市芷园宾馆召开。民政部计财司副司长陈淼、湖南省人民政府副省长庞道沐、省财政厅副厅长李友志等出席会议并讲话。省民政厅厅长李定坤作工作报告,副厅长余先端作会议总结。与会代表参观了常德市民政局机关、阳光儿童福利院、市万金公墓和鼎城区民政局机关、桃花源镇民政所等单位。常德市民政局作了经验介绍。会上,省民政厅对全省民政计财工作先进单位和个人给予了奖励。

1998 年

1 月 常德市人民政府副秘书长田晓川、市民政局局长涂春堂一行,赴海南省三亚市对"常德舰"官兵开展慰问活动。

1 月 中共常德市委编委下发《在于常德市残疾人联合会升格为正处级群团组织的通知》(常编发〔1998〕26 号)。是年 11 月,常德市残疾人联合会归口管理关系由常德市民政局调整为市政府办公室管理(常编发〔1998〕21 号)。

8 月 刘本之代表常德市人民政府、熊健代表怀化市人民政府签署《常德市人民政府与怀化市人民政府联合勘定的行政区域界线协议书》。

9 月 4 日晚 常德市救灾办公室在市工人文化宫举办“爱在常德”98 赈灾文艺晚会。常德市、县(区、市)党委、政府主要领导和市直以上各单位主要负责人以及驻常部队、抗洪一线民兵、民工代表和部分干部群众共 1500 人参加,程兴国、唐辉、仇晓、海波、张延、梅冬主持了这次晚会,晚会上,共募集救灾款物 1700 万元,其中捐款 935 万元。

12 月 刘春林代表常德市人民政府、魏遐林代表益阳市人民政府签署《常德市人民政府与益阳市人民政府联合勘定的行政区域界线协议书》。

1999 年

3 月 29 日 常德市民政局召开机关干部职工大会,首次举办中层骨干公开竞争上岗演讲活动,并宣布对公务员系列的全部中层骨干实行岗位轮换。市民政局党组书记卜功元主持,局长涂春堂出席并讲话。

7 月 1 日 常德城市最低生活保障制度全面实施。9 月 15 日,常德市争取中央调标资金 235 万元。调标后,全市纳入城市低线保障的对象达 7235 人,月均保障标准达 104~140 元 / 人。

9 月 29 日至 11 月 4 日 市民政局举办“常德’99 中国福利彩票巨奖群”发行活动。历时 25 天,共发售彩票 630 万元,筹集福利基金 190 万元。

12 月 全国“爱心献功臣”行动表彰大会在北京召开,临澧县、澧县、津市市、武陵区被全国双拥领导小组、民政部授予“爱心献功臣”行动先进县(市、区)。

2000 年

1 月 15 日 市人民政府副秘书长田晓川率市民政局副局长程涛、市财政局副局长廖华清、金健米业公司董事长车世炎、常德卷烟厂武装部长徐丕彩等一行,前往海南省三亚市,慰问“常德舰”官兵。

2 月 刘春林代表常德市人民政府、张金华代表张家界市人民政府签署《常德市人民政府张家界市人民政府联合勘定的行政区界线协议书》。

2 月 14—17 日 全省市州民政局长会议在常德市华都宾馆召开。副省长庞道沐、省民政厅厅长李定坤、副厅长余先端、杨明波,省民政厅机关各处室、厅直属单位负责人、省财政厅相关处室负责人及各市州民政局长、办公室主任,省、市新闻媒体记者,部分特邀代表共 100 余人参加会议。常德市民政局、临澧县民政局在会上作典型经验介绍。

2 月 28 日 湖南省委、省政府、省军区在长沙召开全省双拥模范城(县)命名暨经验交流大会。津市市、澧县被命名为全省双拥模范城(县)。常德卷烟厂、津市汪家桥办事处被授予拥军优属先进单位,常德武警支队被授予拥政爱民先进单位,武陵区一等伤残军人田工被授予优抚对象先进个人,津市市汪家桥办事处李厚玉、汉寿县西港镇钟仙桃、桃源县武装部政委陈书生、武陵区消防特警中队罗斌被授予拥政爱民先进个人。

10 月 17 日　卫生部、中残联组派国家医疗队，到常德市鼎城人民医院开展为期一个月的白内障复明手术活动。共接诊 1568 人次，完成手术 364 例，植入人工晶体 278 枚，手术成功率 100%，脱盲率 100%，脱残率 86%，并对 200 名特困患者实行免费治疗。

10 月 25 日　武陵区福利院、军干所、殡葬机构、前进织带厂等单位上收交接仪式在市民政局举行。市委政法委书记戴军勇、市人大常委会副主任张先春、市政府副市长刘春林、市政协副主席戴平安、市政府副秘书长田晓川、龙迪安等出席，市直民政、财政、劳动、人事、编制、计委等有关部门和武陵区委、区政府、区民政局及上收单位负责人参加了交接活动。

2001 年

3 月 29 日　省政府副省长庞道沐、省政府副秘书长余长明、省农村工作部副部长陈吉芳、省政府三处处长邵国树、中共常德市委副书记、常德市人民政府市长程海波、常德市人大常委会副主任肖友志、副市长刘春林、市长助理刘明、市民政局局长卜功元、副局长何英平等参加市阳光儿童福利院儿童公寓落成典礼。

8 月 26 日　市政府副秘书长田晓川带队，赴海南省三亚市参加海军护卫舰第一大队成立50 周年庆典活动。田晓川发表讲话，并代表常德市委、市政府赠送了慰问金和慰问品。

2002 年

7 月　中残联主席邓朴方带领研究室室主任张宝林、组联部副主任田斌、办公厅副主任吕力一行，在省政府省长助理张明泰王、省政协副主席范多富、省残联理事长郭麦秋等陪同下到常德市调研残疾人工作。听取了市委书记程海波、市长陈君文的汇报，视察了市残疾人就业培训中心、鼎城区残联机关，并和市残联机关全体工作人员合影留念，看望了残疾人毛自赋。

8 月 31 日　常德市民政局组织武陵、鼎城、德山三区分别在步行街、桥南、德山十字街同时开展“城市低保、情系万家”为主题的宣传活动。副市长刘春林参加活动并讲话。

10 月 21 日　湖南省卫生厅、省残联、香港狮子会、深圳狮子会联合组派“视觉第一 中国行动”国家医疗队，到常德市鼎城人民医院开展为期一个月的白内障手术复明活动。共接诊患者 1180 人次，完成白内障复明手术 313 例，植入人工晶体 280 枚，植入率 90%，手术成功率100%，脱盲率 99%，脱残率 93%。所有就诊患者手术费用全免。

12 月 18 日　市委常委、常德军分区政委陈立云带队赴海南慰问“常德舰”全体官兵，市民政局局长卜功元、副局长黄生忠参加慰问活动。

12 月 24 日　市长陈君文、副市长刘春林在市民政局局长卜功元陪同下，走访慰问澧县杨家坊乡、张公庙镇的特困户、五保户和优抚对象。

12月25—26日 省政府副省长庞道沐在在市民政局长卜功元等陪同下，先后走访慰问临澧县烽火乡、临澧县福利院、市阳光孤儿院和市社会福利院，并赠送慰问金。

2003年

1月 中残联组派国家医疗队，到常德市皮肤病防治所开展常德、益阳、张家界三市的麻风畸残矫治手术活动，为期一个月。共完成手术196例，成功率100%，所有就诊患者手术费用全免。

2月26日 全省城市地名设标工作会议在澧县召开，民政部地名区划司副司长宋继华、省民政厅副厅长祝青云、市政府副市长刘春林、市政府副秘书长田晓川、市民政局局长卜功元出席会议。常德市被评为全省城市地名设标工作先进单位。

5月26日 省民政厅副厅长祝青云、北海舰队首长在市民政局局长卜功元的陪同下，看望361潜艇常德籍死难者家属。

7月3—5日 全市民政工作暨农村特困户住房救助现场会在石门县召开。常德市民政局局长卜功元作工作报告，省民政厅副厅长杨明波、常德市委副书记戴军勇、市政府副市长刘春林出席会议并讲话。

8月28日 常德市人民政府在市民政局六楼会议室举行低保助学金发放仪式，市政府副市长张元英出席，市民政局党组书记李继华主持发放仪式。64名低保对象子女共领取助学金15.8万元。

10月10日 民政部、国家减灾委在常德市召开中国·湖南洪涝灾害救灾演练暨全国灾害信息管理建设与应用研讨会。民政部副部长杨衍银、省政府副省长杨泰波、常德市委书记程海波、市长陈君文、副市长刘春林等出席会议。杨衍银、杨泰波对全市救灾信息化建设工作给予了充分肯定。

12月11日 市政府副市长刘春林、市民政局局长卜功元、副局长李巨开作为特邀代表，参加在北京召开的灾害信息管理建设与应用国际研讨会。

2004年

4月11—13日 民政部社会福利与社会事务司助理巡视员左永仁、司殡葬事业管理处处长赵海，在省民政厅副厅长张成桂、社会福利与社会事务处副处长范政文和市民政局局长卜功元、副局长唐子钧的陪同下，深入澧县、桃源、市城区调研考察常德市殡葬改革工作。

6月16日 市民政局邀请民政部基层政权与社区建设司司长张明亮，举办了城市社区建设与村务公开形势报告会。形势报告会由市委副书记刘本之主持，省民政厅厅长余长明、副厅长唐白玉，市委常委、市委宣传部部长覃清香，市政协副主席张新民参加了报告会。

11 月 27 日至 12 月 1 日 全国农村医疗救助现场会暨管理干部培训班在常德市举行。副省长许云昭、民政部低保司司长米勇生、民政部财务司司长宋志强、民政部低保司副司长王治坤、省政府副秘书长陈吉芳、省民政厅厅长余长明、市长陈君文、市委副书记戴军勇、市政协主席刘春林、副市长徐超文以及全国 31 个省、市、自治区民政部门负责人参加了会议。

是年 常德市民政局按照《常德市(1999—2020)城市总体规划》，启动第二次市城区道路命名、更名工作。

2005 年

4 月 22—24 日 省民政厅厅长余长明在副市长徐超文、市民政局局长卜功元、工会主席周晓平的陪同下，深入到石门、澧县、临澧等县调研社会救助体系机制建设、全省民政工作会现场、村委会换届选举、社区建设以及落实省政府 8 件实事、民政执法、政务公开、民政队伍建设问题。余厅长充分肯定了常德市的民政工作，并提出了殷切希望。

6 月 27—29 日 全国村干部廉洁自律专项督查调研组组长、中央组织部组织局副局长、全国基层政权建设协调领导小组办公室副主任常月英一行，在省民政厅副厅长唐白玉，市委副书记刘本之，市委常委、市委组织部部长欧运崇和市民政局局长卜功元、副局长李巨开、工会主席周晓平陪同下，到临澧、石门督查调研。

7 月 7 日 全省城乡社会救助体系建设现场会在石门县召开。民政部低保司司长米勇生，省政府副秘书长陈吉芳，省民政厅厅长余长明、副厅长刘金生，市委副书记戴军勇、副市长徐超文出席会议。

8 月 31 日 市民政局举行低保助学金集中发放仪式。市委副书记戴军勇、市人大常委会副主任邹克忠、副市长徐超文、市政协副主席张新民出席了发放仪式；市民政局局长卜功元、副局长李巨开参加了发放仪式。

2006 年

8 月 4—5 日 全省民政工作年中分析会在常德市召开，中共常德市委书记武吉海致辞，省政府副秘书长戴军勇、省民政厅厅长余长明出席会议并讲话。省民政厅班子成员，常德市人大常委会副主任何英满、市政府副市长徐超文、市政协副主席万成贞等以及全省各市、州民政局局长参加会议。

9 月 3—4 日 民政部副部长窦玉沛在省委常委、宣传部部长蒋建国，副省长杨泰波，省政府副秘书长戴军勇，省民政厅厅长余长明和市委书记武吉海、市长陈君文、市委副书记周用金、副市长徐超文、市政府秘书长沈习森、市政府副秘书长马麦秋、市民政局局长卜功元等陪同下,对常德市民政工作进行调研,先后考察了市流浪儿童保护教育中心建设工地、市福利院、市阳光孤儿院、桃源县枫树乡敬老院、桃源县福利院。

12 月 29 日 常德市慈善总会成立,省民政厅副厅长张成桂、省慈善总会办公室主任蒋建华,市人大常委会副主任高勇、副市长徐超文出席成立大会,市民政局局长卜功元作筹备工作报告,会议选举徐超文为第一届理事会会长,聘请老同志韩林安、李少甫、钦时中为名誉会长。

2007 年

5 月 30—31 日 市政府召开全市社区建设工作现场经验交流会。会议由市政府副秘书长马麦秋主持,副市长徐超文作工作报告,省民政厅副厅长祝青云出席会议并讲话,市民政局局长卜功元宣读表彰通报,市民政局领导班子其他成员参加了会议。

9 月 7—8 日 民政部副部长姜力在省政府副省长杨泰波,省民政厅厅长余长明、副厅长杨明波,市政府常务副市长陈文浩、市人大常委会副主任杨先平、副市长徐超文和市民政局局长卜功元、副局长殷宗仁的陪同下,考察常德民政工作。

10 月 15—16 日 由民政部党组成员、纪检组长刘光和任组长的全国村务公开民主管理工作督查组一行,在省政府副秘书长戴军勇,市领导曹儒国、欧运崇和市民政局局长卜功元、副局长周晓平等陪同下,考察武陵区、桃源县的村务公开工作,并给予了充分肯定。

11 月 21—23 日 第三期全国农村社区建设实验工作讲习班在常德市举行。讲习班由民政局部副部长窦玉沛、民政部基层政权与社区建设司司长詹成付主持,民政部副部长姜力发表书面讲话,市政府副市长徐超文致辞。民政部部长李学举出席并讲话。期间,民政部部长李学举、副部长窦玉沛,在省委书记张春贤、副省长杨泰波、省政府副秘书长戴军勇、省民政厅厅长余长明、副厅长唐白玉及市领导武吉海、卿渐伟、曹儒国、刘明、徐超文和市民政局局长卜功元等陪同下,考察常德市福利院、市阳光孤儿院、临澧县九里同心社区、新安镇敬老院、澧县张公庙镇护国社区。

11 月 23 日 中央文明办、民政部、文化部、新闻出版总署、国家广电总局和中国作家协会共同开展的"情系农家,共创文明"系列公益文化活动在常德启动。民政部副部长窦玉沛出席,全国活动组委办主任、民政部基政司司长詹成付主持启动仪式,省政府副秘书长戴军勇,市委副书记、代市长卿渐伟及新闻出版总署、中国作家协会的相关负责人参加启动仪式。

2008 年

1 月 1 日 常德市城区道路名牌公用资产移交市国有资产管理委员会。

5 月 12 日 四川省汶川大地震发生以后,根据省民政厅和市委、市政府部署,市民政局、市慈善总会、市红十字会、市直部门和全市人民心系灾区，积极开展赈灾募捐活动。全市共募集捐款5502.5万元，募捐资金规模创历史纪录。募集御寒新棉被(衣)24000多床(件)，受到省厅的表扬。

5月15日 市民政局为在常务工的26名四川灾区人员购买车票、联系接待、发放路途食品和生活费。同时，应四川省成都市民政局请求，常德市民政局紧急支援尸体清洁袋1万个。是月19日，市民政局副局长李巨开专程前往市康复医院看望从四川灾区回来的病人熊江林，同时决定将其住院费用全免，并赠送2000元慰问金。

5月26—30日 市民政局局长滕明友、副局长李巨开带领各区、县(市)民政局长，采取巡回看现场、查账目、访群众的办法，对各区县(市)灾后重建和为民办实事工作进行全面督促检查。时全市灾区群众住房重建实际动工1126户，动工率102.4%，超任务26户，竣工率100%，入住率100%。

2009年

3月 市民政局全面启动学习科学发展观实践活动。局班子成员分赴各区县、市召开座谈会67次，与1200余名基层干部群众交谈，广泛开展问计求策，征求意见建议160余条，最后形成专题调研报告10篇。

3月10日 湖南省民政计财工作会议在澧县召开。省民政厅计财处处长余贤规、副处长许长林主持，省民政厅副厅长杨明波、常德市副市长徐万发、常德市民政局局长滕明友出席并讲话。会上，常德市民政局、澧县民政局等作了计财工作典型发言。大会还对全省民政计财工作先进单位进行了表彰和颁奖。

5月5—16日 市民政局局长滕明友，副局长李巨开、殷宗仁，纪检组组长唐建军带队，组成4个检查组，对各区县、市和市直有关单位2008年度民政专项资金管理情况进行了一次专项执法监察。这次检查涉及面广、涵盖量大，涉及2008年各类专项资金4.2亿元。各检查组共抽查乡镇、街道、社区、村、组110个，随机抽样入户核查1200人(次)，比对信息数据1万余个，较好地查到了实情，掌握了底数。是年6月18日，常德市民政局召开全市民政专项资金执法监察情况点评会。常德市民政局党组成员、纪检组组长唐建军通报了全市2008年度民政专项资金执法监察情况，副局长李巨开出席并讲话。

5月20日 中华慈善总会副会长张道诚为常德市“健行天下——股骨头坏死患者医疗援助项目”定点医院常德市康复医院授牌，省民政厅副厅长张成桂、副市长徐万发出席仪式并讲话。该项目解决价值500万元的医疗器材和药物，并在市康复医院成立了常德援助中心。至7月底，发放近30万元慈善医疗金叶卡，救助病困群众1400人次。

11月25日 全市军队退役人员开展“双带双促”(带头建设家乡、促进经济发展；带头维护稳定，促进社会和谐)活动动员会在华天大酒店召开。市委常委、市委秘书长刘明主持，市委常委、宣传部部长覃清香宣读《关于在全市军队退役人员中深入开展“双带双促”活动的意见》,常德军分区司令员董正武作动员报告,省军区政治部主任刘新、市委副书记曹儒国出席并讲话。

是年 农村敬老院、五保户管理相关业务工作移交市社会救助管理局负责。

2010 年

5 月 18 日 “常德社会组织”报隆重创刊,中共常德市委副书记曹儒国题写报名,常德市人民政府副市长徐万发致发刊词。市委办、市人大办、市政府办、市政协等 300 余部门和单位致贺。

7 月 21 日 市民政局发出《关于武陵区启明路更名为双拥路的公告》,明确:经常德市人民政府 2010 年第 37 次常务会议研究,决定将武陵区“启明路”更名为“双拥路”,即常德大道至沅安路段。

8 月 11—13 日 省民政厅副厅长、省双拥办主任祝青云率省双拥模范城考核组一行深入街道、社区、企业现场检查考核验收,并听取了创建工作汇报。市委副书记曹儒国,市委常委、宣传部部长覃清香,市委常委、常德军分区司令员董正武,军分区政委李春艳,市人大常委会副主任杨先平,副市长徐万发,市政协副主席敖建斌,军分区副司令员覃国喜,军分区政治部主任张恒洲等陪同考核验收,并参加汇报会。

10 月 8—15 日 湖南省委宣传部,省军区政治部、省民政厅组织全省抗美援朝老战士代表赴朝参加志愿军烈士祭扫活动。常德市蒋仁坤、万日敬、王军、肖开汉、汪顶云等 5 位抗美援朝老战士自始至终参加此次活动。

11 月 2—6 日 省民政厅党组成员、省社会救助管理局局长李斌一行到常检查全市社会救助工作。市民政局局长熊国建、副局长周晓平、市救助管理局局长佘普阳、书记沈绪国陪同检查。检查组对全市社会救助工作给予了高度评价,认为“阳光行动”开展平稳,办实事工作开展扎实,“两创”活动颇具特色。

2011 年

4 月 1 日 省民政厅厅长余长明一行在市委常委、组织部部长石谋军,市政府副市长徐万发、市民政局党组书记、局长熊国建等陪同下,先后到市救助管理站安置基地拟建现场,市康复医院新住院大楼建设现场指导,并集中听取了市民政局关于贯彻落实全省民政工作会议精神情况汇报。

7 月 22 日 全省军休服务管理工作现场会在常德市隆重召开。湖南省军休办主任李世民主持,各市州军休系统相关负责人参加会议。会议总结推广常德市军休系统“联包共创、精细管理”的工作经验。湖南省民政厅副厅长陈慈英,常德市人民政府副市长徐万发等出席并讲话。

9 月 第六届全国救助管理站长座谈会在湖北省武汉市召开,常德市救助管理站站长卞德荣作题为《建立多层次全方位救助模式,深度关爱流浪未成年人》的典型发言,介绍了全市“就地安置”流浪未成年人的经验。

9 月 17 日 民政部基层政权与社区建设司副司长王金华率“全国农村社区建设实验全覆盖示范单位”评估组,视察临澧县农村社区建设实验全覆盖工作。

10 月 9 日 常德市委常委、政法委书记何英平,政法委副书记饶南丙一行在市民政局党组书记、局长熊国建,党组副书记、常务副局长李巨开的陪同下,前往市社会福利院、市康复医院、市军干所、市殡葬管理处和市救助管理站,考察民政基础设施建设现状和工作发展情况。

10 月 12 日 民政部下发了《关于命名浙江省安吉县等 6 个县(市、区)为“全国农村社区建设实验全覆盖示范单位的决定”》(民发〔2011〕166 号),命名临澧县为“全国农村社区建设实验全覆盖示范单位”,成为全省第一个农村社区建设实验全覆盖示范单位。

12 月 19 日上午 市民政局召开满意机关建设汇报会。市满意办副主任蔡新,市民政局党组书记、局长熊国建以及 11 名建设人民满意政府监督员、市民政局部分科室负责人参加会议。会议收看了市民政局录制的“真情暖人心、满意在民政”创满工作主题汇报片。市民政局党组副书记、副局长李巨开就全年的满意机关建设工作作了详细汇报。

是年 国家继续扩大农村危房改造范围,常德市 9 个建制县(市、区)和 4 个管理区先后纳入了国家政策范围,将需解决的 5 万农户住房困难的工作目标纳入了常德市“十二五”规划。

2012 年

2 月 2 日下午 常德市政府副市长朱晓平及市委副秘书长贺丽君、市政府副秘书长郑志鹏等一行视察民政工作。先后实地考察了常德市福利院、市康复医院、市救助管理站、常德军供站、市军干所等。听取了市民政局局长熊国建的工作汇报。市民政局副局长李巨开、殷宗仁等陪同考察。

3 月 1 日 湖南省社会救助工作会议在常德市临澧县召开。湖南省民政厅党组成员、副厅长唐白玉,省民政厅党组成员、省社会救助管理局局长李文玉,省社会救助管理局副局长李鄂辉,常德市民政局党组书记、局长龚美爱,党组成员、副局长周晓平,市民政局党组成员、市社会救助管理局局长余普阳出席会议。

6 月 4 日 湖南省民政厅副厅长陈慈英在市民政局党组副书记、副局长、市民间组织管理局局长殷宗仁,市民政局党组成员、副局长傅临南等陪同下,重点考察常德市军休所的工作并给予了充分肯定。

7月2日 常德市委书记卿渐伟率市编委、市财政局、市规划局等市直部门负责人调研民政工作。市民政局局长龚美爱全程陪同,先后考察了常德市救助管理站、白鹤山殡仪馆、常德市军供站、常德市康复医院等单位,并与市民政局班子成员及直属单位负责人进行了座谈。7月6日,中共常德市委常委办公会议形成《民政工作调研座谈会纪要》。

8月20日 常德市委副书记、市长陈文浩,副市长朱晓平带领市编办、市财政局、市交通运输局、柳叶湖旅游度假区管委会、市城区客运处、市规划局等有关部门负责人调研民政工作。市民政局局长龚美爱陪同,考察了常德市康复医院,并与常德市民政局班子成员及直属单位负责人进行了座谈。9月26日,常德市人民政府形成第94次专题会议纪要即《关于民政工作有关问题的会议纪要》。

10月24日晚 常德市慈善总会、常德市民政局联合在常德广播电视台演播大厅,举办常德"真爱慈善人间情"大型慈善募捐晚会。武陵区民政局选送的舞蹈《上善若水》、临澧县民政局选送的音乐小品《回家》、石门县民政局选送的舞蹈《山这边山那边》、鼎城区民政局选送的常德丝弦《大爱无垠》、澧县民政局选送的小品《爱的彩头》、津市市民政局选送的歌舞《爱在天地间》、桃源县民政局选送的现代小戏《爱心传递》、汉寿县民政局选送的音诗舞《慈善之歌》、安乡县民政局选送的男女声小组唱《就因为爱》、市民政局选送的合唱《国家》和海军政治部文工团独唱演员陈运子的女声独唱《你好吗》、中国人民解放军艺术学院硕士研究生宋歌演唱的《精彩时代》等,给在场观众留下了难忘的回忆。在一个个感人的故事温情上演的同时,本地龙头企业、常德籍在外知名人士、常德市外地商会的代表们一个人走上舞台,亮出自己的捐赠牌。2个小时的晚会,68家企业参与捐赠,现场捐赠总额达到4795万元。其中,大湖股份现场捐赠1100万元。

10月11—12日 常德市满意办副主任蔡新以及民盟市委专职副主委刘丽艳等11名全市建设人民满意政府监督员代表,对常德市民政局创建人民满意机关工作进行了现场调研和评议。市民政局党组书记、局长龚美爱,党组副书记、副局长李巨开陪同调研,津市市副市长杨健全、市满意办综合组副组长李红以及市满意办有关工作人员参加此次活动。

10月25日 全省退役士兵稳定工作现场会在常德市召开,各市州民政局分管副局长和优抚科长参加会议。常德市和鼎城区人民政府先后作关于维护退役士兵稳定工作情况的汇报,省民政厅副厅长祝青云出席会议并讲话。会议充分肯定了常德市为维护退役士兵稳定所付出的艰辛努力和取得的成效,号召全省学习推广常德市"退役军人之家"建设经验。

11月13—14日 湖南省社会组织党工委副书记,省民政厅党组成员、副厅长李劲夫等一行,专程到常德市检查指导全市社会组织党建等工作,常德市副市长朱晓平、市民政局局长龚美爱、副局长邓保平等陪同检查。

11月 市民政局启动常德市第三次市城区道路命名、更名工作。

2013 年

2 月 26 日 全市民政系统召开“全市民政系统强素质转作风动员大会”。市民政局局长龚美爱作动员报告，市监察局副局长、正处级监察员熊连初，第五纪工委书记、监察分局局长祁圣平出席会议并讲话。

3 月 20 日 省民政厅社会事务处处长高景然一行到常德市调研。现场察看了常德市流浪乞讨人员安置中心，听取了市民政局副局长朱绍松、市救助管理站站长卞德荣等的汇报，并就4—5 月份关于中央救助补助资金使用情况检查和实地抽查等作了具体安排。

4 月 16 日 中央财政支持社会组织参与社会服务肾病患者医疗救助试点项目启动仪式在常德市肾病协会隆重举行，省民政厅副厅长、省社会组织党工委副书记李劲夫现场致辞并宣布活动启动。省慈善总会办公室主任杨柯、省民间组织管理局副局长刘素荣、常德市民政局局长龚美爱、常德市财政局副局长郑维菊等出席。

4 月 24 日 市慈善总会联合金健米业举办向四川雅安地震灾区物资捐赠启动仪式。市政府副市长、市慈善总会常务副会长朱晓平，市民政局局长、市慈善总会副会长龚美爱出席仪式并带头向灾区捐款。

5 月 29 日上午 中共常德市委常委、常德军分区司令员董正武，军分区政治部主任吉荣华等在常德市残联党组书记李云峰、纪检组组长周凤华，市民政局副局长沈英琼的陪同下，到常德市康复医院残疾人康复中心看望慰问脑瘫、自闭症患儿，并向他们致以节日祝福。

6 月 5 日 市民政局局长龚美爱主持召开完美社区建设座谈会，广泛征询基层的建议和意见，副局长周晓平参加了座谈会。

6 月 8—9 日 省民政厅厅长段林毅率省厅副巡视员余贤规，省厅安置处处长许勇才一行，在常德市政府副市长朱晓平、市民政局局长龚美爱等陪同下考察常德民政工作。先后深入津市市、澧县、临澧县的“退役军人之家”“励志家园”社会福利院、乡镇敬老院、城乡社区、婚姻登记中心等基层服务阵地，详细询问情况，还专程前往常德市民政局机关，召开座谈会，听取市民政局局长龚美爱关于全市民政工作情况汇报。

7 月 11 日 全省实事项目（康复）工作中期讲评暨康复管理干部培训现场会议在常德市康复医院召开。湖南省残联副理事长侯建斌、省实事考核办主任刘山、省残联康复部副部长吴斌及全省 14 个市州人民政府分管康复管理工作的领导共 50 人参加了此次活动。常德市残联理事长田大春、党组书记李云峰、纪检组组长周凤华陪同出席。

9 月 1 日至 10 月 31 日 市民政组织各县市区全面开展了省级星级敬老院的创建和评定工作。

10 月 10—12 日 《人民日报》、新华社、《光明日报》《解放军报》、中央电视台、时政中国网、《中国社会报》、中国民政杂志社、中国双拥杂志社等中央媒体采访报道常德市退役军人

“双带双促”活动，市委副书记宋冬春，市委常委、宣传部部长刘进能，市政府副市长朱晓平，市民政局局长龚美爱陪同采访。

11月28日 全省民政事业统计年报布置会议在汉寿县召开。省荣军医院、省假肢矫形康复中心、省军转站和各市州民政局规划财务科科长及工作人员和常德市各县(区市)民政局负责财务工作的人员参加会议。省民政厅规划财务处副处长高速主持，处长许长林作专题报告，常德市民政局局长龚美爱出席会议并致欢迎词。

是年 农村危房改造工作正式移交给住建部门负责。

第一章《

行 政 区 划

第一章 行政区划

湖南省常德市,位于北纬 28° 24′ 31" ~ 30° 7′ 53",东经 110° 29′ 33" ~ 112° 18′ 52" 之间,东濒洞庭,南通长沙,西连川黔,北邻鄂西,距省会长沙 150 公里,史称"黔川咽喉,云贵门户"。常德市(地区)自夏、商前开发建置,后经历朝各代,迄今 8000 多年的历史。

至 2013 年,常德市辖区总面积为 1.82 万平方公里,总人口为 631.95 万人。辖武陵、鼎城 2 区和汉寿、桃源、临澧、石门、澧县、安乡 6 县及津市市。常德市人民政府驻武陵区。

第一节 政区建置

常德市(地区)的行政区划,自战国楚威王(前 339—前 329)时置黔中郡以后,屡经演变。新中国成立以后,常德市域部分行政区划亦进行过调整变更。

一、市(地区)本级政区

1949 年 7 月,常澧专区组建,专署驻澧县城。是年 8 月 29 日,常澧专区更名为常德专区,专署迁驻常德县城。辖常德、临澧、澧县、安乡、南县、华容、桃源、慈利、石门等 9 个建制县。1952 年 11 月 13 日,中央人民政府政务院批准,益阳专区所属益阳市及益阳、沅江、安化、汉寿、桃江 5 县划归常德专区,时常德专区辖 2 市、14 县。1962 年 12 月 30 日,国务院批准将益阳市及益阳、华容、沅江、南县、安化、桃江等 6 县划归益阳专区。时常德专区辖 2 市、8县。

1988 年 1 月 23 日,国务院下发《国务院关于湖南省撤销常德地区实行市领导县体制的批复》(国函〔1988〕18 号),批准撤销常德地区和常德县,常德市升为地级市。设立常德市武陵、鼎城两区。常德市管辖桃源、石门、澧县、汉寿、慈利、临澧、安乡 7 个县。津市市由省直辖。是年 11 月 16 日,湖南省人民政府下发《关于湖南省大庸市实行市管县体制的通知》(湘政函〔1988〕51 号),批准大庸市(今张家界市)升为地级市,将原常德市管辖的慈利县和湘西土家族苗族自治州管辖的桑植县划归大庸市,市人民政府驻永定区。

1988—2013 年,经国务院和湖南省人民政府以及常德市人民政府批准,常德市域部分行政区划进行过调整变更。

1992年5月28日,省体改委下发《关于常德市建立德山经济科技开发区报告的批复》(湘体改字〔1992〕32号),同意常德建立德山经济科技开发区。是年11月24日,中共常德市委、常德市人民政府下发《关于德山经济科技开发区管理体制的规定》(常办发〔1992〕13号),将武陵区德郊乡(不含和平村)、德山街道办事处(不含德山街居委会)、德山林场,鼎城区石门桥镇的樟木桥、何家坪、茶叶岗、檀树坪、皮家冲、龙潭庵、株木山村,康家吉乡的枫树岗村,划归德山开发区管理。

1994年6月3日,省人民政府下发《关于同意常德柳叶湖旅游度假区列为省级旅游度假区的批复》(湘政办函〔1994〕133号),同意建立常德柳叶湖旅游度假区,并列为湖南省省级旅游度假区建设。度假区范围包括柳叶湖、占天湖、白鹤山及毗邻的南坪岗乡、肖伍铺乡、白鹤山乡、鼎城区渔场等单位的部分地域,近期开发总面积控制在20平方公里以内(行政区划属武陵区管辖)。度假区的建设,应充分考虑国际旅游度假区的惯例和要求,按照"多功能、高档次、高创汇、外向型、国际性"的原则进行规划设计,近期突出抓好基础设施的综合配套建设。度假区的优惠政策,按照国家和省现行的有关规定执行。

1995年5月23日,省民政厅下发《关于调整常德市鼎城、武陵两区行政区域的批复》(湘民行发〔1995〕67号),同意将常德市鼎城区的河洑镇和南坪岗、丹洲、河洑、芦荻山4个乡(含区渔业总场)划归武陵区管辖。调整行政区域后,武陵区辖6个街道办事处、1个镇、8个乡,总人口40.9万,总面积294.00平方公里,区人民政府驻地不变。鼎城区辖15个镇、25个乡,总人口86.70万,总面积2419.70平方公里,区人民政府驻地不变。

2008年7月28日,省民政厅下发《关于鼎城区白鹤山乡、灌溪镇白石村划归武陵区管辖的批复》(湘民行发〔2008〕7号),同意将鼎城区白鹤山乡划归武陵区管辖,将鼎城区灌溪镇白石村划归武陵区南坪岗乡管辖。行政区划调整后,武陵区辖7个乡、2个镇、6个街道办事处,总面积为376.56平方公里,总人口53.43万人;鼎城区辖10个乡、23个镇,总面积为2344.44平方公里,总人口82.51万人;灌溪镇辖2个社区、14个村,总面积为59.14平方公里,总人口2.62万人;南坪岗乡辖3个社区、11个村,总面积为50.03平方公里,总人口2.52万人。白鹤山乡由柳叶湖旅游度假区代管。

2011年3月1日,省民政厅下发《关于调整桃源县部分乡镇行政区划的批复》(湘民行发〔2011〕7号),同意将漳江镇的凤麒、龙坪、甘潭3个建制村和剪市镇的张家湾、广福殿、白鳞洲3个建制村划归桃花源镇管辖。行政区划调整后,桃花源镇辖2个社区、36个村,总面积为142.48平方公里,总人口3.87万人,镇人民政府驻地不变;漳江镇辖16个社区、31个村,总面积为125.06平方公里,总人口12.04万人,镇人民政府驻地不变;剪市镇辖2个社区、25个村,总面积为92.68平方公里,总人口2.19万人,镇人民政府驻地不变。

是年11月15日,中共常德市委、常德市人民政府下发《关于印发〈常德经济技术开发区整体代管鼎城区石门桥镇实施方案〉的通知》(常办〔2011〕69号),同意常德经济技术开发区整体代管鼎城区石门桥镇，具体范围包括：石门桥镇2个社区、31个村，总面积101平方公里。涉及单位包括：石门桥镇机关及其所属行政事业单位，按镇设置的公安派出所、司法所、国土所，杠水灌区管理局金陵管理处，三合垸水利管理委员会和常德市肿瘤医院。

至2013年年底，常德市共设置县（区、市）辖乡101个（其中民族乡4个）、镇103个、街道19个，共辖2927个村、493个社区。

二、区县、市政区

（一）武陵区政区

武陵区，夏、商、西周属荆州之域。春秋、战国属楚。秦属黔中郡。治临沅。西汉为武陵郡，治索县。东汉、三国、晋、南北朝均为武陵郡，治临沅县。梁属武州，陈隶沅州。隋为朗州治，属武陵县。唐天宝后属武陵郡，乾元初复为朗州。宋初为朗州，后属鼎州。宋政和七年（1117）属常德军，旋属常德府。元属常德路。明、清属常德府。民国二年（1913）废府留道为武陵道治。属常德县。1949年8月5日，常澧专署将常德县的启明、沅安、长庚3镇与南站、德山、老码头划出，组建常德市。历为常澧区、常德区行政专员公署、常德专员公署、常德地区革命委员会、常德地区行政公署驻地。1950年10月19日，中南军政委员会令，设立县级常德市，隶属常德专区。1959年3月31日，国务院批准，将常德市划归常德县管辖。1961年7月9日，国务院批准，常德市隶属常德专署领导。1988年1月23日，国务院批准撤销常德地区和常德县，置省辖常德市，将原常德市改设为武陵区。为市人民政府驻地。2013年，全区辖1个镇、6个乡、5个街道办事处，60个村、72个社区。

（二）鼎城区政区

鼎城区，春秋、战国属楚。秦置临沅县，属黔中郡。西汉在临沅县东增置索县，治索城（今断港头乡址）。新王莽（9—23）时期，将临沅县改称监元县，东汉复名临沅县。汉阳嘉三年（134），索县改名为汉寿县。属荆州之域。三国（220—265）时，改汉寿县为吴寿县。西晋（265—316）时，复名汉寿县。隋朝（581—618）时，并临沅、汉寿、沅南三县置武陵县。唐、五代时属朗州治。北宋属鼎州治。宋政和七年（1117），改置常德郡。宋乾道元年（1165），升鼎州为常德府，属荆湖北路。元朝（1271—1368）为常德路治。明朝（1368—1644）、清朝（1644—1911）为常德府治。民国二年（1913），废常德府置常德县，隶岳常澧道。民国二十九年（1940），属第四行政督察区。

1949年7月29日，常德县解放。常德县隶属常澧专区。同年8月29日，隶属常德专区。1950年，常德市、县分设，县治仍在常德市城西。1981年，常德县治迁往沅水南岸武陵镇。

1988 年 1 月 23 日,国务院批准撤销常德地区和常德县,置省辖常德市,原常德县改为鼎城区,隶属常德市领导。2013 年,全区辖 21 个镇、10 个乡(含 1 个民族乡),495 个村、84 个社区。

(三)安乡县政区

安乡县,新石器时代,境内已有人群定居。春秋、战国属楚。秦属黔中郡慈姑县地。西汉高祖五年(前 202)属孱陵县地。新王莽始建国元年(9),改孱陵为孱陆。东汉建武十六年(40),孱陵县置作唐县。三国时,作唐县属吴之南郡。西晋太康元年(280),平吴为南平郡,治作唐。东晋末期,在作唐县西南侨置南义阳郡。南北朝(420—589)时,隶武州、荆州。隋开皇九年(589),废陈南义阳郡,置安乡县,隶澧阳郡。唐贞观元年(627),孱陵县并入安乡县,属山南东道澧州。宋乾德元年(963),属荆湖北路澧州。元至元十三年(1276),属湖广行省澧州路。明属岳州府澧州。清顺治四年(1647),属湖南布政使司澧州。民国元年(1912),安乡县由省直辖。民国三年(1914),安乡属武陵道。民国五年(1916),改属湘江道。民国十一年(1922),复由省直辖。民国二十六年(1937),属第二行政督察区。民国二十九年(1940),属第四行政督察区。

1949 年 7 月 30 日,安乡和平解放。8 月 10 日,成立安乡县人民政府。1950 年 6 月,县人民政府驻地改名城关镇,后更名为深柳镇。1988 年 1 月 23 日,国务院批准撤销常德地区和常德县,置省辖常德市,安乡随属之。2013 年,全县辖 8 个镇、11 个乡,255 个村、33 个社区。

(四)汉寿县政区

汉寿县,春秋战国为荆楚之地,秦属黔中郡,西汉属索县。东汉阳嘉三年(134),更置汉寿县。三国吴赤乌十一年(248),析吴寿县东南部置龙阳县,治所在今县城,属武陵郡。两晋、南北朝、隋唐、五代,县名未改。宋大观(1107—1110)年间改名辰阳县。绍兴三年(1133)复名龙阳县。绍兴五年(1135)升县为军,移治黄诚寨(今聂家桥乡黄诚港)。宋绍兴三十年(1160)复县,治所迁回原址,隶属鼎洲。元元贞元年(1295)升为州,辖沅江县,属常德府。明洪武二年(1369)降为县,仍名龙阳,沿用至清,属常德府。民国二年(1913 年)改为汉寿县,湘江道辖县。民国二十九年(1940)4 月,隶属湖南省第五行政督察区管辖。

1949 年 8 月 4 日,汉寿县解放,成立汉寿县人民政府,隶属益阳专署。1952 年 11 月 13 日,改属常德专署。1988 年 1 月 23 日,国务院批准撤销常德地区和常德县,置省辖常德市,汉寿县隶属常德市管辖。2013 年,全县辖 15 个镇、14 个乡(含 1 个民族乡),495 个村、47 个社区。

(五)澧县政区

澧县古为澧州。春秋、战国属楚国。秦始皇二十六年(公元前 221),置慈姑县,澧属之,隶黔中郡。两汉(前 206—220)为孱陵(今湖北公安、湖南澧县、津市、安乡、南县、岳阳、华容)、零阳(今澧县、慈利、石门、临澧)县地,属武陵郡。三国吴(222—280)为零阳、作唐(今澧县、津市、安乡)县地,分隶天门郡与南郡。两晋(265—420)为澧阳、作唐县地,分隶天门郡、南平郡。南朝梁绍泰元年(555)即西魏恭帝二年,废天门郡和南义阳郡,始置澧州。隋开皇九年(589),改澧州为松州,不久复名澧州,并置澧阳县(今澧县、临澧县、津市市),治所在澧水南岸太和南村(今澧南镇广福村太平庄)。隋大业三年(607),改澧州为澧阳郡,辖澧阳、石门、孱陵、安乡、崇义、慈利 6 县。唐大历十四年(779),移治澧水北岸,即今治。五代后梁(907—923)、后唐(923—936)、后汉(947—950)属楚;后周(951—960)时,为周行逢领地。宋乾德元年(963),复为澧州,隶荆湖北路。辖澧阳、安乡、石门、慈利 4 县。元至元十四年(1277),改为澧州路总管府,辖澧阳、安乡、石门 3 县和慈利、柿溪 2 州。元至正二十四年(1364),改置澧州府,隶湖广布政使司。辖澧阳、安乡、石门、慈利 4 县。清康熙三年(1664),澧州改隶岳常澧道。清雍正七年(1729),升澧州为直隶州,辖安乡、石门、慈利、安福(今临澧县)4 县。民国二年(1913)9 月,废澧州,改为澧县。先后隶属武陵道、澧石庸行政督察专员办事处、湖南省第二行政督察区、湖南省第四行政督察区管辖。

1949 年 7 月 23 日,澧县解放。8 月 4 日,成立澧县人民政府,隶属常澧专区。是年 8 月 29 日,隶属常德专区。1988 年 1 月 23 日,国务院批准撤销常德地区和常德县,置省辖常德市,澧县隶属常德市管辖。2013 年,全县辖 15 个镇、17 个乡,417 个村、59 个社区。

(六)临澧县政区

临澧县域,春秋、战国属楚。秦始皇二十六年(前 221),秦废分封,置郡县,时为黔中郡慈姑县地。西汉元封五年(前 106),析秦慈姑县置零阳县。三国吴永安六年(263),隶天门郡。西晋(265—316)时,为澧阳县地。隋开皇十八年(598),为慈利县地。唐朝(618—907)时,隶属澧州。宋朝(960—1279)时,为澧阳县地,隶澧州。元至元十四年(1277),改隶澧州路总管府。明洪武九年(1376),澧州路降为州,以州治澧阳县省入,属常德府。明洪武十年(1377),设置安福、麻寮二所,先后隶澧州府、常德府、岳州府。清雍正七年(1729),裁慈利县的九溪卫 6 个里,永定卫的 5 个里,并划澧州道水十都、十一都,申进三、长乐一、长乐二等里及一里之半,置安福县。雍正八年(1730),筑城于原永定卫屯之裴家河(今安福镇地)。民国二年(1913),改安福县为临澧县,划归湘江道管辖。民国二十九年(1940)4 月,隶属湖南省第四行政督察专员公署。

1949 年 7 月 24 日,临澧县解放,为常澧专区辖县。是年 8 月 29 日,改隶常德专区。1988 年 1 月 23 日,国务院批准撤销常德地区和常德县,置省辖常德市,临澧县隶属常德市管辖。2013 年,全县辖 8 个镇、9 个乡,310 个村、29 个社区。

(七)桃源县政区

桃源县域,春秋、战国属楚,秦为临沅县地,属黔中郡。东汉建武二十六年(50),析临沅县南境置沅南县,隶属武陵郡、荆州部,县治设于今鼎城区西南 70 里的古城山。汉殇帝延平元年(106),迁至浔阳坪(今漳江镇浔阳坪村)。三国、两晋、南北朝时期,均为沅南县,隶属武陵郡。唐、五代时期,今桃源地域为武陵县的一部分。宋乾德元年(963),转运使张咏根据朝廷析武陵县之政令,实地考察,因境内有传颂于世之桃花源,建议置桃源县,是年,正式建立桃源县。县治设于沅水北岸,即今漳江镇,县名沿用至今。元元贞元年(1295),桃源县升为桃源州,隶常德路总管府。明洪武二年(1369),降为县,隶常德府。清沿袭。民国三年(1914),湖南省政府置武陵道,桃源县为其辖县。民国五年(1916),改隶辰沅道。民国二十四年(1935),隶属湘西行政督察区。民国二十九年(1940)4 月,隶属第四行政督察区。

1949 年 7 月 27 日,桃源县解放,8 月 14 日,县人民政府成立,隶属常澧专区。是年 8 月 29 日,改隶常德专区。1988 年 1 月 23 日,国务院批准撤销常德地区和常德县,置省辖常德市,桃源县隶属常德市管辖。2013 年,全县辖 17 个镇、22 个乡(含 2 个民族乡),360 个村、52 个社区。

(八)石门县政区

石门县域,春秋、战国属楚。秦始皇二十六年(前 221),秦废分封,置郡县,时为慈姑县地,隶黔中郡。西汉元封五年(前 106),析秦慈姑县置零阳县,为武陵郡辖县,隶荆州刺使部。西晋太康四年(283),为澧阳县地。南朝陈天嘉二年(561),改天门郡为石门郡。隋开皇元年(581),废石门郡,建石门县,属澧阳郡。开皇九年(589),初置松州,旋改澧州,石门县为澧州辖县。隋大业三年(607),改澧州为澧阳郡,隶荆州部,石门县为澧阳郡辖县。元朝(1271—1368)时,隶澧州路总管府。明朝(1368—1644)时,属岳州府之澧州。清雍正七年(1729),改隶澧州,属岳常澧道。民国五年(1916),划归辰沅道管辖。民国二十九年(1940),隶属第四行政督察区。

1949 年 7 月 25 日,石门县解放,隶属常澧专区。是年 8 月 29 日,改隶常德专区。1988 年 1 月 23 日,国务院批准撤销常德地区和常德市县,置省辖常德市,石门县隶属常德市管辖。2013 年,全县辖 11 个镇、8 个乡,292 个村、44 个社区。

（九）津市市政区

津市地域，春秋、战国属楚。秦为慈姑县地。西汉高祖五年（前 202），属孱陵县，隶武陵郡，津市为其辖地。东汉建武十六年（40），析孱陵县置作唐县，为今津市市、澧县、安乡县地。元末明初，吉安、抚州（含属江西省）等地居民迁徙来津，使之成为集镇。明嘉靖至万历年间（1522～1620），境域逐渐形成“千户之聚”的港口集市，为州隶七市之一（澹河、道源、津市、五马、合口、新城、畲市）。清雍正十一年（1733），以“市长数里，约万余户，人杂事繁，颇称难治”（《直隶澧州志》），移嘉山巡检司驻此，首任巡检彭鳌。至清光绪三十一年（1905），与长沙、湘潭、衡阳、常德、洪江并称“商务繁盛之区”。

民国二年（1913），设津市团政局，隶澧县，局署驻署衙街五省慈善堂。翌年，津市划为澧县东一区之东一街区。民国二十七年（1938），澧县废除都团旧制，实行保甲制度，全县划分为 2 镇 28 乡，津市改置澧县津市镇，镇公所设商会街（今建设路），是为建制镇之始。

1949 年 7 月 23 日，津市和平解放。1950 年 10 月 19 日，中南军政委员会令，以津市街区及由澧县划入的云台乡第四、五、六保及澹阳乡的谭徐垸，共计 15 个保置津市市（县级），隶属常德专区。1952 年 9 月 2 日，撤市改镇，隶澧县。1953 年 9 月 2 日，中央电示恢复津市市。1963 年 5 月 20 日，国务院决定撤销津市市。1979 年 12 月 19 日，国务院批准（国发〔1979〕290 号），设立津市市（县级），以澧县津市镇和新洲公社的关山、团湖两个大队，灵泉公社的大旗大队为津市市的行政区域，由常德地区领导。

1988 年 1 月 23 日，国务院批准撤销常德地区和常德县，置省辖常德市。津市市由省直辖，常德市代管。是年 4 月，市委、市政府机关迁澧水南岸大同路。2013 年，全市辖 5 个镇、2 个乡、4 个街道办事处，84 个村、39 个社区。

三、派出机构

（一）常德经济技术开发区

常德经济技术开发区，位于常德市中心城区东南部的德山，与江北主城区隔江相望。

1949 年 8 月 5 日，将常德县的启明、沅安、长庚镇及南站、德山划出，置常德市。1950 年 8 月，常德专署将常德市划为东、西、南、北和德山 5 区。1951 年，将常德县三湖乡、上德乡、国泰乡与老码头农会、苏家渡农会、德山街农会合并，置德山乡，隶德山区。1956 年 6 月，成立护城、德山两个郊区乡，并将德山街、苏家渡、老码头改为镇，属德山乡管辖。是年 8 月，成立德山办事处，又将德山街、苏家渡、老码头镇改为三个居委会，隶属德山街道办事处。1958 年 9 月，撤销德山、护城两个乡，成立郊区人民公社。1960 年，将德山办事处与德郊农村合并组成德山人民公社。1961年,复置德郊办事处和德郊人民公社。1984年,将德郊人民公社改为德山乡。1988年6月,德山街道办事处和德山乡改隶武陵区管辖。

1992年5月28日,省体改委批准,建立常德市德山经济技术开发区。2005年7月,经国家发改委第三批审核公告,德山开发区被国家正式认可为省级经济开发区。2010年6月,国务院正式批复,德山经济开发区为国家级开发区,定为"常德经济技术开发区"。

至2013年,全区辖24个社区和39个村。总面积为155平方公里,总人口15万人。

(二)柳叶湖旅游度假区

柳叶湖旅游度假区,以柳叶湖、沾天湖为中心。清同治年间,常德城区的东北面尚为一片大湖。同治元年《武陵县志》载,柳叶湖为"堤柳渔歌,松风水带"。后因围湖造田,修筑了不少堤垸,使得湖面不断缩小。1960年以前,柳叶、沾天两湖水面尚有37平方公里。1960年,围垦万金障(5700亩);1963年,修沙港堤(1.3万亩);1973年,围垦老堤障(2011亩);1974年,围垦蚂蟥垸(5955亩);1976年,围垦花山垸(3000亩),致使湖面缩小,今为21.8平方公里。

1993年11月2日,常德市人民政府批准,成立常德市柳叶湖旅游度假区管理委员会。1994年6月3日,湖南省人民政府批准为省级旅游度假区,辖区面积为44.96平方公里,包括柳叶湖、沾天湖及毗邻的南坪岗乡、白鹤山乡、东江乡、太阳山农场、万金障农场等单位的部分地域。

2008年,中共常德市委常委会会议纪要(2008年第11号)明确,将鼎城区原白鹤山乡、灌溪镇原白石村,武陵区东江乡东江、靳家湾、驮古堤村,武陵区南坪岗乡花山、岩子堰、万寿、双桥、泉水桥村以及常德林场、武陵监狱、鼎城原红旗水库委托给柳叶湖旅游度假区管委会管理。2013年,全区辖白鹤山乡和柳叶湖街道办事处,33个村、3个社区以及一个园艺场。

(三)西湖管理区

西湖管理区,古为泽国,至清光绪年间,始在此挽障修垸。民国中期,有大小垸子13个。民国末年,隶属汉寿县新北乡。尔后因洪水泛滥,垸障多溃,无行政建置。

1954年冬,中共湖南省委、省人民政府组织全面治理洞庭湖。湖南省公安厅治湖劳改总队承担西湖区域的工程任务。1955年4月,正式组建为劳改农场。

1969年4月,撤销西湖劳改农场建制,交湖南驻军开办军垦农场和广州空军司令部开办"五七"干校。旋由中国人民解放军第47军141师(即6955部队)办生产基地。是年9月,广州军区陆军第146师接替办生产基地。同时,广空"五七"干校接纳广州军区和武汉军区空军营以士军以下干部以及部分起义人员到校学习和劳动锻炼。

1972年,广州军区根据中共中央、中央军委〔1972〕28号文件精神,将西湖基地退还地方。是年 10 月 28 日，中共湖南省委、省革委会决定接收西湖基地，迁柘溪水库区 3 万人（新化、安化县各 1.5 万人）移民西湖；从邵阳、益阳、常德三个地区抽调 300 名干部，开办湖南省国营西湖农场。移民建场初期，全场分设 6 个分场和 1 个农科所，1 个水产队。1985 年 2 月，在园艺场基础上成立西湖镇。至此，西湖农场辖 6 个分场，1 个镇和 1 个渔场。

1998 年 12 月，经省人民政府批准，决定成立常德市西湖管理区，为常德市人民政府派出机构，与西湖农场实行两块牌子，一套班子，并相应建立县一级相关体制。2000 年，6 个分场改为办事处。2010 年 9 月，经省人民政府批准，撤销新港办事处、鼎港办事处、东洲办事处，改置东洲乡；撤销裕民办事处、西洲乡办事处、下窖办事处，改置西洲乡，原西湖镇维持不变。2013 年，全区辖 1 个镇、2 个乡，25 个村、2 个社区。

（四）西洞庭管理区

西洞庭管理区，位于常德市鼎城区民主阳城垸内。早在唐朝（618—907），就有人在此围湖造田建宿郎堰。宋朝（960—1279）、明朝（1368—1644）及清朝（1644—1911）雍正、康熙年间，曾先后加修官堤障等 8 个堤垸，总面积达万余亩。民国二十九年（1940），常德县三青团在此建青年农场。

解放初期，其东部属常德县（今鼎城区）第一区（今蒿子港镇），西南部属第三区（今周家店镇）王毛玲乡，西北部属第三区祝丰乡。1955 年 2 月，中国人民解放军第 42 军 125 师到此屯垦戍边，经农垦部批准，建国营西洞庭农场，分为四个作业区和一个农业科学研究所，由湖南省农业厅直管。是年 6 月，位于农场东北边境的常德县农场并入西洞庭农场。是年 10 月，农场第三作业区所属 2.4 万亩土地以自然河流沟港为界，划归常德公安处所建滨湖农场。1957 年 2 月，滨湖农场搬迁，6910 亩土地交给西洞庭农场。1958 年 11 月，农场划归常德县管辖。改作业区为中心队，中心队下设生产队。1960 年，改中心队为分场，分场下设生产队。1961 年，由湖南省农林垦殖局主管。1969 年，西洞庭农场划归常德地区管辖。1971 年 9 月，在石门县建立西洞庭农场东山峰分场。1974 年 12 月，东山峰分场从西洞庭农场析出，置国营东山峰农场。

2000 年 10 月，国营西洞庭农场改制为常德市西洞庭管理区，属常德市人民政府的派出机构，比照履行县级人民政府职能。

2009 年 6 月，中共常德市委、市政府决定在西洞庭管理区建立市本级食品工业园，第一期规划面积 16 平方公里，第二期规划面积 33 平方公里，基本覆盖祝丰镇。2013 年，全区辖 1 个镇、26 个村、3 个社区。

（五）桃花源旅游管理区

桃花源，亦称桃源山，坐落在湖南省桃源县城西南部 15 公里，地处沅水下游，主体景区位于北纬28° 47′ ~49′ ,东经110° 25′ ~27′ 。

桃花源距今五六千年前即有渔民定居,留有新石器时期大溪文化遗存。战国时期(前475—前221)属楚国,通夜郎、滇池,流动人口趋众,过境性观光旅游初始。秦时属黔中郡。自楚顷襄王二十年(前279)至秦二世三年(前207)的72年中,桃花源及其周边历经七次战争浩劫,"避秦时乱,率妻子邑人来此绝境"者当众不寡。汉时属武陵郡沅南县。东晋(317—420)时,桃源山首建道坛桃川宫,规模旅游初兴。宋政和二年(1112),宋徽宗赵佶题赐《桃川万寿宫》匾额。元、明、清、民国时期,虽然时兴时毁,但仍未失千古魅力。二十世纪九十年代,投入资金2亿元,完成各类建筑面积10万平方米,使中华"避秦绝境"、武陵"世外桃源"日趋完善。

2010年10月12日,中共常德市委常委召开桃花源景区发展专题办公会议,并形成市委常委办公会议〔2010〕12号会议纪要。"纪要"明确:扩大桃花源景区区划范围;桃花源景区整体上收市管,成立桃花源旅游管理区,为市政府直管的正处级事业单位。

2011年2月14日,中共常德市委办公室、常德市人民政府办公室印发《桃花源管理体制调整实施方案》(常办〔2011〕6号),明确桃花源的行政区域,将桃源县桃花源镇、桃源县6903单位划入桃花源景区。桃花源旅游管理区,统一领导和管理区域内各项经济社会事务。

2013年,全区辖1个镇、36个村、2个社区。桃花源景区面积达157.55平方公里,其中,主体景区15.8平方公里,沅水风光带水域44.85平方公里,外围保护区96.9平方公里。

第二节　勘定政区界线

1997—2013年,常德市人民政府、常德市民政局根据国务院关于开展全面勘界工作的决定和全国、全省勘界工作会议的统一部署,依照有关规定,坚持明确行政区域界线走向的位置,即核定法定线、勘定习惯线、解决争议线的基本原则,认真开展了常德市与周边地、市(州)及县(区、市)级行政区域界线的全面勘定工作,并先后两轮对勘定的行政区域界线进行了联合检查。

一、勘定边界

1997年6月16日,常德市人民政府发出"关于成立常德市勘界工作领导小组的通知"(常政办函〔1997〕47号),决定成立常德市勘界工作领导小组,由洪明祥任组长,田晓川、庹朝明、谢儒初任副组长,童大移、张树民、高勇、卢常娥、周栋民、王明集、张启俊、覃道述为成员。领导小组办公室设市民政局,庹朝明兼任办公室主任。是年7月8日,常德市勘界工作领导小组办公室印发区、县(市)勘界工作领导小组成员单位在勘界工作中的主要职责(常勘办发〔1997〕01 号),明确规定了在本区县(市)勘界工作领导小组的领导下,民政、国土、建委、民族事务、公安、林业、农业、水电、财政部门在勘界工作中应承担的具体工作任务。是年,各区县(市)相继成立勘界工作领导小组及办公室,并随即开展工作。

1998—2013 年,常德市勘界工作领导小组及其办公室的日常工作由市民政局负责,市民政局党组明确所有勘界事宜由局领导分管,相关科室主要负责人专抓。1998 年,市民政局局长涂春堂分管,基层政权建设与区划科科长帅承前负责;1999 年 1 月至 2002 年 3 月,副局长黄生忠、唐子钧先后分管,基层政权建设与区划科科长蔡荣华负责;2002 年 4 月至 2009 年 3 月,副局长黄生忠、唐子钧、周晓平及纪检组长曹慧先后分管,基层政权建设与区划科科长帅承前负责;2009 年 4 月至 2013 年,副局长周晓平分管,基层政权建设与区划科科长吴开清、杨磊先后负责。

1997 年 1 月 29 日,根据国务院关于开展勘定省、市、县行政区域界线工作的决定,湖南省勘界工作领导小组办公室下发《关于下达 1997 年地、州、市界线勘界任务的通知》(湘勘办发〔1997〕03 号),常德市、县(区、市)民政局与有关部门密切配合,广大勘界工作者跋山涉水、排除万难,发扬求真务实、任劳任怨、默默奉献的革命精神,用短短 5 年多时间,全面地完成了涉及常德市的 1 条(共 7 段)总长约 367.2 公里的"省级"界线和 3 条长约 809 公里的"市级"界线以及 18 条长约 887 公里的"县级"行政区域界线的勘定工作。至此,全市行政区域界线管理进入法治化、科学化、规范化管理的轨道。

(一)鄂(湖北)湘(湖南)线

"鄂湘线",西起鄂湘渝三省(市)边界线交会点,东至赣鄂湘三省边界线交会点。双方接壤共有 9 个市(州)、25 个县(市、区),即湖北省恩施土家族苗族自治州的来凤县、鹤峰县,宜昌市的五峰土家族自治县,荆州市的松滋市、公安县、石首市、监利县、洪湖市,咸宁市的赤壁市、崇阳县、通城县;湖南省湘西土家族苗族自治州的龙山县,张家界市的桑植县,常德市的石门县、澧县、安乡县,益阳市的南县,岳阳市的化容县、君山县、岳阳楼区、云溪区、临湘市、岳阳县、平江县。

1999 年 3 月 4 日,由湖北省牵头,湖南省配合,共同制定《联合勘定湖北省与湖南省行政区域界线实施方案》,并报民政部。从 3 月底开始,双方县(市、区)各自利用土地详查资料,结合实地踏勘情况等综合分析,在 1∶5 万地形图上标绘出各自的主张线,为联合核界作准备。

两省商定,鄂湘线核界工作分东西两段进行。

1999 年 5 月 12—14 日,在湖北省赤壁市召开东段核界工作会议。东段毗邻县(市、区)界线共 14 段,会上核定了 13 段,并转绘到鄂湘两省 1∶5 万核界工作底图上,有关县(市、区)政府代表在核界工作底图上签字。除洪湖与临湘段外,其他各段双方勘界办均签定核界“纪要”。会议要求对石首华容约4公里未贯通地段要尽快组织联合实地调查,务必于5月底前划定。是年5月20—23日,在湖南省张家界市召开西段核界工作会议。西段毗邻县(市)界线共11段,会上核定了9段,并转绘到鄂湘两省1∶5万核界工作底图上,有关县(市)的政府代表分别在核界工作底图和核界会议“纪要”上签字。

是年,常德市勘界工作领导小组会同市境相关县勘界工作领导小组牵头或配合湖北省相关县、市勘界工作领导小组,勘定7条总长367.2公里的省级行政区域界线。即石门—鹤峰线,全长58公里,埋设双面界桩2颗;石门—五峰线,全长96.5公里,暂未埋设界桩;石门—松滋线,全长18公里,埋设双面界桩1颗;澧县—松滋线,全长69公里,埋设双面界桩2颗;澧县—公安线,全长46.7公里,埋设界桩1桩;安乡—公安线,全长54公里,埋设界桩2颗;安乡—石首线,全长25公里,埋设双面界桩2颗。

是年12月5日、12月20日,湖北省副省长苏晓云、湖南省副省长庞道沐分别在湖北省人民政府与湖南省人民政府联合向国务院《关于上报〈湖北省人民政府和湖南省人民政府联合勘定行政区域界线协议书〉的请示》(鄂政文〔2001〕24号)文件及附图上签字。2001年9月15日,国务院向鄂湘两省人民政府下发《国务院关于同意湖北省与湖南省联合勘定行政区域界线协议书的批复》(国函〔2001〕105号),批准两省人民政府报批的协议书。至此,鄂湘两省行政区域界线正式成为法定线,界线进入了法治管理的轨道。

(二)常(德)怀(化)线

1997年7月14—15日,常德市牵头,怀化地区配合,在桃源县召开常德市与怀化地区联合勘定行政区域界线第一次联席会议。成立联合勘界工作领导小组,制定《常德市与怀化地区联合勘定行政区域界线实施方案》。7月21日,联合勘界工作正式展开。

是年8—9月,两市核定边界线位置和走向。10月25日,两市约请张家界市勘界办有关负责人和技术员在沅陵县城开会,确定该线北端三交点的界桩埋设位置,签署《常、怀、张三地市行政区域边界线交会点确定协议书》,协商解决有关边界争议地段问题。12月25日,两市约请益阳市勘界办有关负责人和技术员在桃源县西安镇开会,签署《常、怀、益三地市行政区域边界线交会点确定协议书》,解决勘界工作中的遗留问题,会后埋设三交点界桩。

1998年1月,测绘队开始测绘。2月,测绘完毕转入内业作业。9月8~10日,常德市勘界办、怀化市勘界办在省勘界办指导下组织验收。“常怀线”,涉及两地市2县13个乡(镇)。全长178.62公里,共埋设界桩6颗。

是年9月17日,刘本之代表常德市人民政府、熊健代表怀化市地区人民政府签署《常德市人民政府与怀化市人民政府联合勘定的行政区域界线协议书》。

（三）常（德）张（家界）线

1999 年 3 月 30—31 日，张家界市牵头，常德市配合，由常德市民政局副局长、市勘界办主任黄生忠和张家界市民政局副局长、市勘界办主任王仁章主持，在张家界市景丽大酒店召开两市五县（区）首次勘界联席会议，并制订两市《常德市与张家界市联合勘定行政区域界线实施方案》。是年 4 月 15 日，联合勘界正式展开。

是年 4—5 月，毗邻县（区）核定边界线。双方接壤县（区）以土地详查资料为基础，依据确定边界线走向的原则和参照标准进行核界。6 月，两市勘界办召开联席会议，将各相邻县（区）核定的界线转绘到 1∶5 万彩色印刷地形图上，举行毗邻县（区）政府代表签字仪式，研究下一步埋桩、测绘等工作。7—11 月，制作、埋设界桩，组织完成测绘工作。

“常张线”，双方接壤有 5 个县（区）30 个乡（镇）、139 个村。全长 243.75 公里，共埋设界桩 8 颗。

2000 年 2 月，刘春林代表常德市人民政府、张金华代表张家界市人民政府签署《常德市人民政府与张家界市人民政府联合勘定的行政区域界线协议书》。

（四）常（德）益（阳）线

“常益线”，地处湘西山地和洞庭湖区，全长 388 公里，涉及两市 9 个县（区、市）的 49 个乡镇。

1998 年 3 月 16 日，由常德市牵头，益阳市配合，制定《联合勘定常德市与益阳市行政区域界线实施方案》，是年 4 月 17—18 日，常德市勘界工作领导小组副组长、市政府副秘书长田晓川主持，在汉寿县召开两市联合勘界工作第一次联席会议，旋两市行政区域界线勘定工作全面展开。在联合勘界过程中，双方认真按照共同制定的实施方案精心组织，采取以县（市、区）乡（镇）为主，进行协商定界，及时解决有关争议，确定界桩点位等。4—6 月，两市勘界办收集有关区、县（市）情况，处理有关问题，确定界桩数，并完成 20 颗界桩的制作和埋设工作。9—10 月，常德市勘界办与益阳市勘界办在常德市对两市勘界成果进行验收。

是年 12 月 30 日，刘春林代表常德市人民政府、魏遐林代表益阳市人民政府签署《常德市人民政府与益阳市人民政府联合勘定的行政区域界线协议书》。

（五）武陵鼎城线

“武陵鼎城线”，全长 137.17 公里，涉及双方 16 个乡镇，即武陵区河洑镇、丹洲乡、护城乡、东郊乡、芦荻山乡、东江乡、南坪岗乡、德山镇；鼎城区灌溪镇、大龙站镇、武陵镇、斗姆湖镇、石门桥镇、牛鼻滩镇、草坪镇、白鹤山乡。

1997年10月28日,由武陵区牵头,鼎城区配合,制定《武陵区与鼎城区联合勘界工作实施方案》,先后完成三交点、起止点和边界线走向以及界桩位置和埋桩侧绘、资料汇总上报等项具体工作。至1998年10月,勘界工作结束。共埋设界桩27颗。1999年10月,武陵区政府副区长谭弘发、鼎城区政府副区长许忠诚在"行政区域界线协议书"及附图上签字,并加盖区人民政府公章。

(六)武陵汉寿线

"武陵汉寿线",全长4.22公里,双方接壤2个乡(镇),即武陵区芦荻乡;汉寿县新兴乡。

1997年10月28日,由武陵区牵头,汉寿县配合,拟定《武陵区与汉寿县联合勘界工作实施方案》,并召开专门联席会议,商定区(县)联合勘界工作的组织领导、勘界工作的基本原则和工作标准、勘界经费承担比例、勘界工作的方法步骤,以及三交点、起止点和边界线走向、界桩位置和埋桩测绘、资料汇总上报等具体问题。随即联合勘界工作开始。共埋设界桩4颗。1999年10月,双方县(区)人民政府领导在"行政区域界线协议书"及附图上签字。

(七)武陵桃源线

"武陵桃源线",由北向南全长13.34公里,与边界接壤的乡镇有4个,即桃源县木塘垸乡、陬市镇;武陵区河洑镇;鼎城区灌溪镇。

1997年10月8日,武陵区牵头,桃源县配合,协商制定《武陵区与桃源县联合勘界工作实施方案》。是月28日,双方正式开展联合勘界工作。勘界办负责人和技术人员在实地协商定界。北端点为武陵、鼎城和桃源三区(县)边界的交会点,是武陵鼎城北线的西端点;南端点也是武陵、鼎城和桃源三区(县)边界线的交汇点,是武陵鼎城南线的西端点,因位于沅江中,故埋设同号三立界桩。"武陵桃源线"共埋设界桩5颗。边界线和界桩位置以标绘在地形图上,形成勘界成果。1998年12月20日,实现全线贯通。

1999年10月,双方起草勘界有关文件,标绘1∶1地形图和清绘3幅,1∶5地形图和清绘1幅。是年12月18日,双方区、县人民政府领导在"行政区域界线协议书"及附图上签字。

(八)鼎城安乡线

"鼎城安乡线",全长35.5公里,双方接壤共10个乡镇,即安乡县安丰乡、安裕乡、安康乡、安德乡、下渔口镇、陈家嘴镇;鼎城区中河口镇、蒿子港镇、十美堂镇、黄珠洲乡。

1997年9月7日,安乡县、鼎城区成立联合勘界工作领导小组。10月,双方联合勘界开始，勘界办负责人和技术人员实地确定了边界起止点：起于常德市鼎城区、安乡县、津市边界线交会点。止于常德市鼎城区、安乡县、汉寿县边界线交会点。是年10月31日，安乡县牵头，组织鼎城区、津市市勘界负责人及有关乡镇、村组负责人，在安乡县安丰乡人民政府召开三方协商会，实地协商确定三交点位置。是年11月，联合勘界工作组统一编制界桩号码，全线共埋没界桩10颗，形成勘界成果。12月，起草有关文件，标绘1∶5万边界地形图，报市人民政府审核。

1998年2月10日，召开两区、县勘界领导小组组长会，汇总所有勘界工作文件和地图资料，认定两区县的行政区域界线。1999年8月26日，汉寿县牵头，组织鼎城区、安乡县勘界负责人在汉寿县民政局召开三方协商会，实地协商三交点位置并签订协议书，确定埋设三立三面型花岗岩界桩1颗。

2000年7月18日，鼎城区副区长许忠诚、安乡县副县长魏邦发在"行政区域界线协议书"上签字。

（九）鼎城汉寿线

"鼎城汉寿线"，总长139.82公里，涉及双方16个乡、镇接壤，即鼎城区黄珠洲乡、黑山嘴乡、韩公渡镇、牛鼻滩镇、石门桥镇、谢家铺镇、唐家铺乡、黄土店镇、钱家坪乡；汉寿县西湖镇、罐头嘴镇、新兴乡、聂家桥乡、毛家滩回族维吾尔族乡、朱家铺镇、丰家铺乡。

1999年4月26日，汉寿县、鼎城区勘界领导小组制定《联合勘定鼎城区与汉寿县行政区域界线实施方案》。是年5月17日，正式开展联合勘界工作。两县（区）勘界办带领接壤双方乡（镇）、村干部和群众实地踏界、定界，确定起点（含与邻县、区三交点）、止点、界线走向和埋设界桩，并将界线标绘在1∶1万地形图上。1999年8月26日，实现全线贯通。是年9～11月，双方共同委托的湖南省地质测绘院组织测绘队伍完成全线勘界测绘内外业工作。

2000年10月30日，鼎城区副区长许忠诚、汉寿县副县长杨开政在"行政区域界线协议书"上签字。

（十）鼎城临澧线

"鼎城临澧线"，全长39.38公里，双方涉及5个乡镇，即鼎城区雷公庙镇、双桥坪镇；临澧县太浮镇、四新岗镇、柏枝乡。

1998年9月20—30日，鼎城区牵头，临澧县配合，成立联合勘界工作领导小组，制定勘界实施方案，落实经费，收集资料，购置必备器材设备，组建联合勘测队，并召开双方勘界工作领导小组会议，具体部署勘界工作。10月份，按实施方案把核定的边界线标绘在最新出版的1∶1万地形图上，并在图上确定出界桩位置。11月份，共埋设三面界桩2颗、双面界桩4

颗,组织测绘队实地测绘界桩位置和境界走向,形成勘界成果。12 月份,将界线标绘在 1∶5 万地形图上,汇总勘界工作文件和地图资料。

1999 年 1 月,鼎城区副区长许忠诚、临澧县副县长刘开新在“行政区域界线协议书”上签字。

(十一)鼎城桃源线

“鼎城桃源线”,分南北两段,全长 130 公里,边界接壤的乡镇有 18 个,即鼎城区的雷公庙镇、蔡家岗镇、石板滩镇、灌溪镇、斗姆湖镇、许家桥回族维吾尔族乡、丁家港乡、长茅岭乡、尧天坪镇、逆江坪镇;桃源县盘塘镇、架桥镇、陬市镇、木塘垸乡、车湖垸乡、漳江镇、桃花源镇、芦花潭乡。

1998 年 7 月 24 日,鼎城区牵头,桃源县配合,成立联合勘界工作领导小组。是年 8 月 6 日,共同协商制定《鼎城区桃源县联合勘界实施方案》。9 月,双方联合勘界开始。勘界办负责人和技术人员实地确定边界起止点,北段从鼎城区、临澧县、桃源县边界线的交会点起,至武陵区、鼎城区与桃源县三县的边界线交会点,长 45.21 公里;南段从武陵区、鼎城区与桃源县的边界线交会点(沅水主航道中心)起,至常益线相接界桩,长 85.09 公里。共埋设界桩 15 颗,形成勘界成果。是年 10 月,双方起草有关文件,标绘 1∶5 万边界地形图。是年 11 月,由武陵区牵头,组织鼎城区、武陵区、桃源县勘界负责人在武陵区民政局召开了三方协调会,实地协商确定三交点位置并签订协议书,决定竖立三立三面型花岗岩界桩 1 颗。是年 12 月,由临澧县牵头,组织鼎城区、桃源县、临澧县勘界负责人在临澧县民政局召开了三方协商会,实地协商确定三交点位置并签订协议书,决定竖立三立三面型花岗岩界桩 1 颗。

1999 年 9 月 5 日,鼎城区、桃源县在鼎城区民政局召开定界协商会议,认定两区之间的行政区域界线,实现鼎桃线全线正式贯通。是年 10 月 26 日,全部完成界桩选址、埋设工作。

是年 12 月,鼎城区副区长许忠诚、桃源县副县长谢儒初在“行政区域界线协议书”上签字。

(十二)鼎城津市线

“鼎城津市线”,全长 49.49 公里,边界接壤的有 6 个乡镇,即津市市保河堤镇、渡口镇、棠华乡和鼎城区中河口镇、周家店镇、双桥坪镇。双方行政区域界线主要在内河河道、河洲及部分丘陵地带,从未勘定。

1998 年 4 月,津市市牵头,鼎城区配合,成立联合会勘界工作领导小组,完成安津线、鼎津线和澧津线三交点的测定埋桩及资料整理上报工作。

1999 年 7 月 28 日,津市市、鼎城区、临澧县勘界办及有关乡、镇、村、组负责人,在鼎城区双桥坪镇就确定三县市区行政区域界线交会点事宜进行协商。是年 9 月 8 日，津市市民政局副局长、市勘界办主任胡林森在津市市主持召开鼎津线联合勘界工作第一次联席会议，就津鼎两市（区）联合勘定行政区域界线的有关事宜进行认真磋商，并形成共识。

2000 年 5 月底，鼎津线勘界工作外业结束，全线共埋设界桩 6 颗。6 月底，全部内外业成果、成图资料通过市、省勘界办检查验收。是年 8 月，津市市、鼎城区人民政府领导在“行政区域界线协议书”上签字。

（十三）安乡汉寿线

“安乡汉寿线”，全长 3.48 公里，界线走向由西向东，全长 3.48 公里，双方涉及 2 个乡、镇接壤，即安乡县安德乡，汉寿县西湖镇（西湖管理区）。

1999 年 7 月 15 日，汉寿县牵头，安乡县配合，协商制定《安乡县与汉寿县联合勘界工作实施方案》。是年 8 月 12 日，正式启动联合勘界工作。旋两县勘界办带领接壤双方乡（镇）、村干部和群众实地踏界、定界、确定起点（含与邻县、区三交点）、止点、界线走向和埋设界桩，并将界线全部标绘在 1∶1 万地形图上。是年 8 月 28 日，完成两县行政区域界线的实地勘定，共埋设界桩 3 颗。

2000 年 8 月底，常德市勘界办组织安乡汉寿两县勘界办对勘界测绘成果进行检查。是年 9 月中旬，经省勘界办验收合格。是年 10 月 30 日，安乡县副县长魏邦发、汉寿县副县长杨开政在“行政区域界线协议书”上签字。

（十四）安乡澧县线

“安乡澧县线”，全长 47.2 公里，涉及两县 8 个乡、镇（场），即安乡县焦圻镇、安福乡、安凝乡、安丰乡，澧县如东乡、永丰乡、官垸乡、七里湖农场。

1999 年 12 月 6 日，由安乡县牵头，澧县配合，两县勘界工作领导小组在安乡县民政局召开联席会议，就有关问题磋商，形成共识。两县边界北起湖北省与湖南省边界线上的 4243011 号界桩以南 100 米处，南至安乡、澧县、津市三县市边界线交会点。全线共埋设界桩 5 颗。

2000 年 7 月 18 日，安乡县副县长肖文彬、澧县副县长羿世淦在“行政区域界线协议书”上签字。

（十五）安乡津市线

“安乡津市线”，全长 6.16 公里，与边界接壤的乡镇共 2 个，即津市市保河堤镇，安乡县安丰乡。

1999年5月开始，津市市牵头，安乡县配合，全面开展勘定安乡津市边界线。是年9月8日，津市市民政局副局长、市勘界办主任胡林森主持，在津市市召开安乡津市线联合勘界工作联席会议，就有关问题进行磋商，形成共识。两县(市)边界线起点为安乡县安丰乡豆港村防洪堤外的外洲以西；澧县七里湖芦苇总场的河洲南端；津市市西湖渔场以东的澧水洪道主航道中心线，终点为常德市鼎城区、安乡县、津市市三区县市边界线交会点的澧水主航道中心线。全线共埋设界桩5颗。

是年10月，双方起草有关文件，汇总所有勘界资料。安乡县副县长肖文彬、津市市副市长戴君耀在"行政区域界线协议书"上签字。

(十六)澧县临澧线

"澧县临澧线"，全长92.51公里。双方共涉及13个乡(镇)接壤，即澧县码头铺镇、方石坪镇、王家厂镇、大堰垱镇、大坪乡、张公庙镇、道河乡；临澧县官亭乡、九里乡、合口镇、停弦渡镇、杨板乡、烽火乡。

1997年10月10日，澧县牵头、临澧县配合，制订《联合勘定澧县与临澧县行政区域界线实施方案》。是年10月12日，正式开展勘界工作。双方利用国土部门土地详查资料为基础，经实地踏界、指界，确定两县的行政区域界线，并标绘在1∶1万地形图上。"澧县临澧线"，按界桩埋设顺序的走向为西北往东南，从澧县、临澧、石门三县边界线的交会点起，至澧县、临澧、津市三县(市)边界线的交会点，全线共埋设界桩8颗(包括两端三交点在内的界桩)。1998年10月，协商确定，澧县、临澧、石门三县边界线交会点与澧县、临澧、津市三县(市)边界线交会点，成果资料由三方人民政府专项上报。是年12月4日，澧县、临澧县联合勘界办在澧县民政局召开两县第二次工作会议，认定两县之间的行政区域界线。是年12月底，全线勘界工作外业结束。

1999年7月底，全线内外业成果、地图资料通过检查验收。澧县副县长羿世淦、临澧县副县长刘开新在"行政区域界线协议书"上签字。

(十七)澧县石门线

"澧县石门线"，全长94.3公里，涉及8个乡镇，即澧县甘溪滩镇、太青乡、洞市乡、杨家坊乡、码头铺镇；石门县子良乡、三圣乡、新铺乡。

1999年3月10日，澧县牵头、石门县配合，制订《联合勘定澧县与石门县行政区域界线实施方案》。是年3月15日，正式开展勘界工作。双方以国土部门土地详查资料为基础，经实地踏界、指界，确定澧县、石门县的行政区域边界线，并标绘在1∶1万地形图上。全线共埋设界桩 6 颗。

2000 年 7 月底，全线勘界工作外业结束。是年 9 月底，全线全部内业成果、地图资料通过市、省勘界办检查验收。澧县副县长羿世淦、石门县副县长熊大顺在“行政区域界线协议书”上签字。

（十八）澧县津市线

“澧县津市线”，全长 112.79 公里，双方涉及 16 个乡（镇）、一个国营农场接壤，即澧县道河乡、澧南乡、澧澹乡、澧东乡、涔南乡、梦溪镇、永丰乡、小渡口镇、九垸乡；津市涔澹农场、灵泉乡、窑坡渡乡、阳由乡、新洲镇、李家铺乡、保和堤镇。

1999 年 5 月 25 日，澧县牵头，津市市配合，制订《联合勘定澧县与津市行政区域界线实施方案》。是年 7 月 1 日，共同开展联合勘界工作。双方以国土部门土地详查资料为基础，经实地踏界协商定界，确定了两县（市）行政区域界线和埋设界线的位置，并将界线标绘在 1∶1 万地形图上。该边界线大体由西向东呈“∧”形走向。西端点为澧县、临澧县、津市市三县(市)边界线的交会点；东端点为安乡县、临澧县、津市市三县（市）边界线的交会点。全线共埋设包括三交点在内的界桩 3 颗。

2000 年 6—8 月，双方委托湖南省地质测绘院完成该线勘界测绘任务。是年 9 月中旬，澧县、津市市人民政府领导在“行政区域界线协议书”上签字。

（十九）临澧桃源线

“临澧桃源线”，全长 11.48 公里，双方涉及 3 个乡镇，即临澧县太浮镇；桃源县马鬃岭乡、盘塘镇。

1997 年 10 月 20 日，临澧县牵头，桃源县配合，在临澧县太浮镇召开勘界工作会议，制定两县勘界实施方案，统一部署勘界任务。26—31 日，两县勘界办负责人及测绘技术人员进行了实地踏勘，确定边界线及界桩位置和界桩数量、编号、走向。是年 11 月 15—30 日，联合勘界工作统一编制界桩号码，组织制作三面界桩 2 颗并埋设，组织测绘队实地测绘界桩位置和境界走向，形成勘界成果。是年 12 月 1—10 日，汇总整理勘界成果资料。临澧县副县长刘开新、桃源县副县长谢儒初在“行政区域界线协议书”上签字。

（二十）临澧石门线

“临澧石门线”，全长 92 公里，双方共涉及 12 个乡镇，即临澧县官亭乡、新安镇、合口镇、佘市桥镇、杉板乡、文家乡、太浮镇；石门县新铺乡、易家渡镇、二都乡、夹山镇、蒙泉镇。

1997 年 11 月 18 日,临澧县牵头,石门县配合,共同制订《临澧县与石门县关于联合勘定行政区域界级的实施方案》,是年 12 月 1 日起,正式开展勘界工作。双方以国土详查资料和地图资料中标绘的边界线为基础,通过友好协商划定边界线。1998 年 6 月 15 日,联合勘界办在石门县召开会议,对勘界工作进行统一部署和具体安排。尔后,分别进行了室内标绘主张线,实地勘测和协商定界工作。并共同在 1 : 1 万地形图上设计了界桩埋设位置,确定埋设各界桩的类型和埋设界桩的责任单位。是年 12 月,双方共同委托的湖南省地震测绘院的测绘队伍进场作业。2000 年 7 月底,完成全部外业成果。全线共埋设界桩 10 颗。

是年 8 月中旬, 常德市勘界办组织两县联合勘界办对临澧石门线勘界测绘成果进行检查。9 月中旬,临澧、石门县人民政府领导在“行政区域界线协议书”上签字。

(二十一)临澧津市线

“临澧津市线”,全长 77.34 公里,双方共涉及 5 个乡(镇)接壤,即临澧县烽火乡、柏枝乡;津市灵泉乡、白衣镇、棠华乡。两县行政区域边界线历来没有勘定过,长期以来,基本上以传统习惯线进行行政管理和生产生活。

1999 年 4 月 30 日,临澧县牵头,津市市配合,协商制订《联合勘定临澧县与津市联合勘界实施方案》,是年 5 月 10 日,双方以国土部门土地详查资料为基础,经实地踏界、指界,确定其行政区域界线,并标绘在 1 : 1 万地形图上。

2000 年 7 月底,勘界工作外业结束。是年 8 月底,“临澧津市线”全部内外业成果、成图资料通过市、省勘界办检查验收。边界线按界桩埋设顺序的走向为北南走向,从澧县、临澧县、津市市三县(市)边界线的交会点起,至鼎城区、临澧县、津市市三县(区、市)边界线的交会点,全线共设计并实地埋设包括两端三交点在内的界桩 4 颗。

2000 年 7 月,临澧县副县长刘开新、津市市副市长戴君耀在“行政区域界线协议书”上签字。

(二十二)桃源石门线

“桃源石门线”,全长 30.45 公里,边界接壤的乡镇有 4 个,即桃源县热市镇、马鬃岭镇、双溪口乡;石门县蒙泉镇。

1997 年 12 月 15 日,由桃源县牵头,石门县配合,制定《桃源县与石门县联合勘界工作实施方案》。1998 年 7 月上旬,双方联合勘界开始。桃源、石门两县接壤的双方行政区域界线地形复杂,在勘界具体工作中,勘界办负责人和技术人员实地察看,确定了边界起止点。全线共埋设界桩 4 颗。界线西起“常(德)张(家界)线”的桃源县热市镇老棚村、石门县蒙泉镇两河村、慈利县广福桥镇老棚村之间青明峪东边冲沟中,后经慈利县、石门县、桃源县三县勘界办公室和有关乡镇村商定，将界桩移至王家(王家垭)山顶，埋设单立三面型花岗岩界桩。东至桃源县、临澧县、石门县三县边界线交会点。其间，在桃源县热市镇大田村与石门县蒙泉镇上五通村之间，狗家垱村石桥西侧埋设单立双面花岗岩界桩；在桃源县马鬃岭乡响水垱村与石门县蒙泉镇茶垭村之间的袁家坪河道中间，界桩实埋于桃源县地界上的五井潭河岸上。

是年10月，双方起草边界协议书及有关文件，标绘1∶5万边界地形图，汇总所有勘界工作文件和地图资料。

1999年9月，桃源县副县长谢儒初、石门县副县长熊大顺在“行政区域界线协议书”上签字。

二、勘界联检

2003年5月19日，湖南省民政厅根据国务院《行政区域界线管理条例》和民政部国勘办《关于开展省级行政区域界线联合检查、加强行政区域界线管理工作的通知》(民勘办发〔2003〕5号)精神，下发《关于开展省级行政区域界线联合检查加强行政区域界线管理工作的通知》(湘民行发〔2003〕7号)，要求省、市(州)、县都要建立行政区域界线的联检制度。省级界线从2003年起开始实施5年一次联检；市州界线从2004年起开始实施5年一次联检；县级界线联检启动时间由市州自行确定，但最迟不能晚于2005年。

2004年，常德市民政局下发《关于开展行政区域联合检查，加强行政区域界线管理工作的通知》(常民〔2004〕17号)，要求区、县(市)所涉及的“省级线”“市级线”“县级线”，从2004年开始实施5年一次联检的制度。

联检的主要内容包括：按照协议书、附图、界桩成果表在实地逐点逐段详细核对界线及标志物有无变化；边界线管理及插花地管理的现状及存在的主要问题；双方执行定界协议，遵守边界纪律的情况；有无新的边界争端发生；界桩及其界线标志物维护、管理情况，有无擅自移动或被毁的情况；修复被损坏的界桩、界碑等标志物；原无照片和新增设的界桩，要补报界桩照片、界桩登记表等。

(一)第一轮边界线联检

2004—2007年，常德市、县(区、市)民政局对常德市境所涉及的1条“省级”和3条“市级”、18条“县级”行政区域界线进行第一轮联合检查。

1.鄂(湖北)湘(湖南)线

“鄂(湖北)湘(湖南)线”，西起鄂湘渝三省边界线交会点，东至赣鄂湘三省边界线交会点。全长1440公里，全线共埋设界桩21颗。涉及湖北、湖南两省共9个市州、25个县市区。涉及常德市的有石门县、澧县、安乡县，全长367.2公里，埋设界桩9颗，分7条线段。其联检

具体情况如下:

(1)安乡石首线

“安乡石首线”,全长25公里,涉及3个乡镇,即石首市团山寺镇;安乡县三岔河镇、安乡县安生乡。设双面型界桩2颗(界桩号为4243012、4243013)。

2006年7月1—15日,湖北省石首市牵头,湖南省安乡县配合,对“安乡石首线”进行第一轮联合检查。

经实地勘察:“安乡石首线”除4243013号界桩因路面扩宽,过往车辆将其碰倒,当地群众把界桩北移3.5米。经两市、县双方现场商议,将4243013号界桩移回到原来位置平行线上,向东平移1米埋设,并拍照和填写了界线界桩联检现场记录表。其余,边界线两侧地貌地物无明显变化,无边界争议和纠纷。

(2)安乡公安线段

“安乡公安线”,东起湘鄂边界线上的4243011号界桩,西止湘鄂边界线上的4243012号界桩,全线长54公里。涉及7个乡镇和2个国营林场,即:公安县甘家厂乡、黄山头镇、国营黄山林场、南坪镇;安乡县焦圻镇、黄山头镇、安全乡、安生乡、国营黄山林场。埋设界桩2颗。

2006年7月20日至8月20日,湖北省公安县牵头,湖南省安乡县配合,对“安乡公安线”进行第一轮联合检查。

经实地勘察,“安乡公安线”界桩无损坏和移位现象,边界无争议,界线两边人民团结和睦。

(3)五峰石门线段

“五峰石门线”,东起彭家山天鹅抱蛋三交点,西至高家界三交点,全长96.5公里。涉及9个乡镇,即五峰县湾潭镇、五峰镇、长乐坪镇、渔洋关镇、仁和坪镇;石门县南北镇、壶瓶山镇、太平镇、子良乡。

2006年8月5—15日,湖北省五峰县牵头,湖南省石门县配合,对“五峰石门线”进行第一轮联合检查。

经实地勘察:边界线及两侧地貌地物无明显变化,界线实地位置清晰易认,未发现单方在界线附近设立的界线标志物,双方群众未发生边界纠纷。

(4)松滋石门线段

“松滋石门线”,西起湖北松滋、五峰、湖南石门三县市边界线三交点,东止湖北松滋、湖南石门、澧县三市三交点,全长18公里。埋设界桩一颗(4243007)。

2006年8月17—22日,湖北省松滋县牵头,湖南省石门县配合,对“松滋石门线”进行第一轮联合检查。

经实地勘察:边界线及两侧地貌地物无明显变化,界线实地位置清晰易认,未发现单方在界线附近设立的界线标志物,双方群众未发生边界纠纷。

（5）石门鹤峰线段

“石门鹤峰线”，西起湖北鹤峰县与湖南桑植县、石门县三县边界线三交点，东至湖北鹤峰县、五峰县、湖南石门三县边界线三交点，全长 58 公里。涉及 5 个乡镇，即湖北省鹤峰县铁炉乡、走马镇、五里乡，湖南省石门县南北镇、罗坪乡。共埋设双面单立界桩 2 颗（4243005 号、4243006 号）。

2006 年 8 月 15 日至 9 月 9 日，湖南省石门县牵头，湖北省鹤峰县配合，对“石门鹤峰线”第一轮联合检查。

经实地勘察：边界线及两侧地貌地物无明显变化，界线清晰易认，界桩完好无损。对曾发生争议的走马镇与南北镇相邻处碑牌垭区域，经本次联检，双方再次确认属湖北省飞地。

（6）澧县松滋线段

“澧县松滋线”，西起澧县、石门县、松滋市边界线三交点，东止澧县、松滋市、公安县三交点，全长 69 公里。涉及 11 个乡镇，即澧县金罗镇、宜万乡、闸口乡、盐井镇、甘溪镇、火连坡镇；松滋市大岩嘴乡、杨林市镇、刘家厂镇、浠水镇、卸甲坪乡。共埋设两面花岗岩界桩 2 颗（4243008 号、4243009 号）。

2006 年 8 月 18—21 日，湖南省澧县牵头，湖北省松滋市配合，对“澧县松滋线”进行第一轮联合检查。

经实地勘察：边界线及两侧地貌地物无变化，边界无争议，界桩完好无损。

（7）澧县公安线段

“澧县公安线”，大体为自西向东走向，全长 46.7 公里。涉及 7 个乡镇，即澧县盐井镇、双龙乡、如东乡、复兴厂镇；公安县章庄铺镇、南平镇、郑公渡镇。共埋设 2 颗界桩（4243010 号、4243011 号）。

2006 年 8 月 12—13 日，湖北省公安县牵头，湖南省澧县配合，对“澧县公安线”进行第一轮联合检查。

经实地勘察：边界线及两侧地貌地物无变化，边界无争议，界桩完好无损。

2.市级线

（1）常（德）怀（化）线

“常怀线”，大体为南北走向，北端是常德、张家界、怀化三市边界线的交叉点，南端是常德、益阳、怀化三市边界线的交叉点。“常怀线”全长 178.62 公里。涉及 13 个乡镇，即桃源县牛车河乡、兴隆街乡、太平铺乡、观音寺镇、茶庵铺镇、西安镇；沅陵县蚕忙乡、楠木乡、柳林汊乡、黄壤坪乡、杜家坪乡、官庄镇、五强溪镇。共埋设 8 颗界桩。

2004 年 4 月 20 日至 5 月 25 日，怀化市牵头，常德市配合。接边对口县级联检单位主要是沅陵县与桃源县，由怀化市沅陵县牵头，常德市桃源县配合，对“常怀线”进行第一轮联合检查。

经实地勘察：发现位于三市交会点埋设的 430708120 号界桩，因 2003 年洪水冲毁。经协商,430708120 号界桩由怀化市负责,已重新制作埋设完毕。余界线及两侧地貌地物无明显变化,边界地区社会稳定。

(2)常(德)益(阳)线

“常益线”,大体为东西走向,西起常德市桃源县、益阳市安化县和怀化市沅陵县三个县级边界线的交会点,东止常德市安乡县和益阳市南县边界线与鄂湘线相接的分界点。“常益线”总长 385.99 公里。涉及常益 2 市 9 个县(市、区)、49 个乡(镇),即常德市桃源县、鼎城区、汉寿县、安乡县,益阳市安化县、桃江县、资阳区、沅江市、南县。共埋设界桩 20 颗。

2005 年 10 月 15 日至 12 月 29 日,益阳市牵头,常德市配合,开展对“常益线”第一轮联合检查。各接边对口区、县(市)联合检查单位分别是:桃源县、鼎城区与益阳市安化县线段由安化县牵头;鼎城区、汉寿县与益阳市桃江县线段由桃江县牵头;汉寿县与益阳市资阳区线段由资阳区牵头;汉寿县与益阳市沅江市线段由沅江市牵头;安乡县与益阳市南县线段由南县牵头。

经实地勘察:“常益线”界线及两侧地貌地物无明显变化,无边界争议和纠纷。同时,发现 430709007 号界桩的位置原表述为:位于鼎城区钱家坪乡洞桃冲村与益阳市桃江县武潭镇香池冲村的 247.3 米高地东南侧的鞍部上;但实际上位于益阳市安化县羊角塘镇塘九村,经市县两级勘界办认可,予以纠正。界线上的 430709015B 号和 430709016A 号界桩,因防汛大堤增高被移动弃置,经重新定位并按要求将界桩固定在原基座上并拍照,其余界桩均完好无损。

(3)常(德)张(家界)线

2006 年 7 月 11 日至 12 月 21 日,由常德市牵头,张家界市配合,开展对“常张线”的第一轮联合检查。各接边对口区县(市)联合检查牵单位分别是:涉及张家界市桑植县、慈利县与石门县线段由石门县牵头;涉及张家界市永定区、慈利县与桃源县线段由桃源县牵头。

“常张线”,为南北走向,北起于鄂湘线的分界点,南端止于桃源、永定、沅陵交界点。全长 243.75 公里,涉及 5 县(区)30 个乡(镇),即常德市桃源、石门;张家界市慈利、桑植、永定。共埋设界桩 8 颗。

石门桑植线段,西北起于石门、桑植、鹤峰“三交点”,东南止于桑植、石门、慈利“三交点”,全线长 26 公里。共埋设界桩 1 颗(属省界交会点)。

石门慈利线段,南起于石门、慈利、桃源王家凸的顶点为交点,向北转西至慈利、石门、桑植苦竹湾垭上为三交点,全线长 111 公里,共埋设界桩 4 颗。

桃源慈利线段,系东北—西南走向,北端点为桃源县、石门县和慈利县三区县边界线交汇点,是桃石线的北端点;南端点为桃源县、永定区和慈利县三区县边界线交会点,是桃慈线的北端点;全长 110 公里。共埋设界桩 4 颗。

桃源永定线段,系东北—西南走向,北端点为桃源县、永定区和慈利县三区县边界线交汇点,是桃慈线的西端点,南端点为桃源县、永定区和沅陵县三区县边界线交会点,是长怀线的西端点，全长 18 公里。共埋设三交点三面界桩 1 颗(属省界交会点)。

经实地勘察：边界线及两侧地貌地物无明显变化，界桩完好无损，其方位物齐全，未见有危及界桩的活动。无边界争议和纠纷。

3.县级线

(1)武陵鼎城线

"武陵鼎城线"，北线大体为由西至东走向，全长 67.71 公里，西端为武陵、鼎城区和桃源县三县(区)边界线的交会点，东端为武陵、鼎城区和汉寿县三县(区)边界线的交会点；南线大体为由西至东走向，全长 69.46 公里，西端为武陵、鼎城区和桃源县三县(区)边界线的交会点，东端为武陵、鼎城区和汉寿县三县(区)边界线的交会点。"武陵鼎城线"总长 137.17 公里，共埋设界桩 27 颗(北线 15 颗，南线 12 颗，包括南北线的端点)。

2004 年 6 月 21—24 日，武陵区牵头，鼎城区配合，组织有关乡镇民政干部、部分村干部和群众代表，对"武陵鼎城线"进行第一轮联合检查。

经实地勘察：边界线及两侧地貌、地物无明显变化。同时，发现有 2 颗界桩移动、1 颗丢失、1 颗埋没。6 月 26 日至 7 月 15 日，双方民政局负责人到场，经两区相关镇、村负责人协商，对移动的 2 颗界桩〔070203(N)005 号、070203(S)003 号 B 桩〕和 1 颗丢失(070203(N)008 号)、1 颗因防洪大堤加高被埋没的〔07020322(S)0 号 B 桩〕界桩重新埋设，恢复原位。

(2)武陵汉寿线

"武陵汉寿线"，大体为由北向南走向，在沅江主航道中心线上，全长 4.22 公里。北端点为武陵、鼎城和汉寿三县（区）边界线的交会点，是"武鼎线"北线的东端点〔界桩号为 07020322(N)0A 和 07020322(N)0B〕；南端点为武陵、鼎城和汉寿三县(区)边界线的交会点，是"武鼎线"南线的东端点〔界桩号为 07020322(S)0A 和 07020322(S)0B〕。其间未埋设界桩。

2005 年 9 月 14 日，武陵区牵头，汉寿县配合，组织有关乡镇民政干部、部分村干部和群众代表对"武陵汉寿线"进行第一轮联合检查。

经实地勘察：边界线及两侧地貌地物无明显变化，无边界纠纷，边界地区社会稳定。同时，发现位于汉寿县新兴嘴河堤上的三交点 07020322(S)0 号 B 桩，因防洪河堤加高埋没，现场清除，恢复原位。

(3)武陵桃源线

"武陵桃源线"，大体为由北向南走向，在沅江主航道中心线上。北端点为武陵、鼎城和桃源三县(区)边界线的交会点〔界桩号为 07020325(N)0〕；南端点为武陵、鼎城和桃源三县(区)边界线的交会点〔界桩号为 07020325(S)0A、07020325(S)0B、07020325(S)0C〕。边界线全长 13.21 公里，其间埋设 1 颗界桩(070225001 号界桩)。

2005 年 9 月 28 日，桃源县牵头，武陵区配合，组织有关乡镇民政干部、部分村(居)干部和群众代表 15 人，对"武陵桃源线"进行第一轮联合检查。

经实地勘察：边界线及两侧地貌地物无明显变化，界桩完好无损，插花地管理稳妥，界线清晰,无边界纠纷,边界地区社会稳定。

(4)鼎城安乡线

“鼎城安乡线”,大体为由北向南走向,北端点为澧水洪道主航道中心的鼎城区、安乡县、津市市三县(市、区)边界线的交会点,南端点为澧水洪道南面的鲁家河河道中心的鼎城区、安乡县、汉寿县三县(区)边界线的交会点。边界线全长35.5公里,实地埋设界桩10颗。

2007年11月15—16日,鼎城区牵头,安乡县配合,组织有关乡镇民政干部、部分村干部和群众代表21人,对“鼎城安乡线”进行第一轮联合检查。

经实地勘察:边界线及两侧地貌地物无明显变化,无边界纠纷和争议,界桩完好无损。

(5)鼎城汉寿线

“鼎城汉寿线”,大体为由北向南走向,分为北段与南段,北段的起点为鼎城区、汉寿县、安乡县三县(区)边界线的交会点〔界桩号为07032122(N)0A、07032122(N)0B和07032122(N)0C〕,止点为武陵区、鼎城区、汉寿县三县(区)边界线北面的交会点〔界桩号为07020322(N)0A和07020322(N)0B〕;南段的起点为武陵区、鼎城区、汉寿县三县(区)边界线南面的交会点〔界桩号为07020322(S)0A和07020322(S)0B〕,止点为“鼎城汉寿线”与市界“常益线”相接的分界点(未埋设界桩)。边界线全长139.82公里,共埋设6颗界桩(北段2颗,南段4颗,不包括南北段的端点)。

2005年11月1日,由汉寿县牵头,鼎城区配合,组织有关乡镇民政干部、部分村干部和群众代表,对“鼎城汉寿线”进行第一轮联合检查。

经实地勘察:边界线及两侧地貌地物无明显变化,边界地区社会稳定。发现070322(S)003号界桩,因交通事故毁坏,经双方协商,在原地重新埋设,恢复原位。

(6)鼎城临澧线

“鼎城临澧线”,大体为由西往东走向,西起鼎城、桃源、临澧三县(区)的交会点,东止鼎城、临澧、津市三县(市、区)的交会点。边界线全长39.38公里,共埋设包括两端三交点在内的界桩6颗。

2006年10月26—27日,鼎城区牵头,临澧县配合,组织有关乡镇民政干部、部分村干部和群众代表,对“鼎城临澧线”进行第一轮联合检查。

经实地勘察:边界线及两侧地貌地物无明显变化,界桩完好无损,边界地区社会稳定。

(7)鼎城桃源线

“鼎城桃源线”,大体为由北向南走向,分为北段与南段,北段的起点为鼎城区、临澧县、桃源县三县(区)边界线的交会点(界桩号为070324250),止点为武陵区、鼎城区、桃源县三县(区)边界线北面的交会点(界桩号为07020325(N)0);南段的起点为武陵区、鼎城区、桃源县三县(区)边界线南面的交会点〔界桩号为07020325(S)0A、07020325(S)0B、07020325(S)0C〕,止点为“鼎桃线”与市界“常益线”相接的分界点(界桩号为430709005)。边界线全长130.3公里,共埋设9颗界桩(北段3颗,南段6颗)。

2004 年 10 月 14 日，鼎城区牵头，桃源县配合，组织有关乡镇民政干部、部分村干部和群众代表，对“鼎城桃源线”进行第一轮联合检查。

经实地勘察：边界线及两侧地貌地物无明显变化，边界线清楚易认，边界地区社会稳定。同时，发现 070325（N）001 号界桩，因水渠维修，界线向北移 30 米；070325（N）003 号界桩，因当地居民修房，界线向北移 11 米；070325（S）004 号界桩，因修公路被损坏。10 月 16 日，两县民政局对被移动与损坏的界桩进行重新补测、埋设，恢复原位。

（8）鼎城津市线

“鼎城津市线”，大体为由西向东走向，西起鼎城、临澧、津市三县（市、区）的交会点（界桩号为 070324810），东止鼎城、津市、安乡三县（市、区）的交会点（界桩号为 070321810A、070321810B、070321810C）。边界线全长 49.49 公里，其间共埋设 2 颗界桩。

2007 年 10 月 14 日，津市市牵头，鼎城区配合，组织有关乡镇民政干部、部分村干部和群众代表及安乡县民政局分管区划局长、基政股长、安丰乡民政专干共计 17 人，对“鼎城津市线”进行第一轮联合检查。

经实地勘察：边界线及两侧地貌地物无明显变化，边界线清楚易认，界桩完好无损，插花地管理稳妥，边界地区社会稳定。

（9）安乡汉寿线

“安乡汉寿线”，大体为由西向东走向，西起鼎城区、安乡县、汉寿县三县（区）的三交点（界桩号为 070321220），东至市界“常益线”与“安汉线”相接的分界点（072122090）。边界线全长 3.48 公里，其间未埋设界桩。

2004 年 11 月 15 日，汉寿县牵头，安乡县配合，组织有关人员，对“安乡汉寿线”进行第一轮联合检查。

经实地勘察：边界线及两侧地貌地物无明显变化，边界线清楚易认，边界地区社会稳定。

（10）安乡澧县线

“安乡澧县线”，大体为由北向南走向，北起省界“鄂湘线”与“安乡澧县线”边界线的交会点（界桩号为 4243011），南止安乡、澧县、津市三县（市）边界线交会点。边界线全长 47.2 公里，共埋设界桩 5 颗。

2006 年 6 月 1 日，安乡县牵头，澧县配合，组织有关人员，对“安乡澧县线”进行第一轮联合检查。

经实地勘察：边界线及两侧地貌地物无明显变化，无边界争议和纠纷。同时，发现 072123810 号（C 号桩）界桩，因 2005 年拖芦苇时被推倒后遗失（2006 年 7 月 10 日重新埋设，恢复原位），其他界桩完好。

（11）安乡津市线

“安乡津市线”，大体为由北向南走向，北端为安乡、澧县、津市三县（市）边界线的交会点（界桩号为 072123810A、072123810B、072123810C），南端为鼎城、安乡、津市三县（市、区）边界线的交会点(界桩号为070321810A、070321810B、070321810C)。边界线全长6.16公里,其间未埋设界桩。

2005年9月28日,津市市牵头,安乡县配合,组织有关人员,对"安乡津市线"进行第一轮联合检查。

经实地勘察:边界线及两侧地貌地物无明显变化,边界地区社会稳定。

(12)澧县临澧线

"澧县临澧线",大体为西北往东南走向,从澧县、临澧、石门三县边界线的交点起,至澧县、临澧、津市三县(市)边界线的交会点止。边界线全长92.51公里,共埋设8颗界桩。

2004年8月11—13日,澧县牵头,临澧县配合,组织有关乡镇民政干部、部分村干部和群众代表,对"澧县临澧线"进行第一轮联合检查。

经实地勘察:边界线及两侧地貌地物无明显变化,边界地区社会稳定。同时,发现072324005号界桩,被修路取沙石人员将界桩挖毁,扔在草丛中。经两县民政局和镇、村负责人协商,9月8日,双方勘界办到场,对挖毁的界桩重新埋设,恢复原位。

(13)澧县石门线

"澧县石门线",大体为由北向南走向,北端点与省界"鄂湘线"相接(编号为072326420,未埋设界桩),南端点为澧县、临澧、石门三县边界线的交会点(界桩号为072324260)。边界线全长94.3公里,共埋设6颗界桩。

2006年8月28日,石门县牵头,澧县配合,组织有关人员,对"澧县石门线"进行第一轮联合检查。

经实地勘察:边界线及两侧地貌地物无明显变化,边界无争议,界桩完好无损,边界地区社会稳定。

(14)澧县津市线

"澧县津市线",由西向东大体呈"∧"形走向,西端为澧县、临澧、津市三县(市)边界线的交会点(界桩号为072324810),东端为安乡、澧县、津市三县(市)边界线的交会点(界桩号为072123810)。边界线全长112.79公里,共埋设2颗界桩。

2007年8月19日,澧县牵头,津市市配合,组织有关人员,对"澧县津市线"进行第一轮联合检查。

经实地勘察:边界线及两侧地貌地物无明显变化,边界无争议,界桩完好无损,边界地区社会稳定。

(15)临澧桃源线

"临澧桃源线",大体为由西向东走向,西起临澧、桃源、石门三县边界线的交会点,东至临澧、桃源、鼎城三县(区)边界线的交会点(界桩号为070324250)。边界线全长11.48公里,其间未埋设界桩。

2005年9月8日,临澧县牵头,桃源县配合,组织有关人员,对"临澧桃源线"进行第一轮联合检查。

经实地勘察：边界线及两侧地貌地物无明显变化，边界线清楚易认，界桩完好无损，插花地管理稳妥，边界地区社会稳定。

(16)临澧石门线

"临澧石门线"，大体为由北向南走向，北端点为澧县、临澧、石门三县边界线的交会点（界桩号为 072324260），南端点为临澧、桃源、石门三县边界线的交会点（界桩号为 072425260）。涉及 12 个乡镇，边界线全长 147.47 公里，其间共埋设 8 颗界桩。

2004 年 6 月 17 日，石门县牵头，临澧县配合，组织双方相关乡镇民政干部、村干部和群众代表，对"临澧石门线"进行第一轮联合检查。

经实地勘察：边界线及两侧地貌地物无明显变化，界桩完好无损，边界地区，社会稳定。

(17)临澧津市线

"临澧津市线"，大体为由北向南走向，北起澧县、临澧、津市三县（市）边界线的交会点（界桩号为 072324810），南至鼎城、临澧、津市三县（市、区）边界线的交会点（界桩号为 070324810）。边界线全长 77.34 公里，其间埋设 2 颗界桩。

2004 年 8 月 25 日，临澧县牵头，津市市配合，组织双方相关乡镇民政干部、村干部和群众代表共计 18 人，对"临澧津市线"进行第一轮联合检查。

经实地勘察：边界线及两侧地貌地物无明显变化，界桩完好无损，边界地区社会稳定。

(18)桃源石门线

"桃源石门线"，大体为由西向东走向，西端为"桃源石门线"与常张线相接的分界点（界桩号为 072526080），东端为临澧、桃源、石门三县边界线的交会点（界桩号为 072425260）。涉及 4 个乡镇，即桃源县热市镇、双溪乡、马鬃岭乡，石门县蒙泉镇。边界线全长 30.45 公里，其间共埋设 2 颗界桩。

2005 年 9 月 27 日，桃源县牵头，石门县配合，组织双方相关乡镇民政干部、村干部和群众代表共计 15 人，对"桃源石门线"进行第一轮老农民 。联合检查。

经实地勘察：边界线及两侧地貌地物无明显变化，界桩完好无损，边界社区社会稳定。

（二）第二轮边界线联检

2008—2012 年，根据湖南省民政厅《关于开展第二轮行政区域界线联合检查年度工作计划》，常德市、县（区、市）民政局、勘界办先后完成 1 条省级线（鄂湘线）和 3 条市级线（常益、常张、常怀线）以及市域 18 条县级线的行政区域界线第二轮联合检查。

1.鄂（湖北）湘（湖南）线

2012 年 4—8 月，根据湖北省民政厅、湖南省民政厅《关于印发〈湖北省与湖南省行政区域界线第二轮联合检查工作实施方案〉的通知》（鄂民政发〔2012〕17 号）精神，经荆州市、常

2012 年 11 月 14 日，在常德市召开鄂湘线第二轮行政区域界线联检工作总结会

德市民政局商定，由相关县、市勘界办具体负责，对其行政区域界线进行第二轮联合检查。

是年 4 月 26 日至 7 月 25 日，石门县牵头，松滋市配合，开展“鄂湘线”“石门松滋段”18 公里边界线的联合检查。经实地勘察：界线及两侧地貌地物无明显变化，无边界争议，界桩完好无损。出现跨界开采纠纷一例，卸甲坪土家族乡煤矿报案，荆州市公安局介入立案侦查。

是年 5 月 2 日至 8 月 31 日，松滋市牵头，澧县配合，开展“鄂湘线”“松滋澧县段”69 公里边界线的联合检查。经实地勘察：界线及两侧地貌地物无明显变化，无边界争议。发现一颗界桩丢失，一颗界桩有损。双方对损坏的 4243009·B 号界桩进行修复，用红油漆将界桩上的文字涂刷一新；对丢失的 4243008A·B 号界桩移位重立，并测量了新址坐标。

是年 8 月 6 日，澧县牵头，公安县配合，开展“鄂湘线”“公安澧县段”46.7 公里边界线的联合检查；是年 7 月 10 至 8 月 12 日，公安县牵头，安乡县配合，开展“鄂湘线”“公安安乡段”54 公里边界线的联合检查；是年 7—8 月，安乡县牵头，石首县配合，开展“鄂湘线”“安乡石首段”25 公里边界线的联合检查；是年 3 月 26 日至 8 月 20 日，石门县牵头，五峰县配合，开展“鄂湘线”“石门五峰段”96.5 公里边界线的联合检查；是年 5 月 20 日至 7 月 25 日，鹤峰县牵头，石门县配合，开展“鄂湘线”“鹤峰石门段”58 公里边界线的联合检查。以上 5 条边界线，经实地勘察：界线及两侧地貌地物无变化，边界无争议。仅发现“鹤峰石门段”4243005 号界桩有损坏裂痕，随即按规格重新更换，并拍照存档。其余界桩均完好无损。

2.常(德)张(家界)线

2011 年 8 月中旬至 10 月 25 日，由张家界市牵头，常德市配合，开展“常张线”243.75 公里边界线的联合检查。

是年 9 月 13—14 日，两市民政局组织边界沿线各县(区)民政局分管负责人、股长共 20 余人在张家界市召开联检第一次联席会议，具体部署联检事宜，常德市民政局副局长周晓平宣读《张家界市、常德市共建张常平安边界线睦邻友好公约》。10 月 17—18 日，两市民政局在常德市召开第二次联席会议，汇总按照协议书、附图、界桩成果表对张常线及所设界桩实施逐点逐段核查成果。

经实地勘察：界线及两侧地貌地物无变化，边界无争议。全线埋设的 9 颗界桩，除 430708005 号界桩人为损坏外(已由慈利县、桃源县重新制作、埋设，恢复原位)，其余均完好无损。

3.常(德)益(阳)线

2009年6月29日,由常德市牵头,益阳市配合,共同制定《常德市与益阳市行政区域界线联合检查工作实施方案》,旋由两市各接边对口县(市、区)勘界办具体实施"常益线"总长388公里边界线的联合检查。

是年9月15—22日,安乡县牵头,南县配合,开展"常益线""安乡南县段"边界线联检;是年9月20—23日,鼎城区牵头,桃江县配合,开展"常益线""鼎城桃江段"

是年9月15—22日,安乡县牵头,南县配合,开展"常益线""安乡南县段"边界线联检;是年9月20—23日,鼎城区牵头,桃江县配合,开展"常益线""鼎城桃江段"边界线联检;是年9月20—25日,鼎城区牵头,安化县配合,开展"常益线""鼎城安化段"边界线联检;是年9月20日至10月20日,汉寿县牵头,沅江市配合,开展"常益线""汉寿沅江段"边界线联检;是年10月10—20日,汉寿县牵头,桃江县配合,开展"常益线""汉寿桃江段"边界线联检;是年10月13—14日,桃源县牵头,安化县配合,开展"常益线""桃源安化段"边界线联检;是年10月14—16日,汉寿县牵头,资阳区配合,开展"常益线""汉寿资阳段"边界线联检。

以上7条边界线,经实地勘察,除"汉寿沅江段"边界线上430709014号界桩,定位表述需变更外〔因沅江市人民政府调整三眼塘镇村级行政区划(沅政函〔2008〕68号),原位于沅江市杨梅山乡全伏村,今调整为沅江市三眼塘镇浩江湖村〕,其余边界线两侧地貌地物无变化,无边界争议和纠纷,界桩均完好无损。

4.常(德)怀(化)线

2010年4月30日,常德市民政局与怀化市民政局制定《常德市与怀化市行政区域界线联合检查工作实施方案》(常民〔2010〕54号)。是年8—9月,由桃源县牵头,沅陵县配合,开展"常怀线""桃源沅陵段"行政区域界线的联合检查。

是年8月24日,桃源县与沅陵县勘界办在桃源县召开联检工作联席会,对联合检查"常怀线"(桃源沅陵段)达成共识。旋桃源县勘界办会同沅陵县勘界办组织双方相关的10个乡镇的干部、群众代表逐点逐段详细核对检查。

经实地勘察:界线及两侧地貌地物无明显变化,插花地管理稳妥,界线清晰,无边界争议和纠纷。全线8颗界桩,除430712005号双面界碑因319国道修整破坏(已由桃源县民政局处理重新埋设)外,余均完好无损。

5.常德市域县级线

2008—2012年,各区、县(市)民政局根据常德市民政局的部署,对常德市域县级行政区域界线实施第二轮联合检查。

2008年8月21日至11月21日,桃源县牵头,鼎城区配合,开展"鼎城桃源线"130.3公里边界线联检;是年9月20日至10月20日,临澧县牵头,澧县配合,开展"澧县临澧线"92.51公里边界线联检;是年10月8—24日,安乡县牵头,汉寿县配合,开展"安乡汉寿线"3.48公里边界线联检;是年10月16—20日,武陵区牵头,鼎城区配合,开展"武陵鼎城线"

78.7公里边界线联检。2009年9月18日至10月29日,津市市牵头,临澧县配合,开展“临澧津市线”77.34公里边界线联检;是年10月5日至11月3日,石门县牵头,桃源县配合,开展“桃源石门线”30.45公里边界线联检;是年11月23—26日,临澧县牵头,石门县配合,开展“临澧石门线”92公里边界线联检。2010年7月28日,安乡县牵头,津市市配合,开展“安乡津市线”6.16公里边界线联检;是年9月13—16日,桃源县牵头,临澧县配合,开展“临澧桃源线”11.48公里边界线联检;是年10月,鼎城区牵头,汉寿县配合,开展“鼎城汉寿线”139.82公里边界线联检;是年10月9—14日,汉寿县牵头,武陵区配合,开展“武陵汉寿线”4.22公里边界线联检。2011年6月30日至7月20日,澧县牵头,安乡县配合,开展“安乡澧县线”47.2公里边界线联检;是年9月17—27日,临澧县牵头,鼎城区配合,开展“鼎城临澧线”39.38公里边界线联检;是年9月29日至10月10日,鼎城区牵头,津市市配合,开展“鼎城津市线”49.49公里边界线联检;是年10月21日至11月10日,武陵区牵头,桃源县配合,开展“武陵桃源线”13.21公里边界线联检。2012年8月28日至9月20日,安乡县牵头,鼎城区配合,开展“鼎城安乡线”35.5公里边界线联检;是年9月1日至10月28日,津市市牵头,澧县配合,开展“澧县津市线”112.79公里边界线联检;是年9月5~26日,澧县牵头,石门县配合,开展“澧县石门线”94.3公里边界线联检。

经实地勘察:以上18条县级行政区域界线,除发现两处界桩损毁外〔“临澧石门线”072426006号界桩,因修公路被毁,并于2009年12月22日,由两县勘界办对损坏的界桩全新制作、埋设,恢复原位;“鼎城汉寿线”070322(N)001号界桩,因公路维修移动,随即两区、县勘界办对被移动的界桩重新埋设、恢复原位〕,其余各条边界线界线两侧地貌地物无变化,无边界争议和纠纷,埋设的界桩均完好无损。

2015年5月26日,常德市民政局副局长沈英琼(右一)出席勘界联检工作会议

第二轮边界线联检结束后,常德市民政局认真贯彻落实中央综治办等10部委《关于开展平安边界建设的意见》(综治办〔2007〕20号)精神,并于2013年3月11日印发《2013年常德市平安边界创建活动实施方案》(常民函〔2013〕33号),就指导思想、创建内容、工作步骤和时间安排等提出了具体要求。是年,全市各地坚持做到“四到位”,即领导到位、责任到位、保障到位、管理到位,以确保平安边界创建工作有序推进。是年11月18日,省民政厅下达《关于2013年全省平安边界建设考评情况的通报》,常德市的考评分值为满分。

第三节　地名管理

1953年年初，常德专署开始地名管理工作。时常德专署民政科主管地政，兼理地名工作。1958—1967年，常德地域内受“大跃进”影响，大部分区、公社、生产大队、生产队之名改为红旗区、东方红公社、跃进大队、先锋生产队之类的名称。1968—1980年，全区地名管理工作改由常德地区计划委员会兼理，其间，地名亦时有变更。1981年，土地管理改归常德地区建设委员会承办。

1982年，常德地区行政公署成立地名普查领导小组，行署副专员曾繁友任组长，地区民政局副局长方继辉任副组长。普查领导小组下设办公室，方继辉兼任办公室主任。办公室初设行署机关大院内，不久与地区方志办合署办公，后由地区民政局社会科负责协调。同时，各县（市）成立相应机构，明确一名副县（市）长负责，县（市）民政局主管。

1995年10月22日，常德市委编委批复（常编发〔1995〕33号），常德市民政局“主管地名管理工作，制定本市地名管理实施办法；指导区县（市）地名管理工作；组织建立地名资料档案”。其具体事务由市民政局基层政权建设与区划科负责。

1996—2013年，常德市、县（区、市）民政局归口辖区内的地名管理工作，承办规定权限内的地名命名、更名事项；负责组织并检查地名标志的设置和更新；收集、整理、更新、储存、编纂地名资料等项具体事务。1999年，常德市民政局被民政部、交通部、公安部、建设部授予“全国国道设标先进单位”；2005年，常德市荣获民政部、交通部、国家工商行政管理总局、质量监督检验检疫总局授予的“全国地名标志设量工作先进城市”称号。

一、规范城区地名

1992年1月，根据省人民政府批准的《常德市城区建设总体规划》，常德市人民政府召开专题会议，组织有关学者和专业工作人员开展第一次城市道路命名、更名工作。是年8月3日，常德市地名委员会向社会公布《关于常德市城区道路更名命名的通知》（〔1992〕常地名字第02号），市城区道路重新更名、命名的具体情况是：

（一）原道路已命名，现予以更名的道路共5条。即：江北城区原武陵路更名为朗州路；江南武陵镇片原武陵路更名为临沅路，原沅南路更名为鼎城路，原鼎城路更名为阳明路；江南德山片原洞庭路更名为德山路。

（二）已建成尚未正式命名，现予以命名的道路共6条。即：江北城区滨湖路命名为洞庭大道、鼎城路命名为武陵大道、西二路命名为龙港路；江南武陵镇片常乐路命名为玉霞路;江南德山片纬一路命名为莲池路、经三路命名为樟桥路。

(三)规划拟建和在建,现予以命名的道路共 18 条。即:江北城区片规划待建的 11 条:东西向滨湖路、柳叶路、南坪路、高泗路、皇经路,南北向金丹路、长庚路、芙蓉路、皂角路、三闾路、启明路;江南武陵镇片规划待建的 2 条;东西迎宾路、南北向红云路;江南德山片规划待建的 5 条:东西向桃林路、有德路、崇德路、兴德路、南北向善卷路。

2003 年 5 月 20 日,常德市人民政府发出《关于加强地名管理工作的通知》(常政办发〔2013〕19 号),从全市地名规划编制、地名命名、更名、推广使用标准地名以及地名标志的设置和管理等方面作出规范。同时规定:"凡常德市城区新建道路、桥梁、广场、公园及其他公共地域、住宅小区、9 层以上(含 9 层)商住楼、综合性大楼以及具有地名意义的城镇建筑物(群)等的命名,开发建设单位向有关部门申请项目立项的同时,可向市民政局申请并取得工程项目的合法名称。建设、规划、国土部门根据项目的合法名称办理报建、规划、建设用地等有关审批手续,房产、工商部门根据项目的合法名称办理房屋预售许可证、房屋产权证、营业执照等有关手续,民政部门根据合法名称编制门牌号码并上牌"。"常德市城区凡需命名的新地名,须由市民政局会同有关部门组织专家、学者评审论证,并征求市民代表意见后,按程序确定正式名称。重要意义的地名命名,必须报经市政府常务会议审定"。"城区道路、桥梁、广场、公园及其他公共地域的更名,须经市民政局会同有关部门组织专家、学者评审论证,并登报征求市民意见后按程序确定"。

2004—2006 年,常德市民政局按照《常德市(1999—2020)城市总体规划》,对市城区道路开展第二次命名、更名工作。

2004 年初,常德市民政局拟定市城区道路命名、更名初步方案,并将方案送武陵区、鼎城区政府和德山开发区、柳叶湖旅游度假区管委会(以下简称"四区")以及市直有关部门,书面征求意见。是年 4 月,常德市政府副秘书长张家安召集"四区"和市建设、规划、城管、文化、公用事业等单位负责人,并邀请市委宣传部、市党史办和市人大常委会城环委、市政协经科人资环委负责人参加,召开专题会议,听取对"方案"的意见、建议。是年 5 月,市民政局将修改后的"方案"再次送"四区"及市直有关单位征求意见。是年 9 月,根据 2004 年市政府第 14 次市长办公会议精神,市民政局将"方案"于 10 月 29 日在常德政府网和《常德日报》予以公布,向社会征集意见、建议。是年 12 月,市民政局根据市政府市长办公会议精神,将方案呈报市委、市人大常委会、市政协进行审议。中共常德市委常委、宣传部部长覃清香召集有关专家、学者举行座谈会,对"方案"进行论证。

2006 年 2 月 27 日,常德市民政局根据市政府第 4 次市长办公会议要求,将修改后的"方案"呈报市委、市人大常委会、市政协最后审定。是年 4 月 3 日,经市人民政府同意,市民政局通过常德政府网和《常德日报》,向社会公布《关于对市城区部分道路命名更名的公告》,其具体情况是:

(一)原已命名,现予以更名的道路共6条。即:

原“常张高速常德南始樟桥路—启明路—南坪路至临岗公路收费站”段一并更名为常德大道;

江北片原柳叶路和“武陵大道—常张高速连接线(金丹路)”段合并,更名命名为柳叶大道;

江南片原皇经路(岩潭路)更名为启明路;

江南武陵镇片原玉霞路与德山片原善卷路合并,一并命名为善卷路;

江南武陵镇片原迎宾路更名为花溪路;

德山片原德山路更名为德山大道。

(二)已建成尚未正式命名,现予以命名的道路共23条。即:

江北片(12条):高车路、育才路、沅安路、竹叶路、紫菱路、三星路、南碈路、城门口路、环湖路、竹山路、三闾路、荷花路;

江南武陵镇片(7条):隆阳路、桃花源路、善池路、大湖路、德安路、桥南路、德源路;

德山片(4条):望江路、德江路、长安路、海德路。

(三)规划待建尚未正式命名,现予以命名的道路共12条。即:

江北片(3条):紫缘路、柳泉路、姻缘路;

江南片(4条):建新路、永安路、双潭路、滨江路;

德山片(5条):政德路、枉水路、东风路、乾明路、枫树路。

(四)市城区中区改造后需重新确定名称的道路共16条。即:

街名(4条):大兴街、和平街、泮池街、四眼井街;巷名(12条):新民巷、鸡鹅巷、梳子巷、百街口巷、王府巷、箭道巷、新胜巷、卫国巷、中心巷、横梳子巷、刘海巷、金蟾巷。

2003年5月20日,常德市人民政府印发《关于成立市城区地名设标和门牌整顿、编码工作领导小组的通知》(常政办函〔2003〕50号),市人民政府副市长刘春林任组长;市人民政府副秘书长田晓川、张家安、市民政局局长卜功元任副组长:市质监局、市建设局、市工商局、市交通局、市规划局、市财政局、市电业局、市城管局、市公安局、市民政局、市公用事业局等单位和武陵区、鼎城区、德山经开区、柳叶湖旅游度假区负责人为成员,领导小组办公室设市民政局,曹慧兼任办公室主任。

2004年5月21日,常德市民政局下发《关于进一步做好城市(城镇)道路地名标志设置工作的通知》(常民〔2004〕72号)、《关于印发〈常德市城市门牌楼牌标志编制制作设置规范〉的通知》(常民〔2004〕73号),部署开展全市各乡、镇等的设标工作。

2006年5月12日,常德市人民政府下发《关于在市城区设置标准地名标志的通知》(常政办明电〔2006〕52号),成立市城区标准地名标志设置工作领导小组,市政府副市长徐超文任组长,市政府副秘书长马麦秋、市民政局局长卜功元任副组长,市民政局、市财政局、市建设局、市房产局、市城管执法局、市规划局、市公安局、市邮政局、武陵区政府、鼎城区政府、德山开发区、柳叶湖旅游度假区管委会负责人为成员。领导小组办公室设民政局,市民政局副局长周晓平兼任办公室主任。同时要求,市城区内所有大道、路、街、巷、楼、门均要设置标准地名标志,原已设置的部分路门牌不符合国家要求的,予以重新设置;原已设置的楼、门牌因旧城改造残缺不齐及不符合国家标准的,按国家、省有关要求予以废止,重新编码设置。

2011年9月3日,常德市民政局副局长周晓平(左二)向省厅检查组汇报全市地名公共服务工程情况

2009年6月,常德市人民政府印发《关于做好城市(城镇)标准地名标志设置工作的通知》(常政办发〔2009〕23号),从2009年起至2010年年底前,全面完成常德市城区和津市市城区以及所有建制镇政府驻地的街牌、巷牌、楼牌、门牌的制作安装工作。

2004—2011年,常德市、县(区、市)民政局按照民政部和省民政厅的部署,先后开展乡、镇设标工作。至2011年底,全市219个乡、镇、街道和53个村完成地名标志设置工作。共设置乡、镇地名标志路牌378块,城市(城镇)门牌5.3万余块,楼牌830块,村(湾)牌2000余块,初步建立了覆盖全市城区、乡镇、村"三位一体"的地名标志服务体系。

二、编修地名专志

2006年12月19日,省民政厅发出"关于做好《湖南地名志》编纂工作的通知"(湘民行发〔2006〕10号),并成立《湖南地名志》编纂委员会,常德市民政局局长滕明友、市民政局工会主席周晓平为编纂委员会编委成员;市民政局基层政权建设与区划科长吴开清为编委办编辑成员。2007—2009年,根据《湖南地名志》编纂大纲的要求,全市各地组织专门力量,在以省、市、县三级地名信息数据库的基础上,把行政区、群众自治组织、居民点、建筑物、单位、道路、河流、湖泊、山峰、山脉、旅游景点等主要类别的地名属性信息形成条目,按时报送省民政厅。2009年6月8日,原中共湖南省委常委、湖南省政协主席王克英作序,湖南省地名公共服务工程领导小组编纂的《湖南地名志》正式出版。《湖南地名志》是湖南省首部全省性的、较为系统和完善的地名典录,旨在为社会各界提供比较全面和准确的地名信息,以利于人们的生产生活和社会交往,促进经济和社会发展。《湖南地名志》"常德篇",将常德市及所辖武陵区、鼎城区、安乡县、汉寿县、澧县、临澧县、桃源县、石门县、津市市等9区、县

（市），按照行政区划与居民地、自然地理实体与人工建筑物、革命纪念地、名胜古迹、风景游览区、行政机关与企事业单位、地名故事与由来的顺序进行排列，编入《湖南地名志》下册（P1052—1215）。

2007—2010 年，常德市民政局在收集《湖南地名志》"常德篇"相关地名入编资料的同时，亦着手编修《常德地名志》的筹备工作，并成立"常德地名志"编纂委员会，常德市人民政府副市长徐超文任主任；市政府副秘书长马麦秋、市民政局长卜功元任副主任；万善志、马承斌、彭培南、郭道义、李迪伟、焦贵年、邓毅、谈法明、赵星、诸戈文、陈国华、邹庚来、郭学怀、李修柏、王承英、谢承益、王爱平、周晓平为成员；帅承前、刘存刚、陈伟、戴嘉庆、顾成国、杨德志、傅爱民、于乾华、李钢、李亚林、罗小平、张新华、张利辉、李冰、戴菊华、龙贤岩等为编辑。《常德地名志》编纂委员会下设办公室，市民政局工会主席周晓平兼任办公室主任。

至 2010 年，《常德地名志》初稿编纂基本就绪，全志共分五章，共计 60 余万字，力求系统地介绍全市各行政区、群众自治组织、居民点、建筑物、行政机关与企事业单位、自然地理实体等主要类别的地名属性信息，成为一部比较完整的地名工具书。期间，全体采编工作者认真负责，付出了艰辛的劳动，收集掌握了大量相关资料，功不可没。然而，因诸多原因，常德市地名志初稿尚存在许多不尽人意的地方，表现为资料不齐全、文体不统一、条目不规范、详略不一致等，故无法正式出版，只得暂时搁置下来。

为认真贯彻落实民政部《关于实施地名公共服务工程的通知》（民函〔2005〕122 号）和湖南省人民政府办公厅"关于实施地名公共服务工程的通知"（湘政办发〔2005〕41 号文）精神，提高全市地名公共服务能力，更好地为全市经济社会发展和构建和谐常德服务，常德市民政局决定重启编辑出版《常德地名志》工作，并成立《常德地名志》编纂委员会，市政府副市长徐万发、朱晓平先后任编纂委员会主任、市政府副秘书长郑志鹏、市民政局局长熊国建、龚美爱先后任副主任。市民政局副局长周晓平担任主编。

2011 年 4 月 26 日，常德市民政局发出"关于进一步做好《常德地名志》编修工作的通知"（常民函〔2011〕3 号），要求各区、县（市）要加强组织领导，保障人员经费；增强时间观念，按时完成任务；注重条目质量，坚持规范撰稿。是年 5 月 22 日，市民政局在常德市柳叶湖旅游度假区共和大酒店国际会议中心秋和厅召开《常德地名志》编修工作会议，具体部署编修事宜。是年 6 月 8 日，市民政局发出《关于编修"常德地名志"有关问题的通知》（常民〔2011〕49 号），就"常德地名志"的条目收录范围、报送时间等进一步提出了具体要求。

至 2012 年 12 月，《常德地名志》完成总纂。全志设六篇，第一篇、第五篇第一章，系市级条目；余为各区县（市）地名条目，总计 6434 条，首冠图片 30 幅，共 170 万字。

《常德地名志》各篇条目汇总情况

（2012年12月28日）

表1-1-1　　单位:条

	第一篇	第二篇		第三篇	第四篇	第五篇		第六篇
		第一章	第二章			第一章	第二章	
武陵区	常德市	8	144	47	9	常德市	56	6
鼎城区		11	646	68	7		39	5
津市市		12	129	40	10		59	7
安乡县		9	307	53	8		44	23
汉寿县		8	572	65	10		58	29
澧　县		9	510	155	37		53	9
临澧县		5	356	72	11		38	14
桃源县		12	920	127	58		40	7
石门县		9	361	98	26		49	12
常德经开区		6	27	23	55		56	3
西湖管理区		9	30	45	3		35	1
西洞庭管理区		6	34	78	11		60	3
柳叶湖旅游度假区		4	38	22	8		13	6
合计	26	108	4074	893	253	55	600	125

第二章《

基层政权

第二章　基层政权

基层政权，系设在最低一级行政区域的国家机关。不同历史时期的国家基层政权设置有异。《中华人民共和国宪法》规定，不设区的市、市辖区、乡、民族乡、镇的人民代表大会和人民政府是基层政权机关。

常德市域的基层政权存在久远，西周时，设比、闾、族、党、州、乡组织。春秋时，设伍、什、游、里、州、乡等。秦商鞅变法时，建什伍连坐法。汉、唐时期称乡、里。宋代王安石募兵而行保甲。元代县以下分里制、社制。明代称坊、厢、里、镇。民国二十三年（1934），常德辖区各县分别实行保甲法，后又推行联保连坐制度，名为行“管”“教”“养”“卫”之功能，实则行查户、监听、禁行、摊税、抓丁、强迫劳役、反动教化之任务。

新中国成立以后，中共常德地委、常德专署在全区范围内接管旧政权，废除基层保甲制度，建立基层人民民主政权，组建区公所、区人民政府和乡人民政府。1950 年冬，各县、区人民政府分派工作组，到各地废除民国时期的乡保政权。以原民国时期的乡保区域范围，普遍组建区农民协会，乡农民协会分会（或片农会），行使基层政权职能。后历经小乡政权、撤区并乡、建立农业生产合作社、实现人民公社化、实行政社分开、建立乡政府的变更，终将乡镇基层政权机构稳定至今。

1986 年，党中央、国务院责成民政部门负责城乡基层政权建设的日常工作，其主要职责是：调查了解基层政权的现状和存在的问题，提出改进和加强基层政权建设的意见；总结交流经验；组织先进乡镇和先进村（居）民委员会的评比、表彰活动；培训乡镇和村（居）民委员会主任；指导村（居）民委员会的组织建设和制度建设；制订和修改有关的条例和规章制度。各级党委和政府要支持和监督民政部门做好这项工作，民政部门要把基层政权建设工作列为自己的重要任务，切实抓好。1987 年 4 月 6 日，中共常德地委、常德地区行政公署发出《批转地区民政局〈关于加强全区基层政权建设工作的几点意见的请示〉的通知》（常发〔1987〕9 号），地委、行署责成民政部门负责全区城乡基层政权建设的日常工作。是年，地（市）、县组建城乡基层政权建设领导小组，由一名党政领导任组长，政府办公室主任（秘书长）、民政局长任副组长，领导小组下设办公室，民政局长兼任办公室主任。

1988—2013 年，常德市人民政府适时报请省人民政府调整市域部分乡、镇（街道）的行政区划，市、县（区、市）党委、政府不断加大基层政权建设工作力度，依法切实加强自治组织建设，从而，使全市的基层政权建设工作步入法治化、规范化的轨道。

第一节　区、乡、镇

一、区、乡

常德市境县辖乡(区)建制,始于秦朝。沿袭汉、唐、宋、元、明、清各朝。

1949年7—9月,常德地区各县相继解放。旋成立县人民政府,并着手筹备划区建政工作。是年12月,全区共成立基层区人民政府54个,取代民国时期各地基层政权机构。区人民政府置政委1人、区长1人、副区长若干人,内设民政、公安、财粮、生产、文教、合作、卫生等股、室,各股、室置助理员、文书和会计等人员。

1958年,实行政社合一体制,区内乡级政权被人民公社取代。1984年,政社分开,重建乡人民政府。时县辖区为县人民政府派出机构,仍统称区公所。

1988年,常德地区有县辖区22个、乡198个、民族乡4个,辖4075个村、44307个村民小组。

1995年,根据中共中央、国务院《关于加强农村基层政权建设工作的通知》(中发〔1986〕22号)精神,中共常德市委、市人民政府决定撤销石门县、鼎城区、桃源县、澧县所辖区公所,调整部分乡、镇行政区划,实施撤区并乡建镇。

是年4月25日,省人民政府批准,省民政厅批复(湘民行发〔1995〕第43号):同意石门县撤销蒙泉、皂角市、仙阳、太平街、磨岗隘、苏家铺、泥沙7个区公所的建制。保留城关、易家渡、新关、南北4个镇和二都乡的行政区域不变。将城关镇更名为楚江镇,二都乡乡人民政府驻地由曹家棚迁址宝峰。

同时,将其余38个乡镇合并为14个乡镇。即:

将夏家巷镇、白洋湖乡、磐石乡、花薮乡合并为蒙泉镇。总面积237.65平方公里,总人口6.20万人。辖1个居委会、72个村,镇人民政府驻白洋湖;

将杨坪乡、官渡桥镇、三板桥乡合并为夹山镇。总面积179.05平方公里,总人口4.76万人。辖1个居委会、45个村,镇人民政府驻杨坪;

将皂角市镇、阳泉乡合并为皂市镇。总面积134.02平方公里,总人口3.02万人。辖1个居委会、33个村,镇人民政府驻皂市;

将瓜子峪乡、燕子山乡合并为新铺乡。总面积162.23平方公里,总人口3.27万人。辖39个村,乡人民政府驻新铺;

将白云桥乡、望羊桥乡合并为白云乡。总面积153.96平方公里,总人口3.14万人。辖39个村,乡人民政府驻白云;

将维新场镇、渡水乡、袁公渡乡合并为维新镇。总面积232.81平方公里,总人口4.38万人。辖 2 个居委会、59 个村，镇人民政府驻维新；

将三圣乡、杜家岗乡、河口乡合并为三圣乡。总面积 271.37 平方公里，总人口 4.26 万人。辖 51 个村，乡人民政府驻三圣；

将予良乡、水田岗乡合并为子良乡。总面积 198.99 平方公里，总人口 2.85 万人。辖 36 个村，乡人民政府驻予良；

将太平街乡、穿山河乡、九渡河乡合并为子太平街乡。总面积 360.51 平方公里，总人口 3.23 万人。辖 52 个村，乡人民政府驻太平街；

将磨岗隘镇、九伙坪乡、商溪乡合并为磨市镇。总面积 210.75 平方公里，总人口 3.89 万人。辖 1 个居委会、57 个村，镇人民政府驻官庄；

将雁池乡、杨柳乡、苏家铺乡合并为雁池乡。总面积 237.62 平方公里，总人口 3.34 万人。辖 58 个村，乡人民政府驻雁池；

将所街乡、水南渡乡合并为所街乡。总面积 215.57 平方公里，总人口 3.23 万人。辖 41 个村，乡人民政府驻所街；

将罗坪乡、安溪乡合并为罗坪乡。总面积 207.18 平方公里，总人口 1.6 万人。辖 31 个村，乡人民政府驻罗坪；

将泥沙镇、南坪河乡、江坪河、中岭乡合并为壶瓶山镇。总面积 662.95 平方公里，总人口 3.05 万人。辖 1 个居委会、61 个村，镇人民政府驻泥市。

是年 10 月 28 日，省人民政府批准，省民政厅批复(湘民行发〔1995〕第 116 号)：同意鼎城区撤销蒿子港、石公桥、大龙站、河洑、牛鼻滩、斗姆湖、石门桥、黄土店、港二口 9 个区公所；保留武陵、蒿子港、中河口、十美堂、镇德桥、牛鼻滩、灌溪、蔡家岗、斗姆湖、黄土店等 10 个镇和黄珠洲、黑山嘴、大龙站、双桥坪、长岭岗、石板滩、雷公庙、丁家港、草坪、唐家铺、沧山、钱家坪、港二口、尧天坪、逆江坪、长茅岭及许家桥回族维吾尔族乡等 17 个乡，其乡、镇行政区划不变。

同时，将石公桥镇与冲天湖乡合并，设立石公桥镇。共辖 3 个居委会、25 个村，总面积 128.3 平方公里，总人口 4.28 万人。镇人民政府驻石公桥；

将周家店镇与瓦屋垱乡合并，设立周家店镇。共辖 3 个居委会、26 个村，总面积 140.3 平方公里，总人口 3.77 万人。镇人民政府驻周家店；

将韩公渡镇与断港头乡合并，设立韩公渡镇。共辖 2 个居委会、32 个村，总面积 122.3 平方公里，总人口 4.7 万人。镇人民政府驻韩公渡；

将石门桥镇与康家吉乡合并，设立石门桥镇。共辖 2 个居委会、19 个村，总面积 74.5 平方公里，总人口 3.42 万人。镇人民政府驻石门桥；

将谢家铺镇与赵家桥乡、官桥坪乡合并，设立谢家铺镇。共辖 1 个居委会、36 个村，总面积 101.3 平方公里，总人口 3.85 万人。镇人民政府驻谢家铺；

将白鹤山乡与肖伍铺乡合并，设立白鹤山乡。共辖 23 个村，总面积 94.4 平方公里，总人口2.85万人。乡人民政府驻万金障。

是年1月13日,省人民政府批准,省民政厅批复(湘民行发〔1995〕第2号):同意撤销桃源县城郊、陬溪、漆河、理公港、龙潭、三阳、剪市、茶庵铺,桃花源9个区公所。保留沙坪、西安、三阳港等3个镇和深水港、双溪口、九溪、车湖垸、马鬃岭、盘塘、郝坪、理公港、黄甲铺、太平桥、浯溪河、泥窝潭、兴隆街、芦花潭、郑家驿、寺坪、太平铺、杨溪桥、牯牛山、青林回族维吾尔族乡、枫树维吾尔族回族乡等21个乡,其乡、镇行政区划不变。

同时,调整部分乡镇的行政区划,即:

将城关镇与尧河乡、八字路乡合并,设立漳江镇。共辖7个居委会、41个村,总面积140.0平方公里,总人口9.99万人。镇人民政府驻武陵路。

将陬市镇与畲田乡合并,设立陬市镇。共辖4个居委会、31个村,总面积105.1平方公里,总人口5.49万人。镇人民政府驻下街。

将漆河镇与涌泉乡、黄婆店乡合并,设立漆河镇。共辖2个居委会、53个村,总面积151.7平方公里,总人口5.79万人。镇人民政府驻大桥街。

将黄石镇与芭茅洲乡合并,设立黄石镇。共辖2个居委会、27个村,总面积170.2平方公里,总人口2.23万人。镇人民政府驻黄石。

将桃花源镇与龙虎乡合并,设立桃花源镇。共辖2个居委会、30个村,总面积106.4平方公里,总人口3.03万人。镇人民政府驻水溪。

将架桥乡与基隆乡合并,设立架桥乡。共辖25个村,总面积101.4平方公里,总人口3.33万人。乡人民政府驻架桥。

将佘家坪乡与向家桥乡合并,设立佘家坪乡。共辖24个村,总面积127.4平方公里,总人口2.27万人。乡人民政府驻佘家坪。

将马石乡与一甲城乡合并,设立凌津滩乡。共辖21个村,总面积148.4平方公里,总人口1.83万人。乡人民政府驻凌津滩。

将喜雨乡与八公桥乡合并,设立剪市乡。共辖29个村,总面积105.3平方公里,总人口2.65万人,乡人民政府驻董家桥。

将热市乡与菖蒲乡合并,设立热市乡。共辖29个村,总面积122.2平方公里,总人口3.14万人,乡人民政府驻热水坑。

将牛车河乡与瓦儿岗乡合并,设立牛车河乡。共辖21个村,总面积164.9平方公里,总人口1.44万人,乡人民政府驻牛车河。

将钟家铺乡与杜坪乡合并,设立钟家铺乡。共辖21个村,总面积124平方公里,总人口1.63万人。乡人民政府驻钟家铺。

将龙潭乡与丁家坊乡、鄢家溪乡合并,设立龙潭乡。共辖34个村,总面积255.5平方公里,总人口2.87万人。乡人民政府驻龙潭水。

将观音寺乡与三望坡乡、燕家坪乡合并,设立观音寺乡。共辖34个村,总面积225.4平方公里，总人口2.39万人。乡人民政府驻观音寺。

将茶庵铺乡与三元潭合并，设立茶庵铺乡。共辖29个村，总面积210平方公里，总人口2.54万人。乡人民政府驻茶庵铺。

将三汊港乡更名为本塘垸乡，其行政区域不变，乡人民政府驻木塘垸。

是年10月27日，省人民政府批准，省民政厅批复（湘民行发〔1995〕第119号）：同意撤销红湖、澧阳、梦溪、大堰垱、甘溪和码头铺6个区公所。保留梦溪、复兴厂、盐井、雷公塔、大堰垱、王家厂、金锣、码头铺、方石坪、火连坡10个镇和九垸、永丰、如东、澧澹、澧南、澧东、涔南、大坪、道河、双龙、宜万、车溪、中武、闸口、杨家坊、洞市16个乡的行政区划不变。

同时，将其余11个乡镇调整为6个乡镇，即：

将张公庙镇、澧西乡合并为张公庙镇。张公庙镇辖2个居委会、24个村，总面积50.9平方公里，总人口3.25万人。镇人民政府驻张公庙。

将城关镇、澧阳乡和张公庙镇的朱家岗、关心、群星、四马、白米5个村合并为澧阳镇。澧阳镇辖12个居委会、23个村，总面积59.4平方公里，总人口10.12万人。镇人民政府驻澧阳北路。

将甘溪滩镇、马溪乡合并为甘溪滩镇。甘溪滩镇辖1个居委会、24个村，总面积81.08平方公里，总人口2.1万人。镇人民政府驻甘溪滩。

将官垸乡、余家台乡合并为官垸乡。官垸乡辖1个居委会、26个村，总面积111.99平方公里，总人口4.03万人。乡人民政府驻官垸码头。

将小渡口镇、官垸乡的毛家岔居委会和仁和垸、添洪、王家、丁堤、南盘、东堤6个村委会合并为小渡口镇。小渡口镇辖1个居委会、4个村，总面积5.24平方公里，总人口3.6万人。镇人民政府驻小渡口。

将太青乡与东门乡合并为太青乡。太青乡辖26个村、4个居委会，总面积104.58平方公里，总人口1.93万。乡人民政府驻探峪。

2005年8月2日，省人民政府批准，省民政厅发出《关于变更慈利县和石门县部分行政区域界线的批复》（湘民行发〔2005〕15号）：同意将慈利县国太桥乡新民村和磷矿村的部分区域（约0.196平方公里，294亩）划入石门县白云乡的行政区域。两县行政区域界线调整变更后，慈利县国太桥乡和石门县白云乡的行政区域相应核减和增加0.196平方公里，总人口相应核减和增加500人。国太桥乡和白云乡所辖村（居）委会数量及乡人民政府驻地均不变。

2010年9月28日，省人民政府批准，省民政厅发出《关于汉寿县西湖镇析置西洲乡和东湖乡的批复》（湘民行发〔2010〕17号）：同意从西湖镇析出22个建制村，设立西洲乡和东洲乡。西洲乡，辖新北河、黄泥湖、同兴、裕民、幸福、安康、西洲、田园、建湖、永安等10个建制村，总面积29.61平方公里，总人口2.13万人，乡人民政府驻十字闸；东洲乡，辖新兴、春晓、新港、九狮、鼎兴、鼎福、鼎裕、鼎园、旺福、旺禄、旺寿、旺喜12个建制村，总面积30.45平方公里，总人口2.12万人，乡人民政府驻九狮桥。行政区划调整后，西湖镇辖2个社区、3个村，总面积10.24平方公里,人口1.38万人,镇人民政府驻地不变。西湖镇、西洲乡、东洲乡由西湖管理区代管,并撤销原设置的裕民、西洲、下窖、新港、鼎港、东洲等6个办事处。

至2013年底,常德市共设置县(区、市)辖乡101个,其中民族乡4个。武陵区7个乡、鼎城区10个乡(含1个民族乡)、安乡县11个乡、汉寿县16个乡(含1个民族乡)、澧县16个乡、临澧县9个乡、桃源县22个乡(含2个民族乡)、石门县8个乡、津市市2个乡。

二、街(镇)

常德地区的镇(街)基层政权建制,始于汉代,完善于明朝的厢、坊政权组织。此后,逐步发展为约坊、圩墟、街坊、都镇等城镇街道政权组织,主管民政、教化和赋役。

1949年10月,常德地区各县人民政府废除民国时所置的14个镇,建立新城镇9个,即桃源县漳江镇、陬溪镇;南县南洲镇、琼湖镇;慈利县城关镇;石门县楚江镇;澧县翊武镇;临澧县城关镇;安乡县新城镇。常德市、津市市城区在军事管制阶段,仍袭原建制。镇置镇公所,设正、副镇长,其职能机构及人员安排,沿用民国末期建制。

1950年10月—1953年年底,根据中共湖南省委指示,常德地委决定,发动群众,建立民主政治。1950年,常德专署成立民主建政领导小组,地委书记周惠任组长,专署专员柴保中任副组长,并由专署民政科会同公安、司法、宣传、妇联、粮食等部门召开专门会议,商讨建立民主政治的工作方法和具体部署。全区民主建政工作分三批展开,三步进行,一般采取发动群众,摸清敌情;建立政权,荐举骨干;肃清残余,巩固成果三步进行。1950年年底,工作组下到第一批建政的常德、津市两市,开始有步骤的工作。1952年9—11月,全区各地以区、街镇为单位,先试点铺开,全面落实民主建政工作任务。至1952年年底,常德专区所辖3个市(常德、津市、益阳),分别建立区街委、镇委和街道办事处等,即常德市撤销第一、二、三、四区,建立东、南、西、北区街人民政权办事机构;益阳市设立5个基层街道办事处;津市市和9个县共设立63个基层镇人民政府。区街办事处为城市人民政府基层政权组织,镇为市(县)人民政府领导的乡一级基层政权机构。

1988年,常德地区有建制镇56个,街道办事处10个,辖367个居民委员会,3343个居民小组。

小城镇是城乡重要结合部,是县域经济发展的重要增长点,是农业产业化和农村现代文明的依托和载体。加快小城镇建设,是推进"工业化、城镇化"进程、实现经济持续快速协调发展的必然要求,事关国家经济社会发展和全面建设小康社会目标的一件大事。据此,1989~2012年,常德市民政局根据市人民政府关于重点小城镇建设的目标要求,先后报请省人民政府稳步开展撤并乡建镇工作。

1992年6月26日,省人民政府批准,省民政厅批复(湘民行发〔1992〕第13号):撤销汉寿县太子庙乡,建立太子庙镇。辖1个居委会和15个村,镇人民政府驻太子庙。

1993 年 2 月 17 日,省人民政府批准,省民政厅批复(湘民行发〔1993〕第 15 号):撤销石门县南镇乡,建立南北镇。辖 2 个居委会和 16 个村,总面积 51.8 平方公里,总人口 8937 人。镇人民政府驻南北镇。

1993 年 2 月 18 日,经省人民政府批准,常德市民政局批复(常民字〔1993〕第 08 号):撤销石门县磨岗隘乡,建立磨岗隘镇。辖 2 个居委会和 21 个村,面积 66.93 平方公里,人口 17572 人,镇人民政府驻磨岗隘。

1993 年 4 月 1 日,经省人民政府批准,常德市民政局批复(常民字〔1993〕第 25 号):撤销澧县大围乡,建立小渡口镇。辖 2 个居委会和 18 个村,总面积 59 平方公里,总人口 28666 人,镇人民政府驻小渡口。

1993 年 9 月 14 日,经省人民政府批准,常德市民政局批复(常民字〔1993〕第 84 号):撤销鼎城区韩公渡乡,建立韩公渡镇。辖 2 个居委会和 19 个村,总面积 78.5 平方公里,总人口 32389 人,镇人民政府驻塘河。

1993 年 11 月 3 日,经省人民政府批准,常德市民政局批复(常民字〔1993〕第 99 号):撤销鼎城区蔡家岗乡,建立蔡家岗镇。辖 2 个居委会和 16 个村,总面积 51.6 平方公里,总人口 16161 人,镇人民政府驻蔡家岗。

1993 年 12 月 6 日,经省人民政府批准,常德市民政局批复(常民字〔1993〕第 114 号):撤销澧县彭家厂乡,设立雷公塔镇。辖 2 个居委会和 17 个村,总面积 74 平方公里,总人口 2.2 万人,镇人民政府驻雷公塔。

1993 年 12 月 6 日,经省人民政府批准,常德市民政局批复(常民字〔1993〕第 115 号):撤销汉寿县朱家铺乡,设立朱家铺镇。辖 1 个居委会和 21 个村,总面积 80.94 平方公里,总人口 20873 人,镇人民政府驻朱家铺。

1996 年 5 月 8 日,经省人民政府批准,常德市民政局批复(常民字〔1996〕第 35 号):撤销鼎城区大龙站乡,设立大龙站镇。辖 2 个居委会和 9 个村,总面积 68.7 平方公里,总人口 1.26 万人,镇人民政府驻大龙站。

1996 年 5 月 8 日,经省人民政府批准,常德市民政局批复(常民字〔1996〕第 36 号):撤销鼎城区尧天坪乡,设立尧天坪镇。辖 1 个居委会和 15 个村,总面积 54.4 平方公里,总人口 1.55 万人,镇人民政府驻伍福桥。

1996 年 9 月 24 日,经省人民政府批准,常德市民政局批复(常民字〔1996〕第 72 号):撤销鼎城区双桥坪乡,设立双桥坪镇。辖 1 个居委会和 15 个村,总面积 71 平方公里,总人口 2.19 万人,镇人民政府驻双桥坪。

1996 年 10 月 18 日,经省人民政府批准,常德市民政局批复(常民字〔1996〕第 78 号):撤销桃源县茶庵铺乡,设立茶庵铺镇。辖 2 个居委会和 29 个村,总面积 210 平方公里,总人口 2.54 万人,镇人民政府荣庵铺。

1996 年 10 月 18 日,经省人民政府批准,常德市民政局批复(常民字〔1996〕第 79 号):

撤销桃源县龙潭乡，设立龙潭镇。辖4个居委会和34个村，总面积255.6平方公里，总人口2.87万人，镇人民政府驻龙潭水。

1996年10月18日，经省人民政府批准，常德市民政局批复(常民字〔1996〕第80号)：撤销桃源县剪市乡，设立剪市镇。辖2个居委会和28个村，总面积105平方公里，总人口2.65万人，镇人民政府驻剪市。

1996年10月18日，经省人民政府批准，常德市民政局批复(常民字〔1996〕第81号)：撤销桃源县理公港乡，设立理公港镇。辖1个居委会和13个村，总面积98平方公里，总人口1.61万人，镇人民政府驻理公港。

1997年1月12日，经省人民政府批准，常德市民政局批复(常民字〔1997〕第03号)：撤销武陵区河洑镇、河洑乡，合并设立河洑镇。辖犀牛口、潭子口、渡口巷等3个居委会和河洑、岩桥寺、青林、杨桥、三兴垱、白鹤庵、全美、南湖、朱湖、合兴、马洪堰、雷坛岗、洪流闸等13个村，总面积25.9平方公里，总人口1.996万人，镇人民政府驻原河洑镇。

1997年6月6日，经省人民政府批准，常德市民政局批复(常民字〔1997〕第38号)：撤销盘塘乡，设立盘塘镇。辖盘龙桥、回龙庵2个居委会和白鹤、六房湾、车家坪、花树桥、黄叶岗、常春、朱家港、王家垱、红岩山、青草岗、华林、铁家垱、楠竹铺、白家堉、张家桥、董家坪等16个村，总面积85平方公里，总人口2.33万人，镇人民政府驻盘龙桥。

1997年6月8日，经省人民政府批准，常德市民政局批复(常民字〔1997〕第39号)：撤销桃源县热市乡，设立热市镇。辖29个村，总面积127平方公里，总人口3.09万人，镇人民政府驻热水坑。

1997年11月24日，经省人民政府批准，常德市民政局批复(常民字〔1997〕第75号)：撤销鼎城区雷公庙乡，设立雷公庙镇。辖2个居委会和12个村，总面积57平方公里，总人口1.58万人，镇人民政府驻雷公庙。

1997年11月26日，经省人民政府批准，常德市民政局批复(常民字〔1977〕第77号)：撤销桃源县观音寺乡，设立观音镇。辖4个居委会和34个村，总面积225平方公里，总人口23933万人，镇人民政府驻观音寺。

1998年2月23日，经省人民政府批准，常德市民政局批复(常民字〔1998〕第13号)：撤销津市市白衣乡，设立白衣镇。辖2个居委会和18个村，总面积78平方公里，总人口2.32万人，镇人民政府驻白衣庵。

1998年3月16日，经省人民政府批准，常德市民政局批复(常民字〔1998〕第21号)：撤销石门县太平街乡，设立太平镇。辖5个居委会和47个村，总面积360平方公里，总人口3.23万人，镇人民政府驻太平街。

1998年3月24日，经省人民政府批准，常德市民政局批复(常民字〔1998〕第32号)：撤销鼎城区石板滩乡，设立石板滩镇。辖2个居委会和15个村，总面积65.5平方公里，总人口2.48万人，镇人民政府驻石板滩。

2003年9月19日，省人民政府批准，省民政厅发出《关于调整石门县部分乡镇行政区划的批复》(湘民行发〔2003〕13号)：同意将二都乡的9个社区居委会、易家渡镇的6个社区居委会以及新关镇的1个社区居委会划归楚江镇管辖。行政区划调整后，楚江镇辖22个社区居委会，总面积64.61平方公里，总人口12.76万人，镇人民政府驻此门口；易家渡镇辖2个社区居委会、20个村，总面积78.27平方公里，总人口2.9万人，镇人民政府驻易家渡；新关镇辖3个社区居委会、17个村，总面积101.3平方公里，总人口1.87万人，镇人民政府驻新关；二都乡辖20个村，总面积60.46平方公里，总人口1.76万人，乡人民政府驻中渡口。

2004年8月9日，省人民政府批准，省民政厅批复(湘民行发〔2004〕11号)：同意将西竺山乡、围堤湖乡与城关镇合并设立龙阳镇。辖10个居委会、31个村，总面积72平方公里，总人口13万人，镇人民政府驻地为原城关镇人民政府驻地。同意将蒋家嘴镇与阳南塘乡合并设立蒋家嘴镇。辖4个居委会、20个村，总面积67.6平方公里，总人口4.5万人，镇人民政府驻地为原蒋家嘴镇人民政府驻地。

2007年9月12日，经省人民政府批准，省民政厅批复(湘民行发〔2007〕第20号)：撤销津市市灵泉乡，设立灵泉镇。辖1个居委会和12个村，总面积55平方公里，总人口2.01万人，镇人民政府驻五泉铺。

2008年9月3日，省人民政府批准，省民政厅发出《关于安乡县部分乡镇行政区划调整的批复》(湘民行发〔2008〕11号)：同意将城关镇与安猷乡合并，设立深柳镇。以原城关镇和安猷乡的行政区域为新设深柳镇的行政区域，深柳镇辖10个社区居委会、13个建制村，总面积68.06平方公里，总人口11.61万人，镇人民政府驻和平西路(原城关镇人民政府驻地)。同意将安丰乡的偏湖洲、五合剅两个建制村和丰凝港林场，以及安裕乡的屡丰、七家两个建制村和中码头社区居委会划归大鲸港镇管辖。行政区划调整后，大鲸港辖5个社区居委会、4个建制村，总面积27.07平方公里，总人口2.21万人，镇人民政府社驻大鲸港；安丰乡辖1个社区居委会、18个建制村，总面积74.69平方公里，总人口3.21万人，乡人民政府驻地不变；安裕乡辖13个建制村，总面积53.99平方公里，总人口2.27万人，乡人民政府驻地不变。

至2012年，常德市共设置县辖镇106个，占全市乡、镇总数的51%。其中武陵区2个，鼎城区23个，安乡县8个，汉寿县16个，澧县15个，临澧县8个，桃源县18个，石门县11个，津市市5个。

2002—2013年，常德市民政局根据市人民政府的决定，报请省民政厅在调整个别区、县(市)的部分乡、镇行政区划时，实施新设街道或撤乡并入街道或撤镇(乡)设置街道。

2002年12月3日，省人民政府批准，省民政厅批复(湘民行发〔2002〕14号)，同意撤销津市市阳由乡和窑坡渡乡，将其分别划入三洲驿、汪家桥、襄阳街、金鱼岭4个街道办事处。行政区划调整后，三洲驿街道办事处辖6个社区居委会，总面积6.27平方公里，总人口2.83万人，办事处驻三洲驿；汪家桥街道办事处辖5个社区居委会，总面积10.79平方公里，总人口2.98万人，办事处驻三眼桥；襄阳街道办事处辖4个社区居委会、5个村，总面积22.83平方公里，总人口2.13万人，办事处驻襄阳街；金鱼岭街道办事处辖5个社区居委会、5个村，总面积 49.23 平方公里,总人口 1.84 万人,办事处驻金鱼岭。

2008 年 8 月 4 日,常德市人民政府批复(常政函〔2008〕58 号):同意设立武陵区人民政府柳叶湖街道办事处。柳叶湖街道办事处管辖白石、花山、岩子堰、万寿、双桥、泉水桥、东江、靳家湾、马太古堤等 9 个建制村和七里桥、戴家岗、柳叶湖等 3 个社区居委会,总面积 82.85 平方公里,总人口 2.2122 万人,办事处驻柳叶湖。柳叶湖街道办事处由柳叶湖旅游度假区代管。

2013 年 12 月 20 日,省人民政府批准,省民政厅发出《关于常德市鼎城区武陵镇、斗姆湖镇撤镇设街道的批复》(湘民行发〔2013〕32 号):同意撤销鼎城区武陵镇,设立玉霞、红云、郭家铺 3 个街道。玉霞街道管辖范围为金霞路以北、阳明路以东区域,红云街道管辖范围为金霞路以北、阳明路以西区域,郭家铺街道管辖范围为金霞路以南区域。行政区划调整后,玉霞街道辖临江、鼎城、渡口、桥头、迎宾、善卷、常沅、玉霞、永安 9 个社区,总人口 7.62 万人,总面积 4.69 平方千米,办事处驻玉霞社区(原武陵镇人民政府驻地);红云街道辖花船庙、善池、德安、停车场、红云、西站、福广 7 个社区,总人口 3.49 万人,总面积 11.26 平方千米,办事处驻善池社区;郭家铺街道辖金霞、王家铺、郭家铺、孔家溶、三滴水 5 个社区以及腰堤、大禾场、三叉湖、报国 4 个建制村,总人口 2.89 万人,总面积 21.72 平方千米,办事处驻郭家铺社区。同意撤销斗姆湖镇,设立斗姆湖街道,以原斗姆湖镇行政区域为新设斗姆湖街道的管辖范围。行政区划调整后,斗姆湖街道辖 9 个社区、8 个建制村,总人口 4.13 万人,总面积 41.6 平方千米,办事处驻斗姆湖社区(原斗姆湖镇人民政府驻地)。

是年 12 月 27 日,省人民政府批准,省民政厅发出《关于澧县澧阳镇、澧澹乡撤乡镇设街道的批复》(湘民行发〔2013〕35 号):同意将澧县澧澹乡羊古、任家巷、三贤、柳家 4 个社区以及彭家、沿河、宝塔、蚕桑 4 个建制村成建制划归澧阳镇管辖;同意撤销澧县澧阳镇,设立澧西、澧阳、澧浦 3 个街道;撤销澧澹乡,设立澧澹街道。行政区划调整后,澧西街道辖小西门、黄泥、四马、关心、朱家岗、群星、护城 7 个社区以及荣隆、新高堰、白米、水莲、澄坪、向阳、石虎 7 个建制村,总面积 30.61 平方公里,总人口 5.78 万人,办事处驻澧州大道;澧阳街道辖黄桥、新河、珍珠、万寿宫、永兴寺、水德庙、棚场街、芬司街、洗墨池、澹阳 10 个社区以及孟家港、澹坪、高桥、平阳 4 个建制村,总面积 20.47 平方公里,总人口 14.9 万人,办事处驻澧阳北路(原澧阳镇人民政府驻地);澧浦街道辖卢家、澧阳、多安桥、襄阳、羊古、任家巷、三贤、柳家 8 个社区以及皇山、彭家、沿河、宝塔、蚕桑 5 个建制村,总面积 21.9 平方公里,总人口 4.97 万人,办事处驻羊古(原澧澹乡人民政府驻地);澧澹街道辖大巷口、夹堤 2 个社区以及东洲、蔡津、玉皇、三甲、上福、拥宪、永固、仁和、樟柳、白羊、新堤 11 个建制村,总面积 24.5 平方公里,总人口 3.43 万人,办事处驻夹堤。

至 2013 年年底,常德市共设置县(区、市)辖镇 103 个。其中武陵区 2 个、鼎城区 21 个、安乡县 8 个、汉寿县 16 个、澧县 14 个、临澧县 8 个、桃源县 18 个、石门县 11 个、津市市 5 个。同时,全市共设置 19 个街道(办事处),其中武陵区 5 个,鼎城区 4 个,澧县 4 个,津市市 4 个,常德经济技术开发区 1 个,柳叶湖旅游度假区 1 个。

第二节 自治组织

《中华人民共和国宪法》规定:“城市和农村按居民居住区设立的居民委员会或者村民委员会,是基层群众性自治组织。”村民委员会和居民委员会既不属国家机构,也不是基层政权机关,但它又是与国家政权有着水与舟关系的靠村(街)规民约组织起来的社会行政性群众组织。

一、村民组织

新中国成立初期,常德各地沿用民国时的乡、保政权组织形式,并逐步向社会主义民主自治组织过渡。中共常德地委和南下工作团对旧基层政权组织进行彻底地捣毁和改造,将乡、镇所辖的保、甲筹划组织群众自治农会。1949年年底,全区共建立保农会1567个,保农分会4701个(2~3个甲为1个分会,每保辖6~10个甲),联保甲片农会783个。1951年冬,各地农会基本替代旧的乡保组织,年底,全区改设为村、组,时有村3379个、村民小组14372个。村设正、副村长,委员3~4名;村民小组置正、副村民小组长各1名。58%的村建立党的基层组织。

1987年11月24日,国家主席李先念以第59号主席令,颁布经全国六届人大常委会第23次会议审议通过的《中华人民共和国村民委员会组织法(试行)》(以下简称《村组法》),定于1988年6月1日起试行。

1988年年初,根据省人民政府《关于抓好村民委员会组织法实施工作的通知》和省委办公厅、省人大常委会办公厅、省政府办公厅《关于抓紧抓好实施村民委员会组织法工作的通知》精神,按照省里的部署,常德市实施《村组法》工作试点,大体经历了由一个村范围试点,到一个乡范围试点,再到局部县(市)全面铺开的工作过程。是年3—5月,石门县水南渡乡、临澧县合口镇、安乡县安昌乡各选择个一村开展试点。7—10月,又在澧县张公庙乡、桃源县尧河乡、津市灵泉乡、武陵区东郊乡进行试点;随后武陵区又在其他三个乡铺开实施工作。1989年1—5月,汉寿县选择龙潭桥乡,石门县选择二都、水南渡、花薮3个乡,临澧县在其他16个乡镇,鼎城区在石门桥办事处所辖各乡开展实施工作。至此,全市34个乡镇、539个村按组织准备、宣传发动、民主选举、建章建制、检查验收共五个步骤进行。具体工作中,主要抓四个环节,即宣传发动、民主选举、制度建设、检查验收。通过广大村民的直接选举,建立新的村民委员会539个,选举产生村委会干部2857名,其中新当选的村委会干部428名,占试点村委会干部总数的15%,原村干部落选的658名,占现村委会干部总数的23%。新的村委会建立后,积极培训村委会干部,帮助依法理顺各种关系,建立健全各项规章制度,较好地发挥了自我管理,自我教育,自我服务的作用,村委会的工作开始向民主化、制度化方向前进,基本上做到了上级政府、广大村民、当选干部"三满意",落选干部无怨言。

1989年1月10日,常德市实施《村组法》领导小组组长、市人大常委会副主任吴愈俊就全市全面实施《村组法》,圆满完成第一次村委会换届选举工作具体事宜致信市委、市政府主要领导。是年1月17—19日,根据中共常德市委书记陈彰嘉、常德市人民政府市长程林义的批示,常德市委、市政府召开有各区、县(市)委分管党群工作的副书记、实施《村组法》领导小组长、办公室主任参加的全市实施《村组法》工作会议。市委副书记蔡长松、市人大常委会副主任刘运武出席会议并讲话,市民政局副局长方继辉作传达报告,会议交流了全市试点工作情况,部署了后段具体实施工作任务。是年4月19日下午,吴愈俊主持召开第四次领导小组会议,认真回顾前段试点工作情况,针对突出存在的问题,议定了全面铺开实施工作方案,同时形成《会议纪要》,并印发各区、县(市)和市直有关单位。

1989年8月25日,常德市民政局在临澧县召开全市《村组法》实施工作现场会

1989年8月25日,全市《村组法》实施工作现场会在临澧县召开。吴愈俊作工作报告,陈彰嘉、颜永盛、杨万柱等市党政主要领导以及省人大常委会副主任谢新颖出席会议并讲话。

1989年9月起,至1990年1月,全市267个乡镇的4075个村,均依法建立健全了村民自治组织。新选举产生的4075个村委会领导班子,呈现了三个明显的变化,即一是人员减少,班子成员年轻化。比实施《村组法》以前,村级干部减少15%,平均年龄由42岁降至37岁;二是干部政治素质提高,群众负担减轻。领导班子中中共党员由67%上升到76%,且许多党员村委又是村党支部成员,减少了职数,减轻了群众负担;三是增加了一批有技术、会管理的人才进了村委会。新进班子的7579名"能人",成为带领村民生产致富的骨干。

1989年年底,在全市实施《村组法》工作进入尾声时,按照市人大常委会关于将《村组法》实施列入执法大检查的部署,采取由各级政府牵头,民政局负责组织自查、人大抽查的形式,全面开展了实施《村组法》的执法大检查,并提请市人大常委会予以审议。1990年2月,市人大常委会第 11 次会议听取并审议了市人民政府关于实施《村组法》全面情况的汇报。

1993 年 3—7 月，常德市进行第二次村委会换届选举。通过四个多月的努力，完成了全市 4075 个村委会的换届工作。新的村委会班子有三个明显的特点。一是人员大量减少，年龄趋向年轻化，上届村委会共有 20883 人，新当选的成员共有 19408 人，比上届减少 8%，平均年龄也由上届 38.5 岁降为 37 岁。二是政治素质有较大提高，上届村委会中党员占 50，换届后上升到 76%。三是有一大批有技术、会管理、有商品经济头脑的人选进了村委会班子，成为带领农民脱贫致富的带头人。

1995 年 12 月开始，全市 125 个乡、86 个镇、4041 个村进行第三次村委会换届选举工作。时县、乡两级抽调了 1399 名人员，成立了村委会换届选举工作指导小组，负责指导各地换届选举工作。1996 年 7 月，全市第三次村委会换届选举工作结束，选举产生新一届村民委员会主任 4041 人、副主任 4041 人、委员 17014 人。村委会成员中，共产党员 13507 人，占 79.4%；妇女 4147 人，占 24.4%，在文化程度上，有大专文化的 284 人，新增 37 人；高中文化的 12605 人，新增 1135 人；小学文化的 3084 人，减少 686 人。同时，选举村民代表 102966 人。对新当选的村委会成员，由乡镇人民政府颁发了省民政厅统一印制的《当选证书》。

1999 年，全市 201 个乡镇的 4024 个村进行了第四次换届选举工作。此次选举，全市农村选民登记 387 万人，参加投票的达 312 万人，共选举产生村委成员 17564 名，其中主任 4032 名、副主任和委员 13532 名。换届后的村委成员平均年龄由 39.3 岁降到 37.8 岁；村主任中具有高中以上文化 2112 人，初中 1057 人；中共党员 10874 人；妇女委员 3681 人，有 26 名妇女当上了村主任，92%的村都有了妇女委员。换届后的村委会组成人员结构更加优化，文化水平、政治素质、工作管理能力等方面较往有很大提高。

2002 年 1—5 月，全市 4063 个村进行第五次村委会换届选举工作。按照公开、公平、公正的原则，全市 100%的村按照市里制定的选举方案，高标准地进行了“海选”村主任，严格按照选举程序，依法选出了新一届村委会，充分体现了选民的意志。选举产生的 1.32 万名村委会成员的平均年龄比上届年轻 3.5 岁，有妇女委员 2640 人，中共党员 1.0296 万人。在换届选举前，各县(市、区)还对村委会 3 年任期内的财务进行了全面地清理。各地还以村委会换届选举为契机，进一步完善了民主决策、民主管理和民主监督制度，全面建立了村务公开制度，村务公开率达到了 100%，村民自治逐步走向了制度化、经常化、规范化。

2005 年 1 月 1 日—6 月 30 日，全市 9 个区县(市)、207 个乡镇、3932 个村进行第六次村委会换届选举工作。时除澧县澧南乡 18 个村、西湖管理区西湖镇 3 个村经报请省民政厅批准，推迟到下半年进行外，有 3911 个村参加并按期完成了换届选举。这次换届选举，全市登记选民 318.5269 万人，其中女性 150.0619 万人。参加投票的选民 290.4296 万人，其中直接投票的选民 257.9255 万人，含流动票箱投票的选民 12.4234 万人。一次选举成功的村 3706 个，一次成功率达 94.76%。全市共选出村委会成员 1.3292 万人，女性占 4179 人。这次换届选举，提倡村支两委成员交叉任职和村党支部书记、村委会主任“一肩挑”，全市村委会与党支部成员实现交叉任职的1.037万人,占村支两委干部总数的67%;有3297个村实现了村委会主任与党支部书记一肩挑,占84%。每个村委会干部职数均控制在3~5人。全市有村支两委干部共1.5413万人,比上届减少6926人。结合村委会选举,推选并组或取消专职村民小组长,由村干部兼任等措施,减少村民小组长的数量,时有专职村民小组长2.9213万人,比上届减少1.501万人。新当选的村委会成员中,年龄在50岁以上的3410人,只占25.65%;高中以上文化程度的7049人,达到了53.03%,其中大专以上文化程度的380人。新的村委会成员中有共产党员11433人,占86%,比上届提高了4.5个百分点。一些工作不力、不为老百姓办事的村干部被淘汰出局,一部分有能力、有魄力,群众基础好的村民得以当选,为农村经济社会发展奠定了坚实的基础。

2008年1—6月,全市3396个村开展第七次村委会换届选举工作。这次村委会换届选举,全市共登记选民302.74万人,其中女性144.48万人。参加投票的选民291.06万人,其中直接投票选民266.83万人,参选率达96.14%,直接参选率达88.14%。全市3396个村,一次选举成功的3214个,一次成功率94.64%。全市共选出村委会干部1.1723万人,其中女性3498人,占29.56%。在这次选举中,各区县(市)认真贯彻普遍选举权、平等选举权、直接选举、差额选举、竞争选举、"四个提倡"、秘密写票和民主监督等八大原则,形成了"六多六少"的选举氛围:依法依规的多,违法选举的少;敢于创新的多,墨守成规的少;交叉任职的多,分开任职的少;咨询法律法规的多,上访告状的少;能人当选的多,庸人当选的少;选举满意的多,选举异议的少。这次换届选举,各区县(市)加大对农民群众的民主法治教育力度,引导他们正确行使民主权利。广大选民参选热情明显高于上届,参选率达到96.14%,直推直选的村有3252个,不少在外地务工的村民请假回村直接参与投票。同时,广大选民不仅积极投票,对选举程序、选举政策的关注度也明显提高。这次换届选举,村委会与党支部成员中实现交叉任职的9183人,占村支两委干部总数的71.57%。有2823个村实现了村委会主任与党支部书记"一肩挑",占83.13%,每个村村支两委干部职数均控制在3~5人。全市共有村支两委干部1.2830万人,比上届减少2178人。新进村支两委班子1635人,新任村支书、村主任529人。当选的村委会成员中,50岁以上的3128人,只占26.68%;高中以上文化程度的5459人,达到了46.57%,其中大专以上文化程度的397人;新当选的村委会班子成员中党员达82.04%。这次换届选举,各级党委、政府一方面充分尊重广大党员、村民的申诉权,高度重视群众来信来访,维护人民群众的民主权利;另一方面,采取有力措施,果断处置违法选举、破坏选举的违法案件,将矛盾及时化解在基层。整个选举过程中,没有出现大规模的群访、集访,农村社会大局基本稳定。津市市按照"有问必答,有诉必查"的原则,在对群众来信来访反映的一般问题反馈各乡镇的同时,明确问题督办,跟踪过问,并及时向群众反馈,对重大事件直接进村入户调查处理。如棠华乡岳山村村民钱某对村选委会取消其正式候选人的资格存在异议,其当年3月因无证砍伐树木被移送津市市人民检察院,津市市人民检察院作出了不予起诉的处理,该处理属于相对不起诉,与免予起诉意思一致,故取消正式候选人的资格符合法律规定。从而,打消了钱某上访的念头。这次换届选举,各区县(市)普遍实行"五个第一责任制"的工作机制,即乡镇党委书记为"第一责任人",包村干部为"第一指导人",村支部书记为"第一执行人",村民代表为"第一监督人",村民为"第一参与人"。哪一级出现因操作不规范、程序不合法,造成选举无效的,视情节轻重追究哪一级主要领导的责任,而且要一级追一级,决不迁就。这样,确保了换届选举工作的顺利进行。

2011 年 3—6 月,全市有 3360 个村依法完成第八次村民委员会换届选举工作。共登记选民 287.4 万人,其中女性 127.5 万人。参加投票的选民 256.8 万人,其中直接投票选民 220.2 万人。全市一次选举成功的村 3189 个,共选出村委会干部 1.224 万人,其中女性干部 3831 人,占 31.3%;女性村主任 97 人,占 2.9%。

2011 年 5 月 22 日,常德市民政局在柳叶湖共和大酒店召开全市第八次村委会换届选举工作调度会

这次村委会换届选举,实现了 100%换届的工作目标。全市 3360 个村的村委会成员全部选出,其中村委会主任连任的 2652 人,占 78.7%;新当选 716 名,占 21.3%。新一届村委会成员中,小学文化程度的有 465 人,占 3.8%;初中文化程度的有 4384 人,占 35.8%;高中文化程度的有 6900 人,占 56.4%;大中专以上的有 491 人,占 4.0%。30 岁以下的有 761 人,占 6.2%;31~49 岁的有 7518 人,占 61.4%;50 岁以上的有 3961 人,占 32.4%。新一届村委会成员中,有中共党员 1.0102 万人,占 82.5%;村支两委成员交叉任职的 8645 人,占 68.2%;支部书记、村委会主任"一肩挑"的 2676 人,占 79.5%。其中,安乡县 787 名村委会干部全部实现了交叉任职。

2012—2013 年,石门、桃源等县开展撤村并村工作。

至 2013 年 12 月 31 日,全市共有行政村 2927 个,并依法建立健全村民委员会。其中武陵区 60 个、鼎城区 495 个、安乡县 255 个、汉寿县 495 个、澧县 417 个、临澧县 310 个、桃源县 360 个、石门县 292 个、津市市 84 个、常德经济技术开发区 39 个、柳叶湖旅游度假区 33 个、西湖管理区 25 个、西洞庭管理区 26 个、桃花源旅游管理区 36 个。

二、居民组织

清代,常德地区城镇街道居民组织,仿前朝的巷坊、圩屯之里甲,即后来的保甲制。民国时期,常德地域街镇的基层自治组织统称为保甲。

1949 年 10—12 月,常德区行政专员公署发布命令,将民国第四行政督察区专员公署区域内县辖 9 镇及其以下的基层保甲组织彻底废除,新建 9 个镇,5 个居委会(临澧县 1 个、澧县 4 个),56 个居民小组。

1954 年 12 月 31 日,全国人大常委会第四次会议通过的《城市居民委员会组织条例》规定:"在市辖区、不设区的市的人民委员会或者它的派出机关指导下,可以按照居住地区成立居民委员会。居民委员会是群众自治性的居民组织。"按照这个规定,从 1954 年冬—1955 年夏,时常德专区 14 县 3 市及所辖 62 个镇的居委会进行缩编整改工作。根据居民户数划定居委会。一般 200 ~ 500 户为 1 个居委会,最大不超过 600 户;最小不得少于 100 户。居委会由 5 ~ 13 名委员和正、副主任 1 ~ 3 名组成。到 1955 年 5 月底,全区 280 个居委会,共置居委会主任 280 名,副主任 554 名,委员 3280 名;内置民政调解、治安保卫、妇女、卫生等委员会,这些组织的正、副主任由居委会委员兼任;下设若干居民小组,置正、副小组长 2290 人。居委会的主要任务是:办理有关居民的公共福利事业;向市、镇人民委员会或者街道办事处反映居民的意见和要求;动员居民响应人民政府号召并遵守法律;领导群众性的治安保卫工作;调解居民纠纷。

1983 年年底至 1984 年秋,为适应城镇住宅建设和居民生活的需要,区内各街、镇对居民委员会进行整顿、调整。常德市、津市市和陬市、新安、蒋家嘴镇及石门、慈利等县城关镇,对63 个辖 900 户以上超编(一般在 600 户以下)过大的居委会划小,共调整至 104 个;郊区农转非和新住宅区,增设 20 个居委会。经过这两次调整后,每个居委会居民由原 800 ~ 1000 户,已下降到 550 ~ 600 户之间,但常德市的德山街、红卫、苏家渡等 5 个居委会仍逾 1000 户。居委会置主任 1 名,副主任 1 ~ 2 名,内置会计、出纳等,下设生产委员会、民政优抚委员会、治安保卫委员会、人民调解委员会、卫生委员会、计划生育委员会、城市管理委员会。各置主任或副主任 1 ~ 2 名,多为居委会正、副主任或委员兼任;配有 1 ~ 2 名具体办事人员。居民小组置组长或副组长 1 ~ 2 名。正、副主任由民主选举;委员及各工作委员会主任、居民小组长,由居委会主任或副主任提名,居民荐举,报街、镇委员会批准和备案。这次居委会改选,产生 450 名正、副主任,其中有初中以上文化的 314 名;五大生(电大、业大、夜大、职大、函大)89 人;部分原任正、副主任是退休、离休人员的,劝其安度晚年或仍作骨干使用;新增党员干部 158 人;新领导班子的年龄比 1983 年下降 4.3 岁;跨街、镇、委的干部减至 5‰,且安心本职工作。居委会任务未变。至 1988 年,各县、市整顿、调整、改革居委会组织。

1988 年,全市共有 367 个居民委员会,各居委会设主任 1 人,副主任 1 ~ 2 人,内置会计、出纳等，下设经济工作委员会、计划生育委员会（置计育专干 1～2 名）、人民调解委员会（置调解主任、委员 3～5 名）、妇女代表会（置妇女主任、委员 3～5 名）、城管文卫工作委员会（置卫生主任、委员 3～5 名）、治安保卫委员会（置治保主任、委员 3～5 名）、社会福利工作委员会（置民政优抚主任、委员 3～5 名）。

1989 年 12 月 26 日，第七届全国人民代表大会常务委员会第 11 次会议审议通过《中华人民共和国城市居民委员会组织法》（以下简称《居组法》）。是日，国家主席杨尚昆以中华人民共和国主席令（第二十一号）公布，自 1990 年 1 月 1 日起施行。1954 年 12 月 31 日全国人大常委会审议通过的"城市居民委员会组织条例"同时废止。此法的颁布施行，标志着我国城市居民委员会的建设进入一个新的历史发展阶段。

1990 年 3 月至 1992 年 5 月，全市全面贯彻实施新颁布的《居组法》，开展居委会第一次换届选举工作。

全市贯彻实施《居组法》，并开展居委会换届选举，大体经历了进行试点、全面铺开、检查验收三个阶段：

1990 年 3—12 月，为全市实施《居组法》工作试点阶段。常德市民政局首先在安乡县民政局配合下，选择该县城关镇的南门口居委会进行试点。当安乡试点每完成一步转段关键环节，市民政局便集中各区、县（市）基政股长，在点上学习法律，介绍实施经验，讲解操作中应注意的关键。市局的试点一结束，便召开专门会议，部署区、县（市）抓好一个居委会的试点。全省《居组法》工作会议后，为认真贯彻全省会议精神，摸索更大范围的实施工作经验，又选择武陵区的城南办事处和津市市，全面铺开实施《居组法》的试点。至 12 月中旬，全市实施试点工作基本结束，有津市市、武陵区城南办事处及 76 个居委会，完成了《居组法》的实施工作。

1991 年 1—9 月，为全市实施《居组法》工作全面铺开阶段。1991 年 1 月，中共常德市委、常德市人大常委会、常德市人民政府召开全市实施《居组法》工作会议，总结前一段试点工作的经验，部署全面铺开实施《居组法》工作。各区、县（市）党委、政府采取集中时间、集中力量、集中精力抓好实施工作的铺开。市民政局加强巡回检查督促，从而保证了实施工作的顺利进行。期间，全市有安乡、临澧、桃源、汉寿、鼎城、石门等县的 248 个居委会，完成《居组法》实施工作。

1991 年 10 月至 1992 年 5 月，为全市实施《居组法》工作检查验收、扫尾阶段。全市实施工作基本结束时，常德市民政局集中各区、县（市）民政局分管局长、基政股长，采取鱼咬尾的办法进行了检查验收，并通过检查验收，推动未完成实施工作的单位，尽快保质按时完成。期间，有 28 个居委会进行了补火纠错，有武陵区和澧县的 43 个居委会完成《居组法》实施工作。

按照全省的统一要求和实施工作的需要，全市实施《居组法》工作，参照实施《村组法》工作的经验，分为组织准备、宣传发动、民主选举、建制建章、检查验收及就岗培训五个步骤进行,从而做到了认识端正,目的明确,依法实施,顺利开展。

全市第一次居委会换届选举,共选举产生居委会成员 1778 人,其中,居委会正、副主任 634 人。居委会成员中,有共产党员 556 人,占居委会成员总数的 31.2%;年龄在 35 岁以下的有 782 人,占居委会成员总数的 32.7%;具有初中以上文化的 168 人,占居委会成员总数的 54.5%,其中 8 人具有大专文化。

至 1991 年年底,全市建立居民委员会 353 个,其中武陵区 106 个。鼎城区 38 个、津市市 56 个、安乡县 41 个、汉寿县 22 个、澧县 29 个、临澧县 16 个、桃源县 22 个、石门县 23 个。这些居委会中,在二十世纪六十年代撤销镇的建制,以后恢复居民户口并恢复居委会的有 25 个;由省民政厅批准或按《居组法》的规定,由区、县(市)人民政府批准建立的 19 个。全市居委会中,分布在城区的居委会有 151 个,其中武陵区 106 个、津市市 45 个;分布在各县城关镇的一批老建制镇的居委会有 82 个,其中鼎城区 18 个、津市市 5 个;安乡县 12 个、汉寿县 7 个、澧县 8 个、临澧县 11 个、桃源县 13 个、石门县 8 个;分布在 1984—1990 年获批准建立的建制镇居委会有 74 个,其中鼎城区 18 个、津市市 3 个、安乡县 15 个、汉寿县 7 个、桃源县 9 个、临澧县 5 个、澧县 9 个、石门县 7 个;分布在乡政府驻地的农村墟场居委会有 46 个,其中鼎城区 1 个、津市市 3 个、安乡县 14 个,汉寿县 8 个、澧县 12 个、石门县 8 个。

1991 年 1 月 31 日,常德市民政局召开全市“学雷锋、树新风、甘当孺子牛”经验交流暨表彰大会。会上,对全市连续从事居委会工作 25 年以上和 30 年以上的基层干部颁发荣誉证书和奖金。全市从事居委会工作 25 年以上的基层干部共计 93 人,其中安乡县 11 人、汉寿县 9 人、临澧县 7 人、桃源县 8 人、石门县 1 人、武陵区 49 人、津市市 8 人。这些人员中男性 8 人,女性 85 人,有中共党员 56 人,时仍担任居委会主任者 26 人,任居委会委员者 18 人。全市从事居委会工作 30 年以上未间断的基层干部共 108 人,其中安乡县 3 人、汉寿县 4 人,澧县 4 人。这些人员中有男性 13 人,女性 95 人,有中共党员 38 人,时仍担任居委会主任者 15 人,任居委会委员者 47 人。武陵区兴隆街居委会主任黄美英、委员芦友珍、胡桂珍,乔家巷居委会主任陈连英,南昏居委会主任黄玉芝,西堤居委会主任熊小妹,黄家巷居委会委员孙光珍、车冬秀,慧家坪居委会主任陈玉珍;临澧县城关镇四季红居委会主任蒋祖玉均在居委会工作 39 年,临澧县新安镇东区居委会委员罗福妞连续从事居委会工作长达 40 年。

1994 年 7 月 1 日至 12 月 31 日,全市 402 个居委会进行第二次换届选举。新当选的居委会委员平均年龄为 36 岁,有妇女 786 人。

1997 年 7 月 1 日至 10 月 31 日,全市第三次居民委员会换届选举如期进行。全市共有 10 个街道办事处,427 个居委会、4013 个居民小组。新当选的居委会领导班子成员平均年龄为 34 岁,有妇女 918 人。具有大中专以上文化的 141 人,比上届提高 25%。

2000 年,8 月 28 日,常德市人民政府下达《关于批转市基层政权建设工作领导小组〈关于常德市第四次居民委员会换届选举工作实施方案〉的通知》(常政发〔2000〕18 号)。“实施方案”就换届选举工作的指导思想、选举的时间、选举的方法、步骤以及注意事项均作了明确规定。是年10月17～18日，常德市第四次居委会换届选举工作会议在临澧县召开，市政府副市长刘春林出席会议并讲话。是年，全市476个居民委员会依法顺利完成换届选举工作。共选出居民代表2.45万人，选举产生居委会主任476名，居委会委员1904名。

2003年7月1日至12月31日，全市第五次居委会换届选举工作暨首届社区居委会选举工作顺利完成。全市104个乡镇、10个街道办事处所辖456个居委会，全部依法进行了换届选举。共选出居民代表2.41万名，选举产生新一届社区居委会主任456名，居委会委员1596名。

2006年7月1日至12月31日，全市完成第六次社区居民委员会换届选举工作。常德市域内的444个社区居民委员会依法完成换届选举。这次换届选举贯彻"两个提倡"原则，即提倡社区书记、主任"一肩挑"，提倡社支两委"一肩挑"。全市居委会与党支部成员实现交叉任职的1382人，占社支两委干部总数的61%，有323个居委会实现了居委主任与党支部书记"一肩挑"，占72%。社区居委会成员的年龄结构比上届减小2岁；文化素质大大提高，基本为高中文化以上，大专生有567个，占总数的1/4。

2009年7—12月，全市进行第七次社区居民委员会换届选举。全市共有社区464个，应参加换届选举的社区有459个，实际参加的有458个，有5个社区因行政村为社区居委会或新组建等特殊情况和1个社区因企业改制等原因未部署选举事宜。这次换届选举，系第一次进行社区直选，广大选民参选热情十分高涨。全市直选社区有274个，直选率为60%。通过选举，新当选的居委会干部共2591人，平均年龄39.4岁，比上届下降2.6岁。高中以上文化程度的1249人，占48.2%，其中大专以上文化程度的766人。新居委会班子成员有中共党员1951人，占75.3%；有妇女985人。全市有328个社区的党支部书记和社区居委会主任实现了"一肩挑"，占71.6%。全市社区居委会成员中，有1525人兼任党支部委员，占58.8%。

2012年7月3日，中共常德市委、常德市人民政府召开全市社区建设工作会议。会议由中共常德市委常委、政法委书记何英平主持，市委副书记宋冬春，省民政厅副厅长唐白玉出席会议并讲话，市政府副市长朱晓平作工作报告。会议传达贯彻全省第八次社区居委会换届选举工作电视电话会议精神，具体部署全市第八次社区居委会换届选举事宜。明确由常德市社区建设工作领导小组负责指导社区居委会换届选举工作。旋各县(区、市)街道(乡镇)成立社区居委会换届选举工作领导小组，由县市区委、街道(乡镇)党(工)委书记任组长。各级党委组织部门统筹协调社区选举工作，重点抓好社区党组织换届选举工作；各级民政部门重点做好社区居委会换届选举的组织、指导和协调工作；各级财政部门将换届选举所需经费列入财政预算，全市共落实选举经费480多万元。各有关部门密切配合，形成工作合力。同时，加大宣传力度，引导党员和广大居民积极参加选举，正确行使民主权利，确保换届选举顺利进行。各县(区、市)依照《中华人民共和国城市居民委员会组织法》和《湖南省社区居民委员会选举规程》，科学制定换届选举工作方案，做到了法定的程序一个也不能变，规定的步骤一步也不能少，在选举中严格把握好"四关"：即严格把好财务审计关。各县(区、市)按照省委组织部等5部门《关于开展第七届社区组织任期财务清查和经济责任审计工作的通知》(湘民发〔2012〕16号)要求,对各社区居委会三年任期内的财务收支和资产负债情况进行了审计,并及时予以了公示。严格把好选民登记关。各社区对适龄的选民都进行了逐一登记,并及时进行了张榜公布,不错登不漏登,确保每个选民都有选举权。严格把好候选人提名和资格审查关。在选举工作启动后,社区居民选举委员会依法依程序主持召开居民代表会议,对上届社区居委会成员工作进行民主评议。各县(区、市)社区换届选举方案依法依规对社区居委会成员候选人的资格条件作出具体规定,引导居民把办事公道、廉洁奉公、遵纪守法、热心为居民群众服务的人提名为候选人。社区居委会成员候选人被提名后,街道、乡镇对候选人进行了资格审查。同时,严格把好选举投票关。坚持以证换票,即用选民证换选票,保证一人一票,选票不乱发放;坚持秘密划票,各个选举会场设立秘密划票间,保证选民不受外界干扰自主填写选票;坚持当场唱票计票,当场宣布选举结果。做到法律规定的程序一步不少,应该交给居民的民主权利一点不留,确保社区居委会选举在民主法治的环境下有序开展。积极引导广大党员群众正确行使民主权利,自觉抵制不正当拉票和贿选等各种干扰破坏换届选举的违法违纪行为。此外,加强程序监督,探索推行乡镇(街道)党(工)委和参与竞争人员集体谈话制度,以及社区居委会换届选举"全程签字"制度,选举各个环节,由参与竞争人员签字认可。严格按照中央关于换届工作"5个严禁,17个不准,5个一律"的要求,严明社区换届选举工作纪律,确保风清气正。截至2012年12月10日,全市圆满完成社区居委会换届选举。全市本届登记选民112.5582万人,直接参加选举88.9879万人,参选率达80%。全市共选举产生社区居委会成员2224名。新一届社区居委会班子平均成员数为4.71人。新一届居委会班子成员中,30周岁以下的有223名,30~50周岁的有1469名。新一届居委会班子成员中党员1835名,占82.5%;大专以上文化程度的772人,占34.7%;妇女干部1003名,占45.1%。全市社区党组织成员与居委会成员交叉任职的有845人,其中社区党组织书记与居委会主任"一肩挑"的271人,占57.4%。

至2013年12月31日,全市共有城乡社区493个,均依法建立健全社区居民委员会。其中武陵区72个、鼎城区84个、安乡县33个、汉寿县47个、澧县59个、临澧县29个、桃源县52个、石门县44个、津市市39个、常德经济技术开发区24个、柳叶湖旅游度假区3个、西湖管理区2个、西洞庭管理区3个、桃花源旅游管理区2个。

第三节 村民自治

1984年,常德地区所辖各县(市)普遍建立乡、镇人民政府和村民委员会,从而解决了农村基层管理体制的重大问题。然而,村委会普遍建立之后,农民群众如何实行自我管理、自我教育、自我服务，需要法律的规范。1987 年第六届全国人大常委会第二十三次会议审议通过的《中华人民共和国村民委员会组织法（试行）》（以下简称《村组法》），为村民自治提供了法律保障。尽管这部法律是试行法，但由于其立法原则和基本精神具有前瞻性，顺应了时代的要求，符合农村政策的需要，因而受到广大农民的热烈欢迎，在实践中得到有效的贯彻实施。以普遍建立村委会为标志，找到了一条在新的历史条件下组织领导农民、发展农村基层民主的新路子；以实施《村组法》为标志，广大农民在党的领导下走上了一条直接行使民主权利，依法自治的道路；以党的十五大、十五届三中全会和《村组法》正式颁布为标志，村民自治开始了一个新的发展阶段，广大农民民主建设的道路越走越宽广。

常德市各地的村民自治经历了从探索试点到面上展开，从具体操作办法不规范到逐步规范的过程，从而不断走向成熟，深入人心，植根于广阔的农村大地，开创了农村基层民主政治建设的新局面。村民自治的推进，为农村经济和社会发展注入了生机和活力，促进了农村各项政策和建设事业的全面发展。

1991 年 4 月，临澧县民政局紧密配合常德市民政局在该县修梅镇开展村民自治试点。市民政局将各区、县（市）民政局基政股股长集中在试点上，实行跟班学习。各区、县（市）也区别不同情况，选择经济条件、工作基础等好、中、差三个不同类型的村，进行村级试点。

1992 年 3 月，常德市民政局在临澧县召开试点现场会议。

是年，临澧县在全县普遍推广“村务十公开”制度和村民代表评议村干部制度，在村民代表会议下设村务公开监督小组和民主理财小组。在农户中采用民主投票的方法，评选“六星级农户”，把实行民主决策、民主管理和民主监督落到实处。

1994 年 8 月 16 日，美国哈佛大学副教授戴慕珍女士（右七）在临澧县考察村民自治工作

1994 年 8 月，美国哈佛大学副教授戴慕珍女士应民政部邀请，专程到常德市考察村民自治工作，对常德市村民自治给予了高度评价，她的英文题词是：“中国像太平村（临澧县）这样发展，前途光明。”

为确保村民自治工作顺利开展，常德市、县（区、市）民政局制定了“村民自治示范实施方案”，普遍建立了“五大机制”。即指导机制。全市县、乡、村层层建立了指导网络体系，做到有人管理，有人专抓；约束机制。建立了村民档案，将村民的表现记录在案，与奖、罚挂钩；议政机制。定期召开村民代表会议和村民大会，广泛发动群众参政议政；监督机制。把村民自治单程、村民手册和各种责任书印发到户;建立党员管理卡、村民遵纪守法卡;坚持村各项财务公开;计划生育指标公开等,确保落实民主监督;激励机制。定期开展村民自治总结、评比,表彰促进。

1996年1月6—7日,全省村委会建设工作暨农村基层先进集体和先进个人表彰大会在临澧县召开。这次会议把建立健全村务公开制度列入了全省村委会建设的五年规划,并明确要求抓好村级组织建设,建立村务公开制度、财务公开制度和村委会其他各项工作制度,制定村规民约和村民自治章程。会上,揭晓了1995年全省开展湖南省"乡镇之星""村级之星""模范村委会主任"评比活动结果。临澧县新安镇、鼎城区灌溪镇被省政府授予"乡镇之星";桃源县菖蒲乡明月村、临澧县新安镇白鹤村被省政府授予"村级之星"。同时,临澧县被民政部授予"全国村民自治模范县",临澧县新安镇被授予"全国村民自治模范镇",临澧县合口镇白鹤村被授予"全国村民自治模范村"称号。

1997年12月16—17日,省人民政府召开全省村务公开工作会议。常德市的临澧县人民政府作题为"实行村务公开是调动农民群众积极性的重要举措"的典型发言,并将"临澧县村务公开栏主要内容"印发与会代表。会上,澧县盐井镇党委、镇政府,桃源县热市镇明月村党总支、村委会等介绍了推行村务公开的先进经验。

1998年6月12日,常德市民政局下发《关于印发村民自治制度的通知》(常民字〔1998〕53号),就村民自治模范村标准、村委会及下属委员会职责、村民自治制度建设、村民自治章程和村规民约以及村务档案管理等均作了明确规范,以此推动全市各地的村民自治活动健康有序地向前发展。

1998年10月召开的党的十五届三中全会,对村民自治的伟大实践给予了历史的评价,并明确指出,"扩大农村基层民主,实行村民政治,是党领导亿万农民建设有中国特色社会主义民主政治的伟大创造"。党中央要求农村基层组织,"在村民活动中,要全面推进民主选举,全面推进民主决策,全面推进民主管理,全面推进民主监督,推动农村基层民主政治建设健康发展"。是年11月4日,九届全国人大常委会第五次会议审议通过了修订后的《中华人民共和国村民委员会组织法》,将"四个民主"用法律的条文固定下来,村民自治有了可靠的法律保障。

1998年8月27日,常德市民政局发出"关于建立健全村民自治制度,进一步深化村民自治工作的通知"(常民字〔1998〕79号)。要求全市各地根据省委、省政府两办下发的《关于在全省农村普遍建立健全材公开制度进一步推进村民自治工作的意见》精神,切实加大村民自治工作的力度,加快创建村民自治模范单位的步伐;以抓好民主选举、实行村务公开、完善村民代表会议等各项制度,健全村民自治章程工作为重点,以实现村民自治工作法治化、规范化为目标,推动村民自治示范活动的普及与发展,逐步把村民自治工作引向深入。同时,从1998年起,进一步扩大示范活动范围,把村民自治示范工作由点向面推开。县、乡两级确定新一轮村民自治示范单位,每个区、县(市)要向市推荐4至5个,各区、县(市)新确定的村民自治示范村数与已命名的村民自治模范村数之和要达到村总数的40%，每个乡镇都必须有村民自治示范村；开展村民自治最佳县(区、市)、最佳乡镇、最佳村评选活动，做好村民自治模范单位的巩固提高工作；以村务公开为突破口，推动村民自治工作全面发展。各区、县(市)民政局要切实担负起工作责任，把实行村务公开，推进村民自治放在民政工作的重要位置，切实抓紧抓好。要建立村务公开领导机构和办事机构，出台村务公开工作的有关文件和规定，制定村务公开工作实施方案，认真指导搞好财务清理和各项村务公开工作，指导建立健全村委会各项规章制度，抓好村务公开工作的规范化建设。1999年4月起，常德市民政局会同市直有关部门先后7次对各区、县(市)农村实行村务公开工作组织认真的检查督导。

2007年，民政部在全国启动农村社区建设实验工作，以进一步推动村民自治。临澧县被确定为全国农村社区建设实验县。9月7—8日，民政部副部长姜力在湖南省副省长杨泰波、省民政厅厅长余长明等陪同下，考察常德市农村社区建设实验工作并给予了充分肯定。她指出："常德市的农村社区建设就是我们想象中要建设的农村社区模式，搞得很好！值得在全国推广"。

是年11月21—24日，第三期全国农村社区建设实验工作讲习班在常德市举行。各省(区、市)民政厅(局)基层政权和社区建设处、新疆生产建设兵团民政局基层政权和社区建设处处长或主管农村社区建设的副处长；全国1/3的农村社区建设实验县(市、区)党委或政府的有关负责人、民政局长共计250人参加了这一期讲习班。在这期间，听取了常德市市、县、乡、村四级关于农村社区建设的经验介绍，实地参观了临澧县九里乡同兴村、新安镇龙凤村、古城村和澧县张公庙镇护国村农村社区建设现场。23日下午，民政部部长李学举，副部长姜力、窦玉沛出席第三期全国农村社区建设实验工作讲习班总结会，并作了重要讲话。

2008年，全市各地创建"村民自治模范县(市)"和"争创乡镇、街道之星"活动普遍开展，政务公开全面推进，村务公开不断深入。是年，澧县被民政部授予"全国村务公开民主管理示范县"，临澧县、津市市被省政府授予"全省村民自治先进单位"称号；桃源县黄甲铺乡、鼎城区石板滩乡、临澧县新安镇被誉为"全省乡镇之星"；武陵区三岔路街道办事处被授予"全省街道之星"，涌现了桃源县黄石镇、鼎城区白鹤山乡、石门县白云乡等一批政务公开的典范。

2009年6月26日，常德市农村基层政权建设工作领导小组下发《关于规范村务公开推进村级民主管理工作的通知》(常农基发〔2009〕2号)。是年，全市各地积极行动，规范村务公开组织机构。各村结合村党组织和村民委员会换届选举，依法推选村民代表，依法建立村务公开监督小组和民主理财小组。支村两委成员及其配偶、直系亲属不担任村务公开监督小组成员。村民代表、村务公开监督小组、村民民主理财小组任期与村民委员会相同。规范村务公开主要内容。对各级党委、政府支农惠农政策落实情况，包括人口与计划生育、救灾救济款物、新型农村合作医疗、农村医疗救助、五保供养、农村最低生活保障、种粮直接补贴、购置农机具补助、宅基地审批、退耕还林款物兑现，以及国家其他补贴农民、资助村集体的政策落实情况等实行政务公开。对土地征用补偿及分配、村集体经济所得收入及使用、村干部报酬、农村集体资产和资源处置情况,村集体债权债务、村内"一事一议"筹资筹劳及使用情况,以及社会各界支持新农村建设项目、新农村建设的各项资金及其使用情况等实行财务公开。对《村组法》规定的村民自治范围内的需要向全体村民公开的公共事务、社会公益事业办理情况,村民会议、村民代表会议讨论决定的有关事项及其办理情况等实行事务公开。对群众比较关心的热点、难点问题,以及应当让群众广泛知晓或参与的其他事项等实行及时公开。规范村务公开栏的设置。各村按照实际、实用、实效的原则和花钱较少、更换方便、经久耐用、便于观看的要求,在人口居住比较集中或人口流动量较大的地方设立固定的"村务公开栏"。村域面积较大或人口较多的村,多点设置"村务公开栏"。各县(区、市)根据各自的实际情况,分类制定出村务公开栏建设标准,做到式样一致,大小合理。规范村务公开基本程序。各村做到村党组织和村民委员会根据本村的实际情况,依照法规和政策的有关要求提出公开的初步方案;村务公开监督小组对方案进行审查、补充、完善后,提交村党组织和村民委员会联席会议讨论确定;之后通过村务公开栏等形式及时公布。规范村务公开形式时间。各村以村务公开栏为平台,按要求实施村务公开。同时,加强对村务公开栏的管理,定期更新内容,保证数字准确、内容真实、文字规范、栏面整洁,使村务公开栏真正成为干群关系的"连心桥"。临澧、桃源、澧县等地不断创新村务公开的有效形式和手段,通过网络、广播、电视、"明白纸"、民主听证会等其他有效形式公开,注重推进村务事项从办理结果的公开,向事前、事中、事后全过程公开延伸。各地一般的村务事项至少每季度公开一次,涉及农民利益的重大问题以及群众关心的事项要及时公开。集体财务往来较多的村,财务收支情况应每月公布一次。规范村务公开反馈处理。各村的村务公开监督小组认真履行自己的职责,对群众反映的问题及时进行调查,确有内容遗漏或者不真实的,督促村委会重新公布。群众直接向村党组织、村委会询问的事项,村党组织和村委会均在 10 日内予以解释和答复,对村务公开资料进行及时整理归档并妥善保管。规范村级事务民主管理。凡是与农民群众切身利益密切相关的事项,如村集体的土地承包和租赁、集体企业改制、集体举债、集体资产处置、村干部报酬、村公益事业的经费筹集方案和建设承包方案、村内"一事一议"筹资筹劳方案等,各地均按决策程序提请村民会议或村民代表会议讨论决定后实施。各村党组织、村民委员会依据党的方针政策和国家的法律法规,组织全体村民结合实际制定和完善村民自治章程、村规民约、村民会议和村民代表会议议事规则等,均在村民自治章程中明确规定村干部的职责、村民的权利和义务,村级各类组织的职责、工作程序及相互关系,明确提出对人口计生、社会治安、济困扶贫、志愿服务等方面的要求。各地用制度规范村干部和村民行为,增强村民自我管理、自我教育、自我服务的能力,增强干部群众的法制观念和依法办事能力。

是年,常德市民政局、临澧县民政局、桃源县民政局、澧县民政局、石门县民政局被省民政厅评为"全省村务公开民主管理工作先进单位"。

2009 年 8 月至 2010 年 12 月,常德市根据中央纪委、中央组织部、中央农村工作领导小组办公室、监察部、民政部、司法部、财政部、国土资源部、农业部、人口计生委、国家预防腐败局、国家信访局12个部、委联合下发的《关于开展村务公开和民主管理“难点村”治理工作的若干意见》(民发〔2009〕20号)和中共湖南省委组织部、省民政厅《关于做好“难点村”治理前期工作的通知》(湘民办发〔2009〕50号)精神,中共常德市委组织部、常德市民政局综合协调,在全市范围内通过建立健全“难点村”治理保障机制体制;摸底排查,建立台账;搞好试点,探索经验;总结试点;全面部署四个步骤,全面开展“难点村”治理工作。

通过对全市3367个行政村进行摸底排查,有24个村被确定为“难点村”,其中,武陵区3个、鼎城区5个、柳叶湖旅游度假区1个、临澧县4个、桃源县8个、汉寿县3个。这些“难点村”,普遍存在着村务公开和民主管理制度不健全,村级民主理财小组作用难发挥,村务、财务不公开;村级组织软弱涣散,宗派势力干扰;扎实为民办事的村干部不多,村级经济发展滞后;村干部组织和号召群众的能力不强;少数村干部利用职权损害群众利益,群众反映强烈的突出难点问题长期得不到解决等问题。经过调查分析,造成这些问题的原因主要有:村级班子“青黄不接”“新陈代谢”不畅。“难点村”中年轻有为的、文化较高的、头脑灵活的农民大都外出打工或经商,能干的不想干,想干的干不好,村级班子后备人员严重不足。村干部畏难情绪普遍,村干部倾向于不作为。农村工作是“上面千条线,下面一根针”,各项工作都要落到村干部身上,而有些事群众一时不理解或是难以接受,上面却下达“硬任务”。面对上下夹击的工作局面,村干部普遍存在畏难情绪。村干部待遇偏低,缺乏工作积极性。虽然严格按照上级要求,大力提高在职村干部补助和离任村主干生活补助标准,但因多种原因,地方财力有限,加上“难点村”集体经济薄弱,村干部工作量大,付出的劳动多但待遇仍然偏低,从而影响村干部的工作热情。对农村基层干部教育、管理力度不够。少数乡镇把关不严,把个别思想动机不纯,作风不正的人“选”进了村委会班子;有的乡镇随意撤换村委会成员,导致村委会严重丧失威信;少数村干部拜金主义、享乐主义、个人主义念头滋生甚至恶性膨胀。

2009年10月起,为解决“难点村”的问题,各地采取过硬措施,狠抓落实。首先是加强组织领导,明确工作责任。各相关县(区)委、政府将“难点村”治理工作列入重要议事日程,均召开常委会、政府常务会,对“难点村”治理工作进行专题研究。成立由县(区)长或县(区)委副书记任组长,县(区)纪委书记、县(区)委组织部长和一名副县(区)长任副组长,纪委、组织、农办、民政、经管等部门主要负责人为成员的村务公开和民主管理领导小组,负责“难点村”治理工作的组织领导。同时,建立县(区)委常委包乡镇、乡镇党委书记为第一责任人联村,党委班子成员为重要责任人带村,驻村干部为直接责任人包村,村“两委”主职为具体责任人治村的责任体系。从领导小组成员单位抽调力量成立了3~5个不等的督导组,由一名以上副县级领导带队,进行检查督导,层层落实工作责任。其次是认真排查摸底,掌握“难点村”情况。常德市民政局根据湘民办发〔2009〕50号文件规定,制定下发“难点村”认定的八条标准。在乡镇调查摸底的基础上,县里组织力量对上报的“难点村”进行认真排查。经排查,全市24个“难点村”中,有3个村宗族、家族势力大,派性多,从而不能按时完成换届选举或是选举的班子不全;有11个村村级财务管理混乱,民主监督流于形式;有9个村班子不团结、村干部素质差;有1个村因村民建房及征地补偿等问题引发的矛盾十分突出。此外,结合村情实际,制定工作方案。在广泛调查研究的基础上,各县(区)委、政府相应制定出台了《村务公开和民主管理"难点村"治理工作实施方案》,相关乡镇和村也分别根据自己的工作特点和实际情况,制定了切实可行的治理工作方案,做到一村一策,使治理工作具有针对性。临澧县按照"治理好一个,就销号一个,出现反弹重新治理,出现新的难点村又纳入治理范围"的工作目标,不断巩固成果,大大提高了整体水平。同时,精心组织实施,全面开展治理。各地派驻工作组驻村后,挨家挨户走访农户,开展村情调查,倾听群众意见,收集登记村情信息,全面掌握"难点村"情况,找准问题症结。通过召开村干部座谈会、党员大会、村民代表座谈会、村民座谈会,设立意见建议箱,广泛征求群众对治理工作的意见建议。各地在村情调查、征求意见建议的基础上,根据"难点村"的"难点",结合"难点村"的现状,实行一村一策,有针对性地制定了"难点村"的治理实施方案。在治理中,坚持突出治理重点,解决主要矛盾的原则。同时,为了增强"难点村"治理工作效果,将治理项目逐项分解,落实到人,由驻村工作组、村干部在规定的时间内,达到规定的治理目标,以保证治理工作得到有效落实,取得实效。

至2010年年底,全市24个"难点村"的整治工作,经省、市组织检查验收,全部达到治理要求。是年,常德市民政局被省民政厅评为"全省村务公开和民主管理'难点村'治理工作先进单位"。

2011年10月14—16日,全国村务公开协调小组"难点村"治理第十一调研组,由全国村务公开协调小组办公室成员、国家人口计生委办公厅副主任张晖为组长、国家人口计生委办公厅政务信息处长姜雯、湖北省民政厅基政处副处长程先勇、湖北省民政厅基政处主任科员程友兵以及省民政厅副巡视员周建忠、省民政厅基政处长游劲明、省人口计生委办公室主任曹跃斌、省民政厅基政处调研员熊定华、副处长杨峰为成员一行共9人,赴常德市调研"难点村"治理工作成果。常德市政府副市长徐万发、副秘书长郑志鹏以及市民政局副局长周晓平、市计生委纪检组组长周琼、市民政局基政科科长吴开清出面接待,并陪同到临澧县陈二乡汪家村、柏枝乡黄金村、桃源县漆河镇天宝村、剪市镇喜雨村等地现场察看,调研组一行充分肯定了全市"难点村"治理工作所取得的显著成效。

2010年,常德市深入开展"民主法治示范村(社区)"创建活动,全市各村(居)民自治组织严格按照创建工作的部署要求,以法治宣传教育为基础,以村(居)级组织建设为保障,以民主选举、民主决策、民主管理、民主监督和村(居)务公开为重点,以维护村(居)民的合法权益为目标,大力开展基层民主政治建设,为加快全市经济发展方式转变,推进和谐常德建设营造了良好法治环境。

2011年11月20日,湖南省司法厅、民政厅联合发出《关于命名表彰第五批"全省民主法治示范村(社区)"的决定》(湘司发〔2011〕12号),常德市鼎城区石公桥镇东陂堰村、津市市灵泉镇同心村、澧县盐井镇张家垱村、安乡县安福乡又新村、桃源县漆河镇重阳村、汉寿县崔家桥镇崔家桥村、石门县新关镇松林村、临澧县安福镇梅溪村荣获"全省民主法治示范村"

称号；常德市武陵区东江乡新安社区、常德市鼎城区武陵镇桥头社区、津市市三洲驿街道办事处柏枝村社区荣获“全省民主法治示范社区”称号。

2011 年 6 月，为贯彻落实党的十七大关于“把城乡社区建设民主管理有序、服务完善、文明祥和的社会生活共同体”的精神，培养农村社区建设典型，探索农村社区建设经验，加快统筹城乡发展，提高农村社会管理和公共服务水平，推动社会主义新农村建设，常德市人民政府出台了《关于开展农村社区建设试点工作的意见》。全市农村社区建设实验村由最初的 6 个发展到 348 个。在积极推进农村社区建设实验工作中，各地坚持因地制宜，突出服务主题，积极推进农村社区建设实验工作，提高了村民文明素质，改善了农村人居环境，人民群众得到了实惠，治安状况得到了好转，村风民风得到了改变，党群干部关系得到了改善，有力地促进了农村和谐稳定和经济社会发展。2011 年，临澧县被命名表彰为“全国农村社区建设试点全覆盖工作先进单位”，常德市民政局、安乡县民政局、临澧县民政局、桃源县民政局被省民政厅评为“全省村(居)民自治工作先进单位”。

2012—2013 年，全市各地以《中华人民共和国村民委员会组织法》《中华人民共和国居民委员会组织法》为准绳，紧紧围绕落实村(居)民的知情权、决策权、参与权、监督权，建立健全以村(居)务公开、民主决策、民主管理、民主监督为主要内容的村(居)民自治制度体系，并步入制度化、规范化轨道，开创了全市基层民主政治建设的新局面。

石门县积极稳妥地创建了“四位一体”村民自治管理模式，即党支委会；村委会；村级社会组织；村务监督委员会共同管理村级事务，实行村民自治。同时，全县所有村实现了村务网上公开，县民政局实施后台管理，使在外工作的村民通过网络就可以知晓本村的村务管理情况，便于他们关注本村的发展，从而行使参与权、决策权。临澧县致力于基层民主政治建设，探索出了“板凳夜话”的基层协商民主新模式。这种模式以村民为平等主体，自由地表达诉求，决定村级事务。根据议事的内容，一般由支村委或组长充当召集人，利用晚上村民都在家的时间，就近选取一个农户，大家坐着农家板凳讨论村务。“板凳夜话”不拘会议种类，支村委联席会、党员组长会、村民代表会、户长会都可以这种形式召开。协商程序分为四步，即提议、商议、决议、施议。通过“板凳夜话”这一形式，村干部的思维方式和工作方法得到转变；议事决策程序合理合法；党群干群关系更加融洽；农村社会环境大大改善。澧县积极加强村级规范权力运行建设，探索出“晒村级财务、晒干部身份、晒工程项目、晒工作业绩”的“四晒”模式，促进了村级村务的深度公开，有效地规范了“村干部”正确履职。特别是根据《村民自治章程》和《村级财务管理规定》的相关要求，制定《澧县村级“晒账”制度》，明确晒账内容、形式、时间和程序，规范村级“晒账”制度动作，保障了“晒账”制度常态化运行。通过“晒账”，有效地避免了村干部权力运行不规范、“三资”(资金、资产、资源)监管不到位而引发的干群矛盾。

附：

临澧县九里乡同兴村《村民自治章程》

（2011年8月10日村民会议通过）

第一章 总 则

第一条 为规范村民的自治行为，保障村民的民主权利，依据《中华人民共和国村民委员会组织法》及国家其他相关法律、法规、政策，结合本村实际，经民主讨论制定本章程，全体村民必须自觉遵守。

第二条 村民委员会是村民自我管理、自我教育、自我服务的基层群众性自治组织，实行民主选举、民主决策、民主管理和民主监督。

第三条 村民自治必须遵守国家法律、法规、政策，村民委员会应在村党支部的领导下，带领全体村民依法自治。

第四条 村民会议是本村村务的最高议事、决策组织，村民代表会议经村民会议授权后履行村民会议职能，凡重大村务必须经村民会议或村民代表会议民主决策。

第五条 本村村民具有村民委员会成员的选举权、被选举权、民主评议权和罢免权；重大村务活动的知情权、决策权、参与权和监督权；本村土地的依法经营承包权，并享受国家给予的有关政策补助及待遇。

本村村民应自觉履行遵守村民会议和村民代表会议形成的决定决议、积极参加本村组织的会议和公益事业建设等义务。

第六条 本村村民应热爱祖国，热爱中国共产党，热爱集体，团结友爱，相互尊重，相互理解，相互帮助，遵纪守法，遵守社会公德，认真学习国家政策法令和农业科学知识，争当致富能手，争做新时代的农民，争创文明农户。

第二章 公共事务

第七条 本村所有的土地、水面归属村集体所有，承包者只有经营使用权，没有所有权，在土地承包期内，可实行依法有序的土地流转，不允许土地荒芜。

第八条 本村村民都有实行计划生育的义务。提倡晚婚晚育、少生优生，禁止计划外生育，已婚育龄妇女必须按时参加“查环、查孕、查病”活动，外出时，必须与村民委员会签订计划生育合同。

第九条 村民委员会根据本村实际情况，给予本村特困户、五保户、受灾户、残疾人等特困群体一定的社会救助。

第十条　本村经民主推选成立村务监督委员会，负责本村民主理财和村务监督工作。采取设立固定村务公开栏等形式监督村务公开制度的落实。实行以下“十二”公开：

1.村财务收支情况；

2.“一事一议”筹资；

3.计划生育政策落实；

4.救灾救济款物发放；

5.宅基地使用；

6.村集体所得收益使用；

7.水费；

8.种粮直接补贴和良种补贴；

9.土地征用补偿及分配；

10.村干部报酬；

11.重大村务决策；

12.国家其他补贴农民、资助村集体的政策落实情况等。

第三章　公益事业

第十一条　本村村民应积极主动参加农田水利基本建设、修建村级道路桥梁、植树造林等集体生产公益事业，并实行“一事一议”，筹资标准每人每年不超过国家、省政策规定的标准。

第十二条　本村村民应搞好公共卫生，做到村容整洁、人畜分离，垃圾不乱倒、粪土不乱堆，讲究环境卫生，大力发展农村沼气，对垃圾等实行无害化处理，切实保护生态环境；要树立森林防火意识，严禁在森林防火戒严期内到林区烧荒、烧渣积肥等野外用火，在村民委员会组织下，全体村民应积极参加森林火灾扑救；要自觉维护自然生态平衡，严禁在一切水域实行毒鱼、炸鱼及电补鱼的行为。

第十三条　本村村民应积极参加新型农村合作医疗和农村社会养老保险；积极参加村民委员会组织的职业技能培训和远程教育活动。

第四章　人民调解

第十四条　人民调解采取说服教育、疏导、协商等办法调解村民之间有关人身、财产权益方面的民事纠纷和其他日常生活中发生的纠纷。

第十五条　民事纠纷实行三级调解。按片(组)推选人民调解联络员，就近调解民事纠纷;村设立人民调解委员会,负责调解联络员未解决的纠纷;乡镇司法所或人民法院对村人民调解委员会未解决的民事纠纷进行司法调解。

第十六条 人民调解具有群众性、调解性、公正性,按照国家法律、法规、政策和社会公德进行调解,调解成功后,当事人要自觉按调解的意见执行。

第十七条 积极开展创建文明和谐新村的活动,宣传国家法律、法规、政策,教育村民遵纪守法,尊重社会公德,尊师重教、勤劳节俭等中华民族的传统美德,树立良好的社会风尚。积极参与志愿者服务活动,关爱空巢老人,关怀儿童成长。文明和谐新村的标准是民主自治好、社会治安好、群众生活好、生态环境好、人际关系好。

第五章　社会治安

第十八条 实行依法治村,争当合法村民,做到学法、知法、守法,自觉维护法律的权威和尊严,同一切违法行为作斗争。对文明守法模范村民进行奖励和表彰,具体奖励标准由村民代表会议决定。

第十九条 每个村民都要自觉做到以下6不准:

1.不准打牌赌博、嫖宿卖淫、侮辱毁谤他人;

2.不准盗窃、流氓滋事、敲诈勒索、聚众斗殴、包庇坏人、销赃窝赃;

3.不准哄抢国家、集体、个人财物,破坏水利、交通、供电、生产等公共设施;

4.不准搞封建迷信活动;

5.不准使用家庭暴力,保护妇女、老人、儿童的合法权益;

6.不准妨碍执行公务。

第二十条 违反上述规定,按照《社会治安管理处罚法》给予严肃处理,如构成刑事犯罪,依法追究刑事责任。

第六章　附　则

第二十一条 本章程由村民委员会负责解释。

第二十二条 本章程自村民会议通过之日起施行。

第三章

抚恤优待

第三章 抚恤优待

1988—2013 年，常德市各级党委、政府十分重视优抚工作，对在历次革命战争中以及新中国成立后，为保卫国家和人民生命财产安全、建设社会主义英勇牺牲者，记以功绩，追认烈士，褒扬于世，寄托哀思；对各类优抚对象给予抚恤优待，且随着生产力的发展和人民生活水平不断提高，抚恤补助标准多次调整。同时，动员广大人民群众和社会各界积极开展“双拥”（拥军优属、拥政爱民）活动，全市军政关系融洽，军民团结加强。

第一节 国家抚恤

1988—2013 年，国家抚恤补助标准多次调整，从而保障了国家对军人的抚恤和优待，大大激励了军人保卫祖国、建设祖国的献身精神。2013 年 5 月 20 日，常德市人民政府第 4 次常务会议，原则同意建立自然增长机制，从 2013 年 7 月 1 日起，将残废军人、“三属”（革命烈士遗属、因公牺牲军人遗属、病故军人遗属）、在乡复员军人、带病回乡退伍军人、参战、参核退役人员、部分烈士子女和农村籍 60 周岁以上退伍老兵等各类优抚对象全部纳入自然增长补助范围，自然增长率以全市前三年 CPI 指数平均值为标准，按当年国家制定的优抚对象、抚恤补助标准为基数计算，落实到人。

至 2013 年年底，全市享受国家抚恤补助的各类优抚对象共 8.9598 万人，年发放金额达 24648.335 万元。

一、牺牲、病故抚恤

1988—2013 年，国家先后 11 次调整提高“三属”和在乡退伍红军老战士、在乡西路军红军老战士、红军失散人员（简称“三红”）的抚恤补助标准，以保障其基本生活之急需。

1985 年 5 月 7 日，常德地区民政局根据湖南省民政厅、省财政厅〔1985〕湘民优字第 36 号文件规定，从 1 月 1 日起，将“三属”的定期定量补助改为定期抚恤。并对其标准进行适当调整：烈士和因公牺牲军人家属，居住农村的，每人每月 20 元；居住城镇的，每人每月 30 元。病故军人家属，居住农村的每人每月 15 元；居住城镇的，每人每月 25 元。享受定期抚恤金的“三属”，由县（市）民政局发给“定期抚恤金领取证”，凭证领取定期抚恤金。是年，全区“三属”

户享受定期抚恤对象为1730人,年抚恤金为38.5万元。

1989年7月8日,省民政厅、省财政厅以湘民优字〔1989〕第17号文件规定,从1989年1月1日起,调整部分优抚对象抚恤补助标准。"三属"享受定期抚恤金的条件是:父、母、抚养人、夫、妻无劳动能力和生活收入的,或虽有一定的生活收入,但不足以维持当地生活的;子女未满18周岁或虽满18周岁因读书或伤残而无生活来源的;弟妹未满18周岁,且必须依靠军人生前供养的;革命烈士的再婚配偶曾赡养过烈士的父母、抚养过烈士的子女且无儿女的。上述对象在1985年民政部、财政部制定标准基础上,平均每人每月增加15元。"三红"人员中,在乡退伍红军老战士,中华人民共和国成立后退伍的,每人每月100元;解放战争时期退伍的,每人每月90元;抗日战争时期退伍的,每人每月80元;在一次或五次反围剿或长征途中因故流落,没有投敌叛变行为,回乡安家后各方面表现较好,过去已承认是退伍老红军的,每人每月70元。红军失散人员,在原定补标准的基础上,每人每月增加10元。是年,全市享受对象为1470人,共计抚恤金为60万元。

1994年,省民政厅、省财政厅以湘民优发〔1994〕10号文规定,从1994年4月1日起,提高"三属""三红"人员抚恤补助标准。是年,全市享受对象为1479人,共计抚恤金为82.8万元;

1995年3月21日,省民政厅、省财政厅以湘民优发〔1995〕第9号文规定,从1995年1月1日起提高"三属""三红"人员抚恤补助标准。是年,全市享受对象为1527人,共计抚恤金为95.3万元;

1996年12月17日,省民政厅以湘民发〔1996〕第20号文规定,从1996年7月1日起,提高"三属""三红"人员抚恤补助标准。是年,全市享受对象为1814人,共计抚恤金为153.6万元;

1998年4月7日,省民政厅、省财政厅以湘民优发〔1998〕7号文规定,从1998年1月1日起,提高"三属""三红"人员抚恤补助标准。是年,全市享受对象为1809人,共计抚恤金为152.8万元;

1999年3月24日,省民政厅、省财政厅以湘民优发〔1999〕第4号文规定,从1999年1月1日起,提高"三属""三红"人员抚恤补助标准。是年,全市享受对象为1810人,共计抚恤金为187.7万元。

2000年6月19日,省民政厅、省财政厅以湘民优发〔2000〕第2号文规定,从2000年1月1日起,提高"三属""三红"人员抚恤补助标准。是年,全市享受对象为1755人,共计抚恤金为210.1万元;

2001年3月29日,省民政厅、省财政厅以湘民优发〔2001〕3号文规定,从2001年1月1日起,提高"三属""三红"人员抚恤补助标准。是年,全市享受对象为1841人,共计抚恤金为329.3万元;

2002年7月2日,省民政厅、省财政厅以湘民优发〔2002〕5号文规定,从2002年1月1

日起,提高“三属”“三红”人员抚恤补助标准。是年,全市享受对象为 2032 人,共计抚恤金为 371 万元;

2008 年,省民政厅根据相关规定,决定从 10 月 1 日起,调整“三属”“三红”人员抚恤补助标准。是年,全市享受对象为 2182 人,共计抚恤金为 937.9 万元;

2009 年 10 月 27 日,省民政厅、省财政厅以湘民办发〔2009〕74 号文规定,从 2009 年 10 月 1 日起,调整“三属”“三红”人员抚恤补助标准。是年,全市享受对象为 2242 人,共计抚恤金为 1119.3 万元。

至 2010 年年底,全市享受定期抚恤对象为 2230 人,年抚恤金为 1267 万元。其中武陵区 85 人、51.4 万元;鼎城区 332 人、178.5 万元;安乡县 170 人、120.5 万元;汉寿县 266 人、140.8 万元;澧县 219 人、106 万元;临澧县 325 人、168.5 万元;桃源县 359 人、233.7 万元;石门县 289 人、162.1 万元;津市市 156 人、87 万元;常德经济技术开发区 29 人、18.5 万元。

二、伤残抚恤

1988—2013 年,国家先后 10 次调整提高革命伤残军人、伤残人民警察、伤残国家机关工作人员和参战伤残民兵、民工的抚恤标准,以保障其基本生活之急需。

1988 年 1 月 1 日起,全区提高对革命伤残军人、残废人民警察、残废工作人员和参战残废民兵、民工的抚恤标准,并规定二等乙级以上因病评残与因公评残者享受同一抚恤标准。是年,全区享受对象为 1318 人,共计抚恤金 81 万元;

1994 年,省民政厅、省财政厅以湘民优发〔1994〕10 号文规定,提高革命伤残人员抚恤(保健)金标准。是年,全市享受对象为 1548 人,共计抚恤金为 79.5 万元;

1996 年 5 月 9 日,省民政厅、省财政厅以湘民优发〔1996〕第 11 号文规定,从 1996 年 1 月 1 日起,提高在乡革命伤残人员抚恤金标准;是年,省民政厅以湘民优发〔1996〕第 20 号文规定,从 1996 年 7 月 1 日起,提高革命伤残人员保健金标准。是年,全市享受对象为 2161 人,共计抚恤金为 198.1 万元;

1998 年,省民政厅、省财政厅以湘民优发〔1998〕7 号文规定,提高革命伤残人员抚恤金的标准。并从 1998 年 1 月 1 日起执行。是年,全市享受对象为 2155 人,共计抚恤金 242.8 万元;

1999 年,省民政厅、省财政厅以湘民优发〔1999〕4 号文规定,提高革命伤残人员抚恤(保健)金标准,并从 1999 年 1 月 1 日起执行。是年,全市享受对象为 2164 人,共计抚恤金为 297 万元。

2000 年,省民政厅、省财政厅以湘民优发〔2000〕第 2 号文规定,提高革命伤残人员抚恤(保健)金标准,并从 2000 年 1 月 1 日起执行。是年,全市享受对象为 1755 人,共计抚恤金为 210.1 万元;

2001年,省民政厅、省财政厅以湘民优发〔2001〕第3号文件规定,提高革命伤残人员抚恤(保健)标准。并从2001年1月1日起执行。是年,全市享受对象为1988人,共计抚恤为404.5万元;

2002年5月24日,省民政厅、省财政厅以湘民优发〔2002〕5号文规定,提高革命伤残人员抚恤(保健)金标准,并从2002年1月1日起执行。是年,全市享受对象为2223人,共计抚恤金为505.3万元。

2004年8月1日,国务院、中央军委以第413号令公布的《军人抚恤优待条例》第二十一条规定,残疾等级由重到轻分为一级至十级。为实现新旧残疾等级合理衔接,保障残疾人的基本权益,民政部以民发〔2004〕198号文件明确:新旧残疾等级对应关系为:特等套改一级,一等套改三级,二等甲级套改五级,二等乙级套改六级,三等甲级套改七级,三等乙级套改八级。伤残人员警察、伤残国家机关工作人员、伤残民兵民工有相应伤残证件的人员参照本套改办法执行。2004—2005年,常德市革命伤残人员全部完成套改工作,并换发新证。

2008年,省民政厅根据相关文件规定,从2008年10月1日起,提高残疾军人、伤残人民警察、伤残国家机关工作人员、伤残民兵、民工抚恤补助标准。是年,全市享受对象为4029人,共计抚恤金为2618.3万元;

2009年10月27日,省民政厅、省财政厅以湘民办发〔2009〕74号文规定,调整伤残军人、伤残人民警察、伤残国家机关工作人员、伤残民兵民工残疾抚恤标准,并从2009年10月1日起执行。此类人员调整后的抚恤金标准是:一级残疾,因战的,每人每年为2.608万元;因公的,每人每年为2.525万元;因病的,每人每年为2.443万元。二级残疾,因战的,每人每年为2.36万元;因公的,每人每年为2.236万元;因病的,每人每年为2.153万元。三级残疾,因战的,每人每年为2.07万元;因公的,每人每年为1.946万元;因病的,每人每年为1.822万元。四级残疾,因战的,每人每年为1.697万元;因公的,每人每年为1.532万元;因病的,每人每年为1.408万元。五级残疾,因战的,每人每年为1.325万元;因公的,每人每年为1.159万元;因病的,每人每年为1.076万元。六级残疾,因战的,每人每年为1.035万元;因公的,每人每年为9800元;因病的,每人每年为8280元。七级残疾,因战的,每人每年为7870元;因公的,每人每年为7040元。八级残疾,因战的,每人每年为4970元;因公的,每人每年为4550元。九级残疾,因战的,每人每年为4040元;因公的,每人每年为3310元。十级残疾,因战的,每人每年为2900元;因公的,每人每年为2480元。是年,全市享受对象为4306人,共计抚恤金为3292.6万元。

此外,1995年4月4日,省民政厅转发民政部《关于检察人员伤亡抚恤待遇问题的通知》(湘民优函〔1995〕第011号),从1995年3月21日起执行。2000年11月8日,省司法厅转发《司法部、民政部关于印发〈司法行政系统人民警察抚恤办法的通知〉》(湘司发通〔2000〕第125号),自1999年11月29日起执行。

至2013年年底,全市享受国家抚恤补助的伤残人员为4363人,其定抚金额为5634万元。其中,武陵区 533 人、636.8 万元;鼎城区 598 人、777.4 万元;安乡县 282 人、359.7 万元;汉寿县 502 人、655.8 万元;澧县 534 人、725.4 万元;临澧县 312 人、404 万元;桃源县 795 人、1040.3 万元;石门县 436 人、583.5 万元;津市市 221 人、260.5 万元;常德经济技术开发区 82 人、102.5 万元;西湖管理区 9 人、16.7 万元;西洞庭管理区 20 人、24.5 万元;柳叶湖旅游度假区 28 人、34.5 万元;贺家山原种场 11 人、12.4 万元。

三、双定补助

1985 年 5 月,全区对 1399 名“三属”户改定期定量补助(以下简称“双定补助”)为定期抚恤,占原享受定补的 3061 名“三属”户总数的 45.7%。仍有 1927 人享受双定补助。是年,全区享受双定补助的对象为 5777 人,年定补金额为 85.9 万元,每人年平均 148.69 元。

1988 年,全区增加 325 名“三属”户改为定期抚恤。是年,区内有 1.0627 万人享受双定补助,年定补金额为 186.8 万元,人年均 175.78 元。

1989 年 7 月 8 日,省民政厅、省财政厅规定(湘民优字〔1989〕第 17 号):对在乡复员退伍军人、孤老的、年老体弱、丧失劳动能力、生活困难的;带病回乡不能经常参加生产劳动、生活困难的,享受双定补助。对已经享受,但年老体弱,生活仍很困难的,应提高补助标准。据此,全市各地将调整工作分两步进行。第一步,调查研究,摸清情况。对已享受定抚和定补的对象进行一次清理,把提高抚恤标准的工作落实到人;第二步,根据经费情况,对原定抚定补对象经过审定、提标后,剩余的经费用于扩大复员军人定补面。是年,全市享受双定补助对象为 4097 人,定补金额为 243.2 万元。

1992 年 7 月 13 日,省民政厅、省财政厅规定(湘民优发〔1992〕第 15 号):对部分在乡复员军人双定补助标准适当调整,并从 1992 年 1 月 1 日起执行。根据调整对象、范围和标准,常德市此类人员中,系抗日战争时期入伍已享受定补的 134 人,解放战争时期入伍已享受定补的 2924 人,新增孤老复员军人 919 人,共需资金 23.9 万元,其中省拨 13.2 万元,余自筹落实。是年,全市享受双定补助对象为 1.5686 万人,年定补金额为 334.5 万元。

1996 年 3 月 26 日,省民政厅、省财政厅规定(湘民优发〔1996〕第 04 号):提高在乡老复员军人生活补助标准,其范围是 1954 年 10 月 31 日前入伍已经享受补助的在乡老复员军人。调整后每人每月生活不得低于 25 元,调整后的补助标准从 1996 年 1 月 1 日起执行。是年,全市享受双定补助的对象为 1.6656 万人,共计定补金额为 486.3 万元。

1999 年 5 月 28 日,省民政厅、省财政厅规定(湘民优发〔1999〕第 8 号):从 1999 年 1 月 1 日起,提高全省在乡老复员军人生活补助标准。这次调整的对象是 1954 年 10 月 31 日前入伍且已享受双定补助的在乡老复员军人。调整的标准是在原标准的基础上每人每月增加 10 元。是年,全市享受双定补助对象为 1.704 万人,共计定补金额为 825.1 万元。

2002 年 7 月 3 日,省民政厅、省财政厅规定(湘民优发〔2002〕4 号):从 2002 年 1 月 1 日起,提高六十年代精减下放人员中在乡老复员军人生活补助标准。明确在原享受每人原工资40%的救济费或定期定量救济费的基础上,平均每人每月增加35元左右,使每人每月标准达到55元。

是年11月19日,省民政厅、省财政厅、省卫生厅规定(湘民优发〔2002〕15号):从2002年7月1日起,提高1954年10月31日以前入伍的在乡老复员军人的生活补助标准。在原标准基础上,1949年10月1日前入伍和新中国成立后入伍的入朝作战人员,每人每月提高30元;新中国成立后入伍的未入朝作战人员,每人每月提25元。是年,全市享受双定补助对象为2.3274万人,年定补金额为1410.2万元。

至2010年年底,全市享受双定补助对象为4.1247万人,年定补金额为10728.3万元。其中,武陵区1505人、168.2万元;鼎城区6044人、1351万元;安乡县3416人、1104.5万元;汉寿县3806人、1023.6万元;澧县6144人、1782.4万元;临澧县4718人、798万元;桃源县6741人、1814.5万元;石门县5955人、1798.4万元;津市市1985人、501.9万元;常德经济技术开发区933人、245万元。

2011年以后,全市各地享受双定补助的各类优抚对象统一纳入国家抚恤补助范畴,与"三属""三红"人员的抚恤补助统筹考虑,落实到人。

至2013年年底,全市享受国家抚恤补助的在乡复员军人9385人,年发放金额为7545.54万元;带病回乡退伍军人1.5975万人,年发放金额为6134.4万元;参战退役人员1.3858万人,年发放金额为5321.472万元;参核退役人员538人,年发放金额为206.592万元;60周岁以上农村退役老义务兵4.0998万人,年发放金额为2870.148万元;部分烈士(错杀、平反)的子女1593人,年发放金额为53.235万元。

第二节 烈士褒扬

为发扬革命烈士忘我牺牲的精神,教育人民为保卫祖国和建设祖国英勇奋斗,对我国人民和人民解放军指战员,在革命斗争、保卫祖国和社会主义现代化建设事业中壮烈牺牲的,经中国人民解放军总政治部,中华人民共和国民政部或部队军级以上政治机关,省、自治区、直辖市人民政府或部队团级以上的政治机关,县、市、市辖区人民政府批准,称为革命烈士,其家属称烈属。同时,党和政府对其追功授号,树碑立传,对其家属给予抚恤。

一、烈士评审认定

1988 年 12 月 31 日，根据《革命烈士褒扬条例》的有关规定和湖南省人民政府、省民政厅的相关文件精神，常德地区民政局对过去为革命牺牲的有名、无名或无法查明牺牲时间的，或纠错补漏的革命烈士，进行全面清理，并报省民政厅备案，认可史绍根等 1962 人为革命烈士 。

1989 年，湖南省人民政府发出“关于批准革命烈士有关问题的通知”（湘政办函〔1989〕60 号），“通知”指出，革命烈士的审批，省人民政府仍授权省民政厅，根据国家的有关规定审批；地、州、市、县审批革命烈士的工作，由各行署和州、市、县人民政府办理。

1988—2013 年，全市共追认革命烈士 35 人。其中武陵区 4 人，鼎城区 8 人，安乡县 2 人，汉寿县 2 人，澧县 5 人，临澧县 3 人，桃源县 5 人，石门县 5 人，西湖管理区 1 人。

二、追功修缮碑塔

1950 年 10—12 月，专署民政科会同各县（市）人民政府对在旧民主主义革命时期和新民主主义革命时期牺牲的早期革命者，红军、八路军、新四军和人民解放军官兵以及党的地下工作者等 2345 人，分别授予“革命烈士”光荣称号。有法定持证人者，发给“革命烈士证明书”，并送挂“烈属光荣”牌（匾）。

1988 年以后，市、县（区、市）人民政府先后拨出专款，由民政部门牵头，并发动群众对革命烈士纪念建筑物进行修缮，使其成为开展革命传统教育和爱国主义教育的好阵地。以推动进一步加强在全社会弘扬烈士精神，形成尊崇英烈、热爱英烈、学习英烈的浓厚氛围。

至 2013 年，全市列入县以上革命纪念地保护单位的烈士碑、塔等纪念设施共 17 处。有常德市管理的“陆军第七十四军常德会战阵亡将士纪念塔”；武陵区丹洲乡人民政府管理的“刘泽远烈士墓”；安乡县民政局管理的“安乡县烈士公墓”；澧县园林局管理的“澧县革命烈士纪念碑”；临澧县文化局管理的“黄细亚（烈士）少儿图书馆”；桃源县民政局管理的“陈兆森烈士墓亭”、桃源县浯溪河乡政府管理的“浯溪河烈士纪念碑”、桃源县西安镇政府管理

民国 34 年（1945）11 月 1 日，修建在常德市城区的常德会战阵亡将士纪念坊

的"大水田红军长征纪念碑"、桃源县架桥镇政府管理的"徐溶熙政权纪念堂"、桃源县热市镇政府管理的"棠梨岗革命军烈士墓"、桃源县漳江镇政府管理的"东街烈士纪念碑"以及石门县楚江镇政府管理的"王尔琢烈士纪念碑"、"石门县抗战阵亡将士纪念碑"、石门县夹山镇政府管理的"南乡起义革命纪念碑"、石门县三圣乡政府管理的"曾庆轩烈士墓"、石门县东山峰农场管理的"贺锦斋烈士纪念碑"、石门县磨市镇政府管理的"陈振亚烈士故居"。

三、编纂传记名录

1979 年 8 月,常德地区民政局部署各县(市)人民政府编写《革命烈士英名录》的工作。1981 年,各县(市)革命烈士英名录编写工作基本就绪。时全区入录革命烈士共 6711 人。其中,常德县(今鼎城区)401 人,常德市(今武陵区)76 人,汉寿县 232 人,澧县 1435 人,临澧县 402 人,桃源县 406 人,石门县 2328 人,慈利县(今张家界市辖县)1197 人。

2003 年 6 月 13 日,湖南省人民政府办公厅下发《关于做好〈三湘英烈传〉(续)编纂工作的通知》(湘政办函〔2003〕89 号),明确提出:"用 3 年时间完成建国后革命烈士立传的任务。这是继完成为旧民主主义革命时期和新民主主义革命时期的革命烈士立传任务之后,我省烈士褒扬工作又一件大事。"同时要求,"各市州、县市区人民政府要高度重视,分管的领导亲自挂帅,从有关单位抽调专门人员,组成工作班子抓落实;所需工作经费按分级负担原则各级财政酌情予以安排,确保立传工作的顺利进行"。

是年 6 月 27 日,"非典"防治刚告一段落,常德市民政局立即召开有区、县(市)民政局分管局长、优抚股长参加的第一次全市"三湘英烈传"编纂工作会议,具体部署全市"三湘英烈传"编纂工作事宜。是年 10 月 24 日,常德市民政局召开第二次全市"三湘英烈传"编纂工作会议,共商内查外调,解决资料难找之良策。会议强调,进一步统一认识,思想切勿懈怠;进一步落实措施,调研切勿草率;进一步纠错补漏,传主切勿定错;进一步收集资料,撰写切勿匆忙。是年 10 月 27 日,经常德市民政局副局长黄生忠、局长卜功元同意,市局烈编办组织各区、县民政局相关人员,于 11 月上中旬,赴东北辽沈等地调查了解全市 40 余名抗美援朝革命烈士立传对象的有关情况,受益匪浅。

2005 年 6 月 15—30 日,经常德市民政局党组批准,市局烈编办组织各区、县(市)民政局具体负责烈编工作的同志,赴广东、广西两省,到中国人民解放军第 41 集团军、第 42 集团军、广西军区、广州军区及其所辖相关部队和部门;广西壮族自治区民政厅以及柳州市、宁明县、凭祥市等地的烈士陵园共计 15 个部门和单位,对全市 1953 年以来,重点是 1979 年南疆保卫战牺牲革命烈士的相关情况开展了一次调查活动。通过调查,了解了相关部队的参战情况;掌握了主要战役的作战背景;获取了部分烈士的事迹材料;核实了部分烈士的有关情况,为进一步做好烈编工作打下了坚实的基础。是年 7 月 5 日,湖南省革命烈士传编纂委员会办公室批转常德市"关于赴两广开展烈编工作调查情况"(湘烈办函〔2005〕1 号)。

是年 7 月 29 日，常德市民政局召开全市烈编工作碰头会，交流各区县(市)自两广外调活动以后的工作打算，部署“传记”和“英名录”送审事宜。强调任务再明确，措施再具体，要求再统一。做到“四不得”即，马虎不得、随意不得、想象不得、甩担不得；“三不准”，即，不准敷衍了事、不准降低标准、不准矛盾上交。“两过硬”，即，历史事实过得硬、文责自负过得硬。

2005 年 9 月 22 日，常德市民政局发出《关于报送 1840 年至 1937 年期间牺牲人员入编〈湖南省革命烈士英名录〉的情况通报》，并要求全市上下，再接再厉，乘风前进，切实抓好民国二十七年(1938)至 2005 年间数千革命牺牲人员入编“英名录”的送审工作和 1953 年后 86 名革命烈士入编“三湘英烈传”的传记编写工作。

是年 11 月 18 日，市民政局发出《关于进一步做好烈编工作的通知》，肯定了全市各地在省烈编办的精心指导下，领导重视，措施具体，效果明显。至此，已基本完成清道光二十年至民国二十六年(1840—1937)期间总计 4004 名牺牲人员的入编条目编写工作，其中，清道光二十年至民国十六年(1840—1927)间牺牲者 224 人；民国十七年至民国二十六年(1928—1937)间牺牲者 3780 人，并呈报省厅。同时，基本完成 1949 年至 1965 年间革命烈士符合入传条件对象 50 人的传记撰写任务，亦呈报省厅。此外，对下一阶段的全市烈编工作作出了具体部署，并将烈士个人档案进行整理，归档备查事宜作了具体安排。

是年 11 月 30 日，市局就全市 48 名革命烈士已入编《三湘英烈传》第一、二卷事宜，发出了“关于我市入编《三湘英烈传》情况的通报”，以鼓舞士气，以利再战。

2006 年 1 月 20 日，市民政局发出“关于 2005 年烈编工作情况的通报”。截至 2005 年年底，全市已按质按量按时完成省厅下达的限时报送“英名录”和“传记”任务，即清道光二十年至民国二十六年(1840—1937)间革命烈士入编“英名录”条目 4009 人；1949 年至 1965 年间革命烈士立传对象“传记”52 人。市民政局荣获“全省烈编工作先进单位”称号。

是年 4 月 29 日，市民政局发出《关于进一步做好当前烈编工作的意见》，提出“善始善终，抓细抓实，做到合乎入传条件者一个不漏，入录英名录的烈士一个不少，以告慰九泉之下的烈士英灵”的总要求，并按省民政厅 2006 年 1 月 25 日湘烈编函〔2006〕2 号文件规定，明确将“三湘英烈传”和“英名录”的收录截止时间统一延续到 2005 年年底。同时，进一步部署了全面收集入传烈士对象的传主照片事宜。是年 8 月 5 日，市民政局发出“关于我市《三湘英烈传》(1949—2005 年底)立传对象确认的函”，时认定为 126 名烈士编写传记。传记分大、中、小传三类，大传 1 万余字，中传 5000 余字，小传 3000 余字。随后先后 4 次向省烈编办报送了“传记送审稿”计 103 人，均系中传以上，共 70 余万字，一般 6 易其稿。

是年 12 月 15 日，市民政局发出《关于全市烈编工作意见的函》，具体部署 2007 年的全市烈编工作，提出了 5 条具体工作意见。

2007 年 8 月 8 日，市民局发出《关于全市当前烈编工作情况的通报》，鉴于当时“三湘英烈传”传记呈报接近扫尾阶段，修改补充“英名录”送审稿工作量大，难度高，以及因公牺牲人员情况不明的实际，明确提出三条意见，即凡涉及省厅要求补充传记相关资料的，务请及时报送,不得拖延;下定决心搞清楚“因公牺牲”人员情况,本着对牺牲人员及其亲属以及对历史负责的态度,在此次烈编工作中落实是否追烈入录;全面搜集查证补充遗漏入录革命烈士。

是年12月1日,市民政局发出《关于全市“三湘英烈传”编纂工作情况的通报》,要求:《三湘英烈传》编写工作虽然暂时告一段落,尚需一鼓作气,为全面完成“湖南省革命烈士英名录”编写工作任务而继续不懈地努力奋斗,夺取整个烈编工作的全面胜利。

2008年4月1日,市民政局发出《关于善始善终做好烈编工作的通知》,明确除做好《三湘英烈传》编纂扫尾工作外,将主要精力放在“英名录”编纂工作上。同时,全面落实省烈编办2008年3月18日“关于补充《湖南省革命烈士英名录》入编烈士名录的通知”要求。为确保“英名录”的修改补充和纠错补漏工作有序进行,特将澧县民政局关于“复核《革命烈士英名录》送审稿的几点做法”印发各区县(市),以求在具体工作中,坚持“实事求是,有错必纠”的原则,对原稿进行一次通审和分析研究,努力做到谨慎纠错补漏,认真修改补充,使“英名录”成为佐证当地人物史、地方史、专史、军事史以及行政区划、山川地名的小百科书。

2009年6月23日,省烈编办发出“关于做好《湖南省革命烈士英名录》补入烈士名录的通知”。据此,市民政局迅速组织各区、县(市)对已呈报和正在进行编纂待呈报的“英名录”条目“送审稿”,通过认真调整,反复查档,缜密考证,至10月下旬基本就绪。同年10月25日,市局向省烈编办正式呈送“关于我市报送《湖南省革命烈士英名录》的函”。

至2011年年底,常德市全面完成省民政厅下达的烈编工作任务。经过5年的艰苦努力,编写“传记”133篇,计100余万字;编写“英名录”条目6239个,计100余万字。全市有133名革命烈士入编《三湘英烈传》(中华人民共和国成立后),其中:武陵区15人;鼎城区33人;安乡县4人;汉寿县9人;澧县28人;临澧县7人;桃源县15人;石门县14人;津市市3人;常德经济技术开发区3人;西洞庭管理区1人;西湖管理区1人。

全市共收录清道光二十年(1840)至2008年期间牺牲人员6239人(不含慈利县),入录《湖南省革命烈士英名录》,其中:武陵区157人;鼎城区326人;安乡县176人;汉寿县227人;澧县1718人;临澧县417人;桃源县574人;石门县2500人;津市市110人;常德经济技术开发区19人;西湖管理区8人;西洞庭管理区2人;贺家山原种场5人。

2012年8月28日,经常德市文化广电新闻出版局批准(新出准字〔2012〕第42号),一部由常德市民政局党组书记、局长熊国建、龚美爱任编纂委员会主任,常德市民政局党组副书记、副局长殷宗仁,副调研员谭亚东任副主任,组织编纂的《常德市革命烈士英名录》分上、下两卷正式出版。《常德市革命烈士英名录》基本上全景式地反映了常德地区十九世纪中期至二十一世纪初各个革命时期的历史风云,从一个侧面看到中国革命的萌芽和发展脉络,明晰从旧民主主义革命至新民主主义革命转化为社会主义革命和建设,实现中华民族伟大复兴的进程,同时,了解到常德市的优秀儿女,在各个革命时期所做出的杰出贡献。

第三节　双拥工作

拥军优属、拥政爱民，简称“双拥”，指在中国共产党领导下，为保障党、国家和军队履行使命，实现全体军民的根本利益而调节军民关系实践活动的总和，具有政治性、战略性、社会性、互动性等特征。常德市的“双拥”工作，分为“拥军优属”和“拥政爱民”两条线开展。地方拥军优属工作由民政优抚部门承担，常德市、县（区、市）民政局优抚科（股）负责日常事务。

1988—2013 年，全市双拥工作在继承中发展，在发展中创新，法规更趋完善，制度更加健全，宣传教育更加深入，军地互动更加密切，双拥活动蓬勃开展，到处呈现民拥军，军爱民的可喜局面。

1988 年 7 月 21 日，常德市人民政府办公室下发《关于进一步加强全市拥军优属工作的通知》（常办发〔1988〕5 号）。1995 年 12 月 18 日，中共常德市委、常德市人民政府下发《关于进一步做好拥军优属工作的若干规定》（常发〔1995〕16 号），这个“规定”共 20 条。2010 年 8 月 5 日，中共常德市委、常德市人民政府、常德军分区联合下发《关于加强拥军优属拥政爱民工作的意见》（常发〔2010〕11 号）。这些文件的出台充分体现了常德军政军民一心，共同发力提升双拥工作格局的决心。

1988 年以后，全市各级党委、政府始终把宣传教育作为抓好双拥工作的基础工程，坚持教育先行、舆论先行，围绕“政府主体引导、社会广泛参与、军地资源共享”的目标，通过寓教于文、寓教于声、寓教于乐等形式，拓宽渠道、创新思路，不断加大国防教育和双拥宣传力度，得到军地双方和广大现役、退役军人的认可。

1988 年 6 月 8 日，中共常德市委批转市委宣传部、市教委、军分区政治部《关于在全市公民中广泛开展国防教育的实施意见》（常发〔1988〕2 号）。此后，全市各地按照 2 号文件的要求，以国防教育基地为依托，广泛开展了贴近群众、贴近基层，形式多样，生动活泼的各种教育活动。全市共建立常德市博物馆、常德会战阵亡将士墓、林伯渠故居等国防教育基地 12 处，其中常德市博物馆为国家全民国防教育基地。每年建党节、建军节、国庆节和全民国防教育日，均组织干部群众、青少年学生和民兵预备役人员参观学习、宣誓演讲。同时，在各机关、企事业单位开展宣讲，平均每年组织国防教育报告会 50 场次左右。1989 年，汉寿县在全县各乡镇和机关、企事业单位全面开展以知识竞赛为主要形式的国防知识普及活动，形成了“汉寿经验”。1990 年，常德市国教委下发《关于举办全市国防知识有奖竞赛的通知》（常国教委字〔1990〕2 号），明确提出，在全市推广“汉寿经验”，广泛开展国防知识有奖竞赛活动。此后，这一活动方兴未艾，为普及国防知识作出了重要贡献。

2007 年，为庆祝建军 80 周年，常德市双拥工作领导小组统一协调，中共常德市委宣传部、常德军分区政治部、常德市民政局负责，组织开展专项活动，在全市营造“军爱民、民拥军”的浓厚氛围。期间编辑出版了反映常德籍现役、退伍军人风貌的图书《军旅岁月》;8 月 1 日,《常德晚报》出版纪念建军 80 周年《军事特刊》;7 月下旬,中共常德市委、常德市人大常委会、常德市人民政府、常德市政协、常德军分区主要领导集体走访慰问驻常部队官兵和优抚对象代表,赠送慰问金和慰问品;召开“庆祝中国人民解放军建军 80 周年座谈会”;举办“庆祝中国人民解放军建军 80 周年军民联欢晚会”;在各机关、团体、企事业单位和各驻常部队组织开展学习、传唱《双拥歌》活动;市领导走访慰问军转干部代表,召开军转干部代表座谈会;全市各机关、团体、企事业单位、学校和中央、省属驻常单位的共青团组织慰问驻常部队,赠送慰问款物,组织小型慰问演出;各乡镇、街道广泛开展走访慰问优抚对象以及召开优抚对象座谈会等活动。

1988—2013 年,全市各级党委、政府及各有关部门认真落实中共常德市委、常德市人民政府、常德军分区一系列关于做好拥军优属拥政爱民工作的文件精神,广泛开展各种形式的双拥活动,以密切军政军民关系。

常德市域各车站、码头、医院等窗口设置“军人优先”标志,在各收费交通站点开辟军车通行的绿色通道。积极优先落实随调家属安置,仅 2007—2009 年,全市共接收安置 174 人,安置率达 100%。同时,出台现役军人、残疾军人和烈士子女入学入托优待政策,符合条件的在报考普通高中、中等职业学校时降分录取。各政法单位主动配合,依法优先、积极稳妥地处理涉军案件和问题,“十一五”期间,全市共协调处理涉军纠纷和案件 93 件,为部队和军人军属挽回经济损失近 200 万元。市、县(区、市)房管部门对现役军人、优抚对象办理住房交易时,减免 20%的交易手续费;全市各级党委、政府大力支持部队建设和后勤保障,积极研究解决部队军事现代化建设中的难题。“十一五”期间,仅市级财政就支持解决驻常部队基础设施建设、民兵基层建设和部队开展重大活动资金共计 1.2 亿元。2010 年,市政府在支出压力很大的情况下,千方百计满足部队建设的需要,解决驻常部队 10 多个问题,其中解决常德军分区教导队建设资金 2800 万元,免收教导队除劳保基金外所有建设规费;全市各级各单位充分发挥部门优势,积极支持部队开展官兵学历教育、技能教育;充分发挥党校、电大、函授站等教学单位在科技拥军中的作用,努力为驻军培养高学历人才。“十一五”期间,市教育部门与武警常德支队结成共建对子,为武警战士开办计算机知识培训班 6 期。常德图书馆为城区内所有现役官兵办理“免费借阅图书证”;各地积极支持部队重点工程建设,其建设资金和土地划拨基本由地方财政投入,在水电增容、管道燃气和通信网络建设等方面给予税费减免。大力支持部队后勤保障工作,在粮、油、水、电、气等方面主动提供优先和优惠,实行“预约送货上门、质量百分之百保证”的军粮供应服务。2009 年,济南军区、广州军区实施“跨越 2009”的军事演习部队过境常德,市委、市政府、军分区主要领导主动慰问参演部队官兵;积极配合演习任务,建立军需供应应急预案,多次召集部队过境的澧县、临澧、鼎城、汉寿等区县党政主要领导研究保障工作方案;组织专门力量保证部队过境道路畅通、住宿安全,并紧急组织 17 头生猪和 6 卡车水果、大米、食用油等共计 50 万元的慰问物资。中国人民解放军 71521

部队特致函常德市委、市政府表示感谢。中国人民解放军 75100 部队向中共常德市委、常德市人民政府赠送锦旗,以表谢意。

1988—2013 年,常德市各级党委、政府和人民群众爱护军队,尊重军人,关心部队建设;地方各部门和单位根据本单位特点和优势,积极开展"文化、教育、法制、科技拥军"活动,实施了对贫困现役、退伍军人子女免学费、免学杂费、补助生活费的"两免一补"政策;军地联合出台《关于加强涉军法律援助工作实施意见》,在各驻常部队建立法律援助工作站,为部队官兵免费提供法律咨询和涉军维权案件法律援助。组织温州商会、益阳商会、邵阳商会、常德市粮食行业协会、德山酒文化传播协会等与驻常部队结成共建对子,开展爱国拥军活动。驻地部队尊重地方党委、政府,热爱人民,支持地方发展,军地共建共治,共同推动地方经济社会发展和社会主义和谐社会建设。驻常部队把驻地当故乡,在完成战备训练任务的同时,主动做好拥政爱民各项工作,在支援地方经济建设中当生力军,在承担地方急难险重任务中当突击队,广泛参与地方平安建设当护航者。期间,驻常部队定点援建贫困学校 7 所,为驻地贫困群众捐款 300 余万元,出动 7 万人次参加地方抢险救灾。消防部门出警 5 万人次,为地方挽回经济损失 1.7 亿元。军地双方重点突出思想共建、道德风尚共建和文化共建,把共建活动与创建文明社区、文明行业和文明城市结合起来,以双拥促双赢,推进军民融合式发展。

1990 年 2 月初,"常德舰"(系中国建造的 053H 型导弹护卫舰,舷号 509。原停泊在湛江基地,后编入榆林基地 38071 部队,停泊在海南省三亚市。1990 年 1 月命名"常德舰")与中共常德市委、常德市人民政府联系,要求加强联络,架起军民友谊桥梁。时任市长蔡长松批示,积极开展与常德舰共建活动,并"列入一年一度拥军爱民活动内容"。是年 10 月 27 日,常德市组成慰问团,中共常德市委副书记、常德市政府市长蔡长松为团长;常德军分区副司令员张家界、市委顾问刘佳时为副团长,常德市民政局局长庹朝明为秘书长,市政府副秘书长、协作办主任范自力,市经委主任王逸时、市外经委主任刘士六;湘北工贸公司总经理文家如、共青团常德市委副书记陈建军、市政府驻海口办事处副主任张德海、市政府办副主任蔡建和、市总工会财务部长芦绍华、市妇联权益部部长龚赤霞为成员,首次专程赴海南三亚慰问"常德舰"。军地双方就如何深入开展共建社会主义精神文明的有关问题,进行了具体

1990 年 10 月 27 日,中共常德市委、常德市人民政府组团赴三亚市第一次慰问"常德舰"

协商,并签订了“常德市与常德舰开展军民共建协议书”,议定常德市桃源纺织印染厂、武陵区东升小学与常德舰组成共建单位,常德舰官兵与地方共建单位青少年、团员结成对子,每年派干部到地方共建单位介绍“常德舰”情况;地方每年走访“常德舰”,帮助“常德舰”解决一些实际问题。1998 年,常德市参与共建单位更换成常德卷烟厂。此后,“常德舰”与常德市的走访、互动形成制度,军地双方关系不断密切,感情不断加深,双拥共建活动内容不断推陈出新。常德市每年由市委、市政府领导带队看望“常德舰”官兵,送上家乡人民的祝福;常德市各中小学组织学生到“常德舰”开办“军事夏令营”;常德市电台、电视台、报社聘请“常德舰”官兵为特约通讯员,经常报道取得的喜人成就。2001 年 8 月,“常德舰”的上级单位海军护卫舰第一大队成立五十周年,常德市积极参与,中共常德市委、常德市人民政府组团参加庆祝活动,常德卷烟厂从资金、技术上倾力支持庆祝文艺晚会。常德市与“常德舰”在近 20 年的双拥共建中,结下了深厚的友谊,在常德市“双拥”工作历程中,写下了浓墨重彩的一笔。

1991 年 5 月 8—13 日,常德市组成党政军赴广西边防部队慰问团,由中共常德市委常委、常德市人大常委会主任罗寅阶为团长,原常德地委书记刘佳时为顾问,常德市政协主席王大元、市委常委、常德军分区司令员方子珍、常德市人大常委会副主任刘运武、常德市人民政府副市长钦时中、常德市政协副主席戴平安为副团长,庹朝明、何步良、王家铨、张先春、罗德珍、吴德新、易启桂、周代惠、张光魁、陈集群、曾锐、夏法勤、刘兴国、余亦辉、罗耀平、胡其兴为成员,先后到边三师师部召开常德籍官兵代表座谈会、慰问法卡山守卫连及其英雄团,向驻守官兵敬献了锦旗,宣读了慰问信,赠送了慰问品。同时,沿途祭扫了宁明县境各烈士陵园和烈士墓地。

1991 年 5 月 13 日,常德市、县(区、市)民政局局长赴法卡山慰问守卫部队

1988 年 2 月 9—10 日,中共常德地委、常德地区行政公署召开全区军民共建共育先进典型代表座谈会。33 名代表出席,广泛交流了军地军民共建所取得的丰硕成果与经验,全区 40 名先进典型受到常德行署的通报表彰。

1991 年 10 月 14—15 日,常德市第一次“双拥”工作会议在桃林宾馆召开。会议由中共常德市委常委、市委秘书长何星甫主持,市政府副秘书长张安中致开幕词,市政府副巡视员彭长清传达全省“双拥”工作会议精神,市政府常务副市长钦时中作题为《高举爱国拥军旗帜,为增强军政军民团结,维护国家的稳定和发展,进一步做好拥军优属工作》的报告;常德军分区司令员方子珍作题为“认清形势,开拓前进,把拥政爱民工作提高到新的水平”的报告;市长蔡长松致闭幕词。会上,命名湖南省涔澹农场、鼎城区白鹤山乡、澧县甘溪镇为“常德市拥军优属模范单位”;授予武陵区德山乡等17个单位为“常德市拥军优属先进单位”;武警常德支队直属大队等5个单位为“常德市拥政爱民先进集体”;吴自立等5人为“拥政爱民先进个人”。

1999年,全市启动“爱心献功臣行动”。各地普遍坚持“四个结合”,即坚持国家力量与社会力量、个人力量相结合;坚持扶持生产与提高自我保障能力相结合;坚持物质帮助与社会服务相结合;坚持思想教育与解决实际困难相结合,切实解决优抚对象尤其是在乡老复员军人存在的生活难、住房难、医疗难的“三难”问题。2005年,全市建立献爱心扶优帮困组织359个,帮扶优抚对象5536人,社会各界捐款23万元,受益优抚对象2万人。2006—2007年,全市共投入资金337.1万元,为6000名优抚对象解决生产、生活之急需;各县(区、市)人民政府共安排专款80万元,社会资助31.7万元,帮助1181名优抚对象新建住房664间,各地设立医院优抚门诊,共为1955名优抚对象减免医疗费53万元。是年,临澧县被民政部评为“全国爱心献功臣行动先进单位”。2000年,武陵区被民政部授予“全国爱心献功臣模范区”荣誉称号。2006年,常德市民政局被省委、省政府、省军区授予“全省爱国拥军模范单位”。2008年1月,谭亚东被人事部、全国双拥办公室授予“全国爱国拥军模范”荣誉称号。2010年11月,高泽宏被中共湖南省委、湖南省人民政府、湖南省军区授予“湖南省爱国拥军模范”荣誉称号。2013年,在全国双拥办举办的纪念延安双拥运动70周年征文活动中,临澧县人民武装部聂文峰、黄显武、周仁的作品《国防教育有了新平台》荣获二等奖;中共湖南省常德市委的作品《积极探索从源头上关爱、稳定、帮扶退役军人的新路子》荣获三等奖;安乡县民政局张丽萍、可敬的作品《绿色的感动》荣获鼓励奖。是年,在中国双拥杂志社举办的“2013《中国双拥》年度人物”评选活动中,常德市老兵创业集团董事长陈国丙荣获“2013《中国双拥》年度人物提名奖”;在省双拥工作领导小组、省军区政治部举办的“三湘激荡双拥潮”征文及书画比赛中,常德市双拥领导小组荣获组织奖,石门县楚江镇居民贺跃荣的作品《血染常德》荣获绘画类一等奖,石门县楚江镇居委会居民赵刚的作品《山崩地裂见真情》荣获绘画类三等奖;石门晚报社记者孙开国的作品《退伍军人的三场泪》荣获征文类三等奖。

1989年,中共常德市委、常德市人民政府决定,在全市城乡深入开展争创拥军优属模范单位、个人和模范军属活动,简称创“三模”活动。是年4月5日,常德市民政局、常德军分区政治部发出《关于在全市开展争创拥军优属模范单位、模范个人和爱国拥军模范军属活动的通知》(〔1989〕常民字第31号)。“通知”就“三模”的条件和评比表彰事宜作出了明确规定。各地及时部署,广泛动员群众,迅速掀起了为驻军部队、优抚对象扎扎实实办实事的拥军优属热潮。

创建“双拥模范城(县)”活动,是“双拥”工作的重要载体。1991年1月,经邓小平亲笔题词,民政部、总政治部在全国范围内命名10个“双拥模范城(县)”,创建“双拥模范城(县)”活动由此在全国各地兴起。

1999 年，湖南省第三批“双拥模范城（县）”命名，澧县、津市市、临澧县被命名为省级“双拥模范县”。

2007 年，常德市双拥办成立后，即着手研究市创建“双拥模范城”的优势、劣势和可行性。2009 年，市双拥办会同常德军分区政治部，赴长沙、株洲、湘潭专题调研双拥模范城创建工作。

2010 年 4 月，常德市民政局向市委常委议军会议汇报市创建“双拥模范城”的工作思路，会议同意市城区（市本级和武陵区、鼎城区武陵镇、常德经开区、柳叶湖旅游度假区，简称“四区”）创建 2010 年全省“双拥模范城”，并为 2011 年创建全国“双拥模范城”打好基础。根据会议精神，市双拥办迅速启动创建工作，积极开展创建工作的各项前期文字资料准备、音像资料收集、“双拥”政策研究。7 月 1 日，召开全市双拥工作领导小组全会，常德市“双拥”工作领导小组副组长、市民政局局长熊国建向会议汇报了全市近年“双拥”工作情况和市城区创建工作设想，得到领导小组各成员单位的积极响应，纷纷表示将竭尽所能为创建工作尽力。会后，市城区创建工作正式启动。2010 年 7 月 6 日，中共常德市委、常德市人民政府、常德军分区决定成立“市城区创建双拥模范城工作办公室”，抽调相关单位人员，全面启动“创模”工作。常德双拥工作领导小组各成员单位相继成立领导机构，明确联络人员。“四区”迅速成立领导小组，组建“创模”专门班子。各街道和社区都成立相应的领导班子和“双拥”服务组织。常德市双拥办迅速将制定的《常德市区创建省级双拥模范城实施方案》《常德市区创建省级双拥模范城考评内容分解表》《常德市区创建省级双拥模范城成员单位工作任务分解表》，广泛征求意见并提交双拥领导小组全会研究，下发到各有关单位。各单位按要求进行详细的责任分解和落实，明确具体工作措施、工作进度和责任人。从 7 月中旬开始，按照平均两天一个调度会的频率，及时掌握进度，推进工作，督导落实。常德市电台、电视台、报纸都开辟专版、专栏、专题，开展双拥新闻、双拥知识、双拥典型的宣传报道；部门密切配合，拍摄制作高质量的电视专题片；在市城区设立 7 块大型双拥宣传标牌；市城区启明路更名为“双拥路”，道路沿线路标、路牌作了及时更换；市城区各车站、医院设立军人优先窗口，各收费站口开辟军车绿色通道；双拥办编印《常德双拥简报》，及时反映双拥工作动态；督导城东街道办事处、光荣路社区等基层组织设立盾牌、宣传橱窗，悬挂宣传标语，营造了创建氛围。结合庆祝建军 83 周年，常德市双拥办组织了一系列“双拥”活动。市、区党政领导广泛开展了走访慰问驻地部队和优抚对象活动。市城区各街道、社区广泛组织开展“爱国歌曲大家唱”活动，以强化群众“双拥”意识。

是年 11 月 30 日，省委、省政府、省军区隆重举行全省双拥模范城（县）命名暨双拥模范单位和个人表彰大会。会上，常德市市城区被命名为“湖南省双拥模范城”，副市长徐万发代表常德市委、市政府接受荣誉牌匾。

第四节　革命老区

常德人民在中国共产党领导下，从发展壮大革命根据地，到投身长达30年的新民主主义革命斗争，付出了巨大的牺牲和代价。常德市域一批仁人志士、马克思主义者和无产阶级革命家以及数以万计的共产党人，为中国人民的解放事业谱写了不朽的篇章。他们的丰功伟绩，将永垂青史。

一、老区认定

1952年，常德专区辖常德、汉寿、沅江、益阳、桃江、安化、桃源、慈利、石门、临澧、澧县、安乡、南县、华容14县和常德市、益阳市两市。是年，石门县、慈利县（今隶张家界市），被中央人民政府南方老根据地慰问团、湖南省人民政府认定为革命老根据地。

1979年7月8日，常德行署民政局发出《关于革命老根据地有关问题的通知》（〔1979〕常行民字第36号），重申划定革命老根据地的标准。明确规定："革命老根据地是指土地革命战争时期（1927.8—1937.8）和抗日战争时期（1937.8—1945.8）在中国共产党领导下创建的革命根据地。土地革命战争时期根据地的标准是：曾经有中共组织、有革命武装，发动了群众，进行了打土豪、分田地、分粮食牲畜等运动，主要是建立了工农政权，并进行了武装斗争，坚持半年以上；抗日根据地的标准是：曾经有中共组织、有革命武装，发动了群众，进行了减租减息运动，主要是建立了抗日民主政权并进行了武装斗争，坚持一年以上时间的。""划定革命老根据地应以生产大队为最小的计算单位。如果一个公社内，属于革命老根据地的生产大队超过半数，这个公社可算作革命老根据地公社。"是年，常德地区行政公署会同有关县委、县政府重新调查，认定全区老革命根据地公社20个、生产大队346个、生产队3473个。

1990年6月25日，湖南省民政厅批准(湘民促字〔1990〕第3号)汉寿县、安乡县为革命老根据地；是年7月1日，省民政厅批准临澧县为革命老根据地。1994年5月，省民政厅批准鼎城区为革命老根据地。是年7月19日，省民政厅批准（湘民促发〔1994〕3号、4号、5号）澧县、鼎城区、津市市为革命老根据地。2007年6月5日，省民政厅批准（湘民办发〔2007〕36号）桃源县、西湖管理区、西洞庭管理区为革命老根据地。

至2013年，常德市被湖南省人民政府认定为革命老根据地（简称革命老区）的共10个县（区、市），即石门县、汉寿县、临澧县、鼎城区、澧县、安乡县、桃源县、津市市及西湖、西洞庭管理区。全市革命老区共辖198个乡（镇）（其中县级开发区3个）、7个街道办事处、2759个村、392个社区，总人口593万人，总面积1.7万平方公里。

2011年9月2日，常德市民政局副局长傅临南(前排右四)主持召开全市革命老区工作会议

2011年8月26日，中共湖南省委办公厅印发“关于开展全省苏区县认定工作的通知”(湘办〔2011〕53号)。是年9月16日，中共常德市委书记卿渐伟批示：“常德是革命老根据地，曾作出过巨大贡献和牺牲，应争取多认定一些苏区县。”是年10月26日，全市苏区县认定工作会议召开，市委常委、市委秘书长、市苏区县认定工作领导小组组长黄清宇出席会议并讲话。

2012年1月5日，常德市市长陈文浩在常德市五届五次人代会上提出：“各区、县(市)要认真做好苏区县申报认定工作，促进老区发展。”是年4月27日，常德市老促会理事长韩林安在全市老区工作会议上强调：“我们不能满足现状，要再接再厉，抢抓机遇，积极做好‘申苏’工作。”

是年7月30日，湖南省苏区县认定工作领导小组、中共湖南省委党史研究室向中共中央党史研究室呈送“关于井冈山、湘赣、湘鄂赣、湘鄂西、湘鄂川黔苏区县的认定意见”，常德市所辖各县(区、市)被认定为向中共中央党史研究室报批的苏区县申报单位，即桃源县(湘鄂西苏区县)、临澧县(湘鄂西苏区县、湘鄂川黔苏区县)、常德县(今鼎城区、武陵区，湘鄂西苏区县、湘鄂川黔苏区县)、石门县(湘鄂西苏区县、湘鄂川黔苏区县)、安乡县(湘鄂西苏区县)、汉寿县(湘鄂西苏区县)、澧县(今澧县、津市市，湘鄂西苏区县、湘鄂川黔苏区县)。

二、老区扶持与建设

1988—2013年，湖南省革命老区促进会、省人民政府先后下拨常德市老区经济开发财政专项资金1938.2万元，优先扶持与解决老区群众温饱问题有密切关系各类项目775个。同时，制定若干优惠政策，扶持和发展老区经济。常德市各老区县(区、市)广辟财源，多方争取，致力老区建设，取得了令人瞩目的卓越成就，工业生产势头强劲，农业生产生机勃发，城镇建设展露新姿，交通运输四通八达，科教文卫成绩斐然，城乡市场繁荣活跃，邮政通信灵便快捷，旅游开发前景广阔。2013年，全市老区县(区、市)的地区生产总值达1389.3亿元，地方财政总收入达74.28亿元。常德市各老区县(区、市)的老区办公室为老区建设付出了艰辛的劳动，各县(区、市)老区人民在中共常德市委、常德市人民政府和当地党委、政府的正确领导下，经过持之以恒地艰苦奋斗，硕果累累。

鼎 城 区

1994—2013 年，鼎城区老区办千方百计争取老区建设专项资金，共扶持老区建设项目 165 个。区老区办先后举办科技培训班 17 场次，扶持种养基地 8 个。140 名通过科技培训而成为新型农民技术致富的能手，活跃在全区各个乡镇。牛鼻滩镇三星村养鸡专业户李德胜、尧天坪镇中太桥村的猪、鱼立体养殖大户张辉，石板滩镇毛栗岗村花卉种植大户徐国权，玉皇庵村药材种植大户阮海军等致富后，组建协会，为群众提供技术、信息、资金支持，带动 300 个农户致富奔小康。长茅岭乡发展的“铁成一号”，在世博会上获唯一金奖。

鼎城人民在区委、区政府的带领下，同心协力，全面推进“打造工业新城，开发城市新区，建设生态新村”为核心内容的“二次创业”发展战略，为鼎城经济、社会发展插上了腾飞的翅膀。该区全面启动投资 45 亿元的江南公园暨五星级酒店、临江棚户区、市民服务中心三大板块建设，万村千乡市场工程深入推进，乡村商贸流通持续活跃，粮、棉、油等主导产业稳步发展，荣获“全省粮食生产标兵县”、“全国蔬菜种植重点县”等称号，“鼎城茶油”获国家地理标志证明商标，实现了本土产品国家级品牌零的突破。发展前景广阔、功能完美的桥南市场群闻名全国，年商品成交额达百亿元。2013 年，全区地区生产总值达 218 亿元，财政总收入达到 13.7 亿元，农民人均纯收入达 9373 元，城镇居民可支配收入达 2.3047 万元。

桃 源 县

2007—2013 年，桃源县老区办先后争取老区专项建设资金 600 多万元，完成翦伯赞故居、覃振故居、宋教仁故居的修复，修建 “桃源三杰”纪念亭，修复湘西北首个苏维埃政府旧址——徐溶熙苏维埃政府旧址、浯溪河红军烈士纪念碑、东街革命烈士纪念碑和红军长征大水田纪念地革命遗址等，为开展爱国主义教育，继承和发扬革命先烈精神起到重要作用，并以此为依托，开发出红色旅游资源，促进桃源的经济发展和提高桃源的知名度发挥了一定效益。

勤劳、勇敢的桃源老区人民经过几十年的努力，县域经济建设取得巨大成就。全县规模工业企业 52 家，实现增加值 48.2 亿元；农业标准化水平不断提高，荣获“全国粮食生产先进县”称号。城乡建设规范推进，社会事业蓬勃发展，全县已建成集铁路、高速公路、航空、国道干道、水运于一体的现代立体交通网络。实现了交换程控化、传输数字化、乡乡通公路、村村通电话，移动通信无缝隙覆盖。科技兴县战略有效实施，荣获“全国科普示范县”称号，素质教育加快推进，成为“全省第一个农村素质教育先进县”。职业中专创建为“湖南省示范性县级职教中心”，保障体系不断完善，全面启动城乡社会养老保险；基层卫生服务网络更加健全，文化惠民工程扎实推进。2013 年，全县地区生产总值达 225.5 亿元；财政总收入达 12.7 亿元,农民年人均纯收入9192元,城镇居民人均可支配收入1.9816万元。

石门县

1984—1985年,石门县老区办先后在安溪、所街、皂市3个乡镇分别办起土豆片厂、蜜饯厂、胶合板厂。1986—1989年,县老区办积极支持有关乡镇办起茶叶基地4个,柑橘基地5个,香菌基地3个,特种小水果基地1个,育种猪、马头羊养殖基地2个,基地拥有加工机械43台(件),服务中心(站、场)4个,就业农户3474户1.768万人。2000—2013年,县老区办积极争取老区扶持建设项目,先后支持新关镇茅山村精石灰加工、县光荣院花卉盆景基地开发、楚江镇生猪繁殖基地建设、夹山镇夹山村果园培植、太平镇龙桥村果园开发、子良乡才子坡村人畜饮水工程、夹山镇汉丰村橘园培管、白云山茶场有机茶种植、磨市镇南岳寺村药材种植、二都乡南台山村马头羊加工以及夹山镇汉丰村、三圣乡澧阳村的村级道路硬化等。

新中国成立以来,特别是改革开放以来,石门老区人民继承和发扬先烈们的革命精神,团结拼搏,艰苦创业,使老区贫困落后的面貌得以逐步改善,各项事业得到长足发展。1988—2013年,石门县县城、小城镇建设日新月异。全县19个乡镇所在地,街道整齐宽阔,房屋鳞次栉比,水电供应正常,城镇建设步入新阶段。教育强县战略深入推进,石门一中被空军授予"空军飞行学员优质生源基地"称号;科技事业全面提升,文化事业日趋繁荣,卫生事业发展加快,体育事业蓬勃发展,就业规模不断扩大。全县科技从业人员实施科技推广项目30余项;文化创作精品不断,有线广播电视传输干线网络总长达4000公里,农村合作医疗普遍开展,原处于贫困线上的人口基本解决温饱,并向小康水平迈进。2013年,全县地区生产总值达180.9亿元,财政总收入10亿元,农民人均纯收入达7259元,城镇居民人均可支配收入达1.6766万元。

澧县

1994—2013年,澧县老区办积极争取老区扶持建设资金,用以支持县域的经济建设和民生改善事业。1998—2001年,共投资2亿元,对澧南溃垸实行移民建镇,农民喜迁新居。2002年春,县老区办帮助宜万乡福新村将原有的400余亩荒山进行开垦,并出资及时购进了柑橘树苗栽培。2006年,县老区办再次出资引进专业技术专家、讲师进行培管、病虫害防治的现场指导,从而,使柑橘产量高、品质优,味道鲜美,远销十多个省、市,产品供不应求。2008年,县老区办扶持专项资金5万元,在甘溪滩镇修建了一座全长172.62米的中村大桥,即湘鄂友谊桥,有力地促进了澧水两岸工业、农业、商贸的发展。

党的十一届三中全会以来,澧县老区人民承先辈之志,沐改革春风,坚持科学发展观,着力推进新型工业化、农业产业化和城镇化的进程,全县呈现经济增长加快,效益提升、后进增强、民生改善、社会进步的良好态势。1978—2013 年，县城建设大发展，新建、改建澧州北路、澧州大道等主干道，修建并改造澧州广场等公共设施，建成了建材城、水产城等一批专业市场；农村住房改造、安全饮水、沼气池建设显见成效，全县建有变电站 14 座，年供电量超过 5.12 亿千瓦时；低压线路遍布城乡，无线电视网络全县覆盖。全县教育水平不断提高，文化活动精彩纷呈，卫生服务体系建设不断完善，社会救助体系建设逐步规范，社会保险力度加大，城乡居民收入不断增加。2013 年，全县地区生产总值达 226.2 亿元，财政总收入 11.54 亿元，农民人均纯收入达 9452 元，城镇居民人均可支配收入 1.9546 万元。

津 市 市

1995—2013 年，津市市老区办先后争取老区建设专项资金 104 万元，围绕农村基础建设和产业结构调整出谋划策，提供政策和资金帮助，重点扶持了白衣镇菱果加工项目、渡口镇低洼鱼池改造、保河堤镇中南村扶贫、白衣镇建国村公路修建、渡口镇金盆村七彩山鸡养殖、渡口镇双合村人畜饮水工程和新洲药用蚂蟥养殖开发、白衣镇向家坊排灌维修和新洲镇种养殖及产品深加工、渡口镇、灵泉镇、棠华乡种养殖开发等 45 个民生项目，均收到明显成效。

党的十一届三中全会以后，津市市借改革开放大潮兴起，经济和社会各项事业全面发展，综合实力不断增强。全市景观通过十几年的精心打造，其面貌已发生翻天覆地的变化，与“4 街 48 巷”的旧城不可同日而语，凌空飞架的澧水大桥，将城市南北连为一体；巍然屹立的城北防洪大堤，免除了津市人民长年拥塞心头的水患之忧；津澧公路、湘北公路、S302 线津市段的修路，二广高速拉通，彻底改写了津市无省道、无高速的历史；城市北区，“六纵五横一环”，南区“三纵四横”的主干道，构架起了崭新的城市道路网；古大同森林公园、澹津公园、三湖公园和九澧广场四季葱郁芬芳的绿化带和花坛，妆点出城市的妩媚神韵和绰约风姿，一座功能齐全、环境优美的新城市，已赫然雄峙于洞庭西岸，湘北边陲。2013 年，全市地区生产总值达 87.07 亿元，财政总收入 5.16 亿元，农民人均纯收入 8170 元，城镇居民人均可支配收入 1.9498 万元。

临 澧 县

1988—2013 年，临澧县老区办为打造老区品牌、凝聚发展动力、增加群众收入、改善人民生活做了大量富有成效的工作。县老区办专门成立县陵园建设领导小组，制定了《林伯渠故居建设发展规划》，投入建设资金 2400 万元，经过三年的建设，将故居建成“故园、陵园、田园”三大板块和服务接待区、故居核心区、参观纪念区和生平展示线、祭祖感恩线、自然风光线的“三区三线”新格局。故居内有活力，外有形象，成为全省爱国主义教育基地、全省廉政文化教育基地、全省国防教育建设基地、全省红色旅游景区。此外,县老区办选择临澧县凤凰良种猪繁养基地进行重点扶持,帮助基地引进猪粪污无害化处理与综合利用技术,精心设计了粪污治理方案。2013 年,在技术服务人员的指导下,基地引进长白、大约克原种猪 155 头,将栏舍改造为双层隔热屋面,购置产床、定位栏 500 个,并配套完善了自动给水、通风、换气设施设备,实现恒温保育、疫病零发生和饲料成本控制。母猪年产仔量 19 头以上,仔猪成活率达到 100%,年销售仔猪 3550 头、出栏肥猪 1615 头。

党的十一届三中全会以来,勤劳、朴实、勇敢的临澧老区人民,在县委、县政府的正确领导下,奋发图强,励精图治,在一道道艰难坎坷中顽强崛起,在一次次自我超越中展翅腾飞,全县经济发展水平大提升,产业发展格局大改进,基础设施条件大改观,城乡居民生活大改善。全县粮食、棉花等大宗农产品产量稳定增长,柑橘、茶叶等特色产业稳步发展,多年保持全国生猪调出大县、全省油料生产及产业大县称号。全县公路通车里程达 2500 公里,小学阶段学龄儿童入学率、广播综合人口覆盖率均达 100%,太浮山、官亭湖等自然景观和宋玉城等文化遗址以及林伯渠故居、丁玲纪念馆等人文景观齐放异彩。2013 年,全县地区生产总值达116.26 亿元,财政总收入 5.7 亿元,农民人均纯收入 1.0789 万元,城镇居民人均可支配收入2.1444 万元。

安 乡 县

1988—2013 年,安乡县老区办先后争取老区开发建设资金 1100 万元(含老区专项转移支付资金),扶持和发展老区建设。先后按期完成了陈家嘴镇门板村“连心桥”建设、安福乡 15 公里公路硬化、安障乡、一农场电排兴修、三岔河镇和下渔口镇永南村开挖和清淤鱼池、安宏乡扩种棉地、安德乡民四村、安康乡沙阳村、安宏乡水毁公路修复和全县因灾倒房户修建“爱心房”以及大鲸港镇丰裕社区饮水改造、安德乡民伏村公路硬化、安丰乡中码头电排维修、安裕乡羌口村养殖业发展、安裕乡槐西敬老院改扩建、黄山头镇长山村公路硬化等老区项目建设任务,大大改善了老区人民的生产生活条件。

新中国成立以来,特别是改革开放以来,安乡老区人民继承和发扬先烈们的革命精神,团结拼搏,务实开拓,安乡大地发生了翻天覆地的变化。为根治水患,全县人民将解放时的 31 个防洪圈建成 5 个防洪大圈,使 734.75 公里的防洪大堤缩短为 400 公里,防洪能力由抗御 20 年一遇的特大洪水提升到抗御百年一遇的特大洪水,结束了“北水涨,南水足,西水一来就喝粥”的灾难历史。全县交通四通八达,拥有各类公路 1120 公里,先后架起了安乡大桥和六家渡、丁家渡、大湖口、石龟山、夹夹、大杨树大桥,实现了乡乡通公路,村村通公路,大桥变通途。全县农业生产蓬勃发展,曾是湖南省“南有新田,北有安乡”农业学大寨先进县,荣获“全省现代农业示范县”“湖南第一批平原绿化达标县”称号。全县工业生产欣欣向荣,氮肥厂、棉纺厂、造纸厂、工业缝纫机厂、饲料厂等形成安乡工业的支柱企业。旅游事业悄然兴起,黄山头国家森林公园、珊珀湖等成为旅游胜地。文体教育事业长足发展,先后荣获中国“诗词之乡”“中国乒乓球全民健身之乡”等荣誉称号。2013 年,全县地区生产总值达 128.32 亿元,财政总收入 5.7 亿元,农民人均纯收入 9843 元,城镇居民人均可支配收入 1.809 万元。

汉 寿 县

1990—2013 年,汉寿县老区办先后争取专项资金千万元,支持老区建设,为全县经济和社会发展做出了不懈的努力。县老区办先后在洲口镇大陆村建造水产养殖基地,培训技术人员 240 人,遍布全县各乡镇。硬化修补通乡联村道路 100 余公里、修建“断头路”4 条、20 公里;修缮帅孟奇故居及事迹陈列馆、建造平息西港“黑胡子”暴动牺牲烈士陵园。

新世纪,改革创新的号角催人奋进,汉寿老区人民坚持“项目立县、工业强县、品牌兴县”战略,积极应对宏观调控的新政策、新情况,促进了县域经济快速发展。汉寿县委、县政府实施加大企业帮扶力度,坚持用工业化理念谋划农业,调整产业结构,发展现代农业。城区按照“汉太融城”的构想,以省道 205 新线为纽带,以长常城际铁路建设为契机,推进县城“南移西拓、扩容提质”,建成了纵横交错的辰阳、屈原、芙蓉、南星、振兴和龙阳北路,加快与经济开发区的一体化进程,兴建了步行街、休闲广场等,开通了城区公交车、的士和红绿灯,县城品位不断提升。全县水利建设超常发展,农网工程顺利完成,洞庭湖二期治理、血防工程等顺利实施,信息化步伐明显加快,公路网络基本形成,疾病防控体系健全,达到“新型农村合作医疗制度县”标准。1995—2013 年,汉寿县以得天独厚的资源优势,争创一流的精神风貌,实施“品牌兴县”战略,先后摘取“中国甲鱼之乡”“中国黑杨之乡”“中国珍珠之乡”“中国苎麻之乡”“中华诗词之乡”“湖南传统龙舟之乡”等 6 项桂冠。2013 年,全县地区生产总值达 180.76 亿元,财政总收入 7.15 亿元,农民人均纯收入 1.0262 万元,城镇居民人均可支配收入 2.0441 万元。

西洞庭管理区

新世纪之初,西洞庭农场建立管理区后,经济社会蓬勃发展,成为一流的新农村建设示范区和常德市食品工业园区。

区境有较大排灌机埠 11 处和数十处小机埠及数百台小水泵,总动力 1000 千瓦。大小渠道星罗棋布,农业综合开发累计投入 4400 万元,已修建混凝土结构的大小渠道 130 千米,涵闸、小桥、渡槽及其他附属设备 300 处,交通十分便利。省道 S205 线(津武线)与县道 X042 线(白省线)在管理区纵横交会,通村公路全面硬化。工业基础较雄厚,有制糖造纸、食品加工、机械制造、印刷包装、建筑建材、医药化工等。工业围绕市场调整结构,农业围绕工业原料调整结构,小企业围绕大企业调整结构,第三产业围绕第一、二产业服务调整结构,形成了食品罐头、蔗糖、造纸包装、纺织、粮油棉加工、蘑菇蔬菜脱水等6大产业链,其中食品罐头、脱水蘑菇蔬菜主要销往欧美、日本、东南亚及中国港澳台地区。区内城镇建设突飞猛进,城区面积达到7.3平方公里,街道浓荫夹道,夜晚路灯、霓虹灯灯光辉煌。每年都有城市新亮点出现,吸引休闲游客络绎不绝。全区社会事业日渐完善,建立了覆盖干、教、医、工人、农业职工的社会养老保险制度、城乡居民最低生活保障制度、职工基本医疗保险制度、城市居民医疗保险制度、农村新型合作医疗,全区人民基本实现了老有所养,病有所医。2013年,全区地区生产总值达20.59亿元,财政总收入2.4亿元,农民人均纯收入8900元,城镇居民人均可支配收入2.57万元。

西湖管理区

党的十一届三中全会后,西湖管理区工业逐步加强,商业不断升温。1988年后,坚持以“兴工、强农、活商、富场”为经营方针,经济开始步入新的发展时期。全区初步形成了4大特色产业:即以蔬菜生产与加工为主的蔬菜产业;以棉花、蔬菜制种为主的制种业;以优质果林为主的果林产业;以网箱养鱼为主的水产业。

全区先后投入资金2000多万元,在镇区新建步行街,商品流通、饮食服务业呈现欣欣向荣的景象,销售额、销售效益均呈现逐年上升趋势。投入建设资金2300万元,新建油砂路面4公里4.2万平方公里,铺设人行道5万平方米,绿化街面3900平方米,新安装路灯近200盏,安装电子监控摄像头41个。投入资金110万元,支持汉寿县修通西湖至罐头嘴6公里水泥路。投入资金200万元,新修通村公路11公里。投入资金210万元,改造电排机埠。投入资金198万元,实施农村安全饮水工程,解决了农村人口的安全饮水问题;投入资金160万元,改建紫东敬老院。投入资金260万元,修建经济适用房3400平方米、廉租房500平方米。投入资金160万元,建成1座建筑面积960平方米功能齐全的殡仪馆。经过半个世纪的垦殖建设,特别是改革开放30多年来的艰苦创业,西湖已经旧貌换新颜,昔日荒湖废洲,今朝鱼米之乡。全区田成方,渠成网,阡陌交通,林带纵横;临江有金堤相固,民生无水旱之忧;城乡一体,井然有序,既有城镇繁荣景象,又具有农村庭院风光。

2013年,全区地区生产总值达5.7亿元,财政总收入0.23亿元,农民人均纯收入达6781元,城镇居民人均可支配收入达1.1537万元。西湖,这片赤色的革命热土,正沐浴和谐社会的春风,在社会主义现代化建设的康庄大道上,高歌猛进,一展雄姿。

三、老区慰问

常德市(地区)的老区慰问活动,自1951年8—9月,中央人民政府南方老根据地访问团常德分团,由常德专署副专员孙云英等一行40余人赴石门、慈利两县组织慰问活动之后,其定期或不定期的老区慰问从未间断。

1988—1999年，每逢春节，常德市设立慰问总团，各县(市)设立慰问分团或慰问团，深入基层，组织对革命老区的慰问活动，一般是实地调查研究，走访慰问老区民众，重点是进村入户看望老红军、老伤残军人、老军烈属、老劳模、老党员、老复员军人等，并发送慰问金或慰问物资等。具体工作由市、县(区、市)优抚科(股)和老区办承担。

2000—2013年，每年元旦、春节期间，由中共常德市委、常德市人民政府主要领导带领市直有关部门主要负责同志，或省、市党委、政府委托革命老区县(区、市)党委、政府，或湖南省老区办受省委、省政府委托，定点深入革命老区乡、镇进行慰问。2007年12月26日，省老区办主任吴跃进、副主任李云华，带着省委、省政府领导的深情厚谊，轻车简从，为石门县送去春节慰问棉被400床。在石门县委常委、副县长高德知、县民政局局长李钢陪同下，到雁池乡皮家河村送去棉被30床，实地走访该村特困户宋大伦，吴主任亲手将两床棉被和三百元慰问金送到宋大伦手里，宋家老小感慨万分。随后，石门县老区办将剩余的棉被分发给16个乡镇和单位，由民政所长会同村(居)委会骨干落实到人。这批棉被的具体发放情况是：壶瓶山镇30床、南北镇20床、磨市镇30床、蒙泉镇30床、夹山镇30床、维新镇30床、太平镇30床、新关镇20床、皂市镇20床、白云乡20床、子良乡20床、易家渡镇20床、二都乡20床、东山峰管理区15床、罗坪乡25床、县光荣院10床。

常德市革命老区基本情况

（2013 年 12 月 31 日）

表 3-4-1

县别	革命老区基本情况						
	乡镇（个）	街道办（个）	村（个）	社区（居委会）（个）	总人口（人）	面积（平方公里）	认定老区时间（年.月.日）
安乡县	19	—	255	33	898420	1087.032	1990.6.25
汉寿县	30（含 1 个开发区）	—	495	47	806672	2020.96	1990.6.25
澧县	30	—	417	59	927807	2107.3	1994.7.19
临澧县	18（含 1 个开发区）	—	310	29	442700	1203.7	1990.7.1
桃源县	39	—	360	52	972707	4442.29	2007.6.5
石门县	20（含 1 个开发区）	—	292	44	689100	3973	1951.9.6
鼎城区	31	—	495	84	825045	2344.8	1994.7.19
津市市	7	4	84	39	274007	10.64	1994.7.19
西湖管理区	3	—	25	2	56300	70.3	2007.6.5
西洞庭管理区	1	3	26	3	40051	101.85	2007.6.5
总计	198	7	2759	392	5932809	17361.872	

常德市老区扶贫开发财政资金分配情况

（1988—2013年）

表3-4-2

年度	下拨金额（万元）	分配老区单位	扶持开发项目（个）
1988	22.5	石门县	6
1989	19	石门县	4
1990	19.7	石门县	16
1991	17	石门县	15
1992	40.5	安乡县、汉寿县、临澧县、石门县	5
1993	40.5	石门县、汉寿县、安乡县、临澧县	20
1994	16	石门县	10
1995	46	汉寿县、津市市、澧县、临澧县、安乡县、鼎城区、石门县	23
1996	51	安乡县、汉寿县、临澧县、石门县、澧县、鼎城区、津市市	24
1997	60	安乡县、汉寿县、临澧县、石门县、澧县、鼎城区、津市市	31
1998	60	安乡县、汉寿县、临澧县、石门县、澧县、鼎城区、津市市	34
1999	57	安乡县、汉寿县、临澧县、石门县、澧县、鼎城区、津市市	34
2000	56	安乡县、汉寿县、临澧县、石门县、澧县、鼎城区、津市市	45
2001	61	安乡县、汉寿县、临澧县、石门县、澧县、鼎城区、津市市	36
2002	54	鼎城区、汉寿县、临澧县、石门县、津市市	19
2003	64	鼎城区、安乡县、汉寿县、临澧县、石门县、澧县、津市市	29
2004	64	临澧县、石门县、安乡县、汉寿县、澧县、鼎城区	24

续表 3-4-2

年度	下拨金额（万元）	分配老区单位	扶持开发项目（个）
2005	50	临澧县、汉寿县、石门县、澧县、鼎城区、津市市、安乡县	19
2006	81	鼎城区、安乡县、汉寿县、临澧县、石门县、澧县、津市市、西洞庭管理区	37
2007	119	临澧县、汉寿县、石门县、澧县、鼎城区、津市市、安乡县、西洞庭管理区	56
2008	120	澧县、汉寿县、石门县、澧县、鼎城区、津市市、安乡县、桃源县、西洞庭管理区	68
2009	118	临澧县、汉寿县、石门县、澧县、鼎城区、津市市、安乡县、桃源县、西洞庭管理区、西湖管理区	57
2010	153	鼎城区、西洞庭管理区、西湖管理区、津市市、安乡县、汉寿县、澧县、临澧县、桃源县、石门县	64
2011	169	鼎城区、西洞庭管理区、西湖管理区、津市市、安乡县、汉寿县、澧县、临澧县、桃源县、石门县	45
2012	162	鼎城区、津市市、安乡县、汉寿县、澧县、临澧县、桃源县、石门县	38
2013	218	鼎城区、津市市、安乡县、汉寿县、澧县、临澧县、桃源县、石门县、西洞庭管理区	16
总　计	1938.2		775

附：

光　荣　院

光荣院是对革命和人民有过贡献的孤老优抚对象的安置场所，体现党、国家和人民对优抚对象的关怀和照顾，以显示社会主义制度的优越性，对于鼓舞部队士气，发扬人民群众拥军优属的光荣传统有着重要的意义。

1984 年，常德地区民政局拨发光荣院建设补助费 16.71 万元。是年，全区共创办光荣院7所，床位 92 张，收养优抚对象 72 人，配备工作人员 20 人。

1988—1989 年，常德市民政局安排专项资金 42.3 万元用于光荣院的建设。全市区、乡(镇)共创办 8 所光荣院。

至 1990 年，全市共有光荣院 9 所，即石门县官渡桥镇光荣院，石门县仙阳区光荣院，桃源县漆河区、三阳镇、佘家坪乡、龙潭乡、兴隆街乡光荣院(龙潭乡 2 所)，澧县光荣院。这些光荣院，归口县、乡(镇)人民政府管理，县民政局负责业务指导。各光荣院执行“以养为主、民主管理，勤俭办院和积极发展副业生产”的方针，以关心院民疾苦，对院民负责，全心全意为院民服务为指导思想。其主要任务是：根据中华人民共和国民政部制定的《光荣院管理工作暂行办法》和省民政厅制定的《光荣院管理工作暂行办法实施细则》的规定，将符合接收条件的优抚对象接纳入院；落实入院院民的生活福利；积极开展文娱活动，活跃精神文化生活；搞好卫生，促进院民身心健康；教育院民保持革命荣誉，并向驻地人民群众进行革命传统教育。

石门县光荣院

1990 年以后，武陵区光荣院、石门县光荣院、津市市光荣院、临澧县光荣院、鼎城区光荣院、桃源县光荣院、安乡县光荣院相继建立，隶属区县(市)民政局管理。

2002—2013 年，各光荣院改革用人制度，建立健全各项规章制度，实行院长负责制和工作人员岗位责任制，强化内部科学管理和检查监督，坚持财务公开，实行民主理财，努力提高服务质量和管理水平。同时，采取财政安排一点、社会赞助一点、优抚事业经费补助一点的办法，积极筹集光荣院维修改造经费，逐年完善基本设施，为住院老人安享晚年创造一个舒适的生活环境。此外，各光荣院还立足本院，因地制宜地开展种植、养殖、加工等生产经营活动，做到蔬菜、水果、肉、蛋、禽、鱼基本自给,以实现"以副补院"。这一时期,常德市民政局明确规定,入住光荣院的老人生活费,城市的由每人每月105元提高到210元;农村的由每人每月74元提高到160元;所有城市和农村的住院老人,零用钱均由每人每月15元提高到50元,衣被费由每人每年40元提高到200元,医药费由每人每月60元提高到300元,取暖费由每人每年15元提高到50元。以上经费除零用钱发给个人外,其他各项费用均由院里统一掌握使用。

至2013年,全市有县(区、市)办光荣院8所,共计建筑面积1.5933万平方米,床位468个,入住院民143人,其中烈属18人、残疾军人12人、在乡复员军人132人、其他优抚对象31人。配备工作人员67名。

常德地区区、乡(镇)光荣院基本情况

（1989年12月31日）

表1

单　位	建院时间（年月）	工作人员（人）	接收人数（人）	其中				备注
				烈属（人）	伤残军人（人）	复员军人（人）	其他优抚对象（人）	
石门县官渡桥镇光荣院	1984.11	1	6	1	1	3	1	
石门县仙阳区光荣院	1984.11	2	10	6	—	4	—	
慈利县溪口区光荣院	1984.12	5	22	4	—	18	—	
慈利县岩泊渡区光荣院	1985.8	4	20	3	—	17	—	
慈利县江垭区光荣院	1984.12	4	15	5	—	10	—	
桃源县漆河区光荣院	1984.11	2	12	—	—	12	—	
桃源县三阳镇光荣院	1984.12	2	72	2	—	70	—	
桃源县佘家坪乡光荣院	1984.11	1	4	1	—	3	—	
桃源县龙潭乡光荣院（一）	1984.12	1	5	—	—	5	—	
桃源县龙潭乡光荣院（二）	1986.11	2	9	—	—	9	—	
桃源县兴隆街乡光荣院	1986.11	2	8	—	—	8	—	
澧县光荣院	1986.11	3	8	—	—	8	—	
合　计		29	191	22	1	167	1	

常德市光荣院基本情况

(2013年12月31日)

表2

单位	建院时间(年月)	建筑面积(平方米)	床位(个)	在院人数				工作人员(人)	备注
				烈属(人)	残疾军人(人)	在乡复员军人(人)	其他优抚对象(人)		
武陵区光荣院	1990.3	2500	59	—	5	32	—	10	三院合一
鼎城区光荣院	2002.3	2765	65	8	23	21	13	5	
安乡县光荣院	2008.12	120	20	—	—	14	—	7	三院合一
澧县光荣院	1990.2	1200	30	—	1	24	—	10	
临澧县光荣院	1993.5	770	28	2	—	22	—	6	
桃源县光荣院	2007.3	1500	120	—	2	16	3	3	三院合一
石门县光荣院	1990.1	2500	90	30	—	60	—	9	
津市市光荣院	1991.1	2190	40	—	—	16	—	8	
总计		13545	452	40	31	205	16	58	

第四章《

退役军人安置

第四章　退役军人安置

新中国成立后，常德地区各级党委、政府高度重视退役军人接收安置工作。1988—2013年，常德市退役军人安置机构不断健全，安置政策不断完善，安置改革不断深入。从而，确保全市退役军人得到“妥善安置，各得其所”。

第一节　退役士兵

1988年常德“撤区建市”以后，常德市民政局将原设置的“双退科”即退伍军人和军队离退休干部管理科更名为“安置科”，具体承担全市退役军人接收安置事宜。

一、退伍红军战士

1950年10月，常德专署民政科对1949年前退伍回乡的48名红军战士进行安置。全区共拨发安置费3.5万元，其中每人每年生活费360元，安家费370元。各县（市）人民政府除每人每月发放定期补助费外，还另给家居城镇的照顾补助费，每人每月30元；另给家住农村的28名退伍红军战士每人每月发给25元照顾补助费。

1966年，全区共核定退伍红军战士60名。其中，1945—1949年9月30日期间退伍的15名；1949年10月1日后退伍的45名。经核准后，常德专署民政科一次拨给安置费5万元。各县（市）根据安置对象的要求和当地情况，配发粮、棉、油等计划物资，给缺劳户安排专人挑水、做饭、料理家务，使他们的基本生活不低于或略高于当地群众平均生活水平。

1979年3月，常德地区对民国二十六年（1937）7月6日以前参加中国工农红军的55名退伍红军战士，除9名在职、4名病故外，22名在农村的由国家落实定期定量补助（简称“双定”补助），每人每月领取30元生活补助费，由生产大队、生产队优待口粮和食油；20名在城镇的按退伍红军标准供应粮、油等物资，每人每月领取生活补助费35元。另给23名退伍红军战士的配偶、子女及父母或继父母共54人的户口，从农村迁入城镇落户，按标准配购居民商品粮、油等，并帮助15名子女转学、8名子女招工、12名家属安排进入所在县（市）福利工厂，其余则安排在城镇街道、居委会办的企业单位。

1980—1988 年,全区共审查批准 21 名红军流落人员。除给有困难者生活补助外,其余均按红军流落人员的标准进行优待照顾。

1986 年 7—12 月,常德地区民政局对在湘鄂西革命根据地参加红军,长征途中被迫失散的红军人员,进行认真清理登记。全区共有 1466 人,其中:从民国二十四年(1935)11 月起至民国二十五年(1936)底的红军失散人员 1260 名;民国二十六年(1937)初至这年 7 月 6 日间的红军失散人员 206 人。是年,常德地区民政局为这些尚健在的红军失散人员发放一次性优待抚恤款 4.3 万元。此后,每年除给这些人员定期定量补助外,还给有特别贡献的红军失散人员以优厚待遇。

1988—2013 年,常德市在乡退伍老红军、在乡西路红军和红军失散人员(简称"三红"人员),大多年老体虚,疾病缠身,虽有当地政府精心照料,然而,终因伤病医治无效,先后有不少"三红"人员离开人世。常德市、县(区、市)民政局对健在的"三红"人员均妥善落实了三项待遇,即生活补助,按人年均标准 1.187 万元计发到人;伤病医疗,全部纳入优抚对象医疗保障体系,给予"五位一体"的医疗保障;走访慰问,逢年过节,各级党委、政府均组织上门走访,赠送慰问金和慰问物资,使其安享晚年。

二、复员退伍军人

1950 年年底至 1951 年春,中国人民解放军开始有计划地整编复员工作。期间,常德专署复员委员会办公室共接收、转运复员军人 1971 人,其中,家居农村的 1572 人;城镇参军后复员的 388 人;复员干部 11 人。中共常德地委书记兼复员委员会主任乔晓光、军分区司令员田厚义、专署副专员孙云英等前往常德市、津市、慈利等地轮船码头、汽车站迎接全区第一批复员军人。时每人赠送一份慰问品,并给各县(市)拨发大米 150 万斤,现金 250 万元,给他们以生产、生活补贴。

1957 年,全区共接收复员军人 3078 人。其中农村入伍的 2253 人,城镇入伍的 754 人,复员干部 71 名。对 1260 名符合安置条件的给予安排工作;对回乡参加农业生产的 1818 人,各乡(镇)政府均作妥善安置,其中担任农业社干部的 680 人,担任乡级干部的 159 名,担任民兵干部的 380 人(兼职 200 名),有近 500 名担任互助组长,做到人尽其才,各得其所。

1958 年 5 月 3 日,国务院全体会议第七十三次会议通过"关于处理义务兵退伍的暂行规定","暂行规定"明确,"志愿参加人民解放军的军士、兵,除极少数志愿兵外,都是义务兵"。同时规定,"对于退伍的义务兵,应当本着从哪里来回哪里去的原则进行处理"。1958 ~ 1959 年,全区共接收退役军人 6245 人。其中城镇 2133 人,农村 4285 人。专署转业建设委员会主任孙云英和其他负责人陈采夫、沙成章、尹才生,杜梅森、翟立普、李谦等,多次到车站、码头、军转站、招待所,迎送各县(市)第一批退伍义务兵,将大批慰问品和纪念品发到每个复员退伍军人手中。

1960—1967 年,常德专署复员退伍军人接待安置领导小组办公室本着“从哪里来,回哪里去”的原则,组织全区各地共接待安置 1.8831 万人(农村 1.4531 万人,城镇 4366 人,复员干部 114 人)。中转湘西、沅陵、卢溪、辰溪、溆浦等地复员退伍军人 2 万多人。

1968—1978 年,常德地区共接收退伍军人 4.6013 万人。其中复员干部(后改为转业干部)847 人,城镇退伍 6280 人,农村退伍 3.8886 万人。常德地革委决定,是国家机关、人民团体、企事业单位入伍的干部、职工,退伍后可复工复职;是在校学生入伍的,退伍后可以复学或由劳动部门安排工作;家居城镇、没有固定工作的退伍军人,可以安排到全民所有制单位工作;在部队从事专业技术的,若地方需要,经劳动部门批准,可以安排工作。结合当地“掺沙子”“三结合”就业等需要,全区共安置复员退伍军人 2.5 万人。

1977 年,全区回乡退伍军人中,无房或缺房的 3240 人。为妥善做好安置工作,在退伍军人回乡前,就帮助 816 人新建扩建住房 1205 间。全区拿出棉花 5000 公斤,棉絮 5500 床,红糖 5002 公斤,肥皂 9002 条,木材 123 立方米,烧柴 38.5 万公斤,柴煤 23 吨,以解决退伍军人的生产、生活困难。

1979—1988 年,全区共接收复员退伍军人和转业志愿兵 4.1183 万人;中转 3.5 万人。共安置城镇退伍军人 6163 人、转业志愿兵 1363 人,复员干部 4 人,以及 1986 年后荣立二等功以上的农村退伍军人和伤残军人 180 人参加工作。余均回农村参加生产。其中,1983—1988 年,全区共扶持农村退伍军人中的贫困户 1568 户。

1989—2000 年,全市共接收退伍军人和转业士官(志愿兵)4.0825 万人,其中农村入伍的 2.2606 万人,城镇入伍的 1.4673 万人,转业士官 3546 人。

1990 年春季,全市共接收退伍义务兵和转业志愿兵 3289 人,其中,城镇退伍军人、转业志愿兵和“农转非”退伍军人 1447 人,占接收总人数的 45%。这年,政策性安置工作任务大,全市各级党委、政府高度重视,各级各有关部门紧密配合、鼎力支持,坚持“按系统分配任务,包干安置”的原则,直接把安置任务分配到各战线,以广泛调动各战线的积极性,改变以往把任务落实到基层单位,安置工作人少,路线长,任务重,进度慢的被动局面。同时,坚持按职工人数比例,下达统分对象安置任务。针对往年“差的单位无人进,省属单位挤破门”的现象,大胆试行按职工人数比例分配安置任务, 直接把进市、省属以上单位的安置人员指标下到各区、县(市)的办法,从而,减少了扯皮现象,缓解了工作中的一些矛盾;改变了安置任务畸轻畸重的现象,调节了一部分退伍军人的去向,平衡了安置任务,减轻了少数单位的安置压力。

至 1990 年 11 月底,除 5 名退伍军人未能如期报到上班外,其余人员全部进岗。全市没有发生退伍军人因安排工作不落实而聚众上访闹事等问题。是年,常德市民政局被评为“全省城镇退伍安置工作先进单位”。

1991—1999 年,全市退伍义务兵和转业志愿兵的安置指数不断上升,任务日趋繁重。据此,常德市民政局报请市政府常务会议,确定了以下原则。即:

各级各部门要从维护稳定、支持军队建设的大局出发,继续认真贯彻好国务院《退伍义务兵安置条例》《湖南省实施〈退伍义务兵安置条例〉细则》、湘联发〔1990〕6号文件精神，提高认识，端正态度，切实把退伍安置工作列入重要议事日程，满腔热情做好退伍军人的接收安置工作；入伍前没有参加工作的城镇义务兵由国家统一分配工作，实行“按系统分配任务，包干安置”；入伍前原是国家机关、人民团体、企事业单位正式职工的，原则上回原单位复工复职，原单位撤销或合并的，由上一级机关或合并后的单位负责安置；退伍军人和转业志愿兵需要安置在省属以上单位的，由市退伍、劳动部门会同各有关部门下达安置指标，各省属以上单位应给予支持；根据1991年3月11日国务院双退领导小组办公室〔1991〕国安办字第3号文件要求，各级行政、事业单位在有辅助人员和工人岗位，且有增人计划的情况下，都应积极承担接收退伍军人安置任务。各级安置部门应根据行政、事业单位的情况，分配一些政治、技术素质较高的转业志愿兵和退伍义务兵去工作；根据《湖南省实施〈退伍义务兵安置条例〉细则》第三条关于“退伍义务兵由原征集地的市、县人民政府负责接收安置”的精神，武陵区范围内的退伍安置工作，由市民政、劳动部门负责，市公安、粮食、常德军分区和武陵区民政局抽调人员，合署办公，办公地点设市民政局院内。武陵区所属农村退伍军人，仍由武陵区负责接收安置。武陵区所属单位有安置能力的，也应积极承担城镇兵的安置任务。接收安置有关手续，均由市劳动、退伍部门直接办理；义务兵父母一方在行政事业单位，另一方在企业工作的，原则上由企业接收安置；父母双方在行政事业单位工作的，原则上由其所在系统接收安置；1990年市区冬季退伍安置任务，根据国务院关于“按系统分配任务，包干安置”的原则办理。市直各战线任务分配数额，请市劳动局下达。

1991年，全市共有1457名退役军人由政府安排工作，占接收总数的45%。其中，城镇退伍义务兵1258人，转业志愿兵199人，这些退役军人中有393人安排进市直以上单位。是年12月30—31日，常德市人民政府在常德宾馆召开全市退伍安置工作总结暨表彰会。市政府副秘书长王德盛主持会议，会上，市民政局局长庹朝明作题为“振奋精神，深化改革，进一步做好退伍安置工作”的报告，市政府对69个退伍安置工作先进单位、34名退伍军人先进个人给予了通报表彰；欧阳西圣等8名退伍军人向全市在乡退伍军人发出题为“安心农村，立志为振兴农业做贡献”的倡议。中共常德市委常委、常德军分区司令员方子珍，常德市政府副市长钦时中、中共常德市委政法委副书记杜振汉、常德军分区政治部主任梅荣保出席会议并讲话。

1992年5月14日，全国退伍安置工作会议在常德市召开。各省、市、自治区退伍安置办公室主任等参加会议，民政部安置司司长郑一民主持会议并讲话。常德市民政局副局长樊长富、丁忠庭出席会议。与会代表听取了常德市退伍安置工作情况的专题汇报，并给予了充分肯定。是年5月21日，常德市人民政府在市政府机关大院3楼会议室召开退伍安置工作会议。市建委、市外经委及市直各局主管人事工作的负责人共49人参加会议。会议由常德市民政局副局长丁忠庭主持，市民政局局长庹朝明传达全国退伍安置工作会议精神，并就全市退伍安置工作动态作了专题发言，副市长钦时中出席会议并讲话。

1997 年 7 月 3 日，常德市人民政府发出《关于武陵城区退伍军人接收安置有关问题的通知》（常政办发〔1997〕29 号），对涉及武陵区、市直机关各单位、中央、省属驻常单位的退伍军人接收安置事宜提出具体处理意见。

2000 年，随着国有企业体制改革的逐步铺开，原有的退役士兵安置渠道不断萎缩，安置工作面临的困难越来越大，突出表现是：退役安置受制于制度规定。国家对公务员、事业单位进人设置了较高的准入门槛，企业按照《公司法》规定有用工自主权，安置政策与其他政策出现制度性冲突；可调控的就业岗位短缺。市属国有企业基本改制，中央、省驻单位没有用人权无法接收安置，行政机关不能安置退役士兵，只剩下事业单位可供安置派遣退役士兵；安置落实难度越来越大，安置遗留问题涌现；农村籍退役士兵安置面临困难，退役士兵普遍存在不愿返乡务农的情绪。

2001—2013 年，全市退役士兵安置工作在困境中取得突破与发展。常德市、县（区、市）退役士兵安置领导小组始终坚持“政府主导，部门配合，分级负责，依法安置，保障权益”的原则，脚踏实地，谨慎工作，确保了退役士兵安置工作顺利完成。同时，为缓解政府指令性安置压力，破解安置任务重与安置落实难的矛盾，各级安置部门主动应对变化的情况，努力拓展安置渠道。

（一）指令性安置

退役士兵指令性安置是计划经济时代人力资源配置的重要手段，是实现军民融合、稳固党的执政地位的重要举措，也是一项政治性、政策性非常强的工作。常德市、县（区、市）人民政府及其退伍军人安置部门一以贯之，坚持以下四条基本原则，即：国防义务均衡负担原则。2001 年，常德市人民政府《关于做好 2001 年度退役士兵安置工作的通知》中明确要求：继续坚持“按系统分配任务、包干安置”和“按职工比例分配任务、包干安置”的原则，凡驻常德市境内的机关、团体、企业事业单位，不分所有制性质和组织形式，都有依法接收安置退役士兵的责任和义务。此后，市政府每年关于退役士兵安置工作的文件中都会明确相关原则。“两随”的原则。就是义务兵、复员士官随父母安置，转业士官随配偶安置。对父母、配偶工作单位正常运营的，安置派遣到父母（配偶）单位，有利于顺利落实安置任务，确保退役士兵上岗启薪；对父母，配偶工作单位已破产改制的，纳入到统分范围。重点对象优先安置的原则。在安排工作单位时，对服役满三期以上的转业士官、荣立二等功以上奖励的退役士兵以及烈士子女、伤残退役士兵等重点安置对象给予优先安置。市直将这些重点安置对象全部安置派遣到全额拨款事业单位；各区县市确保不将这些对象安排到民营企业。安乡县按照“转业士官优先、立功受奖者优先、服役条件艰苦者优先、服役年限长的优先、女兵优先”的“五优先”原则，将五类退役士兵全部安置到事业单位。公开、公平、公正的原则。安置部门作为承办退役士兵安置工作领导小组具体日常工作的部门，坚守公开、公平、公正的原则，重大问题由安置领导小组集体研究决定,具体安置方案向社会公开。石门县从2006年开始对所有安置对象科学打分、公开排队,择优安置,根据其服役年限、部队立功受奖情况和文化程度等方面打分排队,打分的同时对残疾军人和烈士子女给予适当加分,对打分排队结果张榜公布15天,并公布监督电话接收群众监督,对前十名对象公布无异议的确定为财政拨款编制,对自收自支单位由安置领导小组统一商定,划分为一、二、三档,对退役士兵依次从高分到低分进行安置,取得了较好的社会反响。

2001—2011年,全市共接收退役军人3.482万人,其中,农村入伍的2.192万人;城镇入伍的1.0815万人;转业士官(志愿兵)2035人;复员干部50人。这些退役军人中需要政策性安置就业的退役士兵1.3068万人,实际安排工作的7643人,自谋职业的5245人。安置率达100%,上岗率达98.8%。期间,全市无一起因安置政策不到位而引发的集体上访,维护了社会大局稳定。

退役士兵安置工作是党委和政府的一项政治任务,事关国防和军队现代化建设的大事。2000年以后,全市各级党政领导坚持把退役士兵安置工作作为"抓稳定、促发展"的大事纳入重要议事日程,精心部署,强化责任,狠抓落实。主要领导亲自过问,亲自调度,亲自督办。中共常德市委常委会、市政府常务会每年都专门研究退役士兵安置工作。市、县(区、市)退役士兵安置工作领导小组每年都召开几次专题会议,研究安置方案,落实安置任务。安置计划经政府常务会议讨论通过并以政府名义发文后,决不允许任何单位讲价钱。一年一次的全市退伍军人安置大会都由市政府常务副市长主持召开,各区县(市)政府常务副区县(市)长、分管副区县(市)长参加,统一要求,统一认识,顾全大局,克服困难,不折不扣地完成安置任务。各级职能部门,特别是民政、编办、财政、人社等直接相关部门各司其职,各负其责,密切配合,有效地保证了安置工作有条不紊地进行。民政部门注重部门协调、拟定初步安置方案,编制部门负责提出事业单位安置用编计划,财政部门负责经费保障。仅2009—2010年,常德市、县(区、市)编制部门共提供事业编制978个,用于安置退役士兵。市、县(区、市)财政将退役士兵待安置期间生活补助费、民营企业接受退役士兵的岗位补贴资金等均纳入财政预算。市财政将市直退役士兵待安置期间生活补助费按每人230元/月标准,及时发放。凡是有接收安置任务的单位实行"一把手"负责制,及时研究部署退役士兵上岗工作,分管领导集中精力、集中时间抓落实,确保安置对象及时安排到位,确保安置工作政令畅通无阻。

面对退役士兵安置难的严峻形势,各地严格执行安置政策,在强化指令性安置的同时,探索多元化安置渠道,严格规范安置工作流程,对安置对象从严实行资格审查,维护政策的严肃性和政府的公信力,确保贯彻政策不变形、落实政策不放松、执行政策不走样。

同时,严明五条刚性纪律;建立三个制约机制。五条纪律是:各单位不得以任何理由拒收安置对象。退役士兵档案在安置工作大会上当场移交,市县领导面对面直接督促各单位领取档案,决不允许有一个档案滞留在安置办;用人单位对所接收的退役士兵不得以体检或文化考试等手段变相拒收;退役士兵父母所在单位不得以已有子女在本系统工作而拒绝接收退役回来的子女；凡派往企业的退役士兵，非本人原因，接收企业生产经营基本正常的，3 年内不得辞退或安排下岗；由于接收单位原因导致退役士兵不能按时上岗的，从安置部门开出安置介绍信的当月起，由接收单位按照不低于本单位同工龄职工平均基本工资的 80%，逐月发放生活费。三个制约机制是：责任追究机制。市委、市政府对未按要求完成任务的单位进行通报批评；对拒绝落实安置任务的单位责令限期改正并对单位领导诫勉谈话；对因责任不到位、工作不落实，造成严重后果的，追究单位主要领导和相关责任人的责任；人事制约机制。安置领导小组各成员单位共同把关，对拒绝承担安置任务、在规定时间内未办理接收安置退役士兵手续或未有效保障退役士兵合法权益的单位，冻结其人员调配、录用和机构编制、工资审批、职称评定等事项，待落实退役士兵安置任务后再解冻；财经制约机制。对拒绝落实安置政策的财政拨款单位，由财政部门根据安置部门提出的意见，按照规定在其下拨经费中扣除相应经费，用于发放退役士兵生活费和应缴纳的保险费，直至接收单位安置退役士兵上岗为止；对财政差额拨款单位和自收自支单位，由物价部门冻结其收费资格，待完成安置任务后解冻；对拒绝落实安置任务的企业，也采取了相关财经制约措施。在实际工作中，各地坚持实行“按系统分配任务，包干安置”和“按职工比例分配任务、包干安置”的指令性安置原则，确保服役满十二年以上的转业士官、荣立二等功以上奖励的退役士兵、因战因公被评为 5 级至 8 级伤残的退役士兵和烈士子女等对象得到优先考虑、妥善安置；各企事业单位，包括中央、省在常单位的子女、配偶，由其父母（配偶）所在单位接收安置；所有事业单位和国有企业除接受本系统家属子女外，还要接收安置政府指令性的安置对象，所有安置到事业单位的退役士兵，其编制单列，实行动态管理。为妥善处理安置渠道窄与安置对象多的矛盾，各地坚持安排事业单位、国有企业与安置派遣到民营企业相结合，着力拓宽安置渠道。每年由市、县（区、市）政府领导主持召开民营企业座谈会，鼓励民营企业接收安置退役士兵。2006 年 10 月 7 日，常德市政府常务会议研究退役士兵安置问题，出台两条措施鼓励退役士兵到民营企业就业，即：所有接收退役士兵的民营企业，享受市政府再就业援助行动的优惠政策，由市财政给予接收单位每岗 200 元 / 月的岗位补贴；所有安置到民营企业的退役士兵，给予每人 6000 元的一次性激励资金。2011 年 10 月 21 日，常德市安置领导小组组长、市政府常务副市长刘小明主持召开市退役士兵安置工作领导小组会议，研究确定对接收安置退役士兵的民营企业给予的岗位补贴标准从每岗每月 200 元提高到每岗每月 500 元。

此外，全市各地先后出台退役士兵职业技能培训的相关优惠政策，鼓励和扶持他们参加各类培训活动。如石门县对参加汽车驾驶培训的退役士兵每人补助 1500 元，驾驶学校为每人减免 300 元，个人只需拿 1200 元；计算机短期培训，每人每期收费 500 元，实行全额补助。同时，整合部门资源，构建培训平台。采取“联办为主、自办为辅、资源共享”的办法，联合有关部门和专业学校建立退役士兵培训基地。加强与用人单位的沟通联系，实行“订单式”培训。建立退役士兵信息库，推荐介绍帮助他们就业。2009—2011 年，全市经培训取得有关等级证书或从业资格证书的退役士兵达 692 名，结业率为 97.3%，就业率 74%。

2005年8月,常德市民政局报请市委、市政府根据国务院下发的23号文件精神,着手清理消化历年安置遗留问题。按照“一个月一次大督查、大结账、大交办”的原则,由市委、市政府领导带队,组成四个督导组,对各区县市和市直各单位安置遗留问题进行全面清查落实。同时,按照督查情况,坚持每个月召开一次全市性的大会,发一次通报,作一次交办。对档案长期滞留在各级安置部门、历年安置未接收、接收后未安排上岗、未及时补发生活费等问题分门别类,仔细清查,建立和完善历年安置遗留问题详细台账。通过摸底排查,全市共清理出1993年以来的各类安置遗留对象369人。据此,市委、市政府多次召开专题会议,研究制定解决安置遗留问题的方案,明确了解决问题的基本原则。各区县市从保障退役士兵合法权益出发,克服困难,投入大量人力、财力,按照“原接收单位存在的由原接收单位落实、原接收单位不存在的由政府负责给予重新安置或纳入自谋职业范围”的原则,结合当年安置工作逐一消化落实。至年底,全市落实政策性安置363人,占遗留问题处理总量的98.4%。其中,由原接收单位接收安置的73人,纳入重新安置的33人,选择自谋职业257人。桃源县对全县各单位安置遗留情况逐一调查清理,筹集资金530余万元用于解决退役士兵安置遗留问题,其中县财政拿出资金230万元,单位筹集资金300余万元。全市6个难以解决的遗留问题都是中央、省属驻常单位的遗留问题,通过中共常德市委、常德市人民政府领导亲自出面协调终于得到落实。至2011年,此前全市退役士兵安置遗留问题全部处理完毕。

2011年开始,常德市进入安置政策体系全面调整阶段,以彻底改变退役士兵安置政策严重滞后于整个经济社会发展的局面。

2011年10月29日,国务院总理温家宝、中央军委主席胡锦涛签署中华人民共和国国务院、中华人民共和国中央军事委员会第608号令,公布《退役士兵安置条例》,共六章五十三条。“条例”规定,“国家建立以扶持就业为主,自主就业、安排工作、退休、供养等多种方式相结合的退役士兵安置制度,妥善安置退役士兵”。同时明确,士官服现役满12年的;服现役期间平时荣获二等功以上奖励或者战时荣获三等功以上奖励的;因战致残被评定为5级至8级残疾等级的;是烈士子女的退役士兵,由人民政府安排工作。这个“条例”自2011年11月1日起施行。1987年12月12日国务院发布的《退伍义务兵安置条例》,1999年12月13日国务院、中央军委下发的《中国人民解放军士官退出现役安置暂行办法》同时废止。据此,2011年起入伍的城镇退役士兵将不再全部由人民政府安排工作。2012—2013年,作为新、旧安置政策体系过渡时段,常德市将继续实行原安置办法,并为执行新的安置政策做好准备。

(二)自谋职业

退役士兵自谋职业是退役士兵政策性安置的重要方式,是全市退役士兵安置的重要渠道,为缓解政府指令性安置压力起到了重要作用。

1994年,常德市开始试点国有企业改制工作。至2000年,市直国有企业完成改制的有9

家，进入破产程序的有 24 家，还有一部分企业处于停产、半停产和待破产的状况。传统的退役士兵安置渠道阻塞，安置任务重与安置接收难的矛盾越来越突出。2001 年，常德市人民政府下发《关于做好 2001 年度退役士兵安置工作的通知》（常政发〔2001〕5 号），第一次明确提出："各地要积极向非国有企业下达安置任务，教育、鼓励退役士兵到非国有企业就业和自谋职业。"这个文件的出台，标志着全市退役士兵自谋职业改革正式启动。2005 年，国务院《关于进一步做好城镇退役士兵安置工作的通知》（国发〔2005〕23 号）明确提出：自谋职业安置是解决城镇退役士兵安置难的有效途径。该文件下发后，市退役士兵自谋职业改革力度进一步加大。

2001 年，常德市直退役士兵自谋职业补助标准确定为：退役士兵按义务期每年补偿 5000 元。2003 年 8 月 7 日，市退役士兵安置工作领导小组会议研究决定，自谋职业补助经费拨付方式是：财政做足预算，年底按实际自谋职业人数与民政部门结账，经费多退少补，自谋职业人数不封顶，有多少补多少。是年 8 月 23 日，常德市人民政府第 17 次市长办公会议决定，提高市直退役士兵自谋职业补助金额，按义务期每年补助提高到 6000 元。2004 年 9 月 14 日，市退役士兵安置工作领导小组研究，并报市政府常务会议同意，自谋职业者补助标准按义务期每年补助提高到 7500 元。2006 年 10 月 7 日，市政府常务会议研究，再次提高自谋职业补助标准。市直退役士兵自谋职业补助标准调整为，义务兵（含城镇一、二期复员士官）补助 2 万元，每超期服役一年增发 1000 元；三级以上士官补助 4 万元，每超期服役一年增发 2000 元。

2004 年，国务院办公厅下发《转发民政部等部门关于扶持退役士兵自谋职业优惠政策意见的通知》（国办发〔2004〕10 号）。随后，财政部、国家税务总局出台《关于扶持城镇退役士兵自谋职业有关税收优惠的通知》（财税〔2004〕93 号），全市各地按照这两个文件的相关规定，做到自谋职业的退役士兵凭"退役士兵自谋职业证"，享受就业服务与社会保障、户籍、教育等方面的优惠优待，从事个体经营的，享受工商、税务、卫生、融资等多方面的政策优惠。对优惠政策落实中出现的问题，安置部门积极与各有关部门协调，严格依照法规、政策精神，做好退役士兵的"娘家人"，为他们提供尽可能的帮助。石门县对自谋职业人员和农村退役士兵进行大面积劳动技能培训，帮助退役士兵迅速完成从部队到地方的角色转换，增强了他们的就业竞争能力。桃源县通过举办退役士兵职业教育和技能培训班、提供贴息贷款扶持创业。鼎城区通过在各乡镇建立"退伍军人之家"帮助退役士兵就业、创业，强化了对退役士兵的就业服务保障。市直自谋职业退役士兵档案由劳动部门托管，在同等条件下优先推荐工作。安置部门本着谨慎原则，在对用人单位充分了解的情况下，也积极为自谋职业退役士兵推荐单位。

2001 年，常德市民政局在市直和武陵区开始退役士兵自谋职业试点，当年自谋职业的仅 54 人。至 2004 年，自谋职业人数首次超过安排工作单位人数，自谋职业成为退役士兵安置的主渠道。2001—2013 年，全市符合条件应给予政策性安置的退役士兵 2.7024 万人，自谋职业的有 6562 人,占 41.51%,共发放自谋职业补助资金 1.1 亿元。

(三)技能培训

常德市自开展退役士兵自谋职业与安排工作单位相结合的安置方式以来，安置渠道逐步拓宽,同时安置工作中的矛盾逐步加大。为进一步提高退役士兵自谋职业积极性,有效保障退役士兵就业权益, 2007 年,全市开始探索退役士兵职业技能培训工作。至 2011 年,市本级和石门县、桃源县正式试点,逐步走上制度化、规范化轨道,积累了一些工作经验,产生了良好的社会效果。2007—2011 年,三个试点单位共培训退役士兵 943 人,通过事业单位招考、推荐就业、扶持创业,已就业的有 780 人。特别是 2011 年,采取集中培训形式,开展汽车驾驶、电子商务、电工、焊工等培训班 10 期,共培训退役士兵 606 人,结业的有 601 人,取得了各种专业资质证的有 329 人,推荐就业的有 470 人。此外,安置部门联合农业部门,在开展“农村劳动力转移阳光工程”中优先培训农村退役士兵,优先推荐就业,2008 年以来共培训退役士兵 5761 人,推荐就业 3911 人。

教育培训工作开展之初，部分领导和相关职能部门对开展这项工作的必要性和可行性有一定的怀疑,经费没有保障,工作协调不是很顺畅。投入大量的人力、物力和财力,能否产生积极的效果,安置部门面临很大的压力。通过两年的小范围实践,退役士兵及其家长反响非常好,退役士兵安置矛盾得到有效缓解,政府领导也认识到了这项工作的必要性,给予了高度重视和积极支持。三个试点单位都先后成立了由政府分管领导挂帅的“退役士兵职业教育和技能培训工作领导小组”,下设领导小组办公室,政府分管秘书长或办公室主任负责协调调度,驻地部队、财政、民政、人社、教育、农业、工商、税务等单位为成员单位,每年召开一次协调会议。思想认识高度统一后,各项资源得到有效整合,培训经费得到有力保障,培训计划高速落实。仅 2011 年,三个试点单位就投入培训经费 239 万元,建立了常德政德驾校、常德劳动技能培训中心、石门县经贸职业技术学校等 9 个培训基地。

退役士兵刚刚回到地方,就业期望值比较高,然而,城镇退役士兵报名参加教育培训的积极性不高。据此,市、县(区、市)退役士兵安置部门采取三项措施,以提高其积极性,即,深入宣传发动。在退役士兵报到时每人发放一份宣传单,每年第二季度召开一次退役士兵自谋职业和职业技能培训宣传动员大会,向每名退役士兵专门打一次电话。合理设置专业。对城镇自谋职业的退役士兵,开设专业以汽车驾驶为主,对其他退役士兵,开设电子商务、电工、焊工、烹饪、汽车维修等专业。实行全程免费培训。凡是参与培训的退役士兵,免培训费、住宿费、伙食费,给予适当交通补助。市本级 2011 年开展了两期汽车驾驶培训,参训退役士兵 80 人,负担每名退役士兵各项费用 5000 元。

为确保教育培训工作的连贯性、持续性,各地将教育培训工作纳入民政部门年终工作考核,列入重要议事日程;石门县、桃源县政府专门发文,明确和规范退役士兵职业教育与技能培训工作;退役士兵职业教育和技能培训工作领导小组办公室建立各项工作制度和台账。与培训机构签订协议。安置部门与所有教育培训机构均签订了培训协议,明确师资力量、培训设备,安置部门不定期调查了解,保障教育培训质量。对未能取得资质证书的退役士兵,可以在原培训再机构免费培训。加强教育培训工作正规化管理。每期参训退役士兵集中办班,所有技能培训班均有“教学大纲”,有严格的“班规”,有明确的培训进度,开班和结业均举办典礼。及时总结改进。每期培训班结束后,安置工作部门都和培训机构一起总结经验,查找和改进不足。比如:针对部分退役士兵文化水平低的情况,适当延长后续培训班的时间;针对部分退役士兵对就业信心不足、情绪波动大的情况,在后续培训中及时加大思想工作力度。

退役士兵能否通过参与教育培训,顺利完成部队与地方的角色转变,实现其第一次就业,这是教育培训工作的关键,必将对退役士兵技能培训的后续工作能否持续深入开展、退役士兵安置压力能否有效缓解产生示范和主导作用。

2007—2013 年,各地及时学习借鉴外地成功经验,积极协调,广拓渠道,做了大量工作。主要是建立退役士兵职业教育与技能培训数据库,及时完善参训人员学历、专长、就业意向等信息。同时,注重充分发挥劳动与社会保障、教育部门就业推荐的主渠道作用,参训退役士兵的就业信息免费发布,优先推荐。2011 年,通过这一渠道就业的退役士兵就有 225 人,占参训总人数的 48%。此外,注重充分发掘培训机构的就业渠道资源,举办专场招聘会。与教育培训机构签订协议时,都将推荐就业作为重要条款,要求推荐率达到 30%以上的比例。每年第四季度,安置工作部门联合劳社部门,联系本地效益较好的民营企业举办专场招聘,凡是参与培训后未就业的退役士兵都通知免费参加。

(四)“双带双促”

2009—2013 年,为进一步发挥全市军队退役人员在推动经济社会发展中的生力军作用,动员广大军队退役人员为建设工业强市、文化名城、和谐常德贡献力量,中共常德市委、市人民政府、常德军分区决定在全市军队退役人员中深入开展“带头建设家乡、促进经济发展,带头维护稳定、促进社会和谐”(简称“双带双促”)活动。

2009 年 12 月 30 日,中共常德市委、常德市人民政府、常德军分区联合发出《关于在全市军队退役人员中深入开展“双带双促”活动的意见》(常发〔2009〕14 号)。2010 年 8 月 28 日,中共常德市委办公室、市人民政府办公室、军分区政治部联合发出《关于深化“双带双促”活动的通知》(常办〔2010〕48 号),“通知”就“双带双促”活动的总体目标、责任体系、活动步骤、舆论宣传、监督评议等事项提出了明确要求。是年 9 月 6 日,中共常德市委、常德市人民政府、常德军分区联合发出《关于鼓励退役军人自主创业的意见》(常发〔2010〕14 号),以进一步深化退役军人“带头建设家乡、促进经济发展,带头维护稳定、促进社会和谐”活动,更好地鼓励退役军人自主创业、带头致富、发挥退役军人在建设家乡和服务经济社会发展中的生力军作用。

2010年以后,全市各级各有关部门把退役军人自主创业工作摆在突出位置;全面拓宽退役军人自主创业市场准入条件;认真落实税费优惠政策;进一步加大金融和财政扶持力度;不断优化退役军人创业指导服务;努力为退役军人自主创业营造良好环境。2009年,成立常德市“双带双促”活动领导小组,中共常德市委副书记曹儒国任组长;市委常委、军分区司令员董正武,军分区政委李春艳、市人民政府副市长徐万发、军分区政治部主任张恒洲任副组长;谈应来、谭弘发、曾再农、罗上林、黄修林、卢武福、熊国建、胡祖国、袁北屏、陈友谊、唐圣奇、李湘震、谢承益、舒兆兰等为成员。领导小组下设办公室,罗上林兼任办公室主任。各区、县(市)党委、政府及人武部均将“双带双促”活动列入重要议事日程,相继召开常委会,学习和传达有关文件精神,并就在全县开展“双带双促”进行了认真研究部署;成立以区、县(市)党政主要领导为组长,驻军单位及有关部门主要负责人为成员的领导小组,并在乡、村设立相应的组织机构;相继出台深入开展“双带双促”活动、鼓励退役军人自主创业的地方性文件;完善了各项工作制度。

2010年,各地通过技能培训、税收优惠、贷款减息、费用减免等措施,培养、扶持了一批种植、养殖、旅游、服务、加工、运输等行业的复退军人先进典型。石门县易家渡镇退伍军人廖跃云、廖小平两兄弟创建的跃云驾校,在政府的扶持下,做成了全省的二类汽车驾校,拥有600万元资产,安置退役军人12人,占在职员工的30%。津市市退役军人万维轩通过“小企业”创业培训,创办的江南蚊香厂由小到大,后续参与创办的新型发酵厂发展成为了“湖南省高新技术企业”“全国酵制剂生产重点企业”,他也当选为津市市政协委员、中国发酵工业协会理事。安乡县三级伤残军人,曾经被中央军委授予“一等功臣”光荣称号的蹇尚玉,退役后不等不靠,先后办起了木材加工厂、土菜馆、服装超市,虽然几经磨难,但在县政府提供的低息贷款的扶持下,把生意做得有声有色,服装超市规模已达200多万元,他以残疾之躯,在安乡竞争激烈的商海中博得了一席之地,取得了常人都难以取得的成就,因而也博得了他人的尊重与敬佩。澧县澧阳镇创办的军队“退役人员之家”,为军队退役人员提供教育培训和开展组织活动的平台,使复退军人能够正确看待个人得失,以自身的实际行动参与到经济发展和维护社会稳定的行列中。陈国丙是桃源县一名选择自主择业的退役军官,他主动带领140多名退役军人,利用原常吉高速公路拌和场废弃地,结合周边的秀丽山庄,整合旅游自然资源,投资5600万元,开发“古道茶旅”生态旅游项目,投资前景十分看好。

2010年,全市各地通过媒体宣传、印发资料、专题晚会、参观学习等形式,对近年来涌现的复退军人先进典型进行了宣传。石门县在“八一”前夕,军地联合举办了一场大型的“双拥”文艺晚会,会上表彰了“优秀军嫂”“拥军模范社区”“优秀复退军人”,并制成电视专题片,在黄金时段定时播放,营造出了良好的双拥氛围。鼎城区在“八一”期间,区广电局会同区人武部开展“八一军旗红”系列报道,宣扬了一大批先进退伍军人典型,受到社会的好评。临澧县教育广大退役军人“发扬光荣传统,珍惜光荣称号,争做光荣公民”,引导他们带头参加文明创建活动，以军人的作风鼓舞人、影响人、带动人，使他们成为传播文明新风、引领社会新风尚的中坚力量。涌现了如陈二乡胜利村退伍军人祝文化、安福镇退役人员杨绪平等一批家喻户晓的先进典型。

是年，各地及时兑现优抚对象各项抚恤补助金，及时衔接义务兵优待金和立功奖励金调标工作，定期开展为重点优抚对象解“三难”和为老复员军人送医送药活动，切实保障了军人的合法权益。武陵区对2000多名优抚对象全面落实医保、农合参保经费，并给予住院门诊医疗补助，每年投入专项优抚资金100多万元。

2010年11月20日，中共常德市委、常德市人民政府、常德军分区发出《关于表彰常德市“十佳优秀军队转业干部”“十佳优秀军队退役士兵”的决定》（常发〔2010〕35号），常德市湘经建材制造有限公司董事长张家仁、鼎城区中义机械加工厂厂长杨德志、汉寿县国强特种水产养殖场场长胡启立、桃源县四喜养殖有限责任公司总经理李四喜、临澧县官亭乡马路村党支部书记陈章军、石门县跃云驾校校长廖跃云、澧县城头山农牧发展有限公司董事长刘彩平、津市市荣迪实业有限公司总经理高守荣、安乡县安德乡和丰村党支部书记刘云安、西洞庭管理区原供销社职工徐建国等10人，荣获“常德市十佳优秀军队退役士兵”荣誉称号。

是年11月25日，常德市优秀退役军人“双带双促”先进事迹报告暨表彰大会在芷园宾馆隆重召开。市直有关部门负责人和各区、县（市）委书记、“双带双促”活动领导小组组长、人武部一名主官、民政局长、人力资源和社会保障局长、人武部政工科长、民政局优抚股长、常德经开区、西湖、西洞庭、柳叶湖旅游管理区分管领导以及各区、县（市）优秀退役军人代表共200人参加会议。市委副书记曹儒国主持，市委书记卿渐伟，市委常委、市委秘书长刘明，市委常委、市政府常务副市长刘小明，市委常委、军分区司令员董正武，市委常委、市委组织部部长石谋军，军分区政委李春艳、市人民政府副市长徐万发出席会议。会上，中共澧县县委、澧县人民政府、桃源县人民武装部以及常德市老兵农业开发有限公司董事长陈国丙、常德市公安交警直属一大队副大队长曾庆强、临澧县官亭乡马路村党支部书记陈章军、澧县城头山农牧发展有限公司董事长刘彩平、汉寿县国强特种水产养殖场场长胡启立作了精彩发言。同时，对全市20名“十佳优秀军队转业干部”和“十佳优秀军队退役士兵”进行了表彰，颁发了荣誉证书和奖金。常德军分区政委李春艳通报了全市“双带双促”

2010年11月25日，常德市委、市政府表彰优秀退役军人

活动扎实推进所取得的显著成效和“双带双促”活动积累的宝贵经验。市委书记卿渐伟在会上强调，要着眼军地双赢，加大推进力度；要突出活动主题，把握工作重点，要加强宣传引导，营造浓厚氛围；要增强服务意识，提供便利条件。同时，要求全市广大退役军人要以优秀退役军人为榜样，退役不退志、退役不褪色，自觉服务于党和人民的事业，自觉投身于经济社会建设，以参与“双带双促”活动为契机，为建设现代常德发挥表率作用，争作更大贡献。中共湖南省委常委、省军区政委杨忠民，省军区政治部主任刘新、省民政厅副厅长祝青云、省人力资源和社会保障厅厅长杨士雅等莅临会议指导，并作了热情洋溢的讲话。

2011 年 5 月 13 日，中共常德市委办公室、常德市人民政府办公室、常德军分区政治部发出《关于开展评选推荐全市“双带双促”活动先进单位、“十佳优秀创业退役军人”“优秀军队转业干部”“优秀军队退役士兵”工作的通知》(常办发电〔2011〕48 号)，旨在以邓小平理论和“三个代表”重要思想为指导，全面贯彻落实科学发展观，围绕推进和谐常德建设，通过大力宣传表彰全市退役军人“双带双促”活动先进单位和优秀军队退役人员典型，鼓励引导广大退役军人坚定理想信念、弘扬优良传统、发挥聪明才干，为维护和谐常德建设，促进经济社会又好又快发展作出新贡献。

是年 7 月 28 日，经市“双带双促”活动领导小组研究决定，在常德市广播电视台演播大厅举办以“双带双促”活动为主题的“永不褪色的军旗”专题文艺晚会。常德市直有关单位领导；各区、县(市)“双带双促”活动领导小组组长、人武部一名主官、全民创业领导小组一名领导、民政局局长、人力资源和社会保障局局长、人武部政工科科长；受表彰的先进单位、先进个人代表；驻常部队官兵代表共 400 余人参加。晚会上，现场表彰了常德市“双带双促”活动先进单位、“常德市十佳优秀创业退役军人”“常德市优秀军队转业干部”“常德市优秀军队退役士兵”，分别颁发了奖杯、荣誉证书，对“十佳优秀创业退役军人”每人赠予 1 万元奖金，优秀军队转业干部和优秀军队退役士兵每人赠予 1000 元奖金，以资鼓励。中共常德市委书记卿渐伟，市委副书记、市长陈文浩，市委常委、军分区司令员董正武，军分区政委李春艳、市委副书记宋冬春、市人大常委会主任曹儒国、市政协主席刘春林，市委常委、市委秘书长刘明，市委常委、市委宣传部部长覃清香，市委常委、市政府常务副市长刘小明，市人民政府副市长徐万发、军分区副司令员覃国喜等出席文艺晚会。中共湖南省委常委、省军区政委杨忠民，省军区副政委万建华、省民政厅副厅长祝青云、省人力资源和社会保障厅副厅长杨士雅等莅临晚会现场指导。

2012 年 3 月 30 日，中共常德市委副书记宋冬春主持召开“双带双促”活动调度会。中共常德市委副秘书长马业文、市政府副秘书长吴新涛，各区、县(市)“双带双促”活动领导小组组长，人武部一名主官，常德市委组织部、市委宣传部、市经信委、市民政局、市人社局、市财政局、常德广电传媒集团、常德日报传媒集团、常德政府网的分管领导参加会议，常德军分区政委张绳道、军分区政治部主任张恒洲出席会议并讲话。调度会明确，年内开展三项主题活动，即全市“退役军人之家”建设座谈会；全市优秀退役军人先进事迹巡回报告会；优秀退役军人创业扶持挂牌活动。是年5月22日，常德市"双带双促"活动领导小组在澧县召开"退役军人之家"建设座谈会。各区、县（市）"双带双促"活动领导小组组长，人武部一名主官、人武部政工科长、民政局长、常德经开区、柳叶湖旅游度假区、西湖、西洞庭管理区、桃花源管理区分管退役军人工作的领导共50余人参加会议。常德市委副书记宋冬春，市委常委、军分区司令员董正武，军分区政委张绳道、军分区政治部主任张恒洲、市委副秘书长马业文、市政府副秘书长郑志鹏、市民政局局长龚美爱、副局长殷宗仁、市民政局优抚安置科长谭亚东、市人社局副局长封建新、省军区新闻中心主任卓健等出席座谈会。与会人员观摩了澧县张公庙镇新年村、澧县梦溪镇、澧阳镇护城社区居委会"退役军人之家"建设现场，观看了鼎城区"退役军人之家"建设宣传纪录片。会上，澧县"双带双促"活动领导小组、鼎城区尧天坪镇党委介绍了"退役军人之家"建设工作经验。市委副书记宋冬春在座谈会上强调，一要提高认识，高度重视"退役军人之家"建设工作。二要把握要求，不断提高"退役军人之家"建设水平。切实做到坚持标准，规范建设，要有配置优良的服务场所；有实实在在的服务内容；有健全完善的服务制度；有热心负责的服务队伍。三要强化责任，认真落实"退役军人之家"建设任务。

是年7月20日，中共常德市委办公室、常德市人民政府办公室、常德军分区政治部联合发出《关于进一步加强"退役军人之家"建设的通知》（常办〔2012〕56号），要求加强组织领导、明确工作职责、严格建设标准、健全工作制度、强化工作要求。同时，明确2012年，区、县（市）要完成30%的乡镇（街道）和村（社区）"退役军人之家"建设任务，2013年完成总数的70%，2014年全部完成。

2012年7月23—27日，常德市优秀退役军人先进事迹报告会在各区、县（市）巡回举行。退役军人王强、张栋成、覃小洪、张华、陈太平、田工等从不同侧面，真实生动地介绍了他们退役不褪色、艰苦创业、自强不息、真诚服务社会的优秀事迹，报告感人至深，赢得了在场听众的阵阵掌声。7月31日，中共常德市委、常德市人民政府和常德军分区在市工人文化宫组织全市优秀退役军人先进事迹报告团隆重举行报告会。常德市直副处级以上单位主要领导和退役军人代表、驻常部队官兵代表共550人参加报告会。湖南省军区副政委万建华少将和市委、市人大常委会、市政府、市政协、常德军分区领导卿渐伟、陈文浩、宋冬春、曹儒国、刘春林、董正武、刘进能、黄清宇、张绳道、朱晓平、张恒洲等出席报告会。报告会由常德市委副书记、市长陈文浩主持。报告会上，6名报告团成员，把个人的成长融入国家改革和社会进步中，把个人的奋斗融入到家乡建设和科学发展中，在各自的岗位上取得了骄人的成绩，谱写了一曲曲对党忠诚、奉献家乡、爱岗敬业的感人乐章，给人以深刻的启示和教育。会上，宣读了中共常德市委、常德市人民政府、常德军分区印发的《关于表彰常德市"十佳优秀创业退役军人"的决定》（常委〔2012〕8号），武陵区红森御品家具店经理王强、常德市鼎城奕通机械制造有限公司经理杨德志、汉寿县湘韵味食品有限公司经理龚敏、桃源县弘茂畜牧发展有限公司经理曾洪、临澧县永昌烟花材料厂厂长龚国云、石门县顺超科技发展有限公司经理刘加平、湖南石门澲峰名茶有限公司董事长覃小洪、澧县城头山农牧发展有限公司经理刘彩平、津市市永盛养殖场场长王勇、安乡县友谊人家餐馆经理李军华等10人被授予常德市“十佳优秀退役军人”称号,并颁发奖牌、奖杯和证书。报告会结束前,市委书记卿渐伟、市委常委、军分区司令员董正武先后讲话。

是年,全市共重点扶持5家退役军人创办的中小企业,每人给予10万元的创业扶持。同时,从市创业扶持奖励基金中追加50万元,用于优秀退役军人创业扶持挂牌活动。

是年11月27日,根据市“双带双促”活动领导小组的工作安排,中共常德市委副书记宋冬春主持召开全市“双带双促”活动情况汇报会,总结近年来全市退役军人“双带双促”活动开展情况,安排部署今后的“双带双促”工作。各区、县(市)退役军人“双带双促”活动领导小组组长、领导小组办公室主任,人武部政委、政工科科长,民政局局长、人社局局长;“五区”分管退役军人“双带双促”活动的负责人;市直相关单位分管负责人参加汇报会。会上,各区、县(市)“双带双促”活动领导小组组长作了汇报发言,市委常委、军分区司令员董正武、军分区政委张绳道、军分区政治部主任吉荣华等出席汇报会,张绳道作了重要讲话。宋冬春在总结讲话中还通报了10月16日省委常委、省军区政委李有新在长沙主持召开的常德市退役军人“双带双促”活动推广试点研讨会情况,同时要求,各区、县(市)要进一步加大军地协作推进力度,切实抓好“退役军人之家”建设,并认真抓好相关资料的收集整理,及时抓好参观现场的准备,以实际行动迎接2013年全省“双带双促”活动现场会的胜利召开。

2013年7月26日,湖南省人民政府、湖南省军区在澧县召开全省退役军人“双带双促”工作现场会。省委常委、省军区政委李有新,省人民政府副省长盛茂林、省军区副政委万建华、省军区政治部主任姜英宇,全国双拥办秘书组负责人、解放军总政治部群工办双拥处处长曹树军,省政府副秘书长虢正贵,民政厅厅长段林毅出席。常德市党政军领导王群、周德睿、宋冬春、董正武、朱晓平、张绳道以及省直相关部门负责人、各市州分管民政工作的市、州长、军分区负责人等参加。常德市介绍了开展“双带双促”活动的先进经验,残疾军人田工生动介绍了自强不息的奋斗历程。李有新政委、盛茂林副省长作重要讲话,会议充分肯定了常德市“双带双促”活动的成果,要求全省各地加倍宣传和学习优秀退役军人的先进事迹,切实维护军政军民团结的大好局面,推进双拥工作更上新台阶。是年10月10—12日,民政部

2013年7月26日,湖南省政府、省军区在常德市召开全省“双带双促”工作现场会议

优抚安置局退役士兵安置处处长邹波、调研员牛淑荣，在省民政厅副巡视员余贤规等陪同下，组织人民日报社、新华通讯社、光明日报社、解放军报社、中央电视台、时政中国网、中国社会报、中国民政杂志社、中国双拥杂志社等新闻媒体记者，对常德市深入开展“双带双促”活动进行了集中采访宣传。市领导宋冬春、刘进能、朱晓平、吉荣华等参加汇报。

常德市退役军人接收安置情况

（1988—2013 年）

表 4-1-1　　　　单位：人

时间（年度）	接收入数					应安置人数	实际安置人数		
	农村入伍	城镇入伍	转业士官（志愿兵）	复员干部	小计		就业安置	自谋职业	小计
1988	3023	493	315	—	3831	808	808	—	808
1989	2471	457	381	—	3309	838	838	—	838
1990	1610	962	311	—	2883	1273	1273	—	1273
1991	1787	1258	199	—	3244	1457	1457	—	1457
1992	2164	1784	145	—	4093	1929	1929	—	1929
1993	2309	1639	145	—	4093	1784	1784	—	1784
1994	1956	1288	365	—	3609	1653	1653	—	1653
1995	1692	934	265	—	2891	1199	1199	—	1199
1996	1620	1201	245	—	3066	1446	1446	—	1446
1997	1469	1140	335	—	2944	1475	1475	—	1475
1998	1725	1280	299	—	3304	1579	1579	—	1579
1999	1897	1305	394	—	3596	1699	1699	—	1699
2000	1906	1425	462	—	3793	1887	1887	—	1887
2001	2034	1309	255	—	3598	1564	1510	54	1564
2002	2142	1055	252	8	3457	1326	1106	220	1326
2003	2402	942	230	3	3577	1198	782	416	1198
2004	2836	1148	171	10	4165	1343	608	735	1343
2005	1968	938	148	5	3059	1103	586	517	1103
2006	1888	871	138	9	2906	1040	499	541	1040
2007	1899	798	127	2	2826	948	406	542	948
2008	1562	902	102	6	2572	1027	416	611	1027
2009	1866	945	281	3	3095	1240	578	662	1240
2010	1607	957	179	2	2745	1160	576	584	1160
2011	1716	950	152	2	2820	1119	576	543	1119
2012	1649	1080	209	2	2940	1324	486	838	1324
2013	1596	1255	244	2	3097	1499	354	1145	1499
合计	50794	28316	6349	54	85513	34918	27510	7408	34918

第二节　军队离休退休人员

1958年7月5日,国务院颁发《关于现役军官退休处理的暂行规定》。此后,常德市(地区)根据就地安置或本人原籍,或到配偶、子女、父母居住地安置的原则,开始接收安置军队离休退休人员,并抓好相关待遇落实。2006年,常德市民政局析置常德市军队离退休干部安置管理办公室,具体负责全市军队离退休人员接收安置管理事宜。

一、军休人员接收

(一)离休干部

1970年,常德地区开始进行接收安置军队离休人员工作。是年,地、县(市)民政局会同粮食、财政、公安等部门,按照《军队离休干部通知书》的要求,依据军队离休干部接收的相关规定,做好军队离休干部移交地方政府安置的准备。

1970—1986年,全区接收安置军队离休人员43人,其中:常德市15人、武陵区2人、鼎城区2人、安乡县2人、汉寿县2人、临澧县1人、澧县3人、桃源县6人、石门县3人、津市市7人。

1987—1988年,全市接收安置军队团职退休改离休干部7人。其中:正团职5人,副团职2人,均由常德市(即常德市军队离休退休干部养所,简称市军休所下同)负责。

1989年,全市接收安置3人。其中:市军休所接收安置军队团职退休改离休干部2人(其中:正团职1人,副团职1人);鼎城区接收安置军队落实政策的副连职退休改离休干部1人。

1999年,全市接收安置2人。其中:军队团职离休干部1人、退休改离休团职干部1人,均由常德市军队离休退休干部休养所负责。

1970—2013年年底,常德市共接收安置军队离休干部55人,其中:离休7人,退休改离休40人,落实政策8人;团职48人,营职及以下7人。

(二)退休干部、士官(志愿兵)

1958年,常德专区开始进行接收安置军队退休人员工作。

1965—1986年,全区共接收安置军队退休干部、士官(志愿兵)共计98人。其中:常德市

(今武陵区)20人、常德县(今鼎城区)13人、安乡县5人、汉寿县9人、临澧县6人、澧县11人、桃源县23人、石门县7人、津市市4人。

1987—1988年,全区共接收安置16人。其中:常德市5人、鼎城区1人、汉寿县1人(落实政策)、临澧县1人(落实政策)、澧县1人(落实政策)、桃源县6人、石门县1人。

1989年,全市接收安置6人。其中:鼎城区1人(落实政策)、澧县1人、桃源县4人。1990年,全市接收安置1人,系桃源县人。1991年,全市接收安置2人。其中:市军休所1人、临澧县1人。1992年,全市接收安置2人。其中:桃源县1人、石门县1人。1997年,全市接收安置10人。其中:市军休所2人、鼎城区3人(落实政策1人)、安乡县1人、桃源县4人。1998年,全市接收安置1人,系桃源县人。1999年,全市接收安置4人。其中:市军休所3人、安乡县1人。2000年,全市接收安置2人,系石门县人。2001年,全市接收安置12人。其中:市军休所6人、鼎城区3人、桃源县1人、津市市2人。2002年,全市接收安置3人,均由军休所负责。2004年,全市接收安置1人,系津市市人。2005年,全市接收安置4人。其中:市军休所3人、西洞庭管理区1人。2006年,全市接收安置7人。其中:市军休所6人、桃源县1人。2007年,全市接收安置7人。其中:市军休所5人、安乡县1人、澧县1人。2008年,全市接收安置3人。其中:市军休所1人、鼎城区1人、汉寿县1人。2009年,全市接收安置7人。其中:市军休所3人、安乡县1人、汉寿县2人、桃源县1人。2010年,全市接收安置13人。其中:市军休所3人、西湖管理区1人、安乡县1人、澧县4人、桃源县3人、津市市1人。2011年,全市接收安置7人。其中:市军休所5人、澧县1人、石门县1人。2012年,全市接收安置9人。其中:市军休所4人、桃源县2人、石门县1人、津市市2人。2013年,全市接收安置6人。其中:市军休所2人、汉寿县1人、临澧县1人、澧县1人、石门县1人。

1965—2013年年底,常德市(地区)接收安置军队退休干部、士官(志愿兵)共206人,其中:正常退休142人、伤病残43人、落实政策21人;军职1人、师职12人、团职39人、营职及以下127人、士官(志愿兵)27人。

(三)退休退职无军籍职工

1975年,常德地区开始进行接收安置军队退休退职无军籍职工工作。

1975—1987年,全市接收安置此类退休人员13人。其中:常德市(今武陵区)4人、常德县(今鼎城区)1人、汉寿县4人、临澧县2人、澧县2人。

1988—2013年,全市共接收安置军队院校无军籍退休退职职工91人,其中:武陵区33人、鼎城区10人、汉寿县6人、澧县7人、桃源县28人、石门县6人、西湖管理区1人。

二、军休人员待遇

军队离休退休人员移交地方政府接收安置是党中央、国务院的重大决策,是军地双方一项长期的重要的政治任务。党和国家对军队离休退休人员待遇总的原则和要求是:“政治待遇不变,生活待遇略为从优。”既是军休干部的基本保障需求,也是服务管理工作的主要内容,更是安置部门一切工作的出发点和落脚点。

(一)政治待遇

1982年,中共中央下发《关于建立老干部退休制度的决定》(中发〔1982〕13号),明确了老干部工作的基本原则,是落实军队离休退休干部政治待遇的主要政策依据。军队离休退休干部政治待遇的主要内容包括:建立军队离退休干部党的各级组织,参加党的组织生活,享受地方同职级干部阅读文件和听报告待遇,安排军队离退休干部的政治活动,党员军队离退休干部逝世后骨灰盒可覆盖党旗,军队离休干部逝世后骨灰盒可覆盖军旗,为离休干部颁发“离休干部荣誉证”和功勋荣誉章,为资历较深、贡献较大、有一定影响的离退休干部安排担任荣誉职务。组织军队离退休干部参加政治活动主要有:各级地方党委、政府组织的庆祝节日、重大纪念活动,安排地方离退休干部参加的,应有移交地方政府的军队离退休干部参加;各级地方党委、政府组织的重要报告会,安排地方离退休干部参加的,应有移交地方政府的军队离退休干部参加;重大节日各级领导慰问地方离退休干部时,要慰问移交地方政府管理的军队离退休干部;党代会、人代会选举各级代表时,应考虑移交政府管理的军队离退休干部这部分群体,能选出代表参加。

至2013年,全市军休系统共建立了1个党总支部和9个党支部,即:常德市军休所建立的中共常德市军队离休退休干部休养所党总支部委员会、工作人员党支部和3个军休干部党支部;鼎城区、澧县、桃源县、石门县、津市市等5个军队离休退休干部休养所建立的党支部。武陵区、安乡县、汉寿县、临澧县、西湖管理区、西洞庭管理区没有单独建立军休党支部,但军休干部一律纳入民政局机关离退休老同志党支部开展党的组织生活和活动。常德市军队离休退休干部休养所还建有高标准的文件保管室,保证了军休干部定期阅读文件待遇的落实。其余军休单位与本地相关部门健全借阅文件机制,有效保证军休干部的阅读文件待遇的落实。

全市军队离休干部已全部颁发“离休干部荣誉证”和功勋荣誉章。老同志去世后,按照相关政策一律丧事从简,不搞封建迷信活动。

（二）生活待遇

军休人员的生活待遇主要包括：一是按时、足额保障其离退休费的落实；二是优待抚恤；三是保障其基本医疗；四是住房保障。

1994 年 9 月 1 日，财政部、中央组织部、民政部、人事部、总政治部、总后勤部《印发〈关于调整移交政府安置的军队离休退休干部和退休志愿兵生活待遇实施办法〉的通知》（〔1994〕财社字第 19 号）规定："移交政府安置的军队离休退休干部和退休志愿兵，随军队工资制度改革调整生活待遇。""军队退休干部、退休志愿兵移交政府安置管理后，各项生活待遇均按军队统一的项目和标准执行，不再执行安置地政府规定的各项补助补贴。"

2004 年 1 月 3 日，中共中央办公厅、国务院办公厅、中央军委办公厅《关于进一步做好军队离休退休干部移交政府安置管理工作的意见》（中办发〔2004〕2 号）规定：移交政府安置的军队离休退休干部的生活待遇按照军队统一的项目和标准执行。由于军队离休退休干部、士官（志愿兵）的身份不同，享受的生活待遇亦不同。

（三）住房保障

常德市军休人员交地方政府接收后，其住房保障经历了拨款自建、统一分配、统一建房、分散安居、进所居住和实施房改等几个阶段。

1958—1979 年，常德地区先后接收安置军休人员共 49 名（含慈利县 4 人）。常德市的，其住房均由房地产公司统一分配，每户分配 2—3 套间；津市市的，由民政科拨出专款，建平房 3 间，计建筑面积为 210 平方米；各县的，均采用拨款自建办法，按每平方米 25 元的造价一次发给本人，并批发 2—3 立方米的木材指标，回乡自筹自建。

1980 年 10 月，常德地区集中接收安置第一批军队离退休干部 99 名（含慈利县 29 人），其中团职 45 名，营职以下 54 名。按其不同职务、级别的建房标准（团职 70 平方米、营职 50 平方米），统一修建住房。部建筑面积 5290 平方米，造价每平方米 140 元；土地征用其每平方米 1.5 元，亩平 1200 元。1985 年年底，这批军队离退休人员全部住进新房。

1983—1986 年，常德地区集中安置第二批军队离退休干部 39 名（含慈利县 9 人），其中团职 18 人，营职以下 21 人。多地均按其职务、级别做好住房安排。全区共安排基建经费 32.9 万元，总计建筑面积 2352 平方米，拨发钢材 49 吨、水泥 267 吨、木材 94 立方米、玻璃 76 标箱、沥青 2352 公斤、汽油 118 公斤。至 1986 年年底，这批军队离散退休人员全部住进新房。

1986—1988 年，常德地区先后接收安置第三批军队离退休人员 46 人（含慈利县 2 人），均按三室一厅各四室一厅的住房设计修建，全区共安排基建经费 222.56 万元，总计建筑面积 7058 平方米（含慈利县索溪峪军休中心 1000 平方米），拨发钢材 123 吨、水泥 543 吨、玻璃 176 标箱、沥青 5310 公斤、汽油 268 公斤。时常德市(今武陵区)、桃源、石门、澧县的军队离休干部均住进所内,安乡、汉寿、临澧、常德县(今鼎城区)、津市市的军队离休干部实行统一建房、分散安居的办法,在吸取以前建房的经验后,做到定点适中、住宿适宜、使用方便。

1989—1994 年,常德市先后接收安置第四批军队退休人员 20 人,其住房建房方式,除了继续鼓励军队退休干部自建、自购、维修私房和家属工作单位帮助建房外,采取了军队建房和地方建房两种建房办法解决军休人员的住房问题。按其不同职务、级别的建房标准(团职 72 平方米、营职 54 平方米),统一修建住房,全市共安排基建经费 190.64 万元,总计建筑面积 5846 平方米,拨发钢材 56 吨、水泥 185 吨、玻璃 91 标箱、沥青 2830 公斤、汽油 141 公斤。

1995—2000 年,常德市先后接收安置第五批军队离退休人员 11 人。按其不同职务、级别的建房标准(正团 90 平方米、副团 80 平方米;营职 70 平方米;连职 60 平方米),统一修建住房,全市共安排基建经费 156 万元,总计建筑面积 2419 平方米。实现 当年接收安置,当年入住。

2001—2013 年,常德市先后接收安置军队退休人员 79 人,其住房保障方式随着安置政策的调整,从第五批后(不含)就没有集中建房,改由实物分房为货币补助、自行购买住房方式落实其军休人员的住房。其住房保障由军队在移交地方政府安置时全额发放住房补贴给本人,作为其个人的住房保障金,由个人在市场中以商品房形式自行购买保障。以购买经济适用住房为主,可以购买或承租符合出售条件的现有住房,也可以自理住房(包括自购、自建住房,维修私房或者购买配偶所在单位的住房)。

1998 年 11 月 13 日,根据民政部、财政部、建设部、总政治部、总后勤部《关于出售移交政府安置的军队离休退休干部住房的通知》(民安发〔1998〕7 号)精神,参照总后勤部《军产住房出售暂行办法》,省民政厅、财政厅、建设委员会,省军区政治部、后勤部制定《湖南省移交地方政府安置的军队离休退休干部住房出售暂行办法》(湘民安发〔1998〕16 号)。1999 年 2 月 23 日,湖南省房改房建领导小组、省民政厅印发《关于做好移交地方政府安置的军队离休退休干部住房出售工作的通知》(湘房发〔1999〕008 号)。2000 年 5 月 29 日,湖南省民政厅转发了〔民政部等八部门《关于印发〈移交政府安置的军队离退休干部住房保障改革实施办法〉的通知》(〔2000〕后营字第 70 号)〕(湘民安发〔2000〕第 8 号)。上述三个文件的出台,标志着公建住房出售给第五批前(含)移交政府安置且集中居住所内公房的军休干部和工作人员售房工作正式启动。其房产性质由公有变为个人,全面开始了军休干部住房制度改革。

2007 年 8 月 6 日,民政部、财政部、国土资源部、建设部、总政治部、总后勤部发出《关于移交政府安置的军队离退休干部购房面积未达标货币补差有关问题的通知》(政联〔2007〕6 号)、《关于移交政府安置的军队离退休干部购买现有住房有关问题的通知》(政联〔2007〕7 号),对前四批(含)移交政府安置的军休干部住房进行全面改革,重新核算个人的住房补贴,已出售给个人的住房不再收回,补发个人住房维修补助资金;对前四批(含)移交政府集中安置且租住公有住房的军休干部出售公有住房的，补发个人住房维修补助资金。此次住房经费全部由国家和军队共同保障，为前四批（含）移交政府安置的军休干部住房改革彻底画上句号。

三、军休服务管理

1983 年 8 月，常德地区民政局正式接管军队离退休干部管理工作。

2007 年 3 月 19 日，常德市民政局印发《常德市军休所目标管理考评细则》，共四章 20 条，全市军休系统全面实施。常德市军休办在强化军休服务管理工作规范化、标准化和队伍建设专业化的同时，在全市军休系统深入开展"联包共创"活动。专门制发联包共创活动实施意见，要求把创"十佳"军休工作人员、"履职在岗位，服务在细节，满意在平时"和双"和谐"创建等活动有机结合起来一起开展。围绕"老有所养"，拓宽服务内容，创新工作方式，较好地解决了军休人员的后顾之忧。坚持用"三心"（热心、耐心、细心）贯穿军休服务保障工作始终，真正做到想军休干部之所想，办军休干部之所需。适时组织军休干部年度内一次身体体检，及时掌握老同志的健康状况，针对性做好医疗和保健工作。工作人员心系革命前辈，把老同志的衣食住行当父母敬，生病第一时间及时护送到医院就诊，像子女一样以孝子之心侍奉照顾老人，局、所领导及时到医院看望慰问，让他们享受到亲情的温暖。认真整理和规范军休干部档案，掌握摸准和统计汇总服务管理对象的第一手资料，针对性的做好专业服务。同时，还加大休养环境的改造升级和办公、娱乐场所的提质；多方与相关单位联系、沟通和协调，以取得大力支持和密切配合，为开展军休服务管理工作创造一个好平台。

2010 年 1 月 28 日，常德市民政局党组副书记、副局长殷宗仁（左一）走访慰问军休老同志

全市各军休所及其主管部门紧紧围绕"老有所为"，积极为军休人员搭建平台，鼓励军休人员发挥余热，捐资助学、慈善捐款等形式回报社会，不断扩大军休工作的社会影响力。紧紧围绕"老有所乐"，以"益心、益身、益和"的文娱活动为载体，建立多种文体娱乐兴趣小组开展活动。在春节、"七一""八一"、重阳（老年）、国庆、元旦等重大节日期间，组织开展广泛地走访慰问、联欢等活动，不断丰富了

自娱自乐活动内容。同时,适时组织军休人员外出参观学习、钓鱼竞赛等户外活动,努力满足其多样化的精神文化需求,陶冶生活情操,丰富精神文化生活内涵,使军休人员在老有所乐中老有所学、老有所为。

2007年,在迎接党的十七大、纪念建军80周年书画大赛中,市军休办荣获全省军休单位组织奖、全省军休系统信息宣传工作先进单位、全省军休系统“我的军休生活”征文活动组织奖,常德市军休所、桃源、澧县等3个军休所被市民政局表彰为“全市军休系统先进单位”。2008年,常德市军休办被省民政厅表彰为先进单位。常德市军休所、桃源、鼎城等3个军休所被市民政局表彰为“全市军休系统先进单位”。

2009年,常德市军休办被省民政厅表彰为全省军休系统“庆祝建国60周年有奖征文”征文先进单位组织奖,被省民政厅表彰为2009年度全省军休系统新闻宣传报道先进单位。市军休所被民政部、总政治部表彰为“全国和谐军休家园”,桃源县军休干部易少军被民政部、总政治部表彰为“全国和谐军休家庭”,津市市军休所所长李万清被省民政厅表彰为“全省军休工作先进个人”;市军休所、桃源、澧县、鼎城、临澧、汉寿等6个单位被市民政局表彰为“全市军休系统先进单位”。

2010年,常德市军休办被省民政厅表彰为全省军休系统信息宣传工作先进单位。桃源县军休所所长皮建刚被表彰为“全省先进军休工作者”,澧县军休所出纳张琳被表彰为全省“十佳”军休工作人员,鼎城区军休所书记刘体平被省民政厅表彰为“全省军休工作先进个人”;市军休所、桃源、澧县、鼎城、石门、武陵等6个单位被市民政局表彰为全市军休系统先进单位。

2011年7月22日,省民政厅在常德市(共和大酒店)召开全省军休服务管理工作现场会

2011年,常德市军休办被省民政厅表彰全省军休系统先进单位。市军休所被民政部、总政治部表彰为第二届“全国和谐军休家园”,桃源县军休所被省民政厅表彰为“全省和谐军休家园”,鼎城、澧县军休所被市民政局表彰为“全市和谐军休家园”,鼎城区军休干部宋仁贵、桃源县军休干部杨新国、澧县军休干部刘贵福、汉寿县军休干部尹德佑被市民政局表彰为“全市和谐军休家庭”;市军休办、澧县军休所被省民政厅表彰为“全省军休工作先进单位”;市军休所所长高科被省民政厅表彰为“全省先进军休工作者”,桃源县军休所会计

钟涛被省民政厅表彰为全省“十佳”军休工作人员，鼎城区军休所书记刘体平被省民政厅表彰为“全省军休工作先进个人”；市军休所、鼎城、桃源、澧县等单位被市民政局表彰为“全市军休工作先进单位”。

随着移交政府安置的军队退休人员政策调整，由原来集中（批次）安置转为分散（年度）安置，住房保障由集中修建保障转为住房货币补助发给本人、由个人购买、自建、维修私房等方式保障。鉴于军队退休人员到市州政府所在地的安置条件限制放宽，大部分的军队退休人员安置工作由市民政局具体承担。为适应新时期军休安置、管理、服务和保障工作，2006 年，常德市军休管理服务中心大楼建设正式立项。2007 年动工兴建（5 层、3362.81 平方米），2008 年 8 月正式建成。2009 年，军休管理服务大楼正式投入使用，发挥效能。

至 2013 年年底，全市共建立健全军队离休退休干部休养（管理）所 9 个。其中，常德市军队离退休干部休养所，系归口常德市民政局直接管理的副处级事业单位，另有专述。余各区县（市）军队离休退休干部休养（管理）所是：

（一）鼎城区军队离休退休干部休养所

鼎城区军队离休退休干部休养所，位于鼎城区武陵镇徐家巷 52 号，归口鼎城区民政局管理。核定事业编制 8 名，配备车辆 1 台。1985 年 7 月成立，占地面积 3362 平方米，建筑面积 2155 平方米，固定资产约 78 万元。该所共接收军休干部 35 人，其中军队离休干部 3 人、退休干部（士官）22 人、退休职工 10 人。军休所各种设施完备齐全，所内设有活动室、图书室、台球室、档案室，服务工作质量进一步提升，连续多年被常德市民政局表彰为“先进单位”，还被常德市住房和城乡建设局授予“市级园林式先进单位”称号。

该所坚持重管理，强化制度保障。定期开展政治学习，及时传达各级会议精神，积极开展“创先”活动；注重创新和完善军休所工作制度，落实岗位责任制，分工协作规范服务；创新谈心、外出管理和主动联系三项制度，实行经费、政策、管理“三公开”，在落实好军休干部生活待遇的同时，让军休干部参与讨论所内重大事项决策，做到公正、公开，透明服务。此外，主动开展“三送、三贴近”活动，实施亲情服务，做到军休干部有所呼必有所应，有所需必有所帮。做到送政策、贴近军休干部实际；送温暖，贴近军休干部情感；送健康、贴近军休干部生活。同时，经常组织开展丰富多彩的文体活动，组织老干部外出旅游，提高老年人的生活质量和乐趣；积极开展有奖征文和公益慈善募捐活动，带动军休干部发挥自身余热，帮他们实现“老有所为”。开展文明家庭评选活动，共同营造团结友好、互帮互助、安乐和谐的大家庭。2007 年，投资 30 万元将所内的菜园改造成花园，绿化面积达 800 平方米，修建了花坛、凉亭，已逐步达到绿化、美化、净化、亮化的标准，军休所面貌焕然一新。

(二)安乡县军队离退休干部管理所

安乡县军队离退休干部管理所，位于安乡县深柳镇洞庭大道北段,1985年10月成立。已接收军休干部12人,其中离休干部2人、退休干部(士官)10人,均属于分散安置。核定事业编制4名,配备车辆1台。

该所始终以科学发展观为统领,认真践行“三个代表”重要思想,坚持与时俱进、开拓创新的指导思想,按照党和国家关于军队离退休干部服务管理的法律法规,认真贯彻落实各项方针政策。从“真诚服务,情融军休”入手,以提高军休干部的精神生活、物质生活质量为根本,在“政治关心、管理精心、服务细心、环境动心、生活舒心”五个方面,高标准做好军休干部服务管理工作,使老干部们倍感党的关怀和温暖。

(三)汉寿县军队离休退休干部管理所

汉寿县军队离休退休干部管理所,位于汉寿县龙阳镇沧浪东路,1986年3月成立。2002年4月18日,汉寿县人民政府办公室批复(汉政办发〔2002〕38号):汉寿县军队离休退休干部管理所归口县民政局管理,核定全额拨款事业编制2名,管理人员实行公务员制度。该所共接收安置军休人员25人,其中:军队离休干部2人、退休干部(士官)13人、退休职工10人。安置在军休所居住2人,其余为分散安置。

该所加大军队离退休人员的服务管理力度,定期统一体检、开展各类文娱活动和比赛,丰富了他们的休养生活。同时,把落实军休干部生活待遇作为服务管理的重要问题来抓,保证每年分两次把离退休金提前发放到老干部手中(每年1月发放元至6月离退休金,每年7月发放7至12月离退休金);老干部生病住院时候,工作人员及时上门探望;利用“八一”、春节等重大节日,上门慰问军干所离退休人员;认真落实军队离退休干部的定期增资,足额发放军粮差价补贴、住院伙食补助,津贴补贴;落实他们的医疗待遇,对军队离退休老干部的住院医疗费实行实报实销,有效保证了军休干部医疗费用的落实和老有所医、老有所养。按照当地政策和标准,落实好无军籍职工的地方性津补贴。

(四)临澧县军队离退休干部管理所

临澧县军队离退休干部管理所,系临澧县民政局直接管理的事业单位,核定全额拨款事业编制4名,配备车辆1台,办公室设在县民政局办公楼内。1993年,在原军干所宿舍出售给个人及遗属后,在县社会福利院内建有军休住房4套,建筑面积350平方米。1983年以来共接收安置军休人员11人,其中:军队离休干部1人、退休干部8人、退休职工2人。

(五)澧县军队离休退休干部休养所

澧县军队离休退休干部休养所,位于澧县澧阳镇仙眠路军干巷。1987 年 2 月成立,系澧县民政局直属事业单位,核定事业编制 8 名,配备车辆 1 台。先后接收安置军休人员 31 名,其中:军队离休干部 3 名、退休干部 14 名、退休士官 5 名、退休职工 9 人。

该所按照"军休无小事、事事总关情"的工作要求,认真落实军队离休退休干部的政治、生活待遇。在军休服务管理社会化改革的实践中积极探索,休养环境不断改善,配套设施日益完善,服务水平大幅提升,军休工作得到了全面发展。每年安排 2 万元以上专项资金,经常组织开展钓鱼、门球、书画、写作等有益于身心健康的文体活动,得到了军休干部的一致好评。2007—2011 年,该军休所连续五年被评为"常德市军休工作先进单位"。

(六)桃源军队离休退休干部休养所

桃源县军队离休退休干部休养所,1985 年 5 月成立,系县民政局直接管理的事业单位。坐落在桃源县漳江镇浔阳路 012 号,位于沅水江畔,常吉、常张两条高速公路穿越县境内,离斗姆湖机场 18 公里,距世外桃源——桃花源 14 公里,319 国道横穿县城,交通便利,环境优雅。军休所占地面积 3376 平方米,有两栋老干住宅楼和一栋综合楼,建筑面积 4264 平方米,其中老干部住宅面积 3464 平方米,办公及服务楼面积 700 平方米,固定资产 150 多万元。

该所先后接收安置各类军休人员 80 人,其中:军队离休干部 6 人、退休干部 42 人、士官 4 人、退休职工 28 人;在岗工作人员 8 人,已退休工作人员 3 人,配备车辆 1 台。

该所通过全体工休人员的共同努力,军休管理、服务保障工作步入精细化管理的轨道,以"联包共创"为主线各项服务管理日趋规范,确保了离退休人员两个待遇的落实,尊老爱工、团结和谐的大家庭蔚然兴起。

(七)石门县军队离休退休干部休养所

石门县接收军队离退休干部始于 1979 年。是年,石门县委、县政府成立军队离退休干部接收安置工作领导小组,当年接收安置军队离退休干部 5 人,将县人民电影院右侧 30 间公房(363.6 平方米)划拨给民政局用作接收安置军队离退休干部。1984 年,鉴于军休干部居住分散、子女少在身边等情况,县委拨专项资金 3000 元,同年 5 月,又追加建房经费 9800 元,选址城关镇保尔村(今址楚江镇保尔路 63 号),由政府划地 5 亩,于 1985 年 10 月修建第一栋 5 间二层军休住宿楼。1987 年 3 月,石门县委编制机构委员会批复(石编字〔1987〕006

号):成立石门县军队离退休干部管理所,配备工作人员2名。

1979—2011年,先后接收安置军休人员19人,其中:军队离休干部3人、退休干部9人、退休士官3人、退休职工4人。至此,历年军队移交回石门县的离退休干部都得到了妥善安置。2011年6月,石门县人民政府办公室批复(石政办发〔2011〕30号),核定全额财政拨款事业编制5名,配备车辆1台。

1987年,军干所自筹资金1.42万元,修围墙、兴橘园、开鱼塘,一个服务管理条件基本具备的军休庭院初步形成。1989年、1991年,又先后修建一栋五间三层、一栋五间二层的军休楼,并设立老干棋牌活动室、文艺室等。2004—2011年,先后投入项目改造资金近60万元,对军休住房、办公场所和院落等基础设施进行彻底翻修,加大环境美化力度,新建了大小花园,对全所水电设施进行系统的维修改造,原0.6亩鱼塘扩大到1.2亩。所办公室与局机关同步设立网络系统(配备了电脑、传真、打印机等)。与所属社区联合投资20多万元,对通往该所的必经之路保尔路进行了高质量的硬化改造。2010年,投资4.8万元修建了军休干部活动健身场。

为解决军休干部就医、医疗费用不足等问题,县委、县政府在全县率先给军休干部办理了“门诊病历证”,实行县内优先就诊,还决定从1986年起,军休干部的医疗费用由公费医疗委员会报销。军休所多次组织休养人员外出参观学习,还充分利用红色资源,请老干部给中小学生讲故事,进行革命传统教育。经过长期努力,该所军休服务硬件设施、所容所貌得到彻底改观。整体综合服务管理水平得到全方位提升,赢得老干部的一致认可和社会各界的好评。

(八)津市市军队离休退休干部休养所

津市市军队离休退休干部休养所,于1985年成立,为津市市民政局直接管理的事业单位,编配工作人员6人,配备车辆1台,坐落津市市汤家湖路6号。该所占地面积6783.5平方米,其中:军休干部住房建筑面积468平方米,办公用房及配套设施建筑面积343平方米,活动场地面积2672.5平方米,绿化面积3300平方米。该所先后接收军队移交地方政府安置的军休人员15名,其中:军队离休干部7名、退休干部6名、退休士官2名。

市军休所围绕完成年度安置任务和落实“两个待遇”为重点,攻克硬件建设难点,创新服务保障模式,完善制度,规范程序,军休工作稳步发展。

附：

常德军供站

军供站，又称兵站。是地方政府支援过往部队的组织机构和战备设施，是地方政府双拥工作的重要组成部分。常德军供站为国家二级军供站，主要担负着常德市及周边区域的新老兵转运、部队调防、训练、国防施工以及成批过往部队的饮食、饮水、住宿等供给保障任务。

(一)选址建站

常德，历来是军事要塞，乃兵家必争之地。特殊的地理位置使常德成为连接湘、鄂、川、黔、渝五省(市)的交通枢纽，是西部大开发的前沿阵地。随着市域国民经济稳步健康的发展和交通基础设施的逐步完善，常德的区位优势将更加显现。连接东西的319、207两条国道线横贯全市，长(沙)常(德)高速公路、常(德)张(家界)高速公路、常(德)吉(首)高速公路已全线开通，杭瑞国家高速公路湖南省岳阳至常德高速公路正在建设中，湘北干线穿过洞庭湖腹地。根据国家"十二五"规划，常德是全国60个高速公路枢纽港之一，届时将有6条高速公路在常德市城郊交会并网。境内横贯东西的石(门)长(沙)铁路连接焦柳、京广南来北往的两大动脉，途经常德市境的洛湛铁路也已建成通车。

鉴于常德所处的地理位置十分重要，无论是未来反侵略战争的兵员输送、每年的新兵入伍和退伍军人的接待、中转都必须在临近火车站处有一个接待、供应场所。据此，1992年11月10日在修建石长铁路时，中国人民解放军总后勤部军事交通运输部致函铁道部和湖南省计委、建委，提出《对石长铁路建设的军事要求》，其中第一项，即在常德建军供站。1993年11月5日，常德市人民政府向湖南省人民政府呈送《关于在石长铁路修建常德军供站的请示》。然而，在最后审定石长铁路建设方案时却未将常德军供站列入。

1996年和1998年，常德市遭受特大洪涝灾害，近5万名中国人民解放军官兵急赴常德抗洪抢险，由于没有接待、中转场所，部队集结、休整、用餐极为不便。这种状况进一步引起了军方及有关部门的高度关注，认为建立常德军供站势在必行。1999年2月4日，解放军总后勤部军事交通运输部再次就《关于洛湛铁路通道洛阳至永州段军事要求》致函铁道部，提出："1992年修建石长铁路时，我部曾提出在德山(常德)修建军供站和驻站军代处用房，但未能落实。请结合洛湛铁路建设在常德修建一座二级军供站，以解决洛湛和石长两线部队铁路运输途中饮食供应问题。"

1999年5月初，常德市委巡视员王春阳等三人，赴北京向解放军总后勤部军事交通运输部和铁道部汇报，请求支持，尽快将常德军供站予以立项。是年7月15日，常德市民政局接到省民政厅通知：军队代表和铁道第四勘测设计院的同志将到常德选定军供站站址。是月

16 日,常德市人民政府副秘书长田晓川、张家安主持召开常德军供站选址专门会议。王春阳参加会议并对选址工作提出了要求。会后,常德市规划局、常德汇元公司、市民政局派员对军供站站址进行初选,并提出初步选址意见。

是年 7 月 19 日,广州军区军事交通运输部、解放军驻广州铁路集团总公司军代处受解放军总后勤部军事交通运输部委托,联同铁道第四勘测设计院、石长铁路集团总公司、湖南省民政厅等组成的考察组,在常德市民政局副局长程涛陪同下,实地察看了初选的站址。该站址由于距离火车站站房太远,地理位置太偏等原因被军方和上级有关部门领导否定。军方重申了军供站选址的重要条件,即:距离火车站站房不超过 500 米,以便部队快速乘降;有利于平战结合,以站养站。是年 7 月 23 日,经常德市人民政府几次与上级考察组会商,1999 年 7 月 23 日,形成《关于修建常德军供站有关问题的会议纪要》(常德市人民政府第 43 次专题会议纪要)。考察组将常德军供站选址情况汇总后,由铁道第四勘测设计院拟文《洛湛铁路通道益阳至永州段技术设计及补充技术设计》(四设一设研函 1999—174 号、251 号)上报铁道部。是年 10 月 18 日—21 日,铁道部工程设计鉴定中心在武汉对设计方案进行了审查。2000 年 3 月 9 日,下发《关于洛湛铁路通道益阳至永州段益阳至娄底技术设计预审意见的函》(鉴线〔2000〕21 号)。该函第十六条第四款明确:“本段列常德二级军供站房屋建筑面积共 1900 平方米,投资 300 万元(其中:征地费 15 万元,建筑安装及附属工程、电力、给排水、通信等配套工程费 285 万元)包干建成。”常德军供站由此被列为国家投资建设项目。

2002 年 3 月 20 日,湖南省人民政府城建处处长杨剑平、副处长张小芳遵照省长周伯华、秘书长阳宝华指示,专程到常德了解并督办常德军供站选址建设事宜。在与常德市人民政府、市民政局会商后,3 月 26 日,专题向湖南省人民政府主要领导呈送了关于常德军供站选址建设的呈批件。

是年 4 月 1 日,湖南省人民政府省长周伯华批示常德市人民政府市长陈君文:请你们派专人协调落实好军供站的选址建设。

是年 8 月 23 日,常德市人民政府副市长刘剑英主持召开常德军供站站址落实会议,与会人员到拟定军供站站址进行了实地考察确认。是月 27 日,市人民政府副秘书长田晓川主持召开会议,专题研究常德军供站站址选定事宜。广州铁路集团军代处、石长铁路集团军代处、省民政厅安置处、市民政局、市国土局、市规划局等单位派员参加。会议强调:常德军供站属军事设施,站址为军事用地,市人民政府积极支持军事设施建设,各有关部门务必鼎力协作。经与军方代表实地考察、研究后确定站址为:常德火车站站房西南、常德汽车总站以北、朝阳路以西地块,距离火车站站房 300 米左右。为方便部队集结、行进,在沿铁路的控制用地内修建一条长 150—200 米、宽 4 米的军用通道,并在横过朝阳路处设置安全通道。是年 9 月 30 日,常德市人民政府就上述两次会议出台“第 128 次专题会议纪要”。

是年 10 月 31 日,常德市人民政府批准常德军供站站址(常政〔2002〕171 号)。常德军供站的选址基于既要重视军供站建设的各种军事要求,又要考虑整个城市建设规划,故几经反复，从 1999 年 7 月到 2002 年 8 月用了 3 年时间，最终选定了既符合军事要求，又满足城市建设规划的军供站站址。是年 12 月 6 日，省人民政府办公厅致函常德市人民政府，强调常德军供站的建设，要“加强衔接，落实资金，抓紧做好规划设计、征地报建等工作，争取早日开工”。

常德军供站

2003 年 6 月 23 日，常德市委编委批复(常编办〔2003〕37 号)，同意设立常德军供站，定编 9 人。是年，常德市民政局副局长黄生忠兼任军供站法人代表，周强主持常德军供站日常事务。

2007 年 12 月 1 日，常德市民政局任命(常民干〔2007〕3 号)周强任常德军供站(第一任)站长。2009 年 7 月 28 日，常德市民政局任命(常民干〔2009〕2 号)颜峰陵任副站长。2011 年 5 月 25 日，常德市民政局任命(常民干〔2011〕3 号)姚珍国、张献斌任副站长。2013 年 3月 1 日，常德市民政局任命(常民干〔2013〕01 号)陈绪霖任站长。是年 12 月 1 日，常德市民政局任命(常民干〔2013〕08 号)程涛任常德军供站站长。

(二)基础设施

2003 年 6 月 26 日，常德市发展计划委员会批准常德军供站建设项目立项。立项批复明确了常德军供站的具体位置、占地面积、总建筑面积和总投资额，并要求项目建设务必统筹规划、合理布局，满足军事设施建设基本要求，并充分考虑平战结合；工程建设必须严格按照《中华人民共和国招标投标法》及有关规定，认真组织好招投标。

2003 年 8 月 13 日，在广州军区的努力下，由洛湛铁路益娄段工程建设指挥部、石长铁路军代处、常德市民政局等三方共同签署了《关于常德军供站建设委托协议》。协议明确，常德军供站的建设由甲方洛湛铁路指挥部委托常德市民政局建设管理；建设规模按国家二级军供站规模设计、建设，必须满足二级站的军供要求；建设资金由洛湛铁路指挥部投资 293.4 万元；常德军供站的建设由洛湛铁路指挥部及军方验收合格后方可启用。

2004 年 11 月 12 日，常德市人民政府副市长徐超文主持召开专门会议，专题研究常德军供站建设的相关事宜。会议议定了以下事项，第一，常德军供站建设由市民政局负责，并尽快组织实施。建设方案报市人民政府审批。第二，常德军供站主体工程引资修建，配套工程由市财政和铁路部门投资修建。由市财政落实建设资金 200 万元，产权要明晰。第三，常德军供站是社会公益事业准军事设施，建设过程中各项报建程序应简化，规费应减免。除劳保基金按1%收取外，其他建设中所有行政事业性收费免交，只收取证照工本费。会后，常德市人民政府发出第95次专题会议纪要，即《关于常德军供站建设有关问题的会议纪要》。

2005年11月，军供站建设工程正式开工。2007年6月，主体工程竣工，并通过了规划、国土、建设、环保、消防、防震、质监等部门的联合检查验收。随即，军供站进行设施设备配套及其附属工程建设，经过近两年的努力，完成了主要设施设备的购置、安装和调试工作。

2009年5月7日上午，常德市人民政府副市长徐万发主持召开军供站建设和应急保障供应能力验收现场会。解放军驻广州铁路集团总公司军代处、石长铁路集团军代处、湖南省民政厅安置处、常德市民政局、常德军供站等部门和单位领导出席，会议议定了以下事项：第一，常德军供站建设尚有115万元资金缺口，由市人民政府、省民政厅各解决一部分。第二，为达到国家二级军供站的设计要求，常德军供站的人员编制、车辆等设施设备完善问题要尽早解决。第三，保障供应任务的伙食费，由市人民政府给予一定补贴。

2003—2007年，历时4年，常德军供站终于落户常德城区，位于常德市朝阳路与吉生路结合部，紧邻常德火车站和汽车总站。常德军供站占地8亩，站内建有厨房食堂、锅炉房、办公楼、厕所各一栋，总建筑面积2128平方米。该站建设总投资493.4万元，其中铁道部投资293.4万元，常德市人民政府配套资金200万元，由武汉铁道第四勘探设计院设计，常德蓝田建筑公司施工，常德政华监理公司监督，如期圆满地完成了基本建设工作任务。2009年5月，常德军供站通过了广州军区军事交通运输部的保障能力验收。

(三)军供保障

2006年，石长铁路开通军运。

2007年12月，常德军供站在尚未形成军供能力，不具备站内应急保障条件的情况下，主动承担新兵转运工作，第一次启动应急保障预案。12月10日至18日的几天中，恰逢低温小雨，军供站克服重重困难，安全、准时保障供应部队900多人。时军供站自身没有供应能力，部队官兵还不能到站内就餐。据此，军供站制定了细致的应急保障方案，采取送餐形式，安全、准时、圆满地完成了军供保障任务。广州战区军事交通运输部、石长铁路集团军代处对常德军供站首次安全、准时完成应急保障任务给予了充分肯定。同时也要求，军供站要落实配套设施设备建设，尽早形成自主应急保障能力。

2008年12月8日，常德市新兵启运工作开始，常德军供站随即启动军供应急保障预案。军供保障任务表面上看就是为部队提供餐饮服务，但该站全体工作人员始终坚持为部队服务，为国防建设服务的宗旨，带着对人民子弟兵的深情厚谊全身心地做好各项保障工作。当接到军供通报后，首先安排做什么、由谁具体负责哪项工作、伙食安排遵循什么原则、怎样确保安全准时等，是摆在每个军供人员面前的重要课题。加之军供保障工作琐碎，且责任重大，同时，军供保障有着许多特殊性，提前5小时接收通报，餐饮要求快速卫生等，亦是每个军供人员不可懈怠的重要问题。时因军供站保障设施不完善，据此，工作人员便提前与定点酒店联系，详细制定每一道菜谱，专人现场监制主副食品，尽心尽力做到优质服务，让部队满意。根据部队官兵个人饮食习惯不同，尤其是少数民族用餐习惯，为使他们来到常德吃得好，吃得习惯，军供站在每次接到任务后，都要询问官兵来源，根据情况制定出不同风格的膳食菜谱，让干部战士吃上合口味的热饭热菜。

在新兵过境的这些天，从站长到工作人员，大家只有一个共同的心愿，那就是全力以赴满足部队的饮食要求，服务好每一位子弟兵。鉴于接待工作不定时，随时都可能接受任务，因此，只要接到任务，全站上下齐心协力，二话不说便投入工作，经常送走部队后，大家已经又累又饿、筋疲力尽了，中午一、两点钟吃午饭是常有的事。尽管接待任务繁忙，但站里的同志们仍坚持科学营养，从制作到装盒层层把关，保证了食物的安全与卫生，亦无中毒事件发生。

2008年12月10—15日，常德军供站先后接待武警天津总队104名、海南消防部队145名、甘肃边防部队240名、总参三部100名、第四十二军149名、共738名官兵，体贴周到的服务，受到部队官兵的一致好评。

2009年11月16日，常德市人民政府、常德军分区批准成立常德市军用饮食供应工作领导小组。是年12月6日，恰逢新兵转运时间，常德军供站也处于军供待命阶段。是日中午，将有280名部队官兵到军供站就餐。这一天因城区电力线路故障，军供站及周边地区全部停电。情况紧急，军供站办公室立即拨通了常德市电业局调度室，要求赶紧送电。电业局调度室经调查、督办，回复称还要至少3小时才能恢复供电。军供站站长周强马上拨通了军供工作领导小组成员、市电业局副局长李文春的电话，说明情况后，李副局长立即安排临时应急电源。30分钟后，应急电源车开进了军供站，确保了此次军供保障任务的顺利完成。这件事也充分说明了加强军供工作领导的极端重要性。

2011年11月5日11时38分，常德军供站站长周强接到石长铁路军代处应急保障通报：5日18时，将有一批300余名部队官兵途经常德，并在常德军供站就餐，要求军供站准时供应饮食。这一天恰逢休息日，但保障通报就是命令，电话铃声就是集结号，接到通报后，在短短的二十分钟内，全站工作人员及相关人员迅速集结到位。中午，军供站召开紧急会议具体部署接待事宜。此时，常德市民政局副局长殷宗仁到站听取相关情况汇报后，指出："这是军供站建站以来第一次站内应急保障，一定要保质保量、安全迅速地完成任务，一定要让部队官兵吃好吃饱！"领导的期望，大大鼓舞了干部职工的士气和斗志，增强了完成任务的决心和勇气。5日13时30分，站内快速供应工作有条不紊地进行着，食堂上空炊烟袅袅，通道场地整洁干净。各种供应用的米面、蔬菜、鲜肉、活鱼在操作间里摆放有序。厨房内红案白案操作分明，锅碗瓢盆整齐卫生，择淘洗切分工到位，烹炒炸煮技艺娴熟，军供食堂内热火朝天。

5日17时，接到前方通报，部队军列将于18时左右进站。站长及时调整人员、安排任务,必须在部队到达前完成供应准备。18 时 5 分,军列缓缓停靠常德火车站,站长周强提前到站台迎接,同时与火车站调度室协商发车时间。尔后,部队官兵排着整齐的队列下车出站。军供站食堂里十几口盛满热腾腾饭菜的行军锅和大蒸笼抬入大餐厅,分盛饭菜的人员穿梭不息地端饭端菜,每个餐桌上七菜一汤分发完毕,全体工作人员热情恭迎部队官兵们进站用餐。

19 点零 5 分,全部军供任务顺利完成。走出餐厅的一名士兵对军供站工作人员说:“太感谢常德军供站了,这是我们几天来吃到的最可口的一顿‘大餐’,常德军供站做的菜就是好!”部队后勤的一名干部说:“常德军供站服务热情,耐心周到,饭菜分量足,营养丰富,荤素搭配得当,味道好!”部队政委说:“常德军供站保障工作做得非常好,提供给我们幽雅的就餐环境和可口的饭菜,这与常德市委、市政府高度重视双拥工作分不开,和常德民政部门的大力支持分不开,也与常德军供站全体工作人员的共同努力分不开!”这时,天空下起了小雨,站长周强和站办公室主任江庆冒雨送部队官兵至火车站站台,与部队官兵依依送别。

2013 年 7 月 28 日,常德市委书记卿渐伟(前左)在市民政局局长龚美爱(前右)陪同下到军供站检查指导工作

2007—2013 年,常德军供站接待过境部队官兵 26 批次,共 4699 人。

第五章《

救灾救济

齐殊文殊

第五章　救灾救济

新中国成立前，常德地区自然灾害频繁，疫病流行，兵匪贯扰。封建府、县，民国地方当局，荒政载急。每逢灾、荒、兵祸之年，灾民、饥民、难民遍布路、市，嗷嗷待哺，惨不忍睹。官府虽拨款赈灾，只是杯水车薪，加之官吏层层克扣，中饱私囊，兵燹匪劫，人民苦不堪言。

新中国成立后，常德地区自然灾害有增无减。然而，每遇灾年荒月和人民生活困难之时，常德市（地区）各级党委、政府，积极组织抗灾赈灾，民政部门发放救灾款、粮、衣物等赈济灾民，并动员灾民开展生产自救，重建家园。同时，对一些缺乏自救能力的贫困户和贫困优抚对象，给予精神和物质扶持。此外，还对特殊救济对象予以重点救助。

第一节　自然灾害

常德市（地区）发生的自然灾害种类有水旱、风、雹、霜、雪、冰冻、震灾以及地质灾害和有害生物灾害等，以水、旱灾见多。据记载，自汉前元二年至中元二年（前155—前148）和黄龙元年至1949年，前后2000余年间，常德地区共发生水灾1329次，旱灾1056次，虫灾473次，风灾511次，雹灾547次，霜灾、雪灾各100余次，饥荒404次。时频繁的自然灾害，虽然地方执政当局采取一些赈济措施，但因政治腐败，生产力低下，群众无力抗灾，饥民只好祈求神灵保佑和官绅富户的救助与施舍，以消弭灾难。

新中国成立后，常德地区自然灾害频频发生，小灾、局部受灾连年皆有，大灾即全区性的灾害，平均3年左右一次。

1988—2013年，常德市的自然灾害以水灾、旱灾多见，风灾、雹灾、冰灾、雪灾次之，森林火灾、虫灾、震灾、疫灾见有，时诸灾兼浸，危害匪浅。

一、水　灾

1988—2013年，常德市发生的水灾，多因季风、霪雨和沅水、澧水等河流河水猛涨，倒灌洞庭湖所致。

1988年，常德各地遭受百年未有的特大秋汛危害，损失惨重。8月19日至9月12日的20多天内，全市各地普降暴雨，一场接着一场，平均降雨量达680毫米，相当于历年同期雨量8倍多。桃源、澧县、安乡及区内部分地方雨量高达896至968毫米,个别地方日降雨量超过290毫米。沅水从8月30日至9月10日连续4次出现高洪,澧水及松、虎河系的水位也相继猛涨,形成与洞庭湖顶托之势,长时间居高不下,内河内湖积水无法外排。沅水流域280多公里内河内湖渍水久经浸泡,险情频繁出现。107万亩中、晚稻和46万亩经济作物分别遭受堤垸溃淹、溪河漫溢、垸内渍淹和山洪冲刷,西湖农场9月3日溃决,淹没近4万亩,2万灾民被水围困。八官垸9月4日溃决,淹没10.66万亩,4万多灾民流离失所。沅、澧两水及其支流沿岸地域和西毛里湖汊内受淹中、晚稻35万亩,其中失收和基本失收22万亩。全市大小40多座堤垸不同程度地遭受渍水危害。是年,全市因灾粮食总产比1987年减产14亿斤,整个农业生产减收7亿元以上。另外,全市溃决堤垸200余个,内渍受淹房屋5万多栋,其中倒房1.2万多户,冲淹存库粮2500多万斤;冲毁公路325处303公里,桥梁315座;冲倒高低压输电线路65公里,电话线路678公里;水淹电力排灌站64处114台1.33万千瓦;冲垮渠道1973处721公里,塘坝55处,小水电站和水轮泵站8处,溪河堤段163处492公里。因倒房、垮桥造成42人重伤,30人死亡。全市因灾直接经济损失11亿元以上。

1989年8月27日至9月5日的10天内,常德市域有8天普降大到暴雨,局部降特大暴雨。全市累计平均降雨266.3毫米,降雨最多的石门县太平街乡达651毫米,为全年降雨量一倍多。各地全面处于防洪抢险的紧张状态,全市1035公里临洪大堤,有654公里进入防洪水位,其中超过危险水位的481公里,超过1954年水位的299公里。在湖区防汛排涝频频告急之时,山丘区水库也因水位猛涨,险情迭出,形势十分险峻。此次大暴雨使全市水库蓄水急剧增加5亿立方米,1181座水库中有223座被迫溢洪。暴雨灾害遍及全市,基本上是乡乡遭灾、村村受损。山丘区山洪爆发,水冲砂压;平湖区外河高洪、垸内渍淹,暗灾突出。全市农作物受灾面积264万亩,其中失收31万亩,减产粮食6.06亿斤;全市81万亩棉花,受灾27.6万亩,其中失收4.9万亩,减少皮棉21万担;减产鲜鱼17万担。全市1000余家各类企业停产,损失5100多万元;1500家国营、集体和个体商店停业,近400所学校停课,1000多趟班车停开。全市因灾冲坏公路5850处,冲垮桥梁793座;冲倒电杆2224根;3235处水利工程被毁,其中冲垮塘坝3217处,大型渡槽5处、小水电站13处;冲垮渠道1535处、188公里;有4个堤垸溃决,渍淹农田1606亩。

1990年6月,常德市域先后4次陡降特大暴雨,平均降雨量超过100毫米,局部降雨达300毫米以上。许多地方山洪倾泻,水冲砂压,外洪倒灌,渍涝成灾。全市9个区、县(市)无一幸免,尤以鼎城、武陵、桃源、汉寿、临澧、安乡等区、县更为严重。受特大暴雨、狂风的袭击,全市冲毁耕地4.54万亩,冲垮桥梁1359座、公路2700处、大小河坝2550处,冲垮山塘550座,冲坏堤防5.7万米、渠道113.25公里,毁坏水电站、水轮泵、变压器、机埠等机电设备6100台(件)、3万千瓦。全市因灾倒塌房屋1.6万间,损坏房屋6.3121万间,损失大件农机具2078件,大件家具1.1万件,因灾死亡32人,伤1591人,死亡大牲畜6631头。

1991年6月30日至7月13日,全市普降大到暴雨。据灾后反复核实,这次水灾涉及9

个县(市、区)的 274 个乡镇(街道),3639 个村, 95.38 万户,351.74 万人。其中特重灾乡镇 106 个。全市 415.7 万亩早、中稻受灾,成灾面积 234.75 万亩;90 多万亩棉花受灾,20.87 万亩绝收。全市农业直接经济损失 5 亿元以上。全市水毁工程设施 2.4116 万处,其中巴垸、子垸漫溃 26 个,水冲砂压、难以恢复的农田 17 万多亩,冲垮公路桥梁 915 座、公路 934 处、834.5 公里,毁坏机动车辆 98 台,船只 171 艘,冲倒冲断电杆 1.398 万根。全市有 356 家国营和集体工商企业、5000 多家企业因厂房倒塌、设备损坏、仓库进水而被迫停产停业,产品、商品和固定资产损失达 2 亿元。

1993 年 6 月 19—24 日,汉寿、石门等地遭受狂风暴雨袭击。连续 5 个小时降雨近 200 毫米,并伴有 9 级以上狂风。7 月 1—7 日,全市各地连续 7 天普降大到暴雨,平均降雨量为 237 毫米。市境沅水、澧水、撇洪河等主要水系洪水陡涨。全市近 40 万人一度被洪水围困。家财、人畜、交通、水利设施均遭受严重损失。7 月 18—24 日,澧水流域普降大雨,平均 150 毫米以上。加之 7 月 22 日—23 日,澧水上游的桑植、慈利等县陡降特大暴雨,洪水下泄,澧水流域出现高洪。石门县洪峰水位高达 60.88 米,超危险水位 0.88 米;洪峰通过津市时水位高 43.48 米,超危险水位 1.48 米;安乡境内 400 公里防洪大堤,250 公里处于危险水位以上。石门县城关被淹 1 米多深, 正在修建的石门火电厂公路大桥 540 吨的施工钢梁被冲垮卷走至千米以外。7 月 31 日至 8 月 1 日,沅水流域再次遭受洪水袭击近 4 个小时,沅水沿线超过危险水位。桃源县城进水,常德城区堤外建筑被淹数米之深。常慈公路被迫中断,10 多万群众一度被洪水围困,近 4 万灾民无家可归。

暴雨洪涝灾害主要发生在早稻抢收,晚稻抢插,棉花挂蕾的关键时期,全市农作物受灾面积达 540 万亩,成灾 370 万亩,绝收 80 万亩。早稻收割期正遇暴雨洪涝,长期阴雨,生芽霉烂达 50%—70%,全年因灾损失粮食 40 万吨以上。经济作物受灾 200 万亩,成灾 100 万亩,全市 127 万亩棉花落铃脱蕾,损失 1/3 左右。全市鱼塘和特种水产串塘走失面积达 13 万亩,部分水产养殖重点户变成重灾户;全市被冲毁公路 1700 处、1500 公里;冲垮桥梁 798 座;冲垮涵闸 3106 处;冲垮机埠、水电站 165 个;冲毁塘坝近 2000 处,公路中断 45 条次,损坏输电、电信线路 81 公里。此外,全市进水城镇达 26 个,严重积水城镇 50 个,1400 多家工矿企业停产或部分停产。全市洪涝灾害造成直接经济损失 10.3 亿元。

1995 年 5 月 31 日至 6 月 2 日,澧水流域平均降雨 245 毫米,最高点澧县梦溪站 277 毫米。大雨导致渍涝成灾,上百万亩农田一片汪洋,安乡县城 5 条主要街道渍水深达 1 米。6 月 20 日至 25 日,全市普降大到暴雨,沅水流域局部遭特大暴雨袭击,平均降雨 251 毫米,最高的王家湾站 382 毫米,导致山洪暴发,河水猛涨,水库瀑满,渍涝严重,内外夹击。7 月上旬,两次遭受特大暴雨袭击,沅水流域出现特大高洪。7 月 1 日 12 时起,沅水以每小时 0.2 米的速度上涨,最大上涨时速 0.4 米,历史少见,最大流量 2.58 万立方米 / 秒,居历史第二位,洪峰水位桃源站 45.86 米,常德站 41.5 米,分别超 1954 年水位 1.47 米和 1.74 米。沅水 340 公里临洪大堤全线处于危险水位,并超历史最高水位。7 月 1—2 日,沅水流域普降大暴雨,桃源西溪降雨220毫米，致洪水上涨异乎寻常，接到特大洪水预报离桃源县城进水仅7个小时。防洪大堤处于高水位浸泡的时间长，险情多，四处告急，而且水库瀑满，全面溢洪，内江内湖均处于危险状况，险象环生，给防洪抗灾增加了极大困难。高洪的第一天，桃源县城全面进水，水深3.3米，全城交通、通信、供电、供水中断，居民断电断水断炊。

1996年5月31日至6月10日，全市普降大到暴雨，局部地区降特大暴雨，平均降雨量320毫米，最高降雨量400毫米。连续暴雨，导致山丘区砂石奔流、山洪暴发、农田被毁，平湖区河塘满溢、农作物被淹、渍涝成灾。农作物受灾面积181万亩，成灾108万亩，绝收17.3万亩，冲毁耕地2.3万亩。此外，全市48万亩棉花受淹，其中，有13万亩进行改种；50万亩蔬菜被淹，失收41万亩；98万亩油菜受渍，其中，生芽发霉失收的53万亩。全市冲毁公路1231处、806公里，倒断电杆367根，垮涵闸51处，冲垮机埠193处，冲垮堤防1307处、32公里，冲垮桥梁28座，冲垮渠道476处、136公里。

7月1—31日，全市再次遭受超历史特大洪涝灾害袭击。7月10日24时，桃源县境内沅水水位高达46.69米，超危险水位3.19米，致使该县车湖垸、麦市垸、浔阳垸等四个一般堤垸漫溃被淹，平均水深3米，最深处5米。该县剪市、桃花源、凌津滩、兴隆街等26个乡镇的26个集镇和134个村庄进水被淹。县境部分地区一片汪洋，主要交通干线及319国道全部中断，部分乡镇电力、通信中断。该县一时紧急转移人口15.4万人。17日3时，木塘垸决堤被淹，群众只身逃命堤上，一无所有，被淹人口达3.56万人，水深5米，水面上漂浮着死猪、死鸡、家什，不计其数，群众呼天喊地，情景十分悲凉。先后有813个村庄、集镇被围困，受困人口达87万人，紧急转移安置灾民51万人。农作物受灾面积达424.95万亩，成灾面积334.05万亩，绝收面积163.95万亩，毁坏耕地35.775万亩。溃决大小堤垸52个，其中，万亩以上大垸6个。

1998年全市洪涝自然灾害呈十分险恶之势：大暴雨，高水位，长时间，上压下顶，内外夹击，多险并发，出现新中国成立以来的“五个超历史”，即：洪峰次数多，降雨强度超历史；入湖水量大，澧、淞水位超历史；夏汛连秋汛，高洪水位持续时间超历史；水库压力大，溢洪总量超历史；外洪加内涝，灾害破坏程度超历史。全市9个区、县(市)210个乡镇全部受灾，受灾人口达340.1万人，成灾人口248万人。农作物受灾面积363.3万亩，成灾297.75万亩，其中绝收面积135.1万亩。一度被洪水围困60.47万人，无家可归40.68万人，伤病2.25万人，全市因灾死亡157人。房屋受损61万间，房屋倒塌28.75万间，其中全倒户4.59万户、16.28万间。全市国有、集体企业停产停业1300家，民营企业被迫歇业1.35万家。受灾学校1200所，全毁90所，倒塌校舍16.5万平方米，新旧危房达28.9万平方米。全市受损水库278座，损坏堤防323处共306.7公里，损坏堤岸234处，损坏机电泵、水电站249座。毁坏通信设施1.15万根(杆)共3280.6公里。冲毁公路桥梁483座，毁坏公路路基4755.5公里，公路中断1458条次，航道中断3条次。大灾之后又遭大疫威胁，7—9月出现乙类传染病2421例。8月5日起，除安乡、津市外，7个区、县发生霍乱疫情，确诊10例。全市洪涝灾害造成直接经济损失

96.16 亿元。

2004 年 6—7 月，全市累计平均降雨 350 毫米，局部地区高达 580 毫米，导致河水陡涨，山洪暴发，内渍成灾。全市农作物受灾面积 280 万亩，成灾面积 210 万亩，绝收面积 58 万亩；紧急转移安置灾民 4.515 万人，冲走、淹走猪羊等牲畜 2800 头、家禽 5.2 万羽。有 43 个集镇进水，260 个机关单位受淹，40 家工业企业停产。冲走木材 1420 立方、楠竹 75 万根；折断、倒塌供电和通讯线杆 1830 根；垮塌路基 430 余处、共 42 公里；冲毁桥梁 480 座，损坏水利工程设施 1230 处，其中冲损电站 3 座，冲垮山塘 6 口，垮塌渡槽 10 处 300 米、涵洞 45 处。全市因灾直接经济损失 5.8 亿元。

2012 年 5 月 11—14 日，全市各地迎来强降水过程。澧水流域的石门、澧县、临澧和安乡县受灾严重。全市 90.9 万人受灾，紧急转移安置 9178 人，倒塌房屋 489 间，农作物受灾面积 81.579 万亩，成灾面积 22.896 万亩，绝收面积 3.3 万亩，直接经济损失达 2.5 亿元。6 月 25—28 日，市境澧水流域及桃源中北部地区普降中到大雨，局部暴雨。全市共 78.557 万人受灾，1 人死亡，1 人失踪，紧急转移安置 1.3832 万人，倒塌房屋 493 间，农作物受灾面积 93.45 万亩，成灾面积 54 万亩，绝收面积 5.1 万亩，损坏小型水库 2 座，冲毁塘坝 25 座，14 条公路中断，直接经济损失达 2.68 亿元。7 月 12—19 日，全市各地再次迎来大范围降水天气过程。此次强降水持续时间长、累积雨量大、局地降水强度强，造成洪涝、山体滑坡等次生灾害。全市共 67.4416 万人受灾，1 人死亡，紧急转移安置 1.0408 万人，因灾倒塌房屋 384 间，农作物受灾面积 78.9 万亩，成灾面积 37.35 万亩，直接经济损失达 4.4279 亿元。

二、旱 灾

1988 年 4—8 月，常德地区连续 130 天的高温干旱困扰，累计降雨量比上年同期少 236.4 毫米，山丘区尤为严重。水库塘坝蓄水量降到 5.5 亿万立方米，仅占蓄水量的 18%，比历年同期少 12 亿万立方米。6—8 月，蒸发量高达 531.8 毫米，相当同期降雨量的 2.4 倍，降雨与蒸发形成强烈反差。长时间的干旱，使全地区 152 个乡（镇）、1151 个村、18.2 万个农户，人畜饮水极为困难，受旱面积达 466 万亩。县、乡、村层层发动，广大农民不惜代价，奋力抗救，使近 300 万亩农田按时插种水稻和其它作物。但因水源不足，致使 20 万亩早稻改种中稻，又因久晴不雨，使 50 万亩中稻推迟播种期 10 余天，插秧期也推迟半月之久。至 8 月还是未雨，有 38 万亩早稻田无法播种晚稻，424 万亩晚稻失收 18.4 万亩，有 3 万个农户不能开晚稻秧田门，损失粮食 1800 万斤；125 万亩夏收旱粮，失收 31.8 万亩，损失 1.908 亿斤粮食。

1990 年 7 月初至 10 月初，持续 3 个月的夏秋连旱，全市大部分降雨量未超过 110 毫米，比历年同期平均少 300 毫米以上，是此前常德市域有气象资料记载以来同期降雨量最少的一年，而蒸发量却比历年同期多 140 毫米以上，达到了历史的最高峰。全市 1181 座水库，有 706 座干涸见底；19.0833 万处塘坝，有 17.7448 万处龟裂；3660 条溪河，有 3385 条断流；

227 处进水闸和虹吸管，有 168 处不能直接从外河进水。此次旱灾涉及全市 264 个乡镇，3457 个村，其中特重灾区 69 个乡镇、801 个村；21.2 万户、81.3 万人。受灾最严重的是石门，其次是临澧、澧县、桃源、津市以及鼎城、汉寿的一部分山丘区。群众形容这次灾情是："稻田放火烧，湖底晒鱼苗，人畜无饮水，山上树木焦。"

全市全年各种农作物受灾总面积达 565.8 万亩，减产三成以上的 338 万亩，绝收或基本失收的 106.6 万亩。

1991 年 7 月 13 日至 12 月 9 日，全市遇上夏、秋、冬连旱，干旱时间长达 152 天。旱期累计平均降雨仅 103.9 毫米，比历年同期降雨量 450.3 毫米少 346.4 毫米，山丘区降雨更少，平均降雨量仅 30 毫米。全市水库总库容应为 26.3 亿立方米，仅蓄水 5.52 亿立方米。1181 座水库中有 254 座干涸，19.08 万处堰塘有 6.87 万处干涸；有 1577 条溪河断流。全市 474.06 万中、晚稻有 176.78 万亩严重受旱，其中绝收 33.6 万亩；91.1 万亩秋旱杂粮全都受旱，成灾面积 63 万亩，其中失收的 37 万亩；92 万亩棉花，有 57 万亩严重干旱，失收面积 5.8 万亩。全市计划 100 万亩春粮面积仅落实 73 万亩，其中有 29 万亩抗生，20 万亩严重缺苗；290 万亩油菜，有 50 万亩干死或改为直播，且所有油菜苗长势比往年低 1 至 2 个等级；188 万亩绿肥，有一半干死没有出苗。全市 120 万人和 150 万头牲畜饮水困难。

1992 年 7 月 7 日始，至 11 月上旬，常德市域未下一场透雨，有的地方至年底未雨，总降水量仅 284 毫米，比 1991 年同期少 74.8 毫米。同时，高温时间长，蒸发量大。从 7 月中旬至 9 月上旬，全市气温都在 30℃以上，8 月份有一半以上天数气温近 40℃。长时间无雨高温，导致农田严重缺水，全市晚稻计划播种面积 396.84 万亩，实际落实 257.63 万亩。有 231 座中小型水库、8.141 万处山塘、1321 条溪河干涸或断流。

1997 年 3—4 月，全市境内降雨量锐减，溪河断流，堰塘和水库无水可蓄，致使石门、澧县、桃源、临澧、津市的山丘区 56 个乡镇发生春旱灾害，其中有 35 个村的 2.6 万户、8.5 万余人发生饮水困难。干旱使春耕生产严重受阻，8 万亩早稻脱水开裂，1500 亩中稻无水翻耕。

2001 年 6—10 月，常德市境降雨少，且分布不均。1—9 月，全市累计平均降雨比历年同期均值少 136.6 毫米，比上年同期少 158.8 毫米，其中，澧水流域比历年同期偏少了 3—4 成，沅水流域比历年同期偏少 2—3 成。是年 1 月底，全市水库、塘坝总蓄水量仅 10.6 亿立方米，至 9 月 5 日，实际蓄水 5.25 亿立方米，仅占应蓄量的 20.5%，为历史同期蓄水的新低值。全市 211 座小型水库有 106 座见底，4.3 万处山塘干涸，164 条溪河断流。自 6 月中下旬进入少雨天气以来，全市大部分地区始终维持晴势高温天气。据统计，7 月上中旬平均气温达 30.6℃，比历年同期平均气温 28.8℃高 1.8℃，致使日蒸发量加大，最多时达到 13 毫米，导致旱情发展迅速。

长时间久旱无雨，大面积的中稻和晚稻稻田开裂，稻苗枯萎。中稻干旱在怀苞期间，失收比例大；晚稻抢插后因无水灌溉，禾苗无法成活；或因水源短缺，大面积的晚稻未及时抢插，减产粮食 10 亿斤；夏秋杂粮损失严重，减产 4 亿斤；经济作物损失严重，减收 4 亿元。特大旱灾致使全市 3908 个村民小组、38.587 万人,32.8238 万头牲畜长时间饮水困难。全市有 1/3 的乡镇地处山区,主要粮食作物就是中晚稻和夏秋杂粮,因当时没有长降雨过程和缺水源,这些地方将颗粒无收,原失收改种的作物也再次失收,致使 105 万人秋冬时节缺口粮,70 多万人急需救济,有 17.48 万人缺少御寒衣被。

2006 年入夏后,石门、澧县等地遭受严重干旱,53 座水库、8640 处山塘水源干涸、325 条溪河断流。109.6 万亩农作物受灾,有 522 个村民小组的 13.04 万人、5.3 万头牲畜发生饮水困难。

2013 年,春季,全市平均气温较常年同期偏高,3 月上旬各地极端最高气温均突破历史极值。3 月上旬后期至中旬前期、4 月中旬后期至下旬前期、5 月下旬后期出现强降温天气。夏季,全市日最高气温 >35℃的平均日数 49 天,较常年同期偏多 29.8 天,创市域有气象记录以来历史同期新高。大部分地区出现四段晴热高温天气(6 月 16—21 日、7 月 1—5 日、7 月 7—20 日及 7 月 22 日—8 月 18 日)。7 月 1 日至 8 月 18 日, 全市平均蒸发量达 403.9 毫米(同期降水量 119.9 毫米),较常年同期偏多 40.2%。至 8 月 18 日,全市水利工程蓄水量仅 8 亿立方米,仅占可蓄水量的 28.8%。全市 214 个乡镇受灾,农作物受旱面积达 362.5 万亩,干枯 74.7 万亩。全市 32.5976 万人、8.3388 万头大牲畜发生饮水困难,水库干涸 421 座,山塘干枯 7.5947 万处,溪沟断流(50 公里以下)543 条。

三、风、雹、冰冻灾

常德市地势东低西高,平湖丘陵地形复杂,属季风湿润区域,风、雹、冰雪灾害不为少见,约 10 年发生 1—3 次,多为东北、西北风和西伯利亚冷空气,即寒流带所致之风、雹、冰雪久冻而成。1988 年以后,这类灾害程度不等,然而却时有发生。

1992 年新春伊始,常德市遭受多年未遇的冰冻灾害,使春粮春油严重减产减收,不少经济林木被冻死。4—7 月,全市各地先后 8 次遭受冰雹、大风、暴雨和雷电灾害,无数树木连根拔起,上百个乡镇交通、通信一度中断,数万间房屋严重损坏,不少农田积水成河,直接经济损失近亿元。

1994 年 7 月上旬,常德市域相继数次遭到雷击、狂风、暴雨、冰雹灾害袭击。灾害来势猛烈,突发性强,一般风力达 10 级以上,阵风 12 级,狂风到处,房屋相继倒塌,大树连根拔起,电杆拦腰折断,加上冰雹、暴雨危害,损失惨重。7 月的灾害,发生在早稻成熟期和棉花花铃期,致使全市 146.1 万亩农作物严重受灾,成灾面积达 104.6 万亩,其中绝收 7.5 万亩。9 月的灾害,致棉花全部受灾受损,平均减产 5 成以上;7 月,狂风猛烈、冰雹强度大,全市刮断成材树 4.3036 万根,幼材不计其数。全市晚稻倒伏生芽,发生霉变,霉变率最高达 40%,晚稻总产量不足 27 亿斤,因灾损失超过 10 亿斤,减收近 3 亿元。同时,油菜生产遭到严重破坏,减少栽种面积 50 万亩。其他秋收作物,特别是山丘区的油桐、油菜、大豆、花生等经济作物严重减产。

1996 年 7 月 9 日 19 时 30 分，汉寿县月明潭、丰家铺、朱家铺等 3 个乡镇遭受龙卷风及雷电的袭击，风力 7 级左右，阵风中心达 8 级，持续时间达半个小时。当时，天空乌云翻滚、雷鸣电闪，龙卷风夹着暴雨，搅得天昏地暗，4 米之外看不清任何东西。狂风刮得房屋晃动、瓦片横飞，月明潭乡根粗 0.8 米的水桐树有的拦腰折断，有的连根拔起。此外，桃源县的茶庵铺乡、观音寺乡、西安镇；临澧县的望城乡；澧县的太青、甘溪、宜万、金罗、马头铺等乡镇也分别遭受龙卷风和特大山洪的袭击，其损失之惨重，为数十年来所罕见。

2000 年，6 月 1 日下午 4—5 时，澧县、津市、安乡、鼎城、石门等地遭受严重风雹灾害袭击，最大风力达 9—10 级，龙卷风夹带着直径 2—10 厘米的冰雹，持续时间约 20—30 分钟。电力、通信线路被毁、房屋倒塌、树木成片折断，农作物大面积受损，并造成人员伤亡，损失严重。全市 25 个乡镇（场）、35 万人受灾，4 人因灾死亡，460 人受伤，其中重伤 80 人。农作物受灾面积 45 万亩，其中成灾 19.26 万亩；倒塌房屋 3208 户、1.254 万间。砸死耕牛 3 头，生猪、山羊等其他牲畜 610 头（只）。大风吹断树木 4 万根，吹倒、折断电力、广播、通信电杆 800 根，造成 12 个村电力中断，30 多个村通信中断。此次灾害共造成直接经济损失 2760 万元。受灾严重的澧县七里湖农场，有 767 户房屋揭顶造成 12 人重伤、18 人轻伤，因房屋倒塌打死耕牛 3 头、生猪 66 头，吹断电杆 400 余根，线路中断 27 千米，棉花受损 4800 多亩。石门磨市镇胡坪村江正直家 3 间瓦房倒塌，其 2 岁男孩江涛被压当场身亡。

2008 年，常德市境长时间维持雨雪冰冻天气，形成了 50 年一遇的严重冰灾。从元月 11 日起到到 2 月 19 日止，冰冻时间长达 40 天。全市 207 个乡镇普遍受灾，成灾人口 460 万，因灾死亡 6 人。全倒住房 2378 户、6270 间，全市 409 万亩林地面积受灾（含苗圃用地），129 万亩柑橘、374 万亩油菜成灾，其中，绝收 35 万亩柑橘、76 万亩油菜，迎风面和海拔 450 米以上的柑橘全部冻死。全市因灾直接经济损失 32.2 亿元。

四、其他灾害

1997 年 9 月，津市市保河堤镇澧赋村 10 组流行一种怪病，发病人症状为后脑麻木、呕吐、高烧、步态不稳、心虚胆小，颤抖无力、休克、失去知觉，共有 34 人得此怪病，其中 5 人死亡。人病后，完全失去生活自理能力，其家禽家畜均已全部死光。为防止该病流行，省、市卫生防疫部门对其患者进行全封闭式安置。该市民政、财政部门共花费安置检查费 10 万元。

2009 年，常德市域共发生监测到的地震 15 次，主要分布在石门县、临澧县和澧县境内，其频度明显高于历史平均水平。

是年，常德市域共发生森林火灾 79 次，死亡 1 人，受伤 2 人；过火林地面积 4202 亩，受害森林面积 1874.4 亩；烧毁成林蓄积 3278.61 立方米，幼树 16.78 万株。直接扑火经费达 25.63 万元。共发生地质灾害 20 起，其中：滑坡 13 起，地面塌陷 2 起，地裂缝 5 起。地质灾害中，6 起为人为因素引发，14 起为降雨诱发。共毁坏农田 15 亩，毁坏房屋 9 间，毁坏县道 540

米。灾害级别均为小型,无人员伤亡。

是年,常德市域病虫鼠害累计发生 8347.2 万亩次,危害损失 5.76 亿元。主要是水稻黑条矮缩病首次在市域晚稻上广泛流行,全市晚稻发生面积达 20.7 万亩,成灾面积达 9.83 万亩,绝收 1.05 万亩,发病区平均损失率达 33.3%,损失稻谷 3.1 万吨;早稻稻瘟病发生 60 万亩,损失稻谷 0.18 万吨;一季(中)稻和晚稻“两迁害虫”稻飞虱、稻纵卷叶螟虫量上升快、来势迅猛,发生面积近 2000 万亩次,损失稻谷 6 万吨。全市柑橘大实蝇发生面积 21.4 万亩,平均产量损失 35%。林业有害生物发生总面积为 37.7 万亩,发生率为 3.56%。其中病害类杉木叶枯病发生 1.32 万亩,虫害类发生 36.38 万亩。全年成灾面积 1 万亩,成灾率 1‰,是全市近五年以来发生面积最大,危害程度最严重的一年。

2010 年,常德市域共发生 1.0 级(ML)以上地震 22 次,主要集中于澧水以南的夹山、以北的新安及附近地区。

是年,常德市域共发生森林一般火灾 69 次、较大火灾 43 次,受害森林面积 3218.8 亩,损失成林蓄积 3281.8 立方米, 与 2009 年度比较, 火灾次数上升 41.8%, 过火面积上升 58.9%,受害森林面积上升 71.7%。

是年,全市林业有害生物发生总面积为 41.59 万亩,发生率为 3.9%。 其中,病害类:杉木叶枯病发生 1.3 万亩;虫害类:发生 40.29 万亩(马尾松毛虫 4.91 万亩;松梢螟 7.23 万亩;云斑天牛 11.53 万亩;桑天牛 0.59 万亩;黄脊竹蝗 2.06 万亩;卵园蝽 0.2 万亩;油茶尺蠖 1.15 万亩;杨扇舟蛾 6.03 万亩;杨小舟蛾 4.59 万亩;油茶叶蜂 2 万亩)。年内,林业常规虫害居高不下(特别是松毛虫局部突发),松梢螟等次要病虫大面积发生,以杨树食叶害虫和蛀干天牛危害最为严重,油茶类病虫害数字增大。全年有害生物成灾面积达 2.27 万亩,其中马尾松毛虫 2.17 万亩(石门 1.57 万亩,澧县 0.6 万亩);竹蝗,汉寿 0.1 万亩,成灾率为 2‰。

2011 年,常德市域共发生森林火灾 113 起,过火面积 5846.9 亩,受害森林面积 3542.4 亩。与 2010 年度相比,火灾次数上升 0.9%,过火面积下降了 5.4%,受灾面积上升 15.5%。没有发生重特大火灾。农业生物灾害以病虫草鼠为主,累计发生 9846.12 万亩次,防治面积 13998.34 万亩次,造成实际经济损失 9.4 亿元。加拿大一枝黄花、豚草、空心莲子草、凤眼莲、福寿螺、毒麦、加拿大蓬、三叶鬼针草等 16 科 46 种外来物种在全市各区县市均有发生, 因危害造成经济损失达 1 亿元。林业有害生物发生总面积为 31.761 万亩, 发生率为 3.0%。

2012 年,常德市域共发生森林火灾 66 起,过火面积 2395.35 亩,受害森林面积 1529.4 亩,其中原始林 12 亩,人工林 1517.4 亩,损失成林蓄积 1937.7 立方米,损失幼林株数 15.295 万株。没有发生重特大火灾。全市共发生地质灾害 62 起,死亡 3 人;全市共发生农业生物灾害 48 种, 其病、虫、草、鼠发生面积 9821.35 万亩次。全市林业有害生物发生总面积为 50.8422 万亩,发生率为 4.8%,比 2011 年增加 19 万宙。全年有害生物成灾面积 0.82 万亩,成灾率0.17%。

2013年,全市共发生森林火灾42起,过火面积1696.5亩,受害森林面积939.4亩,损失成林蓄积2244.08立方米,损失幼林7350株。全市共发生地质灾害71起,灾害级别均为小型,其中滑坡64起、崩塌4起、地面塌陷3起,造成1人死亡。是年,全市农作物有害生物偏重发生,病虫草鼠害累计发生9140.17万亩次,防治面积11760.83万亩次。是年,全市林业有害生物发生总面积为40.71万亩,比2012年减少10.13万亩,其中:轻度发生37.47万亩,中度发生3万亩,重度发生0.24万亩。全年有害生物成灾面积0.13万亩,林业有害生物成灾率为1.2‰,控制在0.4‰以内。因全年没有发生林业有害生物重大疫情,故未启动应急预案。

附:

常德市1988—2013年自然灾害纪要

1988年初,常德市局部地区先后受到冰冻、冰雹和龙卷风的袭击;4月中旬至8月中旬,普遍遭受持续干旱的困扰;8月中旬至9月中旬,又遭到百年未遇的特大秋汛袭击。全市先后有西湖垸、八官垸、土硝垸等26个子垸溃决或破口蓄洪,涉及25个乡(镇)、71个村、682个村民小组,3.3万个农户,淹没晚稻18.8万亩,失收15.3万亩。全市因灾直接经济损失11亿元。

1989年8月下旬至9月上旬,常德市域普遍遭受严重洪涝灾害的袭击。全市严重受灾的乡镇达256个,受灾人口393万人。全市因灾倒塌房屋1.0941万间,因灾死亡35人,伤1413人,其中重伤471人,冲走和压死牲畜9610头。全市1000余家各类企业停产,损失5100多万元;1500家国营、集体和个体商店停业,近400所学校停课,1000多趟班车停开。全市因灾冲坏公路5850处,冲垮桥梁793座;冲倒电杆2224根;3235处水利工程被毁,其中冲垮塘坝3217处、大型渡槽5处、小水电站13处;冲垮渠道1535处、188公里;有4个堤垸溃决,渍淹农田1606亩。

1990年,常德市境气候异常,灾害种类多、时间长、范围广。入春后低温阴雨,局部地方遭受冰冻灾、冰雹、雷雨狂风袭击。是年,全市各种农作物受灾总面积达565.8万亩,减产三成以上的338万亩,绝收或基本失收的106.6万亩。

1991年6月底至7月上旬,全市普降大到暴雨,平均降雨量342毫米,其中石门、临澧、澧县三县平均降雨量433.7毫米,降雨量最多的临澧县平均达464.8毫米。强降雨导致山洪暴发,沅澧两水暴涨,库塘瀑满,外洪内涝,损失惨重。据灾后反复核实,全市共倒塌房屋14.1271万间,其中民房全倒2.751万户、8.253万间,部分损坏房屋23.9493万间,其中成为危房、无法居住的有2.37万户。全市因灾死亡76人,重伤315人,有40万灾民和60万抗洪劳力染病或患病。因灾损失各种生活用品 10.8 万件,农机具 3.0808 万件,粮食 2975 吨,化肥 2428 吨;死亡大牲畜近 4 万头、家禽 6 万多只,累计农民家财损失 2.5 亿元。

1992 年,常德市域多灾并发,灾害频繁。冰雹、大风、雷雨、干旱、洪水灾害交替发生,损失惨重。全市 268 个乡镇、3912 个村、128.42 万农户、449.51 万人受灾,其中特重灾民 71 万人,重灾民 202.5 万人,轻灾民 41.206 万人。全市 1060.44 万亩农作物(其中粮食作物 644.64 万亩,经济作物 415.8 万亩)受灾,成灾面积 749 万亩,绝收 164.73 万亩,早稻产量虽有所增加,但晚稻减产,全年粮食减产 26.2 万吨。全市因灾倒塌房屋 2.4 万间,其中民房 2.3 万间;损坏房屋 34.4 万间。全市因灾倒断电杆 1.2954 万根,冲垮桥梁 8 处,冲垮塘坝 313 处,刮断电线 240 千米,冲垮泵站 35 座,冲垮小水电站 16 座,冲垮公路 243 处、38 公里,冲垮渠道 3209 处 346.7 千米,冲垮堤防 791 处 54.7 千米。全市因灾直接经济损失达 65.989 亿元。此外,全市各地因旱灾严重,致使 5067 个村民小组,46.4123 万人,42.65 万头牲畜发生饮水困难。

1993 年,常德市境连续 4 次遭受暴雨洪涝灾害。暴雨洪涝灾害来势猛,持续时间长,受灾范围广,给人民生命、财产造成了惨重损失。全市先后浸溃巴垸子垸 43 个,因灾死亡 20 人,受伤 1464 人,其中重伤 119 人。全市因灾倒塌房屋 3.8 万间,造成 8.4033 万人无家可归。冲走、砸死大牲畜近 3 万头,家禽 34 万只。全市洪涝灾害造成直接经济损失 10.3 亿元。

1994 年 7 月上旬,常德市域相继数次遭到雷击、狂风、暴雨、冰雹灾害袭击。灾害来势猛烈,突发性强,致使全市 270 个乡镇、3853 个村(居)、105.25 万户、407.42 万人受灾。全市因灾死亡 6 人,重伤 133 人。因灾死亡大牲畜 2397 头,砸死家禽 3.5 万只。共倒塌房屋 9899 间,其中全倒房 590 户,10.5636 万间房屋不同程度受损。7 月的灾害,发生在早稻成熟期和棉花花铃期,致使全市 146.1 万亩农作物严重受灾,成灾面积达 104.6 万亩,其中绝收 7.5 万亩。9 月的灾害,致棉花全部受灾受损,平均减产 5 成以上;7 月,狂风猛烈、冰雹强度大,全市刮断成材树 4.3036 万根,幼材不计其数。全市晚稻倒伏生芽,发生霉变,霉变率最高达 40%,晚稻总产量不足 27 亿斤,因灾损失超过 10 亿斤,减收近 3 亿元。同时,油菜生产遭到严重破坏,减少栽种面积 50 万亩。其他秋收作物,特别是山丘区的油桐、油菜、大豆、花生等经济作物严重减产。

1995 年 5—7 月,常德市域接连遭受四次大的洪涝灾害。全市 243 个乡镇、3331 个村受灾,成灾人口 265.75 万人,其中特重灾民 97.46 万人,重灾民 106.27 万人。全市因灾直接经济损失 41.8 亿元。

1996 年, 常德市域多种自然灾害反复多次交替发生, 尤其是 5 月末至 6 月上旬以及 7 月份的特大洪涝灾害,致使人民生命财产损失惨重。全市受灾人口 475 万人,成灾人口 317 万人,全市因灾死亡 40 人,伤 14.23 万人;倒塌房屋 15.5274 万间,其中全倒户 4.4807 万户、13.7 万间,损坏房屋 23.4 万间,死亡大牲畜 7.8 万头。全市因灾直接经济损失达 74.3 亿元。

1997 年,常德市境先后遭受干旱、龙卷风、暴雨、泥石流、山洪等多种自然灾害。全市受灾人口210.5万人,成灾人口75.6万人、特重灾民4.8万人。农作物受灾面积124.5万亩,其中成灾面积79.5万亩,绝收面积21万亩,冲毁耕地6万亩;共损坏家具及农机具1.24万件(台);因灾死亡7人,死亡大牲畜3800头(只);毁坏公路165处380余公里,桥梁220座,小型电站3座,变压器50台,通信及电力设施4200杆/公里,水库13座,水利设施230处、640公里;矿山塌方13座。全市因灾直接经济损失达2.87亿元。

5—6月,汉寿、鼎城、安乡、津市等4区、县(市)的12个乡镇相继遭受高强度龙卷风袭击,并伴有强降雨。中心风力达12级,暴雨中心区半小时降雨50毫米,造成1人死亡、86人受伤、4人终身残疾。5月下旬和6月下旬,澧县、石门县共有14个乡镇先后遭受暴雨山洪灾害,受灾人口68万人,成灾人口59万人,其中特重灾民3.2万人,倒塌房屋1870栋5.6万间,冲毁耕地6万亩,因灾死亡1人,重伤185人,直接经济损失1.3亿元。6月5日下午6时至6日晚上10时,石门县壶瓶山等4个乡镇普降特大暴雨,致使山洪暴发,山体滑坡,致63个村、477个村民小组,1.13万农户、3.4万人受灾,555户、1395间房屋倒塌,其中全倒171户、478间,冲毁学校3所、通信电力设施237杆/公里。农作物受灾面积达7.2万亩,冲毁耕地5万亩。5座磷矿、8座煤矿严重塌方,1.1万吨原煤被冲走。冲毁电站3座,造成22家茶厂被迫停产,2500多担茶叶无法加工而损坏。280多人无家可归,8000人被围困深山。

1998年,常德市域灾害不断,继4月23日遭受特大冰雹、线性风的袭击之后,又于6月下旬、7月上旬和7月下旬连续三次遭受特大暴雨的袭击,其受灾面之广,损失之重,为历史所罕见。全市受灾人口达340.1万人,成灾人口248万人,农作物受灾面积363.3万亩,成灾297.75万亩,其中绝收面积135.1万亩。有60.47万人一度被洪水围困,40.68万人无家可归。因灾死亡157人,伤病2.25万人。有61万间房屋受损,28.75万间房屋倒塌,其中全倒户4.5866万户、16.2782万间,有23.8万头(只)牲畜被洪水冲走。全市直接经济损失共计96.16亿元。

1999年,常德市域先后遭受39次自然灾害,其中风雹灾14次,洪涝灾20次,滑坡泥石流1次,旱灾2次,病虫害灾2次。全市受灾农作物面积485万亩,成灾332万亩,其中绝收90多万亩。受灾人口396万人,成灾270万人。被洪水围困人口17.78万人,紧急转移16.64万人,无家可归5.73万人,因灾死亡19人。倒塌房屋2.755万间,损坏房屋20.03万间,因灾损失粮食25.3万吨,减产粮食79.6万吨。全市因灾直接经济损失达28.155亿元。

2000年,常德市域先后遭受风暴灾、洪涝灾、旱灾、虫灾、低温阴雨等多种自然灾害。

5月下旬以后,全市大部分地区久旱无雨。6月11—30日,常德市境平均降雨仅32.7毫米,7月3—18日,全市平均气温30℃以上。加之上年冬季久晴无雨,储水不足,致使大部分地区旱情特别严重,一部分本来就缺水源的山丘区更是火上加油,旱情愈演愈烈。据统计,全市受旱群众158万人,农作物受旱面积196万亩,其中绝收40万亩。干旱致使全市3.6万口山塘干涸,600座小Ⅰ、Ⅱ型水库仅维持死库容,蓄水总量比历史最低年份的12亿立方米还少1亿立方米;60万亩稻田脱水,开坼25万亩,枯萎死苗13万亩,22万亩晚稻因缺水无法抢插，近 40 万亩经济作物因旱严重减产。

是年，全市受灾人口达 220 万人，农作物受灾面积 382.5 万亩，因灾死亡 8 人，伤 715人，其中重伤 40 人，倒塌房屋 1.254 万间。全市直接经济损失 20.46 亿元。

2001 年，常德市域遭受洪涝、冰雹、龙卷风、病虫害及夏秋冬三季连旱，尤以旱灾极为严重。全市受灾人口 389.7 万人，成灾人口 280.5 万人。农作物受灾面积 597 万亩，成灾面积 419.1 万亩，绝收面积 180.6 万亩，直接经济损失 16.85 亿元。

2002 年，常德市境先后遭受冰雹、龙卷风、暴雨袭击。

是年 4 月 3 日至 5 月 6 日，全市降雨量平均达 300 毫米，局部地区超过 500 毫米，澧水、沅水陡涨，超过内河水位，造成两水流域沿线渍水成灾。4 月 2 日，石门县遭受历史罕见的特大暴风和冰雹灾害；4 月中下旬至 5 月底，全县再次遭受长时间低温阴雨和特大暴雨袭击，降雨量达 608.4 毫米，比历史同期平均降雨 322.8 毫米多 285.6 毫米。4 月 22 日至 5 月 8 日，桃源县域气温偏低 10℃—15℃，降水量偏多，无光照，出现典型的倒春寒天气。连续降雨达 17 天，且雨未停，降水量为 226.8 毫米，局部地区 318 毫米；日照数为 0，为近 40 多年之少见。4 月 22 日至 5 月 4 日，西湖管理区降雨量达 386.5 毫米，是历年同期的 2 倍；安乡县降雨量为 520.1 毫米，是历年同期的 2.5 倍，日平均气温在 15℃以下；鼎城区白鹤山乡 2.3897 万亩农田被淹，水深达 80 厘米，有 2 公里村级公路浸泡在 50 厘米水中 15 天之久；临澧县合口、新安、柏枝、烽火等乡镇 2.25 万亩农作物被淹，1.2 万亩油菜被 35 厘米渍水浸泡 16 天，多数已发芽或霉烂变质。全市临洪一线大堤垮坡 193 处，长达 2.17 万米。4 月 23 日至 5 月 5 日，安乡县共发生临洪大堤垮坡垮堤 105 处，累计长度 1.494 万米，其中安澧大垸最为严重，全垸共有 38 处垮坡，累计长度 5870 米。5 月 4 日，鼎城区黑山嘴乡黄泥湖大堤决口，17 户、51 间民房、3000 亩农田被淹。澧县境内澧水 4 月 24 日至 5 月 4 日 10 天时间内出现 4 次洪峰，其中有两次超过 5600 立方米 / 秒，创下该县新中国成立以来水文新纪录。平湖区各堤垸内湖水位普遍超过排水位 0.5 米以上，造成严重内渍。5 月 4 日，桃源县境内黄石水库瀑满，溢洪造成该县浯溪河乡 7 个村的 5038 亩农作物被淹、冲毁。

是年，全市 210 个乡镇 473.1 万人受灾，成灾人口 378.4 万人，农作物受灾面积 701.61 万亩，成灾面积 582.48 万亩，绝收 350.805 万亩，倒塌房屋 1.5638 万间，损坏房屋 5.755 万间；全市 638 座大中型水库湖泊暴满溢洪；因公路被毁造成 610 个村交通中断，损毁输电线路 1120 公里，367 处电力设施严重损坏。218 个村供电中断。全市因灾直接经济损失 31.29 亿元。

2003 年，常德市域先后遭受暴雨、冰雹、雷击和龙卷风袭击。全市 188 个乡镇、2861 个村，241.55 万人受灾，成灾人口 210.7 万人，因灾死亡 2 人，伤 1418 人；被洪水围困 39.6 万人，紧急转移安置 31.8 万人，被洪水围困村庄 75 个，石门县城被淹。全市受灾农作物面积 382 万亩，成灾面积 321.7 万亩，绝收面积 95.8 万亩，其中冲毁耕地面积 8.86 万亩。全市因灾直接经济损失达 34.55 亿元。

2004年7月11—20日,常德市境普降大暴雨。沅水水位急剧上涨,沅水桃源站水位达43.95米,超警戒水位1.45米。汉寿县平均降雨140毫米上,其中龙潭桥204毫米,岩汪湖198毫米,牛角尖196毫米,坡头190毫米。7月20日12时,沅水盘湖昏、车脑、龙打吉超过警戒水位,赵家河、蒋家嘴、翻水口外水位迅速抬高,柳溪、高家坝、荆竹界等小Ⅰ型和桃源洲等十座小Ⅱ型水库溢洪;西湖高水内江、撇洪河、沧浪水系接近警戒水位,内垸渍涝严重。全市受灾人口230万人,成灾人口180万人;农作物受灾面积280万亩,成灾面积210万亩,绝收面积58万亩;损坏房屋2.4824万间,其中倒塌房屋5510间;因灾死亡4人,全市因灾直接经济损失5.8亿元。

2005年,常德市境先后发生龙卷风、冰雹、洪涝、干旱等自然灾害。全市207个乡镇不同程度受灾,成灾人口148万人,农作物受灾面积215万亩,成灾面积176.3万亩,绝收面积79.6万亩,因灾直接经济损失5.9亿元。

2006年入夏后,石门、澧县等地遭受严重干旱。8月24日晚至25日凌晨,鼎城、石门、桃源普降大到暴雨,降雨量达191.5毫米。鼎城区花岩溪、逆江坪、沧山等地出现特大山洪,导致山体滑坡,冲毁大量的农田、道路、桥梁。此次灾害造成9.5万人受灾,农作物受灾面积11.25万亩,因灾损坏房屋20.1万间,倒塌房屋200间,死亡大牲畜50头。因暴雨和山体滑坡造成130公里路段被毁,冲毁桥梁40座,倒塌电杆200多根。

是年,全市200万人受灾,成灾人口150万人,农作物受灾面积达130万亩,共损坏房屋24.5万间,倒塌房屋1200间,因灾死亡3人。全市因灾直接经济损失2.6亿元。

2007年,常德市境先后遭受洪涝、风雹、病虫害、泥石流、干旱等自然灾害的袭击,造成全市254.8万人受灾,成灾人口142万人,因灾死亡7人,紧急转移安置1.5462万人。因灾倒塌房屋2067户、8645间,损坏房屋24.0737万间,因灾直接经济损失2.2亿元。

2008年,常德市境长时间维持雨雪冰冻天气,形成了50年一遇的严重冰灾。从1月11日起到2月19日,冰冻时间长达40天。全市207个乡镇普遍受灾,成灾人口460万,因灾死亡6人。全倒住房2378户、6270间,全市409万亩林地面积受灾(含苗圃用地),129万亩柑橘、374万亩油菜成灾,其中,绝收35万亩柑橘、76万亩油菜绝收,迎风面和海拔450米以上的柑橘全部冻死。全市因灾直接经济损失32.2亿元。

2009年,常德市境先后共发生大小自然灾害129次。全市338万人受灾。因灾死亡3人(含森林火灾死亡1人);因灾伤病2.5009万人;因灾死亡大牲畜2914头。紧急转移安置3.425万人;42.9万人发生饮水困难。全市因灾直接经济损失12亿元。

是年,全市各地低温阴雨、暴雨洪涝、干旱、雷电、大风(龙卷风)、冰雹及高温干旱等,共出现31次。年内共发生2次(6月7—9日、6月28日—7月1日)大的强降雨过程,农作物受灾面积49.56万亩,减收粮食6.35万吨,水产养殖损失3.5万吨;停产工矿企业5个,公路中断144条次,通信中断5条次;损坏小型水库14座,堤防10处2千米,护岸100处,水闸113座,冲毁塘坝11座,损坏灌溉设施562处。是年,全市农作物受旱面积达到370万亩,其中水稻受旱 185.8 万亩，旱粮作物受旱 184.2 万亩，共减产粮食 43.4 万吨。

2010 年，常德市域共发生大小自然灾害 253 次，其中水旱灾害 39 次、地质灾害 69 次、地震灾害 22 次、森林火灾 112 次、生物灾害 11 次。

是年，强降雨造成常德市全境受灾，受灾严重的是石门县南北镇、壶瓶山镇和桃源县钟家铺、理公港、双溪口、牛车河、黄石、龙潭、漆河、九溪等乡镇。全市受灾人口达 185.84 万人，紧急转移安置灾民 13.34 万人。农作物受灾面积达 229.2 万亩，成灾面积 125.4 万亩、绝收面积 45 万亩，因灾倒塌房屋 930 户、2174 间，损坏房屋 1.2543 万间。因灾直接经济损失 17.21 亿元。

2011 年，常德市域共发生自然灾害 226 次，其中水旱灾害 18 次、地质灾害 72 次、森林火灾 113 起、生物灾害 23 次。是年 1 月 1 日至 9 月 30 日，全市降雨量 708.3 毫米，比历年同期平均降雨量 1144 毫米少 38.1%，其中汛期 4 月 1 日—9 月 30 日，全市降雨时空分布不均匀，呈前少后多趋势，且澧水流域多于沅水流域，雨水集中期出现在 6 月。6 月 17—19 日，受中低层切变线、高空低槽和弱冷空气的共同影响，常德市域发生了雨量最大、范围最广、损失最重的强降雨过程。全市内江内湖、水库溪河水位猛涨。18 日下午 5 时，全市出现 69 座水库溢洪，其中大型水库 1 座（桃源县竹园水库），中型水库 1 座（石门县双红水库），小Ⅰ型水库 11 座，小Ⅱ型水库 57 座。

是年，全市 208 个乡镇，303.1 万人受灾，因灾死亡 3 人，伤病 9600 人；紧急转移受洪水围困的群众 7.0587 人；有 52.57 万人因旱灾发生饮水困难；农作物成灾面积达 654.54 万亩，减收粮食 8.2 万吨，因灾倒塌房屋 1243 户、3321 间，损坏房屋 1.0198 万间；损坏小型水库 2 座、堤防 222 处、2.9 公里，冲毁塘坝 182 座，损坏灌溉设施 215 处。全市因灾直接经济损失 32.8 亿元。

2012 年，常德市域共发生自然灾害 210 次，其中，水旱灾害 10 次、地质灾害 62 次、森林火灾 66 起、林业有害生物灾害 17 次、农业生物灾害 48 次、地震灾害 7 次。

是年 1 月 13—22 日，全市连续 9—10 天持续低温雨雪寡照天气，平均总日照时数仅 0.8 小时，其中常德、石门无日照。21—22 日，全市普降大雪，其中沅水流域大到暴雪。4 月初，天气放晴，气温迅速回升，4 月 2 日，全市大部分地区日最高气温均突破 30℃，2 日傍晚至 3 日凌晨，受北方较强干冷空气影响，风速加大到 5—6 级，并持续近 9 个小时，其中汉寿、常德出现大风，常德花山观测站 2 日 20 时 24 分瞬时最大风速达 22.8 米 / 秒。4 月 12 日，全市出现短时强降水、雷雨大风等强对流天气。市城区多处树木被吹倒，交通事故频出，短时强降水导致汉寿县受灾较重，全县受灾人口 5.16 万，损坏房屋 23 间，倒塌房屋 7 间，农作物受灾面积 4.69 万亩。

2013 年，常德市共发生自然灾害 190 次，其中，水旱灾害 15 次、地质灾害 71 次、森林火灾 42 起、林业有害生物灾害 13 次、农业生物灾害 46 次、地震灾害 3 次。全市 242.58 万人口受灾；因灾死亡 10 人；紧急转移安置 3.32 万人次；因灾造成直接经济损失 26.3 亿元。

春季，全市平均气温较常年同期偏高，3 月上旬各地极端最高气温均突破历史极值。3 月上旬后期至中旬前期、4 月中旬后期至下旬前期、5 月下旬后期出现强降温天气。3 月 10 日，全市即迎来大范围的强降温、大风天气过程,24小时平均气温降幅达8℃左右,大部分地区出现7级或以上的瞬时大风。3月12—13日,全市普降小雨,局地中雨,并伴有强雷暴。3月12日20时20分许,雷暴击中鼎城区草坪镇先锋村先锋烟花鞭炮有限公司,并引发爆炸,导致该公司8座生产车间被完全炸毁,近70座车间房顶被掀翻,公司鞭炮中间产品所剩无几,直接损失达300万元。同时,鞭炮公司爆炸引发的冲击波,导致附近村民房屋受损严重。6月6—7日,全市迎来入汛以来最强降水天气过程。7月6—7日,全市普降大雨,部分暴雨,局地出现大暴雨,并伴有强雷暴天气。7月20—21日,澧水流域普降大到暴雨,个别乡镇大暴雨,沅水流域以小雨为主。8月23—25日,全市迎来强降雨、大风天气过程。强降雨主要分布在沅水流域及澧水流域中游一带。

第二节 抢险赈灾

晚清、民国100余年中,常德各县发生洪水灾害竟达260次之多,堤垸溃决,田庐冲毁,漂没禾稼人畜,府县城市淹没,街市行舟,居民多不及迁避而溺毙,损失惨重。民国24年(1935),常德因水灾损失稻谷2000万担,溺毙3万余人,其中澧县淹毙万余人,县城水圮,沿澧水各乡尽成泽国,灾民约30万人,饥民遍布路、市,嗷嗷待哺,惨不忍睹。所及县乡报省赈济委员会,拨常赈款、粮以急赈灾民不足万人。华洋义赈会等慈善机构在常德县城、桃源陬市、澧县城、津市、汉寿县城等地设赈坛,开粥铺近100家,所设坛、铺时间长仅达10日,短不到3日,赈济饥民数千。1840—1949年,常德各县的旱灾达175次。沅水流域达172县次,澧水沿岸163县次,连续干旱2年的157县次,3年的12县次。其中石门、慈利、临澧、桃源县旱情更惨。民国34年(1945)春、夏,久晴不雨,全地区大旱。田亩龟裂,民以树皮泥土充饥,胀毙、饿毙及饥饿难忍自尽而死者不可胜计。地方执政当局,虽也采取一些赈济措施,但因政府腐败,生产力低下,人们无力抗灾,饥民只好祈求神灵保佑消灾。风灾、雹灾、冰冻、霜雪灾和震灾,比比皆是,不可胜举。以往中国的历朝遇灾,必酿至大饥大荒。

新中国成立后,常德各地自然灾害屡屡发生。小灾年,成灾人口几万至十几万;大灾年少则十几万,多则超百万,占1/3的耕地面积常受灾,损失巨大。但是,地、县各级党、政领导十分重视,动员国家机关,企事业单位干部职工及社会各界力量,常德军分区,以人力、物力和财力抗灾防灾,抢险赈灾。据统计,1949—1988年,全地区水利建设总投资5.87亿元,修筑江河湖堤1615公里,新建水库1287座,塘坝4.4万处,蓄水总容量30亿平方米,机电灌排设施7.9万台(件),可预防中、小水、旱灾的蓄洪与抗旱。灾害发生后,常德地区、县(市)民政部门在当地党委、政府的统一正确领导下,认真履行职责,现场勘察灾情,组织救灾募捐,及时发放救灾款、粮、衣物等赈济灾民,并动员灾区群众开展生产自救、重建家园。1950—1987

年，全区共拨发自然灾害救济款 12955.03 万元，其中专项建房款 17227.61 万元；救济粮款 25190.91 万元；各种救济物资折款 87131.51 万元，用于妥善安排灾民生活，以保灾区人民安定，社会稳定。

1988—2013 年，常德市域自然灾害有增无减，人民生命财产及工农业生产遭受巨大损失。然而，每遇大灾，常德市、县（区、市）党委、政府和军事机关，领导身先士卒，迅速组织数以万计的干部、上百万群众开赴抗洪抢险第一线；动员和组织市、县（区、市）各级各部门以及社会各界力量，同心同德，奋战在救灾防灾前线。全市各级各部门及灾区广大人民群众认真贯彻执行党的救灾工作方针，全面动员，严防死守大堤大垸；奋力拼搏，紧急转移安置灾民；全力以赴，上下协作，开展生产自救；各司其职，保学防疫、堵口复堤、重建家园，夺取救灾工作一个又一个的全面胜利。群众称：共产党好，灾年不见灾；社会主义好，荒年衣食也不愁！

1988 年 8 月至 9 月，常德市域遭受百年未遇的特大秋汛的危害，沅水连续 4 次出现高洪；澧水及淞、虎河系的水位相继猛涨，形成与洞庭湖顶托之势，居高不下。致使全市 25 个乡（镇）71 个村严重受灾，淹没农田 64 万亩，晚稻失收 48.3 万亩。全市因灾直接经济损失 11 亿元。

灾害发生后，中共常德市委、市人民政府带领全市人民千方百计抗灾救灾。是年 8 月，先后到 38 个乡镇 51 个村调查了解核实灾情；同时，市救灾办会同民政、粮食、银行、农经等部门拟定了轻重灾的划分标准以及按此标准确定的粮食产、购、留、退、返原则，税收减免，灾区农民负担的核定，债权债务的处理，救济款物发放等政策界限和实施意见。

9 月起，灾区各地及时开展生产自救。同时，迅速抓好水毁设施的修复，并积极组织社会募捐。至年底，全市共募集现金 800 万元，粮票 70 万斤，衣物 30 余万件，以及柴油机、肥料、木材等物资，大大地缓解了灾民的一些实际困难。

是年，全市共下达救济款 1799 万元，各种减免赔偿款 2595.4 万元，减缓粮食指标 14.4 亿公斤，以及钢材、木材等计划物资指标和募捐物资。在救灾款物发放过程中，有的单位建立了专人专帐；有的采取了钱随粮（物）走，钱粮（物）挂钩的办法，同时，加强了监督检查。全市共查处违法乱纪行为 9 起，其中判刑一起。

1995 年 5—7 月，全市接连遭受四次大的洪涝灾害。全市 243 个乡镇、3331 个村受灾，成灾人口 265.75 万人，其中特重灾民 97.46 万人，重灾民 106.27 万人。据核实，全市直接经济损失 41.8 亿元。

灾害发生后，全市人民团结一心，顽强拼搏，奋力救灾，把灾害压缩到局部地区，把损失减少到最低限度，灾区没有饿死一个人，没有疫病流行，没有成批的逃荒现象，没有出现大的治安事件，实现了灾区稳定，灾民情绪稳定，灾后各项生产自救工作稳定。

是年 5 月，市、县各级均成立了两套班子，一套班子抓日常工作，一套班子抓抗灾救灾，明确分工，明确责任，分工协作，共同奋战灾害。市委、市政府从各部门抽调人员 56 人，专门组建了市救灾工作办公室，市救灾办公室下辖四个专门组，即救灾募捐组，负责全市的支灾募捐工作;救灾勘灾组,负责澄清全市的灾情,安排灾民生活;疾病防治组,负责灾民的疾病防治;综合组,负责全市的灾情汇报和救灾支灾的全面工作。市委书记吴定宪、市长张昌平,市委副书记彭孟之、王孝忠,副市长钦时中、洪明祥、陈君文,市委常委、秘书长莫道宏,市人大常委会副主任何星甫、鲁芝夫,市政协副主席马桂迟等,坚持战斗在支灾救灾第一线,指挥全市的支灾救灾工作。6月,市委、市政府先后派出13个救灾工作组,赶赴桃源、汉寿县重灾区,帮助组织抗灾救灾工作。在桃源县城进水和汉寿县两个垸溃决之后,市民政局立即明传电报向民政部、省民政厅进行紧急呼救,请求支援。民政厅获悉后连夜组织人员装机,先后派直升飞机投放救灾物资40架次,以济灾民之急需。

7月5日,市救灾募捐动员会后,全市上下迅速掀起了赈灾募捐高潮。中央省属驻常各单位、市直各机关、企事业单位、广大个体、工商业者和社会各界人土均纷纷慷慨解囊、踊跃捐款捐物。至8月20日,共直接接收市内、外捐款555.97万元,各类物资折款58.09万元。尤其是常德卷烟厂、市经委系统、市政法委系统、市委宣传部系统等部门单位的慷慨捐献,把整个赈灾募捐工作推向了高潮。各区县(市)发扬"一方有难、八方支援"的传统美德,积极开展对口支灾,安乡、石门、临澧、澧县、津市、武陵等区县(市),为汉寿、桃源县送去现金75万元,大米100吨,石灰100吨及其它物资。灾情较重的鼎城区也积极主动向特重灾区县给予款、物支援。在被洪水围困的关健时刻,桃源纺织厂等单位向灾区人民伸出了友谊之手,从物资上和精神上给予了极大支持。在灾区最困难的时候,市委、市政府先后两次组织赴省上京汇报,争取了大量资金和物资。这些款物的到位,在很大程度上缓解了灾民的燃眉之急。

在汉寿大南湖溃垸后,市委、市政府等几大机关抽调200多人组成紧急援救分队,连夜赶赴灾区,抢救灾民。市直部门调用100台车辆,帮助灾民紧急转移。省防指空投大批救生圈,援救被洪水围困的灾民。市、县先后六次动员非灾区和轻灾区的40多个乡镇和近80个机关、学校帮助转移和疏散灾民,经过一周的努力,把10多万住在大堤上的灾民基本上疏散到农户、机关和学校中安置。

是年,全市共发放救灾款1423万元,物资折款13.3万元,药品折款102.4万元。

8月以后,全市上下集中精力,抓晚稻抢插。各地相继组织晚稻种子750多万公斤,实插晚稻380万亩,比1994年扩大20万亩。受灾严重的桃花源镇、八字路乡,实现了抢插晚稻"寸土必争"。洪灾刚过,全市组织27.8万人,筹集资金260万元,修复水库94座(其中中型水库5座),塘坝2720处,小水电站17处5055千瓦,涵闸292处,建渡槽7处,修复渠道202处1570公里,恢复灌溉面积65万亩。市、县共组织4000多劳力和近100个施工单位,调集300多台施工机械,赶赴汉寿县南湖垸堵口大会战。副市长洪明祥坐阵指挥,提前四天完成了堵口截流任务。各区县(市)通过召开棉花、养殖业、冬季农业开发和乡镇企业抗灾补损专项工作会议,立足于粮食损失经济作物补,抓住了主动权,不少地方出现了大灾不见灾的良好局面。市、县卫生部门先后派出171个医疗队,3083人次医护人员到灾区巡回医疗,在灾区的饮水消毒、退水后污染垃圾处理和为灾区群众普遍打防疫针这三个环节上,环环到位，人人过关，有效地控制了疫病流行。当年流行病的发病率比 1994 年同期下降了 17.3%，实现了大灾无大疫的目标。

1998 年，常德市域自然灾害频繁发生。全市各地灾害不断，继 4 月 23 日 8 个区、县(市)遭受特大冰雹、线性风的袭击之后，又于 6 月下旬、7 月上旬和 7 月下旬连续三次遭受了特大暴雨的袭击，其受灾面之广，损失之重，救灾之艰难，为历史所罕见。

大灾发生后，党中央、国务院高度关注，省委、省政府十分重视，全市广大干部群众、驻常部队官兵与罕见的特大洪水展开了一场殊死搏斗的硬仗。广大军民团结奋战，终于保住了淞澧大圈、沅南大垸，保住了常德城区和国家重点工程及所有大中型水库。同时，还在短时间内奇迹般地堵住了安造垸书院洲溃口，抢修成安尤北间堤和安造北大堤，终于保住了安乡县城，保住了整个洞庭湖，取得了抗洪救灾的重大胜利。

汛前，中共常德市委、常德市人民政府提前制定了防御 1954 年型洪水的方案，明确提出沅水按照 2.8 万—3 万流量、澧水按照 1.8 万—2 万流量标准设防，并尽早做好相应的准备。汛期，及时组织 2.8 万名干部、120 万劳力、6500 名官兵、5600 台车辆、1250 艘船只战斗在抗洪第一线。常德市委、市政府、市防指提出“防汛压倒一切，一切服从防汛”的指导方针，动员全市各方面力量，形成了抗洪救灾的强大合力。

6 月 12—24 日，全市累计降雨 418 毫米，常德市境普遍发生洪涝渍灾，澧水、淞滋水、沅水出现特大高洪，临洪大堤全线超过危险水位。7 月中下旬，常德市境又连续普降暴雨，全市笼罩在一片令人心悸的惊风苦雨之中。澧县，全力以赴组织群众与出现建国以来的第一次高洪搏斗；汉寿县，撇洪河水位连续维持在危险水位以上；澧水倒灌和沅水洪峰使全县 150 公里临洪大堤险象环生；临澧县，澧水发难，山洲、关山、洞坪、烽火 4 垸相继漫溃；津市市，阳由、新洲渍水成灾，数十万亩良田一片汪洋；鼎城区，外遭沅、澧两水夹击，内受冲柳高低水威胁；桃源县，正与沅水历史上第二高洪苦苦鏖战……7 月 23 日下午 2 时 30 分，澧县澧南垸漫溃，洪水狂泻，垸内数万生灵被洪水围困。时任常德军分区司令员李家金冒着瓢泼大雨，在冲锋舟上指挥官兵紧急营救被困群众。是日晚，时任国务院总理朱镕基致电慰问常德市抗洪军民，并要求确保淞澧大垸，确保常德市。7 月 24 日上午，澧县西洲垸漫溃；下午，澧县官垸漫溃。是日 21 时 50 分，安造大垸溃决，9.1461 万人遭受灭顶之灾。时

1998 年 7 月 23 日，2000 多名从澧县县城赶来的预备抢险队员，通过水运抵达澧县官垸乡建武村，火速奔向险堤

任常德市委书记吴定宪连夜赶赴现场,坐阵指挥,并要求全力保住安乡县城。

7月25日,常德市防汛指挥部决定,任命周用金、杨光宏、钦时中为安乡县安尤北间堤指挥长,抢筑北间堤,保卫安乡县城。任命洪明祥为书院洲堵口指挥长,负责安乡县安造大垸书院洲堵口工程。自此,拉开了全市集中优势兵力组织四大战区会战的序幕,即淞澧大圈保卫战、淞滋河系安乡保卫战、冲柳高水常德城区保卫战、沅南大垸保卫战。在三线作战中,澧水突出淞澧大垸,沅水突出常德城区,淞滋河系突出安乡县城。在力量的调度、器材的安排上保障重点,死守确保。

7月28日,时任国务院副总理、国家防汛抗旱指挥部总指挥温家宝,中央办公厅副主任陈福兮,国务院副秘书长马凯,民政部副部长范宝俊,水利部副部长周文智,水利部长江水利委员会主任黎安田等,察看安乡抢修护城隔堤、堵口工程,慰问抗洪部队官兵和受灾群众。

9月1日,时任国务院副总理李岚清深入澧县重灾区视察。

9月3日,时任中共中央总书记、国家主席、中央军委主席江泽民,中共中央政治局委员、国务院副总理温家宝,中共中央政治局候补委员、书记处书记、中央办公厅主任曾庆红,中央军委委员、解放军总参谋长傅全友一行到安乡灾区视察,听取省、市政府关于抗洪救灾工作情况汇报并作出重要指示。

是年7—9月,长达两个月的抗洪抢险战斗,广大干部夜以继日,身先士卒;抗洪将士不畏艰险,殊死拼搏;护堤劳力服从调遣,顽强战斗。全市按照超预报水位的要求加修加固子堤780公里,及时发现、处理各类险情5800多处,其中较大险情156处,溃垸性大险34处。7月23日晚上9时30分,淞滋河毛家岔堤段发生一起溃垸性管涌。在此巡逻的小渡口镇丁堤村4组组长叶正元,一边派人报告指挥部,一边冲向堤脚管涌处。水柱往上喷射,卵石一压上去就冲得无影无踪,叶正元见状,像黄继光用胸膛堵住枪口一样,直扑管涌口,扑下去,又被冲起来,又扑下去,几经反复,他终于用身子死死压住水柱,并叫抢险民工迅速抛填卵石。尽管胸前的砂水冲得他五脏六腑动荡,直想呕吐,背后的砂石打得他头昏脑胀,眼冒金星,他却如同铁桩被钉在管涌口上一样。15分钟过后,溃垸大险终于控制。

7月24日,沅水上游五强溪水库泄洪流量加大,凌晨6时,桃源站水位超过危险水位2.53米,车湖垸王家山堤段发生直径为50多厘米的特大管涌,脸盆口粗的水柱直射垸内。垸内3万群众、3万亩良田沃土面临灭顶之灾。600多民工立即现场抢险,3个青年自告奋勇向涌口投掷块石,终于将管涌控制。此时,3位勇士的双手不再是黄色的泥浆,而是殷红的血水。

8月7日凌晨3时,湖北省公安县黄金大垸溃决,长江洪水直逼安造大垸,坐镇安乡指挥的省、市领导郑培民、陈彰嘉、吴定宪、程海波、姚正先、钦时中等火速赶往安乡县黄山头镇,连夜抽调4000名民工和1.035万名子弟兵,通过艰苦奋战,抢筑起了长3000米的安造北大堤。

在战云密布的日子里,全市各级党政组织在坐镇常德指挥的省领导郑培民、庞道沐、陈彰嘉、蔡家作的具体指导下，团结一心，忘我奋战，与军民共同筑起了一座座抗击洪魔的坚强堡垒。

在保卫常德城区的战场上，市委常委、常务副市长陈君文一连几夜冒雨督查高低水，确保各堤段防汛责任制的落实和市防指指令的贯彻；市委常委、政法委书记戴军勇，副市长杨万柱、市政府助理巡视员郑景阳等坐镇武陵区，与坐镇鼎城区的副市长杨光宏一起协同作战，带领军民排除了威胁城区的一个又一个大险。

面对澧水的疯狂肆掠，面对险象环生、岌岌可危的淞澧大垸，市委副书记李少甫、洪明祥日夜奔波在一线大堤上，指挥20万抗洪军民作战，哪里最危险，他们就出现在那里。市直各单位，各区、县(市)党委、政府在常德市委的统一领导下，随时听从市防指的调遣，做到要人有人，要物有物。各地按照市委要求和市防指的命令各负其责，严防死守，确保自己的防线万无一失。

7月24日，安造垸书院洲溃决，咆哮的洪水卷起浊浪一路奔泻而下，直扑安乡县城。一场殊死决战在惊涛骇浪中骤然打响。坐镇安乡指挥抗洪抢险的省市领导果断决策：全市总动员，保卫安乡城！与此同时，市防指将一份份急电传往鼎城、津市、汉寿、临澧、桃源等5个区县(市)，要求紧急抽调劳动力，自带抢险工具和干粮，火速支援安乡抢筑安尤北间堤。7月25日凌晨，接到增援命令不到3个小时，正在安乡支援的鼎城区3000抢险大军又走上了另一个支援的战场，紧接着其他县市的7000多名援兵也于当日飞驰而至。当夜幕降临时，在安尤长达10公里的北间堤上，万名增援大军与数千名安乡民工一道摆开战场，一时间，堤上堤下，铲的铲土，装的装袋，扛的扛包，筑的筑堤。紧张的战斗似乎让抢险队员们忘记了一切。鼎城区双桥坪镇村民顾绍明被玻璃渣划破了脚，旁人劝他休息，他却继续扛着砂袋奔跑；因天黑路滑，不少抢险队员跑掉了鞋袜，还有的连人带包重重地摔在泥地上，遍身伤痕累累……

在安乡危急的情况下，各区县(市)1万多名劳力赶赴安乡昼夜抢修书垸洲隔堤，石门县组织500劳力参加安造垸堵口。津市市在自身抗洪形势紧张、内渍严重的情况下，尽最大努力安置1万多名涌入津市市的澧南垸灾民。鼎城区在柳叶湖水位严重威胁城区的紧要关头，为柳叶湖主动削峰。全市各地出现了山丘区支援湖区、轻灾区支援重灾区、城区支援农村、部队支援地方的动人场面。6000多名人民子弟兵发扬一不怕苦、二不怕死的精神，一直奋战在抗洪抢险最危急最困难的地方，抢救人员、抢险除险、抢堵溃口，为夺取抗洪抢险的最后胜利，立下了赫赫战功。

是年7—8月，各地及时抓好灾民转移安置。对一些即将过洪的巴垸、子垸、江心洲和蓄洪垸提前按照预案作好人员疏散和安全转移。在紧急救生转移中，全市出动部队官兵、机关干部和公安干警4000余人，组织抢险队8万多人，紧急转移灾民67.9万人。

在安造大堤和澧南大垸溃决的汪洋中，人民解放军成为了灾民的救星。经过16个日日夜夜的反复摸索，共救出了10万灾民。7月24日，处在安造垸决口处的“小天才”幼儿园首当其冲遇到洪魔的袭击，30名孩子在老师周运兰的引导下逃到顶楼避难。外面，夜黑浪急，孩子们饿得哭作一团。此时,长沙警备区开来冲锋舟,周老师先把孩子们一个个送上船,当自己刚要最后登船的时候,一个浪头掀翻冲锋舟,周老师只身一人留在楼顶。子弟兵不惜一切代价,派出了一艘艘冲锋舟向危房冲刺,一艘又一艘冲锋舟被掀翻,一个又一个战士落水,来舟桥团督战的某集团军副军长李作诚少将不顾众人劝阻,心急如焚上了船,冒着生命危险亲自去查看抢救线路。7月27日,舟桥团在全团筛选出唐学荣、李长志、郑海彬、梅国栋4名水性好的“敢死队员”带上绳索,跳进急流向周老师所在的楼房漂去……历经4小时惊心动魄地营救,被困3天3夜的周老师终于获救了。

在近60个日日夜夜的解救群众生命的战斗中,每一位脱险的老百姓都会讲出一个催人泪下的故事……

是年,常德市、县(区、市)民政局先后向灾区共下达救灾救济款8758万元。一个星期内组织市直战线紧急筹措生活必需品42卡车,支援重灾区人民,并动员了130多家机关、企事业单位安置接待灾民。同时,开仓借粮。对特重灾民均实行了登记造册,定时定量凭证发放救灾款物,确保每人每天1斤大米的供应。全市共下拨建房资金6996万元,恢复住房1.14万户,占全倒户的23.8%。各地大力开展赈灾募捐活动。是年,市县两级共收到赈灾募捐款5389万元,募集物资折款5332.3万元。9月4日晚,《爱在常德》’98赈灾文艺晚会在常德市工人文化宫隆重举行。台上的节目精彩纷呈,台下的观众反响强烈,让人难以忘怀。省内外近300名演员用歌、舞、小品、相声等表演形式,讴歌抗洪勇士,颂扬人间真情,抒发不屈斗志,展望美好明天。常德籍歌手陈思思、吴碧霞、高歌等人的歌声感人肺腑,而从外地赶来的殷秀梅、刘斌、唐杰忠、屠洪纲等的演唱更是一次又一次把晚会推向高潮。市内各文艺团体在不足半月赶排出来的舞蹈《桥》、常德丝弦《风雨同舟兄弟情》、少儿舞蹈《欢迎灾区新同学》等11个各具特色的节目博得了观众如潮的掌声。被请到现场的英模李建国的妻儿和被解放军救出的周运兰老师、舍己救人的李代新等人的故事,令台下观众一次又一次流下了眼泪。晚会不断被热线电话和现场捐款打断,许多单位和个人是在多次捐献后再度伸出援助之手。常德市民政局现场共接收社会各界捐款1720万元。

早在高洪期间,中共常德市委、常德市人民政府就成立了抗灾补损、生产自救领导班子,深入灾区勘灾,及时制定全市抗灾补损、生产自救的实施方案和措施,运用典型引路、舆论开导、现场参观、调剂服务,迅速掀起了抗灾补损、生产自救高潮。全市共调剂倒种春种子70万公斤,调进玉米种15万公斤,调进鱼苗600万尾。改种面积达63万亩,其中倒种春30万亩,玉米10万亩,其他作物6万亩,稻改鱼5万亩;间作、补种面积12万亩,秋繁、秋养、秋防等养殖业补损措施都得到落实。

7月25日,石门县在澧水高洪退去的第一天,县委、县政府将从抗洪一线下来的2000余名干部编成103个小分队深入灾区,查灾慰问、治病防疫、指导生产;农业部门103名农技人员组成19支农技服务队,1人包1个受灾村,逐户指导排渍清淤、喷水洗苗、扶苗稳蔸,防病治虫、改种补损等工作。临澧县委、县政府在全县抗灾救灾动员会上提出:洪水退到哪里,就抗灾救灾到哪里。一边立即派遣工作组下到村组,组织受灾群众浇水洗苗、扶蔸补苗;一边由农业部门及时拿出农作物改种补种方案,抓紧筹运玉米、黄豆、倒种春等作物种子,力争将灾损降到最低限度……桃源县委、县政府发出不等不靠、迅速开展生产自救的号召,广大干部群众热火朝天地奋战在抢修水毁工程、抓紧排渍排涝的工地上,同时,挤出 50 万元资金迅速调运种子……7 月 25—27 日,津市市只用 3 天时间就抢救受淹农作物 4.3 万亩,80%的受灾企业恢复生产……鼎城区委书记文承保在山洪严重的沧山乡爬山涉水走访了 30 多个重灾户,亲自将乡里养殖、多经、种植的计划一一落实;区长肖朝进,在全垸漫溃的斗姆湖镇南阳垸现场办公,带着人马调运鱼苗,使 1515 亩失收鱼塘重现生机。武陵区的生产自救也形成了热潮,区委、区政府安排种苗费 15 万元,组织赶制 200 座轻型塑料大棚,连续 4 次抢种没得一根活苗的东江乡新坡村人再次将种子播进了土里。该区以郊区人平多种 1 分地的劲头,给 4.7 万亩蔬菜基地重新披上了绿装……

汉寿县是在沅水流域抗洪救灾持续时间最长的,8 月中旬,该县 15 万抗洪大军中的 10 万干群转战生产自救,他们采取"等高截流、分区排水"等方法,对 36.9 万亩受渍抢排耕地,及时实施洗叶稳蔸、追肥促苗等科学抢培措施,还筹集 80 万元购进了 20 多种优质高产蔬菜种子抢种在失收的土地上。组织畜牧水产技术人员对重灾区 1 万多只家禽紧急防疫,对 2 万亩受灾鱼池挂卤消毒。还对 1.5 万亩渍水难排的低湖田实施"稻鱼共生、稻鱼连作、稻田改渔"的"稻改渔"工程,仅此一项就比改插晚稻每亩增收 7000 余元。

是年 8 月初,市委、市政府先后 4 次召开保学专题会议,下发《关于认真做好救灾保学工作的紧急通知》等 4 个专门文件。同时,市里成立了由 3 名市级领导挂帅的救灾保学领导小组,并派出 7 个工作组深入到受灾严重的区、县(市)和重灾乡镇帮助开展保学工作。

摸清受灾学生底子,逐一造册登记,这是保学的基础一环与关键一环,也是艰苦一环。特别是安乡,在一波未平一波又起、一浪盖过一浪的洪峰中,灾区孩子四处流散,有的离家百里之外。"再苦再累也不能扔下一个孩子!"灾区教师和教育工作者尽管家园被淹,财产受损,但他们提前 20 多天就全部按时到岗。安障乡新剅口村小学教师刘承新不仅家园被毁,而且承受了沉重的家庭负担:他一家 5 口,76 岁高龄的父亲瘫痪在床,有 5 天粒米未进,危在旦夕;妻子背后长了一个恶疮,卧床不起;2 个孩子入学在即。但是,为了更多的灾区孩子,刘承新和其他教师一道走村串户,对学生进行全面摸底和走访动员,整整 5 天没能回家,让家人吃了 5 天的方便面。就这样,终于把 3 万流落异地的重灾学子,逐一造册。

根据调查摸底情况,各灾区党委政府迅速出台了一系列保学措施。安乡确定了"对口安置、整体转移、发放灾生就读卡、投亲靠友就近插班、在灾民集中点搭建帐篷学校"等保学方案。澧县确定了"异地借房办学、分散转移入学、开办临时学校、投亲靠友借读"等多种入学方式。迅即,成千上万张"重灾区中小学生就读卡"送到了孩子们的手中。接过"就读卡",孩子们在大堤上、灾棚里欢呼雀跃,家长们整日的愁云一扫而光。然而,对其中万余名散布大堤的孩子来说,那张卡却卡不去他们无校就近入学的阴影。正当人们焦急万分时,千里长堤上,数以千计的干部群众头顶烈日,为修建临时学校、搭建帐篷、租借房屋而忙活不已。至8月28日,全市共在灾民集中的地方修建简易学校25所,在灾民分散的大堤上搭建帐篷学校145所,租借房屋100余间,一举解决了3万余学生的就学难题。安乡县安障乡3100名重灾学生中有800名住在大堤上,8月22日,乡里在东线大堤的车家铺村、遵保村和西线大堤的沙湖口村、岩剅口村摆战场,奋战4昼夜,共搭建了7个帐篷。随后,市救灾工作队支援的200套课桌和乡教育办临时赶做的600套课桌也送到了各帐篷学校。

8月4日至9月底,澧县、桃源、石门、临澧、鼎城等地相继发生霍乱疫情。常德市卫生局迅速成立指挥部,制定预案,以扑灭霍乱疫情为重点,认真落实各项人防、物防和技防措施,实施'98卫生防疫大行动,以灾区、疫区、城镇为重点区域,以车站、码头、机场、集市、建筑工地等人群聚集点为重点地段,以抓好食品卫生、饮用水卫生、健康教育为重点突破口,突出食品卫生的整顿和饮用水消毒管理,开展爱国卫生突击月、超常规卫生宣传和执法检查活动。各级卫生机构向灾区共派防病医疗队355支共2600人,防治病患者69万人次,抢救危重病人1600人次,预防接种和预防服药130万人(次),发放卫生宣传资料40万份,消毒水井5万余口。为防止霍乱等重大传染病,明确了"八包责任",投入了大量的人力、物力,全市共筹集防病经费1800万元,基本保证了扑疫需要。霍乱疫情终于得到控制,没有死亡一人,没有发生第二代病人,没有造成爆发流行。

2008年,常德市境长时间遭受低温冰冻、泥石流、龙卷风、冰雹、暴雨洪涝、冬汛水患等多种自然灾害袭击。特别是1月13日凌晨,一场历史罕见的特大冰雹灾害冻凝沅澧大地,持续时间长达40天。给全市工农业生产和人民生命财产造成了严重破坏。全市

2008年1月15日,常德市民政局党组副书记、副局长李巨开(前一)顶风冒雪实地勘察灾情

207个乡镇普遍受灾,成灾人口460万,因灾死亡6人。共倒塌房屋3.097万间,其中全倒民房2378户、6270间,因灾倒房户的房屋结构大部分为土木结构,使用时间在25年以上,其中约50%的户主长年在外打工,年久失修或无人居住。全市因灾冻死家畜6万多头(只),家禽26万羽。148处高压线路因倒树短路,低压线路断(倒)杆6352根,断线2346处,断线长度达1486千米,造成562个村停电时间长达106个小时。全市紧急转移安置7.4429万人。全市409万亩林地面积受灾(含苗圃用地)。桃源县损失林材50万立方米,13个楠竹主产乡镇,30万亩楠竹被压破,损失楠竹

3500万根，10万亩幼林主梢压断。石门县近30万亩林木不同程度受损，压断林木2万立方米。该县南北镇80%山林受损，涉及面积近5万亩；磨市镇4个村5000亩杉林受损；太平镇受损山林面积近10万亩。全市共有129万亩柑橘、374万亩油菜成灾，其中绝收面积柑橘为35万亩、油菜为76万亩。迎风面和海拔450米以上的柑橘全部冻死，仅石门县有3.6万亩柑橘被冻死，该县白云乡望羊桥村马家云一户有60多亩4000多株脐橙全部被冻死。全市因灾直接经济损失32.2亿元。

面对突如其来的灾害，中共常德市委、常德市人民政府迅速组织全市人民奋力抗救。是年1月14日，根据《常德市自然灾害救助应急预案》规定，常德市民政局紧急启动救灾应急预案Ⅳ级响应程序，市民政局局长滕明友，副局长李巨开第一时间奔赴灾区勘灾查灾，协助做好灾民紧急转移和生活救助工作。还专程赶赴省民政厅，报告常德灾情和救灾工作进展情况，得到了省厅领导重视和支持。在中央转移资金尚未下达前，省民政厅先期支持常德160万元资金用于开展紧急救助。市民政局抽调精干人员，举全局之力，全面开展救灾工作。市、县两级民政部门视频系统和灾害信息管理系统24小时保持开通，随时保持联络；市救灾领导小组办公室及时向成员单位通报灾害信息；在市财政安排100万元救灾专项资金的基础上，市民政局紧急下拨500万元冬令救济资金和1.2万床棉被，用以帮助灾民解决基本生活困难。同时，坚持每2小时与区县（市）救灾办公室联系一次，随时掌控灾情和救灾工作动态。1月18日，市救灾领导小组办公室决定将救灾应急响应程序由Ⅳ级转入Ⅲ级转为Ⅱ级。随即，市人民政府向省人民政府专题报告了常德灾情和救灾工作进展情况，并组织救灾领导小组成员单位召开专题会商会，统一协调各成员单位向灾区派出10个工作组，指导抗灾救灾工作。全市紧急救助3.8万人次，其中市本级救助7800人次。

是年，常德市民政局结合社会主义新农村建设及减灾安居工程，制定灾后恢复重建方案，科学规划选址，安排专项资金1912万元，顺利完成全市1126户农村安居房建设，超出任务数26户，竣工率100%，当年入住率100%。

是年，全市共下拨各类救灾救济资金5047万元，发放救济粮100万公斤，救济衣被5.3714万件（床）。救灾资金均由市民政局和市财政局共同提出分配方案，报有关市领导批准后，在规定时间内拨付到各区县（市）。各区县（市）按照公开、公平、公正的原则，坚持民主评议、登记造册、张榜公布、公开发放，做到救助对象、救助时段、救助程序、救助金额“四公开”，接受群众和社会监督，确保救灾资金专款专用、重点使用，确保灾区群众有饭吃、有干净水喝、有衣穿、有病能医，维护了灾区的社会稳定。

第三节　扶贫扶优

清末、民国时期,常德地区境内一些仁人志士,用抑恶扬善、扶贫济困的自发行为,施以善举,宣传社会。新中国成立以后,常德地区各级民政部门对区内严重困难户发放定期或不定期的救济款物,以解决其生活温饱问题,在救济扶持贫困户的同时,对优抚对象中的贫困者在生产上、技术上、门路上给予优先扶持,帮助他们脱贫致富。

1978 年 12 月 12 日,常德地区民政局副局长陆勤带队,在汉寿县聂家桥公社中牛桥大队开展扶贫扶优(简称“双扶”)试点,后逐步在全区推开。1984 年 5 月 16—18 日,地区民政局在临澧县召开全区双扶工作现场经验交流会。此后,各地每 3 年制定一个扶持规划,并普遍实行承包干部,扶持对象,脱贫措施“一条龙”的帮扶责任制,开展双扶工作。

1984 年,经省人民政府认定,常德地区有贫困乡 40 个。1987 年,根据中共湖南省委、省人民政府的指示,由民政部门主管的双扶工作,移交地区农村工作部门主管。但民政部门仍作为方面军参加双扶,主要承担除贫困乡以外其他乡镇的扶贫扶优工作任务。

1984—1986 年,常德地区民政局牵头,组织全区第一个三年扶贫规划实施。各地 11.4059 万个贫困户普遍扶持了一遍,通过 3 年的努力,全市有 83492 户基本摆脱了贫困,其中 9542 户跨入了致富行列。

1987—1989 年,常德市(地区)民政局牵头,实施第二个三年扶贫规划。全市共扶持 4.3434 万户,占全市贫困户总数的 92.6%。

1987—1989 年,全市(地区)296 个扶贫福利企业,共安置贫困户劳动力 2939 人、优抚对象 950 人、残疾人 2649 人,从业贫困户年收入 800 余元。这不仅使大部分从业的贫困户摆脱了贫困,而且还带动了企业周围一批贫困户脱贫。与此同时,促进了本地区的技术交流和乡镇企业的发展。全市共筹集扶贫资金 1347.87 万元,其中民政部门扶贫周转金 407.7 万元,国家贷款 314.3 万元,有关部门支持资金 133.5 万元,群众自筹 207.6 万元,地方和乡镇企业集资 124.5 万元,各项减免 124 万元。全市共创办村级互助储金会 1810 个,集资 709.4 万元,乡(镇)办救灾扶贫基金会 198 个,集资 672.6 万元。全市共举办科技培训 991 期,培训人数 11.8886 万人次,印发各种科技资料 11.9304 万册。汉寿县东岳庙乡,在 1986 年年底,全乡人平均收入仍在 150 元以下,口粮不上 600 斤的贫困户有 432 户、1954 人,分别占全乡总户数和总人口的 9.1%和 9.5%。该乡采取广辟门路,用优质的生产项目吸引贫困户,多渠道把科学技术传授给贫困户,传递信息、引进技术,增加扶贫后劲等手段,至 1997 年,全乡已有 396 户脱贫,占扶持对象的 91.6%,其中有 232 户超过当地群众的一般生活水平。258 户改建、扩建或新建了住房,11 户购置了手扶拖拉机,43 户购买了电视机,还有 11 名大龄青年成了家。期间，常德市（地区）民政局在保证灾民基本生活的前提下，相对集中一定数额的救灾款重点扶持了石门、安乡两县，探索了一条积极防灾救灾，发展贫困地区社会保障事业的有效途径。这两个县在用好民政周转金的同时，吸收社会资金680万元，重点扶持2.5万户迈进了富裕行列。创办扶贫福利企业和基地117个，创利润127万元。1987年始，临澧、澧县、桃源三县先后进行了救灾合作保险试点，开办了劳动力意外伤害、农房、耕牛、水稻等四项险种，共集资基金1200万元。三县涉及113个乡镇、1787个村、1.8458万个组，57.5338万户、198万人，分别占全市乡镇总数、农业人口总数的44.5%和42.1%。有46万个农户参加了救灾合作保险，其中有8万个农户因特大自然灾害受到损失后及时得到了赔付，很快恢复到灾前水平，没有因灾损失而导致家庭贫困。1988年，桃源县被列为全国农村救灾合作保险试点县，开办了农户、耕牛、劳动力意外伤害和水稻保险业务，1988—1989年，共承保农户17.6万户，劳动力35.5万人，耕牛3.6万头，水稻33万亩。前三项的险种保面均达80%以上，水稻统保的乡镇也达到50%，保险年度共处理赔案4.5万起，支付赔款190万元，使10万个农户得到了经济补偿。至1989年，全市发展村办救灾扶贫互助储金会1810个，办会率达35.3%，其中用于扶贫的专项资金达364.80万元，用于村民应急救助的达16.4万元，取得了较好的经济效益和社会效益。鼎城区巩固发展互助储金会571个，入会农户达15.87万户，筹集储金89万多元，其中51.3万元先后帮助贫困户发展生产。津市市在1988年特大洪灾发生后，灾民增至11.48万人，人平损失233元。1989年，建立村级救灾扶贫互助储金会102个，占该市农户总数的78.2%，储金总额达45.2万元，投购使用27.43万元，其中12.6万元用于会员发展生产、缺粮等临时困难，对贫困户脱贫治穷起到了积极帮助的作用。至1989年年底，全市扶持的贫困户中脱贫的有3.4149万户，脱贫率达78.6%；有3516户年人平收入达500元以上，走上了致富道路，占扶持总数的8.09%。

1985—1987年，国家每年向常德市内40个贫困乡投入资金4000万元，其中政策性照顾1000万元，部门扶持2000万元，贷款1000万元。共兴修县、乡、村公路588公里，使40个乡的167个村筑路通车，架设输电线路928公里，213个村通电；兴建人畜饮水工程681处，113个村解决饮水难问题；兴建乡村农贸市场14个；中小学校舍1373间；医院用房298间。历经两个扶持阶段，这些贫困乡的农民收入由1984年的1.7亿元增加到1989年的2.89亿元，增长64.7%；人均收入由182元增长到294元，增长61.5%。其中17个乡超过300元/人平，人均不足200元的贫困户由13.1万户，下降到5.38万户，下降60%。有6万户新修住房，300户成了万元户。

1988年，常德市（地区）认定贫困乡45个，占全市乡镇总数的16.9%。其中，石门县18个、安乡县5个、汉寿县4个、桃源县6个、澧县4个、鼎城区3个，临澧县2个、津市市2个、西湖管理区1个。这些贫困乡中，确定重点贫困乡15个，其中石门县6个，即九伙坪乡、袁公渡乡、渡水乡、杨柳乡、安溪乡、望羊桥乡；桃源县3个，即茈茅洲乡、杜坪乡、瓦儿岗乡；汉寿县2个，即毓德铺乡、百禄桥乡；鼎城区1个，即唐家铺乡；临澧县1个，即官亭乡；澧县1个，即东门乡；津市市 1 个，即李家铺乡。全市的贫困乡共辖 705 个村、7249 个村民小组，共 17.96 万户、64.29 万人。其中，特困户 5.93 万户。共有耕地面积 83.1 万亩，占全市总耕地面积的 12.2%。其中，水田 56.65 万亩。共有山林面积达 235.9 万亩。1988 年，农村经济总收入为 4.36 亿元，占全市的 8.6%。年人均纯收入 328 元，比全市人均水平少 152 元。时不通公共汽车的村有 267 个，不通电的村 387 个，饮水困难的村 362 个。

1989 年起，中共常德市委、市人民政府确定 74 个市直机关单位为 45 个贫困乡扶贫责任单位，落实相关扶贫任务，具体事宜由常德市贫困地区经济开发领导小组办公室协调办理。是年 12 月 30 日，常德市民政局下发《关于表彰 1987—1989 年度扶贫扶优先进集体和先进个人的通报》(常民字〔1989〕第 80 号)。“通报”表彰了安乡县安德乡人民政府、安乡县交通局等 17 个双扶工作先进集体和彭志明等 46 名先进个人。1990 年，是全市第 3 个三年扶持规划的第一年。各地共落实扶持对象 2.5799 万户，通过扶持，当年脱贫 1.344 万户，占 52%，致富户达 1780 户。1991 年，全市扶持贫困户 2.64 万户，年底脱贫 1.7556 万户，88 个扶持经济实体，安排贫困户 6950 人，年收入达 1362 万元，创税利 114.3 万元。

1998 年，长江流域及洞庭湖地区发生了自 1954 年以来最严重的洪涝灾害，引起了人们的普遍关注和治水防灾工作的反思。党中央、国务院及时作出了“32 字”灾后重建方针，中共湖南省委、省人民政府发出《关于平垸行洪、退田还湖、移民建镇的若干意见》，为使经常受到自然灾害袭击地区的灾民摆脱贫困，且有利于行洪蓄洪，对洞庭湖区及四水尾间的洲滩民垸和巴垸实行平垸行洪、退田还湖、对部分蓄洪垸实施移民建镇、空垸待蓄。是年，常德市成立由市领导及相关职能部门组成的灾后重建领导小组及办公室，负责组织这一工作的规划和实施。根据规划，全市平垸行洪、移民建镇工作涉及武陵、鼎城、汉寿、桃源、临澧、澧县、津市、安乡等 8 个区、县(市)，169 个大小巴垸、江心洲，总面积 157 万亩，需移民 12.7 万户、46.7 万人。

2012 年 10 月 15 日，民政部和国际民防组织在常德市举办救灾减灾培训班

1999—2003 年，移民建镇工作用 5 年分 5 期完成，国家给予了必要的资金补助。第一期下拨到常德市户均 1.5 万元移民建房补贴资金共计 3.8913 亿元，都按要求下拨到各区县(市)，大多数发放或落实到了各移民户。上级下拨到市的平垸行洪、移民建镇的基础设施配套资金 1147 万元，亦根据各地基础设施建设的难易程度和新建移民小区的实际情况及时足

额下拨到了各区县(市)、场。第二期建房补贴专项资金 2.4048 亿元,基础设施建设资金补助 2010 万元,均及时全部下拨到各区县(市),由区县(市)按照各堤垸的搬迁进度用于基础设施建设。

2000 年,澧县通过调查,按不低于安置地人均耕地面积的标准,调整和落实责任田 6.2 万亩,全县移民人均达 1.56 亩,安排宅基地 340 万平方米,其中,集中安置的人均按 50—102 平方米安排,分散安置的人均按 120 平方米落实,保证了所有移民户路通、电通,入学、就医方便。该县移民中 70%的人从事种养业,其余 30%的经商、办厂或外出务工。

2001 年 4 月中旬,世界自然基金会、湖南省青年基金会和汉寿县兴办的"汉寿县南湖撇洪河退田还湖区替代产业示范项目",在汉寿县毓德铺镇启动,当场与李重秋等 400 多户农民签订合同,提供发展基金 78 万多元。继 1999 年 6 月,世界自然基金会长江项目办把汉寿县青山湖作为湿地恢复第一个实施项目建设,2001 年 2 月,该会又与汉寿县达成协议,选定该县撇洪河南岸的毓德铺镇江东垸和龙潭桥乡的愈佳桥垸3500 多亩湖叉子垸为项目区,计划用三至五年时间,扶持发展养牛、养羊、珍珠吊养、水生蔬菜等一批抗水抗灾能力强的示范项目,从中探索出洞庭湖区抗拒洪水危害的特色种养殖业,为退耕还湖、平垸行洪区的经济发展和移民安定、发展寻求出路。

澧县澧南垸、西官垸、汉寿县围堤湖垸是国家确定的洞庭湖地区分蓄洪区,属于洞庭湖区防洪体系中的重要组成部分,可分蓄洪量 8.8 亿立方米,占常德市八个蓄洪垸总分蓄洪任务的 38%。为了真正发挥分蓄洪垸在关键时刻的分蓄洪作用,改善垸民生产生活条件,国务院确定常德市上述三垸为整体搬迁、空垸待蓄的试点垸。

1.澧南垸。该垸辖 2 乡 20 个行政村(含 1 个居委会),8781 户、3.1616 万人,集雨面积 5.16 万亩,调蓄洪容积可达 2.6 亿立方米。该垸依山傍水,适宜依山后靠,移民建镇。在科学规划、合理布局的基础上,澧南垸基本建成乔家河、张家滩和瑶湾"二镇一村",即:

乔家河集镇,位于该垸的西北角,占地 2 平方公里,集中安置 5570 户、2 万人。按大型中心镇规划建设,该镇纵横交错的主次街道已基本形成,长 7 公里的建镇路按宽 14 米、7 米二个等次进行了全线硬化。集镇兴建了 2 所学校、1 所医院、1 所敬老院和 1 个日供水量达 300 吨的自来水厂。集镇制订了绿化、净化、亮化方案,并逐步付诸实施。

张家滩集镇,位于该垸东南部,隔道水与澧南垸相望,占地 1 平方公里,集中安置 2286 户、8000 人,按一般集镇规划建设。集镇居民基本生存需要的水、电、路"三通"工程已初步配套,并兴建了一所学校和自来水厂,其他公益设施正在积极创造条件逐步完善。

瑶湾移民新村,位于该垸西南面,由瑶湾、胡水堰、乌鸭山 3 个呈"品字形"的移民集中安置点组成,总共占地 0.5 平方公里,安置 500 户 1800 人。该新村不仅投入了一定的人力、财力进行劈山平地,而且还进行了简易的水、电、路配套。

随着"二镇一村"的基本建成,澧南移民由农民向集镇居民跨越,使该垸的农村城镇化大大提前。

2.围堤湖垸。围堤湖垸共有4061户、13697人,总面积5.6万亩,耕地面积3.4万亩,按计划分二期全部搬完,共4061户、1.3697万人。集中安排大杨集镇3266户、北拐平台300户。大杨集镇移民建镇规划占地1.7平方公里,已形成较大规模,垸民拆迁行动积极,移民建房标准较高,配套设施较为完善,工程质量群众满意,国家、省领导给予较高评价。

3.西官垸。该垸辖1个乡,27个行政村和1个居委会,共有1.1640万户、3.8927万人。该垸集雨面积10.1万亩,其中耕地5.56万亩,可调蓄洪容积4.44亿立方米。考虑到该垸四面环水,既无山可依,也无高地可靠,确定了"外迁加三台一镇一小区"移民安置方案,并付诸实施。

三台,即共巴、濠口、鸟儿洲平台。三台于1998年11月相继动工,平台规划面积分别为8.96万平方米、20.5万平方米、26万平方米,剔除必要的公益建设施工胜地后,按人均50平方米安排,分别安置465户1558人;1176户、3940人;1552户、5200人,均如期完工。

一镇,即毛家岔集镇。该镇地处确保垸——澧松大垸内,隔松滋河西支与西官垸相望,位于在建的毛家岔大桥西端。按一般集镇规划,安置西官垸移民727户、2472人。

一小区,即官垸码头安全小区。该小区位于官垸乡政府所在地官垸码头集镇,长2公里、宽1公里,占地2平方公里,按大型中心镇规划、建设,安置垸内3582户、1.1895万人,小区建设总投资5112万元。

平垸行洪、移民建镇工作的实施,受到湖区广大人民群众的一致拥护和欢迎。从根本上解决了规划区广大垸民群众长期遭受洪水危害的问题,极大地减少了洪涝灾害的损失。据初步统计,在洞庭湖区发生1998、1999两次姊妹型大洪水中,仅1999年相对1998年就减少损失15亿元;同时,提高了广大移民的生活质量,加快了移民的致富步伐,全市已搬迁的3.3万多户移民乔迁了新居。此外,发挥了积极的行蓄洪作用,较大程度地恢复和保护了生态平衡,使人与自然和谐相处迈进了一大步。1999年,汉寿县青山湖垸实施退田还湖后,被世界自然基金会列为世界湿地恢复示范项目区。通过实施平垸行洪移民建镇工作,全市较以往共计缩短防洪堤长一百多公里,仅此一项每年可降低防汛抢险消耗一千多万元,可减少水利设施维修费用一千多万元。

2003年,在全市实施"平垸行洪、退耕还湖、移民建镇"工程的同时,常德市、县(区、市)民政部门把扶贫扶优工作的重点转向除移民建镇以外的农村农民危房改造工作上。

2003—2007年,全市各地结合灾后倒房恢复重建,共改造农村村民住房5509户,其中,2003年,完成896户;2004年,完成1026户;2005年,完成1237户;2006年,完成1326户;2007年,完成1024户。

2008年,常德市遭遇50年一遇的低温冷冻冰雪灾害,农民住房全倒2378户、6270间,其中五保对象248户,占10.4%。为改善农村困难群众居住条件,提高全市农村贫困居民住房的抗灾减灾能力,常德市民政局根据《国家综合减灾"十一五"规划》《国家减灾委办公室、民政部办公厅关于印发〈减灾安居工程模范市(县)标准〉的通知》和全市农村危房实际情况,报请市政府同意，于3月14日，下发《关于印发〈2008年常德市“农村安居工程”实施方案〉的通知》（常民〔2008〕29号），决定在2008—2012年期间，积极稳妥地推进全市“农村安居工程”建设，计划全市每年改造1100户，5年时间共完成5500户农村困难群众的危房改造。

2008年，根据倒房户自身自救能力，建房意愿，按照“有计划、有类别、有步骤”的原则，确定了“三个不建”推进方式，把有限的资金用在最急需建房对象身上。对乡镇有敬老院的五保户，原则上安置到敬老院进行集中供养；对有法定赡养人的倒房户，原则上劝其法定赡养人履行赡养义务，并给每户发放生活补助金1000元；对长期外出打工暂不计划回乡居住的，暂不纳入“安居工程”计划。对所有的五保户修建的安居房，建立详细台账，确定其产权为村集体所有，为村集体长期开展公益事业积累了固定资产。是年，按照“户报、村评、乡审、县定”的审批程序，确定了1100户的重建任务。在具体工作中，注重抓组织调度。实行“四个一”的工作机制，即村级组织一天一帮助，乡镇一周一督促，县民政局一旬一报进度，市民政局一月一督查，真正把责任落到实处。注重抓资金保障。各县区市除预拨重建专项资金用于启动重建外，还广泛宣传，广泛动员社会力量捐资捐物帮助建设。截至5月31日，全市完成1126户。常德市民政局获省人民政府通报表彰，被授予“全省农村危房改造先进市”，常德市局局长滕明友被省人民政府记二等功。

是年，常德市民政局组成常德市农村危房调查组。市民政局党组副书记、副局长、市民间组织管理局局长李巨开任组长，救灾科科长侯建文任办公室主任，救灾科、老区办、老龄办、福利科共抽调21名同志参加，对全市农村困难群众住房现状、成因、分布等情况进行调研。调查工作从8月6日开始，至10月21日结束。调查结果显示：全市农村危（无）房户存在三个特点，即：绝对数量多。全市有无房户7145户，涉及人口2.782万人；分布范围广。按行政区划分，全市基本上每个乡镇都有无房户存在。按地理环境分，全市农村山、丘、平、湖区都有无房户；生存现状差。无房户有2名以上家庭成员的多数是寄住在亲戚偏屋、村部废弃的学校及其他公共设施的破烂房子里，单身汉家庭往往是四处流浪，居无定所。究其成因，主要是常年生病拖累。因常年生病、伤残丧失劳动力等因素致贫，成为无房户约占户数的80%。同时，弱智及文化素质过低。此外，自然灾害毁损；好吃懒做和缺乏盘算。常德市民政局分别将调查情况向市委、市人大常委会、市政府、市政协作了专题汇报，提出了加大工作力度，分期分批有步骤、有计划解决农村住房困难的建议。

2009年，常德市人民政府将全年完成1000户农村安居工程任务列入为民办实事内容之一。3月21日，常德市人民政府副市长徐万发在澧县与各县（区、市）人民政府签订责任状，常德市民政局为具体协调部门，市、县（区、市）民政局局长为第一责任人，分管局长为第二责任人，形成“一把手”亲自抓、上下联动认真抓的工作格局，健全目标管理考核机制，将建设任务纳入各县市区政府年度目标管理考核内容，凡是工作任务指标没有完成的，年底考核评比实行一票否决。

是年，常德市五届人大二次会议期间，张启俊等7名市人大代表联名提出了《关于切实解决城乡贫困人口住房困难问题的议案》，这个议案被确定为市五届人大二次会议一号议案。2009年6月30日,常德市人大常委会五届十次会议审议并通过《关于切实解决城乡贫困人口住房困难问题的决议》,决议要求:市政府应根据已经核实的住房困难户数,合理制定住房解困实施规划,确保2011年年底前,实现城乡贫困人口住有所居。各级政府都要有具体明确的住房解困工作方案,并严格按有关程序规范操作,保证住房解困工作公开、公正、公平。同时,要求市、县(区、市)人民政府要加大住房解困资金投入;落实住房解困政策措施;建立住房解困责任机制。

是年,全市完成2177户农户的危房改造,超市政府办实事任务1177户,社会反响好。

2010年,常德市人民政府继续将农村危房改造纳入市政府为民办实事内容之一,年度任务为1500户,在对象审批、实施原则上比照2009年进行。

是年4月24日,国家住房和城乡建设部、发展和改革委员会、财政部下发《关于做好2010年扩大农村危房改造试点工作的通知》(建发〔2010〕63号),试点范围扩大到"国务院确定享受西部大开发政策的县"。常德市所辖澧县、津市市因系享受比照西部开发政策的县(市),被纳入政策范围之内,两县市全年任务为800户。至此,常德市首次纳入国家政策范围。是年,全市通过自筹资金,全年完成了3793户危房改造。

2011年1月6日,常德市人大常委会、常德市人民政府召开市五届人大二次会议一号议案办理落实工作总结表彰会议。桃源县政府、鼎城区政府、常德市民政局等17个先进单位,常德市民政局局长熊国建、副局长杨健全等49位先进个人受表彰。

是年,国家继续扩大农村危房改造范围,常德市9个建制县(市、区)和4个管理区先后纳入了国家政策范围。7月份,常德市民政局根据全市农村居民住房的实际,组织人员深入乡村、农户调查研究,访民问情、访能问计、访贫问需,梳理工作思路,将需解决的5万农户住房困难的工作目标纳入了常德市"十二五"规划。

是年,全市各地将建房补助对象确定为分散供养五保户、低保户、贫困残疾人家庭、因灾倒房户、重点优抚对象及其他贫困户。审批程序按"户报、村评、乡审、县定"办理,坚持因地制宜、经济实用的原则;公开、公平、公正的原则;自愿自主的原则;节约用地的原则;整合资源的原则。以农民自筹为主,通过政府适当补助、政策扶持和社会参与等措施,有序开展农村危房改造工作,对需政府扶助的整栋危房进行拆除重建,局部危险修缮加固,建筑面积控制为1人户30平方米左右,2人户40平方米左右,3人户60平方米左右。常德市民政局还请市建筑设计院设计了4套施工图纸,免费提供给农户选择,并根据实际情况,专门为可分步建设的农房设计方案,引导有后续发展能力的农户先建40到60平方米的基本安全住房,便于以后农民富裕后向两边扩建或者向上加盖,防止因建房而返贫。同时,加强了户主信息管理,实行了档案管理电子化。

全市各地在落实危房改造的具体工作中，党政领导尽职尽责；各级民政部门广泛开展"送温暖、献爱心"活动,多方筹措扶助资金,实行结对帮扶和对口援建,对五保户、残疾人等重点对象的建房由村组承建或帮建，不断加大帮扶力度，确保危房改造工程有条不紊地进行。2011年，石门县人民政府坚定不移地执行2010年5月召开的县长办公会决议精神，注重整合民政、残联、扶贫、移民、地灾治理等项目资金，坚持部门联动抓危房改造，相关单位认真落实帮扶措施，职能部门简化相关手续，采取边建边办、先建后办、建后补办、能简则简的办法，工作人员主动上门服务，做到了既方便群众，又节约开支。县国土局、林业局简化建房证、木材砍伐证办理手续，各种证照不收费或只收取工本费；县工商局、质量技术监督局加强建筑物资和材料管理，严厉打击哄抬物价行为，优化了建房环境。是年，全县实际完成715户农户住房改造，超任务165户。该县所街乡民政所长陈兵谋在入户督查中摔成重伤，头部缝了八针，没有痊愈又投入到工作中，该乡提前两个月完成年度任务。在危房改造过程中，各级民政部门广泛宣传，基层组织深入动员，筹措建房资金，得到社会各界的积极响应。2011年，在北京工作的汉寿籍人士侯纯利捐款19万元，解决了该县新兴乡杨李村13个五保户集中建房的资金。鼎城区唐家铺乡古龙山村党支部书记张德宝发动村干部捐款捐物，募集现金2000元，组织村干部帮工25个，帮助该村73岁的无自救能力的孤老张力德，将其原来仅15平方米的土坯房改建成一套40平方米的新房，社会反响极好。

2012年1月12日，中共湖南省委办公厅、湖南省人民政府办公厅印发《2012年为民办实事实施意见》（湘办发〔2012〕2号），是年7月27日，湖南省农村危房改造工作领导小组办么公室以湘农危办发〔2012〕2号文，下达常德市的年度为民办实事危房改造任务7000户，后调整为1.9195万户。

是年底，全市共完成危房改造1.9606万户，其中武陵区100户、鼎城区1800户、安乡县1500户、汉寿县2230户、澧县4000户、临澧县2800户、桃源县1620户、石门县2580户、津市市1300户、常德经开区55户、柳叶湖旅游度假区40户、西湖管理区800户、西洞庭管理区500户、贺家山良种场353户。

是年，在危房改造工作中，常德市民政局建立“一把手”亲自抓、分管领导具体抓、上下联动扎实抓的工作机制。市、县、乡（镇）层层分解任务，层层签订责任状，层层明确职责，促责任落实到位。各县（区、市）均成立“危改领导小组”，由政府主要领导任组长。大部分县市区解决了工作经费和配套资金。同时，常德市、县两级按照省民政厅的实施方案，制定出完成任务的时间节点表和一系列考核措施，将此项工作纳入年度考核范围，对不能保质保量，或不及时完成任务，或在实施过程中弄虚作假、徇私舞弊的单位和个人，追究其责任，而且年底考核时实行一票否决。同时，以三项举措为抓手，力促工程得民心。即夯实基础、注重公平、强化帮扶。年初，各地对因灾倒房户、无房户、严重危房户进行摸底调查，按照建房缓急程度、户主类型、户主自救能力进行分类登记，做到底子清，情况明，并通过多途径、多渠道开展宣传发动，营造浓厚的工作氛围。同时，常德市民政局出台《常德市2012年度农村危房改造实施方案》，针对任务重、难度大的乡镇，还制发专项督查方案。在实际工作中，强调三榜公示，即村级张榜公示、乡（镇）上栏公示、县民政网上公示。同时，组织群众代表评议、县民政局评估、社会评论，杜绝了“人情房”、“关系房”，有效地维护了贫困农户的切身利益，保障了公开、公平和公正。此外，各地十分注重搭建扶助平台、服务平台和调控平台，广泛开展“送温暖、献爱心”活动，多方筹措扶助资金，实行结对帮扶和对口援建。对五保户、残疾人等重点对象的建房由村组承建或帮建，加大帮扶力度。实行代理服务，为建房户代办证件，帮助他们搞好规划设计、工程监理等。建立部门定期协商机制，整合资源，捆绑使用，及时汇总情况，加大资金、施工人员、建筑材料的调度力度。此外，各地以筹资和抓进度为重点，力促实事出实效。采取积极向上争取；主动协调配套；落实政策减免等途径，广泛筹集资金，全市共争取国家拨款1.56亿元，县级配套资金5600万元，政策性减免费用1289万元。是年，市民政局成立督查组，每月督查一次，并将督查情况进行通报；一季度进行一次评比，并下发评比通报；每季召开一次情况分析会，分析原因，查找差距，制定整改时间表，从而，确保危房改造工程落到实处。

第四节　特殊救济

1953—1988年，常德地区地、县(市)民政部门根据原内务部、民政部的相关规定，先后对归国华侨中老弱残疾者；刑满释放，解除劳教后，已丧失劳动能力，无家可归，无亲可投者；解放前后邮电退休人员生活困难者，各级人民法院因错判致使当事人的家属生活困难者；特赦释放战犯在正式安排工作之前，生活确有困难者；因节育手术事故造成死亡或者丧失劳动能力导致生活困难的城乡居民；摘掉右派分子帽子的年老体弱、丧失劳动能力，生活无来源者；上山下乡知青患严重疾病，且家长无工作者；麻风病患者；原国民党起义、投诚人员中的年老体弱丧失劳动能力无人赡养者；被解散剧团的一般从业人员中生活无着的人员；基本丧失劳动能力、无直系亲属投靠而又无生活来源的高等学校毕业生；已经丧失劳动能力，无家可归，无亲可投的平反释放人员，因公或非因公死亡的企业职工遗属生活困难，且原工作单位不能给予照顾者；原国民党县团以下党政军特赦释放人员中的丧失劳动能力者；刑事犯罪家属无经济来源、生活困难者，分别实施定期定量救济(简称双定救济)和临时性救济。到1988年12月，全区除精减退职老职工、投诚起义人员和特赦释放人员的救济款及一些重大专项救济拨款外，其余的特殊救济对象中，先后救济1656人，发放救济款39.744万元。

1989—2013年，随着民政职能的变化，对特殊救济对象的救济除精减退职老职工交由当地民政部门发给本人原标准工资百分之四十的救济费外，余基本取消。

一、精减退职老职工救济

1961年，进行国民经济调整的同时，常德地区各级机关、人民团体及企事业单位开始精减职工。1963年，常德专署民政科和县（市）民政部门，开始依据国务院和内务部的相关文件精神，办理精减退职老弱残职工的救济。这年，全区退职老弱残职工共有1.45万人，由县（市）民政部门按原标准工资的30%发给救济费的1548人，年救济总额1.85万元。

1988年9月27日，省民政厅、财政厅、劳动厅、人事厅联合发出《关于解决六十年代精减退职老职工遗留问题的通知》，明确规定：给予生活救济的对象为两部分人，即一是1957年年底以前参加工作，1961年1月至1965年6月9日期间精减退职并发给一次性退职补助费的全民所有制职工，凡全部或大部丧失劳动能力或者年老体弱，长期患病影响体力劳动较大，而家庭生活无依无靠，时未享受救济的；二是1958年以后参加工作，1961年1月1日至1965年6月9日期间精减退职的全民所有制单位的固定职工，在职期间因工负伤，丧失部分劳动能力，退职职工没有重新参加工作，无经济来源的。其审批手续是：凡应享受生活困难救济费的精减退职老职工，经本人申请，由户口所在居住地乡（镇）政府、街道办事处，签署本人健康状况和家庭经济情况意见，送县（市）民政局审核，并由其按定期定量现行同类对象标准确定救济金额后，送原精减单位批准办理。属于干部的报地、县（市）劳动局备案；属于外省精减回原籍的报送县（市）民政局备案，并逐级汇总上报省劳动厅、人事厅和民政厅。

是年，全区共办理精减退职老弱残职工救济的3216人，总金额达81.69万元。其中享受40%救济的1187人，人月平30元，计救济款42.73万元；享受“双定救济”的2029人，人月平16元，计救济款38.9568万元。

2006年11月26日，省民政厅、省财政厅、省劳动和社会保障厅、省人事厅联合下发《关于提高六十年代精减退职老职工生活救济补助标准的通知》（湘民救发〔2006〕17号），对1961年1月1日—1965年6月9日期间，精减退职的全民所有制单位的固定职工，且退职后没有重新参加工作，无经济来源的分别进行“提标”“扩面”。执行时间从2006年7月1日开始。此后，省民政厅又于2007年4月3日下发《关于进一步做好六十年代精减退职老职工生活救济工作的通知》（湘民救发〔2007〕1号），要求区分不同情况，分类实施。据此，常德市、县（区、市）民政局采取得力措施，即积极汇报，制定工作方案；组织摸底，澄清底数；抓好试点，重点推进；多措并举，落实政策，确保新增提标工作落到实处。从2007年8月20日起，全市共救济精减退职老职工4847人，其中提标2309人，新增2140人，年发放救济资金为213.13万元。

二、改错摘帽人员救济

1978年秋，常德地区各级党政部门，对新中国成立30多年中，出现的冤、假、错案及其人员，分别进行改正处理。这些改正处理人员中，有205名由常德地区各级民政部门进行困难救济。到1988年，共发救济款2.49万元。1990年后，常德市、县(区、市)民政局停止对此类人员的救济。

三、特赦释放国民党军政人员救济

1976年2月，常德地区开始接受、安置中华人民共和国特赦释放国民党县、团以上军政人员(亦称宽大释放人员)20名。地区民政局对首批特赦释放人员，拨发生活费2000元。其中，农村12名，每人每月发给生活费6元；城镇8名，每人每月发给生活费10~12元。

1980年，这些人员中除1名因病死亡外，有9名被有关单位聘用从事生产技术活动，有2名被列为民主人士进入市、县政治协商委员会参政议政，均享受同等人员政治生活待遇。有32名由于身体、家庭等原因，除参加当地生产劳动，自食其力，此外，国家和地方政府仍给予生活困难补助、救济。其具体救济情况是：安乡县3人，金额600元；汉寿县4人，金额340元；常德县11人，金额2200元；临澧县3人，金额360元；桃源县4人，金额620元；石门县1人，金额120元；慈利县5人，金额910元；常德市1人，金额222元。全区对这些人员采用双定救济和临时救济的办法，列为社会救济对象，使其过着安稳的生活。

1988年，先后给238名家属发放临时救济款2385万元。1988年初，全区审查核定投诚、起义人员2600人，其中享受双定救济的1960人，年发救济款24.8万元，其中临时救济费6.5万元。1990年后，常德市、县(区、市)民政局停止此类人员的双定救济。

四、退休人员救济

常德地区民政局及县(市)民政部门，出于对所属企业单位中退休人员和因公死亡者遗属的关心，从二十世纪七十年代末起，开始对这些人员的困难给予救济。至1988年年底，先后对85个企业单位的142名有困难的退休人员，发放临时性救济款4260元；给25个单位的53名正常死亡者的遗属，发给困难救济款1590元。1990年后，常德市、县(区、市)民政局统一停止此类人员的救济。

五、麻风病人救济

新中国建立后，常德市(地区)各级党委、政府重视对麻风病人救济与麻风病防治工作，采取积极的措施，收效甚好。1950—1953 年，专署民政科给有麻风病人的县拨出 200 万元救济款，医治病者，控制病源。1954 年，常德专署拨款 250 万元，粮食 150 万斤，派出 46 名工作人员，在石门与慈利两县交界处(即石门剩头堡)，划地万顷，山林数万顷，大小 200 余个山头筹建治疗麻风病人的场所(俗称麻风村)。这年底，建立起治疗麻风病人的简陋住所、设施。1955 年春，石门麻风村开始接收第一批麻风病人 98 名。从常德卫校、专区人民医院等单位增调医务人员 15 名，专署民政科拨款 120 万元，并会同有关部门批拨棉絮 200 床，被面 180 床，衣物等 1500 多件以及麻风村基本建设所用的木材、钢筋、水泥、砖瓦等大量物资。1958 年，石门麻风村建设初具规模，大小房屋 250 余栋。其中，麻风病人住房 180 多栋、麻风病医院用房 24 栋，办公楼 3 栋，招待所 2 栋，厨房、食堂各 2 栋，仓库 15 栋等。麻风病人已接收到254 名，工作人员增至 85 名。这些人入村后，边治疗、边劳动，生活自理，生产自足，利用村内田土，耕作生息。

1985 年，经过多年医治，先后治愈出院近 300 人次，治愈率达 90%以上，完全治愈出院离开麻风村回家安置的达 80%。到这年底，全区治愈安置回家的麻风病人中，有 200 多人已结婚，其中 120 多人已生育，有 180 多人成家立业，极少数留村养老。1988 年，全村共有麻风病人 156 人，工作人员 120 名，其中医务人员占 76%。村设有党总支，分设医院党支部、病人党支部、村直属机关党支部。每单位分置院长、村主任、股长及总支书记、支部书记等。还成立有工代会、农代会、共青团、妇代会、麻风病学会等各种组织。

1991 年 5 月 18 日，常德市人民政府第四次常务会议决定，将石门县剩头堡医疗站整体搬迁到常德城区。1992 年 3 月，该站工作组进驻常德开始征地建房。1994 年 8 月 8 日，整体搬至常德市中心城区人民西路北侧，并改站建所，成立“常德市皮肤病性病防治所”，隶属常德市卫生局管理。1996 年，中共常德市委机构编制委员会办公室核定工作人员编制 20 人。此后，常德市民政局主要负责留村养老人员的生活救助工作，年救助总额(城市低保、医疗救助)55 万元左右。

附：

常德市 1988—2013 年发放自然灾害救济款情况

表 1

年份	救灾款数量（万元）	年份	救灾款数量（万元）
1988	1167.5	2001	2000
1989	788.9	2002	3478.35
1990	616	2003	4500
1991	3369.69	2004	1966
1992	783.6	2005	1280.5
1993	855.8	2006	1610
1994	645.5	2007	2790
1995	1423	2008	5047
1996	2200	2009	3446
1997	4630	2010	5606
1998	8758	2011	10600
1999	4278	2012	4496
2000	567	2013	3100
		总计	800002.84

第六章

社会救助

第六章　社会救助

早在清末、民国时期，社会救济工作称之为荒政。常德市境多为地方慈善团体和政府举办，由官绅予以放赈、施舍。新中国建立初期，常德市（地区）的社会救济工作，主要是医治战争创伤，救济灾民、难民，改造烟民、散兵游勇、妓女和无业游民，安置孤老残幼，以稳定社会秩序，安定人民生活。1988—2000年，常德市各级民政部门沿袭其习惯做法，具体承担农村春夏荒、冬令救济以及城乡定期定量救济、临时救济等社会救助工作。

2011年11月22日，市社会救助局局长余普阳（左）做客常德政府网嘉宾访谈

2001年10月29日，常德市成立城市居民最低生活保障中心。2006年1月16日，改置常德市社会救助管理处。2008年3月31日，更名为常德市社会救助管理局，主要负责全市城乡居民最低生活保障、农村五保供养和乡镇敬老院建设及管理、城乡特困家庭医疗救助等工作。至2013年，常德市基本建立起“以城乡低保救助、农村五保供养救助为主体，以城乡医疗救助和临时救助为补充，以各项优惠政策相配套”的新型社会救助体系。

第一节　城市低保

1997—2013年，常德市、县（区、市）人民政府认真贯彻落实国家、省有关城市低保的法规和政策，大胆探索，稳步推进，逐步建立与市域经济发展水平相适应的城市低保保障标准动态调整机制，全市城市贫困居民的基本生活得到保障，体现了社会主义制度的优越性，维护了社会大局的稳定。

1994年5月，第十次全国民政会议提出，在全国范围内逐步建立城市居民最低生活保障制度,同时,将城市低保列入民政事业"九五"计划和2010年远景规划。1997年9月2日,国务院发出《关于在全国建立城市居民最低生活保障制度的通知》(国发〔1997〕29号)。9月3日,国务院召开全国城市低保电视电话会议,国务委员李贵鲜作重要讲话。这是我国城市低保从探索产生阶段进入全面建立阶段的重要标志,也就在这时,常德市的城市居民最低生活保障制度建设正式起步。

1997年2月21日,常德市人民政府发出《关于建立我市城市居民最低生活保障制度和农村社会保障制度的通知》(常政发〔1997〕5号),经常德市人民政府常务会议研究,决定在全市建立城市居民最低生活保障制度和农村社会保障制度。

1998年12月29日,常德市人民政府印发《关于实施城市居民最低生活保障制度的通知》(常政发〔1998〕25号),自1999年1月1日起实施。

1999年,全市享受城市居民最低生活保障的城市居民7037人(其中三无对象1933人,其他对象5104人),累计发放城市低保资金400.5万元。到2001年,经过扩面,全市保障城市低保对象1.7558万人,累计发放城市低保资金870万元,其中争取上级转移支付资金520万元。

2002年7月3日,常德市人民政府下发《关于进一步加强城市居民最低生活保障工作的意见》(常政发〔2002〕16号)。从2002年7月1日起,武陵区、德山开发区和柳叶湖旅游度假区的最低生活保障标准由原来的143元提高到160元。其余区、县(市)和管理区的最低生活保障标准由当地政府和管委会制定并报市人民政府备案。同时明确,地方财政每年要按低保人数的最低生活保障标准安排低保配套资金。武陵区、德山开发区、柳叶湖旅游度假区财政按市、区两级6∶4的比例安排到位。此外,鼓励社会组织和个人为城市居民最低生活保障提供捐赠、资助,所提供的捐赠资助,全部纳入低保救助资金专户。财政从预算安排的低保配套资金中单列5%充实救助资金。市、县两级救助资金分别由市、县社会救助机构管理。还确定了对城市低保对象的优惠政策;实行低保对象动态管理;强化低保工作规范管理。是年,全市保障城市低保对象10.2423万人,其中市城区2.5077万人,区、县(市)8.7580万人,全年累计发放城市低保资金4900万元,人均补差水平为38.4元。

2003年3月10日,常德市人民政府发出《关于提高城市居民最低生活保障标准的通知》(常政发〔2003〕5号),决定从2003年1月1日起,全市城镇居民的最低生活保障标准在2002年基础上提高20元,做到应保尽保。是年,鼎城区、桃源县、西洞庭管理区的城市居民最低生活保障标准由143元提高到163元;西湖管理区由140元提高到160元;临澧县、澧县、石门县、安乡县、汉寿县、津市市由130元提高到150元;市城区的武陵区、德山开发区和柳叶湖旅游度假区由160元提高到180元,其中:散居无生活来源、无劳动能力、无法定赡养人(扶养人或抚养人)的"三无"救济对象和享受"双定"救济对象提高到200元,民政部门集中供养的救济对象提高到220元,市精神病院集中供养的救济对象提高到240元。

这一年,民政部确定为"城市低保工作规范管理年"。常德市、县(区市)人民政府出台一系列工作制度。主要有:低保对象公示制度;社会化发放制度;民主评议制度;低保动态管理制度。是年,全市共有保障对象 11.4 万人,其中:三无对象 5950 人,企业困难职工 7.8231 万人,其他人员 3.0167 万人,累计发放城市低保资金 7836 万元,月人均补助水平为 55 元。

2004 年,城市低保提标工作被常德市人民政府列入"十件实事"之一,提出城市低保救助 12.25 万人,月人均补助水平达到 55 元的工作任务。截至 12 月,全市保障城市低保对象 12.27 万人,全年累计发放低保资金 8843.71 万元,月人均补助水平达到了 60.1 元。

是年,根据低保对象的家庭情况进行分类,拉开救助档次,形成具有一定灵活性和针对性的低保标准和补差体系,称为"分类施保"。这一年,常德市民政局进行了有益探索,提出了 A、B、C 三类"分类施保"办法,并在全市推行。A 类为"三"无对象,实行全额保障;B 类为重病户、残疾户,实行差额重点保障;C 类为有劳动能力的下岗失业人员,实行一般性保障。实行"分类施保",有效地防止了低保资金搞平均发放的现象,真正把保障金用在了最困难、最需要救助的人身上。"分类施保"工作走到了全省前列。是年,根据民政部、省民政厅提出的"应保尽保"的工作目标和动态管理的工作要求,全市各地从低保工作出现的一些新情况、新问题出发,认真做好了低保对象尤其是企业军转干部、涉军群体以及因户籍制度改革、企业关闭破产、下岗职工出"中心"等生活困难人员纳入低保保障的工作,努力做到"应保尽保"。同时,进一步规范入户调查、民主评议、张榜公示、银行发放和审核审批工作程序,健全和完善年审排查,群众举报以及督查通报等动态管理的各项制度,及时对不符合条件者实行清退,巩固了应保尽保成果。全市取消 1076 户、2632 名不再符合条件的低保对象, 同时新增 831 户、1764 名纳入救助保障范围,净减 868 人。

2005 年 4 月 20 日,常德市人民政府发布《常德市城市居民最低生活保障实施办法》(市政府 5 号令),共八章三十五条。是年,全市各地重点解决了在推进"三化"进程和社会转型时期出现的失地农民、国营农场企业职工转非、春禁渔民、涉军群体、艾滋病患者、两劳释放人员等一批特殊群体的生活困难问题。石门、临澧等县还注重探索建立了低保"爱心超市"和"慈善药店",常用药品费用按正常价格一定比例实行优惠;教育部门对低保子女九年义务教育阶段实行了"两免一补",高中阶段减半收取学费;建设房产部门积极推行兴建廉租房、租赁补贴、租金核减的"三租"政策,对低保户子女实行住房优惠;自来水、电力部门对每户低保家庭实行了 4 吨水、8 千瓦时电的优惠;广电部门在普通市民收视费提价后,低保户有线收视费继续保持每月不超过 11 元;慈善机构及社会人士积极捐款捐物,为低保超市不断提供药品、衣物、粮油等资金物质支持,救助对象得到了购物实惠。此外,司法、劳动等部门对低保对象也实行了不同程度的优惠配套政策。是年,全市共保障城市低保对象 12.1 万人,累计发放低保资金 9220 万元,人均补差水平 65 元。

2006 年 1 月 12 日,常德市民政局发出《关于建立低保对象监督举报有奖制度的通知》(常民函〔2006〕2 号),以提高社会救助水平,确保救助对象的准确率,及时有效地为真正困难的弱势群体服务。是年 3 月,与常德市畜牧水产部门多次磋商,出台春禁期间特困渔民纳入低保社会救助的文件,进一步落实和规范了特困渔民救助。9月,积极配合市防艾办贯彻落实《艾滋病防治条例》,为特困艾滋病患者及其家属进一步落实了基本生活救助、大病医疗救助等政策,并在“12·1”世界艾滋病日开展了慰问活动,为建筑工人送去了毛巾、安全帽、宣传资料等价值2000元的慰问品。是年11月份,常德市社会救助管理处与市物价部门对低保对象优惠政策落实情况进行调查,与市物价局、市卫生局联合下发《关于认真贯彻落实城市低保对象医疗价费优惠政策的通知》,进一步简化低保对象享受医疗优惠政策的审批程序,督促各医疗单位落实低保对象就医优惠政策。10月底至11月初,市社会救助管理处与市财政局联合组成检查小组,开展为期10天的城市低保对象合格率大排查,重点排查了网络上传的低保户家庭成员核定不准的、检查组两次入户见不到保障对象本人的、明显不符合低保享受条件的、自然减员(死亡)仍在享受低保、张冠李戴和弄虚作假的5类人员。全市核减低保对象3948人,重新核定了各地实有保障人数,全市保障对象合格率和补助水平进一步提高。是年,全市共发放城市低保资金1.1亿元,保障城市低保对象12.4万人,月人均补助水平74元。

2007年,全市保障城市低保对象12.3万人,累计发放城市低保资金1.36亿元,月人均救助水平92元,超省政府“八件实事”考核指标8元,超市政府“十件实事”考核指标2元。这一年,全市通过民政部门社会救助专户资金,为市城区120名低保户子女考取大中专院校后,发放低保助学金30.3万元,区县(市)开展低保助学105万元;市教育部门对全市20多万低保户子女九年义务教育阶段实行了“两免一补”(免杂费、免课本费、适当补助寄宿生活费)政策,折合人民币逾280万元;水电部门为6.9万户城市低保户每月提供4吨水、8千瓦时电,折合人民币808万元;广电部门每月收取低保户有线收视费不超过11元,低保户共减免收视费450万元;医疗卫生部门对低保户的挂号费、诊断费、普通床位费实行了不同程度的减免。11月,常德市政府督查室牵头,常德市民政局、市物价局、市监察局联合组成三个督查组,进一步对低保对象享受价费优惠政策的落实情况进行了一次专项督查,针对落实政策不到位的相关责任部门提出了整改意见,并发出督查通报。

2008年,全市城市低保提标超额完成“为民办实事”工作任务。截至12月底,全市救助城市低保对象11.7万人,共发放城市低保资金1.7亿元,月人均救助标准达到118元,较省、市政府“为民办实事”要求全市月均补差不低于95元的考核目标高23元。

是年3—6月,全市社会救助部门历时4个月,组织开展城市低保对象的清理洗牌、年审排查工作,在对符合条件的对象实现应保尽保的同时,对不符合条件的对象实行了“六个一律清退”,即:三个月不领取低保金的一律清退;凡进入社保领取退休工资的一律清退;外出打工、离开居住地三个月的一律清退;凡进入开发小区居住的一律清退;举报查证属实的一律清退;消费水平(连续三个月的水费、电费、话费)超过保障线的一律清退。通过开展年审排查,实现了动态管理下的应保尽保。是年底,省民政厅下发《全省基层低保规范化建设先进单位和先进个人的表彰通报》(湘民办函〔2008〕201号)。其中:临澧县、石门县被评为“全省基层低保规范化建设示范县”;石门县民政局局长李钢、临澧县社会救助管理局局长陈定生、桃源县社会救助管理局局长曾新华被评为“全省基层低保规范化建设先进个人”;武陵区城东街道办事处、安乡县深柳镇、临澧县安福镇、石门县楚江镇被评为“全省基层低保规范化建设示范街道(乡镇)”;全市34个社区居委会(村委会)被评为“全省基层低保规范化建设示范社区居委会(村委会)”。

2009年3月20日,常德市人民政府决定(常政发〔2009〕6号),从2009年4月1日起,调整提高城市居民最低生活保障标准。是年,全市城市低保月均保障城市低保对象12.2万人,累计发放城市低保资金2.17亿元,月人均补助水平为148元。

是年,被确定为“社会救助规范管理年”,全市各地着力从制度保障、工作保障、资金保障、政务公开、操作规范、规范监督、工作效果等各个方面,全面推进社会救助规范化管理。10月底,经综合评估,推选临澧县、石门县、桃源县作为常德市社会救助规范化管理创优县参加全省社会救助规范化管理创优评选活动。年底,三县顺利通过省厅的考核验收,并被评为全省规范化建设先进单位。常德市社会救助管理局被评为规范化建设工作组织先进单位。

2010年,全市有序开展社会救助“阳光行动”,把握清查重点,坚持程序公开,强化部门联动,实施有奖举报,兼顾维稳大局。各地在开展清理过程中,重点对行政保、关系保、人情保等不符合救助条件的对象实行一律清退,对c类对象中的领取养老金、灵活就业等家庭收入情况发生变化的对象实行动态调整。各地由民政局领导带队,分片分区进行任务包干,采用入户调查、邻里访问、信函索证等多种方法,力求全面、准确地掌握对象的家庭情况和收入状况,入户调查率达到了100%。同时,社区对续保、调标和取消的对象严格实行民主评议和张榜公示,并对调标和取消的对象出具告知通知书,实行阳光操作,确保工作程序公开。各地积极与财政、劳动、房管、工商、税务等相关部门开展协作,实现情况互通、资源共享。各区县、市普遍设立举报箱,明确专人、公布举报电话,主动接受社会和群众的监督,并对经查证属实的举报者给予适当奖励。各地在取消对象时,针对不同对象进行人性化处理,一方面通过上门耐心做好政策解释,进行思想疏导;另一方面对应取消而又确有生活困难的对象及时给予帮扶(应取消农村五保而符合农村低保条件的给予农村低保,或不符合低保条件的给予临时救助),有力地维护了社会稳定大局。是年,全市清退城市低保对象10574人,新增保障对象5516人,净减5058人。

2010年,常德市民政局和常德市社会救助管理局协同动作,切实抓好市直改制企业解困。对市直改制企业22家独立工矿社区和武陵区新增的7家改制企业的5042名困难职工全部纳入了城市低保保障范围,保障比例占相应企业改制总人数的12.5%,超过全市3.8个百分点(全市低保保障比例为8.7%),基本实现“应保尽保”。截至2010年12月,市直改制企业困难职工月人均救助标准,由年初的140元提高到了163元。对符合临时救助政策的对象及时给予了临时救助,累计救助1177人次,发放临时救助资金55.9万元。同时,及时实施医疗救助。对符合医疗救助条件的558名市直改制企业社区困难职工及时给予医疗救助,人均救助水平为1191元。此外,开展助学救助。对享受城市低保的困难职工子女中的51名通过统招考取国家高等院校的应届毕业生,按照人均2000元的标准进行助学救助,合计发放助学金12万元。全市民政系统组织“点燃希望”爱心助学活动,通过现场发放慰问金,扶助低保户子女中的应届高中毕业生50人。全市通过执行“两免一补”和发放助学金,共救助低保户家庭学子1.4万人,发放助学资金883万元。是年11月15日,经常德市人民政府第41次常务会议研究决定,运用价格调节基金对市城区(武陵、德山、柳叶湖)的城镇低保对象发放了一次性物价补贴,人平发放金额为100元。春节期间,为做好城乡困难群众基本生活保障,对全市社会救助对象发放了生活补助资金,发放标准为城市低保对象每人150元,农村低保对象和农村五保对象每人100元,共计发放资金4158万元。是年,全市城市低保月均保障城市低保对象12.8万人,累计发放城市低保资金2.6亿元,月人均补助水平为166元,超省政府考核指标36元,超市政府考核指标3元。

2011年,全市各地继续深入开展对全市城市低保对象进行一次全面清理排查的社会救助“阳光行动”。截至11月底,清退城市低保对象7157人,新增保障对象4867人,净减2290人。2011年4月18日,常德市民政局联合市物价局、市财政局、国家统计局常德调查队下发《常德市城区低收入群体价格临时补贴与物价上涨联动机制具体实施办法》(常价综〔2011〕18号),明确价格临时补贴的范围、标准、资金来源和相关部门职责等。截至12月,全市全面建立城乡低收入群体临时价格补贴与物价上涨联动工作机制。是年4月、6月、10月和12月,市社会救助管理局联合相关部门,分四次对市城区三区(武陵、德山、柳叶湖)的城市低保对象和农村五保对象共计10.9万人(次),按人平100元标准发放临时价格补贴资金,总额达1090万元。是年,全市月均保障城市低保对象12.6万人,累计发放城市低保资金2.78亿元,月人均补助水平为184元,超省政府考核指标16元,超市政府考核指标6元。

2012年3—6月,常德市民政局联合市监察局、市审计局部署在全市范围内开展社会救助政策执行情况专项监督检查和城乡低保、农村低保对象的年审排查。全市共清退困难程度缓解城市低保对象6712人,新增保障对象3338人,净减3374人。是年5月,根据《常德市城区低收入群体价格临时补贴与物价上涨联动机制具体实施办法》(常价综〔2011〕18号),经报请市政府同意,市民政局联合市财政局、市物价局对武陵区、

2012年3月1日,省民政厅在常德市临澧县召开全省社会救助工作会议

常德经济技术开发区、柳叶湖旅游度假区的2.48万名城市低保对象和农村五保对象，按每人50元的标准发放了1—4月份价格临时补贴，补贴总金额124.17万元。

是年8月23日，常德市民政局与常德市电业局联合下发《关于落实城乡低保、农村五保对象电费补贴优惠政策的通知》(常民〔2012〕67号)。自当年7月1日起，将全市城市低保对象的电费补贴标准由每户每月8千瓦时调整为每月10千瓦时。截至2012年年底，全市共发放城市低保对象电费补贴465万元。

是年，全市月均保障城市低保对象12.8万人，累计发放城市低保资金3.64亿元，月人均补助水平为246元，超省定标准3元。

2013年4—10月，常德市民政局根据省民政厅、省财政厅、省纠正行业不正之风办公室《关于在全省开展城乡低保"阳光工程"活动的通知》(湘民发〔2013〕35号)精神，组织开展全市城乡低保"阳光工程"活动。此项活动分宣传发动、清查整改、检查总结三个阶段进行。截至10月底，全市累计设立城乡低保宣传栏2512个，设立固定公示栏3470个；接待来信来访3827人次，反映问题办结率100%；评选出优秀(先进)城乡低保服务窗口130个。通过"阳光行动"，全市清退城市低保对象8462人，新增保障对象4867人，净减3595人。

是年8月19日，常德市人民政府下发《关于提高城乡居民最低生活保障标准、农村五保供养标准的通知》(常政发〔2013〕13号)。从2013年7月1日起执行。是年，全市城市低保月均保障城市低保对象12.7万人，累计发放城市低保资金4.23亿元，月人均补助水平为277元，超省政府考核指标7元。

第二节 农村低保

1988—2004年，常德市所辖各区、县(市)沿袭传统的社会救助方式，对农村特困户给予"双定救济"(定期定量救济)或临时救济，"双定"救济标准为每月5元，救助人数亦不足5万人。2005年8月1日起，常德市全面启动农村最低生活保障救助，由国家和集体对农村居民家庭年人均收入低于当地最低生活保障标准的贫困人口实施现金或实物救助，并形成一项社会保障制度。

1996年1月，全国民政厅局长会议明确提出：改革农村社会救济制度，积极探索农村低保制度。会后，民政部在全国部分地方开展农村社会保障体系建设试点工作。

1996年4月18日，省民政厅根据民政部的要求，研究确定常德市所辖的临澧县为全省农村社会保障体系建设试点县之一。临澧县是作为全省经济中等地区(时人均收入为1576元)的代表，且该县党政领导重视，民政部门有战斗力，民政工作基础好而被确定为全省农村社会保障制度建设试点县的。该县接受试点任务后，中共临澧县委、县人民政府成立临澧县农村社会保障委员会,由全书化任主任,张方才、杨绪沐、徐超祥、唐生孝任副主任,县政府办、民政局、财政局、卫生局、教育局、人民银行、国税局、地税局、工商局、劳动局、农经局、团县委、县妇联等17个相关部门的负责人为成员,并明确了相关部门职责。临澧县民政局成立了以局长黄家益为组长,局党组全体成员参加的社会保障体系建设领导小组,明确一名副局长和办公室主任专抓,并抽出四名干部组成保障体系建设办公室,负责试点的日常工作。

1996年5—6月,临澧县民政局在6个乡镇(好、中、差三种经济类型)中的18个行政村进行抽样调查。7—8月,集中民政局机关干部,选择合口、望城、柏枝三个乡镇进行为期25天的试点具体工作,从而掌握了该县农村最低生活保障对象的底子和所需救助资金额度。局长黄家益为主组成的8人课题研究小组,定期研究和探讨农村社会保障试点工作中的理论问题,并形成《临澧县农村社会保障体系建设试点工作方案》,先后经县政府常务会议和县委常委扩大会议研究通过,1996年6月19日,以临澧县委《常委会纪要》和县人民政府文件(临政发〔1996〕8号)印发全县执行。是年9月12日,临澧县人民政府印发《临澧县农村最低生活保障制度暂行办法》(临政发〔1996〕12号文),“办法”共14条,自1997年1月1日起施行。这个县明确规定:凡本县农村家庭年人均纯收入低于最低生活保障线的村民,为最低生活保障对象。享受农村最低生活保障的村民,凭“农村最低生活保障救济证”领取救济粮、款。”是年9月16日,临澧县人民政府印发《临澧县农村社会保障实施办法》,这个“办法”共九章、四十七条。1997年,临澧县共救助农村低保对象1735户、3360人,发放低保金40.32万元,其中:县级资金20万元,乡级资金9.6万元,村级资金10.72万元。该县农村居民最低生活保障线标准为450元,农村低保对象占全县农业人口的1%,低保对象按困难程度划分为A、B、C三类。其中A类对象是指家庭年人均收入达不到500元的对象,每人每月享受10元;B类对象是指家庭年人均收入达不到600元的对象,每人每月享受8元;C类对象是指家庭年人均收入达不到700元的对象,每人每月享受6元。

1997年,常德市人民政府发出《关于建立我市城市居民最低生活保障制度和农村保障制度的通知》(常政发〔1997〕5号)。是年,鼎城区和澧县、桃源县开始建立农村最低生活保障制度。全市享受对象达9.85万人,发放保障金370万元,其中县级财政补助170万元。

实施农村特困户救助是向农村低保发展的过渡性工作。2003年3月26日召开的国务院常务会议上,“解决困难群众生产生活的问题”被确定为要着力抓好的重要工作之一。

2003年3—4月,常德市民政局组织对全市农村特困户进行全面摸底调查。调查结果表明,全市年人均收入在600元以下的有7.0272万户、18.8027万人,占农业人口的4%。其中已享受农村低保的有3758户、9747人,占特困总人口的5.2%,未纳入农村低保的困难家庭有6.654万户、17.828万人,占农业人口的4.8%。已纳入农村低保的这部分对象都得到了政府的定期定量救济,一般年人均补助标准都在200元左右。是年8月,全市确定定期救助对象2.7673万户、7.2408万人;临时救助对象1.1203万户、3.5976万人。

2003年5月8日,常德市民政局在澧县召开全市农村特困救助工作试点县座谈会。会

上肯定了澧县逐步实现农村低保与农村特困救助并轨的成功做法。这个县从 1997 年开始，实施农村社会保障制度，历时 6 年，共发放农村救助资金 6375 万元，其中县财政拨款 370 万元，乡、村两级筹集 287.5 万元，救助特困群众 4.32 万人次。2002 年，全县为 2088 户、6684 人实施了农村最低生活保障，共计发放低保资金 105.6 万元，其中县财政拨款 60 万元，乡、村自筹 45.6 万元，救助标准 200 ~ 500 元 / 人。各级党委、政府对未纳入低保的一部分特困对象亦以不同形式，给予了临时性救济，同时还给予税收减免、筹工筹劳等。小渡口镇东风村一年为特困户减免各项税费达 2 万元。

2003 年 8 月 23 日，常德市民政局根据 6 月 30 日市长办公会议精神，结合贯彻省民政厅 7 月 23 日在醴陵市召开的全省农村特困户救助工作会议精神，在鼎城区召开全市农村特困户救助工作会议。常德市民政局副局长李巨开在会上强调：农村特困户生活救助制度必须坚持关于农村特困户救助的基本思路，以"不救不活"的原则和"低标准起步，逐步提高，有进有出"的准则，制定农村特困户救助实施办法。农村特困户救济实行分级负责，属地管理，所需资金主要由区、县（市）政府负担，列入年度财政预算，并逐年有所提高，保证农村特困户救助工作有稳定的经费来源。市财政给予区县、市按救助人口每月 1 元标准进行补助，各区、县（市）从 10 月 1 日起发放救助资金。

2005 年 7 月 5 日，常德市人民政府出台《常德市农村居民最低生活保障制度实施办法（试行）》（常政办发〔2005〕27 号）。"办法"共 17 条，于 2005 年 8 月 1 日起试行。这是常德市关于农村低保的第一个规范性文件。

2005—2007 年，各区县、市人民政府先后出台"农村最低生活保障制度实施办法"或"实施细则"，并组织实施，常德市农村低保全面建制。

2006 年，各区县、市全面落实对农村特困户救助向农村低保制度的转变，普遍做到：

划定低保范围，明确救助对象，印发全市统一的"常德市农村居民最低生活保障金领取证"。

确定保障线标准、保障比例和人均补助水平。时全市农村低保保障线统一定为共同生活的家庭成员年人均纯收入低于 650 元以下，保障比例为当地农业人口总数的 2%，救助水平为月人均补助 15 元。

确定救助方式和方法。全市农村低保采取突出重点、分类施保的办法，将保障标准划分为"三无""二重"（重病重残）、一般困难家庭等三类，按类别分别确定保障标准。时全市确定三无对象为 20–25 元 / 人·月，重病重残对象为 15 ~ 20 元 / 人·月，一般对象为 15 元以下 / 人·月）。

明确资金来源渠道。时全市各地按照"属地管理"的原则，将农村低保预算资金纳入当地财政预算，农村低保金实行按季发放。是年，澧县、石门县、临澧县、武陵区、德山等地农村低保资金预算落实较好，月人均救助水平达到了 20 元以上。

建立审批程序和管理制度。各地借鉴城市低保管理的有效做法，建立入户调查制度、民主评议制度、张榜公示制度和举报监督制度，有效地发挥对农村低保监督管理的作用。

2005 年 8 月至 2006 年 12 月底，全市共发放农村低保资金 2005 万元，月均保障农村低保对象 3.1 万户、7.8 万人，月人均补助水平由 5.6 元提高到 15 元，保障率为 1.68%。

2007 年，农村低保工作被省政府确定为“八件实事”之一，提出“农村低保资金按规定标准 100%发放到位”的工作要求。是年，根据“低标准起步、窄范围运行、逐步扩展”的救助原则和省厅天心区会议精神，常德市农村低保的保障线调整为共同生活的家庭成员年人均可支配收入低于 683 元，保障比例为占农业人口的 1.5%，救助水平为月人均 30 元以上，将因病、因残、年老体弱、丧失劳动能力以及生存条件恶劣的“五类”对象优先纳入农村低保救助范围。

是年，常德市民政局在临澧县安福镇清水村和柏枝乡永乐村举办农村低保工作示范点，并于 9 月 5 日在临澧县安福镇清水村召开全市农村低保工作规范化建设现场观摩会。此次会议主要总结推广临澧县农村低保工作规范化建设的经验做法，统一全市农村低保规范管理模式。常德市民政局副局长李巨开、市政协民革副主委陈立平、市财政局总会计师陈绪华、市社会救助处主任余普阳，临澧县委常委、县委政法委书记李宏秋，县人大常委会副主任王承荣出席会议。各区县(市)分管社会救助工作的负责人，社会救助管理局局长、综合股股长、农村股股长参加了会议。与会人员参观现场，观看县电视台制作的农村低保工作纪实专题片《洒向柴门都是爱》，听取临澧县民政局关于《强化责任，创新机制，努力构建农村居民最低生活保障新格局》的典型发言，深受启发。是年，全市共发放农村低保资金 2182 万元，月均保障农村低保对象 3.2 万户、7.2 万人，月人均补助水平达到 30 元，保障率为 1.53%。

2008 年，农村低保工作继续纳入省、市政府办实事考核内容，省政府“八件实事”指标为月人均补助水平为 35 元；市政府“十件实事”指标为纳入农村低保的人数扩大到 10.1 万人，月均补助标准提高到 35 元。是年年初，常德市民政局与市财政局加强衔接，制定了《2008 年各区县(市)社会救助资金配套方案》，市、县配套资金在 2007 年基础上增长 10%。在省民政厅进一步加大资金补助力度的前提下，各区县(市)认真落实本级配套资金，并制定了资金发放的具体方案，重点抓好救助资金的及时发放。同时，由常德市政府督查室牵头，常德市民政局会同市财政局等相关部门多次下到有关区县(市)，特别是对考核指标还有差距的地方，重点开展督查督导，结合督查情况下发进度通报，并实行末位排队。是年，全市共发放农村低保资金 5565 万元，月均救助 11.2 万人，月人均补助水平达到 42 元，保障率为 2.39%。

2009 年 2 月 9 日，常德市人民政府第 19 次常务会议审议通过《常德市农村居民最低生活保障办法》。是年 2 月 20 日，市长陈文浩签署常德市人民政府令第 1 号予以发布，自 2009 年 3 月 1 日起施行。2005 年 7 月 5 日，常德市政府办公室印发的《常德市农村居民最低生活保障制度实施办法(试行)》(常政办发〔2005〕27 号)同时废止。这个“办法”共六章、三十一条。

是年 3 月 20 日，常德市人民政府发出《关于调整提高城乡居民最低生活保障标准的通知》(常政发〔2009〕6号)。从4月1日起,全市农村最低生活保障标准在2005年家庭年人均可支配收入683元基础上提高到1067元。此次调标范围为已享受低保待遇的农村困难居民和调标后符合低保条件的农村困难居民。申请和办理工作按属地管理原则进行,即由本人向户口所在地社区(村)申请,报当地民政社会救助管理局审批。

是年4—9月,武陵区、鼎城区、石门县、安乡县、澧县、西湖管理区等部分区、县(市)根据常德市人民政府2009年第1号令,先后制定相关文件,并付诸实施。

是年,全市月均保障农村低保对象为6.27万户、13.3万人,累计发放农村低保资金9036.32万元,月人均补助水平达到56元,超省人民政府考核指标11元,超市人民政府考核指标4元。

2009年,省民政厅确定为"社会救助规范管理年"。全市各地着力从制度保障、工作保障、资金保障、政务公开、操作规范、规范监督、工作效果等方面,全面推进社会救助规范化管理。10月,常德市社会救助管理局经综合评估,推选临澧县、石门县、桃源县作为社会救助规范化管理创优县参加全省的创优评选活动。12月,三县通过省厅的考核验收,并被评为全省规范化建设先进单位,市社会救助管理局被评为规范化建设工作组织先进单位。

2010年年初,常德市民政局、常德市社会救助管理局确定农村低保扩面作为年度工作的重中之重,提请市政府将"农村低保扩面3万人、月均保障16.3万人"纳入市政府"为民办实事"工作内容,重点将因病、因残、丧失劳动能力、年老体弱和生存条件恶劣等五种对象纳入救助范围。"去年要吃低保由于条件不够没吃到,今年政府扩面救助,我是村里第一批享受低保待遇的人!"鼎城区蔡家岗镇营岗村村民周建军感激之情溢于言表。年近五旬的周建军,体弱多病,长年吃药,家境贫寒,刚上大学的女儿又患上了胃癌,欠下5万多元的债务,生活一度陷于绝境。村委会了解到周建军的情况后,及时为他家办理了农村低保,周建军成为低保扩面救助第一批受益的困难群众。市社会救助管理局局长余普阳坚定地说:"让每一个困难家庭得到应有的救助,让每一项救助工作都充满阳光、公平、公正,我们自始至终都以此为使命,丝毫不敢懈怠。

是年,全市有序开展社会救助"阳光行动"。在开展清理过程中,重点对行政保、关系保、人情保等不符合救助条件的对象实行了"九个一律清退",即:三个月不领取低保金的一律清退;凡进入社保领取退休工资,家庭人均收入高于保障线的一律清退;外出离开居住地三个月,基层组织难以监管的一律清退;凡进入开发小区居住的一律清退;举报查证属实的一律清退;消费水平(连续三个月的水费、电费、话费)超过保障线的一律清退;"有女五保户"一律清退;通过信息对比,收入明显高于保障标准的一律清退;自然减员的一律清退,并实施有奖举报。各县市区普遍设立了举报箱,明确了工作专人并公布了举报电话,主动接受社会和群众的监督,并对经查证属实的举报者给予适当奖励。通过"阳光行动",全市共清退农村低保对象10094人,新增保障对象20207人。是年6月,为推进全市基层社会救助规范化建设,进一步巩固"阳光工程"成果,根据省民政厅关于继续开展"两创"活动和“阳光行动”要求，市社会救助局编印《常德市基层社会救助规范化建设示范手册》共5000册，按照每个乡镇(街道)、村(居)专干人手一册的要求统一分发给各地，帮助从事基层社会救助工作的同志，特别是乡镇(街道)、村(居)救助专干全面了解、掌握社会救助工作的政策法规和工作流程，做好社会救助工作政策的宣传普及，进一步提升基层社会救助工作制度化、规范化管理水平，全市基层社会救助规范化建设取得卓越成绩，武陵区、鼎城区、安乡县、汉寿县、澧县、津市市6个单位被评为全省规范化建设先进单位。至此，全市9个县市区均创优达标。

是年，全市月均保障农村低保对象8.1万户、16.9万人，累计发放农村低保资金13577.31万元，月人均补助水平为66元，超省政府考核指标11元，保障率为3.6%。

2011年，全市各地继续深入开展对农村低保、五保供养对象进行全面清理排查的社会救助“阳光行动”，旨在对符合救助条件的农村困难群众做到应保尽保、救助及时，真正把有限的社会救助资金全部用在困难群众身上，实现社会救助资金使用效能的最大化。是年，市民政局报请市政府出台两个规范性文件，即《常德市城乡低收入家庭认定暂行办法》(常政办发〔2011〕40号)和《关于提高城乡低保保障标准的通知》。截至11月底，通过阳光行动，清退农村低保对象4306人，新增保障对象3557人，净减749人，阳光操作、动态管理式的社会救助模式再次得到彰显。是年，全市月均保障农村低保对象8.57万户、17.7万人，累计发放农村低保资金16684.31万元，月人均补助水平为78元，超省政府考核指标13元，保障率为3.8%。

2012年5月21日，省民政厅厅长余长明(右三)现场查看常德市低保触摸查询系统

2012年6月6日，市社会救助管理局下发《关于进一步加强农村低保工作规范化管理的通知》(常社救〔2012〕1号)。是年，根据这个通知要求，各地在做好农村低保资金按月打卡发放的同时，严格落实“以户施保”、“保人保户”，杜绝并户现象。低保证、银行卡及时发放到低保对象手中，做到卡证齐全。已经享受农村五保供养待遇的对象不重复享受农村低保。各地严格按照农村低保申报审批程序，即：个人申报→入户调查→民主评议→一榜公示→乡镇审核→二榜公示→县局审批→三榜公示→打卡发放，并着实抓好入户调查核实，强化村级民主评议，严把初审准入关口，确保农村低保工作公正高效。全市各乡(镇)明确一名村干部为专(兼)职低保工作人员，其主要职责是：负责本村低保对象的受理、

初审、评议、公示、上报以及村级低保档案的整理归档和信息汇总等工作。各地注重努力提高发现问题和解决问题的能力，致力于构建市、县（市、区）、乡镇（街道）、村（居）全方位，多层次的农村低保立体监督体系，实现监督管理的联动效应。各区县、市充分发挥乡镇人大、政协以及监察、信访、审计等部门的监督作用，对骗保骗救对象和玩忽职守的工作人员进行严厉打击。同时，借助新闻媒体和社会各界监督力量，畅通诉求渠道，结合村（居）务公开，保证公民的知情权、参与权、监督权，广泛接受社会监督。

是年底，全市月均保障农村低保对象 9.25 万户、17.9 万人，累计发放农村低保资金 22495.49 万元，月人均补助水平为 105 元，保障率为 3.94%。

2013 年，常德市民政局组织开展农村低保“蹲点排查”活动。是年 4 月 8—22 日，市民政局党组副书记、副局长李巨开负总责，市民政局党组成员、市社会救助管理局局长余普阳具体负责，带领市社会救助管理局全体干部，分片分组对各县市区农村低保政策执行情况和 2012 年农村低保资金发放情况进行调研，随机抽查入户，进行实地了解，掌握情况（县市区抽查不少于20 户，小区抽查不少于 10 户），并重点对沅水片的鼎城区、澧水片的澧县各两个村进行集中剖析。针对调研中发现的问题，及时制定整改措施，对符合条件的做到及时纳入，不符合条件的做到一律清退。是年 8 月 19 日，常德市人民政府下发《关于提高城乡居民最低生活保障标准、农村五保供养标准的通知》（常政发〔2013〕13 号），从 2013 年 7 月 1 日起执行。

截至 2013 年年底，全市月均保障农村低保对象 10.4 万户、19.3 万人，累计发放资金 27603.77 万元（含春节一次性生活补贴），月人均补助水平为 118.9 元，超省政府考核指标 2 元，保障率为 4.33%。时各区、县（市）补助水平分别为：武陵区 120.6 元 / 人·月、鼎城区 119.8 元 / 人·月、安乡县 117 元 / 人·月、汉寿县 120.2 元 / 人·月、临澧县 119.6 元 / 人·月、澧县 118.1 元 / 人·月、桃源县 117.3 元 / 人·月、石门县 117.7 元 / 人·月、津市市 117.7 元 / 人·月、德山121.4 元 / 人·月、西湖管理区 120 元 / 人·月、西洞庭管理区 120.8 元 / 人·月、柳叶湖旅游度假区 139.1 元 / 人·月、贺家山原种场 191.1 元 / 人·月、桃花源管理区 120.1 元 / 人·月。

第三节　城乡医疗救助

城乡医疗救助，是政府通过提供财力、政策和技术上的支持以及社会通过各种慈善行为，对城乡贫困人群中因病而无经济能力进行治疗的人群，或者因支付数额庞大的医疗费用而陷入困境的人群，实施专项帮助和经济支持，使他们获得必要的卫生服务，以维持其基本生存能力，改善其健康状况的一种医疗保障制度。

常德市农村医疗救助源于石门县委、县政府领导和一个农民的偶然“触碰”。2003 年 4 月，石门县委、县政府及民政局主要领导到各乡镇入户调研农村特困人口生活状况时发现，易家渡镇唐家堰村26岁的村民陈文学,在2002年10月确诊为急性再障贫血症(白血病),2003年春节刚过,已经花了2万多元医药费,家里变卖了所有财产,一贫如洗。于是,入户调研组当即倡议为他捐款治病。通过民政部门救助、动员社会捐助等形式为其解决医疗费用7万余元,把他从死亡线上拉了回来,挽回了一个濒临破碎的家庭。陈文学说:“如果不是大病医疗救助,我们家早已被病魔毁了!”石门县民政局局长李钢坦诚地说:“陈文学是石门县的首例医疗救助对象,也可能是常德市首例大病医疗救助对象!”这次调研之后,石门县迅速启动了针对农村贫困人口的重大疾病医疗救助工作。

2003年11月24日,石门县人民政府发出《石门县农村贫困人口重大疾病医疗救助意见》(石政办发〔2003〕37号),县政府设立大病救助办公室,县财政安排年度预算资金50万元,民政局安排资金15万元,向社会各界募捐80万元,合计救助资金145万元。确定对尿毒症、重症肝炎病、重症胰腺炎病、白血病病、重度烧伤病、重大意外伤残病、癌症病、矽肺病等八种重大疾病的农村特困病人为救助对象,每年每例病人给予一次性医疗救助500~2000元,其他重大疾病按相关政策规定给予适当救助。

翌年5月,石门县被确定为全省农村医疗救助工作试点县。

2004年3月,常德市民政局开始在城区(武陵、鼎城、德山等地)开展城镇居民医疗救助试点工作,并要求有条件的县亦可进行城乡医疗救助试点。同时组织大批人力、物力、财力对全市所有贫困城镇居民大病住院情况进行地毯式的收集、整理,掌握第一手资料,测算住院医疗救助资金总额、住院医疗救助标准。通过试点,市民政局提出,实施医疗救助应遵循的原则是自救互助为主、政府救助为辅;救助水平与经济社会发展水平、财政支付能力相适应的低标准起步、逐步扩展、分类施救;制度统一、管理规范、公开公平;属地化管理;城乡一体、整体推进。救助对象的范围是,凡持有“常德市城市居民最低生活保障金领取证”的城市特困家庭成员以及经县级人民政府批准的其他需要特殊救助的对象。武陵区城西新村社区62岁的居民高先富,是开展城镇居民医疗救助试点工作的直接受益人。2004年9月,因患喉癌无医药费继续住院治疗,武陵区民政局及时给予2100元大病救助,至今还健在的高先富老人谈及此事时无限感慨地说:“是政府救了我的命,不然我的骨头能敲鼓了!”

是年5月26日,临澧县委办公室、临澧县人民政府办公室发出“关于印发《临澧县农村医疗救助试行办法》的通知”(临办发〔2004〕5号)。8月6日,临澧县委常委召开专题会议,研究部署实施农村大病医疗救助工作,并形成2004年第9号会议纪要,其主要内容是贯彻执行《临澧县农村医疗救助试行办法》;成立临澧县农村医疗工作领导小组;加强资金筹措和管理使用;严格审批程序;民政部门建立救助档案等。

2004年11月26日,全国农村医疗救助现场会及管理干部培训班在常德市召开。石门、临澧、澧县在大会上作典型发言,各自介绍了在农村医疗救助工作采取的做法及成功的经验。300多位来自全国各地的代表到临澧、石门、澧县农村医疗救助现场进行了参观和学习。

湖南省副省长许云昭、民政部低保司司长米勇生、财务司司长宋志强等出席会议。

2004 年 11 月 26 日，民政部在常德市召开全国农村医疗救助现场会

2005 年 7 月 5 日，常德市人民政府发出《常德市城乡特困家庭医疗救助制度实施办法（试行）》（常政办发〔2005〕26 号），从 2005 年 8 月 1 日起试行。“办法”共十一条。这个“办法”的出台，标志着常德市城乡医疗救助步入规范化、制度化的轨道。也标志着全市民政医疗救助、城市居民医疗保险、新型农村合作医疗形成“三驾马车”齐驱并进的医疗保障格局以及常德市社会救助体系的确立。

是年，常德市城市居民最低生活保障中心正式开始承担履行全市城乡医疗救助的职责。2007 年 8 月 1 日，中共常德市委编制委员会办公室批复（常编办〔2007〕12 号），同意市社会救助管理处增设城乡医疗救助科，具体负责城乡大病医疗救助工作。

是年 7 月 7 日，湖南省城乡社会救助体系建设现场会在石门县召开。省政府副秘书长陈吉芳、省民政厅副厅长刘金生、市委副书记戴军勇、市政府副市长徐超文等出席会议。会上，石门县、临澧县介绍了城乡特困家庭大病医疗救助的典型经验。国家民政部低保司司长米勇生说：“建立城乡社会救助体系，石门堪称表率，是全国做得最好的县市区之一。石门的领导重视，基础服务网络到位，管理规范，制度健全，全国各县如果达到石门水平，就可以说我国已达到城乡救助的较高境界”。

至 2005 年年底，全市累计救助特困群众 9864 人次，发放救助金 952 万元，争取上级转移支付补助资金 825 万元，资助参加新农合 30 万元。

2006 年，各县（区、市）借鉴城镇职工基本医疗保险、新型农村合作医疗工作经验，注重与当地的经济发展水平相结合，与城镇职工基本医疗保险、新型农村合作医疗政策、农村医疗救助制度相结合，采取区分救助对象、区分救助病种、区分救助条件、区分救助成本，设置城乡救助起付线，进行了大胆尝试，这主要是：

按不同病种确定救助封顶线。病种按其程度轻重分为“A、B、C”三类。A 类病一般为各类癌症、尿毒症、白血病、艾滋病等；B 类病一般为意外颅骨骨折并颅类出血、重症肝炎（急性或亚急性坏死）、重症胰腺炎（急性坏死型）、重度大面积烧伤等；C 类病一本为区域多发型疾病（如血吸虫晚期）等。将 A 类病患者的救助标准定为每人每年救助金额一般不超过 3000 元，B 类患者的救助标准确定为每人每年救助金额一般不超过 2000 元，C 类病患者的救助标准确定为每人每年救助金额一般不超过 1000 元。

按家庭困难程度确定救助金额。救助起付线和实际救助金额按病人家庭困难程度分为“三无、二重(重病、重残户)、一般”三类家庭。借鉴城镇职工基本医疗保险、新型农村合作医疗中关于“起付线”的概念,患同一种疾病时,“三无”户救助起付线为已发生应自负医疗费用3000元以上,救助金额为按该病种规定最高救助金额进行全额救助;“二重”(重病、重残)户救助起付线为已发生应自负医疗费用4000元以上,救助金额按该病种规定最高救助金额的90%进行救助(一般为2000元);“一般”困难户起付线为已发生自负医疗费用5000元以上,救助金额在2000元以下。

按医院级别确定救助底线。借鉴城镇职工基本医疗保险和新型农村合作医疗中关于在不同级别医院治疗住院划定不同救助标准的做法,结合病种和家庭困难程度,在一级医院诊疗的救助底线定为500元;在二级医院诊疗的救助底线定为600元;在三级医院诊疗的救助底线定为800元。

2007年,常德市民政局根据湖南省卫生厅、民政厅、财政厅10月18日联合下发的《关于实施新型农村合作医疗中加强农村五保户、低保户基本医疗保障的意见》(湘卫合医发〔2007〕3号)精神,结合常德实际,采取有效措施,以减轻农村五保户、低保户的医药费用负担,提高他们的基本医疗服务水平。

各县(区、市)民政救助部门审核发证并参加新型合作医疗的农村五保户、低保户人员,可以享受新型农村合作医疗补助、医疗救助和定点医疗机构的费用减免优惠。同时,积极引导参加农民和五保户、低保户人员在县、乡新型农村合作医疗定点医疗机构就近就医;因患重病、疑难病症需到县以上医疗机构就诊的,按新型农村合作医疗的相关规定办理转诊手续;

参加新型农村合作医疗的农村五保户、低保户人员在定点医疗机构住院治疗的,由所在县(区、市)先按照新型农村合作医疗规定标准给予补助,对补助后的支付住院费用(含起付费用)再给予10%—15%的补助,具体补助标准由各县(区、市)确定。农村五保户、低保户人员的住院医疗费用实行日清日结制;

各级定点医疗机构对农村参合五保户、低保户人员自付住院费用实行减免优惠。农村参合五保户、低保户人员在乡镇、县级定点医疗机构住院的,经新型农村合作医疗补助后,由定点医疗机构对新农合补助后的自付住院费用再给予10%的减免;在县以上定点医疗机构住院的,由定点医疗机构对其住院总费用给予10%的减免,减免部分在合作医疗结算时全部按其自付项目的费用核销;

患有县(区、市)新型农村合作医疗规定的特殊慢性病的参合五保户、低保户人员,其特殊慢性病门诊医药费用在规定的补助标准上再给予适当补助;

实施“降消”项目的县(区、市),参加低保人员计划内住院分娩的,在获得新型农村合作医疗补助后,通过申请“降消”项目贫困孕产妇救助,按项目规定的救助标准再给予医疗费用补助,其中,难产和严重产科并发症的孕产妇适当提高补助标准,但补助费用总额不得超过其住院费用的总额；

农村五保户人员参加新型农村合作医疗的个人缴费，由农村医疗救助基金全额资助；低保户人员由农村医疗救助资金全额或部分资助。参合五保户、低保户人员住院，在获得新型农村合作医疗补助、定点医疗机构费用减免及其他政策性补助后剩余自付的住院费用，在乡级定点医疗机构住院的，由农村医疗救助基金分别给予不低于50%和20%的医疗救助；在县级定点医疗机构住院的，由农村医疗救助基金分别给予不低于20%和15%的医疗救助。转诊到县以上医院就诊的，按当地民政部门规定的农村医疗救助政策进行救助。原则上救助金额不超过2500元。农村五保户、低保户人员在定点医疗机构住院的，应按新型农村合作医疗规定的基本药品目录、诊疗项目范围实施诊治，对超越该范围的费用不纳入医疗救助范围。

农村五保户、低保户人员住院减免费用和合作医疗补助费用，分别由定点医疗机构和新型农村合作医疗部门审核后即付即补；医疗救助的补助费用由县级民政部门审核支付。各级卫生部门加强对新型农村合作医疗经办机构、定点医疗机构的管理、指导和监督，确保各项补助与减免优惠措施的落实。

是年，全市全额资助五保供养对象参合4.9万人，资助金额49万元。资助农村低保对象参合、城市低保对象参保对象19、4万人，资助金额100万元。

2008年5月28日，省民政厅发出《关于调整城乡医疗救助政策完善城乡医疗救助制度的通知》（湘民办发〔2008〕60号），对城乡医疗救助的指导思想、基本原则、救助对象、救助内容、医疗救助基金的筹集和管理等作出了明确的规定。特别是在救助内容上，对资助救助、门诊医疗救助、大病住院救助、临时医疗救助等提出了具体的操作规程和要求，进一步规范城乡医疗救助的操作程序。是年5月29日，全国医疗救助工作实施方案评议会在湖南省岳阳市召开，石门县社会救助管理局局长盛学庆在会上作典型发言，详细地介绍了在“三个衔接”上着力，确保城乡医疗救助无缝覆盖，落实城乡医疗救助“五位一体”救助制度等成功做法，受到与会者的一致好评。

2009年4月20日，市社会救助管理局印发《2009年各县市区社会救助工作量化目标管理考核评分办法》和《2009年全市社会救助重点工作月度安排》。在《社会救助工作量化目标管理考核评分办法》中，对配套资金、出台文件、建立“五位一体”医疗救助模式、启动信息平台建设、设立医疗救助资金专账、强化日常管理等方面作出详细的量化标准，城乡医疗救助占25分（满分100分）。在“重点工作月度安排”中，主要是办好桃源县、武陵区医疗救助网上审批示范点及发放A类对象（城市“三无人员”和农村五保对象）门诊医疗救助卡。是年，临澧、石门、桃源县获全省县级社会救助工作规范化建设优胜单位。

是年，全市农村医疗救助累计17.34万人，救助金额2213.24万元。其中资助农村五保对象、农村低保对象参合15.3万人，资助金额287.79万元，住院救助8965人次，救助金额1436.57万元，门诊救助8903人次，救助金额230.37万元，慈善援助423人次，救助金额61.63万元。城市医疗救助7、12万人次，救助金额1640万元。其中资助参保人数57037人次,资助金额 222.36 万元,大病住院救助 5921 人次,救助金额 2264.13 万元,慈善医疗援助 528 人次,救助金额 74.7 万元,门诊救助 5068 人次,救助金额 742.26 万元。

2010 年 7 月 1 日,常德市人民政府出台《常德市农村五保供养工作实施办法》(常德市人民政府第六号令)。其中,第 12、13 条对农村五保供养对象参加新农合、常见病门诊、住院救助作出了具体规定。是年,全市农村医疗救助 23.37 万人次,发放医疗救助金 3676.85 万元。其中,资助参合 18.3 万人次,资助参合资金支出 357.61 万元,住院救助 16233 人次,救助金额 2276.88 万元,门诊救助 29611 人次,门诊救助金额 502.78 万元,临时医疗救助 3785 人次,临时医疗救助金额 415.58 万元,慈善援助 1265 人次,慈善医疗援助支出 124 万元。全市城市医疗救助 13.34 万人,救助金额 2823.41 万元。其中,资助参保人数 11.02 万人次,资助参保资金支出 467.62 万元,住院救助 9758 人次,救助金额 1675.98 万元,门诊救助 9235 人次,救助金额 326.7 万元,临时医疗救助 2553 人次,救助金额 209.86 万元,慈善医疗援助 1680 人次,援助金额 143.25 万元。

2008 年以后,各区县、市相继出台《城乡困难家庭医疗救助实施办法》或"实施细则",并在县、乡两级至少设立一家以上定点医院,实施城乡困难家庭医疗救助。与此同时,省社会救助管理局大力倡导、推广医疗救助"一站式"即时结算模式。

2011 年 8 月 10 日,省民政厅社会救助管理局城乡医疗救助科科长李晓军在救助系统内部网上发出紧急通知:各县市区务求在 8 月 31 日前启动并实施医疗救助"一站式"即时结算工作。从 9 月份开始省厅将对全省所有县市区进行检查并发通报。是月 17 日,根据这个"通知"精神,常德市民政局副局长周晓平、市社会救助管理局局长余普阳、副局长刘兴国、医疗救助科科长黄燏等,一同前往石门国际大酒店召开医疗救助"一站式"即时结算现场会。会上,余普阳强调,开展医疗救助"一站式"即时结算工作意义重大,务必抓紧抓好。同时,通报了各县市区开展此项工作的进度,并要求各地务必在 8 月 31 日前完成此项工作。石门县社会救助管理局局长盛学庆作《石门县医疗救助"一站式"结算情况汇报》,泰阳软件开发公示演示了该公司医疗救助"一站式"即时结算工作的操作程序。全体与会人员现场参观了石门县易家渡镇卫生院医疗救助"一站式"即时结算操作。是年 8 月 31 日,各县市区投入大量资金,搭建起与医保、新农合系统衔接,与定点医院管理管理结算系统对接的医疗救助信息管理系统。在功能上,实现了从申请审批与入院治疗同步开始,到治疗实施与结算同步结束;在资金管理上,实现了从封闭运行到使用的随时监控。

2011 年 12 月 20 日,常德市民政局、市财政局、市卫生局、市人力资源和社会保障局联合发出《常德市城乡困难家庭医疗救助实施办法》(常民〔2011〕93 号)。这个《办法》共十七条。在这个《办法》中,虽然无省卫生厅、省民政厅和省财政厅联合下发的《关于实施新型农村合作医疗中加强农村五保户、低保户基本医疗保障的意见》(湘卫合医发〔2007〕3 号)中规定的内容,即参加新型农村合作医疗的农村五保户、农村低保户人员住院,在获得新型农村合作医疗补助的同时,还应获得定点医疗机构费用减免及其他政策性补助。然而,对开展"一站式"即时结算服务却作出了明确规定，标志着常德市城乡医疗救助迈入信息化、制度化的轨道。

2011 年，全市有 36.8 万人次获得医疗救助，共发放城乡困难家庭医疗救助资金 8100 万元。其中，资助参合、参保对象 28.5 万人，发放参合、参保资金 1053 万元；住院救助 3.41 万人次，发放住院医疗救助资金 5155 万元；门诊救助 3.2 万人次，发放门诊医疗救助资金 1669.7 万元；慈善救助 955 人次，发放慈善救助资金 120.4 万元；临时救助 3.2 万人次，发放临时救助资金 1669.7 万元；住院救助人均救助水平 1500 元，门诊医疗救助人均救助水平 520 多元，临时医疗救助人均水平 520 元，慈善救助人均 1260 元。

第四节　临时救助

临时救助(早期被称为临时救济)，是一项传统的民政业务。主要是指对在日常生活中因各种特殊原因造成基本生活出现暂时困难者给予非定期定量生活救助的措施。它是社会救助体系的重要组成部分，是对低保救助、五保救助、医疗救助制度的有效补充。

1988—2013 年，临时救助已形成一种制度，在保障全市城乡困难群众的基本生活，缓解其特殊困难方面发挥着积极作用。救助对象基本覆盖了城乡低保、农村五保对象和由于特殊原因(如灾、病、残等)造成基本生活出现暂时困难的低收入家庭，并对低保边缘户实行重点救助。

1988 年，全市(地区)临时救济归口市(地区)、县(区、市)民政局的救灾救济科(股)。申请办理临时救助的程序是：通过困难户个人向户口所在地提出申请，乡镇(街道)民政办入户调查并进行审核，对认为不符合救济条件的对象给予说明，对符合救济条件的对象，则在签署审核意见后报当地民政部门审定，各区县、市民政局救灾救济股经入户核实后批准给予救济。这种救济形式一般有以下五种情况，即：因自然灾害造成生活困难的救济；因疾病等特殊情况造成生活困难的救济；非“双定救济”对象，也就是无依无靠的盲、聋、哑、孤寡、痴、呆、傻，老弱残和没有脱贫能力，不具备“双定救济”条件的困难户救济；季节性的救济对象，如春、夏荒救济、冬令救济；无固定收入的个体户中因经营亏本或季节性原因造成亏损，以至影响其基本生活的困难户救济。1988 年底，全市共核准各类救济对象 5283 户、1.979 万人，发放救济款 394.9 万元。其中临时救济对象 1489 户、2989 人，发放救济款 194.1 万元。

1989—2001 年，全市各地沿袭上述临时救济办法，其救济内容和数量均有增减，救济数目据实而定，不予固定。这一阶段的临时救济表现出以下三个方面的特点，即：资金渠道单一。由于这一时期尚处于全国社会救助体系建设的探索阶段，全市的临时救助制度亦未确立，故没有固定的资金渠道。从救灾款中划拨一定数量的资金，用于临时救济，是当时临时救助资金的唯一来源；救助面较窄。常德市、县(区、市)财政部门无法配套列支专项救济资金，受限于资金渠道和资金总量的问题，常德市、县(区、市)民政部门只能量入为出，在加强审核把关的基础上尽量追求资金使用效率的最大化。因此，各县市区普遍采取了根据救济款的数额，再结合贫困户的家庭经济状况和面临的实际困难情况，来确定救济对象的多寡和救助标准的高低的做法；救助对象和标准不统一。各县市区只能根据本地域贫困对象的致贫原因和贫困程度分别确定本地的临时救济对象和标准，从而，形成各地的救济对象多少不均，因相同事由申请临时救济时享受的救济金额难以统一；加上申请报告中提供的相关佐证资料亦少，审批程序还不够完善。期间，全市共救助各类因特殊原因面临生活困难的城乡困难居民2.8万余人次，发放临时救助资金1800万元。

2001年，中共常德市委机构编制委员会办公室以常编办〔2001〕38号文批复，成立常德市城市居民最低生活保障中心(后更名为常德市社会救助局)，隶属市民政局管理。2002年，常德市民政局将临时救助工作正式从民政救灾救济的工作职能中分离出来，归口市低保中心负责。

2002年以后，全市的临时救助工作根据上级有关精神和实际工作需要，经过探索运行、总结经验和示范推广阶段，实现了临时救助制度的全面建制。

2002年5—7月，常德市民政局组成专题调研组，对全市临时救助工作开展深入调研。5月初，调研组分成两个小组，由市民政局副局长、市低保中心主任李巨开带队，前往鼎城区、汉寿县、临澧县、澧县和津市市；市低保中心副主任余普阳带队，前往武陵区、安乡县、桃源县、石门县进行调研。调研组采取“听、谈、访”相结合的方式，分别听取县(区)、乡镇(街道)、社区(村委会)工作人员和居民代表的工作建议，并通过入户调查和走访座谈的形式，对面临临时生活困难城乡居民的致困原因和解困需求进行了深入了解。经过3个月的精心调研，调研组对归纳整理的各种意见和有关诉求进行了综合分析，认为：临时救助是社会救助体系建设的重要方面，是解决困难群众临时性、突发性实际困难的客观要求，对于完善社会救助体系，妥善安排困难群众基本生活，有着三个方面的突出作用，即：拾遗补阙，使社会救助体系更加完善；救急救难，及时解决低收入群众的临时性、突发性特殊困难；化解矛盾，彰显社会救助的公平性。据此，常德市民政局鉴于部、省尚无相关文件，外地的工作经验较少，且资金来源问题尚无法得到全面保障，决定暂时先只对享受城市低保的贫困居民开展临时救助，救助标准一般一次不超过1000元。

是年11月25日，常德市政府颁布《常德市城市居民最低生活保障工作实施细则》(常政办发〔2002〕34号)，并于当年12月1日正式开始实行。明确要求，市、县两级要设立低保救助资金专户，由市、县社会救助管理部门负责本级临时救助资金的筹集、管理和享受临时救助对象的审批、发放工作，用以解决统招考入高等院校的城市低保对象子女助学救助、城市低保对象中大病医疗患者救助、城市低保对象的其他突出困难救助等三类对象的临时性生活困难，除低保对象子女助学外的临时救助标准一般不超过1000元。市本级的救助范围为武陵区、德山开发区和柳叶湖旅游度假区的相关对象，救助所需金额由市、区财政按6 ：4

比例进行分摊，其他县市区的申请对象由当地社会救助部门按政策予以救助。临时救助资金主要来源为社会组织和个人为城市居民最低生活保障提供的专项捐赠和市、县市区财政每年年初从城市低保配套资金中单列 5%。这是全市最早关于临时救助工作的规范文件。

2003 年，各区县（市）民政局积极向当地政府汇报，并以市人民政府文件为蓝本，尽快研究出台相关文件。临时救助实行属地化管理，即申请人应向户口所在地的社区、街道（乡镇）提出书面申请，并按相关程序经区县、市社会救助管理部门审批后享受临时救助。石门县、临澧县、武陵区、桃源县在市政府《实施细则》规定的三类对象外，还结合当地情况，针对性地将享受城市低保后仍面临生活困难的区域多发病和常见病对象、失地农民、企业改制对象、涉军维稳对象纳入了临时救助范围。同时，根据常德市民政局临时救助职能的调整安排，各区县（市）统一将临时救助职能由救灾救济股分离，划转到社会救助管理部门，做到责任明确，上下一盘棋。此外，各区县、市民政局积极与当地财政部门衔接，争取支持，设立"低保救助资金专户"（后更名为"临时救助资金专户"），并按照市政府《实施细则》中关于资金配套要求，从 2003 年起，按照不低于城市低保配套资金 5%的比例，将临时救助资金纳入了年度财政预算，并实行财政兜底，以确保临时救助工作的正常开展。

临时救助工作的及时开展，一批因病、因灾、因突发事故面临生活困难的对象得到了救助，缓解了他们的生活压力。临澧县安福镇河街社区居民庞业文，全家三口人，本人患肝硬化，妻子患卵巢囊肿，其子庞子玄还在求学，家庭生活十分困难。不料，在大学读书的小庞因身体不适前往医院进行检查时，经诊断患上了脑癌，这样一来，本就不富裕的家庭顿时陷入了绝境。临澧县社会救助管理部门了解到这一实情后，及时将 3000 元的临时救助金直接送到了他的家中，当他的父亲庞业文从工作人员手中接过救助金时，感动得流下了热泪。由于及时治疗，庞子玄的病情得到了有效控制，一个即将破碎的家庭重新恢复了生机。

2003—2005 年，全市共救助各类因特殊原因面临生活困难的城市低保对象 3000 余人次，发放临时救助资金 350 多万元。

2006 年，国务院提出建立完善城乡社会救助体系的构想，并对进一步加强临时救助制度建设提出了明确要求。2007 年 6 月 27 日，民政部发出《关于进一步建立健全临时救助制度的通知》（民发〔2007〕92 号），要求各地结合当地实际，尽快制定或完善临时救助制度的实施办法或实施细则；按照公开、公正、公平的原则制定临时救助的受理、审核、审批及发放程序，有较强的可操作性，尽可能避免烦琐复杂，符合临时救助"救急救难"的工作特点；临时救助的申请，原则上应以家庭为单位提出，要明确规定一定时期内享受临时救助的次数或享受临时救助的时期，避免临时救助长期化。《通知》下发后，各省、直辖市、自治区纷纷开始进行临时救助工作试点。

2008 年，常德市被省民政厅确定为全省临时救助工作试点市。是年，常德市民政局根据民政部、省民政厅有关工作要求，选定石门县作为常德市临时救助工作试点县，要求并协助石门县在制度体系建设、拓宽救助资金渠道、加大救助覆盖面和规范审批程序上积极探索，走出自己的路子。在常德市民政局指导下，该县于 2008 年 5 月 19 日出台《石门县城乡困难居民临时救助暂行办法》(石政发〔2008〕7 号)，将临时救助制度与城市低保救助制度、农村低保救助制度、农村五保供养制度和城乡医疗救助制度并列，作为社会救助体系建设的重要组成部分。同时，石门县将临时救助资金按照城乡低保配套资金的一定比例纳入年度财政预算，并由财政部门实行资金兜底；对临时救助的对象也扩大到城市低保对象外的农村低保对象和低保边缘户，以及其它特殊困难对象；在审批程序上，提出参照低保、五保审批要求，实行分级审批。

是年，常德市民政局将石门县的工作做法在全市推广，组织各区县(市)前往石门县参观学习。同时，积极对该县的工作经验进行提炼和总结，提出“建立以城乡低保和农村五保供养为主体，以城乡医疗救助和临时救助为补充，以优惠减免政策相配套的社会救助体系的工作理念”，并实行“政府领导、民政主管、部门协作、社会参与”的管理体制。在此基础上，草拟出《常德市城乡困难家庭临时生活救助实施办法(初稿)》。

是年 2 月 25—26 日，民政部在湖北鄂州召开全国农村低保与临时救助工作会议，姜力副部长出席会议并讲话。3 月 9 日，省民政厅在湘潭召开全省社会救助工作会议，省民政厅副厅长唐白玉在会上就临时救助工作全面启动提出了具体时间要求。据此，市社会救助管理局决定，从四个方面抓好临时救助全面建制工作，即：明确救助对象（五类家庭和人员）；明确临时救助的申请条件；规范临时救助的申请、审核、审批程序；抓好临时救助资金筹集和使用。

2012 年 3 月 31 日，常德市民政局党组书记、局长龚美爱(前排左一)慰问困难群众

2009 年 2 月 20 日，常德市人民政府下发《常德市城乡困难家庭临时生活救助实施办法》(常政办发〔2009〕1 号)，于 2009 年 3 月开始正式施行。这个《办法》明确了责任主体、救助工作实行各级人民政府负责制，其救助原则为城乡一体、属地管理、分类扩大了救助范围、拓宽了筹资渠道、强化了资金监管、调整了救助标准、规范了救助程序。是年，各区县(市)纷纷以常德市人民政府常政发〔2009〕1 号文件为蓝本，结合当地实际情况，出台(或修订)了“临时救助实施细则”。全市各地临时救助制度的全面建立，使面临特殊困难的低收入家庭得到及时救助，社会反响十分强烈。石门县羊子垭村三组村民唐植初，全家 5 口人，有 2 个小孩，大女儿在石门二中读书，小儿子在新铺乡中学读书，原来靠 2 亩水田维持生计，家庭

负担很重。唐植初不幸患矽肺病，基本丧失劳动能力，日子过得很艰难，为了不拖累妻子、儿女，唐植初曾一度想一死了之。在石门县政府开始实施临时救助后，唐植初可向乡民政所申请临时救助金，使他的病情得到稳定，并有所好转。此后，唐植初还在乡民政所、畜牧站、村里的支持下，发展养殖业，年养鸡12000只，可获年利润15000元，一家人基本生活得到了较好的解决。

是年，全市对具有本市户口，因灾、病、残或其他原因造成生活出现暂时困难的低收入人员，按照其家庭的经济状况和困难程度分类给予了临时救助，全市救助各类对象1.36万人次，发放临时救助资金822.82万元，人平救助金额为606元。

2010年，全市临时救助工作步入规范化管理轨道。各区县（市）全面开展社会救助工作规范管理创先争优活动，临时救助规范管理工作被纳入年度工作计划，并列为社会救助工作年度目标管理考核的重要内容。常德市民政局统一重新制定《常德市困难家庭临时生活救助申请审批表》和申报审批程序，临时救助严格实行村（居）委会、乡镇（街道）、县市区社会救助管理局三级签字审批，并明确了调查、审批的时限不得超过7个工作日以及救助资金实行银行打卡和现金支付两种兑付模式。是年，全市救助各类对象1.23万人（次），发放临时救助资金913.65万元，人平救助金额为743元。

2012年6月21日，常德市民政局党组成员、副局长朱绍松（前排右一）走访慰问困难群众

2011—2012年，各区县、市着力突破临时救助工作瓶颈，即：在积极争取上级转移支付资金的同时，切实将临时救助资金列入政府财政预算；搞好城乡低保与临时救助的救助对象、功能、操作上的衔接；妥善处理临时救助制度与专项救助的关系；切实搞好分类施救。

2013年，全市临时救助各类对象1.9418万人次（其中：救助低保、五保对象1.1965万人次，其他对象7453人次），共发放临时救助资金1766.99万元，人平救助金额为910元。

第五节　五保供养

新中国成立以后,常德市(地区)各级党委、政府十分重视缺乏劳动能力或者完全丧失劳动能力、生活没有依靠的“鳏寡孤独者”“残疾者”,对他们实行保吃、保穿、保住、保医、保葬(简称“五保”)。

1954 年,第一部《中华人民共和国宪法》中规定:“中华人民共和国劳动者在年老、疾病或者丧失劳动能力的时候,有获得物质帮助的权力。”1994 年,国务院发布《农村五保供养工作条例》。1997 年,民政部颁布《农村敬老院管理暂行办法》。

1988 年以后,中共常德市委、常德市人民政府根据上级有关农村五保供养的相关规定,制定并不断完善五保供养政策。

1990 年 10 月 24 日,常德市人民政府印发《常德市农村五保户供养实施细则》(常政办发〔1990〕19 号)。“实施细则”共 14 条。

2003 年 6 月 2 日,常德市人民政府下发《关于切实做好农村五保供养工作的通知》(常政办明电〔2003〕71 号)。是年,各区县(市)对农村五保供养对象进行了一次全面摸底排查,将符合国务院《农村五保供养条例》第六条规定的原已享受五保和至今未纳入五保的对象登记造册,统一发放“农村五保供养证”并实行年检制度。对有责任田、实行分散供养的农村五保户,严格按政策减免其农业税。按照省人民政府要求,省、市农村税费改革转移支付用于农村五保户供养的资金必须按规定比例安排到位,其比例不低于下达给区县(市)转移支付资金总额的 10.8%;各地农业税附加和农业特产税附加用于村级开支经费,首先保证农村五保户供养金落实;区县、市财政按市转移支付额的 1%安排配套资金,用于村级开支,主要解决农村五保户经费;县、乡(镇)从农村税费改革后新增的农业税正税中安排 12%专项用于村级开支,首先解决农村五保户供养资金。各地采取有效措施,在保障五保对象基本生活的基础上,解决好其住房、穿衣、医疗、丧葬、就学等方面的问题。

2004 年 7 月 21 日,常德市人民政府出台《常德市农村五保供养工作实施细则》(常政办〔2004〕26 号)。

2009 年 9 月 25 日,常德市人民政府印发《常德市农村敬老院建设与管理暂行办法》(常政发〔2009〕16 号),自 2009 年 12 月 1 日起施行。“暂行办法”共七章三十四条,分总则、建设与管理、供养、生产经营、资金来源、法律责任、附则等七个方面,对全市农村敬老院建设与管理进行规范。

2010 年年初,常德市第五届人大三次会议上,鼎城区代表团人大代表万利领衔、29 名代表附议,向常德市五届三次人大主席团报送《关于加强和改进农村五保供养工作的议案》(时称市人大1号议案)。是年,常德市民政局将市人大1号议案作为当年民政工作的一项大事来抓,并成立市人大1号议案专项工作小组,常德市民政局局长熊国建任组长,副局长周晓平任副组长,市社会救助局管理局局长余普阳任办公室主任,市老龄办、市民政局救灾科、市社会救助局五保供养科负责人为成员,具体工作由市社会救助管理局组织实施。5月,常德市民政局、市社会救助管理局在充分调研论证、征求有关部门意见、听取社会各界建议的基础上,联合市编办、市财政局印发《关于贯彻落实〈常德市农村敬老院建设与管理暂行办法〉的通知》,并提请市政府出台相关文件。6月21日,常德市人民政府第36次常务会议专题研究并通过,7月1日,市长陈文浩签署常德市人民政府令第6号,发布新的《常德市农村五保供养工作实施办法》。"实施办法"共六章三十四条,分总则、五保供养对象和申报审批程序、五保供养内容和形式、保障措施、法律责任和附则。

是年8月16—19日,常德市社会救助管理局局长余普阳、书记沈绪国、副局长刘兴国,分别带队组织各区县、市社会救助局负责人开展五保供养工作交叉检查。9月9日,常德市社会救助管理局配合常德市人大常委会,联合常德市编委、市财政局、市卫生局对各区县、市贯彻落实《常德市农村五保供养工作实施办法》工作进展情况开展专项督查。

2011—2013年,全市各地根据常德市人民政府令第6号,普遍落实了农村五保对象在吃、住、医、教、葬等5个方面的措施:即:保"吃",五保供养标准按集中供养对象每人每年不低于2400元执行,分散供养对象不低于1200元执行;保"住",加强改扩建敬老院建设;保"医",五保对象基本医疗实行全免。对患常见病的五保对象由民政救助管理部门按每人每年不低于120元的标准发放常见病门诊医疗卡;保"教",保障未满16周岁或已满16周岁但仍在接受教育的五保供养对象接受义务教育,教育部门和民政部门落实"两免一补"政策以及从社会救助教育专户资金中资助助学政策,确保孤儿不因无生活来源而辍学;保"葬",解决基本丧葬费用,集中供养对象死后基本丧葬费用按不低于本人一年生活补助费用。

1988年,常德市(地区)各级党委、政府高度重视,遵循社会福利社会办的指导思想,注重兴办规模不一的敬老院,以扩大五保对象集中供养比例,并形成以敬老院为中心的农村五保服务网络。1989年年底,全市乡(镇)办和村办敬老院共198所。1990年,全市有乡(镇)办和村办敬老院212所,入院人数达1373人。至1994年,全市有乡(镇)办和村办敬老院255所。进入二十一世纪,常德市五保供养机构逐步健全,公办的敬老院统一由乡镇人民政府(街道办事处)主办并负责管理。此后,敬老院的规模逐步扩大,全市各地基本形成以县级政府为责任主体,以乡镇政府和农村基层组织扶持、社会各界资助为补充的新型农村五保供养管理体制。

2004年开始,常德市各级人民政府把改扩建农村敬老院列入政府"为民办实事"工程。全市改扩建敬老院着手进行。即:筹措启动资金。向社会募捐一点;向上级业务主管部门争取一点;乡财政挤出一点。科学规划设计。聘请建筑设计院的工程师现场规划设计,绘制详细施工图纸,确保敬老院整体布局十分合理。精心组织施工。各级党委、政府面向社会统一招标确定,并实行“带资”施工,各级领导不定期到敬老院改扩建现场办公。认真督导验收。建立工程质量责任制和责任追究制,签订工程建设责任状,成立项目验收小组,确保工程进度和质量。是年,全市共改扩建乡镇敬老院76所,“五保之家”33个。

2005年,常德市农村五保供养和敬老院改扩建工作继续纳入省、市政府为民办实事之一,时全市改扩建敬老院目标24所。至年底,全市累计完成乡镇敬老院改扩建125所,“爱心房”修建1.2万套。

至2008年,常德市有各类养老机构233个,其中,农村敬老院149所,村级“五保之家”55个,市、县两级民政部门办的养老机构9所,街道、社区居委会办的养老机构6所,民办养老机构14家。已投入使用的131所农村敬老院、55个村级“五保之家”,全部纳入省、市人民政府改扩建计划。武陵区、澧县、临澧县、石门县、津市市基本完成“一乡一院”建设目标。武陵区所辖7个乡镇完成5所敬老院的改扩建; 鼎城区所辖33个乡镇完成13所敬老院的改扩建;安乡县所辖20个乡镇完成12所敬老院的改扩建;汉寿县所辖29个乡镇完成12所敬老院的改扩建;澧县所辖32个乡镇完成28所敬老院的改扩建;临澧县所辖17个乡镇完成16所敬老院的改扩建;石门县所辖19个乡镇完成18所敬老院的改扩建;桃源县所辖40个乡镇完成17所敬老院的改扩建;津市市所辖7个乡镇完成6所敬老院的改扩建,西湖管理区完成了2所敬老院的改扩建,常德经济技术开发区、西洞庭管理区分别完成了1所敬老院的改扩建。

2009年,常德市敬老院改扩建工作继续列入省、市政府的为民办实事内容之一。是年,全市共新改扩建敬老院28所,其中,鼎城区10所,安乡县2所,汉寿县3所,临澧县2所,澧县2所,桃源县3所,石门县1所,津市市3所,常德经济技术开发区1所,柳叶湖旅游度假区1所。“五保之家”建设共24个,其中武陵区1个,鼎城区6个,安乡县2个,汉寿县3个,临澧县4个,澧县3个,石门县2个。是年,省、市、县共投入专项资金2092万元。

2010年,常德市共有30所新改扩建敬老院纳入为民办实事内容,其中,鼎城区6所,安乡县6所,汉寿县8所,临澧县1所,桃源县7所,西洞庭管理区1所,贺家山原种场1所。这些敬老院占地面积为364.53亩,建筑面积为4.4351万平方米,总投资2506万元。

是年,全市共有197所改扩建敬老院实施法人登记。区县、市财政局和编办为这些敬老院核定事业编制,并按工作人员和供养人数的1∶10的比例配备工作人员数,工作人员工资纳入当地财政预算。时全市有改扩建敬老院工作人员1139人,工作人员工资水平为700~1500元/人·月。

2011年,全市共投入资金2768万元,改扩建28所乡镇敬老院,其中,20所纳入“为民办实事”项目。是年底,除桃源县和鼎城区各有一个乡镇未建敬老院外,全市已基本实现“一乡一院”建设目标。截至2011年年底,全市208个乡镇共有改扩建乡(镇)敬老院211所,“五保之家”129个。

2012年,常德市确定改扩建敬老院26所。其中,鼎城区3所、安乡县4所、汉寿县2所、临澧县 3 所、澧县 2 所、桃源县 7 所、石门县 2 所、津市市 2 所、西湖管理区 1 所。

2013 年，常德市确定改扩建敬老院 18 所。其中，武陵区 1 所、鼎城区 1 所、安乡县 2 所、汉寿县 3 所、临澧县 2 所、澧县 4 所、桃源县 2 所、津市市 1 所、常德经开区 1 所。

随着五保供养事业的全面发展和五保供养机构的日益完善，常德市各级党委、政府逐步把五保供养工作的重点从抓“基础设施建设”转移到“管理服务”上来，使全市农村五保供养工作一步一个脚印，稳扎稳打，让农村五保户真正享受到党和政府给予的家庭温暖与关怀。

1983 年 3—6 月，常德地区组织全区农村五保户普查。时全区共有五保对象 2.568 万户、2.8934 万人。其中鳏寡孤独老者 2.2245 万户、2.5014 万人；残疾人 2291 户、2597 人；孤儿 1144 户、1323 人。年底，全区除免费自耕自种、自食其力的五保户外，余采用桃源县佘家坪乡五保供养方式，使 99.65%的对象享受五保供养。

1988 年，常德地区民政局将“桃源县农村五保户生活费由乡（镇）统筹、供养由村、组管理的暂行办法”转发各县，并付诸实施。1989 年，全市各地对 23365 名农村五保户以每人全年供给口粮 600 斤、食用油 6 ~ 10 公斤、现金 254 元落实到五保户对象手中。

1990 年，常德市农村五保供养对象 2.4421 万人，每人全年供给口粮 600 斤、食用油 6 ~ 10 公斤、现金 300 ~ 350 元。

1991—1993 年，常德市农村五保供养对象 2.9891 万人，五保供养对象年供养标准达到 400 元 / 人。

1995—1997 年，常德市开展第二次农村五保对象普查。普查后统计，全市共有五保对象 2.3245 万人，年供养标准提高到 600 元 / 人。

2002 年，常德市落实税费改革政策，农村五保户由群众供养转变为国家供养，供养方式分为集中供养和分散供养。分散供养的形式有：投亲靠友，由亲友承担护理照料陪伴义务；个人独住，近亲及邻居照料；组织服务队，对五保对象的生活所需事项，由村、组组织力量，分人定项为之进行服务。集中供养的形式，是以民办公助或单一的政府主办，兴建各类“五保之家”、敬老院，安排护理人员陪伴照料，实现供养者衣、食、住、医、葬的保障。2002 年，全市集中供养 2294 人，分散供养 2.9870 万人。

2004 年，全市各地根据民政部、财政部、国家发展和改革委员会下发的《关于进一步做好农村五保供养工作的通知》（民发〔2004〕145 号）精神，将五保户的批准权限由乡政府改为区县（市）民政局，实行五保对象应保尽保。是年，常德市有应保农村五保对象 3.6909 万人，实际保障 3.2164 万人。集中供养对象 2294 人，集中供养标准为 800 元 / 人·年。

2005 年 5 月 27 日，常德市在安乡县召开农村五保供养和敬老院管理培训暨现场研讨会。会议由常德市民政局救灾科科长李云峰主持。此次会议采取现场参观、经验介绍、理论授课、大会研讨等形式进行，总结全市多年来农村五保供养和敬老院管理工作的经验，研究新形势下农村五保供养及敬老院管理存在的突出问题，分析原因，探讨解决的办法。是年，全市有农村五保对象 3.4809 万人，集中供养五保对象 3049 人，约占供养总数的 9%。

2008年,常德市五保对象供养经费列入上级财政转移支付的有4.1742万人,但符合农村五保供养政策的4.2987万人均实现了“应保尽保”,集中供养五保对象7792人,集中供养率为18%。五保供养经费的主要来源,是依据湖南省财政厅湘财预〔2006〕第155号文件精神,实行财政转移支付。是年,全市发放五保供养金2914.1225万元。各区县(市)供养执行标准情况如下:分散供养的,武陵区、澧县、桃源县、石门县、津市市、柳叶湖旅游度假区各1000元/人·年;鼎城区、安乡县各825元/人·年;汉寿县1005元/人·年;临澧县1025元/人·年;常德经济技术开发区3060元/人·年。集中供养的,武陵区2400元/人·年;鼎城区2781元/人·年;安乡县2400元/人·年;汉寿县1800元/人·年;澧县2160元/人·年;临澧县3425元/人·年;桃源县1956元/人·年;石门县2640元/人·年;津市市2800元/人·年;常德经济技术开发区3300元/人·年;柳叶湖旅游度假区2400元/人·年;西洞庭管理区2160元/人·年;西湖管理区3240元/人·年;贺家山原种场2160元/人·年。

2009年,常德市农村五保供养对象4.5403万人,其中分散供养3.5994万人,供养标准为1000元/人·年;集中供养9409人,供养标准2400元/人·年,集中供养率达21%。全市全年共发放农村五保供养资金5366.96万元。

是年9月24日,常德市人民政府发出《关于表彰“十佳敬老院”和“十佳敬老院院长”的通报》,通报表彰的十佳敬老院是:新安镇敬老院、子良乡敬老院、三岔河镇敬老院、澧澹乡敬老院、鸭子港乡敬老院、漳江镇敬老院、丹洲乡敬老院、石门桥镇福康敬老院、渡口镇敬老院、贺家山敬老院。十佳敬老院院长是:祁开楚、肖昌桃、吴光清、谢泽华、殷建国、刘元新、张运楚、陈伟堂、李友元、陈玲。是年9月27~28日,全市农村敬老院建设与管理现场经验交流会在临澧县召开,常德市政府副秘书长郑志鹏主持并宣读了“十佳敬老院”和“十佳敬老院院长”表彰通报。市民政局局长熊国建作工作报告,临澧县人民政府、鼎城区人民政府、石门县子良乡敬老院作典型发言,与会全体人员现场参观了临澧县新安镇、合口镇、安福镇、四新岗镇敬老院。省民政厅副厅长唐白玉、中共常德市委副书记曹儒国出席会议并讲话。

2010年,全市各地开展创建农村五保供养工作先进单位活动。这一年,敬老院的性质取得突破。对农村敬老院实行定性定编定级别,把以乡镇人民政府为主举办的敬老院定位为乡镇政府管理的公益性事业单位,机构级别为正股级;人员编制得到保障。县级机构编制部门按每年敬老院管理人员和农村五保供养人数1∶10的比例核定事业编制,院长由乡镇人民政府从在编人员中选拔任命;法人登记及时办理。已批准设立的乡镇敬老院,及时办理事业单位法人登记,取得事业单位法人资格证书;工作经费纳入财政预算。各区县(市)人民政府将敬老院工作经费、房屋维修费、五保护理费、五保丧葬储备金、孤儿助学金等五保专项保障资金纳入县级财政预算;坚持制度化管理。敬老院普遍制定了《院民公约》《院长职责》《服务员职责》《财务管理制度》《安全管理制度》《伙食管理制度》等,切实做到用制度来规范工作和行为。同时,各敬老院成立院委会,加强对敬老院日常工作的监督管理。是年10月,常德市民政局在常德市高级技工学校举办农村敬老院院长培训班,全市207名敬老院院长参加培训,受益匪浅。

是年，常德市农村五保供养对象为 4.9132 万人，其中分散供养对象 3.8816 万人，供养标准提高至 1500 元 / 人·年；集中供养对象 1.0294 万人，供养标准提高至 2600 元 / 人·年。全年共发放五保供养金 7210.68 万元。

2011 年 2 月 10 日，省民政厅下发《关于表彰 2010 年度全省农村五保供养工作先进单位的决定》（湘民办发〔2011〕10 号），常德市武陵区、汉寿县、安乡县、津市市被授予“湖南省五保供养工作先进单位”称号。

2011 年 5 月 2 日，常德市民政局下发《关于扶持和鼓励发展农村敬老院院办经济的指导意见》，全市各敬老院根据这个文件要求，广辟财源，创收养院。汉寿县鸭子港乡敬老院有 50 名五保老人，入院前，大多饥一餐，饱一餐。入院后，集中开餐。开始一个月，安排平均每人每天 1.5 斤大米，有时还吃不饱，有的五保老人一餐可以吃一斤米，这样的情况既让人心痛，又让人头痛。经过核算，每天全院生活开支 435 元，人平 8.7 元。而上级拨款人均每天只有 5 元，收不抵支，全院每天超支 185 元，每月超支 5550 元，全年将超支 7 万元。据此，该院采取三条具体措施，即：精打细算，从紧开支；健全制度，规范行为；各尽所能，自力更生。全院 50 名老人，按体质强弱，年龄大小和各自的特长，建立蔬菜生产组、后勤保障组、清洁卫生组、发展养殖组等四个小组，各负其责，各司其职。从而，大大调动了全院所有人员的积极性。2011 年，菜地创收 2.5 万元，饲养生猪创收 2.85 万元，养鸡、鸭创收 3600 元，有力缓解了院内经费紧张的矛盾。

2010—2012 年，全市各地狠抓农村敬老院的建设、管理和发展，有力地保障了农村五保对象的基本生活，涌现了一批环境优美、生活优良、服务优质、管理规范、群众满意的星级管理敬老院。

2012 年 11 月 21 日，常德市民政局召开全市首届农村敬老院星级管理表彰授牌大会。市政府副秘书长郑志鹏主持大会，市民政局局长龚美爱作工作报告；副局长李巨开宣读表彰通报，颁奖授牌；临澧县、桃源县太平乡敬老院、桃花源镇敬老院作典型发言，省民政厅副厅长唐白玉、市政府副市长朱晓平出席大会并讲话。这次会上，市民政局决定授予临澧县安福镇敬

2012 年 11 月 21 日，常德市民政局召开全市首届农村敬老院星级管理表彰授牌大会

老院等18所农村敬老院“五星级管理敬老院”称号;授予鼎城区草坪镇敬老院等20所农村敬老院“四星级管理敬老院”称号;授予汉寿县岩嘴乡敬老院等30所敬老院“三星级管理敬老院”称号,并分别各奖励3万元、2万元、1万元。

至2013年年底,常德市共救助农村五保供养对象4.9903万人,占总农业人口数的1%,全年银行打卡发放五保供养资金13544.41万元及春节一次性生活补贴款1140.83万元。其中全市分散供养对象为3.7724万人,共发放供养资金8414.82万元,春节一次性生活补贴款819.78万元,年人均供养标准为2400元,丧葬费2000元/人·年;全市集中供养对象为1.2679万人,共发放供养资金5129.59万元、春节一次性生活补贴款321.05万元,年人均供养标准为4200元,丧葬费2400元/人·年。

附:

常德市低收入家庭认定中心

随着精准化社会救助的要求和数字化信息技术的发展,认定低收入家庭、核准社会救助申请人的家庭收入,以保证把有限财政资源分配给最符合条件的困难家庭,逐渐成为各级民政部门的重要任务,低收入家庭认定和居民家庭经济状况核对机制应运而生。

2007年,国务院印发《国务院关于解决城市低收入家庭住房困难的若干意见》(国发〔2007〕44号),要求“民政部会同有关部门抓紧制定城市低收入家庭资格认定办法”。2008年10月22日,民政部、财政部等11部委联合制发了《城市低收入家庭认定办法》(民发〔2008〕156号),明确提出各地要建立居民家庭经济状况认定机制。2009年6月19日,民政部印发《关于积极开展城市低收入家庭认定工作的若干意见》(民发〔2009〕86号),进一步明确了开展低收入家庭认定工作的重要意义、基本要求和总体目标。

2009年以后,民政部先后分2批在143个地区开展居民家庭经济状况核对试点,利用分散在公安、人力资源社会保障、住房城乡建设、税务、金融、工商等单位的户籍、车辆、社会保险、房产、公积金、税务、存款、证券、个体经营等信息,探索建立分类别、跨部门、多层次的居民家庭经济状况核对机制,并取得经验。2011年10月,常德市、石门县被民政部列为全国第二批居民家庭经济状况核对试点城市。

2011年12月4日,常德市政府出台《常德市城乡低收入家庭认定暂行办法》(常政办发〔2011〕40号),明确全市开展城乡低收入家庭认定的对象、内容、程序、部门职责等内容,界定以家庭月人均收入低于当地城乡居民月最低生活保障标准2倍为基准。市民政局拟定《常德市城乡低收入家庭认定工作操作规程》《常德市城乡低收入家庭认定金融资产查询保密协议书》等文件。

2012年6月,常德市民政局、救助局组织各区县、市救助局局长,赴湘潭市学习考察,听取湘潭市低收入核对中心的工作经验介绍。是月,民政部在哈尔滨召开居民家庭经济状况核对片区经验交流与工作推进会,市救助局纪检书记沈勇参会,学习第一批试点城市的先进经验,听取民政部对第二批试点城市的实施要求。为确保工作顺利开展,市救助局提前运作,大兴调研之风,撰写出一批高质量的调研材料。市民政局党组成员、救助局局长余普阳带头撰写的《做好查询低收入家庭认定工作应当注重的几个问题》,为指导全市低收入家庭认定工作地顺利开展提供了思路。是年10月,省民政厅副厅长唐白玉、省社会救助局副局长李鄂辉赴常德专题调研低收入家庭认定工作。读研组到访鼎城区、石门县部分乡镇,在石门县召开专题座谈会。市民政局局长龚美爱、市救助局局长余普阳、石门县政府和民政局领导参加座谈。

2012年8月16日,常德市政府办印发《关于成立常德市城乡低收入家庭认定工作协调领导小组的通知》(常政办函〔2012〕96号),市政府常务副市长刘小明任组长,副市长朱晓平任副组长,民政、银行、证券、工商、税务、保险、公安、人社、公积金等18个部门分管负责人为成员。是年9月29日,常德市城乡低收入家庭认定协调领导小组第一次会议在市政府召开,会议听取市民政局关于开展低收入家庭认定工作的情况汇报,讨论确定各成员单位职责。

2012年6月27日,常德市委编委办批复(常编办〔2012〕77号):设立市城乡低收入家庭认定中心,为市救助局管理的正科级事业单位,核准定全额拨款事业编制3名。是年11月13日,市民政局任命(常民干〔2012〕03号)张永常任市低收入家庭认定中心主任。

2013年5月23日,民政部在南宁召开全国居民家庭经济状况核对工作推进会。要求各地按照"四个一"(即一个协调机制、一个核对办法、一个工作机构、一个比对平台)的模式,全面推进居民家庭经济状况核对工作。

全国南宁会议后,全省各地全面启动低收入家庭认定工作。是年10月,省政府出台《关于进一步加强和改进最低生活保障工作的实施意见》(湘政发〔2013〕35号)、省政府办公厅印发《关于开展救助申请家庭经济状况核对工作的意见》(湘政办发〔2013〕58号)。提出了全省核对工作在2013年年底以前,100%的市州和50%的县市区建制、到"十二五"末全面建制的总体目标。

2013年,常德市民政局、市社会救助局紧紧围绕全面推进居民家庭经济状况核对工作,从机制建设、工作推进和成果利用三个方面入手,实行市、县(区、市)联动。

是年初,在全市民政工作会议上,常德市民政局党组副书记、副局长李巨开专门进行部署。是年6月19日,常德市民政局召开"全市低收入家庭认定工作推进会",副局长李巨开明确提出:加快推进低收入家庭认定工作步伐,从第四季度开始所有新增低保等民政救助对象,一律落实"先认定、再救助"的工作要求。同时,常德市民政局制作10分钟专题片,在常德电视台滚动播放一周,全面宣传核对工作。市社会救助局利用全市低保"阳光行动"、蹲点排查等活动多次赴区县、督促、指导工作。澧县、石门、汉寿等县采取在电视设专栏、在社区设宣传橱窗、印制政策宣传单等形式,广泛宣传低收入认定工作政策。临澧、澧县、桃源等县采取

2013年6月19日，常德市民政局召开全市低收入家庭认定工作推进会

集中培训方式，组织乡镇、社区民政工作人员开展业务知识培训，向基层相关人员传授新政策，提升认定工作人员业务水平。

是年，全市各地对所有救助申请家庭采取信息化核对手段，落实经济状况核对。截至2013年年底，全市共受理核对申请8.5853万人次，检出不合格救助申报4637人次。

是年，常德市民政局被民政部评为“全国居民家庭经济状况核对试点工作优秀单位”。

常德市城市农村最低生活保障情况

（1999—2013年）

表1

年度	城市低保		农村低保	
	享受对象数（万人）	年发放金额数（万元）	享受对象数（万人）	年发放金额数（万元）
1999	0.7037	400.5	—	—
2000			—	—
2001	1.7558	870	—	—
2002	10.2423	4900	—	—
2003	11.4	7836	—	—
2004	12.25	8843.71	—	—
2005	12.1	9220	7.8	2005
2006	12.4	11000		
2007	12.3	13600	7.2	2182
2008	11.7	17000	11.2	5565
2009	12.2	21700	13.3	9036.32
2010	12.8	26000	16.9	13577.31
2011	12.6	27800	17.7	16684.31
2012	12.8	36400	17.9	22495.49
2013	12.7	42300	19.3	27603.77

第七章《

社会福利

保险会计

第七章　社会福利

新中国成立后，常德专署及县（市）民政科（局）整顿、接管民国时期遗留的县办救济院，随即建立各类社会福利机构。同时，依靠群众、勤俭创业、白手起家，办起一批烈军属、复员军人、贫民福利生产厂、组。

1988—2013年，常德市各县（区、市）、乡（镇）、村（社区）大力兴办各类官办、民办社会福利事业，为老年人、残疾人、孤儿和弃婴提供养护、康复、托管等项服务；保护和扶持社会福利企业；积极恢复和发展慈善事业；倡导和组织社会福利有奖募捐活动，以推动全市社会福利事业健康有序地发展，促进社会主义和谐社会建设。

第一节　慈善事业

慈善是古今中外人类社会普世的价值追求，是充满人道关怀的崇高事业，在西方早已是一股强大的世界潮流，风起云涌，声名远播，在中国也早已是我们民族的文化瑰宝，世代相传，深入人心。

1988—2013年，在中央政策的引导和媒体的推动下，常德市的慈善事业陆续恢复和发展。各种慈善活动大量出现，民间慈善组织纷纷建立。常德市、县（区、市）各级慈善组织以慈善公益行动为有力支撑，在加大慈善宣传力度，营造慈善氛围，开展募资活动，破解慈善发展困境，规范慈善组织建设，提升慈善公信力等方面做了大量卓有成效的工作。慈善事业在常德这块热土上蓬勃发展，在建设现代常德、幸福家园的进程中发挥着独特的作用。

一、慈善组织

2002年10月28日，常德市委编委办批复（常编办〔2002〕51号），同意设立常德市慈善协会办公室，为社会公益类事业单位，核定全额拨款事业编制3名。归口常德市民政局管理。其主要职责是，负责制订全市慈善工作发展规划，接受国内外捐赠，组织开展义演、义卖、专项捐赠，发展义捐协议单位和个人，拓展海外慈善业务，组织大型募捐活动，发展会员组织，开展经常性的宣传工作，开展国内外有关慈善交流活动，组织兴办慈善公益事业，负责市慈善协会的日常工作。

2004年4月5日,经常德市民间组织管理局批准,成立常德市慈善协会。2006年12月29日,正式更名为常德市慈善总会。常德市慈善总会,是由热心于慈善公益事业的社会各界人士、企事业单位和有关团体自愿组成的公益性民间法人社会团体,属非营利性公益社会组织,其财产和收益不为任何会员个人摄取私利。2010年1月25日,常德市慈善总会召开理事会,选举产生新一届慈善总会领导班子和理事会组成人员。常德市委副书记曹儒国任会长,市政府副市长徐万发任常务副会长,市政协原主席韩林安、市委原副书记李少甫、原市政府常务副市长钦时中任名誉会长;市政协副主席张新民、彭明建,市政府副秘书长郑志鹏、市民政局局长熊国建、市政府调研员罗上林、市人大常委会委员卜功元,市民政局副局长李巨开、戴平任副会长,戴平兼任秘书长。

2006年9月26日,常德市委编委办批复(常编办〔2006〕181号),同意市慈善协会办公室更名为市慈善总会办公室。2009年12月31日,常德市编委办批复(常编办〔2009〕150号),同意单独设立市救灾物资储备中心,为市民政局管理的正科级事业单位。核定全额拨款事业编制2名,从市慈善总会办公室连人带编划转。是年7月28日,常德市民政局任命(常民干〔2009〕2号)曹吉飞为市慈善办主任。2011年5月25日,常德市民政局任命(常民干〔2011〕03号)祝安顺为市慈善办副主任。2013年3月5日,常德市民政局任命(常民干〔2013〕01号)曾志明为市慈善办主任。

1991—2011年,各区县(市)慈善总会相继成立,并迅速开展各项慈善活动。

1991年1月8日,临澧县率先成立县慈善总会。至2011年,县慈善总会共发展各类会员4.3561万人,收到各类善款、会费和基金共2000万元,募集各类救灾物资、药品价值220万元。800名城乡大病患者、4000名学生、5000名困难群众得到救助。2000年3月27日,桃源县慈善总会成立。共发展团体会员69个,个人会员260人。同时,接受县内外各界人士及民间组织、社会团体、行政机关和事业单位捐赠人民币13.1万元作为慈善基金。2002年2月,澧县慈善总会成立,2006年7月,设县慈善总会办公室,定编4人。该县在慈善总会成立的头三年里,每年获得慈善引导资金5万元。2007年6月20日,津市市慈善总会成立大会在兰苑宾馆召开,市委书记何英平、市长尹正锡到会并讲话。2009年6月3日,鼎城区慈善总会成立。2010年6月,置区慈善办公室,并建立鼎城区慈善网站,区级慈善超市一个。2011年6月,汉寿县慈善总会成立。时全市9个区县(市)全部成立慈善总会,拥有经常性社会捐助站(点)220个,慈善超市(医院)37家,登记注册慈善义工近3100人。

至2013年年底,常德市域民间慈善公益组织不断兴起,主要有鼎沣集团慈善救助基金会、西湖大酒店慈善救助基金、贺雪梅助学基金、华民慈善助困基金、定炳助老基金、常德“1+1”爱心志愿者联盟、常德市肾病协会、桃源县爱心志愿者协会、澧县金龙玉凤爱心基金会、澧县华盛玉兰助学基金会、石门县肾病协会、常德市周信爱心援助中心、常德市普德爱心服务中心、常德市善德公益援助中心等。

二、慈善事务

1992年以后，常德市、县（区、市）党委、政府把慈善工作放在执政为民的大战略中谋划，放到新的历史时期经济社会协调发展的大视野中部署，用强势有力的动员体制推动慈善事业的全面发展。

全市各级党委、政府坚持将慈善事业列入重要议事日程，纳入经济社会发展整体规划，作为社会救助体系建设重要内容，做到定期研究，及时部署，适时督导。中共常德市委、常德市人民政府每两年召开一次常德市慈善大会，举办一次“常德慈善奖”评选活动。市、县（区、市）党委、政府先后出台专门政策文件支持慈善事业。为解决慈善工作经费不足问题，多次调整增加财政预算。此外，还配备慈善工作专用车辆，将慈善工作高看一等，厚爱一分。同时，为实现社会救助资源最大程度共享，有效开展慈善工作，各地十分注重选拔任用优秀人才从事慈善工作，落实慈善办人员编制。至2011年年底，全市9个区县（市）已全部设立慈善办。全市基本形成“上下一条线，纵横连成片，事事有人管，层层有人抓”的慈善事业整体运行网络格局。2004—2013年，历任常德市委书记、市长经常深入市域各福利院、敬老院和救助站调查研究，连续几年的“慈善一日捐”活动中，都亲自到场带头捐款。凡市境重大慈善活动，分管民政工作的副市长莅临现场指导。市民政局局长滕明友、熊国建、龚美爱以及分管此项工作的局党组书记李继华、副局长戴平，经常深入城乡贫困家庭体察民情，还到慈善救助现场给各类贫困人员发送救助金、助学金等。常德市、县（区、市）党委、政府充分发挥民政、财政、教育、卫生、人力资源、纪检、审计等职能部门优势，强力推进慈善工作，最大限度地提高慈善资金的使用效益。为确保救助效果，对收到的每一项慈善捐款都通过有效方式向社会公布，接受社会监督，全程实行“阳光操作”，做到有序、规范、公正、公平，并开通“慈善直通车”，专车专人将每一项善款及时准确送到救助对象手中，以扩大慈善的影响力，树立慈善良好工作形象，促进慈善事业步入良性快速发展轨道。

1995年后，全市各地在当地党委、政府的正确领导下，开展了丰富多彩的慈善活动。

澧县自2006年起，每年10月份以县委办、县政府办名义下文统一组织开展“慈善一日捐”活动。对2013年，累计接收捐款600多万元，有效实施了慈善助学、慈善助困、慈善助医，为澧县乡镇敬老院建设、农村危房改造、养老中心建设、褒扬烈士和见义勇为等发挥了实效。2008年四川汶川地震和2010年青海玉树地震灾害发生后，该县共募集捐款820万元，体现了澧县人民心系灾区的大爱情怀。该县每年的“金叶慈善医疗卡项目”除上级分配的指标足额下发外，还另外配套1万元，加大发行卡量，以扩大影响扩大救助面。金龙玉凤爱心基金是澧县较具特色的一大慈善项目。2009年8月，澧县金龙玉凤餐饮有限责任公司老总刘清先生捐资100万元，创立“金龙玉凤爱心基金”，以后每年注入资金50万元，用以资助县内贫困家庭子女完成九年义务制教育，每年资助对象200名，每学期资助600元。另外，该基金还创办了“澧县励志家园”,收养县内孤儿50名,解决吃、穿、住、学、医、教问题。受其影响和带动,2011年6月,澧县又设立一助学项目——“华盛玉兰助学金”。该助学金由常德华盛典当有限公司总经理严平先生发起并由该公司捐赠。本着“回馈社会、助学育人”的宗旨,首期注入资金30万元,以后每年注入资金不少于10万元,以资助澧县籍品学兼优特困家庭学子,完成九年义务教育阶段学业及高中和大学一本以上学业。2007年6月,津市市慈善总会举行首次“慈善一日捐”活动,收到善款18万元。8月,举办“爱心改变命运”大型助学活动,资助大、中、小学生30名,发放助学金15万元。2008年四川汶川大地震后,津市市慈善总会组织“情系汶川,爱在津城”赈灾义演活动,全市民众积极响应。家住李家铺乡的农民陈武平,5月16日上午找四名中学生志愿者,租一台小四轮,拉着500多斤自己种植的枇杷在城区摆摊叫卖,下午将当天全部收入1000多元送到津市市慈善总会捐给灾区。全市干部群众踊跃捐款捐物,共为汶川地震灾区募集善款187.08万元,衣被4250床(件)。津市市慈善总会自2007年6月成立以后,开展了形式多样的助学、助医、助困、助老等慈善爱心活动,至2013年,共募集善款252.31万元,发放250.71万元,为112名困难家庭子女圆了大学梦,为灾区群众、病困家庭和孤寡老人奉献了爱心,送去了温暖。

常德市各慈善总会的资金来源有5个渠道,即:各级人民政府的财政拨款;市、县两级直属机关、企事业单位和驻地中央、省属单位开展“慈善一日捐”活动;联络和接收市、县境外单位、个人和海内外单位、个人的捐款,在行政事业单位和经济效益较好的企业、事业、个体私营户中开展冠名基金募集活动;举办专项募捐、义卖、义演等慈善活动的收入;创始基金及增值。

2008—2013年,常德市、县(区、市)两级慈善组织以“慈善一日捐”为基础,以项目(活动)募捐为重点,大力拓展市慈善资源。每年都开展“慈善一日捐”活动,明确规定捐助范围、标准和程序。同时,开展各类“慈善冠名基金”募集活动和“大病医疗慈善救助基金”募集活动,每年募集善款达1000万元,其中市直单位“慈善一日捐”的捐款每年在100万元左右。至2010年年底,全市累计募集各类善款9000万元。

2011年,全市慈善工作上半年开局良好,但下半年受郭美美事件和长沙县教师“慈善一日捐”负面报道的影响,原计划的“一日捐”改“天天一元捐”、举办大型慈善晚会、挂牌成立“常德市特困家庭大病医疗慈善救助基金”等活动执行受阻。在慈善募捐出现“严冬”的特殊时期,常德市慈善总会不畏困难,以“慈善一日捐”为基础,以个人冠名基金为重点,大力拓展慈善资源,全年仍募集善款近千万元,成功签约冠名基金5支,冠名总额突破1200万元,救助困难对象3000多人次,开展大型募救活动10多场次,发放善款250多万元。特别是通过网站、报刊、电视、宣传单等多种方式,将慈善冠名基金的《倡议书》《管理办法》《协议书》等让社会广为知晓,以鼓励社会爱心人士“订单”式捐款。是年初,已过世的原武陵区民政局副局长戴定炳的子女以其父亲名义设立“定炳助老基金”,总额20万元,已支出2.2万元,救助特困老人71名。6月9日上午,成功签署“西湖大酒店慈善救助基金”协议。在西湖大酒店广场隆重举行的捐赠仪式上,西湖大酒店董事长朱方华先生向市慈善总会现场捐款 20 万元。8 月 10 日下午，成功签署“湖南鼎沣集团慈善救助基金”协议。是日，在市政协会堂隆重举行的鼎沣集团捐赠仪式上，湖南鼎沣集团董事长张照耀先生向市慈善总会举牌十年连交 1000 万元，现场捐资 100 万元。此举改写了常德市没有大额捐赠的历史。10 月 1 日，成功签署“贺雪梅助学基金”协议。由长沙行动成功公司总经理李先生以母亲的名字命名设立了总额 60 万元的“贺雪梅助学基金”，每年注入基金 3 万元，其中 1 万元用来救助流浪儿童，2 万元用于帮助当年贫困大学新生，持续捐赠 20 年。11 月 13 日举行了首批助学金发放仪式。10 月 21 日，成功签署“华民慈善助困基金”协议。一位做金融投资生意的小老板以家庭名义首捐 1 万元，并承诺在未来几年内以多次缴交的方式捐足 20 万元，用于援助本市特困家庭大病患者。

2012 年 10 月 24 日晚，常德市慈善总会、常德市民政局联合在常德广播电视台演播大厅，举办常德“真爱慈善人间情”大型慈善募捐晚会。常德市民政局和武陵区、鼎城区、临澧县、石门县、澧县、汉寿县、桃源县、安乡县、津市市民政局选送的舞蹈、小品以及海军政治部文工团陈运子的女声独唱《你好吗》、中国人民解放军艺术学院硕士研究生宋歌演唱的《精彩时代》等，给在场观众留下了难忘的回忆。在一个个感人故事温情上演的同时，本地龙头企业、常德籍在外知名人士、常德市外地商会的代表们一个个走上舞台，亮出自己的捐赠牌。2 个小时的晚会，68 家企业参与捐赠，现场捐赠总额达到 4795 万元，其中：大湖水殖股份有限公司董事长罗祖亮现场捐赠 1100 万元，成为当晚捐赠最多的单位。这些善款将全部用于常德市助学、救灾、济困、助医、扶残、助孤、安老等民生工程，大力实施慈善救助项目。

2012 年 10 月 24 日，常德慈善总会、常德市民政局在常德电视台举办常德市大型慈善募捐主题晚会

2004—2013 年，常德市慈善总会在有效募集资金的基础上，以安老助孤、助学助教、扶困助残为重点，实施定向救助、项目救助和特困救助，开展大型慈善救助活动 20 多场次，救助各类困难对象 2.5 万人次。连续多年开展的“点燃希望”助学活动、“慈善医疗金叶卡”医疗救助活动以及“微笑列车”救助行动等，赢得了社会的广泛好评。

(一)“点燃希望”助学项目

特困大学生救助是常德市慈善总会、常德市民政局组织开展的一项重要救助工作。2003年,市社会救助局就开始对统招考入高等院校的城镇低保户子女给予资助,先后对5009名低保户子女给予了资助,累计发放低保助学金812万元。福彩助学行动起步于2007年,共帮助上百名贫困大学生走进了大学校园。市慈善总会整合低保、慈善、福彩三大救助资源,通过政府资助、社会捐助和公益资助等多种形式,采取统一名称、统一行动、统一发放的方式,对城市低保户子女读大学实行应救尽救;对农村低保户和特困户子女实行重点救助;对全市特困家庭(特别是低保户)子女,当年参加全国高考并录取到二本以上学校的学生,给予每人3000~5000元的资助。各县市区多方募集资金350万元,救助贫困学子900名。这项活动先后被《中国社会报》、新华网、《湖南日报》《中华慈善》《大众慈善》和市级各新闻媒体广泛报道。

2010年8月22日,常德市慈善总会、市民政局举行“点燃希望”助学行动助学金发放仪式

2010年8月22日,常德市慈善总会、常德市民政局联合上演“爱心盛会”。是日上午,2010年度“点燃希望”助学行动助学金发放仪式在芷园会堂举行,来自全市11个县市区的170名寒门学子,每人高高兴兴地领到5000元助学金,现场发放助学金85万元。中共常德市委副书记曹儒国等出席并发表激情洋溢的讲话。仪式上,精彩纷呈,气氛热烈,播放了市慈善会、市民政局联合开展助学专题片;市民政局党组书记、局长熊国建作助学工作开展情况汇报;在主席台就座的领导对参与爱心助学的单位和个人颁发了荣誉牌匾和捐助证书。参与爱心互动的10多位爱心人士现场见到了自己所捐助的对象,刚开始还彼此陌生的对方,简单地问候,相互的祝福,很快地整场气氛充满了爱的暖流。

常德市“点燃希望”助学行动得到社会各界的广泛关注和大力支持,到市慈善总会捐款助学的,既有来自上海、深圳的常德老乡,也有来自本地的爱心单位和爱心人士,他们或网上点名,或来人来电联系,成功地与贫困大学生们结成援助对子,用无声的行动诠释了爱的真谛。全国人大代表、湖南重庆啤酒国人有限公司董事长李开喜捐资20万元资助40名学生,以自己的模范行为树立了全国人大代表的良好道德风范。上海湖南常德商会连续几年高度关注家乡助学工作，主动联系8家常德籍会员企业，一次捐资12万元对口资助24名学生。常德珠江新产品开发有限公司董事长王一新亲自到慈善办公室结对资助6名学生，捐赠3万元善款。德山酒业营销公司董事长陈颢、恒安纸业公司总经理李新久，除自己带头捐款外，还发动员工捐款，分别交给市慈善总会善款2万元和3万元。三金集团湖南三金制药有限责任公司捐赠价值1.6万元的三金凉茶，定向资助市福利院孤儿大学生江小武。鼎城世源化工有限公司王女士在病床上通过电视了解到“点燃希望”助学行动后，托人捎来了5000元善款，还主动联系市慈善总会，为2名贫困家庭女大学生提供了暑期打短工机会。在“点燃希望”助学行动中，企业法人捐赠占90%，更有一些来自网络的、从未谋面的好心人士，像江苏无锡的方国强先生、河北任丘市的颜朝阳先生等，也慕名参与到了这场异地爱心盛会。

2011年，常德市慈善办对找上门来的近20例大学特困新生，在考察属实基础上进行了应急临时救助，累计发放助学金70多万。

2012年8月29日，2012年度“点燃希望，民政助学”大型公益行动助学金集中发放仪式在芷园宾馆举行。中共常德市委副书记、常德市政府市长陈文浩、常德市人大常委会主任曹儒国、常德军分区政治部主任张恒州、常德市政协副主席敖建斌等及常德市直机关相关负责人参加了仪式。会议由市委秘书长黄清宇主持，市长陈文浩发表了热情洋溢讲话。民政助学活动从7月20日起，到8月25日结束，共救助贫困大学生1525人。其中市本级救助355人，发放助学金150万元；各县（区、市）救助1170人，发放助学金360万元。

2013年8月26日，常德市慈善大会暨“点燃希望”助学金发放仪式在芷园会堂隆重举行。会议由省人大常委、常德市慈善总会会长曹儒国主持。常德市人大常委会副主任谭弘发，市政府副市长、市慈善总会常务副会长朱晓平，市政府副秘书长、市慈善总会副会长郑志鹏，市民政局局长龚美爱，市民政局副局长、市慈善总会秘书长戴平以及各县（区、市）政府分管民政的领导、慈善总会会长、民政局长和市直及中央、省驻常有关单位负责人，“常德慈善奖”获奖团队负责人、个人获奖者，“点燃希望”助学行动受助学生代表，市民政局全体班子成员，机关各科室及直属各单位主要负责人参加会议。大会表彰了第二届“常德慈善奖”获奖区和个人，并举行了“点燃希望”助学金集中发放仪式，现场为165名贫困学子发放助学金82.5万元，在上年全市救助1500名学子基础上又将救助规模扩大到2000人，共发放助学金590万元。中共常德市委副书记、市慈善总会名誉会长宋冬春出席会议并讲话。

（二）“金叶慈善医疗卡”项目

2005年，常德市慈善总会在常德市启动“金叶慈善医疗卡”救助项目。该项目由省慈善总会与省烟草专卖局共同举办，主要帮助特困群众缓解看病难、看病贵的问题，促进社会的和谐发展。2005—2010年，全市共投放金叶卡7660张，惠及困难群众6500人次，累计援助慈善资金383万元。2006—2010年，常德市政协第四届常委刘佳茂，坚持与人为善、助人为乐的人生理念，捐资 240 万元，支持开展“金叶慈善医疗卡”活动，救助贫困患者 500 余人次。

常德市慈善办统一规定“6 个一”的发放要求，并对项目的实施情况进行跟踪管理、有效监督，力争使该项目深入人心。活动全过程也欢迎新闻媒体和全社会予以监督。市民政局副局长戴平强调，各区县(市)慈善办、局直属相关单位要加强对受助对象的审批把关和项目的监督管理，如发现有优亲厚友、把关不严、操作不规范等行为，又不能在定期内进行整改的，停止当地本年度救助项目和取消次年的救助项目计划。

2011 年，常德市慈善办经过考察，确定益丰大药房有限公司旗下的六家药店为金叶卡定点药店。12 月 12 日，举行定点药店挂牌及金叶卡发放仪式。

2012—2013 年，常德市慈善总会将 155 万元专款充值成 3100 张“金叶慈善医疗卡”，均及时发放到各区、县(市)部分特困家庭人员手中。

(三)“微笑列车”救助行动

“微笑列车唇腭裂修复慈善项目”，是美籍华人王嘉廉先生于 1999 年在美国发起并正式注册的非盈利性慈善组织——“微笑列车基金会” 的推动下，与中华慈善总会连同中国口腔医学会、中华人民共和国卫生部共同合作的慈善医疗救助项目，致力于为中国贫困的唇腭裂患者提供免费的矫治手术。凡贫困家庭唇腭裂患者不限户籍、不需开具任何证明，可直接到项目合作医院申请治疗。至今，项目在中国已经开展 10 余年，从最早 4 个省发展到全国 31 个省区市，合作医院也由最初的十几家发展到了现在近 400 家，8000 多名医护人员参加了“微笑列车”专家团队免费培训，19 万余名中国唇腭裂患者接受了免费修复手术，已经成为新中国医疗史上最大的慈善项目。

2008 年，常德市持续开展“微笑列车”救助行动。市康复医院慈善医疗项目负责人护士于萍，不顾假日周末为各地前来求助的贫困患者排忧解难，先后累计无怨无悔地为 3000 余名患者提供医疗救助服务；无限真情地为唇腭裂患儿当好“干妈”，累计帮助 240 余名唇腭裂患儿完成手术治疗，人称“微笑使者”。2009 年，荣获中华慈善总会颁发的全国“微笑列车”唇腭裂修复项目突出贡献奖。

(四)慈善阳光助学班

常德市慈善总会通过慈善冠名开展助学行动，先后在常德市城区和汉寿县、临澧县开办慈善阳光助学班，签订合作协议，资助对象 180 人，助学金额达 100 万元。湖南鼎沣集团为帮助全市部分“特困、特优”应届初中毕业生完成高中学业，探索慈善助学新形式，展示现代企业社会公信形象，分别在汉寿县一中和临澧县一中开展高中慈善助学活动。该项目冠名“鼎封集团·慈善阳光班”，在两县各招生 150 人(2011 年、2012 年、2013 年各招生 50 人)，从高一开始设置至高三毕业，每人每学期资助 1000 元，合计每人 6000 元。两县第一年各资助“助学班”10 万元，第二年各资助 20 万元，第三年各资助 30 万元，第四年各资助 20 万元，第五年各资助 10 万元。至最后一批学生毕业，五年两县各资助现金 90 万元。

2009 年 12 月 8 日至 2010 年 1 月 22 日，常德市人民政府设立的首届“常德慈善奖”评选活动在全市范围内展开，经各界推荐、媒体公示最终产生评选结果。市烟草专卖局等 10 家单位、杨绍军等 10 位个人荣获首届“常德慈善奖”。该奖为常德慈善公益领域的最高奖项，每两年评选表彰一次。

2010 年 7 月下旬，常德市慈善总会赴岳阳、湘潭、株洲三市考察学习，受益匪浅。岳阳、湘潭、株洲三市的慈善工作有一个共同点，就是十年前成立起步，2008 年强势发力。从他们的超常规发展中得到三点重要启示：即动员体制务必强势有力；募集机制务必务实高效；运转模式务必协同联动。

2011 年 2 月 28 日，中共常德市委书记卿渐伟主持市委常委会议，听取市民政局局长熊国建“关于考察岳阳株洲湘潭慈善经验汇报及发展我市慈善事业的意见”的汇报，同意以市委办、市政府办名义出台《关于加快我市慈善事业发展的意见》，同意年内举办慈善晚会，开展“天天慈善一元捐”活动，设立“特困家庭大病医疗慈善救助基金”，市财政安排不少于 100 万的专项资金注入慈善基金。同时，会议要求加大慈善宣传力度，加强慈善组织自身建设，管好用好慈善资金。

是年 6 月 7 日，常德市慈善总会召开会长办公会议，专题研究落实市委常委会议精神事宜。会后，市慈善办及时起草上报了相关文件。同时通报了“慈善一日捐”指导性任务完成情况；并以会长名义在《常德日报》刊发文章，呼吁全社会关心支持慈善事业；以会长和常务副会长名义写信向社会劝募；创办内部刊物《常德慈善》等。

第二节 社会福利事业

常德市、县(区、市)人民政府民政部门是社会福利事业的业务主管部门，对社会福利机构进行管理、监督和检查。社会福利事业的重要载体是各级各类公办和民办福利机构，系指国家、社会组织和个人举办的，为老年人、残疾人、孤儿和弃婴提供养护、康复、托管等服务的机构。

公办福利机构是由政府出资兴建，隶属或归口民政部门管理的事业单位，包括社会福利院、社会福利中心、敬老院、养老服务中心等。常德公办福利机构收养对象一般为社会上的鳏寡孤独者和无依无靠的残疾老人、婴幼儿以及部分社会托养对象，对“三无”对象承担兜底保障。

1949 年 7—12 月,常德专署民政科会同各县人民政府的有关部门,遵照上级民政部门的规定,对民国时期遗留的县办救济院,分别进行改造、整顿和处理。除常德、澧县、桃源 3 县救济院由县人民政府民政科整顿、接管外,其余均由各县民政科酌情处理。1950 年 5 月,常德市民政局接管县救济院,并在城北独狮子原址,创办常德市孤儿院。1952—1959 年,区内常德市、津市、澧县相继建立残老院、养老院和津市聋哑人学校。收容社会上无依无靠的残疾老人和婴幼儿。1970—1972 年,县、市所属福利事业单位更名为社会福利院,收养对象未变。1988 年,区内 4 所社会福利院,共收养老、幼、残人员 175 名,工作人员 58 名。

1991 年以后,常德市各区县、市民政局注重发展社会福利事业,加大投入,纷纷兴建和完善公办社会福利机构及设施。

至 2013 年年底,全市共有公办福利机构 14 所,床位 1867 张,正式职工 178 人,临聘人员 162 人,护理服务人员 147 人。年末在院入住对象 1447 人,其中"三无"人员 541 人,残疾人员 317 人,其他对象 589 人。

民办福利机构一般命名为养老院、养老服务中心、颐养院、敬老院、老年公寓等,主要为社会自费养老对象提供饮食起居、清洁卫生、生活护理、健康管理和文体娱乐活动等综合性养老服务,但某些民办福利机构也接收辖区内的孤残儿童或成年残疾人。

1999 年,民政部颁布《社会福利机构管理暂行办法》,常德市开始筹建民办福利机构。是年 11 月,津市市在北大二路成立康乐养老院,该院为全市第一家民办养老院。2000 年,常德市城区成立长寿老人休养院。

2002 年,民办养老机构申报审批手续逐步完善。2002—2003 年,武陵区先后成立常德市夕阳红颐养院、武陵托老院、红卫社区敬老院,武陵区敬老院四所民办养老机构。2004 年,桃源县成立德亚星光养老院。2005 年,武陵区成立爱心敬老院。2006 年,鼎城区成立德海老年休养院;临澧县成立静慈敬老院。2007 年 10 月,常德市民政局批准成立常德市福星养老院;武陵区成立情满夕阳红敬老院;津市市成立九九老年公寓。2008 年,武陵区成立和谐老年公寓;津市市成立鑫鑫老年公寓。2009 年 2 月,常德市民政局批准成立常德市和生源养老公寓;武陵区成立老年病医院老年公寓;桃源县成立陬市镇养老托老服务中心;长寿老人休养院更名为常德市仙源福利服务中心。2010 年 3 月,常德市民政局批准成立常德市万寿老年公寓;武陵区成立颐养苑福利院;津市市成立长寿老年公寓、常宇老年乐园、烛光老年公寓。2011 年 11 月,常德市民政局批准成立常德市慈平养老院。

至 2013 年年底,全市共有民办福利机构 30 所,职工 343 人,其中护理服务人员 268 人,床位 3113 张;入住对象 1905 人,其中"三无"人员和残疾人 415 人。

2008—2013 年,全市社会福利事业快速发展,管理服务登上新的台阶。这主要表现在:

机构数量大幅攀升。截至 2013 年年底,全市社会福利机构共 44 所,床位 4500 张,较 2008 年增加 2.3 倍。供养孤寡老人、残疾人、社会弃婴、孤儿和托养社会老人 3300 人。

投入力度不断加大。2006—2013 年，全市各地通过福利彩票公益金资助，地方政府配套等多渠道投入，共实施福利院（福利中心）及“蓝天计划”项目 15 个，完成投资 9368 万元，其中争取部省级福彩公益金 3663 万元，地方政府配套 2490 万元。同时，通过政府积极引导，全市投入社会福利机构建设的社会及民间资本达 1.8 亿元。通过持续投入，一大批规划设计合理、设施功能齐全、管理服务规范的福利机构相继建成，有效地满足了群众的现实需求。

服务内容不断拓展。在大力开展福利机构建设的同时，各地不断拓展服务内容和优化服务水平，积极开展示范试点工作。武陵区建设 19 个社区居家养老服务中心，为社区家庭老人提供生活照料、家政服务、医疗保健等 10 多种服务，满足了社区老年群体多样化和个性化的服务需求，直接惠及老年群体近 5 万人。常德市福利院、夕阳红颐养院等福利机构积极开展“临终关怀”，为临终老人提供了人性化的特殊服务。石门县德源福利院开展养老服务“候鸟计划”(即该福利院与国内养老机构建立了异地互动养老平台，老人可以根据不同季节选择度假式异地养老，住在当地养老院体验全新的养老模式和服务)，以满足老人边旅游边养老的需求，丰富了养老服务内容。

2010—2013 年，全市各地通过坚持实行严格审批和强化监管“两手抓”，全面提升社会福利机构监督管理水平。通过严格实行“社会福利机构设置批准证书”使用制度，从 2010 年开始，对符合社会福利机构设置标准、申报材料齐全的机构，审核通过后发放“社会福利机构设置批准证书”，要求各机构凭证书依法开展业务活动，社会福利机构监督与管理得到有效加强。通过落实《湖南省社会福利和社会事务企事业单位管理服务主要工作制度汇编》，组织开展全市社会福利机构贯彻落实“两规范一标准”工作大检查，各社会福利机构内部管理制度不断完善。通过严格执行省厅关于开展养老机构落实“两规范一标准”情况专项检查以及省民政厅、公安厅关于对社会福利机构进行消防安全检查等有关文件精神，把确保福利机构安全运转放在首要位置，全市养老机构和社会福利机构的日常安全监管和检查得到加强。2011 年，全省社会福利工作会议在长沙召开，常德市民政局、常德市社会福利院、临澧县社会福利院被评为全省福利院（福利中心）管理服务先进单位。

全市各级民政部门把养老工作作为一项重大而紧迫的战略任务来抓，初步建立起与市域经济社会发展水平相适应的养老服务政策体系和与之相配套的扶持制度。2010 年 11 月 25 日，常德市人民政府出台《常德市人民政府关于鼓励发展社会养老服务业的意见》（常政发〔2010〕19 号），从项目建设、资金扶持、税费减免以及政府购买养老服务等八个方面对鼓励发展社会养老服务业做了明确规定，极大地促进了全市社会养老服务业的发展，省民政厅专门将这个《意见》转发全省各市州。

2011 年 5 月 3 日，常德市民政局与市财政局联合下发《常德市社会养老服务机构经费补助实施办法》（常财发〔2011〕7 号），对市城区范围内兴办的社会养老服务机构按规定给予床位补贴和运营补贴，使社会养老服务民办公助模式实现了制度上的创新，极大地鼓舞和推动了社会力量进入养老市场，省民政厅再次向全省进行了推介。2011—2013 年，全市共发放两项补贴500多万元。此外,各地注重不断加强养老服务机构从业队伍建设,推行养老护理员持证上岗制度。2010—2013年,常德市民政局与人力资源部门联合组织四届全市养老护理员职业技能培训,44所养老福利机构的专职护理员经过培训拿到资格证书,为提高服务质量创造了条件。

2013年,各区县、市直接管理的社会福利事业单位共8个,分别是:

津市市社会福利院:1958年2月,津市市火箭公社第一管理区在生产街首办敬老院,收养丧失劳动力的孤寡老人19名,公社拨给人均月伙食费6元。

1960年秋,火箭公社第五管理区在汪家桥设抚养院,收养无依靠、无生活来源、有政治历史问题而又丧失劳动力的老残人员38名。1963年,津市市民政部门接管。1965年3月,抚养院与敬老院合并,改称津市残老院,院址迁皇姑山南坡,共收养残、老、幼婴68人。生活费人均每月6~8元,后因湘澧盐矿建厂,院址迁襄阳街。

1980年3月,津市残老院改名为津市市社会福利院,交市福利工厂代管。1984年12月,常德地区民政局批准为社会救济福利事业单位,隶属市民政局管理。1987年4月,国家投资72.8万元,在卢家村建成新院舍,建筑面积1700平方米。1958—1990年,共收养孤寡老人及幼婴549名。

1990年12月19—21日,全省社会福利院院长会议在津市市召开,省民政厅副厅长李定坤主持会议,津市市社会福利院在大会上做典型发言,与会全体人员参观福利院,对该院规范化管理和以所养院的业绩给予很高评价。1992年,该院获省级创先争优达标优胜单位称号。翌年,评为省级绿化先进单位。1996年,该院被常德市绿化委员会授予"常德市园林式单位"称号。翌年12月,被省民政厅评为"二级社会福利事业单位"。

2006年,津市福利院进行扩建,建筑面积至2100平方米,收养人员居住面积增至810平方米,床位由原来27张增加到50张,并对院内进行了路面全面的硬化,可绿化面积达到100%。随着生活水平的不断提高,福利院收养人员生活标准也随之调整。2007年,人均月生活标准调整为260元。2013年,已达人均月360元。

1958—2013年,杨正英、林德意、袁超伦、叶正生、朱传平历任津市市福利院院长。

澧县社会福利院:成立于1984年7月,原址在澧阳镇翊武西路155号(护城居委员会辖区)。1988年,该院占地面积5亩,建筑面积400平方米,房间20间,可接收19人居住。

2001年,迁建社会福利院于澧阳镇黄桥居委会,占地面积12亩。修建二栋三层楼房,一栋生活用房。北面三层楼为寄养楼,房屋23间,南面三层楼为"三无"老人楼,房屋18间,西面一栋生活房面积300平方米。

2008年,在澧阳镇新河居委会征地37亩,修建澧县社会福利养老服务中心,中心位于澧阳镇解放北路,集养护、托管、娱乐、康复和医疗于一体,有一栋七层楼的高标准电梯楼房,一栋三层办公、生活用房、一栋四层医疗楼,可接受300名社会寄养老人入住。2011年6月底,该中心正式投入运行。至2013年,陈秀珍、罗启树、梅平、孙兴元、赵远清、邓超、熊玲历任县福利院院长(中心主任)。

临澧县社会福利院:始建于 1987 年,位于安福镇人民街社区福利巷 68 号,占地面积 35 亩,是集福利院、光荣院、老年公寓为一体的县级综合性老年福利服务机构。2007 年,升格为副科级事业单位,内设办公室、护理部、后勤部、医务部,有养老床位 200 多张,工作人员 15 名。至 2013 年,黄修民、刘华、庞沐初、熊君芳、刘亚霞历任县福利院院长。

2002—2013 年,临澧县大力推进老年福利服务设施建设。2002、2006 年先后新建二栋高标准老年公寓,配套建设了花园、门球场、露天舞场、健身房、曲艺茶社、图书阅览室等文化娱乐场所。2008 年后,全面启动县社会福利院提升改造为县综合性老年福利服务中心项目建设,新建一栋综合大楼和生活服务大楼,并配套附属设施。同时,着手修建临澧县儿童福利院及高端老年公寓、老年康复医院。

桃源县社会福利中心:1991 年 12 月 8 日,桃源县机构编制委员会批复(桃编发〔1991〕38 号)同意建立"桃源县社会福利院",隶属县民政局领导,定事业编 4 名。1992 年 4 月,在县城漳江镇二里岗居委会雄台组征地 15.8 亩,征地费 15.1 万元。1993 年 7 月,正式动工修建老人宿舍楼一栋,建筑面积 1200 余平方米,总投资 90 余万元。1994 年 2 月竣工。是年 3 月,县社会福利院正式挂牌,收养社会自费老人 16 名,同时负责收养社会弃婴。

2006 年 7 月,县民政局在青林回族维吾尔族乡青林村(桃青路)置换土地 32.03 亩,是年,动工修建桃源县社会福利中心,建有社会福利院、敬老院、光荣院、城市流浪乞讨人员救助管理站、综合办公楼和食堂各一栋,总建筑面积 8503 平方米,总计投资 985.82 万元。2007 年年底基本竣工。设计床位 200 张,老人住房分为一室一厅、两室一厅、三室一厅、四室一厅等多种房型。室内设施齐全,有独立卫生间、有线电视、太阳能热水器、柜、桌、椅、床等设施,配有健身房、阅览室、书画室、棋牌室、会议室等娱乐场所,还设有理发室、康复室、门诊部等服务设施。

2008 年 8 月 20 日,桃源县编制委员会批复成立桃源县社会福利中心,福利中心坚持休养、保健、康复并重的服务方向,为老人提供无偿、低偿、有偿托老服务。至 2013 年,王隆富、文先球、戴元松、胡瑞林、林伯秋、杨华绒、董晓芬历任中心主任(院长)。

鼎城区社会福利服务中心:2002 年 9 月 13 日,鼎城区编委批准,成立常德市鼎城区福利院、常德市鼎城区光荣院、常德市鼎城区敬老院(简称"三院"),归口区民政局管理。实行三块牌子,一套人员,合署办公。负责为全区老年人提供托养、供养等服务工作。2003 年,鼎城区民政局盘下位于武陵镇常沅路的原区兽药厂,投资 350 余万元进行改建。2004 年 12 月 20 日,正式投入使用。这里地处江南城区中心,距离小圆盘仅 200 余米。有市内公交车 21 路、47 路、16 路、8 路等直达中心。该院占地面积 9.75 亩,建筑面积 5800 平方米,绿化面积 1580 平方米。建有老年公寓楼 2 栋以及食堂、洗衣房、健身场、阅览室、文娱活动室等设施。设有床位 65 张:有单间房 30 套、二室一厅房 12 套。每套房内均配备了衣柜、写字桌椅、沙发,接入了有线电视。

2009年3月26日,鼎城区编委批准,将“三院”更名为常德市鼎城区社会福利中心,同时加挂“光荣院”“敬老院”两块牌子。2010年1月18日,经常德市委编委和鼎城区编委批准,将常德市鼎城区社会福利中心更名为常德市鼎城区社会福利服务中心。至2013年,彭晋文、刘维富历任中心主任,黄贤丽(女)任副主任。

2010年,鼎城区民政局着手筹建鼎城区新的社会福利服务中心,该项目选址于武陵镇商贸城南路以南,大湖路以东交会处,占地面积45亩,预计总投资4700万元,设计床位700余张,预计2018年竣工投入使用。

安乡县福利院:始建于2006年,位于深柳镇保堤社区和平街往东延伸150米至义阳路处,占地面积10.5亩,建筑面积2400平方米。院内建有4层楼房主楼1栋,住房44间,居室以3人一室为主。附属平房1栋。院内共计床位123张。院内设有保管室、办公室、值班室、护理室、娱乐室和食堂。主体建筑内安装闭路电视33台;购置有消毒柜、冰箱、冰柜、洗衣机。其他水电、消防等硬件设施齐全。

安乡县福利院以县域城市“三无”孤老残幼、农村五保、年老军烈属、红军失散人员及其遗孀等为主要服务对象,是一所集收养、护理、医疗等于一体的综合性的福利事业服务机构。

县福利院工作人员中,有中级护理师、初级护理师各1人。至2013年,何开清、潘正满、刘辉历任县福利院院长。

石门县德源福利院(敬老院):建于1999年9月,坐落在夹山国家森林公园,距县城15公里。该院位置优越,交通便捷。院内古木参天,绿树成荫,空气清新,环境优美。信养性之佳所,诚避暑之神地。院内占地25亩,建筑面积6800平方米,建有三层楼房宾馆1栋、二层楼房2栋、一层楼房1栋,共设床位110张。核定事业编制3人。至2013年,贾集友、李子鹏、杨昌海、朱金平、陈家嫦、宋龙福历任院长。

院内设有专门的娱乐室、阅览室、配有彩电、扑克、报纸、麻将、象棋等娱乐设施,为老人提供丰富多彩的娱乐生活,另外配备了医务室、康复室专为老人就医提供方便服务。石门县德源福利院秉承:“态度热忱、服务优质,收费合理,管理规范,满足院民的需求就是德源福利院最大心愿的服务宗旨。”狠抓内部管理,不断提高服务质量,努力营造一个温馨、和谐的居家乐园。

石门县光福院:始建于1989年,位于县城郊红土居委会,与楚江敬老院、县福利院三院合一,是以全县孤老优抚军人烈属、红军失散人员及其遗孀等为主要服务对象的综合福利事业单位。

该院占地面积30余亩,建筑面积约3500平方米。院内有两栋主楼,共建有22套四室一厅的房间,每套房间均有卫生间、洗漱间、并配有彩电、有线电视、电风扇、烤火炉、烤火桌、被等基本设施。院内绿树成荫、花团锦簇、小草茵茵,令人心旷神怡,是一所“老有所养,老有所乐”的好地方。1994年,1999年,被民政部评为“全国文明光荣院”。2005年,被省民政厅评为“先进单位”“优抚事业单位”。2013年,获“湖南省敬老文明号”称号。

全院有工作人员 8 人。至 2013 年，伍湘德、张幼离、宁曼羽、樊芳、覃事军、陈启日、朱秀容、覃昔冬、陈家嫦、张金强历任光福院院长。

第三节　社会福利生产

社会福利企业是安置具有一定劳动能力的视力残疾者、听力残疾者、肢体残疾者和智力残疾者劳动就业而兴办的具有社会福利性质的特殊企业。1988 年，全区各地共兴办社会福利企业 410 家。其中县（市）民政部门直接管理的福利企业 7 家；乡（镇）社会福利企业 287 家；街道社会福利企业 112 家；厂矿办的社会福利企业 4 家。就业残疾人 2434 名，占职工总数的 43.7%。年总产值 4473.9 万元，实现税利 318.8 万元，创外汇 100.1 万美元。

1994 年，国家出台福利企业税收优惠政策，福利企业一时红火。时全市社会福利企业一度达到 300 家。

2007 年 6 月 15 日，财政部、国家税务总局发出《关于促进残疾人就业税收优惠政策的通知》（〔2007〕92 号），根据相关规定，常德市的所有福利企业每年可退还的增值税或减征的营业税，最高不得超过每人每年 3.5 万元，优惠幅度偏低，企业的回报和付出差距不大，还得承担更多的奉献。渐渐地，福利企业淡出，或销声匿迹，或运营困难，数量锐减，遭遇生存寒冬。

2013 年，全市社会福利企业共有 27 家，共有职工 1351 人，其中，残疾职工 5664 人，职残总比达 49%。全市社会福利企业实现年销售收入 3.25 亿元，年退税 1653 万元，残疾职工人均年工资为 1.1 万元。

一、福利工厂

1958 年，常德地区县（市）民政部门在组织、扶持烈军属、复员军人、贫民等生产自救厂、组的同时，开始兴办社会福利工厂。这年，全区共兴办社会福利厂 27 家。其中常德市 12 家，津市 8 家，桃源 2 家，澧县、汉寿、石门、常德、安乡县各 1 家，从业人员 1213 人。年产值 158.5 万元，利润 8.73 万元。年发放工资总额 9.8 万元。

1988 年，常德地区县（市）民政局直属社会福利工厂有 7 家。其中：安乡县、汉寿县、澧县、常德县、津市市各 1 家，常德市 2 家。有职工 484 人，其中盲人 72 人，聋哑人 71 人，肢体残疾者 147 人，占生产人员总数的 50.5%。厂房面积共有 2.01 万平方米，固定资产总额 488.49 万元，流动资金 173.44 万元。产品有纱白手套、织带、镀银、鞭炮、元钉等 30 多种。常德市前进织带厂的皮毯、津市社会福利工厂的打包布、汉寿社会福利厂的湘莲加工和玻璃装饰盒等 6 项产品，参加全国民政工业品展销会。津市社会福利工厂调味品分厂研制的高精化液体葡萄糖,填补了省社会福利企业空白。

常德地区的乡(镇)、街道社会福利工厂,除极少数系“文化大革命”前开展生产自救活动发展起来的外,大多数兴办于1978年中共十一届三中全会和第七次全国民政会议以后。乡(镇)、街道社会福利工厂不同于一般的乡(镇)、街道企业,它系城乡群众自办的集体所有制企业,安排一定比例的有劳动能力的盲聋哑残和社会救济对象、优抚对象。这些福利工厂坚持小型为主,集中与分散相结合,其生产方向即是就地补缺,修旧利废,为人民生活服务,为轻工市场服务,为大工厂加工服务。各厂实行自负盈亏、按劳分配、多劳多得的原则。这些社会福利生产单位均属所在乡(镇)政府、街道办事处统一领导,各地乡(镇)民政助理员负责牵线指导,县(市)民政局起着参谋、顾问作用。

至1988年年底,全区乡(镇)、街道社会福利工厂发展到235家,共有从业人员4983人,其中盲哑残人员2139人。年产值达4364.09万元,实现税利296.62万元。主要产品是:花圆带、白纱带、鞋带、圆松紧带、扁松紧带、松紧布、罗纹布、罗布澡巾、毛巾被、拉丝、水泥、砖瓦、贴墙布、山苍子油、樟脑油、食用香精、烟用香精、酱油、高精化液体葡萄糖、化纤纺织袋、照明蜡烛、纱手套、帆布手套、劳保服装、劳保鞋等。桃源县观音寺社会福利水泥厂生产的425标号水泥获省优质产品,该厂全年总产值4722.1万元,实现纯利23.58万元,人均月工资89元。

1989年7月13日,常德市民政局、市税务局、市工商局、市交通局联合发出《关于办社会福利企业有关规定的通知》(常民字〔1989〕第47号)。规定乡镇、村组、街道、厂矿开办的社会福利企业,报区县、市民政局审批,并报市民政局备案;县属社会福利企业报市民政局审批,报省民政厅备案,经民政部门批准后,发给社会福利企业证书。1990年,各区县(市)民政局对所属社会福利企业全面建卡登记。是年,常德市共有219家社会福利企业,共安置残疾人员1902人,贫困户1266人,优抚对象567人。年产值达5328万元,获利税922.3万元。1992年,全市共有社会福利企业239家,安置残疾人员1715名,年产值达8000万元,实现利税500万元。1995年,全市年检合格的社会福利企业共193家,安置残疾人员1606名,年总产值达1.2595亿元,实现利税854万元。1996年,全市社会福利企业换发新的企业证书。是年9月24日,常德市民政局通知各区县、市民政局,换发新证时的代码编排是:武陵区为43071;鼎城区为43072;安乡县为47073;汉寿县为43074;澧县为43075;临澧县为43076;桃源县为43077;石门县为43078;津市市为43079;德山经开区为43201。

2005年,常德市民政局会同国税、地税部门对全市福利企业进行年度检查审核。此次年检按照“四表一册”的要求进行逐项审查,坚持做到“三查三核实”,即:查办厂方向,核实福利企业的福利性质;查现场到岗到位情况,核实残疾人上岗比例;查资金分配制度,核实减免税金使用情况。全市共有64家社会福利企业参加年检,其中61家企业年检合格。桃源县渔父福利皮鞋厂、福利玻纤纺织厂、临澧县银河养殖反战有限责任公司3家福利企业年检不合格,被取消福利企业资格。2007年,根据民政部印发《福利企业资格认定办法》(民发〔2007〕

103号)精神,常德市、县(区、市)民政局对所有社会福利企业重新认定。至年底,全市共认定社会福利企业26家,年末职工总数为1079人,安排残疾人员531人,残职总比达49%,实现年销售收入2.3亿元。2008年,全市共有福利企业29家,有职工1155人,其中残疾职工586人。年产值25261.6万元,实现利税1588.57万元。2009年,全市社会福利企业29家。至2013年,全市社会福利企业共27家。

常德市乡(镇)、街道社会福利工厂发展之初,受计划经济的影响,绝大多数规模小、设备差、产品单一。随着计划经济逐步向市场经济转轨,乡(镇)、街道社会福利工厂逐步被淘汰。2007年以后,常德市少数发展较好的乡(镇)、街道社会福利工厂被认定为社会福利企业,得到进一步发展。

新中国成立初期,常德专署民政科提出“组织起来,解决烈军属、贫民生活问题”的要求,各地由县(市)民政部门牵头,依靠群众,勤俭创业,白手起家,办起一批烈军属、复员军人、贫民福利生产厂、组。这在当时乃至以后相当长一段时间内,为常德市域的残疾人和优抚对象提供了良好的就业平台,解决了基本生活之急需。然而,随着社会经济的发展,各区县、市民政局直属的社会福利工厂却面临严峻的挑战,至二十一世纪初期,这些社会福利工厂的发展生存状况是:

常德市前进织带厂:1958年5月,常德市(今武陵区)民政科在河街中部组建常德市社会福利草制品厂。时有生产人员128人,其中盲人、聋哑人及其他残疾者35人,优抚、救济对象52人,无业游民、教养、帮助对象20人;健全人21人,以生产草袋、草索为主。1963年,社会福利草制品厂与红星麻袋厂合并,厂部设大河街,分厂部、城西环城街(原红星麻袋厂址)两处,共有职工189人,其中,盲、哑、残者59人,占生产人员总数的33.7%。草制品车间生产草袋、草席、草索、棕索等产品;麻袋车间生产麻片、麻袋、麻绳、麻线等产品。1965年,分为两座工厂,恢复原名,隶属不变。1966年,常德市政府将两座工厂分别下放给城南、城西街道办事处领导。1972年,收归常德市民政局管理,并将福利草制品厂更名为常德市社会福利机修厂,厂址未变。

1975年5月,两厂再次合并,更名为常德市社会福利工厂,隶属常德市民政局领导。设厂办公室、厂工会、团支部和3个车间共有职工148人,其中,残疾人员41人,残疾人占生产人员总数的32.8%。主要产品仍然是草制品和麻制品。是年,厂党支部书记赵爱珍、厂长黄忠孝等牵头,积极筹建厂房新址。是年底,在护城公社前进大队第一生产队征用土地12亩,先后建起生产车间5栋,并开始修建办公楼、宿舍楼房。1976年10月,全厂搬进新址。

1978年,市社会福利工厂更名为常德市前进织带厂。至1988年,该厂厂房面积达5647平方米,全厂有职工202名,其中盲、聋、哑、残人员88名,占全厂总人数的43.5%。厂内有机械化操作纺织机244台,织带机34台,高速机4台,辅助机11台和机械维修设备7台。生产产品有花圆带、圆松紧带、鞋带、松紧布、螺纹带、扁松带、白纱带、绽带、毛巾被等。

1989—1993年,企业生产开始下滑。至1993年,企业已发不出工资,不得不全部停产。

时任厂领导与一些企业联系,希望有企业能与该厂合资或者兼并,终因该厂条件差,包袱过重而无企业愿意接收。为了保证退休工人的退休金和残疾人生活费的发放,1993 年年底,经请示当时的主管局(武陵区民政局),并经区政府及常德市政府同意,将企业的 14 亩生产场地(土地、厂房)以 495 万元转让于武陵区农行,抵扣农行贷款 176.83 万元以及归还其他债务合计 70.548 万元后,实际结余 247.6 万元。当时,该厂用 200 万元存于武陵区农行,存期 8 年,利息 1.2%,存本逐月取息来发放企业退休工人和残疾职工的生活费。

1994 年,该厂实行自主经营、自负盈亏的风险抵押承包。当时组织生产的织带车间和加工车间向厂部上交了 3000 元风险金,经过一年的承包,终因设备落后,条件太差而难以支撑。1995 年第二轮承包时,两条生产线只能组合 21 人进行生产。1996 年,两条生产线只剩 10 个残疾人上班,企业基本处于停产状态。企业想利用风险承包机制来慢慢恢复生产,终究没能实现。

1996—1999 年,企业停产,职工也无生活费发放。1999 年,国家推行低保政策后,该企业 98%以上的下岗职工以及家属享受了这一保障,保障标准逐年提高,广大残疾职工和下岗工人基本生活才有了着落。

2007—2009 年,完成“两个置换”,企业关门,工商办理注销登记手续。残疾人全部病退,近 50 岁以上的职工办理退休,21 名年轻人购买养老、医保,由常德市财政负担、常德市福利院代管,按失业救济金标准发放生活费。

津市市社会福利工厂:1960 年 4 月 1 日建于津市中华路,时称津市盲人工厂。有职工 30 人,由吕存恒(盲人)负责,从事以编织栓钥匙的肢链为主。

1961 年 1 月,专署民政科拨款购进弹花机 2 台,开始加工棉被和棉衣。1963—1967 年,重新组织盲、聋、哑残人生产,厂址移至生产街,以纺织土白大布和来料加工业务为主,并通过引进先进技术,织出打包布等产品。

1966 年 10 月,厂址搬迁至澧水南岸皇姑山土地丘。同时扩建厂房。1967 年 2 月,开始派人学习元钉技术。1968 年 9 月,调国家干部祁开凡任社会福利工厂革委会主任。是年,全厂有 4 台铁木混合机、2 台元钉机,完成各种来料加工业务,年产值达 5.9 万元。

1969 年 4 月,厂址第三次搬迁到津市襄阳街。是年,完成上级下达的工业总产值 11.8 万元的任务。1971 年 9 月 13 日,社会福利工厂开始设立党支部,丁欣选任支部书记。1972 年,调整残疾人员比例。是年,残疾人占生产人员的 65%,共完成工业总产值 30.4 万元,比 1967 年同期增长 33%。

1981 年,该厂第四次搬迁至津市北大路 245 号。是年 5 月,该厂生产的元钉在全省元钉质量评比中,荣获第六名(参赛厂 79 家),50×25 元钉荣获单项第三名。是年 10 月,津市市人民政府为该厂生产的元钉颁发“优质产品证书”。1982 年,全厂完成工业总产值 56.85 万元,比 1981 年同期增长 12.1%。1983 年,元钉参加评比,荣获省经委颁发的“湖南省优质产品证书”。

1987年，全厂有职工118人，其中：盲人18人，聋哑人23人，其他残疾人15人。残疾人占职工总数的47.9%。这年，全厂完成工业总产值81.28万元，税利2.9万元，人均创产值0.69万元，人均获纯利250元。

1996年，津市市社会福利工厂自行关闭，全厂职工下岗待业。是年，津市市民政局决定将福利工厂原有的织布、机修、浆纱、仓库等几个车间改建为市殡仪馆，安置了40余名残疾职工重上岗位，将22名技术过硬，素质好的重残职工继续留在元钉车间生产元钉、元丝，以适应市场的需求和发展。

2003年，该厂区全部改建为津市市殡仪馆，停止福利生产，余下的工人承包外出打工。

澧县社会福利工厂：创建于1958年，始名澧县城关盲人聋哑人生产工厂，厂址在原养济院旧址（今澧阳镇生产街162号）。建厂初期，由县人民委员会民政科和城关镇组织几十名盲人、聋哑人及其他残疾人，从事捶砖渣、打草鞋、推磨等简单地生产服务活动。

1978年11月，这个厂交由县民政局管理。地区民政局先后3次拨款22万元，对其进行改造扩建。到1988年年底，已有厂房面积2500平方米，固定资产31.6万元，流动资金9.1万元。全厂有职工56人，其中"四残"人员44人，占总人数的74.8%。

1990年，澧县社会福利工厂从事的生产项目主要有：棉纱手套、帆布手套、圆松紧带、皮沙发、棉被加工及小五金制作等。1998年，该厂完成产值34.8万元，实现税利3.9万元。

1999年，该厂产品缺乏市场竞争力，无法在市场生存，生产日益滑坡。2000年，该厂停止生产，仅保留一间办公室，福利工厂原52名残疾职工通过低保及原厂门面租金等资金来源保障其基本生活。

安乡社会福利工厂：1958年，安乡县双目失明的残疾人苏大鹏，在地、县民政部门的支持下，创办安乡县盲人工厂。厂址在今县总工会前面，置3间旧式平房做厂房，全厂8名残疾人，苏任厂长。开始生产麻索、麻袋，后增设打草鞋、劈莲子、扎扫把、织土箕、搓草索等项目。时因产品质量差、数量少，年产值近1000元，职工月平均收入8～9元，国家年补贴500元。

1960年，厂址迁至安乡县府街（县人委会对门），借用民房10余间为厂房，更名为安乡县五一盲人麻纺厂。残疾人就业人数达32人，不久，因生产工具、加工原料缺乏，麻袋生产停工，职工减至20人，专门生产麻索，人月平均工资20元。1961年，常德专署民政科、安乡县人委民政科拨给社救款1万元，社会各界捐献3000元，全厂职工自己动手，在下东门街（今安乡福利大楼处），捡砖运料，和灰砌墙，自建厂房。月余，自建厂房1栋7间瓦房。职工增至39人，其中，"四残"人员22名。产品仍以麻索为主。

1971年，厂长苏大鹏向上海市二轻局和株洲手套厂求援，购置手套机10余台。开始生产棉纺劳保手套。厂职工增加到43人。年产值从4万元猛增至15万多元。1978年，这个厂由原县城关镇代管，改为安乡县民政局直接领导，更名为安乡社会福利工厂。1984年，全厂拥有手套机15台。其中，电动的3台、罗纹机2台、纱带机2台，价值22万余元。流动资金18万多元。职工51人，其中"四残"人员38人。从纯手工业劳动过渡到半机械化生产。

1985年,该厂在县城北居委会堤东,修建1栋两层楼的生产用房,建筑面积1000余平方米,定名为安乡县社会福利大楼。厂生产人员43人,“四残”人员占75%。1986年,经营项目增至5个。内设手套和皮鞋两个分厂。年产手套14万多双,生产皮鞋3000多双。年产值上升到40万元。设备增加到40余台,辅助设备100余件。固定资金增加到45万元,流动资金15万元。厂职工增至70人。是年8月1日,安乡县社会福利大楼竣工开业,安置就业人员23人,其中正式职工20人,待业青年3人。经营项目有:建材门市部,配职工8人,年营业额90万元;餐馆,配服务人员5~8人,年营业额7万元;旅栈部设旅客铺位50个,配服务人员7人,年营业额3万元。

2003年2月,该厂实行企业改制,退休人员由安乡县劳动局社保处按月发放退休金,健全职工按政策一次性买断,残疾职工由县民政局按时交纳社保、医保金,按月发放生活费,直到办理退休手续。

汉寿县社会福利工厂:始建于1971年3月,原名汉寿城关盲人五一厂,厂址设城关镇北门居委会。1972年,搬迁至城关镇东正街,时仅有职工12人,其中盲人7名。厂房是租的3间旧平房,面积约60平方米。经营项目有弹棉絮、劈莲子、做蚊烟香、糊纸盒等,年产值约8000元。

1984年,该厂更名为汉寿县社会福利工厂,刘仙桃任厂长。先后引进工艺美术品、玻璃真空镀铝、汽车修理等项目。1986年,这个厂生产的工艺美术品,参加全省社会福利企业产品展销,并被选送北京,参加全国社会福利企业生产的产品展销。1987年,该厂被评为“常德地区双福事业先进单位”。

1988年,汉寿县社会福利工厂共有职工64人,其中残疾人39人。实现年产值65.9万元,获税利6.8万元,成为全区继常德市前进织带厂、津市市社会福利工厂之后第三个初具规模的社会福利企业。

二十世纪九十年代,汉寿县社会福利工厂广辟门路,千方百计筹措资金,新建一栋五层大楼,设置复退军人接待站和东福大酒店,共有员工22人。专司接待复退军人及社会来客住宿,承办酒宴等。汽修车间,每年维修车辆1500台左右;转闸门和拉闸门车间,每年创收入50余万元;弹棉车间,年创收达30余万元;铝合金车间,年创收入20万元。

2004年5月30日,经汉寿县政府批准改制。厂内凡年满六十岁者办理退休,余均缴纳养老保险到2004年年末。福利工厂被注销。

常德县社会福利工厂:1984年11月筹建,厂址设武陵镇鼎城路56号。全厂有旧平房3间,约45平方米。主要从事服装加工。1986年3月,迁址武陵镇徐家巷46号。是年9月,常德地区民政局正式批准成立常德县社会福利工厂。

1987年,常德县民政局用省、地民政部门奖励的扶贫经费5万元,扶持该厂扩建。是年8月,迁址武陵镇常源路,时全厂共有职工80人,其中残疾人25人。

1988年,工业总产值35万元,实现税利5.2万元,主要生产项目有:劳保服装、手套加工、汽车修理、皮鞋皮件制作等。1989—1992年，该厂完成工业总产值25万元~30万元，主要生产项目为汽车修理、劳保服装、手套加工等。

1992—1994年，因多种原因，企业处于半停产和停产状态。

1995年，经鼎城区人民政府批准，对企业进行破产处理。厂内23名正式职工，按每人2万元的平均标准予以买断，企业厂房、土地作价80万元转让给鼎城区财政局。

二、保护扶持

1958年，常德地区各地由居民群众自筹资金，创办的社会福利生产厂、组，其厂房多系群众捐助，生产靠手工操作，使用的大多是剪刀、篾刀、锄头、锤子等简陋的工具和脚踏、手板的钉子机、脚踏缝纫机、手推石磨等人力机械。各厂、组亦靠自找门路维持生产。当地政府投放部分扶持资金，并在房地产租金上给予30%—50%的照顾。

1959年，各社会福利生产单位均免征所得税，大部分免征工商税费。

1988年，常德地区县(市)民政部门管理的社会福利厂，纳入地方国民经济计划的有棉纱和钢材。是年，地区纺织部门共安排计划棉纱265吨。其中，常德市120吨；安乡县15吨；澧县20吨；津市市110吨。县(市)物资部门给这些社会福利工厂共解决计划钢材312吨。是年，全区各地通过社会各界，多渠道争取社会福利生产发展资金达619万元。其中办社会福利工厂，借贷资金400万元，地方支持贷款74万元，贴息贷款145万元。

1990年4月，常德市民政局在汉寿县召开全市社会福利企业座谈会。10月，又召开市直16个部门参加的社会福利企业生产协调会议。1991年，常德市人民政府印发《关于积极扶持社会福利生产会议纪要》(常政办通〔1991〕1号)。这一年，全市各地注意适度发展福利企业，调整产品结构，挖掘内部潜力，开始走出低谷，摆脱困境。县直属6家福利工厂有4家扭亏为盈。乡镇福利企业发展到242家。是年，全市福利企业年产值达6209万元，创利税552.3万元，分别增长16.5%和22.2%。同时，市民政局配合有关县(市)，争取技改贷款200万元，落实技改项目5个。到二十世纪末，全市初步形成了以县(市)民政部门直属福利企业为骨干，以街道、乡镇福利企业为基础，以厂矿办福利企业为补充的福利生产格局，福利企业遍布常德城乡各地。

1992年6月24日，常德市民政局、财政局、税务局、物价局联合发出“关于向社会福利企业收取管理费和提取减免租金的规定”(常民字〔1992〕第49号)，就市、县(区、市)民政局向社会福利企业收取管理费以及从福利企业减免税金中提取资金的问题提出了明确要求，以强化民政部门对社会福利企业的宏观管理和服务职能，切实保护福利企业的合法权益，促进全市社会福利生产的健康发展。

1993—2000年，全市各级民政部门在保障残疾人合法权益的前提下，有步骤地对福利企业进行改组、改制和改造，强化了内部管理，在建立产权清晰、权责明确、自主经营、自负盈亏的现代企业制度方面迈出了重要步伐。通过改革，一个由政府宏观调控，社会力量主办，福利机构自主经营的适应社会主义市场经济要求的社会福利事业发展新格局初步形成。

2002 年,全市社会福利企业坚持难中求进。全市 64 家福利企业,安置残疾职工 915 人,年销售收入 6175 万元,创利润 246 万元,年退税 306 万元。

2007 年,常德市民政局转发《湖南省民政厅关于进一步加强福利事务企事业单位管理工作的紧急通知》(湘民福事发〔2007〕1 号),要求福利企业除建立和完善例行的规章制度外,还须建立残疾职工上岗制度、劳动保险制度、劳动技能培训制度、危险物品储运制度和放火、防盗、防病、防毒等重大事件处置预案。民政部门在年度检查和审核新办福利企业时,加强了对这些制度的制定、落实工作的检查。同时,要求各级民政部门及其干部职工不得以任何方式参与福利企业的生产经营活动。

2010 年,常德市民政局、市残联、市国税局、市地税局联合发出“关于做好 2009 年社会福利企业年检工作和统一换发“社会福利企业证书”的通知”(〔2010〕常民字第 6 号)。是年,全市完成年检并换发新证的社会福利企业共 31 家,其中集体 26 家,民营 5 家,共有职工 1308 人,其中残疾职工 585 人,职残总比为 44%。2011 年,实现年销售收入 23752 万元,年退税 1540 万元,残疾职工人均年工资 1.062 万元。

至 2013 年,全市社会福利企业共 27 家,其中:武陵区 9 家,鼎城区 6 家,德山经济技术开发区 5 家,津市市 1 家,澧县 6 家。

这些福利企业中,如今坐落在常德市高新技术产业园石板滩工业区的常德湘联实业有限责任公司颇具特色。1989 年,有志青年程度文以帮扶助残为宗旨,创办常德市木材公司加工厂。1992 年,更名为常德市武陵区福利木材厂。2001 年,组建常德市湘联实业有限责任公司。主要产品有家具制造、沉水生态木屋、“桃源工”雕刻艺术的生产与制作以及金属材料加工等,共有员工 253 人,其中残疾人员工 75 人,每年助残帮扶资金 30 万元以上。2009 年,该公司生产的实木衣柜、实木门、实木家具被评为“湖南省著名商标”“中国著名品牌”。近年,产品销往全国二十余个省、市,年创产值 1 亿元以上。湘联公司不仅是全省残疾人就业示范基地,也是湖南省林产品工业龙头企业、常德市规模工业企业和常德市民营百强企业。董事长程度文先后被授予“武陵区十大杰出青年”“湖南省助残先进个人”“常德市魅力德商”“常德市首届十佳优秀企业家”荣誉称号。

常德湘联实业有限责任公司(常德市社会福利企业)

常德市社会福利企业基本情况

（2013年12月31日）

表7-3-1

序号	企业名称	兴办时间（年）	法人代表	职工人数		固定资产（万元）	年产值（万元）	年退税（万元）	主要产品
				总人数（人）	残疾人（人）				
1	湖南国美票据印务有限公司	1988	张国美	77	52	2550	1480	158	包装装潢，其他印刷品
2	常德市武陵区大兴福利厂	2003	杨 斌	16	12	20	200	34	拉丝、模芯
3	常德市金芙蓉精细化有限责任公司	1997	杜 辉	48	23	899	1300	73	烟用胶，木材胶
4	湖南常德湘联实业有限责任公司	2001	程度文	156	78	1500	2500	8	实木制品
5	常德市阳光孤儿院福利中心	2000	杨绍军	10	7	30	0	0	棉被加工等
6	常德市德山福利包装机械厂	1989	廖治显	60	20	60	814	37	机械加工，铸件，木等包装制品
7	常德宏龙日用器械厂	1988	常 旭	80	34	310	1113	107	纺织机械配件生产，塑料、木箱的生产
8	常德市莲池福利针织机械厂	1990	邓桂华	70	27	100	500	70	零配件加工
9	常德市德山兴旺福利厂	2004	谢加林	28	18	6.5	1600	50	切片
10	常德市德山纺城福利厂	1990	谢满生	25	10	19	167	16	纸管、纺织、清洁工具
11	常德市华佳侣业有限公司	2007	郑帮满	58	43	2000	5000	110	务农机械配件
12	鼎城区福利橡胶厂	1988	谭日旭	41	15	150	425	41	再生橡胶、力车内轮胎
13	常德政友机械工程有限公司	2005	陈 蓉	33	12	435	1100	41.2	制造销售、防水材料
14	常德市鼎城区草坪印刷厂	2002	罗正国	35	10	153	276.5	10.6	印刷品、纸管、纸质品加工、商品包装、电子原件

续表 7-3-1

序号	企业名称	兴办时间(年)	法人代表	职工人数		固定资产(万元)	年产值(万元)	年退税(万元)	主要产品
				总人数(人)	残疾人(人)				
15	常德市鼎城区金钻福利综合加工厂	2003	袁　超	22	15	35	350	52.5	天然金钢石、人造金钢石、机械工具、铜铝锡加工、首饰
16	常德市鼎城区万新钻石制品有限公司	2008	梁海义	23	10	35	219.37	35	拉丝模具、金钢石制品
17	常德市鼎城区天想金钢石制品厂	2011	唐跃华	19	15	30	650		金钢石收购、金钢石制品、拉丝模具的加工、销售
18	澧县澧澹乡福利综合加工厂	1994	赵学著	40	10	40	690	35	猪鬃
19	澧县社会福利保温材料厂	1989	王观雄	39	15	65	115	15	珍珠岩粉及其制品
20	澧县福利膨润土厂	1995	戴上梁	42	12	238	141	15	膨润土、高磷土、石膏粉
21	澧县正峰锌业有限公司	1997	王小波	177	113	632	5200	430	氧化锌、膨润土
22	澧县恒通源鬃业有限公司	2007	刘维林	28	10	600	580	35	猪鬃
23	澧县玉皇鬃业有限公司	2005	高川岛	30	10	37	320	19	汉口水煮白猪鬃
24	澧县瑞龙矿业有限公司	2010	李世刚	58	46	33	3200	108	膨润土、白垩土、石膏
25	澧县美江电器配件有限公司	2011	丁爱惠	31	11	10	300	28	电线管配件
26	石门福利包装有限责任公司	2011	丁　进	41	142	300	315	7	塑料编织袋加工
27	津市市纸口包装福利工厂	1989	马中华	125	34	366	4015	118	糖果、调味品

第四节 社会福利彩票

彩票，是一种色彩缤纷、图案多样的有价证券，乃行善助人的爱心之桥。发行福利彩票，是为发展社会福利事业筹集资金的重要手段，是一种全民性的公益娱乐活动。

1988—2013 年，常德市的社会福利彩票发行工作先后经历了初创时期、自主创新的即开票大奖组集中销售方式为主时期、电脑福利彩票风采系列玩法为主时期、电脑福利彩票全省全国联销品牌游戏为主时期，而今步入多票种统筹发展时期。它就像一盏爱心明灯，给需要帮助的人们带来无限光明和希望。

一、福彩发行

1987 年 2 月 5 日，中共中央书记处原则同意民政部《关于开展社会福利有奖募捐活动的请示》。3 月 13 日，中共中央统战部、全国政协联合召开关于开展社会福利有奖募捐活动座谈会，27 个民主党派和群众团体负责人出席，充分肯定了开展社会福利有奖募捐的意义，一致认为是一件利国利民的好事。6 月 3 日，经党中央、国务院批准，中国社会福利有奖募捐委员会在北京成立，中募委担负在全国范围内开展社会福利有奖募捐活动的领导职责。7 月 27 日，第一批福利彩票（时称社会福利有奖募捐奖券）在河北省石家庄市发售。从此，中国社会福利事业走上了社会福利社会办的改革之路。

截至 2013 年年底，全市累计发行社会福利彩票 22.19 亿元，共筹集福利资金 7.77 亿元，其中：上缴中央财政 3.88 亿元，省、市财政分别留存 1.94 亿元。

1988 年，常德市（地区）民政局在桃源县、津市市先行试点，组织开展社会福利有奖募捐活动。时发行福利彩票多以背挎包，走街串巷，摆设摊点的形式进行销售。1989 年，各区、县（市）社会福利有奖募捐工作相继展开。是年，全市发行社会福利有奖募捐奖券 135 万张，计 170 万元，为发展社会福利事业筹集资金 40 万元。1990 年，全市除石门县外，各区、县（市）开展首批社会福利有奖募捐奖券的发行工作，共销售传统即开型彩票 239 万元。电台、电视台开始宣传发动，建立区、县（市）销售网点 12 个，时除返还中央、省募委及成本费 9.3 万元之外，全市共获 27 万元福利资金，全部拨发给武陵区、津市市修建社会福利院。

1991—1992 年，全市社会福利有奖募捐活动的主要形式是发行传统即开型彩票，按各区、县（市）人平 0.3 元的发行任务分配，分开销售，统一兑奖。

1991 年 4 月，常德市民政局组织局机关及直属单位的干部职工，在市城区民主街率先并首次发行“即开式”实物兑奖福利奖券，面值 2 元，返还奖金 55%，设有 5 个等次奖级，实行一次性开奖,即开即奖和公开颁奖,并聘请市公证部门现场公证。在“尝试运气、显示爱心”的口号鼓舞下,奖券销售点人潮涌动,盛况空前。从4月28日至5月2日,仅用4天半的时间就销售完全组奖券10万张,计币20万元。在销售过程中,同时组织各区、县(市)募捐办相关人员现场观摩。是年10月,常德市募委办在市城区人民中路市百货中心商店前举行第二期传统即开型奖券发行活动,群众认购踊跃,3天之内共销售30万元奖券。是年,全市共发行社会福利有奖募捐奖券852.5万元,筹集福利资金230.7万元。其中安乡县、汉寿县、桃源县、武陵区和津市市发行奖券超百万元,被评为全省社会福利有奖募捐先进单位。全市发行奖券总额名列全省第二,被评为全省社会福利有奖募捐工作先进单位。1992年,全市发行即开型福利奖券937万元,共筹集社会福利资金190.2万元。1993年,石门县、临澧县、汉寿县和鼎城区开始采用“大奖组”“大场面”“大声势”以及“高额奖”“低奖面”的形式,组织奖券销售。是年,全市共发行社会福利有奖募捐奖券500万元,筹集福利资金30余万元。

1994年4月6日,省社会福利有奖募捐委员会下达《关于常德市社会福利有奖募捐委员会〈关于申请发行“六合彩”社会福利奖券的报告〉的批复》(湘募发〔1994〕第6号),同意常德市与全省联网,参与省募委统一组织的“六合彩”社会福利奖券的发行工作。同时,要求加强领导,精心组织,认真把“六合彩”社会福利奖券的发行工作做好。据此,是年5月8日,在常德城区举行首发式,市区设发行点10个,由中国银行代理销售,每星期(7天)开奖一次,每周星期四下午开奖,省电视台晚上公布结果。这项活动历时月余,发行总额约100万元,是年7月1日,接国务院“通知”,停止发行。是年11月26日至12月24日,常德市募委办在市城区临江公园成功销售600万元“大奖组”社会福利奖券,日平均销售20.6万元,高潮时达36.8万元。这一成功之举,不仅扭转了常德市城区社会福利奖券发行的被动局面,而且刷新了销售规模、日销售量和单点发行数的全省纪录。1995年2月28日,湖南省募委办向全省各地州、市发出情况通报,并予以表彰。

1995—2000年,全市主要发行“湖南风采”乐透型电脑福利彩票、即开型大奖组彩票和网点票。这几年,全市电脑福利彩票的发行经历了一个曲折的过程,政策和发行模式多次调整,经历几起几落。

1995年5—12月,各区、县(市)开展全省联网发行电脑福利彩票试点。5月18日,常德市民政局纪检组长罗平之、市募办副主任张力文具体负责,仍与中国银行常德分行合作,在市城区组织发行电脑彩票。共销售电脑彩票91.5万元。是年11月18日至12月17日,常德市民政局在常德市城区武陵大道南段、湘北工贸公司斜对面,组织即开型中国福利彩票大奖组销售活动。是年,全市共发行社会福利彩票2379万元,筹集社会福利资金499.5万元。

1999年11月上旬,经常德市人民政府批准,市募委、市民政局联合武陵、鼎城区募委、民政局在位于常德市人民西路和洞庭大道之间、烟厂东面的龙港路,举办“常德’99中国福利彩票巨奖群”销售活动。此次活动设立现场指挥部,市政府副秘书长田晓川任指挥长。价值千余万元的奖品陈列在搭就的长100米的销售大棚内,数百名管理和销售人员组成5个执行机构，任务明确，各司其职，各负其责。11 月 5 日上午 9 时 18 分，举行首发式。旋由参加首发式的市、区党政领导带头购买彩票，使活动逐渐展开。销售活动自 11 月 5 日开始，同月 30 日结束，历时 25 天，共发行福利彩票 630 万元，筹集福利资金 63 万元。

2000 年，全市只有六十家福彩投注站，年发行福利彩票仅 203 万元。

2001 年，全市福彩系统坚持以“湖南风采”电脑福利彩票为重点，以网点票和“中华风采”票为两翼，同时抓好即开票大奖组发行的工作模式，通过新增设备，全市电脑彩票投注站达到 196 个，仅次于长沙；统一管理网点票、“中华风采”票，将销售任务落实到各乡镇；共有 8 个区县市分别组织发行了即开型大奖组。是年 6 月 9 日，常德市人民政府主办，市社会福利有奖募捐委员会、市阳光孤儿院承办，在常德市博物馆隆重举行1000 万元中国福利彩票大奖组发行活动。活动实施大宣传、大场面、大奖额、多形式的超常举措，常德市人民政府副秘书长田晓川作电视讲话。该活动为期 15 天，广大群众踊跃购买，有不少人在奉献爱心的同时，喜中大奖。是年，全市福彩发行取得较好成绩，销售总额达到 1188.6 万元。

2002 年，全市福利彩票面临即开票大奖组发行困难，足球彩票上市，发行费比例下调的不利形势。市、县两级注重加大福彩营销宣传力度，在《常德晚报》开设“福彩天地”栏目；各县开通湖南电视台的《福彩天地》节目。是年 5 月，全市推出福利彩票新玩法“22 选 5”，受到彩民的热情追捧。时全市福彩投注站总数达到 270 家，居全省第二位，初步形成了规模效应。是年，全市共发行福利彩票 3331 万元，名列全省第三位。

2003 年 3 月，全市顺利开通全国联网的“双色球”福利彩票。10 月 30 日，又增加“好运彩”的小组合玩法。全市新增投注站 10 家。是年，全市发行福利彩票 4200 万元，同比增长 26%，其中电脑福利彩票 4100 万元，即开票 80 多万元。全市福利彩票销量居全省五强之一。

2004 年 8 月，在“35 选 7”玩法基础上改版，推出奖级更趋合理的“35 选 6+1”。12 月份，推出 3D 新玩法。时全市新投注站总数达到 275 家。

这一年，全国彩票市场问题不断。“双色球开奖事故”“贵州大奖组爆炸案”“西安体彩宝马案”等一系列事件发生后，彩票公信力受到社会舆论的质疑，致使全国即开型大奖组紧急叫停。全市福彩系统顶住压力，依靠当地政府和财政部门的支持，仍然圆满完成了发行任务，福彩销售再创历史新高。全市全年销售电脑福彩彩票总额达 4733 万元，同比增长 17.1%，净增 700 多万元。常德市民政局被评为全省福彩发行工作先进单位。

2005 年，常德市、县（区、市）两级福彩机构投入大量人力、物力和精力，狠抓投注站点建设，其要求之高，督查之密，验收之严是以往没有过的。各地坚持“向城乡接合部转移，向乡镇延伸，向繁华地区渗透，消灭城乡空白带”的原则，适度加大规模扩点。年内，全市新增站点 20 个，其中乡镇站点 10 个，基本上按照“高起点、好门面、优业主、专卖店”的要求，做到开通一个，运转一个。全市的 291 个站点，共制作统一标牌 873 块，总面积达 1167.7 平方米。不少城乡投注站开始成为当地的一道美丽的风景，融入城镇的五彩斑斓和繁华喧嚣，这不得不使福彩人深感骄傲和自豪。这一年，鉴于彩票市场出现的同类竞争和舆论错误导向，从而导致

3D 彩票市场一度发生了非理性投注问题,各地坚决执行中彩中心关于“坚持限号,严格管理”的工作部署和“恪守正道,回避竞争,宣传降温,严格限号,狠抓管理,决胜终端”的工作决策,疏导彩民,及时抑制了“跟号倍投”之风,有效地稳定了福利彩票的市场秩序,受到社会各界和媒体舆论的广泛好评。是年,全市福利彩票市场形成长线短线相结合、主力品牌相结合的市场战略格局。在全市各地,省内发行的 35 选 6+1 和 22 选 5 的彩票玩法经久不衰。双色球彩票又成为乐透性彩票的代表品牌,全市共发行福利彩票 1.02 亿元,同比增长 109%。常德市民政局被评为全省先进单位、组织工作一等奖。

2006 年,从市本级到各区县、市均设立“刮刮乐”彩票中心站,按“市中心—中心站—投注站、网点”模式销售,对拓展“刮刮乐”彩票销售起到良好的推动作用。是年 4 月,在市城区开通了一家“中福在线”视频彩票销售厅。中福在线彩票的上市,引起了社会各界的关注。为正面宣传中福在线彩票,常德市民政局局长卜功元进行了一次答记者问活动,诠释了中福在线福利彩票的本质和特征,澄清了人们的误解。市福彩中心通过组织腰鼓队上街宣传,广发宣传单等方式,在很短时间内让中福在线品牌妇孺皆知。是年,全市共发行福利彩票 1.37 亿元,同比增长 34%,销售总量列全省第二位。

2007 年 5 月 23 日,常德市通过全省福彩抽奖选出 18 名社会公益代表,赴北京参加“福彩双色球·邀您北京游”活动。11 月 21 日,由省福彩中心牵头,常德市 6 名幸运社会公众代表,其中 2 名中福在线彩民、2 名投注站业主、2 名福彩工作者,参加自 2005 年 4 月启动的“走进双色球”活动,赴北京中国福彩中心现场观看双色球摇奖活动,为提高福彩公信力起到了良好作用。

是年,全市新上市发行“七乐彩”电脑福利彩票;新增 64 个电脑票销售网点,重点抢占农村市场。全市统一配备 429 个刮刮乐售票箱,发放给各福彩投注站;并给市福彩中心配置了一台刮刮乐送票车。

是年,常德市在全国率先开展“中国福利彩票积分服务”试点工作,并以福彩积分为依据,开展投注站服务竞赛。在鼎城区、澧县、安乡县和津市市各新增一家“中福在线”销售厅,均按中彩中心的要求进行选址、装修和营业。这一年,全市福彩取得了前所未有的发行效果,全年福彩销售 1.82 亿元,同比增长 33.8%,全省排名第二。常德市民政局获全省组织工作一等奖。

2008 年 3 月 26 日,常德市民政局在津市市召开全市福彩工作会。常德市民政局副局长李巨开主持,局长滕明友出席并讲话,纪检组长唐建军宣读表彰通报。石门县民政局等 6 个先进单位获 2007 年度福利彩票销售总量奖,李钢、肖汉超、张先华、宋柄财获福彩发行功臣奖,戴嘉庆等 26 人被评为先进个人。4 月 16 日,常德市民政局在鼎城区召开全市福利彩票投注站业主表彰大会。市民政局副局长李巨开到会并讲话。会上,对 2007 年度全市福利彩票投注站前 10 强、20 佳、100 优投注站进行了表彰,省福彩中心专职老师对业主进行了培训。

是年,彩票发行相对艰难。年初,一场 50 年不遇的雨雪冰冻,使部分投注站无法正常销售;波及全球的金融危机使全国经济形势逆转,无形中影响到人们的购买力。此外,财政部、公安部、民政部联合对全国中福在线进行清理整顿，三个热销品种停销，致销量急剧下降。全市中福在线全年销售仅 630 万元，最后被迫停业。面对彩票市场环境和销量的波动，常德市民政局作出“各区县、市民政工作评先一律与福利彩票销量挂钩，实行一票否决”的决定，强化基层彩票发行的责任心。市福彩中心提出“制度管人，精细管理、目标考核”的工作思路，加强了从业人员的业务知识学习。是年，从各县(区、市)募捐办工作人员、投注站业主中选拔前三名参加全省业务知识、技能大比武活动，常德市获三等奖。

是年 7 月份，为支援汶川地震抗灾重建，按中彩中心统一部署，在全市开展了“赈灾公益金”的专项募集活动。11 月 30 日，全市赈灾专项福利彩票募集启动仪式在市城区步行街举行。市政府副市长徐万发、市民政局副局长李巨开、省福彩中心副主任刘佰强等参加启动仪式并带头购彩，募集现场十分火爆。

是年，全市共完成福利彩票销售 1.3 亿元。常德市民政局获省民政厅颁发的组织工作一等奖。

2009 年 1 月，新游戏“开乐彩”正式上市销售，全市先后建立“开乐彩”销售厅 22 家。3 月 20 日，常德市民政局副局长李巨开主持,在鼎城区召开全市福利彩票投注站业主表彰大会。对 2008 年度全市福利彩票投注站前 10 强、20 佳、100 优投注站进行了表彰。3 月 31 日，在汉寿县召开全市福彩发行工作会议。常德市民政局局长滕明友以及省福彩中心主任李文玉、综合部部长罗慧慧出席并讲话。石门县民政局等 9 个先进单位和李钢等 27 名先进个人受到表彰。

是年，全市在 120 个乡镇设立福彩投注站。市福彩中心出台宣传员工作职责和考核办法，在全市兴建 95 个固定宣传栏、135 处墙体广告；自编《彩票管理条例》红色封面小手册 1200 份，制作印有福彩宗旨语的小布袋 2 万个；制作元旦礼品“中国结”和挂历各 600 份。同时，在市财政局的协调下，全市开展严禁双彩店进快速开奖游戏玩法的工作。是年，全市销售福利彩票 1.56 亿元，同比增长 19.5%，全省排名第三。省民政厅分别授予常德市民政局“组织工作”一等奖，市福彩中心“销售总量”一等奖，石门县、鼎城区、汉寿县、安乡县、澧县、临澧县、桃源县“先进县(市、区)奖”。

2010 年 3 月 17 日，常德市民政局在安乡县召开全市福彩发行工作会议。市民政局副局长李巨开主持，局长熊国建在会上明确提出福彩销售总量全省排名“保三争二”的目标，工会主席彭志莉宣读表彰通报，鼎城区民政局等 9 个先进单位和戴嘉庆等 35 名先进个人受到表彰。18 日，在鼎城区召开全市福彩投注站业主表彰大会。市民政局工会主席彭志莉主持，省福彩中心主任蒋建华、综合部部长罗慧慧、市民政局局长熊国建出席并讲话。会上，对 2009 年度全市福利彩票投注站前 10 强、20 佳、100 优投注站进行了表彰。

是年 4 月初，“中国福利彩票时时彩”开始在全市福彩专营店发行。根据民政部《关于进一步强化管理，做好中福在线即开型彩票市场恢复工作的通知》精神，4 月 26 日，鼎城区中福在线销售厅恢复营业，省福彩中心主任蒋建华、综合部部长罗慧慧，常德市民政局局长熊国建、副局长李巨开、工会主席彭志莉，鼎城区人民政府副区长彭勇、区民政局长杨桉权等出席开业仪式。5 月 24 日，彭志莉率区县、市民政局分管福彩工作的副局长、募办主任到湘潭市学习考察福彩投注站建设情况。回常后,由彭志莉主持,每月召开一次福彩工作调度会,以促进全市福彩发行工作平衡发展。是年10月11日,位于市城区建设路的中福在线销售厅恢复营业,常德市民政局副局长李巨开主持开业仪式,市政府办调研员罗上林、市民政局局长熊国建、工会主席彭志莉出席并讲话。此后,安乡县、津市市、澧县销售厅先后恢复营业。是年,全市积极发展刮刮乐即开票社会流动网点。各网点统一帐篷、统一着装,突出公益特色,受到广大彩民的喜爱。全市全年共销售福利彩票1.86亿元,同比增长19.2%,全省排名第二。省民政厅分别授予常德市民政局"组织工作"一等奖,市福彩中心"销售总量"一等奖、"宣传工作"一等奖,鼎城区、津市市、安乡县、临澧县、石门县"先进县(区、市)奖"。

2010年10月11日,常德市民政局在武陵区建设路举行中福在线销售厅开业仪式

2011年1月10日,经财政部批准,全省福彩3D游戏在原玩法基础上新增"1D""2D""通选"和"和数"四种附加玩法上市销售。3月29日,在武陵区召开全市福彩发行工作会议。常德市民政局副局长李巨开宣读表彰通报,鼎城区民政局等9个先进单位、戴嘉庆等31名先进个人和粟显才等3名优秀宣传员受到表彰。常德市民政局工会主席彭志莉出席并讲话。5月5日,全市福利彩票投注站业主表彰大会在鼎城区召开。会议由彭志莉主持,省福彩中心工会主席罗慧慧出席并讲话。会上,对2010年度全市福利彩票投注站前10强、20佳、优秀专卖店、优秀投注站进行了表彰。

是年7月10日,全市首家"刮刮乐"彩票销售亭在市城区步行街正式营业。该销售亭金属骨架结构,面积4.5平方米,内高2.2米,可三面销售;粘贴的福彩标志、背景墙引人注目,彰显了福彩公益形象。每天都有许多市民来此购彩,晚上购买人更多,日销售额达5000多元。11月2日,新款快开游戏"快乐十分之动物总动员"(简称"动物总动员")在市域销售。全市共有60家福彩专营店开通此游戏。市福彩中心印发2万份宣传单,并对申办该游戏的业主进行了培训和动员工作;各投注站还悬挂张贴了宣传横幅和海报,从而,确保该游戏在全市发行成功。

是年,全市各地对新增投注站全部按规范化要求建设,对老投注站初步改造,对销量过低投注站予以淘汰。全市共有207家投注站达到规范化建设标准,有216家投注站实现了福彩专营。是年,全市福彩销售取得历史性突破,共发行各类福利彩票3.08亿元,同比增幅65.9%。省民政厅分别授予常德市民政局"组织工作"一等奖,市福彩中心"销售总量"一等奖、

"人均收入购彩"二等奖，澧县、鼎城区、安乡县、津市市、汉寿县、石门县、临澧县、武陵区"先进县(市、区)奖"。市福彩中心主任王赛红被常德市人民政府记三等功。

2012年3月7日，常德市民政局在鼎城区召开全市福彩投注站总结表彰大会。对5位投注站业主授予福彩特殊贡献奖；对100位业主分别授予十强、十佳、优秀专(兼)营投注站奖。是年3月30日，常德市民政局召开全市福彩工作会议，表彰先进，武陵区、鼎城区、澧县民政局在会上作典型发言。

是年5月15日，中国福利彩票发行管理中心副主任于文俊、市场一部主任石永建、印制部主任任启秀，在省民政厅巡视员张成桂、省福彩中心主任蒋建华，常德市民政局局长龚美爱、工会主席彭志莉等人陪同下，先后察看了市城区步行街、滨湖公园、大润发超市前的刮刮乐销售亭以及位于火车站的福彩投注站，对常德刮刮乐销售亭建设和投注站规范化建设给予了充分肯定。7月26日，常德市福彩中心主任王赛红在全省福彩工作年中分析会上作题为《攻坚克难抓销售亭建设，拓展渠道促即开票销售》的典型发言。8月，澧县43067003投注站被省福彩中心授予五星级投注站标牌，另有7家投注站被授予三星级标牌。12月19日，省福彩中心下发表彰通报，全市有10家销售网点获"福彩销售过50亿功勋奖"。是年，全市共销售福利彩票3.62亿元，同比增幅17.5%，位居全省第二。

2013年3月6日，常德市民政局下发《常德市福利彩票投注站专营化建设实施方案》，要求从1月1日至12月31日，对全市城乡所有福利彩票站点进行专营化建设，实施福彩专卖。3月26日，常德市民政局召开全市福彩销售工作会议。市民政局党组成员、工会主席彭志莉主持，市民政局局长龚美爱出席并讲话。会上表彰了2012年度福彩发行工作先进单位和先进个人，津市市民政局、临澧县民政局作典型发言。3月27日，常德市民政局在鼎城区召开全市福彩投注站业主总结表彰大会，各福彩专营投注站业主、部分双彩投注站业主共200人参会。会上，12位福彩特殊贡献奖、10强、20佳、30优投注站业主获得表彰，省福彩中心培训部部长敖远龙对业主作了业务培训。

是年7月23日，经省福彩中心评定，全市共有2家投注站评为五星级，10家投注站评为三星级。7月29—30日，全省福彩工作年中分析会在常德市召开。各市州民政局分管福彩工作的领导、福彩中心主任参加会议。会议由省福彩中心党总支书记柴李军主持，省民政厅巡视员张成桂出席会议并讲话，省福彩中心主任蒋建华作工作报告，常德市民政局党组书记、局长龚美爱致欢迎辞，市福彩中心主任王赛红作关于推进中福在线销售持续健康发展的典型发言。

是年11月11日，省福彩中心批复(湘彩发〔2013〕59号)，同意常德市福彩中心在武陵区人民路1958号(假日大厦)设立中福在线即开型彩票销售厅，即常德市人民路销售厅，12月28日开始试营业。12月20日，为纪念毛泽东诞生120周年，根据省福彩中心统一部署，在全市开始销售名称为"日出东方·韶山"的湖南本土网点即开型福利彩票。是年，全市福彩销量取得新突破，累计销售福利彩票4.15亿元，同比增幅为14.6%，销售总量位居全省第二。

二、福彩效应

1993年3月5日,常德市社会福利有奖募捐委员会第二次会议确定,有奖募捐福利资金的投放使用,以推动全市民政社会福利事业发展目标为中心,以资助骨干福利事业单位的更新改造和城乡社会集体福利设施的发展为重点,坚持对市内原有骨干福利事业单位以资助改造危房和改善设备条件为主;对福利企业的扶持,以支持投放贷款贴息的形式为主;在城市,以资助发展综合性社区服务中心为主;在农村,以资助发展乡镇敬老院为主。对资助兴办的各类项目,坚持"雪中送炭"为主,中小规模为主,注意量入为出,量力而行。

1989—1993年,全市共筹集有奖募捐社会福利资金560万元。共资助项目145个,其中社区服务项目34个,计款154万元;福利事业项目34个,计款317万元;福利企业项目12个,计款30万元;其他社会救助计款59万元。

1997年8月10日,常德市民政局发出《关于成立常德市有奖募捐社会福利资金分配投放评审委员会的通知》。经市募委研究,决定成立常德市有奖募捐社会福利资金分配、投放评审委员会。涂春堂、庹朝明任主任,卜功元、程涛、罗平之任副主任。

2002年,全市共筹集福利公益金331.1万元,重点资助了一批县、乡(镇)的福利院、光荣院和敬老院等社会福利事业单位,资助项目达100个。被资助的福利项目统一悬挂"福彩资助项目"标志,并组织福彩销售点人员和市民到资助院所参观,使福彩"取之于民,用之于民"的形象更加深入人心。

2003—2013年,全市共筹集福利彩票公益金1.73亿元。按照收支两条线的原则,福利彩票公益金直接由市、县财政、民政部门按"专款专用"的原则管理和使用。主要用于资助社区服务项目、福利事业项目、福利企业项目、农村医疗救助项目以及其他社会救助。此外,市福彩中心利用下拨的福彩发行费开展扶危济困活动,不断提高了福彩公益形象。

2007年8月,全市开展福彩资助贫困学子的"圆梦行动",全市共有50名考上大学的寒门学子在福彩的资助下顺利进入大学学习,每人获资助3000元。

2008年5月18日,是第十八个全国助残日,湖南省福利彩票发行中心联合省假肢康复中心举办"福彩助残健康行"活动,为生活特困或有贡献的残疾人免费安装假肢。通过市福彩中心的积极宣传和争取,常德市鼎城区桥头社区徐俊等9位残疾人获得免费安装假肢的帮助。是年9月1日,省福利彩票发行中心、省慈善总会及省内多家媒体联合发起2008年"爱心改变命运·福彩助学"大型公益活动。在市民政局办公楼三楼普通的办公室内,没有盛大的排场,也没有隆重的仪式,全市30名被本科院校录取的应届特困学生依次从市福彩中心主任张力文手中接过了3000~5000元助学金。在谈到为什么没有举行发布仪式时,张力文告诉记者:"主要是为了省钱!多争取这10个指标就已经很不容易了,孩子们读书也非常需要钱,举行盛大的资助仪式我们脸上虽然很风光,但把这些钱用在孩子们身上则更实在一些!"

“5·12”汶川大地震发生后，常德市民政局党组决定，将 2008 年 7 月到 2010 年年底间发行的“刮刮乐”“中福在线”彩票的公益金地方留成部分全额用于地震灾区的对口支援。9 月 19 日，全市“福彩赈灾公益金”专项募集工作会召开。常德市民政局局长滕明友要求全市福彩发行系统一定要站在讲政治、讲大局的高度，舍小家顾大家，思想上与上级保持一致，行动上与上级同步合拍，用真心、爱心和恒心把这项工作做到实处，做出成效。是年，在湖南省“福彩心感动”爱心救助电视节目中，全市共有 5 人获得救助。常德市福彩中心投入 3 万元，对全市 60 名特困老人进行了慰问。

2009 年 5 月，“福彩心感动”福彩公益金救助活动继续开展。汉寿县三和乡和平村刘国安、鼎城区中河口镇同德村鲁秉新、桃源县西安镇大水田村陈丽娟、汉寿县月明潭乡唐家桥村朱丽分别获 1 万元、8000 元、6000 元、5000 元资助。

是年 8 月，全省福彩系统继续开展“福彩助残健康行”公益活动，常德市白鹤山乡荣里岗村 7 组的段建新等 129 人被免费安装假肢。是月 21 日，常德市福彩中心、市慈善办、市救助局联合开展“爱心改变命运”大型公益活动。全市共救助贫困大学生 145 名，其中福彩救助 36 名，每人各获资助款 3000 元。中共常德市委书记卿渐伟、常德市政府副市长徐万发等出席了在芷园宾馆举行的颁发仪式。是年 10 月 11 日，湖南电视台娱乐频道特意邀请曾受到福彩公益金资助过的盲人鲁秉新和他半身不遂的妻子以及在读小学的女儿鲁方村到演播厅参加演出。鲁方村的一首《感恩的心》让人潸然泪下。

2010 年 4 月 20 日，鼎城区、石门县、汉寿县、安乡县、澧县、桃源县和临澧县分别获得 15 万元公益金项目奖励资金。奖励资金专项用于社会福利建设。5 月，省福彩中心在全省范围内启动援建社区图书室公益项目。全市共有 8 个社区免费获赠“全国万家社区图书室援建活动”组委会推荐的图书一套，其中包括 260 种图书，价值约 5000 元。是年，全市开展福彩助残安装假肢活动，56 名残疾人被免费安装了假肢。是年 11 月 12 日，常德市福彩中心在市工人文化宫组织了由湖南省杂技团演出的“福彩之光”专场杂技晚会。常德市民政局常务副局长李巨开出席晚会并讲话，部分市直机关干部、投注站业主和彩民观看了演出。是月 13 日，石门县民政局在县城成功举办了“福彩之光”专场杂技晚会。

2011 年 2 月 12 日，鼎城区获 20 万元公益金项目奖励资金，津市市、安乡县、临澧县和石门县分别获 15 万元公益金项目奖励资金。是年，继续开展了“全国万家社区图书室援建活动”，全市共有 14 个社区免费获赠图书。5 月份，常德市各中福在线销售厅开展公益营销宣传活动，对多家敬老院进行慰问。市民政局工会主席彭志莉带队给安乡县安裕乡敬老院赠送了价值 9 千元的大米、食用油等物资。8 月 23 日，在大学新生报到之际，常德市福彩中心在市建设路中福在线销售厅前举行了“爱心改变命运”助学金发放仪式，其对象主要是福彩投注站贫困业主子女中当年被二本以上大学录取者，时评定 30 名贫困学子，每人资助 3000 元。在“福彩相伴·清凉一夏”夏季营销活动中，汉寿县业主廖定宇、鼎城区业主彭发明、澧县业主丁群花，均获得由省福彩中心提供的 2 万元福彩公益金资助权。三位业主先后将各自的公益金赠送给鼎城区社会福利中心、澧县澧阳镇敬老院以及李小娥、刘光梅、王君、帅得高、贺金秀、肖红波、孙小军等特困人员。是年6月27日,受省福彩中心委托,省电视台公共频道“帮助直通车”栏目组,专程到石门县中医院慰问遭受不幸的少女王媛,给她赠送了现金5000元。

2012年4月,武陵区、鼎城区、汉寿县分别获奖励项目资金20万元,津市市、安乡县、临澧县、石门县分别获奖励项目资金15万元。7月24日,常德市民政局工会主席彭志莉,市福彩中心主任王赛红一行到临澧县合口镇,为身患白血病的陈智伟小朋友送去了5000元福彩爱心款。8月29日,市民政局举办“点燃希望民政助学”助学金发放仪,市福彩中心动用福彩公益金15万元,共资助贫困家庭大学新生50名。在全省“快乐福彩·增长有喜”夏季营销活动中,澧县业主高永东、桃源县业主张敏峰、临澧县业主明彩霞分别获得省福彩中心下发的2万元公益金资助权。高永东资助特困人员丁成武、易善秀各1万元;张敏峰资助特困人员肖金玉、徐少甫、文丕桃、邓美英各5000元;明彩霞则将全部公益金资助给临澧县柏枝乡敬老院。12月7日,常德市民政局局长龚美爱、工会主席彭志莉、市福彩中心主任王赛红一行,到汉寿县朱家铺镇敬老院慰问老人,送去福彩慰问金2万元、生活物资1万元。

2013年4月,武陵区获奖励项目资金30万元,石门县、临澧县和津市市分别获奖励项目资金15万元。8月26日,常德市福彩中心共投入福彩公益金27.5万元,资助55名贫困家庭大学新生,每人获助学金5000元。是年11月12日,由省民政厅、省福彩中心主办,省假肢矫形康复中心承办,常德市民政局、市福彩中心、市教育局协办的“2013年福彩公益金资助常德市免费装配矫形器扶贫项目”启动仪式在常德市第三中学大会堂举行。省福彩中心党总支书记柴李军主持仪式,省假肢矫形康复中心主任胡克斌进行助残活动介绍,省民政厅福利处副处长朱宽海宣布活动正式开始。省假肢矫形康复中心派出专业技术人员对市第三中学初中部600多名学生进行了健康检查,并作出检查结论。

2015年12月11日,常德市民政局党组成员、工会主席彭志莉(前排右三)在福泽潇湘·助孤行动中为石门县孤儿送温暖

常德市福利彩票发行情况（1988—2013 年）

表 7–4–1　　　　单位：万元

区县市 数量 年份	市本级	武陵区	鼎城区	安乡县	汉寿县	澧　县	临澧县	桃源县	石门县	津市市	小计
1988	25.0	—	—	—	—	—	—	5.0	—	5.0	35.0
1989	45.0	15.0	20.0	10.0	10.0	20.0	10.0	20.0	—	20.0	170.0
1990	—	24.0	18.0	22.0	30.0	70.0	20.0	35.0	20.0	—	239.0
1991	125.0	122.5	20.0	115.0	105.0	40.0	55.0	150.0	20.0	100.0	852.5
1992	157.0	250.0	18.0	32.0	40.0	110.0	30.0	280.0	20.0	—	937.0
1993	100.0	—	190.0	—	100.0	—	80.0	—	30.0	—	500.0
1994	600.0	—	43.0	50.0	80.0	250.0	30.0	84.0	60.0	—	1197.0
1995	1227.0	520.0	27.0	55.0	70.0	150.0	40.0	240.0	30.0	20.0	2379.0
1996	80.0	480.0	51.0	40.0	90.0	120.0	45.0	110.0	20.0	—	1036.0
1997	40.0	300.0	8.4	58.0	50.0	110.0	50.0	120.0	20.0	—	756.4
1998	600.0	430.0	29.0	100.0	40.0	120.0	50.0	20.0	30.0	45.0	1464.0
1999	630.0	—	4.0	40.0	60.0	90.0	55.0	44.0	20.0	48.0	991.0
2000	70.0	26.0	23.0	18.0	10.0	15.0	14.0	10.0	12.0	5.0	203.0

续表 7-4-1

单位:万元

区县市 / 数量 / 年份	市本级	武陵区	鼎城区	安乡县	汉寿县	澧　县	临澧县	桃源县	石门县	津市市	小计
2001	178.1	97.5	173.2	165.5	115.8	73.0	75.9	131.0	65.0	113.6	1188.6
2002	802.1	450.5	489.6	315.4	327.4	145.0	179.5	245.3	201.2	175.1	3331.1
2003	1049.5	625.0	473.3	383.8	333.9	182.1	252.2	321.1	296.8	201.8	4119.5
2004	1001.8	819.7	468.3	501.8	390.4	355.9	350.4	389.3	295.0	299.6	4872.2
2005	1905.7	1025.1	941.3	845.8	625.0	1489.0	674.5	1214.7	968.6	578.0	10267.7
2006	4120.6	1274.0	863.5	1109.1	855.0	1224.6	721.0	968.8	1745.7	785.4	13667.7
2007	3575.0	1533.9	1042.3	1131.9	967.9	2418.2	974.5	877.0	3843.7	1894.3	18258.7
2008	2536.9	1450.8	1397.2	1079.4	1000.1	1002.5	926.4	827.5	1621.2	733.1	12575.1
2009	2505.0	1828.6	1771.9	1399.7	1539.3	1300.3	1166.8	1196.0	1931.6	965.2	15604.4
2010	3166.6	2171.2	2786.1	1747.1	1590.6	1629.9	1108.3	1122.5	1839.5	1440.6	18602.4
2011	7646.6	2742.6	3988.3	2627.8	2181.0	4768.2	1290.4	1412.9	1865.4	2341.2	30864.4
2012	8687.5	3075.4	4664.9	3376.5	2499.5	6258.1	1626.8	1589.1	1997.1	2477.6	36252.5
2013	9963.3	3144.9	5500.7	4607.6	2751.4	7031.3	1380.0	1680.0	1720.2	3772.0	41551.4
总计	50837.7	22406.7	25012.0	19831.4	15862.3	28973.0	11205.7	13093.2	18673.0	16020.5	221915.6

常德市福利彩票福利资金情况（1988—2013年）

表 7-4-2

单位：万元

区县市 数量 年份	市本级	武陵区	鼎城区	安乡县	汉寿县	澧　县	临澧县	桃源县	石门县	津市市	小计
1988	8.8	—	—	—	—	—	—	1.8	—	1.8	12.4
1989	15.8	5.3	7.0	3.5	3.5	7.0	3.5	7.0	—	7.0	59.6
1990	—	8.4	6.3	7.7	10.5	24.5	7.0	12.3	7.0	—	83.7
1991	43.8	42.9	7.0	40.3	36.8	14.0	19.3	52.5	7.0	35.0	298.6
1992	55.0	87.5	6.3	11.2	14.0	38.5	10.5	98.0	7.0	—	328.0
1993	35.0	—	66.5	—	35.0	—	28.0	—	10.5	—	175.0
1994	210.0	—	15.1	17.5	28.0	87.5	10.5	29.4	21.0	—	419.0
1995	429.5	182.0	9.5	19.3	24.5	52.5	14.0	84.0	10.5	7.0	832.8
1996	28.0	168.0	17.9	14.0	31.5	42.0	15.8	38.5	7.0	—	362.7
1997	14.0	105.0	2.9	20.3	17.5	38.5	75.5	42.0	7.0	—	322.7
1998	210.0	150.5	10.2	35.0	14.0	42.0	17.5	7.0	10.5	15.8	512.5
1999	220.5	—	1.4	14.0	21.0	31.5	19.3	15.4	7.0	16.8	346.9
2000	24.5	9.1	8.1	6.3	3.5	5.3	4.9	3.5	4.2	1.8	71.2

续表 7-4-2

单位:万元

区县市 / 数量 / 年份	市本级	武陵区	鼎城区	安乡县	汉寿县	澧　县	临澧县	桃源县	石门县	津市市	小计
2001	62.3	34.1	60.6	57.9	40.5	25.6	26.6	45.9	22.8	39.8	416.1
2002	280.7	157.7	171.4	110.4	114.6	50.8	62.8	85.9	70.4	61.3	1166.0
2003	367.3	218.8	165.7	134.3	116.9	63.7	88.3	112.4	103.9	70.6	1441.9
2004	350.6	286.9	163.9	175.6	136.6	124.6	122.6	136.3	103.3	104.9	1705.3
2005	667.0	358.8	329.4	296.0	218.8	521.2	236.1	425.1	339.0	202.3	3593.7
2006	1442.2	445.9	302.2	388.2	299.3	428.6	252.4	339.1	610.0	274.9	4782.8
2007	1251.3	536.9	364.8	396.2	338.8	846.4	341.1	307.0	1345.3	663.0	6390.8
2008	887.9	507.8	489.0	377.8	350.0	350.9	324.2	289.6	567.4	265.6	4410.2
2009	876.8	640.0	620.2	489.9	538.8	455.1	408.4	418.6	676.1	337.8	5461.7
2010	1108.3	759.9	975.1	611.5	556.7	570.5	387.9	392.9	643.8	504.2	6510.8
2011	2676.3	959.9	1395.9	919.7	763.4	1668.9	451.6	494.5	652.9	819.4	10802.5
2012	3040.6	1076.4	1632.7	1181.8	874.8	2190.3	569.4	556.2	699.0	867.2	12688.4
2013	3487.2	1100.7	1925.2	1612.7	963.0	2461.0	483.0	588.0	602.1	1320.2	14543.1
总计	17793.4	7842.5	8754.3	6941.1	5552.0	10140.9	3980.2	4582.9	6534.7	5616.4	77738.4

第八章

残疾人事业

业 華 人 對 錄

第八章　残疾人事业

新中国成立前，常德市域大批残疾人流落街头巷尾，衣衫褴褛，寄人篱下，无人过问，成了最底层的弱势群体，到处被人歧视，倍遭冷遇。为生计所迫，聋哑人只得靠出卖劳动力维生；盲人则以乞讨、卖唱、算命、卜卦糊口，尤其是盲人的糊口门路，常被当局以妨碍社会风貌和市容观瞻为由，横加干预，被逼得几乎无处栖身，时有歌谣唱道："盲人面前路三条，卖唱、乞讨和上吊。"为求生存，他们曾联络同仁，结成自己的社会组织，如瞽星联谊社等，与邪恶抗争，栖身活命。

新中国成立后，常德市（地区）各级党委、政府热诚关心和帮助残疾人，鼓励他们自强不息，残而不废，做生活的强者。二十世纪九十年代，常德市、县（区、市）相继成立残疾人联合会，建立健全残疾人工作协调委员会，组建基层残联、残协，为残疾人参与社会活动和经济建设，施展自己的才能提供了强有力的组织保障和服务平台。从此，全市残疾人事业稳步发展，取得了令人瞩目的成绩。

第一节　残疾人组织

残疾，是人类发展进程中不可避免要付出的一种社会代价。无论在哪个国家和地区，也无论在何种历史时期，残疾人都是社会中最困难的弱势群体。提高残疾人地位，改善残疾人状况，不仅要有党和政府及全社会的重视，而且还要有专门机构去承担。1990—2013 年，根据《中华人民共和国残疾人保障法》和《中国残疾人联合会章程》的有关规定，全市各级残疾人组织从无到有，逐步健全，不断完善。

一、常德市残疾人联合会

1990 年 6 月 17 日，常德市人民政府办公室发出《关于成立地方残疾人联合会（简称残联）筹建工作领导小组的通知》（常政办函〔1990〕35 号），常德市政府副市长杨万柱任常德市地方残联筹建工作领导小组组长，市政府副秘书长张安中、市民政局局长庹朝明任副组长，张宜红、赵湘奇、徐国清、朱纪美、樊长富、赵涌涛、蔡子定、蔡国华、程志轩、李传森、彭运球、朱沅生为成员,领导小组下设办公室,办公地点暂设市民政局内。随即,常德市民政局根据《中国残疾人联合会章程》《中国残疾人联合会章程湖南省实施细则》,结合常德市的实际情况,本着积极、稳安、效能、求实和边组建、边工作、边完善的原则,提出"组建常德市残疾人联合会实施意见",就组织领导、组建时间、代表构成、有关组织机构以及成立大会相关问题等提出了具体意见。

1990 年 12 月 28—29 日,常德市人民政府在常德宾馆召开常德市残疾人联合会第一次代表大会。到会正式代表 69 名,其中武陵区 9 名,鼎城、临澧、桃源、澧县、津市、安乡、汉寿、石门等区县、市各 5 名;市直属单位代表 20 名,特邀代表 12 名,残疾人和残疾人亲友代表 31 名,占代表总数的 45%。常德市政府市长蔡长松出席并致闭幕词。12 月 29 日上午,大会选举常德市残联第一届主席团委员 21 名,即:马国涛、王华轩、田工、皮明轩、张安中、张世云、刘宗檀、陈昌清、杜文炳、李明芝、何学高、周学元、钦时中、胡林森、胡祥健、庹朝明、曹蓉、彭运球、粟荣菊、蔡国华、樊长富。选举市人民政府副市长钦时中为常德市残疾人联合会第一届主席团主席,张安中、庹朝明、樊长富、张世云为副主席;主席团委员会议推举常德市民政局副局长樊长富兼任常德市残联执行理事会理事长。市残联办公地点设市民政局机关院内,由高建平负责办公室日常事务。常德市残联由常德市民政局代管。

1990 年 12 月 28 日,常德市人民政府在常德宾馆召开常德市残联第一次代表大会

1992 年 10 月 30 日,常德市人民政府召开市残疾人事业领导小组会议,根据 1992 年 5 月 11 日中国残疾人联合会《关于在政府机构改革中不应把残联与政府部门合并问题的通知》(〔1992〕残联电字第 32 号特急明传电报)和 1992 年 7 月 13 日湖南省残疾人联合会《关于转发中残联〔1992〕残联电字第 32 号明传电报的通知》精神,进一步确定在全市机构改革前,市残联再增配一名专职副理事长和一名专干从事日常工作。1994 年 3 月,廖经国调任市残联副理事长,白展新任理事。

1995 年 1 月 23 日,常德市政府提议,经市残联第一届主席团第三次会议审议通过,罗尚杰任常德市残联理事长,樊长富不再兼任此职。1996 年 6 月 17 日,常德市民政局党组会议确定,常德市残联相对独立地开展工作,实行财务与民政分设,有关事项暂由市民政局统一协调。

1997 年,常德市残联根据机构改革"三定"方案的要求,新增内设两科一室,即:康复科、群宣就业科、办公室，编制增至 11 人。是年 7 月 16 日，成立中共常德市残联生活党支部。

1998 年 1 月 21 日，常德市委编委通知（常编发〔1998〕2 号）：常德市残联升格为正处级群团组织。是年 9 月 18 日，中共常德市委组织部批复（常组函〔1998〕38 号）：明确市残联设置理事长职位 1 个、副理事长职位 2 个，办公室正、副主任各 1 个，康复科和群宣就业科科长职位各 1 个。

是年 10 月 8 日，中共常德市委批准（常委干〔1998〕60 号）：成立中共常德市残联党组，罗尚杰任党组副书记。是年 11 月 18 日，常德市委编委批复（常编发〔1998〕21 号）：根据 1998 年 10 月 4 日市委常委会研究的意见，明确市残联归口管理关系由市民政局调整为市人民政府办公室管理。1999 年 10 月 24 日，中共常德市委任命（常委干〔1999〕32 号）罗尚杰任市残联党组书记。

1999 年 11 月 14—16 日，常德市残疾人联合会第二次代表大会召开。与会正式代表 153 名，其中残疾人及残疾人亲友代表 81 名，占代表总数的 53%。省人大常委会委员、省残联评议委员会主任傅学俭，省残联理事长、党组书记陈代祥，常德市委副书记李少甫，市委常委、组织部部长曹儒国，市人大常委会副主任张先春、市政府副市长刘春林、市政协副主席戴平安等莅临会议指导。这次会议回顾总结了全市过去九年的残疾人工作，研究确定了今后五年的主要工作任务。审议并通过了市残联党组书记罗尚杰代表第一届主席团所作的工作报告。会议选举产生了市残联第二届主席团委员共 46 名，其中残疾人和残疾人亲友 24 名，占委员总数的 52%。选举市政府副市长刘春林为市残联第二届主席团主席，田晓川、卜功元、龙晓清、罗尚杰、李明知为副主席。聘请市委副书记李少甫、市人大常委会副主任张先春、市政协副主席戴平安为名誉主席。推举产生市残联第二届主席团执行理事会组成人员共 6 名，罗尚杰被推选为市残联理事长，黄明河任副理事长。同时，选举产生五个专门协会领导班子，张新明任肢残人协会副主席；周学元任盲人协会主席，伍四平任副主席；王长征任聋人协会主席，刘婷婷任副主席；李明知任智残亲友协会主席，何英秋任副主席；肖福元任精残亲友协会主席，谢党恩任副主席。

1999 年 12 月 13 日，常德市人民政府（常政人〔1999〕7 号）同意：罗尚杰任市残联理事长、黄明河任市残联副理事长。

1990—1999 年，全市残疾人组织体系和工作体系基本确立；发展残疾人事业的规划和措施相继出台；残疾人康复工作成效明显；残疾人就业渠道不断拓宽；残疾人教育工作不断加强；残疾人文化体育生活日益丰富；残疾人扶贫帮困工作列入党委、政府的议事日程；扶残助残以及残疾人自强不息的典型不断涌现。1996 年 12 月 17 日，常德市人民政府发出《关于表彰“八五”期间残疾人工作先进单位和先进个人的通报》（常政办函〔1996〕84 号），授予武陵区民政局、武陵区红卫居委会、鼎城区人民政府、鼎城区财政局、鼎城区残疾人联合会、汉寿县民政局、汉寿县地方税务局、汉寿县残疾人联合会、桃源县陬市镇人民政府、桃源县桃花源镇人民政府、临澧县人民政府、临澧县残疾人联合会、石门县人民医院、石门县财政局、石门县民政局、澧县民政局、澧县王家厂镇人民政府、津市市园林管理处、津市市聋哑学校、安乡县安尤乡人民政府、安乡县教育局、常德市德山开发区管委会、常德市教育委员会、常德市民政局、常德市财政局社保科等25个单位以及武陵区姚建平、戴定炳、李云发、贺永光,鼎城区朱福庭、朱易善、陈阳初、王桂林、秦华清、唐性初,汉寿县童栋章、黎体春、李秋生、张应君,桃源县曾秀英、李福赐、郝素云、黄灼清、谭万才,临澧县徐超群、张方才、黄家益、张明楚、胡良次,石门县卞新浩 、何道铁、陈启财、刘清元、蔡圣刚、王浦堂,澧县王本文、张家金、郭先莲、彭立生、叶正平,安乡县何学华、李克阳、骆正康、刘湘林、余世坤,津市市黄诗言、雷中建、樊则琼、钟吉华,德山开发区杨强胜、曾繁银,市直部门庹朝明、卢常娥、蔡国华、吴海波、李明知等51人为常德市残疾人工作先进单位和先进个人荣誉称号。

湖南省常德市残疾人联合会

2001年10月26日,常德市残联机关从市民政局迁驻武陵区滨湖西路一号(今滨湖西路861号)新址。

2004年11月22—24日,常德市残疾人联合会第三次代表大会召开。与会代表160名,其中残疾人和残疾人亲友代表91名,占代表总数57%。省残联副理事长杨建宏、常德市委副书记戴军勇、市人大常委会副主任何英满、市人民政府副市长徐超文、市政协副主席万成贞等莅临会议指导。这次会议回顾总结了全市过去五年的残疾人工作,研究确定了今后五年的工作任务,审议通过了市残联第二届主席团工作报告。大会选举市残联第三届主席团委员共43名,其中残疾人及残疾人亲友23名,占委员总数的53%。选举市政府副市长徐超文为市残联第三届主席团主席,马麦秋、涂传勇、周学元为副主席,聘请市委副书记戴军勇、市人大常委会副主任何英满、市政协副主席万成贞为市残联第三届主席团名誉主席。推举产生市残联第三届主席团执行理事会组成人员共7名,涂传勇任市残联理事长,刘家秀、潘嗣安任副理事长。同时,选举产生了五个专门协会领导班子,潘嗣安任肢残人协会主席,王炯阳任副主席;伍四平任盲人协会主席,粟桂军任副主席;王长征任聋人协会主席,刘婷婷任副主席;郭化占任精残亲友协会主席,李霞菊任副主席;彭翠兰任智残亲友协会主席,熊平安任副主席。

2008年1月7—9日,常德市残疾人联合会第四次代表大会召开。与会代表158名,其中残疾人及残疾亲友代表96名,占代表总数的60.8%。省残联理事长、党组书记邹麦秋、中共常德市委副书记曹儒国、市人大常委会副主任杨先平、市政府副市长徐万发、市政协副主席彭明建莅临会议指导。这次大会认真总结了过去四年的工作,研究部署了今后五年的工作，审议通过了第三届主席团工作报告。大会选举市残联第四届主席团委员共 52 名，其中残疾人及残疾亲友 31 名，占代表总数的 60.8%。选举市政府副市长徐万发任市残联第四届主席团主席，罗上林、涂传勇、周学元为副主席；聘请市委副书记曹儒国、市人大常委会副主任杨先平、市政协副主席彭明建为市残联第四届主席团名誉主席。推举产生市残联第四届主席团执行理事会组成人员共 8 名，涂传勇任市残联理事长，刘家秀、辛长明、曾召盛任副理事长。同时，选举产生了五个专门协会领导班子，王炯阳任肢残人协会主席，孔祥志任副主席；伍四平任盲人协会主席，粟桂军任副主席；王长征任聋人协会主席，周乃斌任副主席；郭化占任精残亲友协会主席，黄俊任副主席；彭翠兰任智残亲友协会主席，夏纪春任副主席。

2010 年 10 月，中共常德市委任命（常委干〔2010〕79 号）邓保平任市残联党组书记、涂传勇任副书记。

2012 年 10 月 15—17 日，常德市残疾人联合会第五次代表大会召开，与会代表 149 名，其中残疾人和残疾人亲友代表 97 名，占代表总数的 65.1%。这次大会回顾总结了过去五年的工作，研究部署了今后五年的工作，审议通过了第四届主席团工作报告。选举产生了市残联第五届主席团委员共 74 名，其中残疾人和残疾人亲友 45 名，占代表总数的 60.8%。市政府党组成员、湖南文理学院正院级督导徐万发任市残联第五届主席团主席，市政府办公室调研员罗上林，市残联理事长、党组副书记田大春，津市市残联副理事长、盲人周学元为副主席；聘请中共常德市委副书记宋冬春、市人大常委会副主任杨先平、市政协副主席敖建斌为市残联第五届主席团名誉主席。选举产生了五个专门协会主席，即，肢残人协会主席王炯阳、盲人协会主席伍四平、聋人协会主席王长征、精亲友协会主席程龙、智亲友协会主席彭翠兰。推举产生了市残联第五届主席团执行理事会成员共 8 名，推选田大春任市残联理事长；李云峰、张世湘任副理事长。会议还选出出席湖南省残联第六次代表大会的代表共 18 名，即（按姓氏笔画排列）王长征、王炯阳、文海燕、龙占彪、田大春、伍四平、吴光清、刘婷婷、胡海兰、周学元、周乃兵、徐万发、程龙、夏华枝、郭泽军、彭秋泉、彭英、彭翠兰。

2012 年 2 月，中共常德市委任命（常委干〔2012〕14 号）李云峰任市残联党组书记。

2013 年 12 月 13 日，中共常德市委任命（常委干〔2013〕51 号）田大春任市残联党组书记，李云峰任市残联党组副书记（保留原职级待遇）。

二、县（市、区）级残疾人组织

1991 年，各县（区、市）相继组建残疾人联合会（简称残联）。1992—2001 年，各乡、镇、街道及村（社区）先后成立残疾人联合会、残疾人协会（简称残协）。

武陵区残疾人联合会

武陵区残联,1990 年 8 月筹建,1991 年 4 月正式成立,为区直副局级人民团体,归口区民政局代管。1999 年,升格为正科级单位。2002 年 10 月,归口区政府办管理,有独立办公场所。2003 年 2 月,专职理事长由一名区人大常委会副主任兼任。区残联内设办公室、康复股、群宣股、财务股;归口管理区残疾人劳动就业服务中心。各乡、镇、街道先后成立残联,配备专(兼)职理事长;所有村、社区均建立残协,并配备残疾人担任专职委员。至 2013 年,按照《中国残疾人联合会章程》,区残联共召开 4 次代表大会,建立了肢残、聋人、盲人、精亲友(精神残疾人及亲友,下同)、智亲友(智力残疾人及亲友,下同)5 个专门协会。该区残疾人工作先后获得 “全国残疾人康复工作先进单位”“全国白内障无障碍区县”“全国残疾人社区康复示范区”“2006—2010 年全国特奥工作先进单位”“全省社区残疾人工作示范区”“十一五全省残疾人工作先进单位”称号。

鼎城区残疾人联合会

鼎城区残联,1991 年成立,为区民政局二级机构,配有专职理事长。1998 年,升格为正科级单位,归口区政府办管理。2004 年,区残联内设办公室、康复股、群宣股、维权股、财务股;归口管理区劳动就业服务中心、志愿者联络站、假肢装配站。共配备 11 名工作人员。全区各乡镇、林场成立了残联,配备专职或兼职理事长,落实了办公场所,完善了相关制度;各村、社区成立了残协,配备了残疾人担任专职委员。按照《中国残疾人联合会章程》,至 2013 年,区残联共召开 4 次代表大会,成立了肢残、盲人、聋人、精智残亲友 4 个专门协会。该区残疾人工作被评为“全国残疾人工作先进区”“全国残疾人康复工作先进区”。该区蔡家岗镇被评为“全国基层残疾人组织建设先进单位”。

临澧县残疾人联合会

临澧县残联,1991 年 7 月成立,为副科级人民团体,属县民政局代管,配备专职理事长。1998 年,升格为正科级事业群众团体。2001 年,归口县政府办管理。县残联内设办公室、群宣股、康复股、维权股;归口管理县就业服务所、辅助器具中心,有工作人员 14 人。全县各乡镇和一个开发区都成立了残联,配备了专职或兼职理事长;各村、社区都成立了残协,配备了残疾人担任专职委员。至 2013 年,按照《中国残疾人联合会章程》,县残联共召开 3 次代表大会,成立了肢残、聋人、盲人、精亲友、智亲友 5 个专门协会。

石门县残疾人联合会

石门县残联，1991 年 7 月成立，为副科级人民团体，挂靠县民政局，配备专职理事长。1998 年 3 月，升格为正科级事业单位，归口县政府办管理。县残联内设办公室、康复股、群宣股、残疾人劳动就业服务中心。全县所有乡镇成立了残联，所有村、社区成立了残协，且做到有专(兼)职干部、有办公场所、有服务载体、有联系网络，基本完善了“管理、服务、教育”残疾人的组织体系。至 2013 年，按照《中国残疾人联合会章程》，县残联共召开 4 次代表大会，成立了肢残、盲人、聋人、精亲友、智亲友 5 个专门协会。该县残疾人工作先后被评为“全国残疾人扶贫工作先进单位”“全省残疾人工作先进县”“全国残疾人工作先进县”。

澧县残疾人联合会

澧县残联，1990 年 5 月筹建，1991 年 6 月成立，为副科级人民团体，挂靠县民政局，配备正副理事长各 1 人，工作人员 3 名。1998 年，升格为正科级单位，归口县政府办管理。各乡镇同时挂牌成立残联，配备正副理事长各 1 人；所有村、社区建立了残协，配备了专职委员。至 2013 年，按照《中国残疾人联合会章程》，县残联共召开 3 次代表大会，成立了盲人、聋人、肢残、精亲友、智亲友 5 个专门协会。该县荣获“全省残疾人工作先进县”称号。

安乡县残疾人联合会

安乡县残联，1991 年 1 月成立，定为副科级人民团体，归口县民政局管理，由一名副局长兼任理事长。1999 年 10 月，升格为正局级单位，归口县政府办管理。此后，各乡镇相继成立残联。2010 年，全县各村、社区均成立了残协。乡镇残联和村、社区残协都做到有专(兼)职干部、有办公场所，有服务载体，有联系网络。县残联内设办公室、康复股、群宣股；归口管理县残疾人服务总社、县残疾人就业服务所、县残疾人康复服务指导站、县残疾人用品用具供应站，工作人员 25 人。至 2013 年，按照《中国残疾人联合会章程》，县残联共召开 5 次代表大会，成立了盲人、聋人、肢残、精亲友、智亲友 5 个专门协会。该县被评为“全省残疾人工作先进县”。

桃源县残疾人联合会

1987 年 1 月，成立桃源县残疾人协会。1998 年 3 月，改置桃源县残疾人联合会，为副科级人民团体，属民政局二级机构，配有理事长 1 名、副理事长 3 名(内有残疾人 2 名)，工作人员2名。2000年,升格为正科级单位,归口县政府办管理。2006年1月,设立党组。县残联内设办公室、康复股、群宣股、维权股;归口管理县残疾就业服务中心和辅助器具中心,共有工作人员12人。全县所有乡镇成立了残联,配备一名专职或兼职理事长;所有村、社区均成立了残协,做到有专(兼)职干部、有办公场所、有服务载体、有联系网络。至2013年,按照《中国残疾人联合会章程》,县残联共召开4次代表大会,成立了盲人、聋人、肢残人、智亲友、精亲友5个专门协会。该县成功创建"全国残疾人康复进社区示范县",荣获"全国残疾人工作先进单位"称号。

汉寿县残疾人联合会

汉寿县残联,1991年5月成立,为副科级人民团体,归口县民政局管理。1999年5月,升格为正科级单位,归口县政府办管理。县残联内设办公室、康复股、群宣股、维权股、组联股、财务股;归口管理县残疾人服务总社、县残疾人康复指导站。2000年7月,县残疾人服务总社加挂残疾人劳动就业服务所的牌子。1992年,全县各乡镇均成立了残协,2000年,更名为残联,明确了专人负责;2006年6月,全县所有村、社区成立了残协。至2013年,按照《中国残疾人联合会章程》,县残联共召开5次代表大会,成立了肢残人、盲人、聋人、精亲友、智亲友5个专门协会。

津市市残疾人联合会

津市市残联,1990年4月成立,为副科级人民团体,归口市民政局管理,配备专职理事长。1998年2月,升格为正科级事业团体。2002年,市残联归口市政府办管理,内设办公室、康复股、群宣股和残疾人劳动就业服务中心,共有工作人员9人。全市各乡镇、街道都成立了残联,有一名专职或兼职理事长; 2007年11月,各村、社区均成立残协,有专人抓残疾人工作,有专门办公场所。至2013年,按照《中国残疾人联合会章程》,津市市残联共召开4次代表大会,成立了盲人、肢残人、聋人、精亲友、智亲友5个专门协会。该市成功创建"全国残疾人康复进社区示范市"。

常德市残疾人联合会机构情况

（2013年）

表 8-1-1

机构类型	名称	负责人					
		姓名	职务	任职时间	性别	籍贯	备注
内设机构	办公室	梅其柱	主任	2011.1	男	鼎城区	—
		王飞	副主任	2012.6	男	安乡县	主任科员
	康复科	程本群	科长	2011.3	女	汉寿县	—
	群宣就业科	罗姿	科长	2011.1	女	安乡县	副调研员
		宋华维	主任科员	2011.10	男	石门县	—
	组联科	孙友良	科长	2012.3	男	益阳市	—
	维权科	曾晓	科长	2012.3	男	安乡县	—
直属机构	残疾人劳动就业服务中心	田伟	主任	2008.3	男	澧县	—
		谢波	副主任	2010.10	男	武陵区	—
		谭涛	副主任	2011.10	男	临澧县	—
		王炯阳	副主任	2011.10	男	武陵区	—
	残疾人康复中心	李德华	主任	2011.10	男	鼎城区	—

常德市残疾人联合会历届执行理事会领导班子成员名录

(1990—2012年)

表8-1-2

届别	姓名	性别	籍贯	职务	任免时间		备注
					任职	免职	
第一届	樊长富	男	湖南省桃源县	理事长	1990.12	1995.1	常德市民政局副局长兼任
	罗尚杰	男	常德市鼎城区	理事长	1995.1	1999.11	—
	廖经国	男	常德市鼎城区	副理事长	1994.4	1999.11	—
第二届	罗尚杰	男	常德市鼎城区	理事长兼党组书记	1999.12	2004.11	—
	黄明河	男	湖南省安乡县	副理事长	1999.12	2004.11	—
	刘家秀	女	湖南省澧县	副理事长	1999.12	2004.11	—
	潘嗣安	男	湖南省桃源县	副理事长	2003.6	2004.11	肢体残疾人
	王显武	男	湖南省桃源县	纪检组组长	2002.11	2004.11	—
第三届	涂传勇	男	湖南省津市市	理事长兼党组书记	2004.11	2008.1	—
	刘家秀	女	湖南省澧县	副理事长	2004.11	2008.1	—
	潘嗣安	男	湖南省桃源县	副理事长	2004.11	2008.1	肢体残疾人
	辛长明	男	湖南省安乡县	副理事长	2007.12	2008.1	—
	曾召盛	男	湖南省安乡县	副理事长	2007.12	2008.1	—
	王显武	男	湖南省桃源县	纪检组组长	2004.11	2007.12	—
	周凤华	女	常德市鼎城区	纪检组组长	2007.12	2008.1	—

续表 8-1-2

届别	姓名	性别	籍贯	职务	任免时间		备注
第四届	涂传勇	男	湖南省津市市	理事长 兼党组书记	2008.1	2012.10	党组书记于 2010年11月免
	刘家秀	女	湖南省澧县	副理事长	2008.1	2011.5	—
	潘嗣安	男	湖南省桃源县	副理事长	2008.1	2008.1	2008年1月病故
	辛长明	男	湖南省安乡县	副理事长	2008.1	2009.11	—
	曾召盛	男	湖南省安乡县	副理事长	2008.1	2012.10	—
	张世湘	男	湖南省桑植县	副理事长	2010.11	2012.10	—
	宋凡华	女	湖南省安乡县	副理事长	2011.6	2012.10	—
	邓保平	男	常德市汉寿县	党组书记	2010.11	2012.3	—
	李云峰	男	湖南省石门县	党组书记 副理事长	2012.3	2012.11	—
	周凤华	女	常德市鼎城区	纪检组组长	2008.1	2012.10	—
第五届	田大春	女	常德市鼎城区	理事长兼任 党组副书记	2012.10	—	—
	李云峰	男	湖南省石门县	党组书记 副理事长	2012.10	—	—
	曾召盛	男	湖南省安乡县	副理事长	2012.10	—	—
	张世湘	男	湖南省桑植县	副理事长	2012.10	—	—
	宋凡华	女	湖南省安乡县	副理事长	2012.10	—	—
	周凤华	女	常德市鼎城区	纪检组组长	2012.10	—	—

各区县、市历届残疾人联合会情况

(2013年12月31日)

表8-1-3

区、县市	届别	召开时间	代表数	其中残疾人代表数	主席团委员数	理事会人员数	理事长	副理事长	机关人员编制
武陵区	第一届	1991.6	60	44	25	1	康长庚	—	8
	第二届	2001.5	80	42	23	2	张传金	刘孟秋	3
	第三届	2007.12	99	60	33	8	冉伍英	贺永光、辜兰芬	3
	第四届	2012.5	96	61	34	5	冉伍英 苏治钢	贺永光、辜兰芬	3
鼎城区	第一届	1998.10	189	101	13	3	汤友成	朱易善、张秋生	9
	第二届	2002.3	198	106	23	3	梁天泰	唐志纯、李召菊 丁胜革	9
	第三届	2007.4	217	112	33	4	冀建华	李召菊、丁胜革 刘大军	11
	第四届	2012.5	221	116	43	5	文海燕	杨志涛、丁胜革 向日蔡	11
临澧县	第一届	1991.6	85	61	31	1	张明楚	—	3
	第二届	2006.8	110	59	25	5	王　军	廖生严、王全民	7
	第三届	2012.5	110	66	23	6	陈美华	廖生严、邵国辉 王全民、汪立新	15
石门县	第一届	1991.7	47	15	35	3	刘清元	—	6
	第二届	1999.9	87	45	21	4	刘清元	—	8
	第三届	2005.9	88	45	21	7	柴金玲	于正银、康华玉	12
	第四届	2012.5	213	102	23	9	胡金华	于正银、岳文清	19
澧县	第一届	1991.1	161	105	23	8	王本文	王　辉	6
	第二届	2007.3	250	131	25	8	胡海兰	杨志广、刘民政 陈星明	10
	第三届	2012.5	400	161	25	9	胡海兰	刘民政、陈星明	12

续表 8–1–3

区、县市	届别	召开时间	代表数	其中残疾人代表数	主席团委员数	理事会人员数	理事长	副理事长	机关人员编制
安乡县	第一届	1991.1	62	41	27	1	余世坤	—	3
	第二届	2000.4	62	41	27	2	万力清 余世坤	李立秋、杨功焰	3
	第三届	2003.5	77	41	33	4	万力清	李立秋、肖晓安 杨元安	3
	第四届	2005.5	78	46	34	8	肖晓安	杨元安、肖文选 李厚军	4
	第五届	2012.6	78	47	35	9	肖晓安 符凤华	杨元安、李厚军 肖文选、姚建龙	4
桃源县	第一届	1988.3	102	64	25	3	刘运秋	文明建	3
	第二届	2000.10	171	105	28	5	刘运秋	文明建、张贵明	5
	第三届	2007.12	119	72	27	7	刘运秋	文明建、杨新明	8
	第四届	2012.6	161	100	32	10	龚开贵	江光权、杨新明	10
汉寿县	第一届	1991.5	100	51	30	2	陈家振	李鼎源	3
	第二届	1993.5	100	51	30	3	李鼎源	李秋生、黄富堂	3
	第三届	2001.5	100	51	30	2	刘　钢	李秋生	3
	第四届	2005.6	100	51	30	2	周宇峰	李秋生	3
	第五届	2012.6	100	51	30	3	周宇峰	李秋生、阳　俭	4
津市市	第一届	1990.8	87	46	31	3	胡林森	—	5
	第二届	2001.4	71	43	17	3	彭秋泉	李　锋	5
	第三届	2007.12	63	40	19	5	彭秋泉	陈志华、李　锋 周学元（兼）	7
	第四届	2012.5	75	49	19	7	彭秋泉 董新满	张浩瀚、李　锋 周学元（兼）	9

2013年常德市各乡镇、街道残联情况

表8-1-4

区县、市	乡镇、街道	成立时间	主席团主席	理事长	村、社区残协数(个)	残协专干数(人)
武陵区	城东街道	2006	周正华	何长发	10	10
	城西街道	2006	毛建军	方广湖	10	10
	城南街道	2006	陈智霞	刘德军	8	8
	城北街道	2006	陆振云	龙　利	9	9
	三岔路街道	2006	彭艳红	佘　英	10	10
	河洑镇	2006	蔡超文	尹正福	12	12
	丹洲乡	2006	张宏亮	佘金国	17	17
	护城乡	2006	周立波	周荣华	8	8
	东江乡	2006	万群星	娄朝先	5	5
	东郊乡	2006	黄　贵	胡慧芳	9	9
	芦荻山乡	2006	袁宗文	刘孝恒	21	21
	南坪岗乡	2006	王永贵	邹福兴	8	8
鼎城区	武陵镇	1998.10	汪其明	高用先	25	25
	蒿子港镇	1998.10	裴泽敏	钱正明	18	18
	中河口镇	1998.10	向三元	龚沃兵	23	23
	十美堂镇	1998.10	胡建新	周丽君	18	18
	牛鼻滩镇	1998.10	蒋　华	饶宏科	23	23
	韩公渡镇	1998.10	张圣保	李小红	32	32
	石公桥镇	1998.10	刘霞初	张建中	31	31
	周家店镇	1998.10	黄明耀	胡新明	28	28
	镇德桥镇	1998.10	卢曙光	罗泽英	14	14
	大龙站镇	1998.10	刘　波	郭金彪	11	11
	双桥坪镇	1998.10	甘胜红	孙启坤	16	16
	灌溪镇	1998.10	吴喻俊	汤四久	16	16
	蔡家岗镇	1998.10	丁国华	刘三妹	18	18
	石板滩镇	1998.10	聂君利	毛雪平	18	18
	雷公庙镇	1998.10	陈谋昌	尹晓荣	12	12
	斗姆湖镇	1998.10	李国保	龙明德	16	16
	草坪镇	1998.10	宋才文	欧阳文斌	18	18
	港二口镇	1998.10	蔡立胜	龙希进	18	18

续表 8-1-4

区县、市	乡镇、街道	成立时间	主席团主席	理事长	村、社区残协数(个)	残协专干数(人)
鼎城区	尧天坪镇	1998.10	魏先纲	王永广	16	16
	黄土店镇	1998.10	牟凯波	陈　清	24	24
	谢家铺镇	1998.10	粟洪涛	陈准初	25	25
	黄珠洲乡	1998.10	张四平	董道彪	13	13
	黑山嘴乡	1998.10	李岳平	代运发	13	13
	长岭岗乡	1998.10	蒋　斌	杨春林	10	10
	丁家港乡	1998.10	孙华伟	宋振武	13	13
	长茅岭乡	1998.10	熊晓勇	王华健	19	19
	逆江坪乡	1998.10	蔡国平	张燕振	15	15
	唐家铺乡	1998.10	廖再利	高业华	14	14
	钱家坪乡	1998.10	王永坚	周永红	17	17
	沧山乡	1998.10	陈　斌	梁清国	13	13
	许家桥乡	1998.10	向　兰	徐德宝	17	17
	特养场	1998.10	李远书	贺　健	4	4
	园艺场	1998.10	陈小军	聂　琼	6	6
	花岩溪	1998.10	潘文斌	聂伴农	4	4
临澧县	安福镇	1993 年	黄　平	蒋祖玲	18	18
	合口镇	1993 年	廖作文	彭益安	26	26
	新安镇	1993 年	唐　骏	吴悦山	27	27
	佘市桥镇	1993 年	唐伯洪	汪永泉	21	21
	停弦渡镇	1993 年	罗先清	傅祖华	20	20
	四新岗镇	1993 年	罗春成	肖宏金	22	22
	太浮镇	1993 年	吴志湘	刘光炎	19	19
	修梅镇	1993 年	陈克维	文国铸	24	24
	杉板乡	1993 年	于志勇	吴玉书	15	15
	文家乡	1993 年	张童武	李德树	17	17
	陈二乡	1993 年	甘志宏	宁　杰	19	19
	柏枝乡	1993 年	黄金波	于乾桃	24	24
	烽火乡	1993 年	游志喜	刘　峰	21	21
	望城乡	1993 年	刘承军	雷建华	14	14

续表 8-1-4

区县、市	乡镇、街道	成立时间	主席团主席	理事长	村、社区残协数(个)	残协专干数(人)
临澧县	杨板乡	1993	杨　宏	雷志乐	18	18
	官亭乡	1993	杨隆清	颜家银	17	17
	九里乡	1993	匡平生	胡志文	15	15
	经济开发区	1993	聂仁凤	朱恒志	1	1
石门县	楚江镇	1991.7	刘　勇	孙必欣	15	15
	蒙泉镇	1991.7	王　芳	覃学良	20	20
	夹山镇	1991.7	王亚文	陈永强	17	17
	二都乡	1991.7	马敬祖	董海燕	10	10
	易家渡镇	1991.7	刘　波	向多谦	10	10
	新关镇	1991.7	陈建教	涂生贞	7	7
	皂市镇	1991.7	谭本军	杨爱琼	11	11
	新铺乡	1991.7	陈　军	张宜泽	23	23
	白云乡	1991.7	王志军	袁学龙	16	16
	维新镇	1991.7	张树国	杨万榜	20	20
	太平镇	1991.7	汤　旭	唐楚国	18	18
	磨市镇	1991.7	王直华	王继华	18	18
	壶瓶山镇	1991.7	易文龙	王延军	17	17
	南北镇	1991.7	田　辉	吴光荣	8	8
	三圣乡	1991.7	李良军	杜谋军	20	20
	子良乡	1991.7	易小军	陈胜儒	15	15
	所街乡	1991.7	潘湘衡	陈斌漠	17	17
	雁池乡	1991.7	郭　峰	覃道皇	20	20
	罗坪乡	1991.7	陈支勇	涂志颜	13	13
	东山峰管理区	1991.7	曹清明	邓真理	6	6
	秀坪园艺场	1991.7	刘祖忠	吴光宗	5	5
	洛浦寺林场	1991.7	覃群儒	王尚科	1	1
	大同山林场	1991.7	覃事用	晏菊仙	2	2
	白云山林场	1991.7	伍千胜	贺中善	2	2
	夹山管理处	1991.7	文　彬	陈　安	1	1

续表 8-1-4

区县、市	乡镇、街道	成立时间	主席团主席	理事长	村、社区残协数(个)	残协专干数(人)
澧县	澧阳镇	1992.5	刘厚田	黄道雄	33	33
	澧澹乡	1992.5	刘　军	郑昌吕	21	21
	大坪乡	1992.5	汪　玮	卜太平	14	14
	张公庙镇	1992.5	颜　军	黄道琼	20	20
	澧东乡	1992.5	李宗贵	曾祥林	16	16
	澧南镇	1992.5	胡　斌	黄承初	19	19
	道河乡	1992.5	石梦娜	郭绍才	14	14
	涔南乡	1992.5	孙秦川	黄生球	16	16
	大堰垱镇	1992.5	刘国军	杨道枝	23	23
	王家厂镇	1992.5	张　鼎	任丕军	19	19
	中武乡	1992.5	高家喜	杨小军	13	13
	车溪乡	1992.5	戴承雨	杨　荣	17	17
	金罗镇	1992.5	尹　红	黄大清	20	20
	闸口乡	1992.5	徐　刚	袁学农	13	13
	雷公塔镇	1992.5	唐治银	彭道武	14	14
	盐井镇	1992.5	谭小红	钟　锋	10	10
	梦溪镇	1992.5	张茜茹	赵林传	21	21
	宜万乡	1992.5	胡云忠	李选梅	9	9
	复兴厂镇	1992.5	雷　鸣	谭徽集	18	18
	双龙乡	1992.5	张承光	文百年	13	13
	小渡口镇	1992.5	刘民梯	张宗保	24	24
	如东乡	1992.5	王　勇	黄明辉	15	15
	官垸乡	1992.5	谭家金	周训庆	10	10
	九垸乡	1992.5	付文平	刘清元	14	14
	永丰乡	1992.5	冯　锋	马远良	16	16
	码头铺镇	1992.5	夏金梅	王先辉	7	7
	洞市乡	1992.5	唐金华	皮兴明	8	8
	杨家坊乡	1992.5	庞　超	庹朝泉	7	7
	方石坪镇	1992.5	李　勇	陈敦岗	7	7
	甘溪滩镇	1992.5	刘元林	汤世钧	9	9
	火连坡镇	1992.5	陶贵锋	孙圣晏	8	8
	太青乡	1992.5	李　红	刘　立	11	11
	棉花原种场	1992.5	夏惠平	张　颖	2	2
	嘉山良种场	1992.5	姚金培	鲁建华	2	2

续表 8-1-4

区县、市	乡镇、街道	成立时间	主席团主席	理事长	村、社区残协数(个)	残协专干数(人)
安乡县	深柳镇	92.5.16	姚德美	向德元	23	23
	官垱镇	91.12.8	杨华贵	袁志勇	16	16
	三岔河镇	92.5.24	李泽民	李新台	13	13
	安生乡	92.3.24	熊先告	潘道香	14	14
	安昌乡	92.5.23	张林	毕海军	13	13
	安宏乡	92.3.18	肖治国	谭国斌	12	12
	焦圻镇	92.10.9	唐纯国	王先云	12	12
	安福乡	92.5.17	蹇尚斌	陈章泳	15	15
	安凝乡	92.3.18	周　成	毛　瑾	16	16
	安丰乡	91.12.26	余有成	蒋丽华	21	21
	安裕乡	92.5.30	赵金平	徐鑫彪	16	16
	大鲸港镇	92.10.10	张明祥	陈　勇	6	6
	安康乡	92.3.20	彭群友	刘贤光	18	18
	下渔口镇	92.1.8	刘丹萍	刘　平	24	24
	陈家嘴镇	92.10.8	宋朝辉	郭贵秋	18	18
	安德乡	92.10.9	刘学槐	邓建红	11	11
	黄山头镇	92.10.8	邓　荣	刘　利	21	21
	安全乡	92.5.8	朱文勇	李先阳	18	18
	安障乡	92.3.24	李　罡	彭春德	11	11
桃源县	漳江镇	2007	许辉明	许辉明	50	50
	青林乡	2007	张伯权	王金枝	16	16
	车湖垸乡	2007	袁　理	陈国祥	13	13
	枫树乡	2007	喻旭初	陈世宏	23	23
	陬市镇	2007	吴子初	李刘坤	37	37
	木塘垸乡	2007	梅　阳	姜东升	20	20
	架桥镇	2007	庄　磊	张津槐	25	25
	盘塘镇	2007	李栋清	刘冬枝	18	18
	马鬃岭镇	2007	高　华	高　华	18	18
	双溪口乡	2007	李华国	袁松枝	23	23
	热市镇	2007	邢松良	李炳成	31	31
	郝坪乡	2007	王同福	胡业贵	12	12
	黄石镇	2007	张　明	莫金秋	29	29
	九溪乡	2007	杨先年	徐雪元	22	22
	漆河镇	2007	高　峰	戴峰交	55	55

续表 8–1–4

区县、市	乡镇、街道	成立时间	主席团主席	理事长	村、社区残协数(个)	残协专干数(人)
桃源县	黄甲铺乡	2007	杨文俊	李志奇	15	15
桃源县	理公港镇	2007	文德才	杨中毅	13	13
桃源县	钟家铺乡	2007	陈　润	徐　武	21	21
桃源县	牛车河乡	2007	冯海平	冯海平	21	21
桃源县	观音寺镇	2007	易小云	余桃枝	35	35
桃源县	龙潭镇	2007	杨彩铭	龙顶初	35	35
桃源县	佘家坪乡	2007	袁正君	袁正君	24	24
桃源县	三阳港镇	2007	李文宗	李文宗	19	19
桃源县	太平桥乡	2007	谭立新	王荣耀	13	13
桃源县	浯溪河乡	2007	陶佰兴	刘　辉	13	13
桃源县	深水港乡	2007	江　涛	沈丽荣	16	16
桃源县	泥窝潭乡	2007	熊彬宇	罗世友	18	18
桃源县	剪市镇	2007	郭卫平	吴兴国	30	30
桃源县	凌津滩镇	2007	张春明	张春明	22	22
桃源县	兴隆街乡	2007	陈华松	陈　林	13	13
桃源县	茶庵铺镇	2007	蔡胜斌	龙兰平	31	31
桃源县	太平铺乡	2007	蒋志平	闵立平	12	12
桃源县	西安镇	2007	刘　军	刘　军	19	19
桃源县	牯牛山乡	2007	黄维成	戴朝霞	10	10
桃源县	杨溪桥乡	2007	黄富春	谢建华	13	13
桃源县	寺坪乡	2007	匡建刚	刘毅媛	15	15
桃源县	郑家驿乡	2007	李　艳	叶友权	11	11
桃源县	沙坪镇	2007	张忠云	李花香	20	20
桃源县	芦花潭乡	2007	王小红	魏　然	14	14
汉寿县	龙阳镇	1992.5	周　波	汤世顺	42	42
汉寿县	周文庙乡	1992.5	刘捷枫	张明顺	16	16
汉寿县	岩汪湖镇	1992.5	朱同方	徐龙见	17	17
汉寿县	坡头镇	1992.5	李正华	周显贵	15	15
汉寿县	鸭子港乡	1992.5	李　进	魏介祥	20	20
汉寿县	酉港镇	1992.5	胡清明	胡开金	23	23
汉寿县	文蔚乡	1992.5	邓　华	徐先军	15	15
汉寿县	洲口镇	1992.5	周定好	杨丽荣	21	21
汉寿县	罐头嘴镇	1992.5	蔡文芳	曾广才	21	21
汉寿县	沧港镇	1992.5	王开强	李光德	15	15

续表 8-1-4

区县、市	乡镇、街道	成立时间	主席团主席	理事长	村、社区残协数(个)	残协专干数(人)
汉寿县	新兴乡	1992.5	程功云	熊　英	16	16
	聂家桥乡	1992.5	陈顺勇	聂德明	16	16
	毛家滩乡	1992.5	肖文渊	徐新国	17	17
	朱家铺镇	1992.5	陈远清	曾云利	22	22
	丰家铺乡	1992.5	王　勇	吕美爱	22	22
	东岳庙乡	1992.5	童　兵	朱　进	22	22
	岩嘴乡	1992.5	叶宏发	张乡云	18	18
	株木山乡	1992.5	丁志刚	袁少云	20	20
	太子庙镇	1992.5	何丹福	曾凡政	14	14
	毓德铺镇	1992.5	何目明	胡来初	17	17
	崔家桥镇	1992.5	李海波	黄再权	16	16
	三和乡	1992.5	夏冬桂	高立华	17	17
	龙潭桥乡	1992.5	张建国	王明志	20	20
	军山铺镇	1992.5	吴安辉	刘义华	17	17
	月明潭乡	1992.5	游祥军	周金福	21	21
	百禄桥镇	1992.5	朱林章	张表彪	16	16
	洋淘湖镇	1992.5	郭卫国	胡新民	11	11
	大南湖乡	1992.5	童成楠	邹献辉	12	12
	开发区	1992.5	李　勇	曾爱民	2	2
	蒋家嘴镇	1992.5	李　进	刘献军	24	24
津市市	三洲驿街道	1991.6	王　阳	卢　惠	6	6
	汪家桥街道	1991.6	陈晓兰	王　淋	5	5
	襄阳街街道	1991.5	张先平	王　琴	7	7
	金鱼岭街道	1991.3	万旦平	许　敬	5	5
	新洲镇	1991.3	王学新	向华军	10	10
	李家铺镇	1991.4	马大平	黄忠森	13	13
	保河堤镇	1991.5	杨金堂	唐宏明	15	15
	渡口镇	1991.4	郭　烽	李友元	14	14
	棠华乡	1991.3	施光华	李文彩	12	12
	白衣镇	1991.3	许凌翔	雷光渐	17	17
	灵泉镇	1991.6	童俊凯	王永生	13	13

第二节　残疾人抽样调查

1993 年、2005 年，常德市残疾人联合会根据中残联和省残联的部署，组织开展过两次残疾人抽样调查，以全面掌握全市残疾人的数量、结构、地域分布、致残原因、生活状况、就业等基本情况，为积极稳妥地开展残疾人工作打下坚实的基础。

1993 年 3—9 月，常德市残联在 1987 年第一次全国残疾人抽样调查的基础上，组织部署各区县（市）残联开展残疾人第一次抽样调查。

在市、县（区、市）民政局的重视支持下，通过半年时间的艰苦努力，进一步澄清了全市各类残疾人底子。时全市共有残疾人 29.7577 万人，占全市总人口的 5.3%。其中，农村残疾人 24.068 万人，城镇残疾人 5.6897 万人。按残疾人分类，其中听力语言残疾 4.3836 万人，智力残疾 3.8506 万人，视力残疾 4.3401 万人，肢体残疾 10.6163 万人，精神病残疾 2.3774 万人，多重残疾 4.1897 万人。有劳动能力残疾人共 21.8586 万人。已就业残疾人共 12.3257 万人，其中农村 10.3054 万人，城镇 2.0203 万人。残疾人人平纯收入 928 元。

调查发现，各类残疾状况有别，但成因有异。视力残疾以白内障最多（33.60%），沙眼（20.5%）和角膜疾患者（19.79%）次之；听力语言残疾以老年性耳聋最多（38.69%），中耳炎（18.33%）和高烧疾病（9.45%）次之；智力残疾以遗传因素（19.40%）、脑类和脑膜炎（10.53%）居多；肢体残疾以一般工伤为主（22.87%），小儿麻痹症和血管痴患分别占 11.43% 和 11.57%；精神残疾以精神分裂症居多（63.24%）。调查表明：常德市域残疾人仍是社会中最困难的特殊群体。一是尚未解决温饱的贫困残疾人约占全市贫困人口 1/3，其中有 13.15 万残疾人完全或大部分靠亲属供养。二是城镇有劳动能力的残疾人约有 30%的处于待业，农村有劳动能力的残疾人亟须通过政策扶贫、康复扶贫、科技扶贫等途径，拓宽种养门路，提高家庭收入。三是许多急待康复和抢救的残疾人因贫困等原因而难以得到有效治疗。

这次抽样调查后，常德市及各区县（市）都建立了残疾人事业领导小组，各乡、镇、街道与村（居委会）都建立了基层残联组织。常德市、县（区、市）残联先后与民政部门分离，独立行使“代表、管理、服务”的职能。根据《中华人民共和国残疾人保障法》，常德市和各区县（市）都制定了对残疾人实行优惠照顾政策；并对城镇残疾人通过多渠道、多层次、多形式集中安置和分散安置就业，对农村残疾人通过康复扶贫，科技扶贫和经济扶贫等，拓宽其生产门路，提高家庭收入；同时，以医疗机构为骨干、社区康复为基础、残疾人家庭为依托，以实用、易行、受益广为重点，为残疾人提供优质的康复服务。

2005 年 10 月至 2006 年 6 月，常德市与湖南省“第二次全国残疾人抽样调查”的部署安排同步进行。桃源县、石门县被中国残联确定为“第二次全国残疾人抽样调查”县之一。常德市政府成立“第二次全国残疾人抽样调查”领导小组,副市长徐超文任组长,市统计局、市民政局、市卫生局、市残联等部门负责人为副组长。下设办公室,具体负责抽样调查的筹备和组织工作。

这次抽样调查工作共分三个阶段进行:

第一阶段为调查准备。按照省“第二次全国残疾人抽样调查”领导小组的要求,制定调查方案、表格和各项细则,选调人员,成立调查组并组织培训。

第二阶段为现场调查。各调查员入户对所有被调查户进行现场调查登记和残疾筛查,各专科医生对疑似残疾人进行检查评定和需求调查。经过筛选出的重点调查户,按照预约时间再次派调查员到家中,登记家庭和人口的社会经济情况;筛查可能有残疾的人员,由各专科医生为这些人员作检查、评定、登记,并向其中确诊的残疾人提出康复建议。

第三阶段为数据处理、资料汇总。对调查数据进行审核评议,录入汇总,质量评估,并开展调查数据的分析研究。

整个调查工作,全市共投入经费 48.68 万元,组织调查人员 65 名、组成调查小组 9 个,走访抽调小区 16 个,调查对象 6930 人,筛查出疑似残疾人 828 名,定性残疾人 544 名。残疾人抽调率为 8%,较第一次抽样调查增加 3%;残疾人总人口数 41.3874 万人,占全市总人口 6.81%,较第一次抽样调查增加 1.31%,其中农村 30.0382 万人,城镇 11.3492 万人。按残疾人分类,其中听力语言残疾 10.2141 万人,智力残疾 2.8806 万人,视力残疾 6.6503 万人,肢体残疾 13.012 万人, 精神病残疾 2.7398 万人, 多重残疾 5.9256 万人。有劳动能力残疾人共 20.694 万人,已就业残疾人共 15.7774 万人,其中农村 11.6036 万人,城镇 4.1738 万人。残疾人人平纯收入 1437.7 元,较第一次抽样调查增加 509.7 元。

常德市“全国残疾人第二次抽样调查”情况表明:虽然全市残疾人状况有较大的改善,扶残助残的社会氛围逐渐形成。但残疾人仍是社会中最困难的弱势群体,这主要表现在:

贫困残疾人还有 8.59 万人,其中“三无”对象(即无生活来源,无劳动能力,无法定赡养人或抚养人)9252 名;

有康复需求的残疾者近 30 万人,且康复难度大、费用颇多、用时较长;

亟待就业的残疾人尚有 4.1 万人,而已就业的残疾人多数以农业生产为主,缺乏科技含量,短时间难以达到“小康”水平。

根据这次调查获得的数据与情况,常德市人民政府在制定《常德市残疾人事业“十一五”规划纲要》时,对全市残疾人工作的目标、任务和保障措施提出了明确要求。

2006 年以后,全市各地思想统一、投入加大、责任强化,促进了残疾人事业的持续、健康发展。

各地借助现代宣传媒体,对残疾人的权利、贡献和有待满足的需求进行广泛宣传,促进全社会理解残疾人,关心和支持残疾人事业,进而激发社会各阶层人士参与残疾人事业的热情。培植和宣传残疾人事业各方面的先进典型,广泛开展扶残助残的系列活动,营造有利残疾人事业健康发展的良好氛围。

各地在如何为残疾人排忧解难，如何通过办实事，让残疾人得实惠方面，做到把握好四个方面的关键点，即：用活政策。要充分利用国家对残疾人的扶助政策，为残疾人服务，让残疾人受益；营造氛围。通过举办各项活动，扩大残疾人事业的声誉度、影响力、吸引力，在全社会形成扶残助残的良好氛围；加大投入。重点要加大残疾人康复经费的财政投入力度，并保证逐年有较大幅度增加；注重效益。残疾人事业的经费来之不易，投入不仅要注重社会效益，还要讲经济效益。要把钱用在刀刃上，用在急需投入的项目上，用在最需要的残疾人身上，让大多数残疾人受益。

全市各地注重强化各级政府的责任，进一步增强做好残疾人工作的责任感和紧迫感，实实在在为残疾人这一特殊群体谋利益，切实保证"三给"（给位置、给资金、给支持）到位。残疾人工作列入各级政府的重要议事日程，每年作一次专项研究，解决工作中的重大问题和1～2个实际问题；加大财政投入，每年确保按比例增长到位。

各级政府残疾人工作委员会成员单位按照工作职责，认真履职，完成各自的工作任务。对成员单位应承担的残疾人工作实行目标化管理，年终进行考核评比，统一结账奖惩。各级民政部门对"三无"残疾人，该"五保"的"五保"，该"低保"的"低保"，切实做到"应保尽保"。司法部门将《中华人民共和国残疾人保障法》的宣传教育纳入"五五"普法，市、县两级残联普遍建立残疾人法律援助工作站。财政部门做到了足额征缴行政事业单位的残疾人就业保障金。地税部门完成了收缴企业残疾人保障金任务。其他各有关部门各司其职，各负其责，从而保证了承担残疾人工作任务的完成。

此外，各地还积极动员社会各方面力量参与和支持残疾人事业，担负起全社会的共同责任。开展多种形式的帮、包、带、扶活动，以体现残疾人事业的社会性。把聚集社会资金作为发展残疾人事业的重要资金来源，搞好各种方式的慈善助残捐赠活动，给残疾人事业发展提供资金保障。

表 8-2-1

“第一次全国残疾人抽样调查”常德市残疾人基本情况

（1993 年）

	残疾人总数	其中		残疾人分类						有劳动能力残疾人数	已就业残疾人数			残疾人人平纯收入（元）
		农村	城镇	听力语言残疾	智力残疾	视力残疾	肢体残疾	精神病残疾	多重残疾		合计	农村	城镇	
总　计	297577	240680	56897	43836	38506	43401	106163	23774	41897	218586	123257	103054	20203	928
武陵区	20718	8147	12571	807	2517	1856	11308	2174	2056	16915	6466	1615	4851	1086
鼎城区	45199	39999	5200	9493	6798	8251	12321	3326	5010	34810	17083	15132	1951	803
安乡县	28259	22477	5782	4201	5583	4938	6039	2050	5448	20129	10859	8557	2302	1021
汉寿县	39875	34782	5093	6607	5362	6659	10175	3424	7648	29344	16090	14200	1890	890
澧　县	44812	37593	7219	11020	4352	6608	13015	4551	5266	30609	23489	21957	1532	930
临澧县	20900	14295	6605	1890	1523	3030	10200	1945	2312	15120	6061	3998	2063	920
桃源县	48721	43016	5705	3877	3936	5085	25530	2821	7472	36430	18180	16048	2132	870
石门县	35200	30600	4600	3150	7750	5650	11050	2500	5100	25294	17873	16000	1873	1010
津市市	11929	8946	2983	2537	560	1179	5738	855	1060	8351	6272	5235	1037	1020
德山开发区	1964	825	1139	254	125	145	787	128	525	1584	884	312	572	1186

“第二次全国残疾人抽样调查”常德市残疾人基本情况

（2006年）

表 8-2-2

	残疾人总数	其中		残疾人分类						有劳动能力残疾人数	已就业残疾人数			残疾人人平纯收入（元）
		农村	城镇	听力语言残疾	智力残疾	视力残疾	肢体残疾	精神病残疾	多重残疾		合计	农村	城镇	
总　计	413874	300382	113492	102141	28806	66503	130120	27398	59356	206940	157774	116036	41738	1437.7
武陵区	21450	15568	5882	5294	1493	3423	6744	1420	3076	10725	8201	6014	2187	1717
鼎城区	54327	39431	14896	13408	3781	8671	17080	3596	7791	27164	20705	15232	5473	1242
安乡县	37462	27186	10276	9246	2607	5979	11778	2476	5376	18731	14276	10503	3773	1480
汉寿县	60467	43887	16580	14923	4209	9651	19011	4003	8670	30234	23028	16953	6075	1334
澧　县	72546	52654	19892	17904	5049	11578	22808	4803	10704	36273	27627	20339	7288	1308
临澧县	25697	18651	7046	6342	4789	4101	8079	1701	3685	12849	9815	7205	2610	1272
桃源县	62765	45555	17210	15490	4368	10017	19733	4155	9002	31383	23911	17597	6314	1491
石门县	53538	38858	14680	13213	3726	8545	16832	3544	7678	26769	20404	15010	5394	1605
津市市	14508	10526	3982	3581	1010	2315	4561	965	2076	7254	5553	4067	1486	1331
柳叶湖	391	384	107	96	27	62	123	26	57	196	149	110	39	1593
常德经开区	5082	3687	1395	1254	354	811	1598	336	729	2541	1931	1425	506	1553
西洞庭管理区	2164	1571	593	534	151	345	680	143	311	1082	822	606	216	1459
西湖管理区	3477	2524	953	856	242	555	1093	230	501	1739	1352	975	377	1309

第三节　残疾人服务

1988—2013年,常德市各级残联遵照《中华人民共和国残疾人保障法》,关于“中国残疾人联合会及其地方组织,代表残疾人的共同利益,维护残疾人的合法权益,团结教育残疾人,为残疾人服务的规定”。以关爱残疾人为己任,全心全意为残疾人提供“康复、就业、扶贫、维权、教育、文化与体育、社会保障”等全方位的有效服务,赢得了广大残疾人的拥护和爱戴。

一、康　复

残疾人康复工作,是帮助残疾人恢复或补偿功能,提高生存质量,增强社会参与能力的一个重要途径。自1990年常德市、县(区、市)残联成立以来,一直把残疾人康复作为残疾人工作的重头戏来抓,积极创造条件扩大残疾人康复受益面,努力争取达到“人人享有康复服务”的目标。

(一)残疾人视力康复

1.白内障复明手术。从1994年开始,常德市每年采取定点医院、集中患者、减免费用等措施组织开展白内障复明手术活动。2002年10月21日至11月20日,市残联在鼎城区鼎城人民医院成功开展第六次“视觉第一中国行动”白内障复明手术活动,是年9月13日,常德市人民政府残疾人工作协调委员会发出《常德市2002年“视觉第一中国行动”白内障复明手术实施方案的通知》(残工委〔2002〕6号),明确此次集中手术活动由市、县(区、市)人民政府分管残联工作的领导挂帅,民

2013年4月12日,辅助器具流动服务车工作人员进社区为残疾人开展视力、听力、肢体康复服务

政、卫生、财政部门积极配合，残联具体组织实施。尔后，市残联召开各区、县（市）残联分管康复工作的理事长会议，对手术的任务分配、时间安排、经费落实、注意事项等作出周密部署。接着与鼎城人民医院召开手术前准备工作专题会议，就医院与残联的分工、合作进行具体安排，责任落实到人。

同时利用新闻媒体广泛宣传，使此次活动家喻户晓，患者皆知。手术活动中，市人民政府副市长刘春林、市政府副秘书长田晓川、市残联理事长罗尚杰等专程来到医院看望医护人员、问候患者。短短一个月时间，共接诊患者1180人（次），完成白内障复明手术313例，翼状胬肉手术119例，成功率都达100%，受到社会各界的好评。至2011年，共完成白内障复明手术4.6964万例，其成功率100%，脱盲率99%、脱残率93%。从2009年起，常德市和九个区、县（市）先后被全国残疾人康复工作办公室授予“全国白内障无障碍市”“全国白内障无障碍县（区、市）”。

2.低视力配助视器。这项工作始于2002年，常德市、县（区、市）两级残联依托卫生部门，先后设立低视力康复中心或康复点，开展低视力患者的验光、助视器验配、使用训练和供应服务。2002—2013年，全市共筛查出6210名低视力患者，其中4300名特困残疾人得到免费配发助视器，解决了因眼疾给他们生产生活带来的不便。

2012年9月2日，市残联理事长田大春（前排右二）在市康复医院院长李南璋（前排左）陪同下了解康复工作动态

3.盲人定向行走训练。从2008年起，全市开展盲人定向行走训练，并免费为盲人提供定向行走辅助器具。至2013年，常德市、县（区、市）残联通过采取集中办班或单个上门训练等形式，共培训盲人1950人，使其获得了独立、安全行走的效果。

（二）残疾人听力言语康复

常德市残联始终把开展聋儿语训和成年听力语言残疾人的康复服务工作作为残疾人康复工作的重点来抓。

1990年起，在津市、桃源、安乡三所特教学校各设立一个语训部对全市聋儿进行语训，通过半年以上时间的训练，达到具有一定听力语言能力的聋儿则送到普幼或普小学习，完全丧失的听力且已达到入学年龄的聋儿则送到特教学校进行学习。1990—2011年，全市聋儿

2012年9月2日，常德市残联理事长涂传勇(前排右)、田大春(前排中)在常德市康复中心检查指导工作

语训共1884名。其中有530名能戴上助听器开口说话。津市市聋儿王海霜，女，2006年10月出生。左耳听力70dB、右耳听力90 dB，属于重度耳聋。2010年3月，进入津市市特教学校接受语训，通过听觉分辨、识别、理解以及言语矫治训练，仅两个月的时间，她的综合语言能力明显提高，戴上助听器能与老师语言交流。2010年8月，代表常德市参加“美尔斯通杯”湖南省听力语言康复明星大赛，她以生动的故事、大方的台风荣获大赛三等奖。此外，积极为成年听力语言残疾人提供听力筛查、康复咨询指导、助听器验配等功能补偿服务。2000—2013年，全市共有2016名成年听力语言残疾人得到了功能补偿服务，其中有1700人配上了助听器。

(三)精神病防治康复

1997年，常德市残联在武陵、鼎城两区试点精神病防治康复服务。2005年，各县(区市)全面推开。各区县(市)在当地政府的统一领导下，由卫生、民政、公安、残联等部门组成精防领导小组，残联承担精防办公室工作，负责制订方案，组织实施。基层康复机构、社区工疗站和家庭成员实行齐抓共管。同时，实施综合性防治。首先搞好摸底调查，给每个患者建档立卡，然后以药物治疗、心理治疗、劳工治疗、娱乐治疗等综合性措施对患者进行康复。此外，实行开放式管理。由社区与家庭共同为患者创造一个有利巩固疗效、促进康复、预防再发的环境，使患者尽可能在自己熟悉的环境中生活、训练、使他们尽早回归正常生活。

截至2013年，全市精防覆盖总人口6.43万人，以社区、家庭或医院治疗精神病人3.1万人，其中有1.98万人得到明显好转，有1.35万人得到康复并回归到社会正常生活中去。鼎城区沧山乡精神病人夏望来，因家境贫困，无钱治疗。1997年，在区开展的精防工作中得到免费治疗，不到半年时间得以康复。在区残联资助下，购进20头良种黑山羊进行繁育，经过滚动发展，三年共出售商品羊387头，获利3.88万元，成为当地养羊脱贫致富典型。2001年，湖南经视台“乡村发现”进行过专题报道。

（四）残疾人肢体康复

1990年，全市局限于单一康复，即小儿麻痹矫治手术。至2013年，已扩展为五项康复，即脑瘫儿童康复训练、肢体残疾儿童社区康复训练、成年肢体残疾人社区康复训练、肢体残疾儿童矫治手术、麻风畸残矫治手术。

2004年，常德市新希望康复托养中心成立，常德市委副书记戴军勇、市政府常务副市长陈文浩为该中心揭牌。当年收治0—7脑瘫儿童22人，康复出院8人。2008年，该中心转到市福利院众康脑瘫研究所。2010年，转到市康复医院脑瘫中心，年收治57人。从此，脑瘫儿童康复走上了系统、规范的训练，效果颇好，受到家长赞扬。同时，各地针对儿童、成年肢体残疾人不同功能障碍情况，采取现代康复技术和传统康复技术相结合的方法开展康复训练，以恢复和补偿肢体功能，增强生活的自理能力和参与社会的能力。全市有125个社区设立肢体残疾人康复训练室，并配备了一套价值1.5万元的康复训练器材，配有专门的康复训练指导员，定期对肢体残疾人进行康复训练。至2013年，参训人数达7560人。此外，注重开展麻风畸残矫治手术的康复。全市麻风治愈存活者600名，其中畸残者169人。2002年12月28日至2003年1月27日，对适宜手术康复的120名麻风畸残者集中在市皮肤防治所实施手术196例次，成功率达100%。常德市残联对部分生活特困患者实行了手术费全免。在开展手术治疗期间，常德市人大常委会主任莫道宏、市人民政府副市长张元英还先后来到皮防所看望医护人员，慰问住院的麻风畸残者。

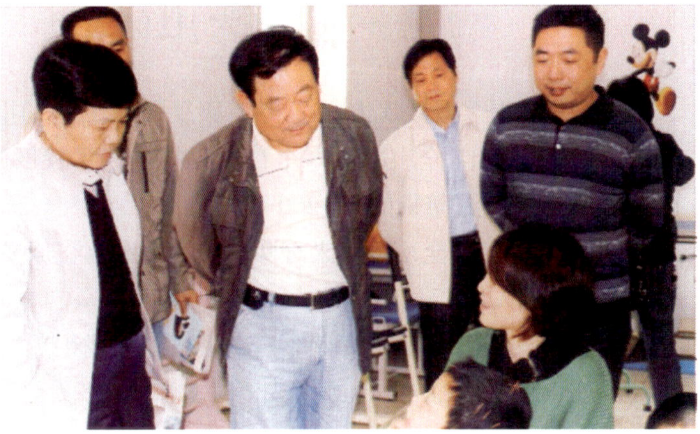

2012年4月25日，常德市残联副理事长黄明河（前排左二）考察常德市康复中心

2010—2013年，对全市贫困家庭的肢体残疾儿童实施免费或部分免费矫治手术，共420例，成功率达100%。

（五）残疾人智力康复

从2009年开始，常德市、县（区、市）残联充分利用社会举办、政府资助的阳光家园（即残疾人托养服务机构)、特教学校、社区卫生机构等资源,以及发挥智力残疾人亲友的作用,对智力残疾儿童开展运动能力、感知能力、认知能力、语言交流能力、生活自理能力、社会适应能力等内容的康复训练。至2013年,全市已有2050名智力残疾儿童参加了系统康复训练。其中,520名智力残疾儿童通过训练增强了认知和自理能力,连如厕也不需要他人的扶助。蒋思炎,女,2004年7月出生,鼎城区草坪镇白云庵村5组人。孩子性格内向,不喜欢和小朋友一起玩耍,生活自理能力非常差;对外界的感知能力很弱,语言理解能力和表达能力都很欠缺,开口说话的意识非常淡薄。2011年3月,在安乡县特殊教育学校接受康复训练。康复班的几位老师根据对孩子的观察和了解,制定了个别化训练方案,并严格按照方案进行康复训练。至2012年,她能主动配合老师和家长进行康复训练,课堂上表现很活跃,下课后能主动和小朋友玩耍,性格变得活泼开朗;生活自理能力提升很快,能自己吃饭、上厕所、穿脱简单的衣服和鞋袜等;语言理解能力和表达能力进步很大,能说简单的句子,能背诵一些儿歌,会和老师、家长等进行简单交流。家长看到孩子的康复效果后十分欣慰,坚定了继续送孩子进行康复训练的决心。

(六)社区康复

社区康复,是实现残疾人"人人享有康复服务"目标的重要途径。

2006—2013年,全市有650个社区(村)挂起了社区康复站的牌子,配有康复协调员1350人,其中接受过培训的有1200名残疾人。

1998—2013年,全市残疾人有9.8675万人建立了康复需求服务档案,接受康复服务记载的有1.31万人。

常德市、县(区、市)残联每年不定期组织社区康复技术人员进行专业培训,同时,对社区加大康复经费的投入。仅2010年,市残联就投入35万元,采购25套康复设备,配发到市直各社区。

至2013年,全市基本做到城市以社区、农村以乡镇为平台,为各类残疾人提供康复医疗训练指导、心理疏导、亲友培训、辅助器具服务、信息服务等综合性服务。武陵区在全市率先做到有肢体、精神、视力、听力语言、智力等五类残疾康复技术指导中心和残疾人辅助器具供应服务站,社区居委会有残疾人康复站,配备康复员和器材,并有康复需求与服务的档案,定期组织区内残疾人开展康复治疗与训练,残疾人及其亲友对康复服务满意率达85%以上,2009年,被中残联评为"全国残疾人社区康复示范区"。

(七)残疾人辅助器具供应

2003年11月,经中国残疾人辅助器具中心批准,常德市残联与鼎城区残联联合,在该区斗姆湖镇建起了一个占地 5.2 亩，建筑面积 2100 平方米的常德假肢装配站，使全市肢体残疾人既能就近装配又能得到及时使用假肢。对在该站装配假肢的常德市境居住的残疾人，其假肢材料及工时和装配期间的吃、住，都实行全免费。这个站良好的技术与服务，赢得湘西自治州、张家界、益阳、岳阳等地肢体残疾人纷纷前来装配假肢。至 2013 年，该站共为 4130 名肢体残疾人装配了假肢。2009 年 12 月 30 日，常德市辅助器具服务中心正式挂牌。2010 年，各区县（市）先后成立了相应机构，以满足残疾人各类辅助器具的选择、适配以及维修的需求。

2010—2013 年，全市各地认真开展免费赠送活动。利用开展“全国助残日”“扶贫帮困”“慰问点村”等活动，免费为贫困残疾人赠送辅助器具。仅 2010 年，全市赠送给残疾人辅助器具达 1.0378 万件。同时，普遍开展流动服务活动。为使辅助器具供应服务延伸到广大农村和边远地区，实现残疾人辅具适配服务“无障碍”，市辅助器具供应服务中心专配一台下乡流动服务中型客车，车内配置了开展辅助器具服务常用的各类小型车载设备，能够面向各类残疾人开展辅助器具服务，包括受益人筛查、辅助器具适配、回访维修、使用指导、知识宣传等。至 2013 年，全市开展了 4 次“残疾人辅助器具流动服务车乡村行”活动，共为 160 个乡（镇）、2100 个村（社区）的 1.15 万名残疾人提供了方便快捷的辅助器具适配服务。

2012 年 5 月 20 日，常德市人民政府、常德市残联举行第二十二次“全国助残日”活动启动仪式

2010 年，中残联在常德市召开“全国辅具适配现场会”，与会代表对常德市辅助器具供应服务工作给予了高度评价。

二、就　业

残疾人由于自身残疾和外界环境的影响，他们的就业要比健全人机会少、难度大。据此，全市各级残联采取集中与分散相结合，多渠道、多层次、多种形式安排残疾人就业，从而，残疾人就业率由“八五”期间不足 21%提高到“十一五”期间的 76%。

(一)残疾人按比例安排就业

2011年2月28日,市残联党组书记邓保平(前排左二)在全市残疾人就业招聘会议现场

按比例安排残疾人就业,是国家为适应社会主义市场经济规律要求,借鉴国际上普遍采取的做法,结合中国国情,依法推行的一项解决残疾人就业问题的战略举措。1998年7月30日,常德市人民政府出台《常德市按比例安排残疾人就业规定》(常政发〔1998〕10号)。"规定"明确要求,"机关、团体和事业单位及各城镇企业按本单位上年度在职职工(不含下岗职工和用工一年以下的临时工)总数1.5%的比例安排残疾人就业,乡镇企业按本单位在职职工总数2%的比例安排残疾人就业"。"安排残疾人在年末未达到规定比例的用人单位,必须按《湖南省残疾人就业保障金管理办法》(湘财〔1996〕社字第284号)规定,交纳残疾人就业保障金"。1998年11月18日,中共常德市委机构编制委员会办公室批复(常编办〔1998〕58号),同意成立常德市残疾人劳动就业服务所。2003年9月8日,更名为常德市残疾人劳动就业服务中心(常编办〔2003〕79号),具体承担残疾人就业工作的落实。随后各区县(市)相继转发市政府文件,出台实施办法,亦成立相应机构。从而,按比例安排残疾人就业工作在全市得以全面展开。至2013年,全市按比例安排残疾人就业1756人,其中行政事业单位517人,各类企业1239人。

2005年11月8日,湖南省人民政府办公厅发出《关于残疾人就业保障金征收有关问题的通知》(湘政办发〔2005〕48号),就残疾人就业保障金的征收范围、征收标准、征收方式、征收程序、征收管理、违规处理、检查监督及宣传作出了具体规定。是年,全市开始征收残疾人就业保障金。

至2013年,各地均实行财政部门代征、税务部门代扣,每年征缴残疾人就业保障金过千万元。

（二）残疾人个体就业

常德市、县（区、市）人民政府对残疾人个体就业先后制定优惠照顾政策，使残疾人从事个体就业优于健全人。1994 年 6 月 3 日，常德市政府制定《关于优惠照顾残疾人的若干意见》，其中第 12 条规定，“残疾人依法从事个体经营，工商行政管理部门应凭“残疾证”优先核发营业执照，税务部门应依法减免税收”。2002 年 10 月 9 日，临澧县人民政府发出《关于农村税费改革后落实残疾人优惠政策待遇的实施意见》（临政办发〔2002〕59 号），明确规定，“农村残疾人按残疾类别和等级及劳动能力的丧失程度，减免农业税、特产税及附加”等。

针对有一技之长的残疾人，各级残联积极提供并帮助选择就业信息。津市李家铺乡官堰居委会肢残人陈双喜，先后做过小买卖、修理等个体营业，却一直渴望有一条更适合自己经营的路。2005 年，津市市残联给他提供一个农村缝纫市场信息，并免费送他培训缝纫技术。不久，他单独开店营业，招了 8 名徒弟，年收入达 5 万元。此外，常德市、县（区、市）残联每年从残疾人就业保障金中投入 150 万元扶持残疾人个体就业。全市从事个体就业的残疾人数由“八五”期间 341 人增加到“十一五”期间 1.1494 万人。

（三）残疾人就业培训

开展残疾人职业技能和实用技术培训，是确保残疾人实现就业的基础。常德市残联各届领导班子十分重视残疾人职业技能和实用技术培训工作。2012 年 11 月 13 日，常德市残联换届选举刚结束不久，新任理事长田大春与党组书记、副理事长李云峰、副理事长张世湘专程到桃源县残疾人实用技术培训基地现场办公，认真查看基地现状，翻阅培训资料，询问基地运作情况，对该基地已举办 3 期培训班，为 157 名残疾人培训了包括柑橘优质高产、肉鸡养殖、优质药材种植与 14 个方面的农村实用技术的做法给予了充分肯定。

全市各地采取的培训途径主要有：

依托残疾人就业基地培训残疾人。常德市、县（区、市）残联都建有自己的残疾人就业培训基地，每年结合残疾人的特点，有针对性地对残疾人进行种植、养殖、加工、修理等实用技术的培训。仅“十一五”期间，全市共培训 4020 名残疾人。

利用社会力量培训残疾人。常德市、县（区、市）残联积极主动与人社、扶贫等部门以及相关社会培训机构、各类职校联系或联合为残疾人按需求提供各类培训，全市共培训 6890 名残疾人，使他们掌握了一技之长，并很快找到就业岗位。

市、县（区、市）残疾人劳动就业服务机构组织培训残疾人。2000—2013 年，市残疾人劳动就业服务中心，每年举办一至二期盲人按摩培训班，对他们实行了全免费，先后培训盲人1100人，不仅拿到了按摩资格等级证书，而且全部得到就业，有的还当上了老板。安乡县盲人郭泽军,通过学习盲人按摩技术后,在县残联的资助下,创办了一家盲人按摩中心,自己当上了老板,还解决了16名残疾人就业,生意一直做得很红火,被县政府授予"十佳创业模范"荣誉称号。

(四)残疾人推荐安置就业

全市各级残联通过发布创业信息、开展残疾人就业、失业登记、组织残疾人就业招聘会等形式,每年推荐安置残疾人就业超1200人。市残联通过推荐与招聘会的形式,每年有98%的残疾人大中专毕业生找到了就业岗位。

三、扶　贫

1989年,全市农村贫困残疾人有7.9028万人,还有6087户贫困残疾人家庭无房或危房。为改变残疾人贫困状况,从1990年开始,全市各级残联充分利用各级政府出台的扶贫政策,积极而有效地开展扶贫服务。

2013年5月24日,市残联党组成员、副理事长张世湘(前排中)在石板滩镇荷花堰村主持"连村帮户扶贫工程"活动

每年,常德市残联将项目扶贫的数量、资金等具体化,落实到各区县(市)去完成,并纳入年度量化目标考核内容之一,取得显著效果。仅"十一五"期间,全市共投入资金796万元开展种养业、家庭手工业、果木栽培等项目扶贫,使5138户农村贫困残疾人家庭因此脱贫。临澧县陈二乡黎家村田家组肢体残疾人田长松,全家4口人,妻子是视力残疾人。2009—2010年,利用县、乡残联发放的项目扶贫金2000元,逐步扩大种养规模,已发展到有1头种公牛、1头种公猪、30只羊、15亩养鱼水面,还购买了一台三轮车从事水产小商贩收购业务,每年获纯利1万多元,2011年脱贫,并主动提出取消享受农村低保。

至2013年,常德市共成立各类志愿者助残结帮扶贫服务组织5600个,注册志愿者2.89万人,其中统一着装、定期服务者3200人。全市已形成县级有志愿者助残服务中心,乡、镇(街道)有志愿者助残服务联络站,村、社区有志愿者助残服务联络点的志愿者助残服务网络。此外,全市有2214个企、事业单位主动与1.7621万名贫困残疾人实行结对帮扶。武陵区城东街道牯牛岗社区的纪红茂、付易可、周家凰、刘桔华、钟杏初等5名志愿者,为使孤寡肢体残疾人陈腊秀有一个好的生活享受，在他老人家中特别设立了一张床，从 1999 年开始，轮流值班，一直坚持了 13 年，让这位老人安祥地离开了人世。2012 年，《常德日报》将他们的事迹，以“孤寡老人家里的两张床”为题报道，《湖南残疾人》转载，在社会上产生强烈反响。每逢“全国助残日”、春节，常德市、县(区、市)各级党政军领导及各单位、社会各阶层，广泛开展多种形式的走访慰问活动，给贫困残疾人带来了实实在在的利益。

2013 年 1 月 25 日，市残联党组书记、副理事长李云峰(右)慰问鼎城荷花堰村贫困残疾人周秋阶

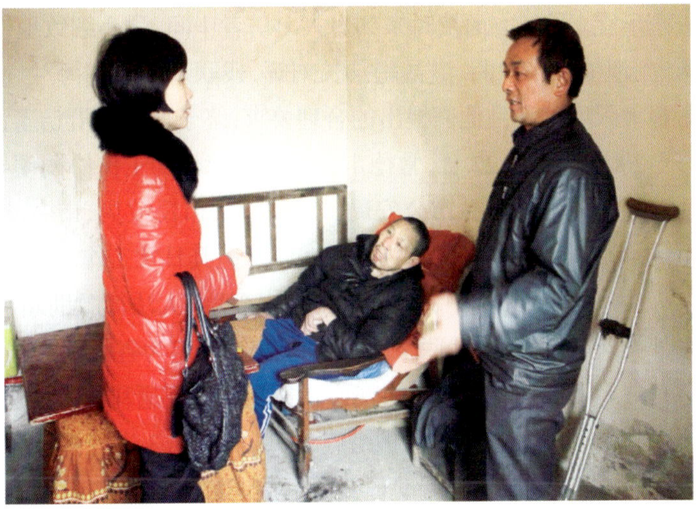

2013 年 1 月 26 日，市残联副理事长宋凡华(左)慰问桃花源旅游管理区贫困残疾人张义德

从 2003 年开始，全市启动农村贫困残疾人危房改造工程。在调查摸底、准确掌握农村贫困残疾人住房状况的基础上，常德市、县(区、市)人民政府成立了农村贫困残疾人家庭危房改造工程领导小组及工作办公室，并制定了切实可行的农村残疾人家庭危房改造实施方案。同时，强化措施筹措资金，主要措施有：政府从本级财政投入一部分；各相关单位从政策上减免一部分；各乡、镇(街道)承担一部分；各相关站、所资助一部分；亲友邻里相帮、残疾人家庭自筹一部分；村、组义务帮工出力，解决一部分；争取社会援助一部分等。从而，较好地解决了中残联、省残联匹配危房改造资金的缺口，按时完成每年危房改造的计划。至 2013 年，全市有 3740 户无房或危房的贫困残疾人家庭喜迁新居。石门县新铺乡新堰口村七组智力残疾人黄崇真，孤身一人住在残墙断壁的土砖屋内，无厨无厕，人禽混居二十余年。2011 年，县、乡、村三级党政组织将其纳入本年度危房改造项目之一，在政府和社会各界的帮扶下，年底，他搬进了 40 余平方米的崭新砖瓦房。

四、维　权

1990—2013年,常德市、县(区、市)各级各有关部门和广大残疾人工作者为维护残疾人合法权益,坚持不懈地努力,做好维权服务。

2006年,常德市残联在全省率先成立维权科,其主要职能是:负责宣传残疾人相关法律、法规;落实残疾人优惠政策,保障残疾人合法权益;处理残疾人来信来访、集体上访事件等。随后,各区县(市)残联也相继增设残疾人维权机构。市、县(区、市)残联维权工作领导小组,均建立了领导大接访制度,规定每月安排五天领导轮流坐班接访,其中每月的第一周连续安排两天领导坐班接访,从而使残疾人出现的维权问题得到及时处理。2011年2月,澧县有4名盲人因大病救助没有落实到位,与澧县民政局工作人员发生口角,旋导致肢体冲突,4名盲人受伤。于是,盲人当事者聚集九个区县(市)41名盲人,到市政府上访,要求严肃处理打人者。市、县残联维权领导小组得知这一情况后,一方面与澧县民政局及时沟通,商讨善后处理事宜。另一方面及时来到盲人上访者中间,耐心细致地作劝导工作。市残联理事长涂传勇、副理事长张世湘、澧县副县长刘辉、残联理事长胡海兰、副理事长刘明政直接出面协调,并最大限度地满足他们提出的合理要求,终于使此次群访事件很快得到平息。

2009年9月27日,常德市残疾人法律救助工作协调领导小组成立,由常德市中级人民法院、市人民检察院、市公安局、市司法局、市民政局、市劳动和社会保障局、市教育局、市卫生局、市残联等9个部门组成,市残联承担其日常工作。随后,市、县(区、市)残联均成立了残疾人法律救助站,其中,常德市和武陵区残疾人法律救助站被省高院、省检察院、省残联等9个部门联合批复(湘残联字〔2010〕17号),确定为省级残疾人法律救助工作站。2007年,武陵区丹洲乡泽远村肢体残疾人汪宏章在湖南省环通科技有限公司务工安装通信铁塔时,因该公司未采取安全作业的保护措施,不慎从高约3米处摔下,致颈部严重受伤,被评定工伤七级。2008年,经武陵区劳动仲裁委主持调解,获得5.5万元工伤补偿。但受伤一年后,出现诸多后遗症,其伤残构成为6级。接着汪宏章再找该公司要求工伤待遇补偿,未予受理,后又找区劳动仲裁委,也不予受理。2011年5月10日,汪宏章向武陵区法律援助中心申请法律援助。是年11月14日,将湖南环通科技有限公司状告武陵区人民法院。在常德市和武陵区残疾人法律救助机构的帮助下,历时407天,于2012年10月24日,汪宏章胜诉,得到伤残补偿金6.4万元。

2009—2013年,全市各法律中心残联工作站无偿为残疾人维权共计195件,有效地维护了残疾人的合法权益。

从2010年开始,全市共投入8039万元,按照建设部、民政部、中残联联合颁布的《方便残疾人使用城市道路和建筑物设计规范(试行)》,对城区街道、公共建筑、公共交通、特殊设施、信息无障碍和居住小区(居住建筑)等六个方面进行无障碍改造,对城区36个主要交通管制路口安装了语言过街提示信号装置，为 362 台公共汽车配置了语言报站装置，修建缘石坡道 2502 个，对 164.6 千米城区主干道进行盲道改造，对城区大型商场、酒店、居民小区等场所新设了残疾人专用停车道。同时对残疾人家庭也进行了无障碍设施改造，成为全省首批“全国无障碍设施进家庭”的试点市。为搞好此项工作，先后派出 3 批工作人员去外地学习无障碍设施进家庭的经验与做法，并严格按照中残联、省残联的要求搞好项目实施。2010—2013 年，全市免费为 201 户残疾人家庭完成无障碍设施改造，免费为他们安装辅助器具 819 件。

常德市开展残疾人家庭无障碍设施改造工作，虽起步晚，但其质量与数量领先全省乃至全国。2012 年 4 月 24 日，安徽省残联副理事长陈顺云带领 13 人，在省残联组联部部长谢开图、市残联党组书记、副理事长李云峰陪同下，参观考察武陵区残疾人家庭无障碍改造工作，给予了高度评价，表示回去以后，将会认真学习武陵区残联工作的先进经验和做法，结合本省实际，改善和提升残疾人家庭无障碍工作。

2009 年开始，全市每年开展对残疾人机动轮椅车燃油补贴工作。全市共有 2633 部，均按每辆 200 元标准，全部落实经费补贴。2011 年，常德市、县（区、市）残联还建立健全了燃油补贴数据录入工作，并有专人负责管理。

五、社会保障

残疾人是一个数量众多，特性突出、特别困难的社会群体，需要社会保障予以特殊的照顾。

1994 年 6 月 3 日，常德市人民政府出台《关于优惠照顾残疾人若干规定》（常政发〔1994〕8 号），就残疾人教育、康复、居住、劳动就业、生活保障等方面作出明确规定。然而，随着国民经济和社会发展水平整体提高，常德市政府常政发〔1994〕8 号文件的部分条款已不适应残疾人事业发展的新形势，不能充分体现党和政府对这个弱势群体的优惠照顾。2005 年 8 月 19 日，常德市人民政府又出台《关于进一步对残疾人给予优惠照顾的通知》（常政发〔2005〕29 号），明确规定，“要保障残疾人的基本生活，要加大对残疾人及其子女接受教育的帮扶力度，要尽力解决残疾人医疗和康复困难，要在有关税费方面对残疾人给予适当的优惠照顾”等。

2009 年 11 月 17 日，常德市人民政府以第 4 号令颁布《常德市残疾人扶助办法》，“办法”共 29 条，不仅对已制定的优惠政策具体化，便于操作，而且新增加残疾人家庭安装自来水、宽带网、电视电话等优惠照顾政策。同时，“办法”明确规定，“行政机关及其工作人员违反本办法，不履行残疾人扶助义务的，由上级行政机关或监察机关依法处理；公共服务单位违反本办法，不履行残疾人扶助义务的，由有关部门依法处理”。各区县、市结合本地实际，亦先后出台了残疾人社会保障优惠照顾政策。

2010—2013 年，全市城镇凡无固定收入的残疾人居民先后全部进入最低生活保障。在农村,凡无劳动能力、无法定抚养人、无生活来源的残疾人,不受年龄限制、残疾等级条件限制,均实行农村“五保”。同时,还对因灾、因病等原因处于贫困和流浪乞讨的残疾人,实施了临时救助措施,给予适当的定期定量救济。各区县(市)对城镇贫困残疾人参加居民基本医疗保险和农村残疾人参加新型农村合作医疗保险的,全部实现由当地财政给予全额或部分补贴。对脑瘫、孤独症(限药物治疗)、智障儿童(限药物治疗)、白内障复明、精神病患者用药等治疗费用,都纳入城镇居民、城镇职工基本医疗保险和新型农村医疗保险的支付报销范围,极大地减轻了残疾人的就医负担。

至2013年,全市城镇残疾人参保率达92%,农村残疾人参保率达99%。鼎城、澧县、临澧三个区县在残疾人群体中全面开展城镇居民养老保险和新型农村养老保险,残疾人参保率均达到98%。

2008年,为改善智力、精神和丧失生活自理能力的重度残疾人的生存发展条件,常德市残联启动残疾人托养服务试点。2009年,就如何做好托养服务制定了《常德市残疾人“阳光家园”—智力、精神和重度残疾托养服务项目实施方案》,并纳入了对各区县(市)残联年终目标考核的一个重要指标。截至2013年,全市共建立寄宿制托养服务机构20个,其中依托福利院、敬老院等社会资源建立的托养服务机构4个,民办托养服务机构16个;共托养残疾人157人,其中智力残疾85人、精神残疾30人、丧失生活自理能力的重度残疾42人。建立日间照料托养服务机构14个,共托养残疾人467人,其中智力残疾201人,精神残疾187人,丧失生活自理能力的重度残疾79人。此外,各地还依托有条件的社区开展残疾人居家托养服务,全市共3910人(次),其中智力残疾1261人次、精神残疾987人次,丧失生活自理能力的重度残疾191人。对这些被托养服务的残疾人费用由中央和地方财政共同提供资助。常德市残疾人托养服务工作虽然起步晚,但发展速度较快、成效较大,常德市东城阳光家园、鼎城区南城阳光家园,这两所托养机构达到了省级“阳光家园”示范机构标准。

2010年9月8日,市残联党组成员、副理事长曾召盛(前右)启动常德市第一家“阳光家园”

六、教　育

2009年，常德市共有残疾儿童少年1.0429万人，其中0—7岁聋儿236人，在校（含特教学校）残疾学生1479人（含高、中专生127人）。至2011年，全市在津市、桃源、安乡三地建3所特殊教育学校，共有建筑面积1.21万平方米，有教职员工277人，学生350人（以聋哑和智力残疾儿童少年为主），其中初中班5个、小学班21个，开设语文、数学、语训、体育等12门课程。1994—2013年，常德市、县（区、市）党委、政府以及残联、教育行政主管部门等，为满足残疾儿童的特殊教育需求，做了大量卓有成效的工作。

1994年6月3日，常德市人民政府发出《关于优惠照顾残疾人若干规定》（常政发〔1994〕8号），明确提出，“接受义务教育的残疾学生及贫困残疾人子女免交学费，有条件的地方可酌情减免杂费”。1995年5月15日，常德市教委、市财政局、市残联等13个部门联合下发《关于实施常德市人民政府关于优惠照顾残疾人的若干意见的办法》（常残联字〔1995〕第12号），明确规定，“接受义务教育的残疾人、残疾军人子女和残疾学生免交学费，家庭特别困难的，予以减免杂费”。2001年7月25日，常德市教委与市残联联合发出《关于进一步做好残疾人子女、残疾少年儿童义务教育工作的通知》（常残字〔2001〕24号），对普校随班就读的、普校设特教班就读的，以及特教学校就读的残疾少年儿童和残疾人子女就学都作出了可操作性的减免政策规定。2005年8月19日，常德市人民政府发出《关于进一步对残疾人给予优惠照顾的通知》（常政办发〔2005〕29号），规定“在公立学校接受义务教育的残疾人及残疾人子女免交书本费和杂费，适当补助寄宿生活费”。2009年11月17日，常德市人民政府以政府令第4号发布《常德市残疾人扶助办法》，明确规定，“对接受义务教育的残疾学生、贫困残疾人家庭的学生，其学杂费包括校服和作业本由学校实行全免，接受高中以上阶段教育的，由学校实行减免50%的学杂费”。一系列残疾人助学优惠政策的实施，确保残疾人受教育的权利落到了实处。

同时，常德市、县（区、市）残联每年投入22万元，资助三所特教学校的学生，帮助他们顺利完成义务教育；每年对应届考取大专以上的残疾学子给予1000~8000元的一次性资助；每年“全国助残日”、春节，为家庭经济困难残疾学生送慰问金500~1000元。同时，积极争取国家彩票公益金助学项目。2006年开始，国家开展了专门针对贫困残疾大学生的国家彩票公益金助学项目。为此，每年7—8月，市、县（区、市）残联主动与教育部门沟通，使考上高校的贫困残疾学子个个得到了助学项目。截至2013年，全市有900名贫困残疾学生和残疾人家庭子女共获得助学补助金810万元。此外，注重扩大招生渠道。在充分挖掘现有三所特教学校招生的潜力外，各县（区、市）的普通中、小学校积极推行了随班就读或设立特教班的形式，以扩大残疾少年儿童接受义务教育的渠道，提高入学率。据统计，全市残疾少年儿童入学率由“八五”期间的28%，提高到“十一五”期间的96%。

七、文体活动

常德市有组织地开展残疾人体育活动，起步于二十世纪八十年代。1982年10月8—9日,常德地区体委、地区民政局联合在常德市举行了首届常德地区盲、聋、哑残疾人运动会。来自津市、常德(今武陵区)、桃源、石门、慈利、临澧等县市的100多名残疾人报名参加了篮球、乒乓球、田径等项目的比赛。1982年10月12日,常德地区行政公署办公室发出《关于组织我区出席全省第一届盲聋哑人体育运动会代表队的通知》(常署办函〔1982〕9号),并于10月16日至11月6日,在津市市体校进行集中训练。是年11月7日,地区民政局副局长陆勤为总领队、津市市专干邓秀志为领队,马文裕、黄诗言为翻译,全体教练员、运动员以及同时配备的医师彭超平和吴昌鼎、孟凡鼎2名陪护共计33人组成的常德地区残疾人体育代表团,赴长沙参加11月9—13日举行的湖南省第一届盲聋哑人运动会。这次比赛获得团体总分第四名的好成绩。

嗣后,残疾人体育作为体育的一个组成部分,被体育主管部门列入工作日程,并得到民政、教育、卫生、劳动人事等部门的关心和支持。津市市在全市体委与市民政局的密切配合下,对残疾人体育常抓不懈,致使该市残疾人体育活动广泛开展,运动技术水平不断提高,涌现出如女青年周学元等一批优秀的残疾人体育尖子,为常德、湖南乃至中国都赢得了荣誉。地处山区的石门县，在县体校田径教练毛忠文的倡导下，把残疾人纳入业余体校的训练队伍,为省、市培养、输送了不少田径、游泳残疾人体育人才,像田径选手白少绪、游泳选手刘文冠,就多次在省残疾人运动会上夺得金牌,白少绪曾两次代表湖南省参加残运会,并赢得荣誉;残疾游泳运动员刘文冠为创造优异成绩,多次自费赴省参加培训,为残疾人攀登体育高峰,树立了榜样。

1982—1996年,常德市(地区)成功地举办了三届全市(地区)残疾人运动会,并组团参加了第二届、三届、四届全省残疾人运动会,每次都取得较好的成绩,对推动全市残疾人体育运动的开展,提高残疾人的地位,都起到了积极作用。

1999年9月,常德市派出17名运动员参加湖南省第五届残运会,共取得金牌9枚、银牌4枚、铜牌11枚,团体总分名列第六。

2003年3月,常德市在全省率先于石门县建立残疾人体育训练基地,专门集中培训有体育特长的残疾青少年,有专职教练员4人,每年投入训练经费11万元。2003—2011年,共培养出225名残疾人运动员,先后参加了省、国家以及国际的残疾人运动会。

2003年6月,常德市派出18名运动员参加湖南省第六届残疾人运动会,共取得金牌7枚、银牌11枚、铜牌9枚,团体总分名列第六。

2006年9月,常德市派出42名运动员参加湖南省第七届残疾人运动会,共取得金牌17枚、银牌6枚、铜牌5枚,金牌总数并列第四,团体总分名列第五。

2010 年，常德市派出 34 名运动员参加全省第八届残疾人运动会，共取得金牌 27 枚、银牌 18 枚、铜牌 9 枚，总得分 206 分，创造了全省排名金牌第二，总分名列第三的历史最高成绩。

1985—2011 年，常德市先后有 12 名残疾人被选拔参加国家和国际举办的残疾人运动会，共获得金牌 27 块、银牌 12 块、铜牌 4 块。

1991 年起，常德市残疾人文化活动有组织进行，且呈现多样化。全市于 1992、1996 年共举办 2 次聋人象棋比赛；1993、1997、2001、2008 年共举办 4 次残疾人文艺会演；1994、1998、2002 年共举办 3 次残疾人书画摄影展览。同时，以社区、特教学校为依托，积极组织有文化、艺术特长的残疾人参加省、国家历次举办的残疾人文艺会演和残疾人书画、摄影展览。常德丝弦《只因赶上好年代》，在第五届全省残疾人艺术会演时获一等奖，并代表湖南省参加全国残疾人文艺会演，亦获创作和表演三等奖。安乡特教学校小品《日记风波》，在全省第六届特教学校学生文艺会演中获三等奖，肢残人冯婷在全省第六届残疾人文艺会演中获二等奖。聋哑人丁明的油画作品《恐怖》，2002 年，获全国首届环保美术作品大赛一等奖、新世界美术大赛银奖，并选送到中国历史博物馆展出。2010 年，聋人易先红在全国残疾人象棋比赛中荣获第一名。

常德市残疾人参加国家和国际残运会前三名运动员情况

(2016年12月31日)

表8-3-1

姓 名	性别	属地	运动会名称	项目	名次	比赛时间	比赛地点
周学元	女	津市	第一届全国伤残人运动会	100米仰泳	1	1985年	合肥
周学元	女	津市	第一届全国伤残人运动会	100米自由泳	1	1985年	合肥
周学元	女	津市	第四届远东及南太平洋地区伤残人运动会	50米自由泳	1	1986年	印度尼西亚
周学元	女	津市	第四届远东及南太平洋地区伤残人运动会	100米自由泳	1	1986年	印度尼西亚
周学元	女	津市	第四届远东及南太平洋地区伤残人运动会	100米蛙泳	1	1986年	印度尼西亚
周学元	女	津市	第四届远东及南太平洋地区伤残人运动会	100米蝶泳	2	1986年	印度尼西亚
周学元	女	津市	第四届远东及南太平洋地区伤残人运动会	100米仰泳	2	1986年	印度尼西亚
周学元	女	津市	第二届全国伤残人运动会	100米自由泳	1	1987年	唐山
周学元	女	津市	第二届全国伤残人运动会	100米蝶泳	1	1987年	唐山
周学元	女	津市	第二届全国伤残人运动会	200米混合泳	1	1987年	唐山
周学元	女	津市	第二届全国伤残人运动会	200米自由泳	1	1987年	唐山
周学元	女	津市	第五届远东及南太平洋地区伤残人运动会	100米仰泳	1	1989年	日本
周学元	女	津市	第五届远东及南太平洋地区伤残人运动会	100米蛙泳	1	1989年	日本
周学元	女	津市	第五届远东及南太平洋地区伤残人运动会	100米蝶泳	1	1989年	日本
周学元	女	津市	第五届远东及南太平洋地区伤残人运动会	100米自由泳	1	1989年	日本
周学元	女	津市	第九届巴塞罗那残奥会	100米蝶泳	3	1992年	西班牙
周学元	女	津市	第三届全国残疾人运动会	游泳	1	1992年	广州
周学元	女	津市	第六届亚州残疾人运动会	游泳	1	1994年	日本
周学元	女	津市	第四届全国残疾人运动会	游泳	1	1996年	大连
徐振华	女	石门	全国残疾人田径锦标赛	F42级标枪	1	2005年	重庆
王 艳	女	桃源	全国残疾人举重锦标赛	举重82.5公斤	1	2009年	呼和浩特

续表 8-3-1

姓　名	性别	属地	运动会名称	项目	名次	比赛时间	比赛地点
李　俊	男	鼎城	全国残疾人举重锦标赛	举重 52 公斤	3	2009 年	呼和浩特
陈　莉	女	石门	全国残疾人飞镖锦标赛	飞镖 团体	2	2010 年	北京
易先红	男	石门	全国残疾人象棋比赛	中国象棋	1	2010 年	北京
黄　兴	男	临澧	全国残疾人射击锦标赛	SHI 级 10 米气枪 60 发 团体	1	2010 年	西安
黄　兴	男	临澧	全国残疾人射击锦标赛	SHI 级 10 米气枪 60 发 个人	3	2010 年	西安
徐振华	女	石门	全国残疾人田径锦标赛	F42 级铅球	2	2010 年	北京
徐振华	女	石门	全国残疾人田径锦标赛	F42 级标枪	2	2010 年	北京
徐振华	女	石门	全国残疾人田径锦标赛	F42 级铁饼	2	2010 年	北京
侯　旭	男	石门	全国残疾人田径锦标赛	田径盲人 F12 级 1500 米	2	2010 年	北京
危恩龙	男	汉寿	全国残疾人田径锦标赛	F46 铁饼	2	2010 年	北京
危恩龙	男	汉寿	全国残疾人田径锦标赛	F46 铅球	2	2010 年	北京
危恩龙	男	汉寿	第十届亚州残疾人运动会	F44/46 铅球	1	2010 年	广州
危恩龙	男	汉寿	第八届全国残疾人运动会	F46 铁饼	1	2011 年	浙江
危恩龙	男	汉寿	第八届全国残疾人运动会	F46 铅球	2	2011 年	浙江
黄　兴	男	临澧	第八届全国残疾人运动会	SHI 级 10 米气手枪 60 发 个人	1	2011 年	浙江
黄　兴	男	临澧	第八届全国残疾人运动会	SHI 级 25 米运动手枪 30+30 发团体	1	2011 年	浙江
王　艳	女	桃源	第八届全国残疾人运动会	举重 82.5 公斤级	1	2011 年	浙江
侯　旭	男	石门	第八届全国残疾人运动会	田径 800 米 T13 级	2	2011 年	浙江
谢张元	男	桃源	第八届全国残疾人运动会	铅球 F58 级	3	2011 年	浙江
李　俊	男	鼎城	第八届全国残疾人运动会	举重 48 公斤级	1	2011 年	浙江
杨　超	男	鼎城	第八届全国残疾人运动会	SHI 级 25 米运动手枪 30+30 发团体	1	2011 年	浙江
杨　超	男	鼎城	第八届全国残疾人运动会	SHI 级 10 米气手枪 60 发 个人	2	2011 年	浙江

续表 8-3-1

姓　名	性别	属地	运动会名称	项目	名次	比赛时间	比赛地点
李士杰	男	临澧	第九届全国残疾人运动会	T35-38 级 4*100 米接力	2	2012 年	成都
李　俊	男	鼎城	全国残疾人举重锦标赛	54 公斤级	1	2013 年	石家庄
侯　旭	男	石门	全国残疾人田径锦标赛	T12 级 800 米	1	2014 年	北京
杨　超	男	鼎城	第九届全国残疾人运动会	50 米慢射自选手枪（个人）	1	2015 年	成都
杨　超	男	鼎城	德国汉诺威射击世界杯	50 米慢射自选手枪（个人）	1	2015 年	汉诺威
杨　超	男	鼎城	克罗地亚射击世界杯	10 米气手枪（个人）	2	2015 年	克罗地亚
杨　超	男	鼎城	澳大利亚射击世界杯	50 米慢射自选手枪（个人）	2	2015 年	澳大利亚
黄　兴	男	临澧	第九届全国残疾人运动会	50 米自选手枪（个人）	1	2015 年	成都
黄　兴	男	临澧	德国射击世界杯	25 米慢加速（个人）	1	2015 年	汉诺威
黄　兴	男	临澧	克罗地亚射击世界杯	25 米慢加速（个人）	1	2015 年	克罗地亚
侯　旭	男	石门	第九届全国残疾人运动会	T11 级 800 米	1	2015 年	成都
危恩龙	男	汉寿	世界残疾人田径大奖赛	铅球	1	2015 年	北京
杨　超	男	鼎城	德国汉诺威射击公开赛	10 米气手枪（团体）	1	2016 年	汉诺威
杨　超	男	鼎城	巴西里约残奥会	50 米慢射自选手枪（个人）	2	2016 年	里约
杨　超	男	鼎城	巴西里约残奥会	10 米气手枪（个人）	1	2016 年	里约
黄　兴	男	临澧	澳大利亚射击世界杯	25 米慢加速（个人）	2	2016 年	悉尼
黄　兴	男	临澧	德国汉诺威射击公开赛	25 米慢加速（个人）	1	2016 年	汉诺威
黄　兴	男	临澧	巴西里约残奥会	25 米慢加速（个人）	1	2016 年	里约

第九章

老龄工作

第九章　老龄工作

世纪之交，常德市的老年人口超过总人口的10%，人口年龄结构开始进入老龄化阶段。从新世纪开始，全市将全面实施社会主义现代化建设第三步发展战略，经济发展和综合国力的增强为解决老龄问题创造了良好的物质基础。

1988—2013年，常德市、县(区、市)人民政府把老龄事业纳入国民经济和社会发展中长期规划和年度计划，坚持“政府主导，社会参与，全民关怀”的老龄工作方针，加快发展老龄事业，逐步建立起较为完善的老年福利、生活照料、医疗保健、体育健身、文化教育和法律服务为主要内容的老年服务体系，以切实提高老年人的物质和精神文化生活水平，基本实现老有所养、老有所医、老有所教、老有所学、老有所为、老有所乐。

第一节　老龄管理机构

一、市本级老龄管理机构

1985年12月12日，常德地区行政公署专员办公会议研究，同意成立常德地区老龄问题委员会(常署办〔1985〕47号)。常德行署副专员肖宗荣任主任，贺敏功、严奉春、谢春开、万振湘、樊长富、鲁代珍任副主任，李桂凡、李明安、刘文俊、严奉春、杨凤吾、许芬芝、吴晓水、李冰清、皮华南、张儒雅、陈隆豪为委员，严奉春兼任秘书长，陈隆豪兼任副秘书长。地区老龄问题委员会办公地点设地区劳动人事局内。1987年11月9日，常德地区编制委员会批复(常编发〔1987〕74号)，同意地区老龄问题委员会下设办公室，为科级办事机构，归口行署办公室管理，不另增加编制。

1990年7月16日，中共常德市委、常德市人民政府决定(常办通字〔1990〕14号)，增补柳志九、陈德铨任常德市老龄工作委员会副主任。

1992年3月30日，中共常德市委、常德市人民政府决定(常办通字〔1992〕13号)增补赵树立任常德市老龄工作委员会副主任。1993年5月9日，中共常德市委、常德市人民政府通知(常办通字〔1993〕27号)，调整常德市老龄工作委员会成员，中共常德市委副书记周阳生任主任，陈德铨、王春阳、贺敏功、赵树立、王德盛任副主任，王华轩、周诗成、樊长富、吴承云、刘文俊、陈隆豪为委员。委员会下设办公室,王德盛兼任办公室主任,陈隆豪兼任办公室副主任。办公室日常工作归口市政府办管理。1995年,常德市老龄办并入市政府办,对外保留市老龄办牌子。

2001年11月27日,常德市政府办批复(常政办发〔2001〕46号),明确常德市民政局新增负责老龄工作的宏观指导和综合协调管理职能。同时明确,常德市老龄工作委员会办公室,为正科级行政机构,挂靠市民政局。主要职责是:负责协调和推动有关部门做好维护老年人权益的保障工作;加强对老龄工作的宏观指导和综合管理。推动开展有利于老年人身心健康的各种活动;指导、督促和检查各区、县(市)的老龄工作,有针对性地进行业务培训。核定行政编制4名。2002年6月,中共常德市委、常德市人民政府调整充实常德市老龄工作委员会组成单位,并明确市委办公室等31个组成部门的具体职责。

2004年2月18日,中共常德市委、常德市人民政府决定(常办通字〔2004〕5号),调整常德市老龄工作委员会,中共常德市委常委、常德市人民政府副市长陈文浩任主任;中共常德市委副秘书长卢武福、常德市人民政府副秘书长田晓川、市民政局局长卜功元、市委组织部副部长、市委老干部局局长李娥皇、市人事局副局长丁喜珍、市财政局副局长刘慎松、市劳动和社会保障局副局长朱朝晖、市民政局党组书记、副局长李继华任副主任。市老龄工作委员会下设办公室,李继华兼任办公室主任,办公地点设市民政局内。

是年6月8日,常德市老龄工作委员会以常老字〔2004〕3号文,重申常德市老龄委31个成员单位,即中共常德市委办公室、常德市人民政府办公室、市委组织部、市委老干局、市委宣传部、市人大内司委、市直机关工委、市计委、市教育局、市民族宗教事务局、市民政局、市司法局、市财政局、市公安局、市人事局、市劳动和社会保障局、市建设局、市交通局、市农办、市文化局、市卫生局、市广播电视局、市体育局、市统计局、市旅游局、市新闻出版局、常德军分区政治部、市总工会、共青团市委、市妇联的具体工作职责。

2005年9月30日,常德市人民政府任命(常政人〔2005〕6号)陈怀祥为市老龄办公室主任。2009年7月31日,常德市人民政府任命(常政人〔2009〕5号)徐力为市老龄办公室主任。

2010年7月6日,中共常德市委、常德市人民政府调整常德市老龄工作委员会成员单位在职领导成员,以利于履行本单位、本行业老龄工作职责。常德市政府常务副市长刘小明任市老龄委主任。副市长徐万发为常务副主任,市政府副秘书长郑志鹏、市民政局长熊国建、市委办公室老干科长晏银成、市委组织部副部长谭弘发、市委老干局副局长石林、市财政局党组成员郝介球、市委组织部副部长、市人力资源和社会保障局局长曾再农任副主任;市老龄办主任徐力任专职副主任。宁毅刚、易建设、谢昭元、陈坚毅、任绪义、施爱国、蒯富贵、郝诗康、樊景华、罗跃来、任民政、周德生、蒋孝民、罗腊珍、邱诺亚、覃正元、杨成先、熊汉澍、陈默、郑学泉、赵克蓉、刘静、张立华等23人为委员。市人大常委会原主任莫道宏、市政协原主席韩林安、市委原副书记李少甫、市政府原常务副市长钦时中、市中级人民法院原院长龚德培为顾问。

2011年,中共常德市委办公室、常德市人民政府办公室发出通知(常办发〔2011〕68号),

因人事变动，市委、市人民政府决定调整常德市老龄工作委员会。市委常委、市政府常务副市长刘小明任主任，市政府副市长徐万发为常务副主任，郑志鹏、熊国建、谭宏发、许世林、石林、郝介球、曾再农任副主任。委员会下设办公室，办公地点设市民政局内，徐力任办公室主任。

2012—2013 年，中共常德市委常委、常德市人民政府常务副市长赵应云继任市老龄委主任，各成员单位因领导变动，故由相应岗位人员自然递补。

二、区县、市老龄管理机构

1986 年以后，各区县（市）老龄工作委员会及其办公室相继成立，至 2013 年年底，全市县级人民政府老龄工作管理机构逐步健全。

武陵区

1986 年 6 月，常德市（今武陵区）成立常德市老龄工作委员会，下设办公室，负责老龄管理日常工作。1988 年 6 月，更名为常德市武陵区老龄工作委员会，区老龄办隶属武陵区政府办。

2002 年 3 月，武陵区老龄办正式挂靠区民政局，何秋萍任区老龄办主任。2009 年，龚春珍任区老龄办主任。2012 年，刘明春任区老龄办主任。

鼎城区

1986 年 6 月，常德县（今鼎城区）人民政府成立常德县老龄工作委员会，下设办公室，归口县劳动人事局管理。1988 年，更名为常德市鼎城区老龄工作委员会，下设办公室。1995 年，区老龄办归口区政府办管理。

2002 年 7 月，区老龄办由区政府办转挂到区民政局，核定编制 3 人。至 2013 年，赵亚兰、邹蓉、诸莉莉、潘珂百历任区老龄办主任。

津市市

1986 年，津市市人民政府成立津市市老龄工作委员会（津政发〔1986〕56 号），梁崇钧任主任，陈玉珍、杨求芝、和禹耕、张儒新任副主任。下设办公室，归口劳动人事局管理。

1990 年，津市市委办、市政府办通知（津办通字〔1990〕12 号），调整津市市老龄工作委员会组成人员，胡作武任老龄委主任，陈君文、全文斌、杨业松任副主任，杨业松兼任办公室主任。1992 年,津市市编委批复(津编通字〔1992〕5 号),核定市老龄办编制 3 人。1994 年,津市市委任命(津干〔1994〕6 号),傅冠明兼任津市市老龄委主任。1996 年,津市市委办、市政府办批复(津办通字〔1996〕62 号),任命胡振球为市老龄委主任,易祚金任副主任,夏业清兼任市老龄办主任。

2002 年,津市市委、市政府明确市民政局办公室加挂市老龄办公室牌子。2004 年,津市市编委办批复(津编办发〔2004〕2 号),析置津市市老龄工作委员会办公室,挂靠津市市民政局,核定编制 2 名。至 2008 年,袁超伦、毛先进、黄益群历任市老龄办主任。

安乡县

1988 年,安乡县人民政府成立安乡县老龄工作委员会。未设立办公室。

1993 年,调整县老龄工作委员会组成人员,设立县老龄工作办公室,为正科级行政机构,归口县政府办管理。县政府办副主任汤平兼任县老龄办主任,未配备专职工作人员,只保留牌子。1995 年,县老龄办主任不再由县政府办副主任兼任,任命刘国伟为专职主任(正科级)。1996 年,汤平任县老龄办主任;1998 年,云昌世任县老龄办主任。

2001 年,县老龄办并入县民政局,对外保留牌子,县民政局副局长李少平兼任县老龄办主任。是年,肖安平任县老龄办主任。

2005 年,单独设置县老龄工作办公室,挂靠县民政局。是年 3 月,熊军妮任县老龄办主任(县民政局党组成员)。

汉寿县

1987 年,汉寿县人民政府成立汉寿县老龄工作委员会,下设办公室,挂靠县劳动局,核定全额拨款事业编制 3 名。1992 年,县编办批复(汉编办〔1992〕6 号),撤销县劳动局和县劳动服务公司所有内部股室及县老龄委办公室,设立劳动局办公室(保留县劳动服务公司和县老龄办公室的牌子)。劳动局财务室负责老龄委办公室的财务工作。

2002 年,汉寿县政府办批复(汉政办发〔2002〕38 号),县老龄办归口县民政局管理,核定全额拨款事业编制 2 名。2011 年,汉寿县政府办批复(汉政办发〔2011〕7 号),县老龄办为正股级,挂靠县民政局。至 2013 年,杨国海、张学农、周小楠历任县老龄办主任。

澧　县

1987 年,澧县人民政府成立,县老龄工作委员会,王德胜任主任。下设办公室,归口县政府办管理,王已泽任老龄办主任。1989 年,王立运任县老龄办主任。

1999 年 4 月 2 日，澧县人民政府发出《调整澧县老龄工作委员会成员的通知》(澧政办发〔1999〕38 号)，明确刘锡达任主任，严文波、黄志泉、杜方琛任副主任。下设办公室，李启权兼任办公室主任。

2003 年 8 月，澧县编委办批复(澧编办发〔2003〕12 号)，设立澧县老龄工作委员会办公室，挂靠县民政局，核定编制 4 名。是年，王平任县老龄办主任。

2004 年 2 月 16 日，中共澧县县委、县人民政府决定(澧办通字〔2004〕6 号)，县委常委、县人民政府常务副县长羿世淦任县老龄工作委员会主任；副县长蔡玮任常务副主任；于承津、汤志东、曾宪君、江维春、金中军、叶祥生、陈新民任副主任；刘金文任专职副主任。是年 11 月，黄大玉任县老龄办公室主任(县民政局党组成员)。

临 澧 县

1986 年，临澧县人民政府决定(临政办发〔1986〕7 号)，成立临澧县老龄工作委员会，吴大模任主任。下设办公室，归口县劳动人事局管理，李志耀兼任办公室主任。1988 年，临澧县编委批复(临编发〔1988〕16 号)，收回县老龄委员会原行政编制 1 名，重新核定老龄委员会事业编制 3 名。1989 年 1 月，江正祖任县老龄办主任。1993 年 12 月，汪正东任县老龄办主任。

1994 年，临澧县委、县政府决定(临发〔1994〕17 号)，县老龄办并入县政府办，对外保留牌子，人员编制 2 名。是年，邓文富任县老龄办主任。1997 年 12 月，辛序高任县老龄办主任。

2002 年，临澧县民政局救灾救济福利股加挂临澧县老龄工作委员会办公室牌子。是年，临澧县编委批复(临编办发〔2004〕3 号)，析置临澧县老龄工作委员会办公室，挂靠县民政局，核定编制 2 名。尹妮娜任县老龄办主任。2007 年，辛继良任县老龄办主任。

桃 源 县

1986 年，桃源县人民政府成立桃源县老龄工作委员会，下设办公室，归口县劳动人事局管理。1994 年，县老龄办并入县政府办，办公室主任分管老龄工作，对外保留牌子。

2002 年 4 月 28 日，桃源县人民政府批复(桃政办发〔2002〕21 号)，置桃源县老龄工作委员会办公室，挂靠县民政局。核定事业编制 2 名。罗世建任县老龄办主任。2007 年 3 月，朱文朗任县老龄办主任。2009 年 3 月，徐谊任县老龄办主任。2012 年 3 月，吴丽萍任县老龄办主任。

石门县

1986年6月30日,石门县人民政府成立石门县老龄工作委员会,覃遵德任主任,辛继权、胡忠纯、周正清任副主任。下设办公室,归口县政府办管理,周正清兼任办公室主任。至2001年12月,张宗欣任县老龄办主任。

2002年初,老龄工作由县政府办移交县民政局,置县老龄工作办公室,挂靠县民政局。肖爱武任县老龄办主任。2004年3月,程钢任县老龄办主任。2007年1月,肖爱武复任县老龄办主任。2009年4月,中共石门县委、石门县人民政府决定(石发〔2009〕26号),县长杨琦明任县老龄委员会主任,胡世满、高德知、陈本高、卢岳、蓝小明任副主任,下设办公室,杜登庆任县老龄办主任。

第二节 政策法规建设

1988—2013年,常德市、县(区、市)党委、政府依据《中华人民共和国宪法》和《中华人民共和国老年人权益保障法》,不断完善老龄工作相关政策法规,以弘扬中华民族敬老爱老的传统美德,促进全市老龄事业健康发展。

一、五保供养政策

1988年5月16日,中共常德地委办公室、常德地区行政公署办公室发出《转发地区老龄工作委员会关于加强全区老龄工作几个问题的报告的通知》(常办发〔1988〕9号),要求各县、市委和政府坚持用改革的精神,逐步推广以乡(镇)统筹,供养五保户的办法。年内要有百分之五十的乡(镇)实行以乡(镇)统筹,明年全面实行乡(镇)统筹,统筹时,确定生活供养标准应略高于当地居民的平均生活水平,同时还要解决好五保老人的就医问题,乡(镇)村要与卫生院、所签订协议,免费给当地五保老人治病。资金统筹以后,由乡(镇)按月发放到村,村里则采取由分期供养为集中供养与分散供养相结合的方法落实到院(敬老院)到人。杜绝部分地方存在的五保对象钱粮自己收,生活无人管,病了无人问,死了无人知的现象。

1989年,全市各地认真贯彻省人民政府批准下发的《湖南省农村五保户供养办法》和省人大常委会《关于维护老年人合法权益的决议》,使老有所养的问题得到较好的解决。但是,由于种种原因,在养老工作中还存在一些问题,如有的地方五保户待遇难以落实,有的供养标准太低,不能保证五保对象的基本生活,还有的地方一些有子女的老人得不到子女的赡养，过着“不是孤老、不如孤老”的生活。是年4月17日，常德市老龄工作委员会、常德市民政局联合发出《关于进一步做好养老工作的通知》(〔1989〕常民字第25号)。要求各地进一步按照《湖南省农村五保户供养办法》的规定，做到保吃、保穿、保住、保医、保葬(幼儿保教)和日用生活品全面安排，并制定出适宜的供养标准(在经济条件较差的地方也应不低于实粮600斤、零用钱60元、食油6斤这个标准)。同时，要按照省民政厅、省老龄工作委员会的要求，普遍推行以乡(镇)统筹，三级合理负担的办法，改变过去那种“五保”户挨家挨户收讨统筹钱粮的状况。要创造条件，积极兴办敬老院、光荣院，逐步提高集中供养程度，力争年内集中供养达到10%以上。要开展创办先进敬老院，争当优秀院长、优秀五保老人、优秀服务员的活动。对分散供养的，要保证供给的钱粮物及时发放到户，可采取定人包户的办法进行供养。

1990年10月24日，常德市人民政府印发《常德市农村五保户供养实施细则》(常政办发〔1990〕19号)，明确指出：乡(镇)人民政府和村民委员会对五保户供养工作负有直接领导和管理的职责；并就五保对象的界定、五保供养的内容、五保户的供养标准及其所需要的物资和资金的解决办法等均作出了具体规定。

2004年7月21日，常德市人民政府印发《常德市农村五保供养工作实施细则》，自2004年8月1日起施行。《常德市农村五保户供养实施细则》(常政办发〔1990〕19号)同时废止。“条例”共二十八条，重新就五保对象的界定及确定程序、五保供养的内容及供养经费的来源、拨付和发放以及五保对象的财产处理和合法权益保护等均作出了明确规定，强调县级以上政府民政部门主管本行政区域内的五保供养工作，乡镇人民政府负责五保供养工作的组织实施，各级各有关部门应当各尽其责，共同做好五保供养工作。

2009年7月1日，常德市市长陈君文签署第6号政府令，发布新的《常德市农村五保供养工作实施办法》，这个“办法”共六章三十四条，分别就五保供养对象和申报审批程序、五保供养内容和形式、保障措施(含乡镇敬老院机构和编制、五保供养经费来源、保障和改善五保供养对象基本生活的各种途径和办法等)以及法律责任均作出了详细规定。

是年，全市以职工、妇女、青少年为主体组成的“学雷锋送温暖”服务队453个，定期包户上门，为老年人提供无偿服务，深受老年人的欢迎。桃源县在中小学生中实施“五个一工程”，即给老年人献一个鸡蛋、一角钱、一把菜、打扫一次卫生、做一件好事。

二、老年人优惠政策

1988年5月16日，中共常德地委、常德地区行政公署指示(常办发〔1988〕9号)：各县、市委、政府和老龄工作委员会，要根据省委、省政府湘发〔1987〕27号文件精神，在城镇积极开展老年科技咨询服务工作，组织各类老年人根据各自的专长和优势，继续为四化建设服务；在农村和街道居委会可以建立老年人协会，协助基层政权调解纠纷、教育青少年、维护交通治安秩序等，为社会作出贡献。为了发展老年经济事业，开办老年经济实体，工商、税务、银行等各有关部门要放宽政策给予适当优惠，真心实意地为老年人创造条件，给“老有所为”开辟新途径。

1999 年 3 月 18 日，常德市人民政府下发《关于在全市开展对老年人实施优惠服务的通知》（常政办发〔1999〕17 号），其具体优惠服务事项：

（1）免除农村 60 岁以上老年人义务工和劳动积累工，不得以任何理由和形式变相向老年人摊派。

（2）老年人就医予以优先，60 岁以上老年人免收挂号费（含诊疗费），特检费优惠 20%。住院期间的费用（除药品和材料费），60 岁以上优惠 10%，70 岁以上优惠 20%，100 岁以上优惠 50%。

（3）老年人搭乘市内公共汽车、轮船，60 ~ 69 岁半价优惠，70 岁以上免费；乘坐长、短途车（船）一律按八折优惠。

（4）老年人外出上收费厕所免费；参观旅游景点（含门票）按半价优惠；进公园，60 岁以上半价，70 岁以上免费。

（5）经所在区、县（市）和市老龄委共同核实，符合条件的老年人集体经营的福利性经济实体和养老基地，工商登记费和其他行业规费优惠 50%，税务登记只收取工本费。经同级财政部门审核同意，企业所得税可返回 30%—50%，其他地方税可酌情给予照顾。

（6）单独居住的老年人本人安装电话和有线电视线路，优惠总额的 20%。

（7）年满 100 周岁以上的老年人，由县级以上人民政府每月给予不少于 50 元的保健生活补贴。

（8）老年人因本人合法权益受侵害提起诉讼交纳诉讼费确有困难的，可以减交或免交；需要获得律师帮助，但无力支付律师费用的，可以获得法律援助。

（9）社会各界都应当给予老年人优先、优质、优惠服务和其他照顾。

（10）老年人本人凭市老龄工作委员会统一颁发的“老年人优待证”享受上述优待。

2003 年 11 月 17 日，中共常德市委办公室、常德市人民政府办公室印发《关于加强老龄工作的意见》（常办发〔2003〕10 号），“意见”共 14 条。这个“意见”从充分认识加强老龄工作的重要性和广泛开展敬老、养老、助老的道德教育，积极维护老年人合法权益、采取有效措施，进一步加快老龄事业发展、聚集社会之力，大力兴办和发展老年服务业以及切实加强对老龄工作的领导等 5 个方面提出了具体明确的要求。

是年 12 月 12 日，常德市老龄委发出《关于进一步落实对老年人实施优惠服务的通知》（常老发〔2003〕5 号），“通知”要求：进一步提高对老年人实施优惠服务的认识。各地各部门要统一思想，从依法行政、确保政令畅通的高度，抓紧把对老年人的优惠服务措施不折不扣地落实到位；加大对老年人优惠服务的宣传力度。要充分发挥新闻媒体的监督导向作用，大力宣传《中华人民共和国老年人权益保障法》和《湖南省实施〈中华人民共和国老年人权益保障法〉办法》等法律法规和敬老、养老、助老的典型，营造尊老敬贤的良好社会氛围。对不执行上级文件精神，损害老年人合法权益的人和事要进行批评教育，必要时在新闻媒体公开曝光;做好对老年人优惠服务的各项工作。从2004年1月1日起,停办“常德市老年人优待证”(简称“市证”),由省老龄办统一办理“湖南省老年人优待证”(简称“省证”)。凡持有《市证》和《省证》的老年人,在常德市均享受优惠服务待遇,任何单位和个人不得以任何借口和理由予以拒绝。对老年人实施优惠服务的单位或业主,要建立与之相适应的工作制度和工作程序,使老年人真正享受到优先、优质、优惠的服务。

1999—2005年,常德市共办理“市证”2.73万本,代办“省证”1.3083万本,办证人数占全市老年人的6%。

2005年,常德市人民政府认为,1999年以政府办名义印发的“关于在全市开展对老年人实施优惠服务的通知”(常政办发〔1999〕17号),自出台以来没有进行修订过,规定的优待政策与市人民政府对老年人实施优待越来越多的现实不相符，为进一步加大对老年人实施优惠服务的力度,市人民政府决定对老年人优待政策进行修订。是年5月19日,常德市人民政府发出《关于在全市进一步开展对老年人实施优惠服务的通知》(常政办发〔2005〕22号),其具体优惠服务事项是:

(1)年满60岁的农村老年人无劳动能力、无生活来源、无法定供养义务人,或者虽有法定供养义务人,但是供养义务人丧失劳动力,或无劳动能力的要及时纳入五保供养范围,做到应保尽保；家庭人均收入低于当地城市最低生活保障线的城镇老年人优先纳入“城市低保”;将农村特困老年人优先纳入农村特困救助或“农村低保”范围;对于身患重大疾病的农村特困老年人,按照当地有关救助政策优先纳入农村大病医疗救助范围。

(2)对一百周岁以上的老年人,县级以上人民政府应当每月发放200元的长寿保健补助费,发至老人辞世后的下个月止。

(3)根据《湖南省老龄事业发展“十五”计划纲要(2001—2005年)》要求,市、县两级政府要以财政投入为主,按照当地老年人口数2∶3的比例(每年每个老年人2元、3元)逐步筹措资金建立老年人服务专项经费,用于老年人活动设施建设和老年人活动的开展。

(4)不得向农村50岁以上女性、55岁以上男性筹措义务工和劳动积累工。

(5)老年人本人持有“湖南省老年人优待证”享受下列优待:老年人就医免挂号费(当天限号的坐诊主任医师除外)；老年人乘坐市内公共交通车辆60—69岁半价优惠,70岁以上免费;老年人参观旅游景点、博物馆60—69岁半价优惠,70岁以上免费;老年人上厕所免费。

(6)老年人因其合法权益受侵害提起诉讼交纳诉讼费确有困难的,可以减交或者免交;需要获得律师帮助,但无力支付律师费用的,可以获得法律援助。

(7)经所在区县(市)和市老龄委共同核查,符合条件的老年人集体经营的福利性经济实体和养老基地,工商登记费和其他行业规费优惠50%,税务登记只收取工本费。经同级财政部门审核同意,企业所得税可返回30%~50%,其他地方税可酌情给予照顾。

(8)社会各界都应当给予老年人优先、优质、优惠服务和其他照顾。

"通知"明确,此优惠待遇规定自出台之日起施行,与此规定不同的优待政策自本规定施行之日起废止。

2005年9月23日,常德市老龄委发出"关于免费发放老年人优待证有关事项的通知"(常老字〔2005〕3号),明确"湖南省老年人优待证"免费向全市老年人发放,持有"优待证"的老年人,在全省范围可享受《中华人民共和国老年人权益保障法》和《湖南省实施〈中华人民共和国老年人权益保障法〉办法》以及常德市人民政府规定的各项优惠待遇。常德市人民政府原制作的"老年人优待证"自2005年12月1日起废止。

2008年9月16日,常德市老龄委、市发改委、市教育局、市民政局、市劳动局和社会保障局、市财政局、市建设局、市卫生局、市计生委、市地方税务局等10个部门下发《关于转发省老龄委等10委厅局〈关于转发全国老龄办等10部委关于全面推进居家养老服务工作的意见〉的通知》(常老字〔2008〕5号),就居家养老的重要意义和基本任务及保障措施提出了明确要求。

2009年8月4日,常德市老龄委召开贯彻落实老年人优待意见情况座谈会

1999—2009年,常德市、县(区、市)老龄工作部门不断加大对老年优惠服务活动的督促检查力度,注重表彰先进,激励后进。同时,采取对优惠服务措施不力,导致老年人群体不稳定的,追究有关领导责任的做法,促进了全市老年人优惠服务健康有序地发展,有效地维护了老年人的合法权益。

至2009年,全市纳入社会救助体系的贫困老年人达11.18万人,占应纳入老人的95%。百岁老人补贴标准为每人每月200元,94人享受,补贴金额为22.56万元。3096人享受高龄老人补贴,人月均50~60元,补贴金额达221.2万元。享受丧葬殡仪服务费减免的特殊老年人达1.3万人,共减免94.2万元。全市纳入医疗救助体系的特殊老年人达6.18万人,占应纳入数的92%。享受参加新农合和基本医疗费用减免的老年人达4.36万人,共减免719.84万元。享受普通门诊挂号和家庭病床出诊费减免的贫困老人4.25万人,减免金额19.95万元。享受免费体检的百岁老人93人。全市享受65岁以上免费乘坐城市公交车的老年人26.57万人,财政补贴金额为75万元。享受政府购买服务的老年人有1.66万人,购买总金额为607.3万元。享受免费办理公安系统证件的老年人5448人,免费金额为6.8万元。享受电话和宽带网安装费减免的老年人1.3万人,减免费用10.75万元。全市享受文化休闲场所半价优惠的老年人4.28万人,优惠总金额达63.6万元;享受文化休闲场所全免优惠的老年人

1.07 万人，优惠总金额达 14.6 万元。为老年人开展活动提供场所和服务文化体育场馆达 430 个，占场馆总数的 40%。享受进入老年大学费用减免的老年人 1.3 万人，减免总金额为 15.5 万元。全市按享受费法律咨询和服务的老年人有 4695 人，享受减免法律诉讼费用的老年人 1324 人，减免总金额达 19.1 万元。老年人诉讼案件优先立案、审理、执行的比例达 80%。

各地坚持对百岁老人每年每月发放健康补助费 200 元，澧县、临澧县等地高于这个标准，达到 250 ~ 300 元 / 月。普惠型高龄津贴制度取得实质性进展。石门县从 2010 年起对 90 岁以上老年人给予每人每月 50 元的生活补贴；津市市从 2011 年起，开始对 80 岁以上老年人给予每人每月 60 元的生活补贴。

2010 年 11 月 22 日，常德市人民政府印发《关于鼓励发展社会养老服务业的意见》（常政发〔2010〕19 号），明确提出，坚持政府引导、社会参与、多元投入、市场动作的原则，在补充完善现有福利性养老机构的基础上，鼓励社会资金独资、合资、合作、联营、参股等方式兴办养老服务机构。积极支持以公建民营、民办公助、政府补贴、购买服务等多种方式提供养老服务。力争到 2015 年，全市社会力量兴办养老服务机构比例达到 80%，初步形成政府支持与市场动作相结合、公益性服务与经营性服务相兼顾的投资主体多元化、服务对象公众化、服务形式式样华、营运机制市场化、服务管理规范化的养老服务体系。同时，要求各级各有关部门支持社会养老服务项目建设；市、县两级政府建立资金扶持制度；实施税费减免政策；逐步建立政府购买养老服务机制；支持开展医疗护理服务；抓好职业技能培训；加强养老行业管理。

2011 年 5 月 3 日，常德市财政局、市民政局印发《常德市社会养老服务机构经费补助实施办法》（常财发〔2011〕7 号），自 2011 年 1 月 1 日起施行，试行 2 年。这个“实施办法”共五章十五条，“总则”中规定：社会养老服务机构经费补助资金纳入市、区财政预算安排，专项用于对社会养老服务机构一次性床位资助和日常运营补助。其补助范围和对象为：武陵区、常德经济技术开发区、柳叶湖旅游度假区范围内社会力量兴办的养老服务机构。“实施办法”还就一次性床位资助的申请条件、一次性床位资助的对象和标准、程序；运营补贴的申请条件、运营补贴的对象和标准、程序；经费预算和监管问题作了具体规定。2011 年 1—6 月，全市共支出一次性床位补贴 264 万元，运营补贴 17.58 万元，涉及一次性床位补贴 1092 张，住院老人的运营补贴 3516 人次。

第三节　为老管理服务

1988—2013 年，常德市、县（区、市）老龄委及其办公室会同有关部门，紧紧围绕“老有所养、老有所医、老有所为、老有所学、老有所教、老有所乐”的工作目标，加强老年社会保障，维护老年人合法权益，丰富老年人精神文化生活，整体推进全市老龄事业的健康发展。

常德市域各级各类公办或民办的社会福利院、社会福利中心、老干(老年)活动中心、敬老院、养老服务中心、颐养院、老年公寓等,是为老服务的重要载体,为社会上的鳏寡孤独和无依无靠的老年人以及老龄群体提供养护、康复、托管、维权等全方位服务。

至2013年年底,全市共有民办养老机构30所,床位3113张;兴建农村敬老院211所,床位1.2万张;"五保之家"61个、老年活动中心(站、室)775个,老年人参与人数达13.7622万人。有老年医疗护理机构6个,床位1120张;老年临终关怀医院30个,床位170张,年底在院老人共401人。

一、社会救助保障

国家和社会依法保障老年人的基本生活,从而形成一种制度并落实配套措施,是老年社会保障制度建设的重要内容。

1991年6月,国务院下达《关于企业职工养老保险制度改革的决定》(国发〔1991〕33号),这个文件明确,农村(含乡镇企业)养老保险由民政部门负责。随即,常德市民政局在上级民政部门的具体指导下,迅速开展建立县级农村社会养老保险制度的试点工作。

1992年7月17日,常德市人民政府召开政府常务会议,专题研究全市社会养老保险工作,同时,下发《常德市农村养老保险试点方案》(常政发〔1992〕16号)。随后,临澧、鼎城、津市、安乡、桃源等县区、市开展试点。试点工作的发展,大致经历了调查研究,组织试点;总结经验,扩大试点;加大力度,加快步伐三个阶段。

是年7月23—26日,常德市民政局在津市市召开全市农村社会养老保险现场会,常德市民政局副局长樊长富作工作报告。9月15—16日,常德市民政局召开全市民政局长会议,专题研究农村社会养老保险工作。会议确定,从现在起到1993年上半年,将农村养老保险工作作为全市民政部门"一号工程"来抓。副局长樊长富作前段工作小结和今后意见与要求的专题报告,副局长程涛、罗平之出席会议并讲话,局长庹朝明就如何振奋精神、知难而上、切实抓好"一号工程"的有关事宜作了强调。12月1日,各区县、市民政局长座谈会在临澧县召开,会议就各地开展农村养老保险试点工作的有关情况交换了意见。这年底,全市9个试点单位参加养老保险的农民达到50万人,收取养老保险金500万元。3个区、县(市)应参加保险农民的投保面达30%以上;其余6个县(区)已完成试点乡镇投保面达80%~90%。

1995年3月,全省农村社会养老保险工作会议在零陵地区召开。会期,常德市出席会议的市政府副市长莫道宏指示:"第一,抓住机遇,下定决心,乘势推广。将贯彻省会议精神作为全市第二次民政会议的主要内容之一;第二,高起点,制定管理目标和规划。1995年,全市按农村人口的20%投保,力争30%,保额达1亿元,力争1.3亿元;1996年,投保人口达50%以上;1997年达到90%;第三,拿出宣传规划,加大宣传力度。充分利用《常德日报》,宣传精神、典型、政策和要求;向政府常务会汇报好这次会议精神,形成《纪要》,解决领导的决心、认识问题，部门批皮和民政部门保险机构级别及人员问题；第四，加强工作调度。1995年召开一次现场经验交流会和一次目标管理结账会。通过上上下下的共同努力，把全市的农村社会养老保险工作抓出成效。会后，全市各地掀起了开展农村社会养老保险的热潮。

1995年3月14—15日，在常德市第二次民政会议上，市委书记吴定宪、副书记彭孟芝、王孝忠，市政府副市长莫道宏就全市的农村社会养老保险工作作了重要讲话。是年6月19日，中共常德市委、常德市人民政府下发《关于在全市农村建立社会养老保险制度的通知》（常办通字〔1995〕38号），从加强领导、稳步发展、归口管理和基金筹措等方面作出了明确规定。12月8日，常德市人民政府在临澧县召开全市农村社会养老保险工作会议，省民政厅副厅长余先端到会并讲话，副市长洪明祥对全市农村社会养老保险工作作了具体安排，提出了明确要求。

1995年，常德市民政局部署各区、县（市）调查研究，做好低保准备。1996年，根据民政部南宁会议精神，社会保障工作被列为当年民政工作的首要任务，明确提出大力加强城乡社会保障制度，建立城乡最低生活保障线。由此，常德民政人默默改写了中国数千年的救助史，使救助成为一种制度。1997年，常德市开始试点。1998年，在市城区和津市市实施。是年12月29日，常德市人民政府出台《关于实施城市居民最低生活保障制度的通知》，1999年7月1日前，各区、县（市）基本建立城市居民最低生活保障制度。

从2001年开始，民政部门开始实施“星光计划”。至2003年，全市共投入资金160万元，建成“星光老年之家”17个。全市各地通过政策指导和资金支持，逐步真正实现“老有所养、老有所医、老有所学、老有所为、有老所乐”的老龄工作目标。

2001年2月21日，省人民政府下发《关于给百岁老人发放长寿保健补助费的通知》（湘政办函〔2001〕21号），省人民政府决定从2001年3月1日起，对年满100周岁的老人每人每月发给200元长寿保健补助费，并由省人民政府颁发“百岁寿星荣誉证”。是年，全市55名百岁老人享受长寿保健补贴。

2002年11月28日，省人民政府发出《关于给百岁以上老人发放保健补助费有关问题的补充通知》（湘办函〔2002〕188号），明确从2003年1月起，百岁老人长寿保健补助费由省财政列入财政预算，并按各市、州统计的百岁老人数，相应下达预算指标到各市、州财政。百岁老人长寿保健补助费仍由各县（市、区）老龄办负责发放到人。同时规定：今后，凡年满100周岁的老年人，凭有效证件向县（市、区）老龄办申报登记，经有关部门审核，报省老龄委审批并发给“湖南省百岁以上老人长寿保健补助费领取证”，方可领取长寿保健补助费。

2003年1月4日，常德市老龄委发出《关于做好百岁老人长寿保健补助费申报、发放工作的通知》（常老发〔2003〕1号），进一步规范全市百岁长寿老人保健补助费的申报、发放工作。

2004年，全市核定百岁长寿老人77人，其中武陵区5人、鼎城区12人、桃源县14人、汉寿县16人、澧县5人、临澧县9人、津市市2人、石门县5人、安乡县6人、西湖管理区2人、西洞庭管理区1人。年保健补助费为18.48万元，其中省财政补助11.3万元，余由市财政安排。

2005年5月19日，常德市人民政府下发通知（常政办发〔2005〕22号），对一百周岁以上的老年人，县级以上人民政府应当每月发放200元的长寿保健补助费，发至老人辞世当月。其长寿保健补助费由市人民政府每年下拨区县（市），由区县（市）人民政府发放到百岁老人手中，此项经费不再增减。新增加的百岁老人，其长寿保健补助费除用异动的百岁老人补助费余额发放外，差额部分由区、县（市）财政自行负担。

2011年11月8日，常德市创建"中国长寿之乡"领导小组办公室、常德市民政局、市体育局、中共常德市委老干部局、常德市卫生局、市老龄办联合向中共常德市委、常德市人民政府呈送《关于对高龄老人给予生活补助和加强老年医疗、运动保健工作的请示》。是年12月16日，常德市财政局根据市创建长寿之乡办公室会同常德市老干局、市民政局、市卫生局、市体育局、市老龄办等部门负责人赴外地专题考察，提出有关设想建议，向常德市人民政府呈送《关于对高龄老人给予生活补贴有关情况的汇报》，详细阐述了市考察调研组关于对全市高龄老人给予生活补贴、加强老年医疗保健工作、广泛开展老年人体育健身运动的设想和省内部分市州给予老人补贴、经费负担的调查情况以及市财政局的建议。2012年2月14日，中共常德市委办公室、常德市人民政府办公室发出《关于实施高龄老人生活补助和加强老年医疗、运动保健工作的通知》（常办〔2012〕7号）。"通知"规定，户籍在常德市行政区划范围内，享受低保政策家庭的年满80—89岁的高龄老人为每人每月50元；90—99岁的高龄老人每人每月100元；100周岁以上的高龄老

2013年6月7日，中国老龄科学研究中心赴常德市调研

2015年4月29日，常德市老科协第一会长钦时中（前排左二）到新坡社区老年照料中心走访慰问高龄老人黄桂枝

人在有补贴基础上增加 200 元，达到每人每月 400 元。全市高龄老人生活补贴政策自 2012 年 1 月 1 日起开始执行。是年，全市享受高龄生活补贴对象共 2.003 万人，其中，享受低保政策家庭中 80～89 岁的老人 1.0316 万人；90～99 岁的老人 9576 人；100 周岁以上（含 100 岁）的老人 138 人。全年共需资金 1834.32 万元。

2013 年，全市享受高龄生活补贴对象为 2.13 万人，年补助金额为 2150 万元。

常德市高龄老人补贴人数情况

表 9–3–1　　单位：人

各区县市	80~89 岁（低保对象）	90~99 岁	100 岁以上（含 100 岁）	合计
安乡县	1897	1587	31	3515
汉寿县	1211	1440	26	2677
澧　县	694	1446	19	2159
临澧县	757	610	7	1374
桃源县	1557	1506	21	3084
石门县	755	838	10	1603
津市市	750	270	0	1020
武陵区	484	373	2	859
鼎城区	1143	970	15	2128
常德经开区	188	117	0	305
柳叶湖度假区	99	108	1	208
西湖管理区	468	185	1	654
西洞庭管理区	173	25	3	201
贺家山原种场	87	27	1	115
桃花源管理区	53	74	1	128
合　计	10316	9576	138	20030

说明：截至 2012 年 5 月 6 日

二、合法权益维护

1988—2013 年,全市各地依据《中华人民共和国宪法》和《中华人民共和国老年人权益保障法》等法律法规,加强法制教育和普法工作,加大宣传和执法力度,落实法律监督,健全法律援助,以维护和保障老年人的合法权益。

2006 年,全市各地将宣传教育活动纳入“四五”普法规划。常德市老龄委、市普法办将《中华人民共和国老年人权益保障法》作为公务员普法考试的重点内容,全市共发放普法试卷 2 万份,并将考试成绩纳入目标考核。同时,开展全方位的宣传。在全省统一部署的纪念《中华人民共和国老年人权益保障法》颁布十周年之际,市、县(区、市)老龄工作部门主动加强与司法行政部门、公安机关及有关新闻媒体的联系协作,整合各方面的宣传资源,广泛、深入、持久地开展保障老年人权益的法治宣传和敬老道德教育。据统计,全市开展普法和老龄政策宣传活动 1600 场次。各地还利用正反典型开展宣传。各地充分发挥舆论的激励和监督作用,组织先进事迹报告会和民间请唱,大力宣传维护老年人合法权益的先进典型,同时,对老年人不孝的儿媳送“老年法”补习班,使其在学习中认识到自己的错误,改变不孝的行为,对情节严重的,或通过媒体曝光,或移交司法部门处理。

2007—2010 年,常德市、县(区、市)各级党委、政府依据相关法律法规,坚持以服务为己任,及时为老年人提供法律服务和司法保护,以落实老年人合法权益保障。各地的普遍做法是:倡导和鼓励广大律师、公证员和基层法律服务工作者为老年人提供优先、及时、便利、高效的法律服务。及时、优先办理涉及老年人合法权益或与老年人委托、求助的法律服务。积极为老年人提供诉讼代理及法律咨询、代书、调解、办理公证等各种非诉讼代理服务;对于贫困老年人,根据情况适当实行低收费或减收费。法律援助机构从本地实际出发,为老年人提供优质、便捷、多种形式的法律援助。对老年人提出的法律援助申请,简化程序、优先受理、优先审查、优先指定,其受援标准在当地政府规定的法律援助标准线上适当上浮,对行动不便的老年人,采取上门服务、定期回访等方法,提高法律援助的效率和质量。各级老龄工作部门加强老年人来信来访和有关老年人法律政策的咨询服务工作,及时同司法行政机关提供老年人法律服务和法律援助的需求信息;基层老龄工作部门协调有关方面,依托基层组织,深入排查涉及老年人的矛盾和纠纷,并做好消除矛盾、化解纠纷的工作。同时,人民调解组织把涉老纠纷的调解作为重要内容,坚持调防结合,以防为主,积极开展摸情况、排重点、查隐患工作,认真研究和掌握涉老纠纷发生的原因和规律,从切实维护老年人合法权益出发,原因和规律,从切实维护老年人合法权益出发,不断提高涉老纠纷调解的成功率,增强涉老纠纷调解的社会效果。基层老年协会等老年群众组织积极协助基层人民调解组织开展涉老纠纷的调解工作,及时发现和化解矛盾,促进老年人家庭和睦和社会稳定。此外,基层公安机关和广大公安民警按照有关规定及时、认真地受理涉及老年人的报警和求助。对伤害老年人人身安全和侵犯老年人财产安全的违法犯罪行为,充分发挥职能作用,密切配合有关部门,依照有关法律法规严肃处理。对需要调解的,积极做好矛盾纷的化解工作。基层老龄工作部门及时发现和制止侵害老年人权益的行为,协助公安机关严肃处理严重侵害老年人权益的案件。

至2010年年底,全市形成市、县(区、市)乡(镇)、村(社区)四级法律援助网络,市、县(区、市)两级设立法律援助中心10个;在乡、镇(街道)依托司法所和工会、共青团、妇联、残联等部门共设立法律援助工作站274个;在村(社区)依托调解委员会,共设立法律援助联络点3711个,使困难老年人在一小时距离内能申请到法律援助成为现实。

2010年5月,常德市老龄办密切配合市法律援助中心结合司法部在全国开展的“夕阳幸福工程,法律援助在行动”活动,在《常德日报》开辟“老年朋友法律援助指南”专栏,对老年人在生活中需要要求法律援助的有关问题进行解答。“专栏”采取连续刊登的形式重点介绍法律援助的概念、申请法律援助的地点、需提供的材料、法律援助中心为老年人提供法律援助的范围和方式、老年人常见的权利请求保护诉讼时效应及老年人密切相关的法律问题,为老年人申请法律援助提供了必要的便利。

是年6月,一位居住在市朝阳北路的78岁妇女刘某因瘫痪在家,委托其妹妹找到市法援中心,怀揣一张诉状的妹妹请求提供援助,不准予姐姐刘某与姐夫汪某离婚。经了解:受援人刘某与其夫系再婚夫妇,1974年,双方结婚时,汪有三个未成年儿子,婚后,受援人含辛茹苦,勤俭持家,靠给人砸石头、挑河水等体力劳动获取报酬,将其三个儿子养大成人,并都已成家,汪见刘某年事已高,瘫痪在床,遂嫌弃是累赘欲抛弃她,并采取不给吃喝,打骂等手段赶其出门,两次到法院起诉离婚。为此,刘某欲哭无泪,告状无门,只得求其妹妹到市法援中心要求援助,坚决不肯离婚。李莉律师受理案件后,进行了大量的调查走访工作,获得了对受援人有利的诉讼证据,同时,找到受援人的三个儿子做工作,指出他们的错误,要求他们承担起赡养老人的责任。并到该案承办法官处交换本案事实、法律适用的意见,重点商量如何妥善处理刘某的养老事宜。法院开庭时,李莉律师据理力争,既为爱援人争取到最大的权益,又严厉批评了被告的这种不法行为。法院根据查明的事实,依法判决“不准予原被告离婚”。经李莉律师做工作后,汪某的小儿子高高兴兴来到家中,愿意接其回家安度晚年,其余2个儿子也表示愿意共同承担赡养费用,受援人刘某感动得热泪盈眶,动情地说:“我终于有了活路,感谢党和国家的好制度,感谢法律援助的好律师。”

2010—2013年,全市法律援助机构共受理老年人申请法律援助案件649起,办结586起,结案率达90%。

三、敬老爱老活动

形式多样的敬老、爱老、助老活动,体现中华民族的传统美德。

1992—1994年,常德市域扎实开展“双送双为”即“全社会为老同志送敬意、送温暖,老同志为党增辉、为民造福”和争创“三好”,即“敬老好家庭”“敬老好子女”“关心爱护子女的好老人”活动,这两项倡导良好的社会敬老风尚的活动,极大地弘扬了中华民族敬老爱老的传统美德。各地各单位乃至每个家庭都积极为老人送敬意送温暖,主动为老人解决生活上的实际困难,自愿助老扶老。各地把每年元旦、春节、老人节“三节”作为开展敬老活动的相对集中时期,各级领导带头,走访慰问老人已形成共识并付诸行动。1995 年,临澧、石门县委、县政府作出决定:为保护老年人的休息权,免去年满 60 岁的男性老年人的义务工和劳动积累工。

2006 年,常德市老龄委以构建联动平台为抓手,建立齐抓共管的工作机制,组织全市开展敬老爱老助老主题教育活动。年初,出台《常德市老龄工作委员会关于在全市开展敬老、爱老、助老主题教育活动的意见》,同时,制定《常德市老龄工作委员会成员单位开展敬老爱老助老主题教育活动实施细则》,并成立以市老龄委主任、市政府常务副市长陈文浩任组长、副市长徐超文任副组长、市老龄委各成员单位负责人为成员的市敬老爱老助老主题教育活动领导小组,下设办公室,陈怀祥兼任办公室主任,负责组织协调日常工作。

是年,常德市老龄办在全市开展“敬老好文章”“孝亲敬老之星”评选活动。常德市教育局将敬老爱老助老主题活动纳入在校学生道德教育的重点内容,在全市各中小学开展“读敬老书、写敬老文”的活动,并评选出一、二、三等奖进行表彰。常德市卫生局组织定期开展卫生、义诊等助老服务。常德市妇联在常德电视台“庆三八”晚会现场,为百岁老妪各赠送一枚价值 5000 元的钻戒。全市民政系统组织干部职工开展“情系五保户”的捐款和慰问特困户的活动。各区县(市)老龄办在为百岁老人送达每月 200 元长寿保健补助费的同时,牵头组织当地医疗专家上门为百岁老人义诊、治疗。在城市,各老年人协会普遍组织老年志愿者服务队,组织低龄老人为高龄老人开展情感交流、生活护理等。各社区夕阳红艺术团广泛开展为孤寡老人、独居老人送文艺节目活动。在农村,各老年人协会普遍开展“敬老好媳妇”“爱幼好老人”活动。

2008 年,常德市老龄办配合武陵区老龄办开始在体育东路社区、东苑社区、新村社区、紫桥社区、长庚路社区等 5 个社区兴办居家养老示范点。2009 年,全市扩大到 11 个。2010 年,达到 28 个。各地社区居家养老从两个方面展开,一方面落实阵地。达到“五室一场”,即医疗室、活动室、阅览室、休息室、搭餐室,室内或室外有健身场所。另一方面落实服务。澄清各类老年人底子,分类建档,统计上档;实施生活照料、心理抚慰、应急救助、健康保健、法律援助、文体活动六种类型的志愿结对服务。武陵区东苑社区有常住人口 1948 户、4958 人,其中 60 岁以上的达 1321 人,占社区常住人口的 40%。这些人员中,90 岁高龄老人 1 名,孤寡、特困、残疾老人 24 名。该社区被确定为居家养老服务试点之后,积极整合社区资源,逐步建立健全了“社会力量投资、社区监督管理、有偿无偿服务相结合、服务对象签字认证”的管理动作模式,做到了“小事不出社区,大事有人帮扶”。

2009 年,常德市有空巢老人 50.12 万人,高龄、困难者 20.12 万人。“出门一把锁,进门一盏灯”，是不少“空巢老人”生存状况的真实写照。2009—2010 年，各地为这一部分对象提供生活照料、心理抚慰、应急救助、健康保健、文体健身等服务，受到老年人的普遍欢迎。

2010 年 1 月 22 日，常德市精神文明建设指导委员会发出《常德市〈关爱空巢老人服务行动〉实施方案》（常文明委〔2010〕6 号），决定在全市范围内全面开展“关爱空巢老人志愿服务行动”。旨在坚持以人为本的服务理念；建立空巢老人的基本生活保障制度，加强家庭美德教育，弘扬敬老爱老助老良好风尚，维护空巢老人的合法权益，使空巢老人空而不独，享受社会关爱。行动主题为：敬老爱老，人人有责；志愿服务，人人参与。“关爱行动”在常德市精神文明建设指导委员会统一领导下组织实施。中共常德市委宣传部、常德市民政局、市老干局、市总工会、团市委、市老龄办、市残联为承办单位，日常工作建立文明办牵头，民政局抓总，工会、团委、妇联等部门配合，志愿者协会组织、社区（村）志愿者机构具体落实，社会广泛参与的工作机制。活动分宣传发动、定点示范、全面铺开三个阶段进行。是年 1 月 27 日，常德市“关爱空巢老人志愿服务行动”启动仪式在武陵区城东街道体育东路社区举行。各区、县（市）文明办主任及有关单位负责人，空巢老人、志愿者代表共 200 余人参加，市文明办副主任王子平宣读“关爱行动”实施方案，市委宣传部长覃清香、市民政局局长熊国建出席并讲话。是年，全市各地全面建立空巢老人台账。同时，采取不同形式招募组建志愿者队伍，依托社区（村），就近就熟组织招募一支低龄健康老年志愿者队伍，提供生活照料服务；依托医疗卫生、红十字会机构，组织招募一支专业志愿者队伍，提供健康保健和应急援助服务；依托司法行政部门，组织招募一支具有法律资格或专业资质的志愿者队伍，提供法律咨询和法律援助服务；依托社区（村）和有关部门，组织招募一支具有书法、美术、音乐、棋类、老年健身等特长的志愿者队伍，提供文体娱乐志愿服务；组织招募一支具有心理学专业知识的志愿者队伍，提供心理咨询和疏导服务。

2010—2012 年，全市各地以城市社区居家养老、农村福利服务中心为重点的为老服务全面展开。全市形成的 19 个居家养老示范点、28 个市级农村福利服务中心示范点 33 个县级农村福利服务中心示范点与广大志愿服务者一道，广泛开展“一帮一”、“连片结对”式服务，以满足空巢老人家政、娱乐、活动、搭餐等需求。农村福利服务中心示范点还以敬老院为

2015 年 6 月 19 日，武陵区新坡社区志愿服务队和社区老年照料中心的老人们一起包粽子

基地,不仅照顾好入住老人,周边一定范围内群众家庭的老年人亦可入院活动、学习和搭餐,享受网点式上门服务。武陵区仙源长寿敬老院,花大力气对周边几个村(社区)的空巢老人建档、结对,签订服务项目以及“端午节”给院民和被联系老人每人赠送一份礼品的做法,获得当地群众的一致好评。

2013 年以后,全市各地各有关部门主动投身“关爱行动”,做好协调工作,为老服务落到了实处。各地结合民政部门的救助工作,对空巢老人生活困难给予政策倾斜,做到“应保尽保”;结合劳动部门开展的社保工作,对部分特困老人给予社保优惠;结合卫生部门开展的农村合作医疗工作,对部分特困老人给予医疗保险费减免;结合司法行政工作,在全市开展“夕阳幸福工程,法律拨助在行动”活动,全力维护老年人合法权益。全市一个以家庭为基本元素,以社区为依托,政府主导,全民关怀,社会参与的“关爱行动”工作格局初步形成。

2010 年 10 月 1—31 日,根据全国老龄工作委员会的部署,常德市全面开展第一个“敬老月”活动。旨在进一步深入贯彻党和政府有关老龄工作的方针政策,落实《中华人民共和国老年人权益保障法》,让广大老年人切实感受到党和政府的关怀和温暖。第一个“敬老月”,正值传统佳节“重阳节”和第 22 届“老年人节”。全市各级党委、政府迅速作出“敬老月”活动安排、工作调整、资金追加。党政主要领导亲力亲为参与,现场指导,走访慰问,氛围祥和。各部门齐抓共办,精心组织系列活动,生气勃勃。市域各类新闻媒体广泛宣传,报道典型,影响深远。

全市首个“敬老月”活动,打破了涉老部门各自为政的局面。10 月 15 日下午,中共常德市委宣传部、常德市文明办主办,常德经济技术开发区宣教局、市委老干局、市民政局、市教育局、市妇联、团市委、市总工会、市老龄办协办,常德市二中承办,组织“我们的节日·重阳”常德市孝老爱老事迹报告会暨志愿服务活动启动仪式在市二中教学大楼前隆重举行,常德电视台、《常德日报》、常德新闻网、《常德民生报》、常德经开区电视台等新闻媒体全程现场跟踪报道。荣获“全国孝亲敬老之星”称号的祁开楚所作的《为孤寡老人添福尽孝》和常德湘北外国语学校学生刘甜所作的《我愿永做一朵茉莉花》的发言,深深打动着每个人的心,使人久久难以忘怀。会上,常德经开区副主任杨文惠致辞,团市委副书记刘静宣读志愿服务倡议书,市委宣传部副部长曾莉等向老年人代表发放了慰问品,现场孝老爱亲志愿者与 10 名帮扶老人递交了爱心服务卡,一系列活动,让人流连忘返。

全市首个“敬老月”活动期间,社会力量、社会资金参与老龄工作,呈现新的发展趋势。10 月上旬,常德市老干局、市老龄办等单位牵头,组织大型文艺晚会和全市老年人门球赛;常德市老龄委、武陵区老龄委、市城区街道、社区联合进行老年人走访慰问、志愿服务活动等,有力地扭转了涉老部门孤军奋战的被动局面,整合了老龄工作资源,提高了社会影响力。全市各地民办福利机构自主组织各类敬老爱老活动,与当地政府部门实施联动。10 月中旬,市城区和生源老年公寓举办“四百老人诗墙公园健步竞走”和书法比赛;武陵区护城乡仙源福利服务中心主任陈亮、副主任李如华带队,对仙源、高车两个社区的特困、空巢、残疾老人走访慰问，并对其居所组织安全、卫生检查，消除隐患。武陵区颐养苑福利院在步行街组织大型文体表演等，深受广大老年人的欢迎。10 月下旬，各企业、个体经营者主动投身“敬老月”活动。石门印刷厂免费印制活动宣传资料，安乡县深柳镇几家摄影楼免费为活动摄影、上网、制作宣传栏，贵州习酒集团常德总代理出资资助敬老月文艺晚会等，充分体现了老龄政策在社会的认知和影响。

全市首个“敬老月”活动历时一月有余，各地敬老爱老活动开展得红红火火，为常德市域历年来内容最丰富、涉及面最广、时间最集中、领导最重视，资金投入最多的一年。

“敬老月”活动结束后，各区、县(市)老龄委先后以不同形式充分肯定了相关单位认真组织，广大老年人和社会各界人士积极参与，真情投入，奉献心智，展示才艺所取得的优异成绩，鼓励再接再厉，再创佳绩。如：是年 10 月 26 日，石门县老龄委发出《关于表彰首个〈敬老月〉活动中获奖单位和个人的通报》(石老龄委〔2010〕9 号)，“通报”认定：中共石门县委办公室等 9 个单位获得“敬老月”活动组织奖。黄基玉撰写的“略论精神养老的认识与实践”获“石门县老龄事业发展论坛”优秀征文一等奖；张友亮等 11 人撰写的文稿分别获得二、三等奖和优胜奖；陈细彬等 10 人获得“诗书画摄影大赛”诗歌类一、二、三等奖和优秀奖；张自强等 10 人获书法类一、二、三等奖和优胜奖；余明亮等 10 人获绘画类一、二、三等奖和优胜奖；吴杨钦等 7 人获摄影类一、二、三等奖和优胜奖。县人大机关一队获“石门老年风采大赛”门球比赛第一名；廖加美获钓鱼比赛第一名；县太极协会获太极拳比赛第一名；县人大机关获才艺比赛优胜奖。“通报”要求：“各单位和社会各界需要以先进典型为榜样，传承中华孝道文化，弘扬尊老爱老传统美德，为推动老龄事业发展，构建和谐石门做出新的更大的贡献。”

2011 年 10 月，全市各地热烈开展第二个“敬老月”活动。10 月 10 日下午，常德市民政局、常德日报集团、常德市老龄办在常德芙蓉大酒店桃花源剧场联合主办“敬老月”活动启动仪式暨荣获“全国孝亲敬老之星”颁奖大会，市直单位陈亮、武陵区李运枝、安乡县郭桂秋、汉寿县吴和枝、澧县贺灏、临澧县祁开楚、桃源县杨兆玉、石门县姜玉娇、津市市胡伟获此殊荣。会上，募集专项资金 30 万元。

10 月上旬，各区、县(市)“敬老月”活动启动仪式相继举行。武陵区的启动仪式以“传承孝道尊老敬老”重阳节团拜会的形式在常德市共和

2011 年 10 月 10 日，常德市人民政府举行第二个“敬老月”活动启动仪式暨“全国孝亲敬老之星”颁奖大会

大酒店进行,参加人员达600余人,其规模和效应超历史。石门县以“回家看看”为主题,在一家民营敬老山庄举行,别开生面。

是年,市本级“敬老月”活动安排7大类,即,举办爱心慈善义卖晚会、老年人门球比赛,健康知识有奖问答、幸福老人笑脸征集、乐舞老人交谊舞比赛、孝亲养生之旅、德山演舞堆社区文娱茶话会。各县(区、市)、乡(镇)、社区敬老活动自行系列安排,形式多样,形成了社会各界互动的喜人局面。

四、无障碍设施建设

2009—2011年,在住房和城乡建设部、民政部、中国残疾人联合会、全国老龄工作委员会未将常德市纳入“十一五”期间创建全国无障碍设施建设城市之列的情况下,中共常德市委、常德市人民政府主动向省直有关部门和国家四部委请缨,终将常德市纳入创建全国无障碍设施建设城市之列。据此,着重从城市道路、公共建筑、城市公园、交通设施、居民小区、宾馆院校及特殊设施等方面进行无障碍设施的建设和改造。

2009年5月,中共常德市委、常德市人民政府成立常德市创建全国无障碍设施建设城市领导小组。中共常德市委常委欧运祟,市委常委、副市长宋冬春任组长;常德市人大常委会副主任张元英、市政协副主席张新民,市政府副秘书长、市城市办主任张国政任副组长;常德市发改委、市财政局、市住房城乡建设局、市规划局、市民政局、市残联、市交通运输局、市教育局、市公安局等单位主要负责人为成员。领导小组下设办公室,张国政任办公室主任,从市住房和城乡建设局、市残联、市房管局抽调6名精干力量组成日常工作班子。在组建市级创建无障碍设施建设领导班子基础上,各县(区、市)和相关部门均建立相应的二级工作机构网络。在摸清全市创建无障碍设施建设和改造的总盘子后,制定《常德市创建无障碍设施建设城市实施方案》,明确由常德市住房和城乡建设局牵头承办,常德市民政局、市残联、市老龄办协办。按照市委、市政府交办的建设改造任务,常德市城区由各区、局督办各自系统内的无障碍设施建设改造项目,每个有建设改造任务的单位有专人抓、专人管,形成市、区(局)和改造单位三级齐抓共管,共创无障碍设施建设城市的良好局面。

是年,中共常德市委、常德市人民政府积极借鉴北京、大连、秦皇岛等全国无障碍设施建设示范先进城市的建设经验,树立全市样板,促进创无建设,选择有代表性的市政务中心、大润发商场、市第一人民医院、市汽车总站、工商银行、图书馆、体育中心、华天酒店、泓鑫花苑、滨湖公园等12家为推进创建无障碍设施建设城市的示范单位。中共常德市委常委欧运祟,市委常委、副市长宋冬春召集全市有改造任务的单位和部门负责人,在市体育中心、市政务中心、常德移动公司、市第一人民医院、泓鑫花苑等5家先进典型单位的改造现场召开流动现场会。与此同时,常德市电视台、报纸、电台、网站等媒体报道无障碍设施建设8次,刊发新闻稿件12篇。拍摄《无碍的城市·友爱的常德》电视专题片,记录和展示市创建无障碍设施建设工作取得的成果。在常德市城区，开通电视手语节目，对本地新闻联播加配字幕，充分利用市区 33 个电子屏幕滚动宣传创无内容，在医院、商场、车站、公交车上都设置告知就诊、购物、乘车等相关信息的电子显示屏。由市建设工程质量监督站站长等 5 人组成的专家技术指导小组，定期深入武陵区、常德经济技术开发区、柳叶湖旅游度假区以及大型商场、医院、居住小区、机场、汽车站等几十家有改造任务的单位进行现场指导。此外，市创无办致力加强无障碍设施建设工作培训。分 7 批举办全市的施工员、监理员、质检员以及有改造任务单位的基建负责人参加的无障碍设施建设培训班，组织学习《无障碍设施建设指南》和《无障碍设施建设设计规范》，参学人员达 800 余人。市创无办和市残联还针对无障碍设施的使用，集中对残疾人进行了培训，深受残疾人的欢迎。对商业、医疗、宾馆、银行、通信、政务等从业人员开办了两期手语培训班，参加培训人员达 253 人次，并为培训合格人员颁发结业证书，同时将手语培训课程刻录成光盘，免费发放给参训单位或个人，便于相关人员自学和巩固。

2009 年 12 月，中共常德市委、常德市人民政府拟定《常德市无障碍设施建设管理办法》，并印制 900 余份，在全市各行各业征求意见。2010 年 8 月 6 日，经常德市住建、规划、城管、残联、交警等部门会签后，常德市人民政府出台《常德市无障碍设施建设管理办法》（常政发〔2010〕13 号），正式颁布实施。“办法”共二十条。

2010 年，在各相关部门配合监管的前提下，加强了无障碍设施建设“两头”的管理，即从源头上抓好设计规范审查，项目竣工严格按照标准验收。常德市建设工程质量监督管理站印发《关于加强城市无障碍设施建设监督管理的通知》，明确规定，建设工程不按无障碍设计施工的不予竣工验收。是年 4 月，常德市质监站对市“东城尚品”居住小区进行竣工验收时，发现小区内通往公共绿地和小区入口的通道没有无障碍坡道，立即下发整改通知，待完全整改到位后才对其进行竣工验收。

2010 年起，常德市人民政府多次召开专题会议，就无障碍设施建设的立项、规划许可、财政预算、资金筹措、工程发包、占道、占绿等事项进行研究，形成了常德市人民政府第 6 次、第 9 次、第 26 次专题会议纪要。在工程立项和财政评审方面实行打捆立项和评审，对试点单位还实行“先上车、后补票”，即先动工，然后报预算评审，最后报决算；对工程发包和设备采购（改造项目工程量在 100 万元以下），在报分管副市长批示、市纪委备案的情况下，市住房和城乡建设局与市创无办联合行文，就无障碍设施建设项目和无障碍设施专用设备采购特许业主单位直接发包和采购，加速了无障碍设施建设的进度。此外，还将全市无障碍设施建设和改造任务分解到各相关单位，并定期对无障碍设施建设和改造情况进行督导，对发现的问题进行督办。仅 2010 年，针对各单位的不同情况下达任务交办函 52 份，对未按交办函要求按期完成整改任务的单位和部门下达督办函 6 份。坚持每月编发一期创建通报，对上月工作进行小结，对存在的问题进行通报。同时，加大维护巡察力度，由常德市城管执法局组成 30 人的监督队伍，对无障碍设施建设的巡视和处罚，对因建设需要临时占用无障碍设施的行为加强审批管理。

至2013年,常德市城区从城市道路、公共建筑、城市公园、交通设施、宾馆院校及特殊设施等方面所进行的无障碍设施建设和改造,取得了令人瞩目的成绩,这主要表现在:

城市道路无障碍设施建设和改造全面普及。仅常德市城区共投资1910.4万元,新建、扩建、改造主、次干道34条,共108.1公里。修建缘石坡道2502个,在交叉路口、街坊路口、单位出入口及人行横道等处的缘石坡道设置率达100%,安全岛的轮椅通行率达100%;修建盲道达164.61公里,其长度是城市主、次干道的1.5倍;在下南门商业步行街、诗墙长廊、城市公园等城区中心位置和天桥、广场出入口等城区主要交通路口,设置了行进盲道和提示盲道;在城区36个红绿灯管制路口全部安装了语音过街信号提示装置。

公共建筑无障碍建设和改造规范执行。重点改造了市政务中心、常德经济技术开发区政务中心、鼎城区政务中心、市体育中心、市博物馆、市图书馆、市第一和第二人民医院、市第一中医院、火车站广场等一大批公共建筑。各级政府对外服务窗口的公共建筑改造率达80%以上;主要医疗服务单位、大中型商业场地无障碍设施改造率达65%以上;邮政、电信、移动公司的主要营业网点设置了无障碍设施的有37个,占全部网点的64%;130个城市公厕中,新建和改造无障碍设施公厕60座,占46%;城区内8个加油站,有5个经过改造达到无障碍设施建设要求,占62%。

城市公园无障碍设施建设和改造逐步完善。滨湖公园、诗墙公园、屈原公园三个城市公园无障碍设施改造率达到了80%以上。滨湖公园实施无障碍设施改造效果明显。在改造前,中心岛区域乘坐轮椅者不能到达,因而很少有乘轮椅者到公园游玩。改造后,每天都会增加不少乘坐轮椅的游客。

交通设施无障碍设施建设和改造强力推进。常德市财政安排50万元,企业自筹110万元,用于常德汽车总站、柳叶湖车站、公共交通总公司、城市客运管理处、火车站广场管理处等单位的无障碍设施与改造。在公共交通工具上,为362台公共汽车配置了语音报站装置,在主要公交车候车站点安装了40台(套)太阳能语音盲文站牌,改装了10台方便肢体残疾人乘坐的出租汽车。在桃花源机场、汽车总站设置了方便残疾人出行的无障碍坡道(通道)、厕位、低位服务台、低位电话和盲道,桃花源机场还为肢体残疾人安检配置了专用轮椅。

居民小区无障碍设施建设和改造不断延伸。对各房地产开发企业、物业管理企业均提出了明确的改造要求。常德市城区已建成的高层居住建筑共195栋,已改造127栋,占65%,涉及小区22个。已改造小区高层建筑每个单元出入口均实行坡化处理,保证至少有一台电梯达到无障碍标准。小区共改造电梯83台,设有残疾人专用停车位26个,新增轮椅通道247处,确保公共绿地均有轮椅通道。此外,全市14家已有的三星级以上(含三星级)宾馆中,有11家符合无障碍设施建设要求;湖南文理学院、常德职业技术学院、市一中等一批大中院校也进行了无障碍设施建设改造。

特殊设施无障碍设施建设和改造不断完善。全市投资3000万元,新建常德市特殊教育学校;针对常德市福利院、常德市和生源养老公寓等福利机构实施了无障碍设施改造,改造率达到90%以上，得到了社会的认同；对全市城区110户残疾人和老年人家庭进行了无障碍设施改造，为这些残疾人和老年人提供了方便。

五、精神文化生活

常德市、县(区、市)党委、政府坚持从物质和精神两个方面提高老年人的生活质量，在保障老年人基本生活的同时，营造全社会尊重、理解、关心和帮助老年人的社会环境与舆论氛围，大力发展老年教育，加强老年文化建设，重视老年人的价值，引导老年人自主自强，积极向上，发挥老年人的作用，以全面丰富老年人的精神文化生活。

(一)老年教育

1988—2013年，常德市各级老龄工作部门在当地党委、政府的重视支持下，主动联系有关部门，动员社会力量普遍开展适合老年人特点的教育活动，以帮助老年人增长知识，陶冶情操，倡导科学、文明、健康的生活方式。在城市，举办各种讲座、学习班、报告会，就近就地开展多种形式、生动活泼的老年思想教育活动，帮助老年人树立科学的世界观和积极健康的人生观、价值观；在农村，积极组织引导老年人学习科、学文化知识和农业技术，崇尚科学破除迷信，移风易俗，为促进社会主义新农村建设贡献力量。

2000年以后，常德市、县(区、市)党委、政府合理安排对老年教育的投入，同时，动员社会力量，因地制宜办好老年教育。

2002年，武陵区老龄办与区文体局、区老干局联合成立“武陵区社区老年大学管理委员会”，制定章程、工作方案、管理制度并付诸实施。是年4月，武陵区三岔路社区老年大学正式成立，旨在引导社区都从远离邪教组织，树立科学文明、健康向上的思想观念，提高老年人的思想道德修养，增强对社区的认同感和归属感。这所老年大学开设了音乐、美术、电脑、科技、法律、花卉栽培等老年人喜爱的课程，故前来参加学习的老人络绎不绝。每期课程结业后，学校还要组织郊游或品尝擂茶等活动，学员之间互留通话信息，彼此建立了深厚的情谊。2003年9月，武陵区城东社区老年大学成立。学校生机勃勃，有的学员学了一届又一届，硬是舍不得毕业。2004年9月至2010年6月，在全市“中国常德诗人节”活动中，上千名老年人上台吟诗诵词，十分活跃，老年大学成了老年人真正的活动俱乐部。

2007年4月，临澧县委、政府投资千万元兴建5000平方米的老干活动中心，并以此为平台，兴办老年大学，县委常委、副县长高德知任名誉校长，县委原副书记黄家军任校长，学校坚持“开发耆智、提升素质、陶冶情操、增进健康、服务社会”的办学宗旨，贯彻“学、乐、为”的教学方针，设置8个系20个专业，分半年制、一年制、两年制和初级班、中级班、高级班、培训班，学员已达千余人。2007—2011年，先后有26名老干部学员获得市以上书法、绘画、诗歌奖励,覃事凡等3人获国家书法奖,金道德获国家新诗奖。学员们纷纷为实现“苍龙日暮还行雨,老树春深更著花”的美好愿望而努力。

至2013年年底,全市共开办老年大学(老年学校)63所,在校学员2.8万人。

1990年10月,常德市老干部大学创立。2005年5月,更名为常德市老年大学。2008年2月27日,中共常德市委副书记曹儒国主持召开老干部工作专题办公会议,并形成市委常委办公会议〔2008〕5号纪要,明确市委老干部局要抓紧完成市老年大学教学楼立项、设计方案评审等工作,力争5月1日前动工,市直相关单位要给予大力支持,确保新教学楼年底峻工。是年6月2日,常德市政府市长卿渐伟主持召开市政府常务会议,研究市老年大学教学楼项目建设等事宜,会议原则同意市发改委提出的市老年大学教学楼建设项目,具体方案由市发改委牵头,会同市财政局、市老干部局等单位,根据本次会议议定意见进一步修改完善。市老年大学教学楼项目建设定位为市老干部活动中心,以服务市直机关老干部为主。

2009年,常德市老年大学新教学楼全面竣工。总投资1100万元,总面积5470平方米。新教学大楼的建成使该校教学条件大为改善,校内有普通教室12间、舞蹈拳剑教室6间、节目排练厅2间、会议室2间,共计教学使用面积近7000平方米。其中,书画教室全部采用了加大的课桌椅,电脑教室共配置新款台式电脑41台,并全部实现了多媒体教学。学校共开设诗词、书法、国画、摄影、京剧、二胡、英语、电子琴、交谊舞、太极拳(剑)、葫芦丝、口语艺术、电脑、声乐、民族舞蹈、地方戏曲、家庭保健等30个专业120个教学班。有各专业教师59人,均具中、高级职称并有多年的教学经验。

2009—2012年,常德市老年大学先后有数十名学员出版了个人诗集、画集、摄影集。学员作品曾在中华老年《寿星杯》大赛、《老年人》杂志、省地税、财经统计等系统获奖,500多首诗词,414幅书画作品曾在国家、省市报刊上公开发表。共获得全国、省级、市级大赛金奖26个、银奖13个、铜奖11个。2011年9月,民族舞专业的节目《珊瑚颂》参加省教育电视台组织的文艺调演,荣获金奖,并应邀参加“湖南教育频道”2012年春节联欢晚会,向全省人民展示了常德老年人的风采。

2000—2013年,中共常德市委、常德市人民政府每年举行一次市直副处级以上离退休干部参加的形势报告会,通报全市经济社会发展状况,各区、县(市)委、政府照此办理。全市各级各单位每逢重大节日,均召开老干部座谈会,畅谈日新月异的大好形势,鼓励和支持老年人在社会需要和自愿量力的前提下,继续参与经济社会发展,为建设和谐社会而努力。

(二)老年文体活动

1988—2013年,全市各级文化、广播电视、新闻出版以及体育部门主动开办老年文化专题节目;积极组织创作老年人喜闻乐见的优秀作品;高度重视办好老年报刊,出版面向老年人的图书、音像、著作;大力开展适合老年人特点的文体活动,积极组织文化体育进社区、进乡村，同时，支持和引导各类老年群众文体组织，有计划地组织老年文艺会演、书画展览和体育比赛等活动。

1988 年以后，常德市、县（区、市）老龄办主动与宣传、文化、教育等部门密切协作，组建老年艺术团（队）。根据老年人的兴趣和特长，组成的舞龙队、舞狮队、腰鼓队、秧歌队、舞蹈队、号鼓队，活跃在全市城乡，丰富了广大人民群众的文化生活。

至 2005 年年底，全市共组建各种老年文化团队 395 个，老年门球队 251 个，开设老年茶社3231 个，参加各项文化活动的老年人达 21 万人，占全市老年人口总数的 35%。武陵区于 2000 年前组建的 5 个老年艺术团，一直拥有 500 余人的业务演员队伍，每逢重大节日、区内庆典活动，都邀请老年艺术团献艺表演。2009 年，市老龄办和武陵区老龄办组织老年艺术团参加诗墙公园激情广场晚会，88 岁的老人献歌，79 岁的老人领舞的场面让市民们啧啧称赞，回味无穷。

2002 年 6 月 3 日，省老龄委、省老干部局、省文化厅、省广播电视厅联合发出“关于举办全省老年文艺调演的通知”（湘老字〔2002〕4 号），常德市老龄办与武陵区老龄委密切配合，积极组队，按时参加调演。芙蓉社区老年艺术团代表常德市代表队演出的民俗舞蹈《老蔸夜话》，一举夺得银奖。

2004 年 7—10 月，常德市老龄委成功组织湖南省首届老年艺术节常德赛区的各项活动。在长达 120 多天的时间里，全市老年人本着“重在参与”的可贵精神，踊跃报名参加艺术节的各项活动，以展示自己的才能和智慧。通过层层筛选、比赛和专家学者评审，在全省老年文艺演出、书画展览、老龄科学论坛等多项活动中，涌现了不少精英老人、关爱老龄事业的热心人、孝敬长辈的有心人。是年 10 月 22 日，省老龄委发出《关于表彰在全省首届老年艺术节各项活动中取得显著成绩的单位和个人的通报》（湘老字〔2004〕37 号）。胡守仁的摄影获“书画、摄影、工艺美术作品奖二等奖”；潘能震获“十大孝星奖”。

1985—2011 年，常德市、县（区、市）老龄委与市、县（区、市）有关部门密切配合，成功举办六届全市老年人运动会：

1985 年 5 月 11 日，常德地区老年人体育协会成立，并立即负责承办常德地区首届老年人运动会。

1994 年 8—9 月，常德市第二届老年人运动会在常德市城区举行，共开设门球、乒乓球、象棋比赛三项。该届老年人运动会比赛结果如下：

门　球　赛

第一名为武陵区城东办事处；第二名为桃源县；第三名为武陵区。

乒　乓　球　赛

团体比赛第一名为武陵区；第二名为桃源县；第三名为津市市。

男子单打第一名为林世仁；第二名为章安恒；第三名为陈其桃。

女子单打第一名为周宗信;第二名为何香梅;第三名为陈科致。

象棋赛

团体比赛第一名为津市市;第二名为澧县;第三名为武陵区。

男子组第一名为黄启运;第二名为唐善林;第三名为刘明超。

女子组第一名为蒋体纯;第二名为桂淑贞;第三名为许云卿。

老年组团体总分

第一名为武陵区;第二名为桃源县;第三名为澧县。

2000年4—11月,常德市第三届老年人运动会如期举行。安乡县承办门球赛;汉寿县承办象棋赛;津市市承办乒乓球赛;桃源县承办地掷球赛;市老体协承办太极拳赛;澧县承办钓鱼赛。是年11月,各项比赛胜利结束。其比赛结果如下:

门球赛

第一名为市直代表队;第二名为石门县;第三名为澧县。

象棋赛

团体比赛第一名为澧县;第二名为桃源县;第三名为汉寿县。

男甲组第一名为龚家新;第二名为熊立甫;第三名为陈本波。

男乙组第一名为周元章;第二名为熊明安;第三名为华德明。

女子组第一名为王文格;第二名为黎山洪;第三名为庄子政。

乒乓球赛

团体赛第一名为武陵区;第二名为津市市;第三名为桃源县。

男甲组第一名为章安恒;第二名为徐子西;第三名为李世龙。

男乙组第一名为刘阳生;第二名为林世仁;第三名为潘宜元。

女甲组第一名为周宗信;第二名为刘明德;第三名为谢福清。

女乙组第一名为蒯焕勋;第二名为吴郁文;第三名为李家珍。

地掷球赛

第一名为武陵区;第二名为桃源县;第三名为澧县。

太极拳赛

第一名为武陵区;第二名为鼎城区;第三名为津市市。

钓鱼赛

团体第一名为石门县;第二名为澧县;第三名为临澧县。

个人钓鱼总重量第一名为覃道池;第二名为杜慎茂;第三名为许仲材。

该届运动会团体总分:第一名为武陵区;第二名为桃源县;第三名为澧县。

2004年3—9月，常德市体育局、市老龄委、市老干局、市民政局、市人事局、市劳动和社会保障局、市卫生局、市老年人体育协会等8单位联合主办常德市第四届老年人运动会。各县（区、市）及市直共十个单位的老年人代表队参加门球、乒乓球、地掷球、象棋、围棋、桥牌、钓鱼等7项比赛。第四届老年人运动会的口号是："安全、欢乐、求实、俭朴。"该届老年人运动会的比赛结果如下：

门球赛（市老体协承办）

第一名为武陵区；第二名为鼎城区；第三名为津市市。

地掷球赛（市老协承办）

男子组第一名为武陵区；第二名为桃源县；第三为安乡县。

女子组第一名为桃源县；第二名为临澧县；第三名为石门县。

围棋赛（市老体协承办）

男子甲组第一名为陈魁祥；第二名为李梅声；第三名为刘松藩。

男子乙组第一名为李宗长；第二名为沙国栋；第三名为江世新。

女子组第一名为陈友凤。

桥牌赛（澧县承办）

队式赛第一名为澧县；第二名为武陵区；第三名为桃源县。

双人南北向赛

第一名为武陵区；第二名为石门县；第三名为澧县。

双人东西向赛

第一名为澧县；第二名为桃源县；第三名为武陵区。

钓鱼赛（桃源县承办）

团体第一名为武陵区；第二名为汉寿县；第三名为澧县。

象棋赛（市老体协承办）

男甲组第一名为周元璋；第二名为熊履甫；第三名为姜一远。

男乙组第一名为魏福生；第二名为熊明安；第三名为王兆圣。

女子组第一名为熊宗秀；第二名为黎山洪；第三名为庄子政。

乒乓球赛（津市市承办）

男甲组第一名为刘阳生；第二名为林世仁；第三名为易兴汉。

男乙组第一名为尹宏泉；第二名为刘开元；第三名为申友康。

女甲组第一名为刘明德；第二名为蒯焕勋；第三名为杨发群。

女乙组第一名为肖杏英；第二名为刘年华；第三名为汪舒林。

这届运动会团体总分：第一名为武陵区；第二名为桃源县；第三名为石门县。

2008年1—9月,常德市第五届老年人运动会隆重举行。其比赛结果如下:

门球赛(市老体协承办)

男子组第一名为澧县;第二名为津市市;第三名为桃源县。

女子组第一名为鼎城区;第二名为武陵区;第三名为桃源县。

地掷球赛(市老协承办)

男子组第一名为鼎城区;第二名为桃源县;第三名石武陵区。

女子组第一名为澧县;第二名为汉寿县;第三名为安乡县。

象棋赛(汉寿县承办)

男甲组第一名为魏福生;第二名为严文斌;第三名为刮季波。

男乙组第一名为杨守敏;第二名为汪立波;第三名为冯中秋。

女子组第一名为王新卓;第二名为黎山洪;第三名为文翠华。

围棋赛(汉寿县承办)

甲组第一名为李光远;第二名为宾进文;第三名为燕良甫。

乙组第一名为付秋珍;第二名为杨化科;第三名为刘运明。

乒乓球赛(市老体协承办)

男子单打第一名为王焕俊;第二名为邹鸿钧;第三名为占小希。

女子单打第一名为蒯焕勋;第二名为胡红;第三名为周其芬。

桥牌赛(澧县承办)

队 式 赛

第一名为澧县;第二名为临澧县;第三名为鼎城区。

双人南北向赛

第一名为蒋巨恒、夏蔚成;第二名为吴传双、谢迪荣;第三名为付芹苓、唐儒卿。

双人东西向赛

第一名为吴恩玉、刘清孝;第二名为董明辉、许辅会;第三名为马宗禹、邓绍舫。

钓鱼赛(安乡县承办)

团体第一名为汉寿县;第二名为石门县;第三名为安乡县。

个人单尾重量:第一名为覃道武;第二名为覃道池;第三名为杨世良。

该届运动会团体总分:第一名为鼎城区;第二名为桃源县;第三名为武陵区。

2011年2月24日,常德市体育局、市老龄委、市老干局、市民政局、市人力资源和社会保障局、市卫生局、市老人体育协会联合发出《关于举办常德市第六届老年人运动会的通知》(常体通〔2011〕8号)。2011年5月16日至2012年9月21日,全市第六届老年人运动会分别由市老体协、鼎城区、汉寿县、桃源县、武陵区、澧县、临澧县承办，先后举行门球、乒乓球、地掷球、象棋、围棋、桥牌、钓鱼、太极拳（剑）、健身球（操）等9项比赛。其比赛结果如下：

门球赛

男子组第一名为桃源县；第二名为汉寿县；第三名为津市市。

女子组第一名为桃源县；第二为名武陵区；第三名为汉寿县。

地掷球赛

男子组第一名为武陵区；第二名为汉寿县；第三为澧县。

女子组第一名为武陵区；第二名为石门县；第三名为鼎城区。

健身球（操）赛

一等奖为桃源县、安乡县；二等奖为武陵区、鼎城区、石门县；三等奖为澧县、津市市、汉寿县。

乒乓球赛

团体比赛第一名为武陵区；第二名为澧县；第三名为石门县。

男单个人第一名为杨学文；第二名为朱宝云；第三名为吴志安。

女单个人第一名为胡红；第二名为蒯焕勋；第三名为兰玉梅。

象棋赛

团体第一名为鼎城区；第二名为桃源县；第三名为临澧县。

男甲组第一名为杨守敏；第二名为沈文华；第三名为刮季波。

男乙组第一名为冯中秋；第二名为甘建新；第三名为李明。

女子组第一名为熊宗秀；第二名为张海香；第三名为赵玲。

围棋赛

团体比赛第一名为武陵区；第二名为石门县；第三名为鼎城区。

甲组个人第一名为姚建平；第二名为宾进文；第三名为丁为建。

乙组个人第一名为范建国；第二名为代长志；第三名为龙玉清。

桥牌赛

队式赛

第一名为澧县；第二名为临澧县；第三名为武陵区。

南北向双人赛

第一名为付芹苓、唐儒卿；第二名为王焕武、谢迪荣；第三名为邹胜祥、程冬仙。

东西向双人赛

第一名为申光华、石柏庆；第二名为卓钗凤、刘清孝；第三名为谢泽民、任新国。

太极拳(剑)赛

集体太极拳

一等奖为武陵区、津市市;二等奖为鼎城区、临澧县、石门县;三等奖为澧县、桃源县、汉寿县、安乡县。

集体太极剑

一等奖为武陵区、津市市;二等奖为临澧县、石门县、鼎城区;三等奖为澧县、桃源县、汉寿县、安乡县。

个人(拳剑合一)

男子组第一名为杨大喜;第二名为谭成兰;第三名为徐炳生。

女子组第一名为沈昌群;第二名为汤光春;第三名为杨丽华。

钓 鱼 赛

团体第一名为安乡县;第二名为津市市;第三名为汉寿县。

个人总重量第一名为李盈桃;第二名为周满;第三名为杨世良。

个人单尾重第一名为冯正武;第二名为钟伟仪;第三名为李盈桃。

该届运动会团体总分:第一名为武陵区;第二名为桃源县;第三名为津市市。

1988—2013 年,全市各地坚持不懈地以党和政府的一系列老龄工作政策法规为准绳,致力发展老龄事业,涌现了一大批“为老服务”和“老有所为”的先进人物,受到党和政府的表彰。

1996 年 3 月 18 日,省人民政府发出“关于表彰贯彻实施《湖南省老年人保护条例》先进学位的通报”(湘政函〔1996〕39 号),常德市粮食局、临澧县佘市镇人民政府、桃源县三汉港乡人民政府荣获先进单位称号。

1997 年 6 月至 1998 年 9 月,全市各地开展“三奖” 评选活动,即:“敬老好儿女金榜奖”、“老有所为奉献奖”“重视老龄工作功勋奖”,以弘扬中华民族敬老养老传统美德,在全社会树立敬老养老的新风尚,落实老年人“五个老有”,促进全市老龄工作和老龄事业的发展。

1998 年 9 月 8 日,中共湖南省委宣传部、省老龄委、省人事厅、省民政厅、省总工会、团省委、省妇联发出《关于表彰“敬老好儿女金榜奖、老有所为奉献奖、重视老龄工作功勋奖”先进人物的决定》(湘老字〔1998〕13 号),常德市老龄委吴有建、临澧县计委谭祖海、桃源县佘家坪乡龙潮寺林青金容、市委老干局李娥皇、鼎城区蒿子港镇太岳完小喻华清、东山峰农场职工医院宾升平、澧县社会福利院杜方琛、津市市液化气具维修中心傅绍荣被荣获“湖南省敬老好儿女金榜奖”。中共常德地委原书记刘佳时、市人民政府顾问赵树立、武陵区红卫居委会主任张凤梅、桃源县三阳港镇老科协主席兰珠球、安乡县安生乡人民政府政协联络员潘能震荣获“湖南省老有所为奉献奖”。中共常德市委常委、组织部部长王春阳、市人民政府副秘书长何广辉,中共石门县委副书记、县老龄委主任陶孝忠荣获“湖南省重视老龄工作功勋奖”。

1999年5月5日，省老龄委发出“关于表彰湖南省基层老龄工作先进单位的决定”(湘老字〔1999〕16号)，安乡县安障乡老龄委、桃源县盘塘镇人民政府、澧县粮食局老龄办荣获先进单位称号。

2010年12月14日，省老龄委转发《全国老龄工作委员会关于表彰全国老龄工作先进单位和先进个人的决定》(湘老龄发〔2010〕11号)，汉寿县民政局被授予“全国老龄工作先进单位”称号；安乡县老龄工作委员会办公室主任熊军妮(女)被授予“全国老龄工作先进个人”称号。

2011年1月7日，省老龄委发出“关于转发全国敬老爱老助老主题教育活动组委会《关于表彰2010年‘中华孝亲敬老楷模’‘中华孝亲敬老楷模提名奖’‘全国孝亲敬老之星’和‘全国敬老模范单位’的决定》的通知”(湘老龄发〔2011〕1号)，汉寿县宏达家电有限公司总经理吴和枝、津市市阳由敬老院院长胡伟、武陵区芙蓉社区居民李运枝、常德市仙源福利服务中心主任陈亮、澧县太青乡卫生院院长贺灏、石门县特种水泥厂退休职工姜玉娇、安乡县陈家嘴镇民政办主任郭桂秋、桃源县兴隆街乡蕉林村村民杨兆玉、临澧县安福镇敬老院院长祁开楚荣获“全国孝亲敬老之星”荣誉称号。

是年10月14日，人力资源和社会保障部、全国老龄工作委员会，发出《关于表彰全国老龄系统先进集体和先进工作者的决定》(人社部发〔2011〕111号)，石门县老龄工作委员会办公室主任杜登庆被授予“全国老龄系统先进工作者”荣誉称号(享受省部级先进工作者和劳动模范待遇)。

2012年，覃玉华、杨峰、吴光清、刘敬良、彭世娥、王承宗、万拥军、周娅、周群英、崔碧云等10人，荣获“全国孝亲敬老之星”称号。

2013年，常德市社会福利院、常德市公交总公司、临澧县九里乡同心村、石门县碧云山庄老年人协会，荣获“全国敬老文明号”称号。

附：

常德市老龄人口分布情况

表1　　　　单位：人

单位	60～70岁	71～80岁	81～90岁	91～100岁	100周岁以上	合计
安乡县	34584	23245	6987	1028	26	65870
汉寿县	86325	30176	30873	1732	38	149144
澧　县	101642	35517	34434	1823	21	173437
临澧县	51044	24514	12314	663	7	88542
桃源县	100239	54311	16700	2013	26	173289
石门县	80588	38367	15137	1197	10	135299
武陵区	35833	13578	34972	732	10	85125
鼎城区	98763	44372	11782	735	11	155663
津市市	29686	16730	15466	405	3	62290
常德经开区	15856	3278	2011	197	—	21342
西湖管理区	4218	2239	1094	165	—	7716
西洞庭管理区	7245	4368	818	76	—	12507
柳叶湖度假区	6855	2349	805	88	—	10097
桃花源管理区	3453	2678	701	83	—	6915
贺家山原种场	1057	823	437	14	—	2331
合　计	657388	296545	184531	10951	152	1149567

说明：截至2013年12月31日

第十章

社区建设

第十章　社区建设

二十世纪三十年代，“社区”一词被引入中国。而作为一个广泛使用的名词则始于1986年。民政部为推进城市社会福利工作改革，争取社会力量参与兴办社会福利事业，并将后者区别于民政部门代表国家办的社会福利，便称之为“社区服务”，由此引入了社区概念。1991年5月，民政部号召并要求街道办事处、居民委员会系统开展社区建设工作，得到了许多城市社区的积极响应。1996年，中共中央总书记、国家主席江泽民明确提出“大力加强社区建设”的要求。1998年，国务院赋予民政部“指导社区服务管理工作，推动社区建设”的职能。2000年11月，国务院办公厅转发民政部《关于在全国推进城市社区建设的意见》，由此带来了社区建设在全国各地广泛推行。

第一节　社区设置

2001年6月18日，中共湖南省委办公厅、湖南省人民政府办公厅根据中央和国务院的部署，下发《关于大力推进城市社区建设的意见》（湘办发〔2001〕17号）。2002年12月，省人民政府办公厅下发《关于加强城市社区管理的通知》（湘政办发〔2002〕56号），明确规定了社区建设的指导思想、总体目标、主要内容、方法步骤等重大问题，为全省社区建设提供了正确而完整的理论指导、强大的政策支持和坚强的组织保证。

2002年10月14日，常德市人民政府召开全市社区建设工作会议

2002年10月11日，中共常德市委办公室、常德市人民政府办公室下发《关于大力推进城市社区建设的意见》（常办发〔2002〕4号）。是年10月14日，市委、市政府召开全

市社区建设工作会议。从此,常德市域全面启动社区建设工作。

2002年10月11日,中共常德市委办公室、常德市人民政府办公室转发《常德市民政局关于调整合并社区和选举产生首届社区居民自治组织的实施方案》(常办通字〔2002〕4号),全市的传统居民委员会统一更名为社区居民委员会,并选举产生首届社区居民自治组织。其调整合并社区的原则和标准是这样规定的:

(一)遵循有利于服务管理,有利于开发社区资源,有利于社区自治,有利于发挥社区功能的原则;

(二)以地域、人群、管理机构和居民心理上的认同感等构成社区的要素以及资源配置、发展趋势为划分依据;

(三)以路、街、巷为界,对个别跨路、街、巷的社区,按自然地域界线重新调整;

(四)将社区划分为:以自然地域界线形成的"地缘型社区",以封闭型居民住宅小区为单位的"单元型社区"和以职工家属居住区为主体的"单位型社区";

(五)新划定的社区规模:原则上新居民住宅小区为3000户左右,经改造的棚户区、老城区为2000户左右。特殊区域不受居民户数的限制。

是年,各区县、市根据市委、市政府下发的常办发〔2002〕4号和常办通字〔2002〕4号文件精神,对所辖居民委员会进行更名或调整合并。

2002年8月28日,武陵区人民政府下发《关于调整城区行政区划设立社区居民委员会的通知》,将全区87个居委会调整合并为50个社区居委会。其具体情况是:

(一)城东街道办事处原有18个居委会,撤并后调整为10个社区居委会。

1.撤销四铺街居委会,将其所属区域并入红卫居委会,设立新的红卫社区居委会;

2.撤销建设东路居委会、敖家巷居委会,将建设东路居委会所属区域和敖家巷居委会北区宿舍并入新东街居委会,设立新的新东街社区居民委员会;

3.撤销水巷口居委会,将其所属区域并入半边街居委会,设立新的半边街社区居民委员会;

4.撤销姑家园居委会,将其所属区域并入楠沙居委会,设立新的楠沙社区居民委员会;

5.撤销熊家堆居委会,将其所属区域并入牯牛岗居委会,设立新的牯牛岗社区居民委员会;

6.撤销刘家坪居委会,将其所属区域并入庆丰居委会,设立新的庆丰社区居民委员会;

7.撤销岩桥居委会,将其所属区域以及原敖家巷居委会的厂区及东区宿舍并入盐关居委会,设立新的盐关社区居民委员会;

8.竹园居委会、红庙居委会、东苑居委会予以保留,其管辖范围由街道办事处进行明确。

经调整后,城东街道办事处辖红卫、新东街、半边街、楠沙、牯牛岗、竹园、庆丰、盐关、红庙、东苑10个社区居民委员会。

（二）城南街道办事处原有14个居委会，撤并后调整为8个社区居委会。

1.撤销民主街居委会，将其所属区域并入府坪巷居委会，设立新的府坪巷社区居民委员会；

2.撤销乔家巷居委会，将其水星楼以东并入东湖巷居委会，设立新的东湖巷社区居民委员会；

3.撤销临沅居委会，将临沅居委会和乔家巷居委会水星楼以西并入百街口居委会，设立新的百街口社区居民委员会；

4.宝塔岗居委会、体育东路居委会、岩禾场居委会合并，设立新的体育东路社区居民委员会；

5.大兴街居委会与鸡鹅巷居委会合并，设立四眼井社区居民委员会；

6.青阳阁居委会、高山街居委会、方家巷居委会予以保留，其管辖区域由街道办事处进行明确。

经调整后，城南街道办事处辖府坪巷、东湖巷、四眼井、高山街、百街口、青阳阁、方家巷、体育东路8个社区居民委员会。

（三）城西街道办事处原有17个居委会，撤并后调整为10个社区居委会。

1.贾家湖居委会和骅街口居委会合并，设立新的贾家湖社区居民委员会（含育才路以北的原城北街居委会区域和现区域内的原柏子园居委会的居民）；

2.撤销大西门居委会，将其所属区域并入新村居委会，设立新的新村社区居民委员会；

3.撤销邮电北院居委会、沙河路居委会、新世纪居委会，将其区域并入穿紫河居委会，设立新的穿紫河社区居民委员会；

4.新光居委会和惠民居委会合并，设立新的新光社区居民委员会；

5.撤销茉莉村居委会，将其所属区域并入滨湖居委会，设立新的滨湖社区居民委员会；

6.撤销梅家垱居委会，将其一组并入贾家湖居委会，五组并入滨湖居委会，兴民街两侧的居民并入穿紫河居委会，市化纤厂后面的居民并入芷兰居委会，惠家坪区域内的居民并入惠家坪居委会，市第一开关厂附近的居民并入西园居委会。

7.光明巷居委会、朝阳路居委会、长胜桥居委会、西园居委会、鸿升居委会予以保留，其管辖范围由街道办事处进行明确。

经调整后，城西街道办事处辖贾家湖、新村、穿紫河、新光、滨湖、光明巷、朝阳路、长胜桥、西园、鸿升10个社区居民委员会。

（四）城北街道办事处原有18个居委会，撤并后调整为9个社区居委会（其中一个特大社区居委会）。

1.撤销畔池街居委会，将其所属区域并入丝瓜井居委会，同时与城北街居委会合并，设立新的丝瓜井社区居民委员会（含育才路以南的原骅街口居委会区域）；

2.撤销青年北路居委会、马木桥居委会、利民巷居委会，将其所属区域并入建民巷居委

会,设立新的建民巷社区居民委员会;

3.紫桥一区居委会、紫桥二区居委会、紫桥三区居委会合并,设立新的紫桥社区居民委员会;

4.撤销万鹤社区居委会,将其所属区域并入北正街居委会,设立新的北正街社区居民委员会;

5.芷兰居委会(含现区域内的原梅家垱居委会的居民)、光荣路居委会、常乐居委会、柏子园居委会(在城西范围内的柏子园一组居民划入城西管理)、北堤居委会予以保留,其管辖范围由街道办事处进行明确。

经调整后,城北街道办事处辖丝瓜井、建民巷、紫桥、光荣路、常乐、芷兰、柏子园、北堤、北正街 9 个社区居民委员会(其中一个特大社区居委会)。

(五)三岔路街道办事处原有 15 个居委会,撤并后调整为 10 个社区居委会。

1.撤销戈泉堰居委会(常德烟草机械有限责任公司及其家属区已整体迁至武陵开发区长庚路社区内);

2.撤销郭家巷居委会,将其人民西路以南并入西堤居委会(人民西路以北并入富强居委会),设立新的西堤社区居民委员会;

3.撤销浦沅居委会,将其所属区域并入惠家坪居委会,设立新的惠家坪社区居民委员会(含现区域内的原梅家垱居委会的居民);

4.撤销白莲寺居委会,将其所属的皂果小区西区并入富强居委会(皂果小区东区并入新建巷居委会),加上原郭家巷居委会北区(宿舍区),合并设立新的富强社区居民委员会;

5.撤销杜家溶居委会,将其所属区域并入临江路居委会,设立新的临江路社区居民委员会;

6.廖桥街居委会更名为芙蓉社区居民委员会;

7.北站居委会、落路口居委会、长家山居委会、新建巷居委会(含新划入的皂果小区东区)、长冲居委会予以保留,其管辖范围由街道办事处进行明确。

经调整后,三岔路街道办事处辖西堤、惠家坪、富强、临江路、北站、落路口、长家山、新建巷、长冲、芙蓉 10 个社区居民委员会。

(六)河洑镇原有 3 个居委会,撤并 2 个,调整为 1 个社区居委会。

潭子口居委会、犀牛口居委会、渡口居委会合并,设立新的犀牛口社区居民委员会。

(七)武陵开发区保留原 1 个社区居民委员会。

长庚路居委会给予保留,将武陵开发区建设的东汉房产地带划归长庚路居委会管辖,设立新的长庚路社区居民委员会。

(八)东郊乡保留原 1 个社区居委会。

甘露寺居委会予以保留,冠名为甘露寺社区居民委员会。

2002 年 12 月 17 日,中共石门县委办公室、石门县人民政府办公室印发《关于大力推进城镇社区建设的意见》(石办发〔2002〕15 号),“意见”强调:明确社区定位,合理划分社区。经过调整后的居民委员会,其完整名称为“XX 社区居民委员会”,由所在镇人民政府管理。社区划分,按照有利于服务管理、有利于开发社区资源、有利于社区自治、有利于发挥社区功能的原则,以自然地域为社区构成要素,以资源配置情况和发展趋势为相关依据,对原居民委员会所辖区域范围作适当调整。同时明确:社区调整合并由所在镇人民政府根据划定社区的原则和标准,在广泛征求各方面意见的基础上,提出方案,报县民政局审核,经县人民政府批准后报市民政局备案。

2002 年 7 月 23 日,中共澧县县委办公室、澧县人民政府办公室印发《关于大力推进城镇社区建设的意见》(澧办发〔2002〕3 号),决定对全县现有居民委员会所辖区域进行适当调整,以调整后的居民委员会辖区作为社区地域,成立“社区居民委员会”。

2002 年 10 月 12 日,鼎城区人民政府印发《关于武陵镇调整和设置社区居委会方案的批复》(常鼎政函〔2002〕82 号),原临江、渡口居民委员会按照现管辖区域、名称维持不变;花船庙居民委员会更名为“花船社区”居委会;原鼎城与德安居委会各划出一块成立“善池”社区居委会;原常沅居委会划出一部分,成立“桥头”社区居委会;原严家岗居委会一分为五,成立“迎宾”“善卷”“永安”“玉霞”“金霞”五个社区居委会。经调整后,武陵镇共设置 13 个社区居民委员会,即:临江、渡口、花船、善池、鼎城、德安、常沅、桥头、迎宾、善卷、永安、玉霞、金霞社区居民委员会。

2002 年 12 月 20 日,津市市人民政府印发《关于调整街道和部分乡行政区划设立社区居民委员会的通知》(津政发〔2002〕12 号),“通知”明确:津市市此次调整涉及 27 个居民委员会,撤并调整后为 23 个社区居民委员会。

(一)三洲驿街道办事处原有 7 个居委会,撤并调整后为 6 个社区居委会,办事处驻地不变。

1.撤销天后宫居委会,将其建设路以南的区域并入刘公桥居委会,设立城隍庙社区居民委员会;

2.撤销品元宫居委会,将其与建设路以北原属天后宫居委会的区域一起并入三洲街居委会,设立新的三洲街社区居民委员会;

3.撤销新码头居委会,将其所属区域与原属三元宫居委会万寿路以西的区域一起并入后湖居委会,设立新的后湖社区居民委员会;

4.柏枝林居委会、桥北居委会予以保留,分别冠名为柏枝林社区居民委员会、桥北社区居民委员会;

5.撤销阳由乡护市村,将其所辖万寿路至澹水河以西的区域设立护市社区居民委员会。

经调整后,三洲驿街道办事处辖城隍庙、三洲街、后湖、柏枝林、桥北、护市 6 个社区居民委员会。

(二)汪家桥等道办事处原有8个居委会,撤并调整后为5个社区居委会,办事处驻地不变。

1.撤销绿荷池居委会,将其所属区域与车胤大道以南原属北大东路、新村居委会的区域以及原属三元宫居委会万寿路以东的区域一起并入汪家桥居委会,设立新的汪家桥社区居民委员会;

2.撤销青龙庙居委会,将其所属区域与九澧大道以南、车胤大道以北、双济路以东的区域一起并入油榨坊居委会,设立新的油榨坊社区居民委员会;

3.撤销北大东路居委会,将其所属车胤大道以北的区域与新村居委会所属车胤大道以北的区域以及万寿路以东、双济路以西、银苑路以北、九澧大道以南的区域一起合并,成立新的新村社区居民委员会;

4.撤销澹津村,将规划中的九澧大道以北、万寿路与双济路之间的区域设立澹津社区居民委员会;

5.撤销城东村,将规划中的九澧大道以北、双济路以东的区域设立城东社区居民委员会。

经调整后,汪家桥街道办事处辖汪家桥、油榨坊、新村、澹津、城东5个社区居民委员会。

(三)襄阳街街道办事处原有5个居委会,撤并调整后为7个社区居委会,办事处驻地设原阳由乡政府院内。

1.撤销文化居委会,将其所属区域并入襄阳居委会,设立襄阳街社区居民委会员;

2.盐矿居委会、汤家湖居委会予以保留,分别冠名为盐矿社区居民委员会、汤家湖社区居民委员会;

3.撤销果园村,将其所属区域并入大同居委会,设立古大同社区居民委员会;

4.撤销阳由村,将其所属区域设立阳由社区居民委会员;

5.撤销保堤村、澧阳村,将其所属区域设立澧阳社区居民委员会;

6.撤销农科村、荷花村,将其所属区域(含原属清远路居委会的荷花村4组)设立荷花社区居民委员会。

经调整后,襄阳街街道办事处所辖襄阳街、盐矿、汤家湖、古大同、阳由、澧阳、荷花7个社区居民委员会。

(四)金鱼岭街道办事处原有7个居委会,撤并调整后为5个社区居委会,办事处驻地不变。

1.撤销卢家台居委会、芦家村,将其所属区域并入燕子窝居委会,设立新的燕子窝社区居民委员会;

2.撤销清远路居委会、窑坡渡居委会,将其所属区域(不含原属清远路居委会的荷花村4组)并入文家湾居委会,设立新的文家湾社区居民委员会。

3.湖桥居委会予以保留,冠名为湖桥社区居民委员会;

4.撤销明道村，将其所属区域设立明道社区居民委员会；

5.撤销董家村，将其所属区域并入丝绸院居委会，设立新的丝绸院社区居民委员会。

经调整后，金鱼岭街道办事处辖燕子窝、文家湾、湖桥、明道、丝绸院5个社区居民委员会。

2002年12月27日，临澧县人民政府印发《关于调整设立社区居民委员会的通知》（临政函〔2002〕45号），决定调整和设立社区居民委员会。

（一）城关镇由8个居委会撤并调整为7个社区居委会。

1.撤销八方楼居委会，将其并入人民街居委会，更名为人民街社区居委会。

2.文化街居委会更名为文化街社区居委会；河街居委会更名为河街社区居委会；四季红居委会更名为四季红社区居委会；朝阳街居委会更名为朝阳街社区居委会；迎宾路居委会更名为迎宾路社区居委会；安福路居委会更名为安福路社区居委会。

（二）四新岗镇四新岗居委会更名为四新岗社区居委会。

（三）太浮镇衍嗣庵居委会更名为衍嗣社区居委会。

（四）佘市桥镇新兴居委会更名为新兴社区居委会。

（五）停弦渡镇古渡居委会更名为古渡社区居委会。

（六）新安镇由4个居委会撤并调整为5个社区居委会。

1.新安镇老街居委会撤销，设立新东社区居委会和新西社区居委会。

2.新安镇新冯委会更名为新冯社区居委会；新安镇北区居委会更名为北郊社区居委会；新安镇南闸居委会更名为南闸社区居委会。

（七）合口镇大兴街居委会更名为大兴街社区居委会；合口镇中横街居委会更名为中横街社区居委会；合口镇三元口居委会更名为三元口社区居委会。

（八）修梅镇南江居委会更名为南江社区居委会；七重居委会更名为七重社区居委会。

（九）太平工业经济开发区太平居委会更名为太平社区居委会。

2003年5月20日，桃源县民政局批复（桃民〔2003〕5号），报县人民政府批准，同意漳江镇设立纺城路、文星园、西苑三个社区居民委员会。其居委会驻地分别为原桃源纺织印染厂东区、北区和西区。

2003年10月24日，安乡县人民政府办公室印发《关于城关镇设立社区居民委员会的通知》（安政办发〔2003〕40号），经县政府研究，决定在城关镇依法设立社区居民委员会。将城关镇所辖16个居民委员会，经过首次社区居民委员会选举后，以原各居委会区域界线不变，改置16个社区居民委员会；即：潺陵、城北、书院洲、四总、五总、西门口、东后街、南门口、下东门、南桥、文昌湾、深柳、围庵、保堤、护城、长岭社区居民委员会。同时明确：城关镇人民政府在10月26日前，组织各居委会将原16个居民委员会的牌子全部摘除，统一制作"某某社区居民委员会"牌子，并制作社区居委会印章。

至2003年年底，全市596个居委会调整为456个社区（居委会），数量减少23%，社区规模基本达到2000户以上。

2004—2010年,随着城市化的推进和国企改制,全市社区经历过村改居、商品房开发居民区新建社区、改制企业建社区和小范围的社区调整合并过程。

至2010年12月31日,常德市共设置城乡社区476个。社区类型大致有五种,即:居改社区类型,由区县、市城区内的老居委会过渡而形成的社区,共137个;村改社区类型,由区县、市城区内原行政村成建制改建的社区,共75个。新建居民区社区类型,在新建居民小区的基础上,独立组建的社区,共8个;普通乡镇社区类型,区县、市城区之外在乡(镇)设置的社区,共222个。五是改制企业社区类型,共34个。从社区地域分布来看,武陵、鼎城、常德经济技术开发区、柳叶湖旅游度假区、西湖管理区、西洞庭管理区等"六区",共设置社区176个,其余县(市)共设置社区300个。

至2013年年底,常德市共有社区493个,其中武陵区72个、鼎城区84个、安乡县33个、汉寿县47个、石门县44个、澧县59个、临澧县29个、桃源县52个、津市市39个、常德经济技术开发区24个、柳叶湖旅游度假区3个、西湖管理区2个、西洞庭管理区3个、桃花源旅游管理区2个。

第二节　社区组织建设

一、健全管理机制

2002—2013年,中共常德市委、常德市人民政府决定先后制发大力推进全市城乡社区建设的指导性文件,成立相应的议事协调机构和管理机构,以加强全市社区建设的组织领导和统一管理。

2002年10月28日,常德市委编委办批复(常编办〔2002〕52号),同意成立常德市社区建设办公室(简称市社区办),为市民政局管理的行政执行类事业单位,负责指导全市社区建设工作。2003年,常德市民政局党组成员、纪检组组长曹慧兼任市社区办主任。2004—2007年,市民政局基层政权与区划地名科科长帅承前兼任市社区办主任。2007年12月28日,郭欣任市社区办主任。后市社区办主任暂缺,市民政局任命谭博文任市社区办副主任。

2003年7月,中共常德市委、常德市人民政府决定,成立常德市社区建设工作领导小组,市委副书记戴军勇任组长,市委常委、市委政法委书记胡宗清,市委常委、市委组织部部长欧运崇,市人民政府副市长刘春林、刘剑英任副组长。领导小组下设办公室,市民政局局长卜功元兼任办公室主任。2004年,市委、市政府决定,增补副市长徐超文任市社区建设工作领导小组副组长。

2008 年 5 月 12 日，中共常德市委办公室、常德市人民政府办公室下发通知（常办〔2008〕34 号），调整常德市社区建设工作领导小组。市委副书记曹儒国任组长，市委常委、市人民政府副市长宋冬春、市人民政府副市长徐万发任副组长。领导小组下设办公室，市民政局局长滕明友兼任办公室主任，市民政局副局长周晓平兼任办公室副主任。

2011 年 11 月 14 日，中共常德市委办公室、常德市人民政府办公室以常办〔2011〕68 号文，调整市城市社区建设工作领导小组，中共常德市委副书记宋冬春任组长，常德市人民政府副市长徐万发任副组长。常德市政府副秘书长郑志鹏、市委组织部副部长、市委党校副校长熊健定、市委政法委副书记、市综治办主任姚景平、市委宣传部副部长曾莉、市人大农业委副主任贺立新、市民政局局长熊国建、市发改委副主任任绪义、市公安局副局长焦贵年、市司法局副局长黄冰毅、市财政局总会计师陈绪华、市人社局副局长向君承，市国土资源局党组成员、纪检组组长胡平佑，市住建局总工程师曾克非、市文广新局副局长任民政、市卫生局副局长陈寿林、市人口计生委副主任张业新、市规划局工会主席黄仁贵、市城管执法局副局长蒋劲松、市体育局副局长刘泉礼、市房管局副局长唐述安、团市委副书记刘冠西、市妇联副主席刘珍，市残联党组书记、副理事长邓保平等 23 人为成员。领导小组下设办公室，办公地点设市民政局内，熊国建兼任办公室主任。

二、完善社区组织

2003—2013 年，全市各地依据自 1990 年 1 月 1 日起施行的《中华人民共和国城市居民委员会组织法》（简称《居组法》，下同），按时进行各社区居民委员会换届选举工作，建立并不断完善社区领导组织。

2003 年 7—12 月，全市各地合理划分社区，完成首届社区居民委员会（《居组法》实施以后全市第五次）的选举。常德市 104 个乡镇、10 个街道办事处设置的 456 个社区，选举产生社区居民委员会成员共 2052 名。

2009 年 11 月 23 日，津市市柏枝林社区居委会举行换届选举大会现场

2006 年 7—12 月，常德市所辖 444 个社区依法完成第二届社区居民委员会（《居组法》实施以后全市第六次）换届选举，共选举产生社区居民委员会成员 2268 名。

2009 年 7—12 月，常德

市所辖464个社区依法完成第三届社区居民委员会(《居组法》实施以后全市第七次)换届选举。这次换届选举系第一次进行直接选举,共选举产生居委会成员2591人,有328个社区党支部书记和居民委员会主任实现“一肩挑”,1525名居委会成员兼任社区党支部委员。

2012年7月,常德市所辖493个社区依法完成第四届社区居民委员会(《居组法》实施以后全市第八次)换届选举。共选举产生居委会成员2224名。

2003年,各地首届社区居委会选举之后,随即建立各专门委员会,并进一步修订完善社区党建、自治章程、居民公约、财务管理、居务公开等规章制度,社区自治得到了初步保证。2004年,各区县(市)所辖城市社区居委会普遍建立以社区党支部(总支)为核心的组织领导体系。至年底,全市226个城市社区都完善了社区党支部(总支)、社区居民代表会议、社区居民委员会和社区协商议事委员会四大主体组织。社区居委会内设立综治调解、计划生育、城管创建、民政福利、劳动保障、文体科教委员会,下设居民组长,组长下设若干楼栋长,整个社区工作网络基本形成。同时,队伍结构初步优化,市城区社区居委会干部中,年龄在40岁以下的达到35%以上,武陵区的达到62%;中共党员比例达到75%以上;大专及大专以上学历达到27%,武陵区的达到49%。

2005年2月2日,中共常德市委、常德市人民政府下发《关于进一步做好当前城市社区工作的若干意见》(常发〔2005〕1号),就城市社区工作的指导思想、城市社区的职能任务、城市社区党的建设和社区工作者队伍建设、进一步改善城市社区党组织和居委会及其组成人员的工作条件、对城市社区工作实行奖励、加强城市社区党组织和居委会组成人员的考核、市委、市政府将城市社区建设纳入目标管理考核等作出了明确规定。是年,常德市城区有16位社区居委会书记、主任高配为副科级干部。

2010年5月18日,中共常德市委下发《关于进一步加强社区干部队伍建设的意见》(常发〔2010〕)5号。明确了社区干部(指专职工作者)职数;出台了通过公开选拔、公开考录、公开选聘等方式让优秀社区党组织书记进入街道(镇)领导班子、公务员队伍和事业单位的政策;提高了社区经费补助标准。市城区每个社区每年不少于10万元,其中市财政补助5万元,市城区以外的城区社区不少于8万元,乡镇社区4万元;明确了社区干部计酬标准。

年内,各区县、市将城乡社区建设工作纳入乡(镇)、村和县直单位目标责任制考核内容,着力解决了制约城乡社区建设的人、财、物等瓶颈问题,为社区建设创造了更加良好的机制环境。

是年,常德市域大部分城市社区均建立了集社区党建、民政救助、社会保险、劳动就业、综治维稳、计划生育、城管创建、信访接待、法律咨询、人民矛盾调解于一体的“一站式”公共服务平台。同时,采取竞争上岗、民主选举、公开招聘、机关选派、挂职锻炼、业务培训等形式,建设了一支精干高效、能吃苦耐劳、开拓创新、责任心强、甘心为居民服务的社区干部队伍。

至2010年年底,全市有社区工作人员3089名,其中正式人员2690人,临时聘用人员399人。一般所辖人口1万人以上的社区,有工作人员9~13名,5000~1万人的有5~7名,

5000人以下的3~5名。这些工作人员中,35岁以下565人,35~50岁1844人,50岁以上684人;高中以下文化程度2161人,约占70%,大专749人,本科179人。为充分调动和激活社区居委会一班人的工作积极性,把长期工作在社区且成绩突出的社区党总支书记逐步高配为副科级。全市共有27位工作出色的社区党支部(总支)书记高配为副科级干部,并落实了相应待遇。武陵区选拔了2名社区党支部书记进入街道党工委领导班子和公务员队伍,3名社区党支部书记解决了全额拨款事业编;津市市选拔了1名社区党支部书记进入街道党工委领导班子。

至2013年年底,全市共有社区工作人员2849人。武陵区、石门县每个城市社区分别平均配备工作人员11名、13名。武陵区将社区工作经费和人员工资全部纳入财政预算,社区工作经费年均达到40.88万元,社区工作人员工资全部实行财政打卡发放,分为三档:社区正职每人2800元/月、副职每人2600元/月、一般工作人员每人2400元/月,统一购买了"五险一金"。桃源县每个社区都配备了1名大学生,对转业士官安置在乡镇站所,工作岗位在社区。同时,桃源县将社区工作经费纳入财政预算,并建立了经费正常增长机制,2013年,社区经费补助标准达到15万元。常德经开区印发了《关于调整德山街道社区工作经费及工作人员报酬的通知》(德办发〔2013〕10号),社区工作人员报酬由基础工资、岗位补贴、年限补贴、绩效奖金、住房公积金、"五险"组成;社区正职每人2520元/月、副职每人2240元/月、委员每人1980元/月;社区工作经费按在编人员人均3000元/年安排。石门县城市社区工作经费补助标准9万元~12万元。西湖、西洞庭管理区对每个社区的拨款达18多万元。津市市起草了《社区人员薪酬及运转经费保障管理办法》,拟将社区工作人员薪酬和运转经费全部纳入财政预算。大部分区县市指导社区制定并执行社区居民自治、社区各类组织机构工作运行、社区居务公开、社区民主评议、社区工作人员管理等制度,确保社区工作有序、高效运转。

三、建立社区公共服务站

2012年,根据中共常德市委、常德市人民政府《关于开展社区公共服务站建设试点工作方案》要求,按照"先试点、后推开"的原则,全市在30个社区开展试点,其中武陵区6个,其他区县、市各3个。通过试点,搭建社区党组织、社区居委会、社区公共服务站"三位一体"的社区组织体系。

常德市社区建设工作领导小组办公室按照规范社区管理、加强社区自治、完善社区服务的基本要求,在调研的基础上出台了《社区公共服务站建设规范》,对社区公共服务站组织机构设置、人员配置、服务设施、室内外布置、运行机制等提出了一系列规范化要求,这是开展社区公共服务站建设的基本标准。

为抓好办点工作,常德市民政局组织武陵区社区办和方家巷社区、体育东路社区负责人，参观考察了长沙市天心区一力社区、湘园社区公共服务中心建设。9月中旬，常德市民政局在武陵区方家巷和体育东路社区办两个市级示范点，由市民政局和武陵区社区办抽调专门力量，指导社区开展试点工作，为全市社区公共服务站建设试点工作提供了样板。此外，武陵区、临澧县建设了高标准的社区公共服务站示范点；桃源县政府下拨40万元资金支持漳江镇西苑、纺城路和陬市下街社区开展公共服务站试点建设；鼎城区对6个社区公共服务办事大厅进行清理规范，建立了综合性服务平台；西湖管理区东湖和新民社区公共服务站于10月25日挂牌成立。石门县、汉寿县、西洞庭管理区亦启动社区公共服务站建设试点，并初见成效。各县(区、市)通过试点，重点探索社区公共服务站的工作职能、岗位设置、人员配置、经费保障、服务能力、管理机制和工作制度。同时，建立社区公共服务站办事大厅，并以此为依托，全面推行"一站式"公共服务模式，降低了行政成本，提高了公共服务效能。

是年，各区县、市党委、政府先后出台社区公共服务事项相关制度。武陵区以区委办、区政府办名义下发了社区公共服务事项准入制度。澧县对2008年县委、县政府下发的《关于实行部门工作进社区准入制度的意见》进行了补充和完善。石门县社区建设工作领导小组召开协调会议，制定下发了《社区公共服务事项准入制度》。柳叶湖党工委、管委会联合下发了《柳叶湖旅游度假区社区公共服务事项准入制度》。西洞庭管理区出台了社区公共服务事项准入制度，下发到相关部(办、委、局)、镇和社区。同时，各地结合社区公共服务站建设试点，清理社区挂牌，社区居委会办公服务用房门口原则上只挂"社区党支部(总支)"、"社区居民委员会"、"社区公共服务站"和"社区警务室"四块牌子；清理整合各口各线在社区设立的各种工作机构，有关部门需要延伸到社区的公共管理服务工作，在社区公共服务站办事大厅设立窗口，纳入社区公共服务平台统一管理，实行挂牌服务。

2013年3月24日，市社区建设工作领导小组办公室下发《常德市社区公共服务站建设规范(试行)》，以推动社区公共服务站建设标准化；下发《社区党组织、居委会、公共服务站工作职责》，以推动社区工作机构职责明晰化；下发《建立健全社区党组织、居委会、公共服务站工作制度的通知》，以推动社区工作运行规范化。全市有169个城市社区和25个乡镇社区开展了社区公共服务站建设工作。武陵区、临澧县、鼎城区、桃源县、津市市和柳叶湖管理区的社区公共服务站建设标准比较高，规范了社区挂牌，社区办公服务用房门口只挂"社区党组织、社区居委会、社区公共服务站"三块牌子，设置了社区警务室的，加挂了"社区警务室"牌子；规范了社区公共服务站"一站式"办事服务大厅建设，方便居民群众办事。武陵区安排专项资金30万元用于社区公共服务站建设。鼎城区通过资源共享、以奖代补，整合社区公共服务站建设资金100万元，同时政府对每个社区解决1万元社区公共服务站建设资金。桃源县县财政每年投入100万元用于社区公共服务站建设。临澧县对每个社区给予1万元建设资金补贴。津市市筹资210万元，对每个社区公共服务站建设补助5万元~10万元。

第三节　社区基础设施建设

一、城市社区服务设施

2005 年，全市各地将改善城区社区居委会办公用房纳入“关注民生解十难”活动，筹措 170 万元，解决了市城区 4 个无房办公社区的办公用房问题。津市市把建整工作重心向社区转移，确定 8 个社区为重点建整单位，由一名市级领导包点联系，并派出社区工作队，配备相关的后盾单位，共投入 120 多万元重点解决社区服务平台问题。澧县投入 121 万元，精心打造了 4 个高标准社区服务平台。是年，全市共投入资金 4800 万元，新建和改扩建社区用房建筑面积达 4.7 万平方米。

2006 年，中共常德市委、常德市人民政府将社区办公用房建设纳入区县（市）年度目标管理考核内容，加大社区联点扶建力度。市社区建设工作领导小组要求各成员单位联点扶建一个社区，并明确了扶建的具体目标任务，帮助联点社区排忧解难。常德市民政局、市财政局等联点扶建，鸿升、东湖巷、穿紫河等社区办公服务大楼 6 栋。临澧县五大家领导分别联系一个社区，全县 33 个部门均与社区建立联点扶建关系。津市市委、市政府发动市直各部门、各单位扶持社区，分期分批解决了 17 个社区没有办公场地或办公场地狭小的境况。

2007 年 4 月 17—22 日，常德市政府副市长徐超文带队，赴杭州市、苏州市、南京市考察社区建设工作。5 月 29 日，常德市人民政府下发《关于加强和改进社区服务推进和谐社区建设的意见》（常政发〔2007〕5 号）。5 月 30—31 日，在临澧、石门、澧县召开全市社区建设工作现场经验交流会。全市各地许多好的做法可供相互借鉴：临澧县，组织县直 32 个单位开展联点扶建示范社区，并进行严格考核，强化了社区建设工作的部门领导责任，极大地充实了社区共驻共建的工作力量。澧县，采取“县级领导联社区、县直单位包社区、机关干部下社区”的工作措施，帮助社区解决实际困难，共落实资金 40.5 万元。石门县，将社区建设工作纳入各乡镇岗评的考核项目，从社区的队伍、设施、制度、功能、社区共建等方面进行综合考核，重点考核城镇社区及农村社区建设的试点情况；出台《石门县创建和谐社区先进单位考评办法》，积极开展和谐社区的创建活动，其中中渡、观山社区被授予省级“和谐社区”荣誉称号。津市市，成立由市人大常委会主任任组长、分管副市长任副组长的工作班子，深入社区开展调研，提出了抓好“三个百分之百”的工作目标，即百分之百地完成社区服务平台工作；百分之百地解决“零就业”家庭；在三洲驿街道实现“一键通”服务，百分之百的涵盖全辖区，并出台《关于进一步加快推进和谐社区建设的意见》。桃源县，多次召开县人民政府常务会议研究社区工作，将联点扶建社区范围扩大到 22 个社区，并将社区联点扶建工作纳入县直单位目标管理责任制考核;经费拨付渠道由原乡镇发放改为由县财政局直接划拨到县民政局,再由县民政局拨付给社区。安乡县,县人民政府7次召开社区建设工作调度会,县民政局和城关镇政府成立社区建设工作联合办公室,指导城市社区工作,同时调整了社区建设工作领导小组,明确了"城关社区办公服务用房今明两年内全部达标、乡镇社区年内解决有钱办事有房办公"的工作目标。

2007年,全市全年共投入建设资金2000万元,新建社区服务平台25处,改扩建社区办公服务用房17处。全市232个城市社区中,办公服务用房达到了300平方米以上的有152个,占66%。武陵区新建了红庙、半边街社区办公服务大楼,解决了这2个无房办公社区的办公用房问题。石门县注重从财政拨款、费随事转、联点扶建等三个方面落实社区建设资金,县财政给每个社区每年6万元工作经费,并从2006年度福利彩票公益金中拨付18万元用于社区建设,通过政府投入、自筹、合作、资产置换、开发商无偿提供等途径解决办公服务用房,其中中渡、新厂社区办公服务用房均达到了2000平方米,其他社区的办公服务用房均在800平方米以上。各社区均建立了"一站式"服务大厅,将各种服务项目集中办公,方便了群众。津市市采取"统一规划、部门投入、政策减免"等措施,筹资285万元新建了7个社区服务平台,面积达2480平方米,并在灵泉、新镇修建了"一站式"服务中心,既实现了政务公开,又提升了社区服务水平。桃源县将社区建设经费提高到每个社区每年7万元,并决定从2008年开始,将社区建设纳入全县城镇建设统一规划,由县财政预算安排专项经费,对新成立的八字路、万家嘴2个社区分别拨付启动经费15万元。安乡县筹资410万元新建了2个社区服务平台,其中西门口社区面积达1380平方米;投资180多万元对城关镇社区巷道进行了硬化、亮化,方便了居民生活;城乡社区经费投入分别从2006年的0.8万元和0.3万元提高到4万元和1万元。其他区县开展联点扶建活动,建立了"领导带头、部门配合、社会参与"的工作机制,采取"财政支持一点、部门扶持一点、社会赞助一点、社区自筹一点"的办法,解决社区办公服务用房,为社区服务提供了公共平台。

2008年,全市各地共投入资金3000万元,新建社区服务平台34处,全市229个城市社区中,办公服务用房达到300平方米以上的有169处,占73.8%。在创建文明城市期间,市、区两级财政共投入资金2000万元,重点解决社区居民关心的"路不平、灯不亮、排水堵塞、饮水困难"等问题。

是年,武陵区人民政府为解决14个社区办公用房未达标的问题,专门下发《关于重新明确区直及驻区单位联系扶建社区工作任务的通知》(常武办〔2008〕29号),明确由区直5至6个单位联系1个社区,限期完成办公用房建设达标任务,年底由区社区办会同街道和社区对联点的区直部门单位进行考核打分,其考核分值将纳入区委、区政府对区直单位的目标管理考核内容。

是年,鼎城区新建金霞社区、玉霞社区、常沅社区办公服务大楼。

是年,石门县财政安排楚江镇每个社区平均超过11万元的工作经费,其他社区的工作经费平均超过 4.7 万元，有的农村社区工作经费超过 10 万元。通过政府投入、自筹、合作、资产置换、开发商无偿资助等途径解决办公服务用房。该县中渡社区的办公用房面积近 3000 平方米。另外，28 个社区办公服务用房除南镇、上街、磨市社区因移民在新址规划新建外，其他 23 个社区的办公服务用房均达到了 300 平方米以上。各社区均建立了“一站式”服务大厅，将各种服务项目集中办公，方便了群众。

是年，临澧县投资 300 万元，修建了高标准的护城社区办公服务大楼，服务大厅、警务室、图书阅览室、文体活动室、居民学校等便民设施一应俱全。

是年，澧县人民政府对列入计划的社区服务平台建设分别给予 15 万元 ~ 25 万元的资金补助，采取辖区单位赞助一点、社区自筹一点的办法，新建了小西门、襄阳社区服务平台建设，并完成城区 15 个社区警务室的建设；按照“县级领导联社区、县直单位包社区、机关干部下社区”的工作措施，帮助社区解决实际困难，共落实资金 67 万元，硬化小街小巷道路 9 条，植树 8500 棵。

是年，桃源县共筹措资金 260 万元，新建黄花井、二里岗、西苑、八字路、万家嘴 5 个社区办公服务用房，面积达 2000 余平方米，全县 12 个城市社区办公用房均达了 300 平方米以上。

是年，汉寿县新建了城北、大杨镇、杨旗嘴社区 3 处社区服务平台，对新建社区服务平台达标的每个社区补助 7 万元，为每个社区增加工作经费 1 万元。

2008 年，经层层考评，常德市城区 18 个社区被常德市政府评为 2007 年度市城区社区工作先进单位，每个社区由市财政奖励 2 万元。3 月，常德市委、市政府通报表彰了武陵区穿紫河社区、鼎城区临江社区、澧县水德庙社区、临澧县人民街社区、石门县澧阳社区、桃源县纺城路社区、安乡县潺陵社区和津市市柏枝林社区等 8 个社区为全市先进学习型社区。5 月 30 日，武陵区召开全区社区建设工作会议，分别对 13 个建设和谐社区工作先进个人、10 个社区志愿服务工作先进集体、10 名“十佳”优秀社区志愿者、13 个联点扶建工作先进单位进行了重奖。12 月，武陵区民政局、楠沙社区、牯牛岗社区、百街口社区、东湖巷社区、贾家湖社区、柏子园社区、临江路社区、唐家溶社区，鼎城区花船庙社区、渡口社区被常德市委、市政府评为创建全国文明城市工作先进单位。

至 2009 年年底，全市各地采取“财政支持一点、部门扶持一点、社会赞助一点、社区自筹一点”的办法，积极筹措资金，逐步完善了社区基础设施。全市全年共投入资金 2000 多万元，新建社区服务平台 30 处，全市 464 个社区中，有产权办公服务用房的社区达 363 个，占 78.2%，社区办公服务用房总面积为 9.4716 万平方米，最大的为 3000 平方米；市县两级财政补助经费平均达 7.47 万元 / 年·个，最多的达 16 万元。武陵区为创建“全国和谐社区建设示范城区”，召开全区社区工作会议，将创建工作任务分解到区直相关部门、街道和社区，实行上下联动，齐抓共管，终于成功获得了“全国和谐社区建设示范城区”荣誉称号。鼎城区将和谐社区建设纳入了城市建设的整体规划中，投资 2.8 亿元整治了社区环境，实现了“一区一示范、一社区一精品、一社区一特色”的目标。武陵镇鼎城社区创办了楠柏电脑培训学校向沿海输送各类人才480多人次,安排下岗失业人员20人,被民政部评为“全国和谐社区建设示范社区”。澧县实行“县级领导联社区、县直单位包社区、机关干部下社区”的工作措施,筹资100多万元,新建了关心、珍珠、万寿宫和襄阳等4个社区服务平台。桃源县印发了《2009年度社区创建和县直属单位“双联”工作结对安排方案》,对县级领导和县直单位联社区进行了明确。是年,常德市委、市政府对市城区19个工作成绩突出的社区进行了重奖,通报表彰了18个学习型社区。

二、农村社区服务设施

2007年5月下旬至6月,常德市民政局在常德电视台公共频道对全市20个先进社区进行了系列报道,反响强烈。是年6月8日,常德市社区建设工作领导小组召开成员单位会议,专题研究联点扶建社区工作。是年9月7—8日,民政部副部长姜力视察武陵区光明巷社区、体育东路社区、临澧县九里乡同心社区、新安镇古城社区的农村社区建设工作。她非常高兴地说:“同心村和古城村的社区就是我想象中要建设的农村社区模式,搞得很好!临澧县是典型的农业县,农村社区建设就要这么搞。你们常德市首先要推广他们的做法,有条件的村都应这样搞,使农村社区建设连成片。”

是年10月10日,常德市政府副市长徐超文在临澧县主持召开全市农村社区建设试点工作座谈会。会上,常德市民政局通报了根据民政部关于开展农村社区建设试验的指示精神和《湖南省农村社区建设试点方案》的要求,在临澧县、澧县开展农村社区建设试点工作情况,这两个县建立党政领导、民政主管、部门配合、乡镇负责、村支两委主办、村民群众参与的工作机制和在社区模式上,确定“一村一社区、两委+协会”,落实以村的管辖范围来划定社区,以社区为平台,以社区建设为载体,突出基础建设、突出发展经济、突出村民服务、突出文明创建、突出村民自治。坚持与新农村建设相结合,整合农村社区资源;与农村建整工作相结合,完善社区服务设施;与社区组织建设相结合,强化社区管理和公共服务功能;与农村精神文明建设相结合,营造良好的社区建设氛围;与“三清五改”

2007年10月10日,常德市人民政府在临澧县召开全市农村社区建设试点工作座谈会

活动相结合,改善农村的旧容旧貌,社区人居环境得到改善,村民的生活质量逐步提高的做法,使与会人员深受启发,表示虚心学习,努力实践,全力推进农村社区建设。

2007年11月20日,民政部在常德市举办全国农村社区建设实验工作讲习班

11月20—23日,第三期全国农村社区建设实验工作讲习班在常德市召开。来自全国29个省、自治区、直辖市及新疆生产建设兵团民政系统的领导和84个实验县(市、区)党政领导、民政局长共314人参加了讲习班。讲习班组织代表们实地观摩了临澧县九里乡同心社区、新安镇古城社区和澧县张公庙镇护国社区的社区建设成果;开幕式上,民政部副部长姜力作了书面讲话;讲习班期间,中共湖南省委书记、省人大常委会主任张春贤会见了到常参加第三期全国农村社区建设实验工作讲习班的民政部部长李学举、副部长窦玉沛一行,双方进行了亲切友好的交谈。在讲习班授课期间,李学举部长、窦玉沛副部长在省、市领导的陪同下,实地考察了临澧县九里乡同心社区、澧县张公庙镇护国社区等农村社区建设实验现场,对常德市"一村一社区、两委+协会"的建设给予了充分肯定。23日下午,李学举部长在闭幕会的讲话中指出:"受启发最深刻的是机制,常德的农村社区建设利用的都是农村本地的人才资源和自然资源,是符合实际的。这种机制的活力、生命力很大,常德的思路、做法方式,我认为特别符合中国农村实际,效果很好,特别值得借鉴。"

2008年,各区县(市)确定3~5个村开展农村社区建设试点工作。各地通过积极探索,突出特色,建设功能完备型、历史文化型、休闲娱乐型、社会保障型、民主管理型、生态环保型、墟场商贸式、旅游观光式、偏远山区式、城乡互动式等不同类型的农村社区。这些试点农村社区积极推行"四通四改一化",即路通、水通、电通、信息通、改水、改厕、改圈、改垃圾堆放形式和绿化,社区服务中心、村务公开栏、村民学校、社区卫生室、农家书屋、社区超市、五保之家等设施正在逐步配套。同时,不断完善医疗卫生、计划生育、幼儿托管、五保供养、社会救助、劳动就业、治安维稳、农业科技、商业中介、文化娱乐等服务,以方便村民。

是年,临澧县对同心、泉水、龙凤、古城、沙堤、枣木原6个实验村不断完善老年人服务、环境卫生服务、文体活动场所等服务设施,以巩固农村社区建设成果。同时,以原实验的6个村为中心向周围辐射,按照经济有实力、干部有能力、发展有潜力、群众有动力的原则,将县域北部的龙池村、三合村、回龙村、陈湖村、邱桥村、彭市村、天星村7个村按照"6村模式"进行成片开发。在这些农村社区,坚持做到:以发展社区经济为基础,培育和发展社区主导产业，重点发展养鸭、养猪、石膏加工、烟花鞭炮制作、果木种植等产业。

以制定服务项目为内容，开展便民利民服务。根据各村的具体情况和村民的实际需求，制定《农村社区建设试点项目规划书》，修建高标准的文化宫、社区服务中心、五保之家、村务公开栏等设施。

以提高工作效率为目的，整合建设资源。将农村社区建设、新农村建设、农村基层组织建设工作进行有效结合，抽调县直101个后盾单位，联合组建工作队进行办点示范。在县域南部的鳌山村、仙女村、梅溪村3个村建立了“两委＋中心”的农村社区建设体制，即社区党支部是领导者，发挥领导核心作用；社区村委会是组织者，发挥自治推动作用；社区服务中心是核心载体，发挥核心服务作用，并根据3个村的不同特点，分别建设了墟场商贸式、旅游观光式、城乡互动式等类型的社区：

墟场商贸式社区。鳌山村以“发展墟场商贸业，以商补农，盘活村级经济，推进社区服务”为建设目标，加强了墟场的规范管理，整治了墟场老街，按商品进行分类归市，制定了《墟场管理规定》，促进了墟场的繁荣稳定。兴办了老年人茶社，开发地方传统风味小吃和道琴民俗文化，增强了社区的文化底蕴。

旅游观光式社区。仙女村通过重建村内的仙女古寺招商引资，并建立了杂柑、葡萄生产科技示范园，使之成为一个集旅游、休闲、观光的农业山庄。

城乡互动式社区。梅溪村利用地处县城近郊的区位优势，发展鳝鱼养殖等特色养殖业，兴办了农产品加工厂、家具厂、针织厂、胶筐厂等企业，借鉴城市社区建设的成果，在基础设施建设、服务项目的拓展和文体活动的开展上进行交流，推进了城乡一体化。

是年，澧县将农村社区建设试点工作纳入县委、县政府考核乡镇的重要内容之一，与全县新农村建设一同部署安排，共投入300万元在张公庙镇护国村、兔子口村、幸福村、黄河村、大坪乡大庙村办点示范，通过加强基础设施建设，改造人居环境，完善便民、利民设施和组织体系，使试点的社区成为功能齐全、运转有序的新农村。津市市在灵泉镇以集镇社区为龙头，成片开展“镇村同治”，集中七个工作队在该镇协助开展农村社区建设，协调筹集资金206万元，加强了村级服务站、村民文体活动中心等村民服务设施建设。经过统一规划、部门配合，灵泉镇完成4个高标准的社区服务中心建设，其中关桥村建成常德市第一个村级农民技术培训中心，灵泉镇成为常德市“镇村同治”示范点。石门县在每个乡镇确定一个村进行农村社区建设试点工作，由各村根据本村实际确定工作方案。同时，在易家渡镇双桥村、二都乡新坪村两个村进行试点。

2008年1—3月，常德市民政局会同有关县、区对全市企业改制后厂矿社区开展深入调研，重点调查了德山开发区乾明寺、演舞堆、邱家窝社区，桃源县漳江镇纺城路、西苑、文星园社区及鼎城区许家桥乡六〇一社区建设情况，形成了调研报告，起草了《关于加强厂矿社区建设和管理的意见》。同时，对市城区28个村改居社区进行调查，形成了调查报告，向市政府作了专题汇报。石门县出台《石门县社区运行机制改革试点工作方案》，对改革社区运行机制提出了具体意见，对“一会两站”工作机制进行试点扩面，并就推行社区服务进行政策性研究。澧县为确保社区共驻共建各项工作落到实处，县社区建设领导小组办公室会同县委办、政府办督查室，定期对参与社区建设各单位进行督查，做到了月有评比通报，季有考核考评。在全县岗位责任制考核中，把县直各单位参与社区建设工作的情况纳入年度目标考核，并且将分值提高到4分，进一步增强了各单位参与社区建设的主动性和积极性。

2009年6月26日，常德市农村基层政权建设工作领导小组下发《关于开展农村社区建设试点工作的意见》，明确其工作目标是：2009—2012年，被国家、省确定为“全国（全省）农村社区建设实验县”的县，每个乡镇选定1个以上的村开展农村社区建设并达到建设标准，其他县市区选定5个左右的村开展农村社区建设并达到建设标准。德山开发区、柳叶湖旅游度假区、西湖和西洞庭管理区每个区选定1个村开展农村社区建设并达到建设标准。各区县、市确定的农村社区试点村要尽量与新农村建设示范村相吻合。

是年，临澧、澧县、石门三县根据常德市人民政府关于农村社区建设试点工作部署，按照“试验典型、探索功能、由点到面、逐步铺开”的总体思路，不断总结经验，逐步扩大范围，脚踏实地抓落实。临澧县在抓好已有试点社区建设工作的同时，不断完善社区服务中心，积极开拓新的农村社区试点，巩固农村社区建设成果，新建农村社区3个。同时，将13个村纳入农村社区建设走廊范围。澧县共投入1600多万元，建成社区服务中心10处，硬化村级道路35公里，建成村务公开栏90个、幼儿园9所、农民书屋15处、村民娱乐场所32处和村民学校32所，组建村级民间组织15个。石门县在易家渡镇和楚江镇启动农村社区走廊建设，并以“一村一社区”的建设模式，在全县各乡镇确定一个条件较好的村为农村社区试点单位，逐步搭起了为三农服务的工作平台。此外，津市市还采取“二个集中、三个同步、抓住一个关键”的措施来推进农村社区建设试点工作，筹资500万元，在灵泉镇建成6个社区服务中心，打造了关桥社区农民培训和同兴社区休闲农庄等服务品牌。

2010年，各县（区、市）和有关乡镇将农村社区建设经费纳入财政预算，建立稳定的投入机制，加强农村社区服务设施硬件建设，确保农村社区的组织建设落到实处。各帮扶单位在资金、信息、技术上对帮扶的村给予支持。各涉农部门统筹使用各项涉农资金，支持农村社区建设。鼓励企业和个人以资金、技术、信息等方式投入农村社区建设。同时，逐步建立以各级财政、村集体积累资金投入为主，以各级涉农资金、单位帮扶投入为辅，以村民和社会捐助为补充的农村社区建设多元化投入机制。各地按照“一村一社区、一社区一支部”的原则，设立农村社区党支部，社区村民委员会、社区建设协会和社区服务中心，在社区党支部的领导下开展工作。各农村社区狠抓支部党员管理，实行无职党员领岗认岗制度，做政策法规的宣传员、社情民意的收集员、创业创富的引导员、社区稳定的协调员、文明创建的示范员、公益建设的监督员，不断强化党员的义务和责任。

是年，临澧县新安镇古城社区先后设置公益岗位30多个，让无职党员领岗认岗，有效带动了农村社区建设。古城社区立足服务社区生产、服务农民生活，成立了生产服务和生活服务两大类协会组织。生产服务类协会,主要包括农业生产资料协会、种植协会和养殖协会等。生活服务类协会,主要包括新农村建设理事会、红白理事会、计生协会、老年协会和文体协会等。所有协会负责人均实行义务制,群众实行“社区提倡、自愿报名、党员带头、五老上阵”的入会政策,基本达到了一人一会。在社区服务中心设立服务大厅,开展证书代办、计划生育、信息中介、农村低保、劳动就业、科普咨询、文明创建等服务;还设立了村务公开栏、宣传栏、村民学校、人口学校、警务室、议事室、图书阅览室、农家书屋、文化活动中心、室外健身场所、社区医务室、生殖健康服务室、超市、五保供养点、幼儿园和小学等。

是年,全市各试点农村社区,普遍落实了三大任务,即:坚持以完善“六大网络”、强化社区服务功能为抓手,努力搭建为民服务平台,拓展服务领域,让农民群众得到更多实惠;以产业发展分会为依托,建立生产流通服务网络,解决产业提升难、产品销售难等问题;以商业中介服务组织为依托,解决广大群众购物难的问题。各试点社区建立了爱心超市或连锁超市、生资服务部,实现了群众购物基本不出社区、农村人享受城里人生活的方便与快捷;建立了以社区卫生室为基础的“县、乡、社区”三级医疗计生服务体系,集中开展农村社区卫生服务活动,积极向村民提供医疗保健、卫生咨询、计生等方面的服务,实现了群众“小病不出社区、大病才上医院”的目标;建立了精神文化服务网络,开展“文化下乡”活动,组织社区艺人和农民群众,自编自演龙灯、舞狮、大鼓等地方性文艺节目。定期举办村民夜校,开展远程教育,实现文化、体育、教育服务不出社区。深入开展“文明社区”、“星级农户”、“五好家庭”评选活动,促进了社区健康向上、文明和谐新风的形成;建立了社会保障服务网络,实行三级救助保障机制,实行一级国家救助保障资金及时足额发放、二级救助保障资金社区自行统筹解决、三级临时紧急救助不出社区的层级保障网络。

是年,全市在农村社区共新建“五保之家”106 所,集中供养五保对象 700 人;建立了公共环境服务网络,扎实推进以“清垃圾、清污泥、清杂物”和“改水、改厕、改厨、改浴、改圈”为主要内容的“三清五改”活动,有力改善了村容村貌。同时,广泛开展文明卫生示范社区、示范户评选活动,建立健全了保持公共环境卫生的长效机制;建立了维稳保安服务网络,深入开展三级联防,以社区为单位成立治安巡逻队,建立警务室,设置警务告知栏,实行包保创安机制,确保了社区和谐稳定。

截至 2010 年年底,全市农村社区建设试点村达到 237 个。通过扎实开展农村社区服务基础设施建设工作,提高了村民文明素质,改善了农村人居环境,人民群众得到实惠,治安状况得到好转,村风民风得到改变,党群干群关系得到改善,有力地促进了农村和谐稳定和经济社会发展。是年,常德市民政局被评为全省城市和谐社区建设、全省农村社区建设实验工作先进单位。

2011 年,全市各地继续紧紧围绕“建设农村社区,过城里人生活”这一目标,注重抓典型、抓样板,推进农村社区走廊基础服务设施建设。

是年,从澧县澧阳镇至石门县楚江镇,公路沿线农村社区由 27 个增加到 34 个。34 个农村社区共投资 1510 万元,新建、改扩建村级社区公共服务中心 30 处。以村级社区公共服务中心等社区公共服务设施为依托，建立了公共服务大厅，把医疗卫生、人口计生、文教体育、农业科技、社会治安、五保供养、社会救助、社会保险等公共服务覆盖到农村社区。建立了敞开式服务、一站式办公机制，让群众免受奔波之苦，享受快捷的公共服务。

同时，各社区均成立了农业生产资料协会、产业发展协会、种植协会和养殖协会等，建立了社区科普惠农信息站，无偿或低偿指导村民发展生产、发家致富。同时，各社区还建立起社区便民超市、生活服务类协会、社区卫生服务站，基本实现了群众购物不出社区、小病不出社区。此外，这 34 个农村社区共投资 3918 万元，硬化村组公路 234 公里，社区主干道硬化率达 100%。共投资 2460 万元，硬化改造水利沟渠 131 公里。

此外，农村社区走廊各相关社区扎实推进以“清垃圾、清污泥、清杂物”和“改水、改厕、改厨、改浴、改圈”为主要内容的“三清五改”工程，有力地改善了社容社貌。各社区加大有线电视安装工作力度，有线电视覆盖率不断扩大。通过实施“四大工程”，使农村社区居民基本实现“走平坦路、住整洁房、喝干净水、烧环保气、上卫生厕、洗淋浴澡、看有线电视”的目标。临澧县新安镇龙凤社区投资 150 万元修建了能容纳 800 余人的农民文化宫，建立了藏书 1.5 万册的社区图书阅览室、农民远程教育 A 级网站；新安镇古城社区建立了农民娱乐园、申鸣古城墙；九里乡同心社区投资 40 万元新建社区文化活动中心，投资 50 万元建成同心乐园，配备了体育健身器材；九里乡泉水社区建立了农民影剧院。澧县护国社区开辟了 650 米长的社区文化走廊、投资 16 万多元，建起了社区农民书屋、社区文化活动中心。护国社区文化活动中心以“弘扬民间文化、建设精神文明”为宗旨，长期邀请民间说书艺人现场说书，年说书、唱戏 250 余场次，满足了附近 5 个村中老年人的精神文化需求。各地以“四送社区”活动为载体，组织各类文艺演出，深受群众欢迎。以文化活动阵地为载体，组织社区艺人和农民群众，自编自演龙灯、舞狮、大鼓等地方性文艺节目。九里乡同心社区每年举办“同心杯”运动会，龙凤社区每年举行一次农民艺术节活动。同时，不定期开展戏曲入社区、电影文化夜等大型文娱活动。让村民居有所乐，乐有所往，极大地丰富了农村社区居民文化生活。各地深入开展“文明社区”“星级农户”“五好家庭”评选活动，积极引导农村居民热爱社区、尊老爱幼、互帮互助。九里同心社区、新安龙凤社区通过定期组织开展“十佳党员”“十佳致富能手”“十佳孝子”“十佳婆婆”“十佳媳妇”等评选活动，让群众自己选明星、当明星，促进了社区健康向上、文明和谐新风的形成。

2011—2012 年，常德市社区建设工作领导小组及时指导临澧县开展农村社区建设全覆盖创建活动，初步实现了领导协调机制、社区建设规划、社区综合服务设施、社区各项服务、社区各项管理“五个全覆盖”的目标。2011 年 9 月 17 日，民政部基层政权与社区建设司副司长王金华率“全国农村社区建设实验全覆盖示范单位”评估组，视察临澧县农村社区建设实验全覆盖工作。省民政厅副厅长唐白玉、常德市政府副市长徐万发、副秘书长郑志鹏、市民政局局长熊国建、副局长周晓平等陪同考察。王金华副司长指出：临澧县农村社区建设全覆盖是名副其实的，呈现了“起步早、力度大、效果好”的特点，达到了党委满意、政府满意、老百姓满意的目的,具有典型样板意义,民政部将把临澧县作为根据地、试验田,跟踪临澧县农村社区建设的效果。是年10月12日,民政部下发"决定"(民发〔2011〕166号),临澧县被命名为"全国农村社区建设实验全覆盖示范单位",成为全省第一个全国农村社区建设实验全覆盖示范单位。是年11月1日,湖南省社区党建和社区建设工作会议在长沙召开。会上,常德市作关于精心打造"示范走廊"的经验介绍;临澧县委、县政府作关于推进农村社区建设实验全覆盖的典型发言;武陵区关于"立足和皆、固本强基,写好三篇社区创新大文章"、武陵区体育东路社区关于"贯彻科学发展观,促进社区和谐"的做法亦作了大会交流。武陵区城西街道、津市市三洲驿街道被评为全省社区党建和社区建设先进街道;武陵区体育东路、鼎城区渡口等16个社区被评为全省社区党建和社区建设先进社区;武陵区城西街道滨湖社区党支部书记吴文革等7人被评为全省社区党建先进工作者;武陵区方家巷社区党支部书记李立波、武陵区西堤社区党支部书记邓娟娟等15人被评为全省社区建设先进工作者。

是年12月,常德市民政局及武陵区、鼎城区民政局被省民政厅评为"2011年度全省和谐社区建设工作先进单位";常德市民政局及临澧、石门县民政局被省民政厅评为"2011年度全省农村社区建设实验工作先进单位"。

第四节　社区服务

1993年以后,常德市根据国家十四部委局《关于加快发展社区服务业的意见》,及时抓住国务院大力发展第三产业的契机,将社区服务工作纳入政府工作的重要议事日程,市、县(市、区)两级建立了由政府领导挂帅,民政、财政、工商、税务、城建、卫生、文化、体育等相关部门负责人组成的社区服务工作领导小组,各街道居委会均成立了相应的协调领导小组、服务站等组织和机构,全市社区服务逐步形成了十大网络,这就是:民政优抚社会保障服务网络;家庭便民利民服务网络;文化体育健身网络;敬老爱老服务网络;少年儿童服务网络;扶残助残服务网络;初级医疗卫生保健服务网络;环境卫生服务网络;治安民调服务网络;社区就业服务网络。

至2002年年底,全市共有社区服务设施2417个,其中各级社区服务中心40个,居委会社区服务站218个,老年人服务设施300个,优抚服务设施318个,残疾人服务设施174个,婚姻、殡葬服务设施208个,便民利民服务设施1159个,　共建立社区服务志愿者组织240个,志愿服务人员1.1万多人。全市共投入社区建设资金3200万元,其中:各级政府资助650万元,社会福利有奖募捐投入1200万元,社会捐助300万元,各地自筹资金1200万元。社区服务业总产值达1.95亿元,创利润1400万元。各级社区服务组织安置人员就业3万多人,解决城镇低保14.1万人,累计发放低保资金达6300万元,临时救济各类社区困难居民

1.5 万人次,资金达 426.7 万元。

一、社区志愿者服务

2003 年,全市共建成各级社区服务中心 269 个,社区服务站 492 个,各类服务设施 2988 个,服务网点 2227 个。服务内容由过去的单一型向多元型转变,由传统型向开拓型转变,服务对象也由民政对象为主转向整个社区居民。2004 年,全市有 226 个城市社区,服务设施 4900 个,其中各级社区服务中心 380 个,社区服务站 643 个。全市新增社区服务网点 1700 个,各级社区服务组织共安置就业人员 5 万名,其中下岗职工 3.32 万名。全市共建社区志愿者组织 225 个,志愿服务人员 1.07 万人。先后涌现了武陵区光明巷学生餐桌、红卫敬老院、西园党员义务服务岗、紫桥社区再就业服务等 10 个社区服务典型。2005 年,全市新建社区服务中心 23 个,新增社区服务网点 210 个,全市共有社区专业服务队 235 支,社区服务从业人员 5.3 万人。全市大部分社区建立了志愿者队伍和老协、关协、残联组织等群众团体。社区服务内容不断拓展,实现了由主要服务弱势群体向社区文化、社区卫生、社区环境、社区保障、社区就业、社区治安等全方位服务的转型,服务项目由最初的 10 多项发展到 200 项。2006 年,全市拥有社区各类服务设施达 6325 个,社区服务站 627 个,社区服务网点达 1.1 万个,社区专业服务队 750 支,社区服务从业人员达 5.1 万人。全市社区普遍建立了志愿者队伍和老协、关协、残联等群团组织。社区服务内容更加丰富,不断满足群众求知、求乐、求美、求健康的需要。

2007 年,第 22 个国际志愿者日到来之际,武陵区作为全国十个分会场之一,响应中国社会工作协会志愿者工作委员会的号召,在诗墙公园开展了声势浩大的 2007 年国际志愿者日"红围巾"主题活动暨《志愿者之歌》发布仪式,组织了 1000 人的活动队伍。在活动现场,当志愿者之歌旋律响起来时,佩戴红围巾的志愿者们都情不自禁地手牵着手,舞动红旗,用最嘹亮的歌声唱出了自己甘当志愿者的心声,温暖了常德的冬日。千名志愿者在印有"以举手之劳,解他人之难"的红色横幅上踊跃签上了自己的名字,将"红围巾"主题活动推向高潮。该活动得到中国社会工作协会志愿者工作委员会的高度赞扬,被评为"全国社区志愿服务活动示范城区"。澧县全面启动文化进社区活动,成功举办了首届社区激情文化广场、社区篮球赛及澧阳镇社区家庭才艺大赛,极大地丰富了市民的业余文化生活。临澧县将创建"学习型社区"和创"全国诗词之乡"进行有机结合,开展了"诗词进社区"的活动,广泛发动社区居民开展诗词创作。津市市提出以街道办事处为主体,在各街道辖区内构建"一键通"服务热线的工作思路,对服务功能、服务内容及工作步骤提出了明确要求,并在三洲驿街道进行了试点;柏枝林社区在市劳动保障局和街道办事处的指导下,改架设就业桥梁为搭建就业平台,与 32 家企业在社区服务中心举办现场用工招聘会,让用人单位与社区居民面对面交流,共举办社区就业招聘会 6 场,解决就业人员 968 人,基本上解决了无"零就业"家庭的就业问题。石门县适时推行社区“一会两站”(即居委会、工作站、服务站)工作机制,同时大力发展协会组织,提出社区公共事务居民自己办,强调居民的主人翁地位。在中渡社区进行了社会工作人才队伍建设试点,设置了相关岗位,组织了专门培训,并对取得社会工作者或助理社会工作师的人员给予职称津贴;通过划拨优良资产,给予优惠政策,培育各社区的自身“造血功能”,如观山社区集体年收入近百万元。

是年,全市社区服务网点建设已成规模,社区服务配套体系初步建立,标准化服务网络基本形成。社区内建起了托儿所、幼儿园、社区卫生服务中心,提供家教信息、医疗卫生、保健康复、加工修理,开展面向弱势群体的社会福利服务和面向失业人员的援助服务。临澧县朝阳街社区明确专人对失业人员的实施救助。全市各社区开展便民利民服务,设立了专栏,为居民提供了大量的就业机会,累计解决就业近 3 万人。

2008 年,全市志愿者总数达 2.5835 万人。武陵区的光明巷学生餐桌、红卫敬老院、西园党员义务服务岗、紫桥社区再就业服务成为响当当的社区服务品牌。通过开展志愿者服务活动,涌现了光明巷义务巡逻队、府坪巷义诊、“爱心紫桥”等社区志愿服务品牌。在第 23 个国际志愿者日,即 12 月 5 日,武陵区人民政府召开三百人的志愿者服务经验交流会,将志愿服务活动推向了高潮。因为出色的成绩,武陵区被中国社会工作协会志愿者工作委员会评为“全国社区志愿者注册工作先进单位”。临澧县在安福镇社区兴办社区服务中心,在文化街、护城、朝阳街、安福路、河街 5 个社区建立社区服务站,打造“中心 + 服务站”的社区服务新格局,并将创“学习型社区”和创“全国诗词之乡”进行有机结合,在社区组织离退休老干部、老教师开展“学诗词、写诗词、颂社区”的活动,特别是四季红、人民街社区发行了诗刊,护城社区修建了诗墙,形成了浓郁的社区文化氛围。5 月 12 日,澧县启动“文明创建进社区活动”,在社区开展“讲文明、树新风、改陋习”的社区创建活动,如县文化局开展了“公益电影进社区”活动,先后在 13 个社区进行露天电影放映活动,观看人数超万人;澧阳镇分别在 6 月、9 月份,举办了大型社区群众运动会和大型激情广场大家唱活动,参加人员达 7320 人,极大地丰富了居民的业余文化生活。这个县以政法部门为主,安装社区治安电子眼 145 个,充分发挥社区警务室的作用,把矛盾化解在社区,并组建社区居民义务巡逻队 3 支,加大治安巡逻力度,进一步提升居民的安全感;以劳动部门为主,共培训下岗工人 600 多人,为 800 多人实现了再就业;以卫生部门为主,扩充了 4 个社区医疗服务站的服务能力,5000 多居民享受了义诊服务。津市市采取备案登记免收注册登记、年检年审费等方式,激发社区发展社区文体活动型、便民利民服务型社区民间组织,全年备案 15 个,注册登记 8 个。石门县所有社区都建成了社区网站,实现了居务网上公开,有力推进了社区服务信息化建设,充分满足了居民的生活需求。全市各社区开展便民利民服务,设立了专栏,为居民提供了大量的就业机会,累计解决就业 3 万多人。

2009 年,全市各地以迎接全国城市公共文明指数测评为契机,通过举办“激情广场”、全民学习周、“全民阅读进社区”和“迎国庆、讲文明、树新风”等系列活动,丰富了市民的文化生活。为推进社区服务，武陵区在 5 个社区开展了“两型”社会示范社区试点工作。津市市打造社区居民 10 分钟生活圈，家电维修、医疗卫生和家政服务等便民利民服务项目都能满足社区居民需要。澧县各社区在县总工会、文化局和体育局的配合下，组建群众性文艺健身团体 30 多个，通过举办“公益电影进社区”“社区激情广场文化活动周”“澧水流域歌王进社区”和“关爱社区妇女专场就业招聘会”等活动，满足了社区居民的文化生活需求。津市市灵泉镇五泉铺社区成立了腰鼓队和社区合唱队等 5 个社区文体活动社团，出现了“灵泉娘们不怕苦，十里五村来跳舞”的健身广场场景。

是年，各县（区、市）建立了以县级老年活动中心为核心、各街道老年大学为骨架、各社区为载体的三级群众文化网络。全市各地创建和谐社区、学习型社区“居民论坛”活动，激发了居民的主人翁意识，引导社区居民积极参与到和谐社区的创建活动中来。广场文化活动好戏连台，居民龙狮腰鼓队走街串巷，全市各地呈现出浓郁地方特色的文化氛围，涌现了“武陵欢歌”“激情澧州”“欢乐津城”等社区文化品牌。各社区普遍设置了社区党组织居委会办公室、警务室、图书阅览室、文体活动室、市民学校和社区公共医疗卫生服务站。各地注重培育与人民群众日常生活密切相关的服务行业，从自身的实际出发，积极参与社区互助活动，丰富了社区服务内容。

是年，全市 471 个社区，共建社区服务中心 435 个，社区服务网点 1.0955 万个，其中社区服务站 883 个。全市新增社区专业服务队 915 支，社区志愿者服务队 923 支，社区服务人员 7.8031 万人。各地扎实开展社区志愿服务活动，坚持做到“三纳入、三同步”：即把社区志愿服务纳入社区建设的整体布局，与社区服务水平同步提高；把社区志愿服务纳入公民道德教育的重要内容，与提高全民文明素质和道德水平同步促进；把社区志愿服务工作纳入创建全国文明城市的总体部署，与全市精神文明建设同步推进，做到政府强势引导、制度有效保证、社区积极组织、群众广泛参与，有力促进了政治、经济、文化的协调发展，融洽了人际关系，化解了社会矛盾，维护了社会稳定，促进了社会和谐。

是年，武陵区成立了区社区志愿者总会，5 个街道均建立了社区志愿者协会，51 个城市社区建立了社区志愿者分会，每个社区志愿者分会下又辖数个社区志愿者分队，完善地搭建了社区这一志愿服务活动的平台和载体，并明确区社区工作领导小组办公室主抓这项工作，纵向形成了区、街道、社区三级社区志愿服务工作网络，为指导与被指导的关系；横向形成了街道与街道之间、社区与社区之间共建共享格局，为团结合作关系，真正做到了组织网络的全覆盖。

是年，鼎城区成立了以区级领导为正副会长的鼎城区社区志愿者总会，各社区成立了志愿者分会，社区主任或书记为会长；100 多名代表通过了《鼎城区社区志愿者总会章程》，形成了全区性较为完备的，从观念形态到组织机构再到志愿者个人的社区志愿服务活动体系。

是年，常德经济技术开发区以区志愿服务中心为龙头，建立了“志愿服务中心 1 个——社区志愿服务站 30 个——社区志愿服务队若干支”网络。

是年,其他县、市也建立了社区志愿服务组织网络。做到完善社区志愿者服务制度体系,制定了组织章程,形成了区、街道、社区三级社区志愿者工作章程,各街道、社区还结合各自实际分别制定了社区志愿者协会、分会的规章制度和议事规则;制定了登记、培训制度,建立了社区志愿者档案,建立了社区志愿者人员信息资料库,并纳入社区办公管理信息系统,统筹管理;制定了考核表彰奖励制度,街道、社区的社区志愿服务工作开展的好坏,均进入每年年底的目标管理考核内容。石门县制定出台了《社区志愿服务组织管理办法》《社区志愿者证管理细则》等一系列实施细则和管理办法,在志愿者权利、义务、形象、参与志愿服务活动等方面作了较为全面的规定,初步建立起一套志愿者注册、管理、培训、表彰激励等机制,为社区志愿服务工作的规范化建设提供了依据和保障。与此同时,还出台了《社区志愿服务站管理办法》,在社区志愿服务站建设上,提出了"八个有"的标准要求,即:有统一的标志(统一悬挂"XX 社区天天志愿服务站"牌匾);有一个相对独立的办公场地和必要的办公设备;有一支相对稳定的志愿者队伍;有志愿者和服务对象的档案;有相对固定的服务项目;有一个相当稳定的服务基地;有完整的活动计划;有规范的规章管理制度。

是年,常德市、县(区、市)人民政府加大社区志愿者服务队伍建设力度,在指导思想上,坚持"政府引导、协会运作、社会关怀、居民参与";在培建队伍上,采取全方位、多层次、立体交叉地招募、组建志愿者队伍,做到整合资源,形成规模,壮大阵营。各地充分发挥驻区单位的资源优势,发挥各级社团组织的纽带和桥梁作用,为社区志愿服务队伍锦上添花。如湖南文理学院志愿者组织——"爱心协会",每个假期,面向残疾人等弱势群体设置 30 个"爱心家教岗",大学生愿者免费提供家教服务。

同时,积极鼓励工、青、妇等群团组织的志愿者进入社区开展活动,作为社区志愿服务队伍的有力补充,并明确各群团组织负责人为区社区志愿者总会理事,赋予其地位,明确其职责,发挥其作用。如武陵区残联在全区残疾人中招募了 48 名志愿者,有修鞋之长的残疾人吴万友在志愿活动中说:"平时我得到社会的帮助太多了,现在做一些力所能及的事回报社会,心里很充实。"区妇联大力发展巾帼志愿者,特别注意在强势妇女群体中招募志愿者,他们每年在"6·26"国际禁毒日均组织 50 名妇女身佩"构建和谐家园禁毒志愿者"绶带,上街宣传禁毒,散发禁毒传单上万份。壹德壹餐厅女总经理樊建萍一次性为市福利院送去慰问金 5000 元,并安排 81 名下岗女工就业。玉帛纺织有限公司女总经理高绪秀、天成爱心超市女总经理阚思静,她们俩人近两年分别安置下岗女工 200 多人和 100 多人,以自己的实际行动体现了"多做善事,多行义举、回报社会"的志愿服务精神。

此外,通过城市社区志愿者分会,面向社会、面向广大城市居民群众,公开招募志愿者并在网上进行注册登记。这项工作在政府的有效引导下,产生了巨大的社会效果,"志愿常德,从我做起"成了一种新时尚,注册登记工作迅速得到了广大居民群众的支持和参与,一时间,夫妻志愿者、父子志愿者、姐妹志愿者等趣事佳话层出不穷,全市的注册志愿者迅速发展到 3.5 万余人,极大地提升了社区居民的公共道德意识,形成了一种团结互助、积极向上的道德风尚。武陵区牯牛岗社区年近九旬、患白内障、孤独寡居的陈婆婆，左邻右舍的志愿者争先恐后照顾，为了更好地陪护陈婆婆，邻居们在她房子里多放了一张床，时间晚了就陪她一同睡。还有光明巷社区志愿者代曙明，夫妻两人长期默默无闻地负担社区第 9 组居民小组特困户钟昌龄一家的生活，还全额资助社区外一特困女生的学杂费和生活费。

至 2010 年年底，常德市共有社区志愿服务人员 5.8307 万人，其中网络注册 3.5822 万人，人工注册 1.0802 万人，非注册志愿者 1.1683 万人；社区志愿者组织有 759 个，其中注册登记 390 个，备案 369 个。

2011 年起，中共常德市委、常德市人民政府为提升城市品质，大力开展全国文明城市创建工作，并在创建工作中充分发挥各社区志愿者的生力军作用，增添了“志愿者”这一创建元素，极大地调动了广大人民群众志愿服务城市创建的积极性，掀起了志愿者参与创建文明城市活动的高潮。

2011 年 1 月 27 日，在武陵区城南街道体育东路社区举办了一个大型的“百万空巢老人关爱行动”启动仪式，正式拉开了全市关爱“空巢”老人志愿服务行动的序幕，使“空巢”老人们孤寂的心灵得到了极大地慰藉。此外，体育东路社区和长庚路社区成立的“舜日培智托管中心”和“特奥活动室”，按照“阳光、融合”的理念完善特殊儿童的康复训练和服务，为每一位托管的残疾儿童建立规范的个人档案，针对他们不同的兴趣爱好分门别类开展训练，在专业教师的指导下，一些社区志愿者不断参与和融入，指导孩子们跑步、跳高、打乒乓球等，这些受训的特殊儿童进步很快，也使他们感受到了社会这个大家庭的温暖。

常德市城区 1000 多名交通协管志愿者，佩戴醒目标志，在主要交通路口和大的公交站点，劝阻行人和非机动车各种不文明行为，组织引导广大市民树立做文明人、行文明路、乘文明车的良好形象。不论是铲除城市“牛皮癣”，还是清除白色垃圾、清理楼道卫生、净化农贸市场环境，到处活跃着党员志愿者、青年志愿者和离退休老同志志愿者，特别是广大中小学生志愿者，更是积极参与，走上街头，走入小巷，亲手打造了一个个洁净的生存空间。在创建期间，3000 多位志愿者，利用晚上、周日休息时间，深入社区各家各户上门发放宣传单和创建手册，宣讲文明礼仪知识，发放宣传单 20 余万份。这些志愿者们耐心、细致、有效的志愿服务工作，极大地提升了城市居民文明创建知识的水平，使全市公共文明指数测评在全国地级市中名列前茅。

全市各地在志愿服务活动开展中，充分抓住国际志愿者日、学雷锋日、禁毒日、助残日等具有特殊纪念意义的日子，有计划、有组织地开展各种类型的社区志愿服务行动，让社区志愿服务者走上街头，走进社区，走进家庭，弘扬志愿服务精神，为相应群体提供特殊服务。结合网络信息手段，服务特定群体。武陵区城东街道半边街社区志愿者分会会长邱仙蛟是中国志愿者——常德 QQ 群的创始人，此群从成立之日始，其主要责任就是为社会弱势群体提供一个互帮互助的志愿服务平台，有困难、有需求的朋友进来后可进行倾诉并提交“需求申请”，然后经该群志愿者分会各理事调查审核合格后，发表在《常德晚报》《常德民生报》上，社会上有爱心的人士会在QQ群群主、管理员及相关部门负责人的牵线搭桥下帮助需要帮助的人。在网络世界里,热心公益事业,开展志愿服务的组织还有很多。如常德1+1爱心联盟群、常德驴友、自行车俱乐部等等,正是这群默默无闻、不求回报的志愿者,让社区志愿服务工作天地更广阔,爱心更璀璨,成为开展社区志愿服务活动一支不可忽视的力量。

2011—2013年,全市各地结合居民各种需求,坚持以民为本,关注民生,做到民有所呼,我有所应;民有所求,我有所为,不断拓展社区志愿者服务内涵,便民志愿服务活动已日渐深入人心。

武陵区新东街社区的“红白喜事志愿服务队”,由13名志愿者组成,协助办丧事时,帮助其家人落实相关政策,料理后事,包括为逝者擦澡、换衣、整容,帮助联系殡葬事宜,直到送上山。办喜事时帮助其家人联系主持人、酒楼、陪嫁等。武陵区方家巷社区的美容美发志愿服务队,其成员均系有理发技术的社区居民,她们经常义务为社区孤老蔡艮珍、邹腊梅、余诗云等上门理发,节假日为老人、小组骨干赠送免费理发卡。桃源县各社区坚持每月开展一次志愿服务活动,不仅有传统的服务项目,如修理小家电、理发、修鞋、量血压、修自行车等,同时根据社区居民提出的需求,不断增加新的服务项目,如修脚、盲人按摩、测心电图、医疗咨询、磨剪刀等。武陵区城西街道光明巷社区的义务志愿巡逻队,天天坚持在社区治安巡逻联防,牢固树立了“我为社区守一夜,社区为我守一年”的志愿服务理念,成为一面社区维稳红旗。市民老徐,他不是警察,却夜色义务外出巡逻,一个手电筒,一辆摩托车,风雨无阻穿行在城区的道路上,守护千家万户的平安,他独自抓获盗窃、抢劫的犯罪分子上百人,在与他们的搏斗中多次受伤……这样的坚守,他坚持了20余年。石门县围绕改善社区治安,开展了义务巡逻、社区亮灯大检查、流动人口管理、非法集会劝阻等志愿服务活动。

全市各社区的志愿者分会经常组织辖区内居民群众开展丰富多彩的文化体育活动,极大地丰富和充实了居民群众的业余文化生活。社区篮球赛、趣味运动会、新春游乐会等等,赢得了居民群众的拍手称赞。特别是武陵区由热心公益事业、爱好文艺的志愿乐队队员,长期组织开展的诗墙公园、滨湖公园激情文化广场活动,受到广大市民群众的好评。

二、完美社区

2013—2014年,为拓展社区服务内涵,中共常德市委、常德市人民政府决定,全面启动完美社区建设工程。

完美社区建设的总要求就是16个字:“基础建设、体系重构、管理创新、回归自然”,其目的是要建设优美的社区环境、构建健全的管理体系、提供便利的民生服务,从而打牢工作基础,增强群众福祉,激发基层活力。

基础建设:主要硬件设施。即街道要建好“一所一校四中心”。每个街道要建一个派出所,至少要有一所学校,建好政务服务中心、卫生计生服务中心、文体活动中心、社会服务中心等四个中心;社区要建好“一站一园一场五室”。每个社区要有公共服务站,至少要有一家普惠性或公助性幼儿园，至少要有一处室外文体活动场所，要设立警务室、卫生计生健康服务室、文体活动室、居民（党员）代表议事室、档案室。

体系重构：就是要打破传统的社区管理构架，建立起与现代社区治理相适应的组织体系、运行体系、保障体系。组织体系有党的组织体系，区县市、街道和社区要构成三级政务服务体系，构成社区党总支、居民委员会、公共服务站加若干个社区网格的“3+N”管理体系；运行体系是要加强队伍建设，选好社区带头人，壮大社区志愿者队伍；保障体系是指保障社区人员、工作经费，提高民生保障水平，并落实各类社区救助保障政策。

管理创新：重点从网络化管理、信息化支撑、专业化服务三个方面着手。网络管理是以社区为单位，划分为若干个网格单位，网格管理员对所有社会管理对象进行信息采集，分类建立数据库群。对排查收集的矛盾和诉求信息，根据不同类型，分流到相关单位，最终实现社区网格“精确定位、精选定人、精准定责、精细管理”；信息化支撑，就是将居民生活状态和各种诉求，通过信息平台与行政管理和公共服务对接；推行专业化服务，在加强专业化社区服务队伍建设的同时，充分培育发展专业化的社会服务组织和机构。

回归自治：就是让居民自己办自己的事，社区管理要归位于社区，还权于居民，切实畅通民意表达渠道，搭建民众参与平台，实现社区居民的自我教育、自我管理、自我服务。

2013 年 4 月，中共常德市委书记王群在武陵区调研时，提出要建设“完美社区”。5 月 9 日，王群在常德市委政法委调研时强调，要创建平安常德，建设完美社区。5 月 22 日，中共常德市委常委会将建设完美社区确立为“新常德·新创业”专题调研活动的 13 个调研课题之一，并明确由市委副书记宋冬春，市委常委、市委政法委书记何英平，常德市人民政府副市长朱晓平，市人民政府副市长、市公安局局长胡丘陵牵头，组织开展完美社区建设的专题调研活动，深入区县市调研，召开市直相关部门座谈会，赴长沙、株洲学习考察社区建设的好经验、好做法。在此基础上，数易其稿，起草了关于推进完美社区建设的建议，6 月 26 日，市委常委会听取了汇报。7 月上旬，起草《中共常德市委、常德市人民政府关于推进完美社区建设的意见》草案并报送中共常德市委副书记宋冬春、常德市政府副市长朱晓平审阅。7 月 17 日，征求各县（区、市）政府分管社区建设工作的副区县市长和 5 个管理区负责人的意见。7 月下旬，征求各县（区、市）民政局的意见。

是年 9 月 23 日，市委书记王群深入武陵区方家巷、富强社区调研，并在武陵区召开了社区建设工作座谈会。他明确指出，我们要创新社区管理模式，完善社区基础设施建设，进一步优化社区管理服务，积极探索“完美社区”建设模式。常德市民政局局长龚美爱汇报了近年来全市社区建设工作的现状、前段完美社区建设工作开展情况及今后工作设想和推进完美社区建设的建议。

2014 年 1 月 15 日，常德市完美社区建设指挥部成立，中共常德市委常委、市政府常务副市长赵应云任指挥长，市委常委、市委政法委书记何英平任政委，市人大常委会副主任谭弘发，市人民政府副市长朱晓平，市人民政府副市长、市公安局局长胡丘陵，市政协副主席敖建斌，常德经济技术开发区管委会主任、党工委副书记向绪彦任副指挥长。各相关单位主要负责人为成员。指挥部办公室设在市民政局,市民政局局长龚美爱兼任办公室主任。

是年1月28日,常德市完美社区建设指挥部第一次全体成员会议,审议《市委、市政府关于推进完美社区建设的意见(草案)》。

2014年2月12日,常德市民政局召开全市民政工作暨完美社区建设工作会议

2月10日,朱晓平主持常德市完美社区建设指挥部揭牌仪式,赵应云、谭弘发为市完美社区建设指挥部揭牌。2月16日,市委常委会议对《2014年全市完美社区建设工作要点(草案)》进行研究。2月19日上午,市政府常务会审议通过《关于推进完美社区建设的意见(草案)》。2月19日下午,常德市完美社区建设动员大会由市委副书记、市长周德睿主持召开。市委常委、市政府常务副市长赵应云作工作报告,市委书记王群出席会议并讲话。会议明确了全市完美社区建设的总体目标、工作任务和具体要求。2月27日,市委常委会审议通过《关于推进完美社区建设意见(草案)》,并决定由市委常委、市人大常委会主任、市政协主席和市政府副市长牵头开展完美社区建设办点示范活动。

是年3月起,常德市委、市政府及常德市完美社区建设指挥部、市直有关部门先后制发一系列相关政策、规定,规范完美社区建设相关事宜。

是年3月7日,常德市完美社区建设指挥部印发《常德市完美社区建设总体工作方案》(常社指发〔2014〕1号)、《2014年常德市完美社区建设工作要点》(常社指发〔2014〕2号)、《完美社区建设市级领导办点示范工作方案》(常社指发〔2014〕3号);4月9日,印发《常德市完美社区建设工作考评办法》(常社〔2014〕4号)、《常德市完美社区建设街道、社区达标验收办法》(常社指发〔2014〕5号)。

是年4月15日,中共常德市委、常德市人民政府印发《关于推进完美社区建设的意见》(常发〔2014〕9号);是年4月28日,常德市政府办印发《常德市完美社区标准》和《常德市完美社区建设街道标准》(常政办函〔2014〕34号)、《常德市街道公共服务设施建设指导规范》和《常德市社区公共服务设施建设指导规范》(常政办函〔2014〕35号)。

是年5月23日,中共常德市委组织部、中共常德市直机关工委印发"关于组织在职党员进社区报到并实行组织关系不变,双方重教育管理的通知"(常组通〔2014〕28号);是年6月3日,常德市综治办、常德市委组织部、市民政局、市财政局印发《常德市完美社区"3+N"治安模式指导意见》(常综治办〔2014〕4号);是年7月31日,中共常德市委组织部印发《关于加强社区网络党支部建设的指导意见》(常组通〔2014〕34号)。

2013年6月5日，常德市民政局局长、市完美社区建设指挥部办公室主任龚美爱（左六）主持召开完美社区建设座谈会

2014年5月份起，按照常德市委、市政府提出完美社会建设的总体规划以及完美社区“三年目标、两年完成”的工作要求，全市完美社区建设进入实质性建设阶段，全面启动街道、社区基础设施建设，划分社区网格，建立专职网格员队伍，同步推进社区信息化建设，全面落实完美社区建设的各项指标。

是年，常德市民政局为牵头抓好完美社区建设工作，局领导全程参与，成立专门班子，动员全局的力量，投身完美社区建设中。市民政局党组对涉及完美社区建设工作的重大问题集体商讨、集体研究，19个市级领导完美社区建设示范点都明确了1名局领导、1名科长负责并及时向市级领导汇报工作情况，加强与市直后盾单位的联系协调，确保办点示范活动顺利开展。在市直民政系统抽调10工作人员具体负责市完美社区建设办公室的日常工作。常德市民政局及其直属单位共抽调40名干部进驻街道社区开展调研活动。局机关每一名干部职工联系市城区1个社区，负责传达市指挥部的工作部署和要求，调查了解所联社区存在的问题和困难，指导所联社区完美社区建设工作。

至2013年年底，常德市、县（区、市）两级财政投入资金2.8亿元，实施街道“一所一校四中心”、社区“一站一园一场五室”建设项目193个。其中，市城区新建项目动工26个（街道公共服务用房1个、社区公共服务用房19个、派出所1个、幼儿园2个、卫生计生服务中心3个），其中主体工程已经完工的有12个（社区公共服务用房9个、派出所1个、幼儿园2个）。改扩建项目动工97个（街道公共服务用房7个、社区公共服务用房45个、派出所5个、幼儿园39个、卫生计生服务中心1个），现已完工的有89个（街道公共服务用房7个、社区公共服务用房38个、派出所5个、幼儿园39个）。

是年，全市共组建网格党支部1041个。8月10日，中共湖南省委常委、省委政法委书记孙建国，省委驻常督导组组长、省人大常委会副主任蒋作斌，中共常德市委书记王群参加并指导武陵区体育东路社区第九网格党支部专题生活会和民主评议党员会。8月20日，中共常德市委副书记、市政府市长周德睿全程参加并指导武陵区方家巷社区第三网格党支部专题生活会。各地依托网格党支部，开展了党员进社区报到活动，全市共有4.7137万名市、县直单位党员到社区报到，其中市直单位党员8432名，报到率近80%。全市划分城市社区网格为1632个，按照“一格一员”的标准，组织开展网格员招录工作，常德市城区共配备专职网格员1660名(含座席员)。常德市民政局围绕“全统一、全融合”的社会治理网格化综合信息平台建设目标,先后编制《常德市社会治理网格化综合信息平台建设方案》《常德市社会治理网格化综合信息平台技术方案》。同时,开发“365”社会治理信息平台(“3”即数字网格系统、专项工作系统和日常管理系统三大系统;“6”即人、地、事、物、情、组织六大基础数据库;“5”即市、区、街道、社区、网格五级网格服务管理体系)和“1314”社区服务平台(谐音“一生一世”,“1”即以人的生命周期或居住周期为1条服务主线;“3”即社区公共服务、公益服务和商业服务三大服务;“14”即衣、食、住、行、用、购、娱、科、教、文、体、卫、劳、保等十四种服务)。至2014年年底,“365”社会治理信息平台已经上线试运行,“1314”社区服务平台即将上线。武陵区、鼎城区社会治理指挥中心开始运行;临澧县、桃花源旅游管理区、常德经济技术开发区、柳叶湖旅游度假区等地已确定建设方案,基本完成电子显示屏等硬件设备的安装,武陵区社区“易办事”自助服务终端正式投入使用。按照“一名领导、一套班子、一个方案”的模式,常德市本级确定19个市级领导示范点开展先行先试,各区县、市也开展办点示范活动,实行以点带面、连点成片。在完成“规定动作”的同时,还积极推进“一居一品”(在每一个社区打造一个特色品牌)亮点。如武陵区体育东路社区探索的敞开式老旧小区物业管理自治模式,贾家湖社区建立的“心灵驿站”、楼栋便民服务站;鼎城区常沅社区的心理咨询室,停车场社区的阳光家园、花船社区的慈善超市等社会化服务品牌。

是年,各地通过广播、电视、报纸、网络进行全方位、多层次、宽领域的大宣传,在各级媒体发表文章100多篇。其中,8月15日,《人民日报》以题为《居民有了活动室》,报道津市市国资房产流转社区建设经验;6月17日,《中国社会报》头版头条刊登题为《推进完美社区建设:常德强化社会治理基础环节》的文章,对常德市探索基层治理、建设完美社区的工作思路和经验予以报道。《社区》杂志8月上旬刊以《完美社区谁领导,如何治理》为题,介绍常德市完美社区治理经验。6月30日,《三湘都市报》以题为《建设完美社区 增强群众福祉》,专版刊发常德完美社区建设情况。

是年5月,省民政厅向全省转发常德市《关于推进完美社区建设的意见》。6月,民政部《中国社会报》头版推介常德市完美社区建设工作经验。7月,全省新型城镇化工作会议组织参观落路口社区完美社区建设。11月28日,全省社区党建和社区建设工作现场会在常德市召开,参观常德市域20个完美社区建设现场;会上,中共常德市委书记王群作题为《坚持党建引领 建设完美社区》的典型发言。12月11日,《湖南日报》头版头条以《向着幸福奔跑》为题,推介常德市完美社区建设工作经验。

第十一章《

社会组织管理

野营吃的食材

第十一章　社会组织管理

社会团体、民办非企业单位均系民间组织，属社会组织范畴。

1989年10月25日，国务院颁布《社会团体登记管理条例》。1990年5月14日，常德市人民政府召开常务会议，研究社会团体清理整顿、登记管理工作，责成常德市民政局负责处理全市社会团体清理整顿和登记管理日常事宜。2002年1月19日，中共常德市委、常德市人民政府发出《关于进一步加强民间组织管理工作的通知》。随后，常德市、县(区、市)两级逐步建立健全民间组织管理机制，全市民间组织管理工作步入正规化、法治化轨道。

2006年，党的十六届六中全会胜利召开，时全国各地一律将“民间组织”改称为“社会组织”。2007年以后，常德市民政局、常德市民间组织管理局注重加强社会组织的登记管理工作，社会组织有了长足发展。至2013年年底，常德市共有社会组织1879个，其中社会团体1043家，民办非企业单位836个。全市各级各类社会组织团结一心，奋发图强，为实现会员的共同意愿，按照章程开展活动，为常德市的社会经济发展而努力奋斗。

第一节　管理组织机构

1998年9月25日，国务院第8次常务会议通过修改后的《社会团体登记管理条例》。是年10月25日，国务院总理朱镕基签署国务院第250号令，发布实施，1989年10月25日国务院发布的《社会团体登记管理条例》同时废止。“条例”明确规定，“国务院民政部门和县级以上地方各级民政部门是本级人民政府的社会团体登记管理机关”。

1989—2011年，常德市、县(区、市)先后成立社会组织协调领导小组和市、县级社会组织管理机构。至2013年年底，全市县级以上社会组织管理机构共12个，配备工作人员28人。

一、市本级民管机构

2000年5月14日，常德市人民政府常务会议明确，全市社会团体由市民政局归口管理，实行登记管理机关与业务主管单位双重负责的管理体制。

(一)常德市民间组织管理局(科)

1990年7月10日,常德市编委办批复(常编办直〔1990〕51号),同意市民政局在基层政权建设科加挂社团管理科的牌子,不另增加编制。1995年10月21日,常德市编委通知(常编发〔1995〕33号),常德市民政局设置社团管理与社会事务科,负责全市性社团和委托代管的全省性社团的登记与监督管理等项工作。是年,常德市民政局任命戴士发任社团管理与社会事务科科长。1996年,任命蔡荣华任社团管理与社会事务科科长。1999年5月,任命杨海滨任社团管理与社会事务科科长。

2002年,常德市民政局加挂常德市民间组织管理局,析置民间组织管理科。2006年12月1日,常德市民政局任命(常民干字〔2006〕7号)沈靖任民间组织管理科(简称民管科)科长。2007年3月12日,常德市民政局任命(常民干字〔2007〕2号)伍先华任民管科科长。2010年8月20日,常德市民政局任命(常民干字〔2010〕6号)陈立初任民管科科长。

2003年6月15日,常德市人民政府任命(常政人试〔2003〕1号文)蔡荣华任市民间组织管理局副局长。2008年7月28日,中共常德市委组织部任命(常组干函〔2008〕31号)李云峰任市民间组织管理局副局长。2008年3月18日,常德市人民政府任命(常政人〔2008〕9号)李巨开任常德市民间组织管理局局长。2010年10月20日,中共常德市委任命(常委干〔2010〕80号)殷宗仁任常德市民间组织管理局局长。

2011年5月16日,常德市政府召开第47次常务会议,专题研究社会组织工作,同意市民间组织管理局增加编制,并确定市财政每年安排民间组织管理工作预算经费增加到10万元。是年6月29日,中共常德市委召开常委会议,同意增加常德市社会组织党工委办公室人员编制2名。

(二)常德市社会组织联合会

2007年7月25日、2008年3月25日、2009年4月10日,常德市社会组织联合会筹备小组先后3次召开筹备会议,讨论制定《常德市社会组织联合会章程(草案)》,常德市社会组织联合会领导机构、常务理事会组成人选、会费标准、选举办法,在完成《章程》(草案)修订和推荐第一届理事会成员的基础上,筹备组向市民政局党组呈报《关于成立常德市社会组织联合会的请示》及相关材料,经常德市民政局审核,决定准予登记注册。

2009年11月19日,常德市社会组织联合会成立大会在常德市芷园宾馆召开。省民间组织管理局局长余跃、中共常德市委副书记曹儒国、市政府副市长徐万发出席会议并讲话,市直各相关职能部门负责人、市级社会组织业务主管单位负责人,各县市区民政局分管社会组织工作的副局长、民间组织管理局局长、市社会组织联合会会员单位、先进社会组织代表以及《常德日报》、常德电视台、常德网等新闻媒体的记者共 200 余人参加会议。大会通过了《常德市社会组织联合会选举办法》及《候选人提名情况的说明》《常德市社会组织联合会章程》、会费标准等，选举产生常德市社会组织联合会第一届理事会，高勇当选为会长，罗上林、熊国建当选为常务副会长，何广辉、曹丕铭、晏丰儒、李旺国、李开喜、王先荣、杨绍军、罗祖亮、夏崇仁、王国云、曾荣当选为副会长，李云峰当选为秘书长。联合会聘请曹儒国、徐万发为名誉会长。

2009 年 11 月 19 日，常德市社会组织联合会成立大会在芷园宾馆召开

2012 年 5 月 29 日，常德市社会组织联合会召开第一届常务理事会。会议表决通过了部分理事、常务理事、秘书长、副会长单位调整的说明，增补常德市民政局党组书记、局长龚美爱、常德市残疾人联合会党组书记、副理事长李云峰为常德市社会组织联合会理事、常务理事、常务副会长；增补常德市民政局副局长、市民间组织管理副局长邓保平为常德市社会组织联合会理事、常务理事、副会长兼秘书长。

(三)中共常德市社会组织工作委员会

2011 年 6 月 8 日，根据省委办公厅《关于加强新社会组织党建工作的意见》(湘办发〔2008〕16 号）和中共常德市委、常德市人民政府《关于全面创新社会管理的意见》(常发〔2011〕3 号)等文件精神，经常德市民政局党组研究，决定申请成立中共常德市社会组织工作委员会。

是年 7 月 11 日，中共常德市委组织部批复(常组函〔2011〕89 号)，同意成立中国共产党常德市社会组织工作委员会(简称市社会组织党工委)。

市社会组织党工委为市委派出机构，在市委组织部指导下开展工作，日常管理由市民政局党组负责，办公室设在市民政局，与市民政局合署办公。

市社会组织党工委负责领导市民政局主管的社会组织及无业务主管单位的全市性社会组织的党建工作；指导业务主管单位抓好所主管社会组织的党建工作；指导各县(市、区)社会组织党工委抓好社会组织党建工作。

市社会组织党工委设委员 17 名。其中，书记 1 名，由市民政局局长、党组书记兼任；副书记2名，由市委统战部分管新社会阶层人士的副部长和市民政局分管社会组织工作的副局长兼任;其他委员14名,分别由市经信委、市教育局、市科技局、市司法局、市财政局、市人社局、市住建局、市文广新局、市卫生局、市体育局、市工商联、市科协、市文联、市社科联党组(党委)负责同志兼任。

是年10月14日,常德市编委批复(常编发〔2011〕34号),同意设立中共常德市社会组织工作委员会办公室(简称市社会组织党工委办公室)。

2012年2月16日,中共常德市社会组织工作委员会召开第一次全体委员会议。市社会组织党工委书记、市民政局党组书记、局长熊国建,市社会组织党工委副书记、市委统战部副部长李学明,市社会组织党工委副书记、市民政局党组成员、市民管局副局长李云峰以及市经信委、市教育局、市科技局、市司法局、市财政局、市人社局、市住建局、市文广新局、市卫生局、市体育局、市工商联、市科协、市文联、市社科联党组(党委)领导等工委委员共17人参加。会上,宣读了中共常德市委组织部《关于同意成立中国共产党常德市社会组织工作委员会的批复》(常组函〔2011〕89号)和《熊国建等同志任职的通知》(常组委干〔2011〕19号)等文件;通报了当前全市社会组织党建工作主要情况;学习了中共湖南省委办公厅《关于加强新社会组织党建工作的意见》(湘办发〔2008〕16号)、中共常德市委、市人民政府《关于全面创新社会管理的意见》(常发〔2011〕3号)、湖南省社会组织创先争优活动指导小组《关于认真做好社会组织党建和创先争优活动相关工作的通知》(湘社指组发〔2011〕4号)和中共常德市委办、市人民政府办《关于加强社会组织建设管理的意见》(常办发〔2011〕6号)等文件;讨论了中共常德市社会组织工委有关工作制度、职责和2012年常德市"社会组织党建工作年"活动方案(草案);研究审议了社会组织第一批基层党组织组建名单(共10个)。

2012年2月16日，中共常德市社会组织工作委员会召开第一次全会

是年5月30日,中共常德市社会组织工作委员会召开第二次全体委员会议。会议由市社会组织党工委副书记李学明主持，会议就市社会组织党工委委员人员异动的有关情况作了说明;讨论决定第一批组建成立的社会组织党组织书记、副书记及委员提名人选和第二批社会组织成立党组织名单;研究决定向省、市推荐表彰先进基层党组织、优秀共产党员名单;讲评当前社会组织党建工作情况和下一步社会组织党建工作意见。新任命的常德市社会组织党工委书记、市民政局党组书记、局长龚美爱出席会议并讲话。

二、区县、市民管局

1990—2013 年,各区县、市民间组织管理机构逐步建立并完善。

武陵区民间组织管理局

2002 年 4 月,武陵区人民政府明确,区民政局加挂武陵区民间组织管理局(简称民管局,下同)牌子,设置民间组织管理股(简称民管股,下同)。负责全区性社会团体及其分支机构、民办非企业单位的登记管理和执法监察;承担区内的全省性社团及其分支机构、民办非企业单位的执法监察;查处非法民间组织和民间组织的违法行为;指导全区民间组织的登记管理和执法监察工作。时李立波任区民管局局长,殷子惠任民管股股长。

2010 年 5 月,何秋萍任区民管局局长,庹菊芳任民管股股长。2012 年 4 月,曾建武任区民管局局长。

鼎城区民间组织管理局

1990 年 3 月,鼎城区民政局基政股兼管民间组织管理工作,时欧阳建华任基政股长。

2002 年 3 月,鼎城区人民政府明确,区民政局加挂鼎城区民间组织管理局牌子。负责全区性社会团体及其分支机构、民办非企业单位的登记管理和执法监察;承担区内全省性社团及其分支机构、民办非企业单位的执法监察;查处非法民间组织和民间组织的违法行为;指导全区民间组织的登记管理和执法监察。2011 年 2 月,鼎城区人民政府批准成立鼎城区民间组织管理局(鼎政办发〔2011〕11 号)。

2003 年 5 月,施伟建任区民管局局长。2011 年 6 月,彭小平任区民管局局长。2013 年,吴建江任民管股股长。

汉寿县民间组织管理局

1989 年,汉寿县人民政府决定成立汉寿县社会团体管理办公室,张学农任办公室主任。2002 年 4 月,汉寿县委、县人民政府明确,县民政局加挂汉寿县民间组织管理局牌子,并设立民间组织管理股,负责全县性社会团体及其分支机构、民办非企业单位的登记管理和执法监察;承担在县内的全省性社会团体及其分支机构、民办非企业单位的执法监察;查处非法民间组织和民间组织的违法行为;指导全县民间组织的登记管理和执法监察工作。县民政局局长罗小平兼县民管局局长。

2005 年 3 月,杨辉任县民管局局长,李开琼任民管股股长。2008 年 1 月,童自平任县民管局局长。2011 年 9 月,胡国斌任民管股股长。

桃源县民间组织管理局

2002 年 4 月 28 日,桃源县人民政府明确,县民政局加挂桃源县民间组织管理局牌子。负责对全县性社会团体及其分支机构、民办非企业单位的登记管理和执法监察;承担在县内的全省性社团及其分支机构、民办非企业单位的执法监察;查处非法民间组织和民间组织的违法行为;指导全县民间组织的登记管理和执法监察工作。县民政局局长刘光建兼任民管局局长。2003 年 1 月,县民政局局长杨德志兼任县民管局局长。

1990—2007 年,县民政局基政股兼管民间组织工作,戴秋瑛、熊志香、汤月进、王约清、熊侧钧先后担任基政股长。2008 年 3 月,县民政局内设民间组织管理股,王其宏任民管股股长。2011 年 4 月,熊侧钧任民管股股长,刘志勇任民管股副股长。

临澧县民间组织管理局

1990—2010 年,临澧县民政局基政股兼管民间组织工作。洪家海、唐桃杰、熊君芳、文湘平历任基政股长。

2002 年 4 月,临澧县人民政府明确,县民政局加挂临澧县民间组织管理局牌子。负责全县性社会团体及其机构、民办非企业单位的登记管理和执法监察;承担在县内的全省性社团及其分支机构、民办非企业单位的执法监察;查处非法民间组织和民间组织的违法行为;指导全县民间组织的登记管理和执法监察工作。2011 年 6 月,临澧县政府办(临政办发〔2011〕26 号)成立临澧县民政局民间组织管理股。是年 11 月,汤秀玲任民管股股长。

2002 年 4 月,县民政局局长于乾华兼任县民管局局长。2005 年 1 月,李振炎任民管局局长。2010 年 1 月,县民政局局长于乾华复兼任县民管局局长。2012 年 4 月,县民政局局长林德新兼任县民管局局长。

石门县民间组织管理局

1991 年 3 月,成立石门县社会团体登记管理办公室,魏启初任主任。1996 年 3 月,程刚任社会团体登记管理办公室主任。2002 年 4 月,石门县人民政府明确,县民政局加挂石门县民间组织管理局牌子,设立民间组织管理股。负责对全县性社会团体及其分支机构、民办非企业单位登记管理和执法监察;承担在县内的全省性社团及其分支机构、民办非企业单位的执法监察;查处非法民间组织和民间组织的违法行为;指导全县民间组织的登记管理和执法监察工作。时任县民政局长覃事蒲兼任县民管局局长，程钢任民管股股长。2003 年 1 月，县民政局局长李钢兼任县民管局局长。2004 年 3 月，龙西金任民管股股长。2007 年 3 月，陈传喜任民管股股长。2008 年 2 月，肖爱武任县民管局副局长。2009 年 2 月，宋玉海任县民管局局长，是年 3 月，唐文东任民管股股长。2010 年 3 月，梁建安任县民管局副局长。2013 年，黄建武任民管股股长。

2012 年 5 月，石门县委组织部批准（石组函〔2012〕4 号），成立中共石门县社会组织工作委员会，明确县社会组织党工委设委员 13 名。时李钢兼任县社会组织党工委书记，梁建安兼任社会组织党工委副书记。

澧县民间组织管理局

1990 年 3 月至 2004 年 4 月，澧县民政局基政股兼管民间组织工作，时彭泽华任基政股长。

2002 年 4 月，澧县人民政府明确，县民政局加挂澧县民间组织管理局牌子，并设立民间组织管理股。负责对全县性社会团体及其分支机构、民办非企业单位的登记管理和执法监察；承担在全县范围内的全省性社团及其分支机构、民办非企业单位的执法监察；查处非法民间组织和民间组织的违法行为；指导全县民间组织的登记管理和执法监察工作。时孙兴元任民管股股长。

2003 年 2 月，县民政局党组成员、副局长李志连任县民管局专职副局长。2006 年 1 月，熊传茂任民管股股长。2010 年 3 月，王平任民管股股长。

安乡县民间组织管理局

1990 年 3 月，县民政局基政股负责民间组织管理工作。云昌世任基政股长。

2002 年 4 月，安乡县人民政府明确，县民政局加挂安乡县民间组织管理局牌子。负责对全县性社会团体及其分支机构、民办非企业单位的登记管理和执法监察；承担在县内的全省性社团及其分支机构、民办非企业单位的执法监察；查处非法民间组织和民间组织的违法行为；指导全县民间组织的登记管理和执法监察工作。时任县民政局局长张先华兼任县民管局局长。刘祖玲任基政股股长，兼管全县民间组织工作。

2007—2011 年，李少平任县民管局局长。2011 年 1 月，杨利慧负责民间组织管理工作。

津市市民间组织管理局

1990 年 7 月，津市市人民政府办公室印发《关于成立津市市社会团体登记管理股的通知》(津政办发〔1990〕15 号),规定机构级别为股级。2002 年 4 月,津市市人民政府明确,市民政局加挂津市市民间组织管理局牌子。负责对全市性社会团体及其分支机构、民办非企业单位的登记管理和执法监察;承担在市内的全省性社团及其分支机构、民办非企业单位的执法监察;查处非法民间组织和民间组织的违法行为;指导全市民间组织的登记管理和执法监察工作。时任市民政局局长李仁杰兼任市民管局局长。

1990—2012 年,市民政局基政股具体负责民间组织管理工作。邹忠涛、徐泽文、田培生、陈克兵、杨丽、张亚丽、付关杰、刘北平历任市民政局基政股股长。2013 年,唐志勇任民管股股长。

2002 年 9 月,津市市民政局局长李亚林兼任市民管局局长。2006 年 1 月,潘林任市民管局局长。

第二节　社会团体管理

社会团体,是指中国公民自愿组成,为实现会员共同意愿,按照其章程开展活动的非营利性社会组织。社会团体管理主要是国家行政机关对社会团体的一种管理活动以及社会团体自身的管理行为。具体包括社会团体登记管理机关和业务主管单位依法对社会团体登记行为、政治方向、内部治理、日常活动、作用发挥等所做的一些管理工作。

一、社团登记

常德市的社团登记工作经历了一个由“分散到集中”“无序到有序”的过程。1989 年,国务院颁布《社会团体登记管理条例》,明确社会团体由民政部门统一归口登记,实行登记管理机关与业务主管单位双重负责、中央和地方分级登记的管理体制。1990 年,常德市人民政府常务会议研究社会团体清理整顿、登记管理工作,责成市民政局负责处理社会团体清理整顿和登记管理日常事务。是年,常德市党的建设学会和常德市人才研究会,经审查批准,予以登记。

1991—1994 年,常德市、县(区、市)民政局对过去已经成立的社会团体进行复查登记,向符合登记条件的社会团体颁发“社会团体登记证书”,同时审批登记新成立的社会团体。

1992 年,常德市、县(区、市)民政局严格执行省民政厅 1992 年 3 月 9 日湘民社团发〔1992〕第 21 号文件要求,坚持“除共青团、妇联等八个团体可以不予登记外,其他任何社会团体不应再以任何理由变相予以抵制”的精神,依法加强对社会团体登记工作的管理,认真履行职责,全市社会团体登记工作逐步迈向有序发展的新阶段。

1994年，全市各级社会团体登记管理机关紧紧围绕经济建设这个中心，以是否有利于社会稳定，是否有利于社会发展作为社会团体注册登记的重要依据，对社会团体的发展进行宏观调控，统筹规划，从总体和全局上把握社会团体发展的方向、数量、结构和规模，积极维护和发展对改革开放和经济建设具有直接促进作用的社会团体。是年，全市社会团体复查登记工作基本完成。时全市共有各级各类社会团体546个。

1995年，常德市民政局根据省民政厅的要求，确定新成立的社会团体要有3万元~6万元资金，并由会计师事务所出具验资报告，从而，杜绝了社会团体注册资金弄虚作假行为，以完善社会团体配套工作，保证社会团体登记工作优质进行。是年底，全市有社会团体579个，其中，市级社会团体177个，县级社会团体402个，新批准成立社会团体27个。

1996年，全市审查批准新成立社会团体35个，其中，市级社会团体14个。是年，常德市、县(区、市)民政局一次性向符合《社会团体登记管理条例》规定的社会团体，换发新的"社会团体法人登记证书"，并赋予组织机构代码。在社会团体登记工作中，通过对社会团体服务宗旨、业务范围、负责人、注册资金、住所及《章程》等严格依法审查，保证了社会团体的整体质量，客观上保证了社会团体的正常活动和发挥中介组织应有的积极作用。截至1997年，全市共有各级各类社会团体493个，其中，全市性社会团体186个，县(区、市)社会团体307个，社会团体管理工作开始步入规范发展的新阶段。

1998年10月，国务院颁布修改后的《社会团体登记管理条例》(以下简称《条例》)，中共中央办公厅下发《关于党政机关领导干部不兼任社会团体领导职务的通知》，中共中央组织部和民政部联合下发《关于在社会团体中建立党组织有关问题的通知》(组建字〔1998〕6号)，这些新的法规对社会团体管理工作做出了新的规定，"社会团体登记证书"的内容也有变化。依据《条例》第39条规定：已经成立的社会团体应当自本条例实施之日起1年内，向登记管理机关申请重新登记。为依法开展社会团体重新登记并提高效率，省民政厅根据《条例》制定了《社会团体登记须知》手册和社会团体登记表格30种。《登记须知》注明了社会团体办理成立登记、变更登记和注销登记时需要向登记管理机关提交的文件或证明材料，减少了登记过程缺少资料的现象，登记表格的使用，方便了管理机关的审查和档案管理工作。

1999年，常德市、县(区、市)民政局结合年检，开展重新登记工作。达到要求的重新换发"社会团体登记证书"，不符合条件的限期整改，在《条例》规定的法定期限内，仍达不到要求的，予以注销或撤销登记。是年，常德市民政局根据中办发〔1999〕34号文件中关于双重管理体制和业务主管单位职责的规定以及民政部《关于社会团体清理整顿审定工作有关部门的通知》(民社函〔1999〕97号文)和《关于重新确认社会团体主管单位的通知》(民发〔2000〕41号文)精神，按照省民政厅的部署，重新明确常德市域各社会团体业务主管单位，以理顺社会团体管理体制，保证清理整顿工作的顺利进行。至年底，全市共注册登记各级各类社会体团472个，其中全市性社会团体173个，县级社会团体299个，注销社会团体30个，新成立社会团体8个。

2000—2003年,全市各地认真宣传《条例》,实行政务公开。常德市民间组织管理局印制《常德市社会团体登记须知手册》《社会团体登记业务规则》等宣传手册,制定《社会团体管理政务公开、规范服务细则》,公开办事程序,多次组织县(市、区)社会团体登记管理机关工作人员和社会团体负责人,进行政策法规业务知识培训。

2004年,常德市民政局转发《省民政厅关于进一步做好农村专业经济协会登记管理和培育工作通知》(湘民民发〔2004〕6号)、《省民政厅全省性社会团体异地设立分支(代表)机构问题的通知》(湘民民发〔2004〕27号)等文件,对于社会团体审批过程中所有的文书程序,严格按照《中华人民共和国行政许可法》的要求进行规范,将执法依据如实清理,并在《常德日报》上向社会公布。是年,组织市、县(市、区)社会团体管理科、股长共15人,到怀化市麻阳县参加农村专业经济协会登记管理培训班,先后派出登记管理人员和农村专业经济负责人210余人,参加省、市培训。中共桃源县委、县政府重视农村专业经济协会工作,对登记兴办的协会,给予一定的开办费用补助,经管部门和科协及财政部门,给予一定的扶持资金,促进了农村专业经济协会的快速发展。

2007年,常德市民间组织管理局转发省民政厅《关于做好社区民间组织登记管理和培育发展的通知》(湘民民发〔2007〕6号),并在石门县农村开始试点。石门县结合本地的实际,帮助社区社会团体开展公益服务的资金、场地和人员。一些村成立了村民自治联合会,下设文体、老年、特色农产品等分会,充分发挥社区社会团体在拓展社区服务,推进社区自治,共建和谐社区的积极作用,有力地推动了社会公共服务事业的发展。

2008年3月6日,常德市民间组织管理局转发市委办、市政府办常办〔2007〕48号文,即《常德市发展和改革委员会关于进一步加快行业协会发展的指导意见》常民管〔2008〕2号明确提出,“在全市农村牧渔、制造业、建筑业、金融业、旅游休闲等领域里,培育一批独立公正、行为规范、运作有序、职能突出、代表性强、公信力高、适应社会主义市场经济发展要求、符合国际惯例的新型行业协会,到2010年,会员超过200个以上的协会,总数达到500多家,基本形成覆盖广泛、门类齐全的发展格局”。

二、清理整顿

1990年以后,常德市的社团清理整顿进行了几次全市性统一行动。

1991年3~11月,根据国办发〔1990〕32号文件和湘政办发〔1990〕50号文件精神,常德市、县(区、市)两级人民政府先后展开首次全市性社会团体清理整顿工作。按照中共常德市委、常德市人民政府关于“稳定大局、积极稳妥、协同工作、保质保量”的工作方针,整个清理整顿工作经历了宣传发动、自清自查、审查整顿、复查登记四个阶段。通过近10个月的努力,完成了对全市县以上693个社会团体的清理整顿工作任务(其中市本级191个)。时直接登记27个(有8个等待省里的登记情况而定),经过清理整顿,准予登记的452个(其中社会团体法人 64),撤并的 137 个,延缓登记的 83 个,自动解散的 35 个。通过这次清理整顿复查登记,确立了社会团体的法律地位,增强了各社会团体的法律意识,基本上解决了过去社会团体过多过滥、多头审批、盲目发展、政出多门、管理混乱的状况,从而,使全市的社会团体活动和社会团体管理工作开始步入规范化、法治化轨道。

1991 年 3 月,常德市民政局积极着手全市清理整顿社会团体的准备工作,专门召开各区县(市)民政局长会议,并确定在津市市进行试点。同时,结合津市市试点经验,举办了一期有各区、县(市)民政局分管社会团体工作的领导和兼职(专职)社会团体管理干部参加的业务培训班。此外,常德市民政局领导先后四次向市委、市政府主管领导就全社会团体清理整顿工作的部署和安排作了详细汇报。报请市委、市政府同意,成立了常德市社会团体清理整顿工作领导小组,常德市政府副市长钦时中任组长,市直有关部、委、办、局的负责人为成员。督促各县(区、市)成立相应领导小组,并在人力、财力上给予保证。

是年 3 月上旬至 5 月中旬,常德市民政局采取多种形式对社会团体进行深入细致的调查摸底工作。走访市科协、市社科联、市文联、市教委、市体委等社会团体比较多的业务主管单位了解情况,并要求他们在清理整顿工作中充分发挥应有的作用,与之组织座谈听取意见,研究具体措施;走访有关的挂靠单位,了解其本社会团体或“相似”“相邻”社会团体的情况以及一些由群众自发兴起的社会团体的活动轨迹。此外,还深入街头和基层单位看招牌、问情况,逐步摸清社会团体数目。从而,初步掌握了全市各类社会团体 693 个(市直 191 个)的基本情况,取得了第一手资料,争取了社团清理整顿工作的主动性。

是年 7 月 8 日,中共常德市委、常德市人民政府召开全市性社会团体清理整顿工作动员大会。市委秘书长何星浦主持大会,副市长钦时中作动员报告,市民政局局长庹朝明就清理整顿工作的有关问题作了专题发言。随后,各区县、市相继召开类似会议,使各社团及其业务主管部门负责人统一对清理整顿社会团体和依法登记管理重要性的认识。全市共翻印《条例》和“社会团体须知”3000 册,编写宣传资料 228 篇,召开大小会议 47 次,举办讲座 3 期,领导发表电视讲话 3 人次,电台播放稿件 12 篇,举办宣传刊 3 期。

是年 8—10 月,各区县、市人民政府先后召开业务主管单位和社会团体负责人联席会议或有关座谈会,讲清意义、宣传政策、明确责任。同时,要求各社会团体业务主管部门组织相关社会团体认真回顾、检查总结本社会团体的活动情况,真实地写出自查报告,填写好《湖南省清理整顿社会团体审查表》,并认真进行审查,提出相应意见。

常德市、县(区、市)民政局,根据各社会团体参加清理整顿认真程度和态度以及报送材料的先后和完备情况,分成一、二、三批,先后打印成册。对符合《条例》要求,又符合社会需要的社会团体提出意见,先报送清理整顿领导小组成员传阅,并签署意见反馈信息。从而,既减少了会议,节省了时间,提高了工作效率,又使领导小组成员做到心中有数。同时,各地注意首先发挥业务主管部门优势,请他们出面做协调工作,提出撤并方案,并采取走出去、请进来的办法,听取重复设置的社会团体的意见,耐心宣传《条例》和上级文件精神。对一些政策界限不清的问题及时向上级请示汇报,做到按政策办事,不出现反复,稳中求胜。

是年11月9日,常德市民政局根据分类排队拟出的77个社会团体,作为第三批提交领导小组会议审定,常德市清理整顿领导小组进行了认真的研究,分别提出了处理意见:对相似的55个社会团体按《条例》第16条规定予以撤并,全市的财会、统计、政研、金融、教育、体育、医学等系统的68个社会团体合并为8个社会团体;"李自成归宿研究会"的问题,本着从提高常德知名度出发作特殊情况处理,请市委宣传部和社科联与文化局商量,由文化局确定一名干部专抓清理整顿工作,并健全其组织机构;"黄埔军校同学会"要求办经济实体的问题,责令其遵照《条例》规定,限期三个月清理整顿,达到要求后向市社会团体登记管理机关申请登记;对于市人防学会等9个社会团体,参加清理整顿不积极又想保留的,要求11月底以前,达不到湘政办发〔1990〕50号文件要求者,则予以撤销;文联和三个宗教社会团体的登记问题,根据省的登记情况而定,尽量做到全省统一。

至11月底,通过深入细致的工作,全市性社会团体的清理整顿工作如期完成。各区、县(市)在总的原则指导下,因地制宜,发挥自己的优势,保证了工作的顺利进行。武陵、鼎城区及安乡、临澧、桃源等县虽然人少事多,但紧紧依靠党政组织,调动社会团体的积极性,集中精力,有效地使社会团体清理整顿和复查登记工作达到了预期效果。

1997年,根据湖南省民政厅贯彻国办发〔1997〕11号及湘政发〔1997〕26号文件精神,常德市人民政府部署全市第二次社会团体清理整顿工作。这次清理整顿分自查自纠、业务主管部门审查和管理机关审定与换发证书三个阶段。在清理整顿中,始终坚持业务主管部门、挂靠单位与社会团体登记管理机关双重负责管理体制,明确各部门的分工,充分发挥业务主管部门和挂靠单位在清理整顿中的作用。在审定中,坚持从严原则,严格按照国务院办公厅规定保留社会团体必备的10个条件办理,对合格的社会团体在《常德日报》上予以公告,对不具保留条件的社会团体予以整改、合并、取缔或撤销。同时,重点清理社会团体的分支机构和代表机构,对符合条件发给同意设置批准证书,并明确规定该类机构不准收会费、发展会员、设立账号。到1997年年底,全市各级民政部门对592个社会团体进行了为期半年的清理和整顿。经过清理和整顿,合格的432个,撤销的95个,合并的14个,限期整改的38个。在这期间,常德市民政局对183个全市性社会团体直接进行了清理整顿。

1998年,国务院颁布新修订的《社会团体登记管理条例》,对社会团体管理提出了更新的要求。常德市民政局根据省民政厅的部署,在清理整顿工作基本结束后,结合年度检查,按照《条例》的要求,落实规范社会团体章程和非法人社会团体或法人社会团体工作。

2000—2001年,常德市民政局按照"掌握政策、讲究策略、严格要求、依法办事"的原则,集中力量对全市气功类社会团体及其分支机构进行了清理整顿,共注销登记2个,撤销登记15个,所有气功类社会团体分支机构都办理了注销登记手续。

2008年8月,根据全国、全省纠风会议的工作部署和省民政厅《关于规范全省性行业协会服务和收费行为专项治理工作的实施方案》的要求,中共常德市委成立常德市清理规范行业协会和市场中介组织工作领导小组，市委常委、市纪委书记刘剑英任组长，市纪委副书记、市监察局局长敖建斌任副组长，市监察局、市民管局、市工商局、市司法局、市编委办、市审计局、市财政局、市物价局、市地税局、市发改委、市政府法制办等单位和部门负责人为成员，领导小组办公室设市监察局。是年8月25日，中共常德市委办、市政府办转发常德市纠风办《关于清理规范行业协会和市场中介组织工作实施方案通知》（常办〔2008〕50号）。8月28日，召开全市清理规范行业协会和市场中介组织会议，部署全市清理规范行业协会和市场中介组织工作。这次清理按照“统一部署、部门负责、分工协作、分步实施”的原则，分四人阶段进行，即动员部署阶段、查纠整改阶段、规范建制阶段、检查验收阶段。清理规范活动自2008年8月开始，2009年6月底结束。

2008年9月，常德市民政局成立清理规范工作领导小组，随即下发《常德市民政局关于清理规范行业协会和市场中介组织工作实施方案的通知》，明确清理规范常德市范围内各类社团组织和中介服务类民办非企业单位以及清理审查社团（中介民办非企业单位）注册和年检、组织活动、搭车收费、财务收支、查处“小金库”等相关事宜。期间，常德市民间组织管理局加强与县（市、区）的工作联系，审查了市属40多个协会，帮助协会解决了一些操作上的问题。同时，定期向市纪委、市清理规范办汇报清理规范中存在的问题，并通过市委领导带队现场督导解决，化解矛盾。9月11日，常德市民间组织管理局召开全市社会组织清理规范工作会议，各县（市、区）、德山开发区、柳叶湖度假区、西湖、西洞庭民政办、市直各社会组织业务主管部门共60人参加，会议传达学习市民政局《关于印发清理规范社会团体和中介组织工作实施方案》，部署清理规范工作。从10月中下旬起，领导小组进行全市督查。

2010年7月，常德市民政局成立常德市社会团体“小金库”专项治理办公室（常民函〔2010〕44号文）。23日，中共常德市纪委、市监察局、市民政局、市财政局、市审计局联合下发《关于印发〈常德市社会团体“小金库”专项治理实施办法〉的通知》（常纪发〔2010〕12号文）。27日，常德市民政局召开全市社会团体“小金库”专项治理工作动员会，各社会团体业务主管单位分管负责人、市治理办成员、社会团体“小金库”治理办公室成员参加，部署治理社团“小金库”治理工作。这次专项治理工作分为动员部署、自查自纠、重点检查、整改落实四个阶段，对全市252家社会团体进行了严格认真的检查，完善了制度，建立了防治“小金库”的长效机制。

三、年检监管

社会团体的年度检查是依法加强和改进社会团体发展与管理的有效措施。

1992年，湖南省民政厅制订《湖南省社会团体年度检查暂行规定》（湘民社团发〔1992〕第102号），明确年检的范围、内容、程序和方法、标准、处罚。从1993年开始，常德市、县（区、市）民政局坚持对核准登记的社会团体进行年度检查，每年确定年检任务，社会团体的参检率、合格率逐步提高。

1993 年,常德市、县(区、市)民政局采取宣传政策、制定措施、目标管理、服务上门的办法,对 230 个社会团体进行了年检,合格社团 199 个,对不合格社团责令限期整改,对组织机构不健全,无经费来源的 3 个社团予以撤销。此外,还协助公安部门查处了 3 个非法社团。是年 4 月,省民政厅在常德市召开全省社团工作会议,推介了常德市社团年检工作的经验。1994 年,全市社团参加年检的 225 个,合格 211 个,限期整改不合格社团 26 个,自行终止 4 个。1995 年,全市社团年检 244 个,合格 226 个,限期整改不合格社团 44 个,撤销社团 12 个。1996 年,全市社团年检 258 个,合格 232 个,不合格 36 个,撤销登记 10 个,主动申请撤销 2 个。

1997—1998 年,根据省人民政府办公厅《关于清理整顿社会团体的意见》(湘政办发〔1997〕26 号)精神,常德市、县(区、市)民政局结合对全市 581 个社团进行全面清理整顿并开展年检,依法撤销社团 94 个。至 1998 年年底,全市共有社会团体 493 个,其中市级 186 个,县级 307 个。

1999 年,常德市民政局结合年检,重点抓了规范社团章程和社团中建立党的基层组织工作,要求各社会团体根据民政部制定的章程示范文本,重新修改章程交市民政局审核,要求凡符合建立党组织的全市性社团建立党组织。

2000—2013 年,全市社会团体的年度检查,坚持每年确定一个重点,先后开展了对章程、五项制度(民主决策制度、重大事项报告制度、捐赠公示制度、奖惩制度、财务管理制度)的建立、分支(代表)机构、换届以及执行《民间非营利组织会计制度》、清理评比表彰活动和领导干部兼职等情况的检查活动。2007 年,结合年检,对社会团体机构名称、印章、负责人情况进行备案检查。2010 年,常德市民政局下发《关于开展 2009 年社会组织年度检查工作的通知》(常民〔2010〕21 号),进一步明确年检范围、时间、主要内容;年检方法、程序、应用,年检提交的材料和执法监察,并在常德市民政局网站上分布。这次年检,改进年检方式,实行年检规范化和制度化,重点解决信息报送中的虚假和失真问题,采取分部门、分行业上门集中年检办法,年检的时间以业务主管部门通知为准,年检中对部分社会组织进行实地检查,对不合格社会团体作出警告处分,限期整改,撤销登记等处理,将年检情况以民政局文件发出通报,并在《常德日报》《社会组织报》等报刊上公告年检结果。

2000 年,全市参加年检的社会团体 303 个,年检合格的 285 个,年检不合格要求整改的 11 个,撤(注)销 7 个;2001 年,全市参加年检 395 个,合格的 341 个,不合格的 37 个,撤(注)销 17 个;2002 年,全市年检 359 个,合格的 344 个,不合格的 4 个,撤(注)销 11 个;2003 年,全市年检 412 个,合格的 368 个,不合格的 32 个,撤(注)销 12 个;2004 年,全市年检 468 个,合格的 443 个,不合格的 14 个,撤(注)销 11 个;2005 年,全市年检 583 个,合格的 583 个,不合格的 27 个,撤(注)销 22 个;2006 年,全市年检 671 个合格的 612 个,不合格的 44 个,撤(注)销 15 个;2007 年,全市年检 767 个,合格的 647 个,不合格的 97 个,撤(注)销 23

个；2008 年，全市年检 845 个，合格的 675 个，不合格的 148 个，撤（注）销 22 个；2009 年，全市年检 900 个，合格的 699 个，不合格的 184 个，撤（注）销 17 个；2010 年，全市年检 965 个，合格的 725 个，不合格的 203 个，撤（注）销 37 个；2011 年，全市年检 1020 个，合格的 710 个。不合格的 256 个，撤（注）销 54 个；2012 年，全市年检 1046 个，合格的 665 个，不合格的 220 个，撤（注）销 161 个；2013 年，全市年检 918 个，合格的 725 个，不合格的 116 个，撤（注）销 77 个。

1990—2013 年，常德市民政局充分调动各业务主管部门的积极性，强化各级各类社会团体的监督管理。

1990 年，根据国务院颁布的《社会团体登记管理条例》，常德市民政局制定了一些相应的监督管理制度，并加强社团法规宣传，引导社会参与社团管理，使政府管理社团逐步转变为政府管理与社会管理相结合。是年，常德市民政局召开全市团体登记工作会议，并在常德市及各县（市、区）电视台、广播电台开展《社会团体登记管理条例》宣传周活动，各县（市、区）组织宣传车深入乡镇进行宣传。

1991 年 5 月，常德市民政局、中共常德市委宣传部联合下发《关于全市性社会科学、文化艺术类社会团体业务主管部门的职责分工及委托管理的通知》（常民社团〔1991〕01 号），明确规定，社会科学类学术性社会团体及历史、文化名人名著的研究性社会团体，委托市社科联作为其业务主管部门。大专院校和中等专业学校内的社会团体的业务主管部门是市教委；文化艺术方面和文学创作方面的社会团体，委托市文联作为业务主管部门，文化市场、群众文化、少年儿童文化、艺术事业、电影、文物、图书（博物）馆及对外文化活动等方面的社会团体的业务主管部门是市文化局。是年，常德市民政局先后下发《常德市社会团体协调管理制度》《常德市社会团体财务管理制度》等 6 个规章制度到各社会团体，并组织召开各社会团体秘书长会议，学习各项制度，交流工作经验，开展技术服务、信息咨询、理论研讨等活动，发挥社会团体在经济建设中作用。

1993 年 2 月，常德市民政局、常德市体育运动委员会联合下发《关于全市性体育运动类社会团体委托管理的通知》（常民社团〔1993〕第 2 号），委托市体育总会作为全市性体育运动类社会团体的业务主管部门，负责对其进行业务指导和日常管理。是年，建立完善社团管理制度，建立健全社团档案 326 个。1994 年 4 月 28 日，常德市民政局召开全市性先进社团座谈会，40 个社团负责人参加会议，讨论研究制定培训发展社会团体的扶持措施，并形成《纪要》下发各县（市、区）各社团组织。是年，举行庆祝《社团登记管理条例》颁布五周年活动，全市召开各种座谈会 19 次，参加会议的社团负责人 200 多人，并配合公安有关部门，查处非法社团，增强人民结社的法律意识。1995 年，举办全市社团秘书长（专干）培训班，100 多个社团派人参加学习，由市民政局、市物价局、市工商局、市税务局、市公安局等部门派员进行专题讲课。

1995 年以后，常德市民政局加强对社会团体的监督检查工作力度，及时转发民政部、省民政厅制定的相关文件,及时帮助社会组织定购《社会组织法规政策汇编》。同时,下发《关于优化经济环境,规范社会团体收取会费的通知》《社会组织内部组织建设暂行规定》《关于建立完善社会组织重大活动报告制度的通知》《关于社会团体收取会费有关问题的函》(常民管〔2002〕1号)、《关于报道社会团体活动须登记管理机关核实的函》(常民管函〔2003〕1号)、《关于对社会团体收取会费实行备案制的通知》(常民管〔2003〕4号)、《关于贯彻落实民政厅湘民发〔2004〕32号文件精神的通知》(常民管〔2004〕5号)、《关于培育发展农村专业经济协会的通知》(常民管〔2004〕2号)、《关于进一步规范社会团体培训考察活动的通知》(常民管〔2005〕4号)、《关于贯彻落实省民政厅行业协会管理办法的通知》(常民管〔2006〕2号)、《关于落实〈湖南省行业协会管理办法〉有关部门的通知》(常民管〔2006〕5号)、《社会团体登记业务规则》《常德市社会组织财务管理办法》《常德市社会团体"小金库"专项治理实施办法有关部门的通知》等一系列文件。每年结合年度检查,监督法规和政策落实情况。

1999年,举办常德市社会团体秘书长(会长)培训班,宣传新修订的《社团体登记管理条例》,学习湖南省社会团体登记管理的有关政策法规。2010年6月,常德市民间组织管理局在常德职业技术学院,举办2期全市性社会团体负责人和专职人员培训班,150家社会团体参加培训,培训中聘请公共管理博士生导师、教授和省民管局领导,讲解社团发展趋势、社团法律知识、社团日常管理、现场解答学员中的热点、难点问题,受到学员的一致好评。

1992—2007年,常德市民政局坚持每年上门与业务主管单位联系和召开一次联席会议,通报社会组织工作情况。

1999年3月,中共常德市委、常德市人民政府召开全市民间组织管理工作会议。明确了全市民间组织管理工作的基本方针、主要任务和管理体制。2000年4月,常德市委常委会议专题听取民间组织管理工作的情况汇报。是年7月,成立常德市民间组织管理工作领导小组,明确一名市委副书记任组长、副市长任副组长,民政、统战、公安、卫生、人事、教育、劳动和社会保障、财政、体育、工商、科协、文联、社科联等部门负责人为成员,市民政局一名局领导兼任办公室主任。

2008—2013年,常德市社会组织管理工作协调领导小组认真履行其职责,以确保社会团体监管到位发挥了重要作用。全市各地进一步规范社会团体登记管理操作程序,主动与业务主管部门加强联系,宣传法规政策,交流所属社会团体情况。同时,不断改进年检方式,按业务主管单位的安排上门年检,既保证了工作质量,又加强了密切合作,形成了齐抓共管的机制。

常德市社会团体分布情况

（2013年）

表 11-2-1　　单位：个

<table>
<tr><th rowspan="2">项目
数量
单位</th><th rowspan="2">合计</th><th colspan="2">经济类</th><th>科学研究</th><th colspan="5">社会事业类</th><th>慈善类</th><th colspan="5">综合类</th></tr>
<tr><th>工商服务业</th><th>农业及农村发展</th><th>科学研究</th><th>教育</th><th>卫生</th><th>文化</th><th>体育</th><th>生态环境</th><th>社会服务</th><th>法律</th><th>宗教</th><th>职业及从业者组织</th><th>国际及涉外组织</th><th>其他</th></tr>
<tr><td>武陵区</td><td>61</td><td>2</td><td>12</td><td>1</td><td colspan="5">37</td><td>4</td><td colspan="5">5</td></tr>
<tr><td>鼎城区</td><td>110</td><td>14</td><td>39</td><td>1</td><td colspan="5">0</td><td>2</td><td colspan="5">54</td></tr>
<tr><td>桃源县</td><td>95</td><td>7</td><td>11</td><td>9</td><td colspan="5">44</td><td>5</td><td colspan="5">19</td></tr>
<tr><td>澧县</td><td>51</td><td>4</td><td>6</td><td>4</td><td colspan="5">23</td><td>1</td><td colspan="5">13</td></tr>
<tr><td>石门县</td><td>112</td><td>44</td><td>14</td><td>1</td><td colspan="5">43</td><td>3</td><td colspan="5">7</td></tr>
<tr><td>安乡县</td><td>55</td><td>17</td><td>12</td><td>5</td><td colspan="5">16</td><td>2</td><td colspan="5">3</td></tr>
<tr><td>汉寿县</td><td>120</td><td>31</td><td>7</td><td>8</td><td colspan="5">68</td><td>1</td><td colspan="5">5</td></tr>
<tr><td>临澧县</td><td>83</td><td>14</td><td>17</td><td>20</td><td colspan="5">14</td><td>6</td><td colspan="5">12</td></tr>
<tr><td>津市市</td><td>51</td><td>15</td><td>3</td><td>3</td><td colspan="5">18</td><td>3</td><td colspan="5">9</td></tr>
<tr><td>合计</td><td>738</td><td>148</td><td>121</td><td>52</td><td colspan="5">263</td><td>27</td><td colspan="5">127</td></tr>
<tr><td>市属</td><td>305</td><td>55</td><td>12</td><td>29</td><td colspan="5">97</td><td>23</td><td colspan="5">98</td></tr>
<tr><td>总计</td><td>1043</td><td>203</td><td>133</td><td>81</td><td colspan="5">360</td><td>50</td><td colspan="5">225</td></tr>
</table>

第三节 民办非企业单位管理

民办非企业单位管理，是指政府对企业事业单位、社会团体和其他社会力量以及公民个人利用非国有资产举办的从事非营利性社会服务活动的社会组织进行行政管理的工作。

一、恢复登记

1998 年 10 月 25 日，国务院发布《民办非企业单位登记管理暂行条例》，确定县级以上民政部门登记管理民办非企业单位的职能，从而促进了民办非企业单位健康有序发展。

1999 年，常德市民政局根据湖南省委、省政府关于对从事民间组织和民办非企业单位恢复登记的工作人员未经培训不准上岗的要求，派出业务主管单位负责人和工作人员 25 名，参加省民政厅举办的民办非企业单位恢复登记培训班。2000 年 4 月，常德市民政局举办全市民办非企业单位恢复登记培训班，各县(市、区)民间组织管理工作人员和市直民间组织相关主管单位负责人共 80 余人参加，并印发了省民政厅编印的《民办非企业单位登记管理指南》一书和《民办非企业单位登记须知》，公开登记政策，规范登记程序、内容，为确保登记工作的顺利开展奠定了坚实的基础。

2001 年，常德市民政局组织各县(区、市)民政局分管局长、股长 26 人，参加省民政厅举办的全省民间组织管理人员培训。2002 年 4 月，常德市政府办下发《关于开展民办非企业单位恢复登记工作的通知》。是年 4 月，常德市民政局发出《关于对民办非企业单位进行复查登记工作的通知》(常民〔2002〕22 号)，进一步明确复查登记的范围，即，教育事业、文化事业、科技事业、体育事业、劳动事业、民政事业、社会中介服务、卫生事业及其他；复查登记程序，即，申请人申请—业务主管单位初审—登记管理机关预审并领取表格—业务主管单位同意发文—登记管理机关审查作出决定—质量技术监督部门（预代码)—登记管理机关发文、颁发证书—申请人办理代码登记开户、刻制印章—登记管理机关发布公告。复查登记时间，从 4 月 5 日至 6 月 30 日。

2001 年 4 月 6 日，常德市民政局召开有各县(市、区)民政局分管负责和工作人员，市级业务主管单位负责人共 40 余人参加的全市民办非企业单位恢复登记工作会议，会议明确了民办非企业单位恢复登记工作任务。会议强调，民政部门和业务主管单位要坚持从严把关的原则，严格遵守登记范围，注重质量，条件成熟一个审批一个，决不片面追求数量。会后，各县(市、区)人民政府成立工作小组，并及时开展了民办非企业单位恢复登记工作。有的县还利用电视台和广播电台进行了广泛深入的专题宣传。全市形成了统一领导，分工明确，责任落实，齐抓共管的可喜局面。截至12月31日，全市共登记民办非企业单位89个，其中市级登记16个，县级登记73个。

2002年，常德市民政局、市劳动和社会保障局下发《关于社会力量举办职责教育培训机构进行民办非企业单位登记管理的通知》（常民〔2002〕60号），明确登记的对象和范围，申请登记提交的文件和材料和登记程序。

至2013年年底，全市共有民办非企业单位836个，注册资金1.61亿元，从业人员1.0414万人。其中市属单位200个，县（市、区）属单位636个。

二、年检监管

2001年4月至2002年6月，历时一年零二个月，全市基本完成复查登记工作任务。此后，常德市、县（区、市）民政局，认真履行对民办非企业单位的年度检查和监督管理职能，做了大量具体细致的工作。

2002年起，常德市、县（区、市）民政局坚持按时对民办非企业单位实行年度检查。每年的年度检查都确定一个重点，先后检查了章程、重大事项报告制度、捐赠公示制度、财务管理制度。每年定期与业务主管单位沟通协调，交流通报工作情况，有的放矢地进行监督管理。

2003年，常德市民政局根据省民政厅下发的《关于民政类民办非企业单位登记管理的通知》的要求，规范市、县（区、市）民政部门作为主管单位的民办非企业单位的登记程序、材料。2010年，常德市民政局下发《关于开展2009年度社会组织年度检查工作的通知》（常民〔2010〕21号），明确了年检范围、时间和主要内容，并改进年检方式，采取分部门、分行业上门集中年检的方法，受到民办非企业单位的一致好评。

2009年，全市参加年检的民办非企业单位402个，年检合格的224个，年检不合格的要求整改的133个，撤（注）销的15个；2010年，全市参加年检的469个，合格的249个，不合格的204个，撤（注）销的16个；2011年，全市参加年检的495个，合格的281个，不合格的199个，撤（注）销的15个；2012年，全市参加年检的392个，合格的305个，不合格的69个，撤（注）销的18个；2013年，全市参加年检的642个，合格的563个，不合格的43个，撤（注）销的36个。

2005年，根据省民政厅《关于开展民办非企业单位自律和诚信建设活动的通知》，组织全市各级民办非企业单位自律诚信建设培训班。市、县级民间组织单位负责人和民办非企业单位100余人参加，并召开全市新闻单位记者参加的民办非企业单位自律和诚信建设活动新闻发布会，及时推介了民办非企业单位的典型经验和做法。

2006年，常德市民政局转发省民政厅《关于进一步深入开展民办非企业单位自律与诚信建设的活动》的通知，要求各级民政部门提高对民办非企业单位开展诚信与自律建设活动的认识，加大宣传工作力度，严格打击非法民办非企业单位和查处民办非企业单位违法行为;各民办非企业单位按照省、市民政部门的要求,大力加强内部制度建设,完善信息公开和服务承诺制度,积极开展“提供优质服务,真情回报社会,建设和谐常德”为主题的公益活动,有效地促进了民办非企业单位的自身建设,提升了自身形象。2008 年,市民政局下发《关于深入开展民办非企业单位信息公开和承诺服务活动工作的通知》, 要求各民间组织管理单位,加强检查指导,不断提高民办非企业单位的自身素质。

2008 年 10 月 22 日,常德市民政局下发《关于深入开展民办非企业单位信息公开和承诺服务活动工作的通知》,要求民办非企业单位加强信息公开,完善公开承诺服务制度。2009 年 11 月 20 日,常德市民政局、市财政局、市监察局、市地税局联合制定《常德市社会团体财务管理(暂行)方法》,要求民办非企业单位完善内部财务管理,建立健全各项财务制度。2010 年 1 月 6 日,常德市民政局下发《关于建立完善社会组织重大活动报告制度的通知》。这一系列管理制度的建立和健全,对确保全市民办非企业单位的健康发展起到了推动作用。

2010 年 9 月,常德市民政局、市民间组织管理局先后举办二期市级民办非企业单位负责人培训班,参加培训的民办非企业单位负责人 210 名。培训期间,湖南文理学院教授、常德职业技术学院讲师、市民间组织管理局负责人讲授民办非企业单位发展趋势,日常管理、财务管理,介绍民办非企业管理工作经验,解答学员热点和难点问题,受到学员的一致好评。

常德市民办非企业单位分布情况

（2013 年）

表 11-3-1　　　　单位：个

项目/数量/单位	小计		科研		教育（民办学校）		文化		卫生		体育		其他	
	单位数量	从业人员	单位数量	从业人员	单位数量	从业人员	单位数量	从业人员	单位数量	从业人员	单位数量	从业人员	单位数量	从业人员
武陵区	243	2461	3	132	152	1950	—	—	58	176	1	7	29	196
鼎城区	53	529	1	9	43	420	3	31	3	54	—	—	3	15
桃源县	35	868	3	18	24	645	1	3	4	165	—	—	3	37
澧　县	103	1255	4	17	90	1102	—	—	2	68	1	1	6	67
石门县	105	1129	1	6	88	967	3	27	6	85	1	12	6	32
安乡县	14	153	1	10	6	55	5	44	1	34	1	10	—	—
汉寿县	43	837	1	7	26	416	1	16	11	334	1	6	3	58
临澧县	20	318	—	—	15	270	—	—	1	19	2	6	2	23
津市市	20	354	—	—	8	125	—	—	1	11	2	13	9	205
合　计	636	7904	14	199	452	5950	13	121	87	946	9	55	61	633
市　属	200	2510	28	165	93	1260	9	32	22	110	9	83	39	860
总　计	836	10414	42	364	545	7210	22	153	109	1056	18	138	100	1493

第四节 社会组织党建工作

社会组织党建工作是创新社会管理的重要内容。常德市社会组织党建工作始于20世纪90年代后期，发展于21世纪初期。至2013年年底，全市社会组织中建立党组织的有340个，其中，社会团体中的党组织251个、民办非企业单位中的党组织89个。共有在社会组织中的专职或兼职的中共党员4371人。其中，社会团体中的中共党员3141人；民办非企业单位中的中共党员1230人。

2010—2013年，常德市、县(区、市)党委以深入学习实践科学发展观为主题，坚持为民服务，创先争优，改革创新，务求实效，统筹推进社会组织中党的建设，充分发挥社会组织党组织的战斗堡垒作用和共产党员的模范带头作用，以期达到“推动科学发展、促进社会和谐、服务人民群众、加强基层组织”的目标。

2010年5月29日，常德市民政局下发《关于在全市社会组织党组织和党员中深入开展创先争优活动的实施方案》(常民函〔2010〕30号)，“实施方案”详细阐述了活动的总体要求，客观界定了活动的主要内容，科学指出了活动的有效载体，明确提出了活动的推进方式，具体规定了活动的组织领导问题。

是年6月18日，常德市民政局印发《在全市社会组织党组织和党员中实行公开承诺的实施方案》，这个“方案”，就公开承诺时间、公开承诺对象和形式，公开承诺主要内容以及进行的方法步骤要求作出了明确规定，“方案”要求各区、县(市)社会组织创先争优活动指导小组在认真学习领会常民函〔2010〕30号文件精神基础上，结合实际贯彻落实。6月20日，常德市民政局制定《领导成员联系点工作方案》，决定熊国建联系湖南同德职业学院；李巨开联系常德德星医院；李云峰联系常德市温州商会，并要求高度重视，加强引导；结合实际，明确责任；统筹兼顾，力求实效。

2010年5月18日，由常德市民政局主管、市社会组织联合会主办，一张4版4开的具有社会影响力的《常德社会组织》报创刊(报刊准印证号为C029)，随即在该报开辟创先争优宣传专栏。同时，先后在《中国社会报》《常德日报》《常德电视台》和中国社会组织网、湖南民间组织网、常德新闻网等媒体(网站)进行宣传报道。市律师协会党委及所属各律所党支部，利用现代信息化管理的优势，将全市律师行业创先争优各类文件资料、工作动态等在常德律师网上开辟专栏，及时进行发布，向社会公众进行宣传，接受社会各界的监督。朗州科技学校、常德鸿志中等职业学校等单位，为确保创先争优活动见实效、出亮点，采用多种形式和方法，如利用广播电视、宣传橱窗等展示党建工作活动、先进榜典型事迹等，取得了较好效果。常德市温州商会在创先争优活动中，通过组织的力量，将活动延伸到整个商会。以“政治引导优、服务会员优、商会自律优、经济建设优、促进和谐优”的“五优”标准，把创争活动逐步引向了深入。常德市社会组织创先争优活动指导小组先后召开3次会议，向各县(市、区)社会组织创先争优活动指导小组办公室、市本级社会组织基层党组织下发开展创先争优活动工作方案；同时，通过市民政局网站、《常德社会组织报》等媒体进行宣传，接受社会各界监督；施行督导机制，市社会组织指导小组成员，先后10多次到联系点检查督导、开展点评与回访复查，深入130多家民办非企业单位、社会团体等社会组织检查督导和调研。2010年7月1日，中共常德市温州商会党支部被评为全市先进基层党组织。

2010年8月25日，在全市社会组织创先争优工作推进会上，邀请市委创争办、市教育局、市工商联等单位分管领导参加会议，就下一步如何积极推进创先争优活动、做好领导点评工作进行了安排部署。9月27日，省委在省电信局召开全省社会组织创先争优活动推进会视频会议。在视频会议上，常德市民政局副局长、市民间组织管理局局长李巨开作题为“抓好创先争优活动　促进社会事业发展”的典型发言，受到广泛好评。是年10月中旬，常德市社会组织创争办积极协调，精心安排，周密计划，先后对16家社会组织党组织和党员进行了创先争优活动问卷调查，进一步了解了市级社会组织创先争优活动的基本情况，掌握了基层单位党政负责人、党员、群众对开展创先争优活动的意见与建议，为社会组织创争活动顺利开展打下了基础。同时，以年度创先争优活动工作要点为依据，紧密结合年度创先争优活动计划安排，开展领导点评与群众评议工作。常德市社会组织创争领导小组成员对湖南同德职业学院、常德市温州商会、常德德星医院等进行的领导点评以及社会组织的基层党组织开展的群众评议工作，主要由上一级党组织组织党员、群众逐个进行评议社会组织党组织开展创先争优活动情况；对党员参加活动情况，由基层党组织组织党员互评和群众评议，并建立了专项的活动台账，为评先评优顺利开展创造了条件。

湖南同德职业学院党委将创争活动与学校党建工作、队伍建设等相结合，自2010年5月开展创先争优活动以来，先后组织开展了3批入党积极分子培训，共组织发展了预备党员270名，受到上级组织和领导的好评。该院还采取“党员自我总结、支部大会交流、群众参与评议”的方式，对评选出的3个先进党支部和28名优秀共产党员给予通报表彰，提高了学院教职员工“学先进，比成绩，争贡献”的工作积极性，使创先争优活动成为一种自觉行动。

2011年3月17日，常德市民政局发出《2011年市社会组织创先争优活动工作要点》，就年度创先争优活动的总体要求、主要任务以及四个季度的具体活动安排作了部署。是年7月18日，市社会组织创先争优活动指导小组办公室提出了“常德市社会组织2011年7月~2012年7月创先争优活动工作计划”，强调各社会组织要认真开展公开承诺“回头看”；抓好领导点评与群众评议；加强基层党组织和党员队伍建设；加强党风廉政建设；积极开展为社会服务的活动。为营造创造争优的深厚氛围，各地普遍采取了三种宣传形式，即:利用媒体、平台大力宣传。采取短信、电话、传真、报刊、网络和文件发放等形式和方法，发送短信150多条、制作标语138条(幅)、下发文件170余份。利用会议、培训积极宣传。常德市民间组织管理局先后组织 2 次通讯员培训,5 次业务工作培训和创先争优工作推进会,对如何开展创先争优活动作出安排布置,对如何开展公开承诺和领导点评提出了具体要求。针对不同组织、群众反复宣传。根据社会组织的分散性、流动性和工作阶段性等特点,市民政局、市民间组织管理局采取调研指导、检查督促等方式,先后 130 多人次、对 120 多家社会组织进行走访,反复开展宣传,营造浓厚氛围。

2011 年 5—6 月,根据中共常德市委、市人民政府《关于全面创新社会管理的意见》(常发〔2011〕3 号)精神,由市委研究室牵头,市委政法委、市财政局、市民政局等部门,采取"走出去,请进来"的方法对全市社会组织进行了广泛深入地调研,其内容包括社会组织培育、扶持、发展与管理,社会组织党建等。此次调研共走访 10 个区县、市的部分街道社区以及社会组织 80 多家,召开座谈会 150 多次,走访各类人员 320 多名。据调查,全市社会组织党建工作呈现三个特点,即:党建工作起步晚,党组织覆盖率低。全市社会组织中党的基层组织建设,始于 20 世纪 90 年代末,至 2012 年 6 月,全市社会组织 1700 个,其中,社会团体 1140 个,民办非企业单位 560 个,而建立党组织的仅 108 个,只占全市社会组织总数的 6.35%。同时,党员数量不多,党员分布不集中。全市社会组织中,专(兼)职社会组织成员中的共产党员共 2800 多人,仅占全部成员的 10.28%,且分布分散,多数社会组织仅有党员 1–2 名,部分社会组织没有党员,时全市社会组织符合建立党组织条件还未建的有 170 多个。此外,党建管理体制不顺,组织活动松散。市、县(区、市)民政局登记管理的社会团体中的协会、商会、学会和民办非企业单位的民办教育类、医疗卫生类、劳动培训类等业务主管单位,对所管辖的社会组织党建工作的责任主体不明确, 还有部分行业协会和专业技术协会的党组织管理责任也不够明确。

2011 年 7 月,市民间组织管理局副局长李云峰带队,组织各区、县(市)分管领导赴青海、甘肃、四川三省(区),实地学习考察该地政府职能转移和购买服务以及社会组织党的建设等方面的做法和经验,回来后,向局党组作了专门汇报,局党组专题研究社会组织党建工作,会议形成了三个方面共识,即:加强党建工作领导。各级党组织要把社会组织党建工作纳入本地区经济社会发展规划中,纳入党的建设总体部署,同规划、同检查、同考核,作为领导班子和领导干部选拔任用和奖励惩戒的依据。社会组织登记机关在履行社会组织登记、管理、年检、评估和执法中,督促社会组织按规定成立党组织并开展活动。创新党建管理体制。根据常德市的实际,建立"党委统一领导、组织部门牵头抓总、民政部门负责落实、业务主管单位协同配合"的党建工作管理体制。建立业务主管单位管理模式、党工委管理模式和社区管理模式。建立党建活动机制。社会组织的党建活动,贯彻"参与、服务、渗透、凝聚"的指导思想,坚持"业余、小型、灵活、分散、实效"的工作原则,以创新业务研讨、个别谈心、学习培训、网络教育、创先争优、争先创优等形式开展党建活动。

2011 年,常德市社会组织党工委根据常德市党的基层组织党务公开工作"实施方案"和市党务公开的工作部署,开展社会组织党务公开工作。

是年5月27日,常德市民政局召开全市社会组织党务公开工作会议,具体安排部署全市社会组织党组织党务公开工作事宜。同时,通过市民政局与民间组织管理局的网站、《常德社会组织》报等媒体,发布宣传全市社会组织党务公开资料和主要工作动态。利用短信、电话、传真、网络等形式,宣传社会组织基层党组织党务公开内容。利用会议培训,认真宣传党务公开的原则、内容和要求,明确开展党务公开工作的意义,及时宣传党务公开中的先进典型。常德汇文中学党支部、湖南同德职业学院党委、常德朗州科技职业学校党支部,利用现代信息化和网络技术,开辟专栏,及时发布和公开各类党务文件资料、工作动态;采取广播电视、宣传橱窗等展示党务公开工作,接受社会各界的监督的做法为全市党务公开创造了宝贵经验。全市社会组织基层党组织的党务公开工作主要包括党务公开栏、公开党的组织建设、党的思想建设、班子建设、廉政建设、党群关系、党支部决策及执行情况等内容,使党务公开工作落到实处。至2011年年底,市本级社会组织基层党组织有38个(党委3个)。其中,民办非企业单位有28个(党委1个)、社会团体有10个(党委2个);民办教育系统党组织22个、工商联系统6个、民办劳动培训机构、民办卫生系统等共10个。常德市社会组织党工委先后对常德计算机学校、常德国贸学校、常德电子工业技术学校、常德市个私协党委、常德力源医学检测中心等社会组织党组织党务公开情况进行了督查。

2011年7月1日,常德市社会组织创先争优活动指导小组认真组织开展唱红歌比赛和评选表彰等一系列活动,受到上级表彰和群众的好评。全市共有350家社会组织、2200名共产党员,分别参加了本系统及市委、市政府组织的"唱红色歌曲、做红军传人"的歌咏比赛活动;以"重温入党誓词、为民服务做好事"为内容的主题活动;"颂党恩、听党话、跟党走"的演讲比赛活动以及开展先进党组织、优秀共产党员和党务工作的推荐评选活动等。在建党90周年之际,全市社会组织中有1个先进基层党组织组织、2名优秀共产党员、1名优秀党务工作者受到湖南省社会组织党工委表彰。

2012年4月18—21日,常德市民政局组织市直及武陵区、鼎城区的社会组织党组织书记120人,在市委党校举办基层党组织书记培训班。市委党校著名教授、市委讲师团、市民政局和市工商联负责人,分别就"党建工作""认真学习六中全会精神 推动文化大发展大繁荣""紧紧围绕十二五主题主线,推动常德科学发展""努力加强基层软管理"等作专题辅导。学员们一致认为这是一次难得的机会,更是一种愉悦的精神享受!是年5月28日,根据中共常德市委组织部《关于举办2012年度市直直管企事业单位入党积极分子培训班的通知》(常基办通〔2012〕1号),常德市社会组织党工委组织社会组织中15名入党积极分子,在市芷园宾馆学习培训。

是年,根据省社党工办、省委创争办《关于转发中共湖南省委基层党建工作领导小组办公室〈关于做好基层组织建设年有关工作的通知〉的通知》(湘基办发〔2012〕1号)精神,常德市社会组织党工委研究决定,由党工委成员单位和各相关业务主管单位选派"党建工作指导员"和"科学发展指导员"共计130人。市民政局选派12个科室负责人作为"党建工作指导员”,对市民政局系统登记管理的12个有党员,但不符合建党条件的社会组织进行党建工作指导,以使这些社会组织尽快建立党的基层组织。

2012年6月13日,常德市民政局党组成员、副局长、市民间组织管理局副局长、市社会组织党工委副书记邓保平,深入鼎城区石板滩镇市农村种养协会花木分会,考察调研社会组织培育扶持与基层党建工作等情况。在石板滩镇社会管理中心负责人及花木协会、柑橘协会会长、党支部书记等人的陪同下,参观走访该镇麻栗岗村办公点及花木协会党支部所在地,认真听取该镇分管领导关于培育扶持社会组织工作和花木协会负责人加强党建工作的情况汇报。邓保平对镇党委、政府关注农村社会组织的发展,积极扶持所做的很多很好的事情,给予了充分肯定。同时强调,全市社会组织党的建设工作正处于探索阶段,尤其农村社会组织的发展还比较薄弱,希望通过乡镇党委加强领导,大力培植和发展乡镇社会组织,加大社会组织的党建工作力度,力争做到党建工作全覆盖,促进地方社会经济的和谐发展。

2013年,全市社会组织新成立党组织51个。常德市、县(区、市)党委拟制出台了社会组织基层党组织相关制度和规定;对全市社会组织中涌现出的33个先进基层党组织、45名优秀共产党员和28名优秀党务工作者进行了表彰;敦促建立了社会组织党建工作示范点15个;常德市社会组织党建工作先后2次在全省相关工作会议上作了典型经验交流发言。

2013年3月2—5日,中共中央组织部二局副局长许鹏(前排左一)一行赴常德市调研常德社会组织党建工作

至2013年12月31日,全市社会组织中共建立党组织764个(含系统党委11个)。其中:单独组建的261个(含系统党委11个、基层党委4个、党总支2个、党支部244个)、联合组建的25个、挂靠组建的478个,实现了“应建尽建”的目标,全市社会组织党组织覆盖率达到41%。

附：

社会组织选介

全市社会组织如雨后春笋，层出不穷。各社会组织以“章程”规范行为，稳步发展，成效显著。

常德市温州商会

常德市温州商会，2002年7月20日成立，是在常温州籍人士共同组织的具有法人资格的非营利性民间社会团体，有会员200余名。2005年4月18日，温州商会在澧县和津市成立澧津分会。2008年8月29日，成立常德市温州商会党支部。

商会始终把努力为经济建设服务作为首要任务，积极为常德经济发展牵线搭桥，促成大批温州商家到常投资兴业。据不完全统计，温州籍人士在常德的投资总额已超过100亿元，涉及工业、房地产、矿产开发、化工、商业流通、服务业、加工业等十多个领域，形成了以商业、房地产和工业为主的三大板块。商会把为会员服务作为立会之本，先后为会员及温州籍人士解决各类纠纷、维护合法权益800余件，挽回经济损失500多万元。此外，广泛开展融资服务、培训服务、信息服务和亲情服务，使广大会员把商会当作亲情之家、信赖之家。商会注重引导会员常怀感恩之心和慈善之心，积极参加扶贫帮困等光彩事业活动，共组织各种爱心公益活动60余次，累计向社会捐款捐物达500多万元。

常德市温州商会成立以来，有12名骨干分别当选为市县(区)人大代表、政协委员，其中有2名担任市政协常委，1名担任市人大代表，3名担任市政协委员。会长王国云分别担任市政协常委、市总商会副会长、市工商联副主席、武陵区人大代表，先后被评为常德市优秀中国特色社会主义事业建设者和常德市十佳政协委员。商会有6名骨干连续9年分别被聘请担任市优化经济发展环境监督员，2名被聘请担任建设满意政府监督员。商会每年都被市工商联评为先进单位。商会党支部先后被评为全省“两新”组织深入学习实践科学发展观活动先进单位、全省非公先进基层党组织和全市先进基层党组织。

湖南同德职业学院

湖南同德职业学院，创办于1994年。2004年，经省人民政府批准、教育部备案，成为常德市第一所民办的全日制普通高校。

学院建筑面积25万平方米，共有教职员工500人。学院设有计算机、艺术设计、技术工程、社会科学、经济管理、外国语、生物工程7个教学系和继续教育部、培训部，开办30个专业(方向),有来自26个省、市、自治区15个民族在院学生8000人,3100多台电脑及其他实训操作设备,图书和电子刊物30多万册,功能齐全的实训室48个,实习基地30多个。办学以来,培养、培训了大、中专毕业生2.8万人,培训各类技术人员3.2万人,学生就业率达96%以上。2011年,学院投资6000万元,进行升本重点工程硬件建设,修建了教学楼、学生公寓10栋,实训工厂、田径场和跑道等十大建筑。2012年,再投入9000万元进行新的十大工程建设,落实市政府升本重点工程建设项目。

学院秉承"修业进德,笃信砺志"的校训,深化"培养模范国民"理念,注重教学改革,实施弹性学分制,按"定单式"培养,采取"任务驱动式""案例式""讨论式"等教学方法,对准市场设专业,对准岗位设课程,对准实践抓教育,对准就业育人才,坚持科学发展,稳步提高质量,强化动手操作能力,为社会培养了一大批优秀人才。先后被授予"全国温暖工程先进单位"、"湖南省职业教育先进单位""潇湘明珠"。

武陵区老年诗书画影协会

武陵区老年诗书画影协会,成立于2003年。下设区教育局和城西街道两个直属分会以及诗词、书法、美术、摄影4个专业分会,共有会员196人。协会坚持社会主义文艺"双百"方针,以"五贴五进"为办会宗旨,即贴近民众、贴近生活、贴近实际、贴近形势、贴近中心,进机关、进社区、进学校、进农村、进企业。在会长任承忠的带领下,协会理事会、常务理事会团结广大会员,积极开展以老年人为主体的群众性文化艺术活动,做出了积极的贡献。

2003—2015年,先后举办12次专题展览,即:2004年,配合第二届中国常德诗人节和全国人大成立50周年、全国政协成立55周年之际,举办了会员优秀作品展;2005年,为纪念抗日战争胜利60周年、红军长征胜利70周年,举办了诗书画影《国魂》专题展览;2006年,为庆祝中国共产党建党85周年和中共武陵区第十次党代会的胜利召开,举办了《党魂》展,市、区领导观看了展览,并题词留念;2007年,为纪念中国人民解放军建军80周年,举办了《军魂》展。原广州军区政治部副主任、武陵区老年诗书画影协会名誉会长姚成友少将以及于永波上将、唐天标上将、文国庆中将、罗景中少将、盛和泰少将、唐新秋少将等都给《军魂》展泼墨作画。2008年,举办了以"迎奥运"为主题的诗书画影优秀作品展;2009年,为庆祝新中国成立60周年,举办了《民魂》展;2010年,举办了以歌颂家乡美、赞美新武陵为主题的《家国颂》展;2011年,"七一"前夕,为纪念建党九十周年,举办了《先锋颂》展;2012年,为迎接党的十八大胜利召开,举办了《龙腾颂》展;是年5月,联合武陵区计生委和计生协,共同举办了《国策颂》展;2015年,围绕区委、区政府"领跑新常德、建设新武陵"的目标,组织参加了《新武陵、新鼎城》联展。12次展览共展出诗、书、画、影优秀作品2000余幅(首),巡回在市城区共展出80余场次。

2003—2015年,协会共编辑出版会刊《武陵秋韵》13辑近2万册,刊登会员优秀作品

6400 余幅(首),其中:诗词作品 4500 余首,书法作品 600 余幅,美术作品 500 余幅,摄影作品 800 余幅。同时,联合武陵区教育局在城区中小学校办起 6 个青苗基地,开展“老少牵手活动”,并编辑出版了《老少同心颂中华》和《国策颂》。此外,协会共组织会员参加各类诗书画影优秀作品展,选送作品近万幅(首)。其中获国家级奖 100 余幅(首),获省级奖 200 余幅(首),获市级奖 400 余幅(首)。

协会通过开展一系列适合老年人特点的读书画影活动,较好地发挥了会员“老有所为、老有所乐”的作用,赢得了社会的认可。2008 年 11 月,省老年书画家协会经验交流会在常德市召开,省人大常委会原主任刘夫生参观后欣然题词:“夕阳人办朝阳事业好”,新闻媒体以多种形式进行了宣传报道。会长任承忠先后荣获“全省关心下一代工作先进个人”“全省学雷锋优秀志愿者”“全省党史联络先进个人”“全省老干书画家协会工作先进个人”等殊荣。

常德市鼎城区石板滩镇花木协会

石板滩镇花木协会成立于 2003 年 11 月,协会有会员 56 人,团体会员 3 家(常德百佳园林建设有限公司、湘北园林绿化公司、湖南五强园林工程公司),协会设常务理事 9 人、秘书长 1 人、理事长 1 人。2006 年 7 月,成立中共石板滩镇花木协会支部委员会,刘光祥任党支部书记。

2007 年 4 月,镇花木协会组织三家团体会员(专业园林公司)的工程技术人员 33 人,参加中国厦门第六届国际园林花卉博览会常德展园《沅澧农韵》的设计与施工,并获得由建设部、第六届国际园林花卉博览会颁发的“室外展园金奖”“设计奖”“施工奖”“园林建筑小品奖”“植物配置奖”“优秀组织奖”“先进集体奖”等七项奖牌、奖杯及相关的荣誉证书。协会理事长徐国权获得建设部颁发的“先进个人”荣誉证书;2008 年 9 月,刘光祥、徐国权、杨友平会员分别获得中央宣传部、中央文明办、全国绿化委员会、国家林业局颁发的“全国绿色小康户”称号。

截至 2013 年,协会共有花、木、草、卉品种 346 个,种植面积 1.6 万余亩,花木销售年产值超亿元。协会会员年平均纯收入达 3.15 万元以上,带动种花农户 1153 户,从业人员 5000 人以上,已建成湘西北最大的花卉苗木生产基地,被誉为“花木之乡”。协会所在地毛栗岗村先后获得“奔小康带头村”“全国环境绿化千佳村”“社会主义新农村建设示范村”“生态农业旅游村”“湖南省新农村建设十佳明星村”称号。

安乡县果蔬科技协会

安乡县果蔬科技协会成立于 2006 年 10 月,注册会员 1066 人,理事会单位成员 5 个,理事会成员 19 人。主营果蔬技术服务,引进新技术、新品种、技术培训,提供经济信息,帮助果蔬销售。

协会坚持“民办、民管、民受益”原则,走“协会＋基地＋农户(会员)”模式,在不断加强技物结合以及农业标准化生产、产业化发展方面取得了实实在在的成效。协会帮助农民组织代购优质肥料、农药和蔬菜种子以及名优柑橘、葡萄、草莓品种,对种植果蔬的会员和农户实行从培育到销售一体化指导,为种植农户节约了生产成本,增加了经济收入。协会引进和推广的高产优质果蔬新品种“黑皮冬瓜”“密本南瓜”获农业部无公害优质产品认证,来得富牌系列榨菜获国家绿色产品认证,黑皮冬瓜的引种与推广获常德市科技进步二等奖。协会有会员5800多户,会员带动农民种植果蔬面积每年在3.86万亩左右,总产量15.3万吨,其中优质水果1.95万吨,产值1.62亿元,创亩均纯收入4500元、人均1.2万元。

2008—2013年,协会先后被评为“先进专业技术协会”“湖南省先进农村专业技术协会”,中国科协、财政部“科普惠农兴村计划”项目先进单位。

汉寿县老年书画诗词研究会

汉寿县老年书画诗词研究会于1991年12月25日成立,全县下设26个书画诗词小组,共有研究会会员345人。

1992—2013年,研究会组织全体会员为挖掘汉寿传统文化,弘扬书画国粹,彰显诗词瑰宝,为夯实全县文化产业基础和三个文明建设作出了积极的探索和贡献。

通过召开理事组长和研究会元勋耄耋会员座谈会,促使大家为研究会的发展献计献策,提出建设性的宝贵意见。据此,研究会上下联动,在“研究”二字上下功夫、花力气、作文章,开展相关的讲座探讨和交流,收到了良好成效。

通过组织各组组长、理事前往桂林采风,使大家真正领略了“桂林山水甲天下”的真实含义,回来后大家踊跃献稿200余件,其动人的诗篇充分地赞美了祖国大好河山的真情实感。从2011年6月份开始,研究会与县卫生局联合编著《汉寿卫生新姿》诗、书、画、影、刻一书,全面反映了全县医疗改革的新局面、新气象、新形式,产生了良好的社会效益。尔后,又着手筹办会刊《辰阳艺苑》。两本书的顺利付梓,社会反响良好。为庆祝党的九十华诞和纪念辛亥革命胜利一百周年之际,发动会员激情泼墨,全县共收到书画作品一百多幅,并先后在县政府广场、太子庙、沧港镇等地集中展出。

澧县励志家园

澧县励志家园,由澧县知名企业金龙玉凤爱心基金资助,于2009年8月成立,位于澧阳镇文化街143号。

澧县励志家园,对全县孤儿、特困生实行集中供养和分散资助,园内集中供养孤儿和特困生55人，其中小学生20人，初中生25人，高中生10人。男生18人，女生37人。集中供养的条件为：父母双方一方去世，另一方丧失劳动能力或父母双方均丧失劳动能力；“两劳”人员子女。家园每年分散资助贫困学生200人以上。资助对象由各个乡镇中学申报，考察组调查确定对象，由金龙玉凤爱心基金对给予每个贫困生每年资助1200元。

励志家园坚持寓学校教育、校外教育、家庭教育为一体，熔道德品质教育、文化学习、特长训练、全面健康成长为一炉，教学生从小学会做人、学会求知、学会健体、学会生活、学会审美。家园经常组织开展各种活动。家园自开办以来，先后有共青团中央、湖南省彩票公益金、省市县财政部门、县民政局、县教育局、县地税局等单位和极地雪龙休闲广场、重阳建材等私营企业老板纷纷为励志家园捐资。澧县少年宫、剑桥英语学校为励志家园的学生免费提供各类特长和英语培训，澧县视力明为家园学生免费治疗近视眼，社会各界人士纷纷为孩子们捐衣捐物。各报纸、杂志、电视台等新闻媒体纷纷为励志家园宣传报道，《常德日报》《常德晚报》《民生报》《时代散文》等报刊先后报道了励志家园。澧县电视台先后拍摄了《这里就是我的家》和《澧州故事》专题片。2010年7月，湖南电视台拍摄了《爱星来了》的专题片，中央电视拍摄了《世园来了山里娃》的专题片，2011年8月，家园13名师生应联合国副秘书长沙祖康先生、中国爱心工作委员会执行主席龙宇翔先生的邀请，参加了西安“我和明星游世园”的活动。

临澧县汉蒙薯业协会

临澧县汉蒙薯业协会由严清华、严泽华、刘新春、严奉兵、李冬庭5位农民创建于2005年8月，是一家以特色红薯种植、加工、销售于一体的农村专业技术协会。协会位于临澧县文家乡丰登村，占地4859平方米，下设合作社、基地、加工厂和科普惠农服务站4个二级机构，2010年1月成立了协会党支部，基本形成了党领导下的“协会+合作社+基地+企业+农户”的发展模式。协会现有工作人员35人，会员320人，拥有200亩特色红薯育种基地和7500亩生产基地。2007年，被常德市科协评为“全市先进农村科普示范基地”。协会生产的“绿斋”牌红薯粉丝。被中国绿色食品发展中心认定为绿色食品A级产品，获得国家绿色食品标志，并荣获中国湖南(国际)农博会金奖。

2007—2009年，协会以科普惠农服务站为基础，以技术服务队为主力，以会员种植大户为依托，在全县6个重点红薯种植乡镇建立了技术服务点。定期收集反馈会员需求，派送技术资料和市场信息，形成了一个高效、稳定的科普工作平台。2009—2013年，共发放各类宣传资料3.6万余份。同时，组织各类技术培训44场次，开展技术讲座47场次，受益群众1.1万人次。

桃源县桃花源果树联合会

桃花源果联的前身是桃源县果树科技示范户联合会,于1996年11月20日诞生。2001年10月26日,桃源县果树科技示范户联合会更名为桃源县桃花源果树联合会,是一个普及果树技术和富硒农产品生产技术的群众性科普组织,由从事果树生产的科技示范大户、果树科技工作者和从事富硒农产品生产、研究、开发的带头人组成。

1996年,协会成立时有会员33人。到2012年发展到588人,分布在5个省市、24个县市,其中外省市会员16人、县外会员31人,农民会员416人。

果联现拥有一个富硒增甜素试验工厂,一个桃源县富硒产品研究所,一个桃源县果树技术研究所,一个《桃花源园艺与硒产业》会刊编辑室。果联与桃源县农业局、科技局、科协联合建立了7个果树新品种示范园,即山下红蜜橘示范园、纽荷尔脐橙示范园、无核椪柑示范园、精品果示范园、南丰蜜橘示范园、玫瑰香柑示范园、金山早红油桃示范园;设有二个基地,即茨树垭科普示范基地、桃良种示范基地。桃花源果联建立了5个富硒农产品试验示范基地,即桃花源果联中华名果富硒山下红示范园、桃源县九溪富硒蜜柚示范基地、桃花源果联"日罐2号"柑橘试验示范基地、桃花源果联富硒油葵试验示范基地、桃花源果联富硒葡萄试验示范基地。

石门县茶叶产业协会

石门县茶叶产业协会成立于2003年3月,是中国茶叶流通协会、中国茶叶学会、湖南省茶叶协会的团体会员单位。茶叶协会下设:生产培植部、技术服务部、名茶开发部、生产加工部、市场流通部、协调联络部。分别成立了有东山峰、罗坪、子良、壶瓶山、南镇、所街、三圣、太平等8个分会。

协会推行"公司(厂)+基地+农户"的茶产业模式,从湖南省茶科所引进了碧香早、槠叶齐等6个优良茶树品种,累计新建设高标准的良种茶园4.5万亩,协会对全县200多家茶企业负责人、6000多名会员、10多万茶农分批分期培训,推广"石门银峰"机制工艺、机械采摘、良种茶、有机茶等科技知识,提高科技成果的转化率、利用率。全县12万亩茶园100%通过农业部无公害产地认证,有机转换茶园5.5万亩,其中1.38万亩获得IMO、OFDC、JAS、NOP等国际、国内有机茶认证,是名副其实的"全国有机茶大县、湖南有机茶第一县"。"石门银峰、东山秀峰"双双荣获湖南十大名茶。

2005年,协会被常德市民间组织管理局评为先进单位。2009年,被民政部评为全国先进社会组织。2005年,石门县被评为"全国三绿工程茶业示范县"。2008年,被命名为"中国名茶之乡"。2009年,人民网投票评定为百姓最受信任的五个产茶地之一,全国茶叶百强县列22

位，是农业部确定的“全国绿茶出口基地县、全国茶叶优势区域重点县”。协会拥有注册“石门银峰”地理证明商标，2011年，评估值为5.32亿元，中国农业品牌研究中心认定为中国茶叶最具发展力公共品牌，2012年，获中国驰名商标，注册商品商标为“石门绿茶”。2011年，县政府茶叶办主任、协会荣誉会长马进福，被湖南省农委、省农业厅、省茶叶协会等联合评为全省“茶业十佳”杰出人物。2012年，副会长覃小洪评为常德市十佳优秀创业退役军人。

至2013年，茶叶协会旗下成员（企业）的有形资产总值5亿多元。已加入协会的会员中，有高级职称6人，中级职称35人，茶艺师、评茶师（员）、制茶师（员）878人。

津市市个体劳动者私营企业协会

1994年7月，津市私营企业协会成立，随即与个协合并，更名为津市市个体劳动者私营企业协会，简称“个私协”。协会下设办公室、四个分会和三个行业协会，协会有个人会员3200人，单位会员159家，理事44人，其中有津市市人大代表6名、常德市人大代表2名、津市市政协委员8名。

二十多年来，协会按照《章程》，组织开展“自我教育”“自我管理”“自我服务”活动，共接待、调解纠纷二千余起，为会员挽回经济损失上千万元。2001～2011年，协会坚持团结务实，锐意进取，服务社会，年年受到上级的表彰，九次被常德市个私协评为“目标管理先进单位”；连续11年被常德市民政局评为“先进社团组织”；2004、2005、2008年三次被湖南省个私协评为“目标管理先进单位”；2005年，被省民政厅评为“先进社团组织”；2006年4月，被中国个协评为全国个私协系统“四五”普法工作先进单位。协会秘书长夏治金两次被省个私协和中国个协评为先进工作者；协会成员傅绍荣被评为省劳动模范、全国社区志愿者先进个人；彭丕菊被授予“常德市十佳维权卫士”。

常德市肾病协会

常德市肾病协会，成立于1996年10月。由尿毒症患者周小华联合5名尿毒症患者发起，时为常德市肾友会，注册于市委社科联。2006年12月15日，常德市民间组织管理局批准（社证字第274号），更名为常德市肾病协会。周小华连续六届担任协会会长。广州医学院附二医院器官移植中心主任潘光辉、常德市人大常委会副主任高勇、常德市第一中医院院长邵先舫历任名誉会长、郭兴举任协会秘书长。会员人数达1万余人，设有联络站13个。

2005年，协会成立常德市武陵区肾友药房，周小华任总经理；2011年10月，成立常德惠民医院（常德肾友肾病医院），周小华兼任院长；2012年2月，成立协会党支部，周小华任书记；2012年9月，成立常德市肾脏病研究中心，周小华兼任中心主任；2014年7月，成立湖南省惠民肾病救助基金会，郭兴举兼任理事长。

常德市肾病协会，坚决贯彻执行党的路线、方针和政策，坚持维护社会稳定，以构建家庭和谐、促进患者身心健康为目标，帮助会员组织社会募捐(捐款、捐药、捐衣服和物资)，免费聘请专家来常德为患者面对面诊疗；以加强患者思想教育为导向，力所能及地为患者排忧解难。协会管辖的惠民医院以小综合、大专科定位，大专科特色明显，尿毒症血液透析治疗以及以中医、西医、理疗、体疗、食疗的独特方式开展对肾病综合症的治疗，得到社会的广泛认可。患者称协会为“自己身体的加油站”，“给予第二次生命的娘家”，在政府与患者中起到桥梁作用，形成了一个社会组织的良性循环体系。多年来，协会事迹先后在省、市、中央媒体予以报道。

二十余年来，协会累计为患者捐款、捐物超过3000万元；服务面积广，受益面积大，完全服务1500多名患者就医基本免费；2000多名患者每年直接受益；超过3000名患者得到款物，总受益者超过5万人次，1万个家庭；正能量影响亲友10万人以上。中央电视台、及全国10多个省、市电视台报道过许多常德尿毒症患者康复的例子，影响超过千万人。协会多次获得省、市授予的“先进社会组织”荣誉称号；周小华荣获优秀会长、优秀共产党员称号。2013年，中央财政捐款资助协会40万元(全部发放给患者)；2014年，中央财政捐款资助协会50万元(义诊、总体援助项目)；2015年获得湖南省福利彩票基金20万元(全部发放给患者)。

二十余年来，常德市肾病协会通过“爱心救助、捐赠”活动，为肾病病友捐款、捐物(药品)；常德市肾病协会通过开办经济实体，创新了“爱心传递”的自我救助之路，在解决患者及家属就业、创业中为社会做出了积极贡献，让病友享受到平价购药、就医服务；常德市肾病协会通过家庭走访、上访慰问，为病友做好事、办实事，并在调节家庭矛盾纠纷中为社会安定团结做出了不懈努力。2015年12月，常德市肾病协会被民政部评为“全国先进社会组织”。

第十二章《

社会事务

参事合影

第十二章　社会事务

依法开展收养登记、婚姻登记、殡葬管理和收容遣送(后为救助管理),是国务院和地方各级人民政府赋予各级民政部门的社会行政事务管理工作。它是政府社会行政管理和公共服务职能的重要组成部分,也是社会文明程度的重要标志之一。

1988—2013 年,常德市、县(区、市)民政局依照《中华人民共和国收养法》《中华人民共和国婚姻法》《婚姻登记条例》和《殡葬管理条例》《城市生活无着的流浪乞讨人员救助管理办法》等法律法规,坚持依法办事,移风易俗,与时俱进,优质服务,民政社会事务工作稳步推进。

第一节　收养登记

1992—2013 年,常德市、县(区、市)民政局对申请建立收养关系的当事人,依照《中华人民共和国收养法》(简称《收养法》)规定的收养条件进行审查,对符合法定收养条件的,准予登记,发给"收养证",收养关系即告成立。这是中国公民收养查找不到生父母的弃婴、儿童及社会福利机构抚养的孤儿和外国人收养常德市境内的中国儿童取得合法收养关系的必经程序。收养登记是一项与婚姻管理相类似的行政管理工作,也是一项贯彻落实《收养法》的执法工作。

一、国内收养登记

1991 年 12 月 29 日,第七届全国人民代表大会常务委员会第二十三次会议通过《收养法》,1992 年 4 月 1 日正式施行。这是我国第一部保护合法的收养关系,维护收养关系当事人合法权利的重要法律。

1992 年 6 月 19 日,民政部印发关于认真贯彻《收养法》的通知。据此,常德市民政局具体部署《收养法》学习事宜,要求各区县、市民政局认真领会《收养法》的精神实质,掌握好收养登记的相关规定,确保收养登记工作严格依法进行。同时,选派业务能力强、政策水平高的同志参加省民政厅主办的专业培训,力求在较短的时间内培养出合格的收养登记管理人员。此外,常德市民政局还明确,在收养登记管理机构及人员编制尚未解决前,收养登记工作暂由各县(区,市)婚姻登记机关办理。

1992—1998年,全市共办理国内收养登记386起,其中常德市民政局办理1起、武陵区办理39起、鼎城区办理3起、汉寿县办理120起、桃源县办理131起、石门县办理53起、澧县办理28起、安乡县办理11起。

1999年5月25日,民政部发布《中国公民收养子女登记办法》,对国内收养的管辖、收养人、送养人应当向收养登记机关提交有关资料等作出明确规定。

2002年9月25日,常德市民政局、市计生委、市公安局联合发出《关于进一步做好弃婴和儿童收养、送养工作的通知》(常民〔2002〕64号),规定凡符合收养条件的夫妇,向社会福利机构申请收养弃婴和儿童的,应先向所在地的民政所、计生办报告,备齐相关资料后,到所在地的县(区、市)民政局办理收养登记手续。

2005年10月,常德市民政局会同各区县(市)民政局,就《收养法》颁布以前形成的事实收养情况组织专项调研。从调查情况看,造成事实收养,主要是异地抱养;未达到法定收养年龄;法律意识淡薄。鉴于客观存在的捡拾弃婴报案证明难办;要求补办已经形成的事实收养手续,因受年龄限制等无法办理;收养后抚养难;个别收养人认为办理手续难等问题,常德市民政局向省民政厅提出了如下解决的意见和建议,即:加大收养执法力度;简化收养手续;加大《收养法》的宣传力度;强化基层民政、计生工作人员责任心,做到及时发现,及时处理;统一制定出台事实收养的处理办法。

2008年,民政部印发《收养登记工作规范》(民发〔2008〕118号),对收养登记机关的设置、收养登记和解除登记的程序、撤销收养和补领收养证件的要求以及收养登记机关和收养登记员的监督与管理等作出了具体规定。是年,民政部、公安部、司法部、卫生部、人口计生委联合发出《关于解决国内公民私自收养子女有关问题的通知》(民发〔2008〕132号)。据此,全市各地积极宣传发动,稳妥抓好落实。坚持对符合《通知》规定的事实收养,在2009年12月底以前予以办理,过期不再受理。

2010年,常德市、县(区、市)民政局对弃婴和儿童的收养,一律按照相关文件要求,对收养非社会福利机构抚养的查找不到生父母的弃婴和儿童,均需公安部门出具《捡拾弃婴(儿童)报案证明》,并填写《捡拾弃婴(儿童)情况证明》,公告查找其亲生父母后,统一到社会福利机构办理入院登记手续,登记集体户口后,再办理相关手续。从2011年1月1日起,全市各地统一按照“全国收养登记管理信息系统”及新式收养登记字号办理收养登记相关手续。

1999—2013年年底,常德市办理国内收养1849起,解除1起。其中市民政局办理10起、武陵区办理311起、鼎城区办理156起、汉寿县办理113起、桃源县办理699起、临澧县办理96起、石门县办理170起、澧县办理102起、安乡县办理149起、津市市办理43起。

二、涉港、澳、台、华侨收养登记

1999年5月25日，民政部发布《华侨以及居住在香港、澳门、台湾地区的中国公民办理收养登记的管辖以及所需要出具的证件和证明材料的规定》(第16号令)。该规定明确，华侨以及居住在香港、澳门、台湾地区的中国公民在内地收养子女的，应当到被收养人常住户口所在地的直辖市、设区的市、自治州人民政府民政部门或者地区(盟)行政公署民政部门申请办理收养登记。

1999—2013年，根据《规定》，常德市民政局共办理涉港、澳、台、华侨收养登记42起，其中1999年1起、2000年4起、2001年2起、2002年5起、2003年2起、2004年4起、2005年4起、2006年4起、2008年2起、2009年5起、2010年3起、2011年3起，2012年2起，2013年1起。

三、涉外收(领)养

1999年5月25日，民政部第15号令发布《外国人在中华人民共和国收养子女登记办法》。对涉外收养的管辖，收养人、送养人应当向收养登记机关提交的有关材料，收养登记机关责任等作出了明确规定。

常德市社会福利院是全市唯一开展涉外领养的机构。1996年，该院开始涉外领养工作，和国际收养中心建立了友好合作关系。2000—2001年，常德市民政局根据民政部下发的《关于进一步加强涉外收养工作的通知》(民函〔2000〕159号)精神，鉴于涉外收养工作的重要性、敏感性，进一步加强对涉外送养工作的管理和监督，并规范涉外收养捐赠的管理和使用。并会同常德市社会福利院适时推出"亲情结对"工程，规范儿童涉外送养工作事宜。至2001年年底，该院共涉外送养儿童164名。

2010年6月5日，常德市民政局副局长戴平(右三)、市福利院院长王冠华(左二)、书记王琍(右二)与中国收养中心领导在北京合影留念

2003年，常德市民政局根据民政部《关于社会福利机构涉外送养工作的若干规定》(民发〔2003〕112号)中关于"社会福利机构送养弃婴、儿童，省级人民政府民政部门应当在当地省级报纸上刊

登查找弃婴、儿童生父母的公告。自公告刊登之日起满60日,弃婴、儿童的生父母或其他监护人未认领的,视为查找不到生父母的弃婴、儿童”的要求,会同常德市社会福利院严格把关,认真落实。全年涉外送养儿童127名。通过涉外领养,该院在世界各地和中国之间架起了一座友谊的桥梁,并接受捐赠300多万元。

2004年7月9—12日,美国世界收养联盟组织“AWAA”的38名成员,到常德市福利院进行为期4天的义工活动,这是迄今为止在市福利院进行的最大一次国外友人的集体义工活动。他们来自美国35个家庭,通过自愿组合,除义务带养在院孤儿、组织party外,还捐赠了26台空调和12台洗衣机。

2005年,常德市福利院先后与美国爱的基金会和美国国际中华儿童收养协会联系,使50多名残疾儿童得到了养育资助。

2007年12月19日,市福利院书记王琍(右二)陪同小凯丽(前排左一)及养母琳达女士(前排左二)参观市福利院

2008,常德市福利院与国际爱心组织合作,积极开展助学活动,努力争取各项捐赠资金,解决了在校学生的就学费用问题和学龄前残疾儿童的康复教育问题。是年11月,中央电视台《焦点访谈》播报了轰动一时的“漂洋过海求助”骨髓配型事件,美国领养家庭琳达夫妇先后2次到该院查阅凯丽(常伴)的原始档案,通过档案信息所提供的原始资料,最终在武汉市找到了匹配的骨髓,小凯丽的生命得到了挽救。病愈后,琳达夫妇带着小凯丽再次到该院表示衷心感谢。

2010年,常德市社会福利院举办建院60周年庆典活动时,美国琳达夫妇带着在该院收养的女孩小凯丽参加庆典活动,并代表国外收养家庭发表讲话。

1996—2013年,常德市福利院先后与美国、加拿大、西班牙、挪威、比利时、冰岛、丹麦、荷兰、瑞典 、瑞士等多个国家建立了弃婴儿童领养关系。自开展涉外领养工作以来,帮助1125名弃婴儿童找到了真正属于自己的家。

第二节　婚姻登记

1988—2013 年，常德市、县（区、市）民政局履行婚姻登记管理职责，认真办理常德市境公民的结婚、离婚、复婚和涉外婚姻事宜，不断完善婚姻登记工作制度，狠抓婚姻登记规范化建设，使婚姻登记与服务工作快速走上制度化、规范化和科学化的管理轨道。

一、结　婚

清代、民初，常德府、州署所属各县，男女婚姻之事，按《清律》规定：男 16 岁、女 14 岁，有媒证、行婚礼，即可成为夫妻。其婚姻全靠封建婚俗约束，官府未设置婚姻登记管理机关，亦不过问。

1951 年 1 月，常德专署所在地开始按《中华人民共和国婚姻法》，实行婚姻自主，男女平等，一夫一妻的婚姻制度，并设置常德市婚姻登记机关，配备专人办理结婚登记手续。这年，常德市共有 674 对男女办理结婚登记。

1988 年，常德市域结婚登记工作均由城市街道办事处和农村乡镇政权机关办理。结婚登记员统一由街道办事处、乡镇政府民政助理员担任。男女双方自愿结婚，须到一方户口所在地婚姻登记机关提出申请，在申请结婚时，须持本人居民身份证或户籍证明，所在单位或村（居）民委员会出具的本人出生年月和婚姻状况的证明。是年，全区共有婚姻登记员 327 名，其中民政助理员担任的 283 名，占 86%，共办理结婚登记 9.0198 万对，其中，初婚登记 8.386 万对，再婚登记 4731 对，复婚登记 1607 对。

二十世纪九十年代中后期，常德各地办理结婚登记，依照 1994 年颁布实施的《婚姻登记条例》，坚持领取结婚证必须由男女双方的基层组织出具正规的当事人婚姻状况证明，同时，还需要身份证件和婚前医学检查的报告。此时的结婚登记手续由乡镇政府民政干部负责办理，城市居民可以到街道办事处登记结婚。1989—2000 年，全市共办理结婚登记 31.3992 万对。

2001 年，全市各地认真贯彻九届全国人大常委会通过的《婚姻法》，增加补办结婚登记、无效婚姻和可撤销婚姻等内容。2001—2002 年，全市有 5.3353 万对新人办理结婚登记手续。2003 年 8 月 8 日，国务院颁布新的《婚姻登记条例》。常德市各级婚姻登记机关根据新条例的相关规定，取消婚姻登记由所在单位或村（居）委会出具婚姻状况证明的做法，改由当事人本人就其婚姻状况作出说明，对婚前医学检查不作强制性规定。同时，各地坚持办理结婚登记的当事人有下列情形之一的，婚姻登记机关不予登记：即未到法定结婚年龄的；非双方自愿的;一方或双方已有配偶的;属于直系血亲或三代以内旁系血亲的;患有医学上认为不应当结婚的疾病的。是年,全市办理结婚登记 2.7997 万对。

2004—2013 年,各地进行婚姻登记规范化建设试点及推广,不断提高服务水平和办事效率。期间,共办理结婚登记 42.7012 万对,登记合格率达 100%。

二、离　婚

清末、民初,只有夫休妻,而妻无权提出离婚。亦无离婚登记。

1950 年 5 月 1 日,《中华人民共和国婚姻法》公布实施后,通过深入学习、广泛宣传,使旧的婚姻制度和封建礼教束缚而造成的包办婚姻、童婚、童养媳以及深受公婆、丈夫虐待的妇女,纷纷觉醒,冲破“牢笼”,纷纷向人民政府提出离婚请求。据这年 6—12 月统计,自动申请离婚者 1716 对,经过审查,符合法定条件,并获得批准离婚的 1259 对,占申请离婚人数的 73.4%。

1957 年后, 全区各地由于旧的婚姻制度及旧的婚俗所造成的不合理婚姻基本解决,故离婚现象逐渐减少。1981 年 1 月 1 日,《婚姻法》修订出台后,离婚登记虽把“调解和好”工作放在首位,但离婚现象仍有回升。这时,办理离婚的程序相对复杂,费用相对偏高,时间较长,由乡镇民政所和司法所联合办理。由于各方面的原因,不少离婚对象未在同一时间一同去领取离婚证和协议书,总是不了了之。申请离婚的当事人中,青年夫妻居多。其原因:结婚时盲目攀比,奢求阔气,东挪西借,婚姻负债累累,生活困难,发生口角,使本来幸福的家庭难以维持;第三者插足,夫妻同床异梦,致使感情逐渐破裂;追求个人欲望,为达到工作调动等目的,利用男女双方父母的权势,一旦不成,也有离婚的。此种现象,1985 年以后的全民普法教育活动中,已引起有关方面的高度关注。

1950—1988 年,全区(市)共办理离婚登记 11.4698 万对。

2003—2013 年,常德市、县(区、市)婚姻登记机关依据新颁布的《婚姻登记条例》后,对当事人确属自愿离婚,并已对子女抚养、财产、债务等问题达成一致处理意见的,不需要经过司法部门的调解,只需当事人持身份证,户口簿、结婚证和离婚协议书,到婚姻登记机关提出申请,不用再苦等 1 个月的审查期,当地即可办理离婚登记手续,发给离婚证。同时,坚持建立婚姻登记档案并长期保管,对离婚证遗失或者损毁的,当事人可以持户口簿、身份证向原办理婚姻登记的机关或者一方当事人常住户口所在地的婚姻登记机关申请补领。婚姻登记机关对当事人的婚姻登记档案进行查证,确认属实的,为当事人补发离婚证,并按收费标准收取费用。

1989—2013 年,常德市共办理离婚登记 15.2463 万对。

三、复　婚

新中国成立后，常德专署根据《中华人民共和国婚姻法》第17条规定办理复婚登记。1950—1954年，全区申请复婚1875对。1956年，婚姻登记机关建立在乡镇、街道办事处后，办理婚姻手续方便，加上《婚姻法》逐步深入，有些盲目离婚的，经调解，亦申请复婚，时常德地区登记复婚的298对，再婚的984人。

1980年10月，常德地区按照新《婚姻法》第28条的规定，由乡镇、街道婚姻登记机关办理复婚登记手续，并在领取恢复结婚证手续时，收回"离婚证"。1950—1988年，全区复婚登记3.0693万对。

1988年后，离婚对数有快速增长之势，复婚对数也呈现逐年递增的现象，但是递增幅度相对较低。

二十世纪八九十年代，常德市境复婚的对象极少，当事人办理离婚之后如果后悔了，一般都不会去主动办理复婚手续。进入二十一世纪，离婚对象的思想观念发生变化，思维方式开始转换，一对夫妻因一时情绪冲动而离婚，一般都会在短时间内到婚姻登记处提出复婚申请，求得法律保护。

这个客观事实表明：婚姻出现问题，离婚的人并没有比不离婚的人幸福。离婚并没有明显地减少沮丧和压抑的症状，并没有使人重塑自我，重新把握自己的命运。虽然离婚可以减少某些压力或伤害，但它可能造成另外的压力和伤害——如心理的失落，角色功能的改变（继父母与孩子的角色相处、教育），经济和住房的改变，原亲属关系的中断及朋友关系的重构等等。尽管离婚时，夫妻双方抱有厌恶甚至仇恨，但在离婚之后，有相当一部分人会回忆原来配偶好的地方，产生思念之情，"失去方知情可贵"。离婚之后，双方当事人或许会有时间重新审视婚姻及生活，能客观地看待自己前婚姻中存在的问题，降低在婚姻中的期望值，重新定位生命及婚姻的意义以及婚姻的客观性及现实性，会站在自己之外的立场，去对待婚姻中存在的问题，不把婚姻当作个人逃避现实及困难的港湾。由于婚姻中的非原则性问题，有些人一时冲动会选择离婚，但夫妻间的情感并没有真正破裂，这样的离婚经过一段时间的"冷却"后，往往容易重新走到一起来。对再婚的焦虑。据统计，离婚者的再婚率只有18%。再婚的不易是复婚的主要原因之一。当事人可能会看到再婚家庭的复杂性，如处理不好，很容易引发新的婚姻危机，作为"过来人"，自然对此会慎重有加。

1989—2013年，常德市共办理复婚登记1.4121万对。

四、涉外婚姻

1988年以前，常德地区境内的公民与华侨，香港、台湾、澳门同胞和外国人恋爱、结婚，县市人民政府根据国务院批转3部文件规定，只要不涉及国家重大机密，一方申请，所在地民政、公安部门审查，经省指定涉外婚姻登记机关批准，到当地县市婚姻登记机关按要求办理涉外婚姻登记手续。

湖南省民政厅指定长沙、邵阳、衡阳三市设立涉外婚姻登记机关。常德市域公民的涉外婚姻须在长沙市民政局涉外婚姻登记处办理。1983—1988年，常德地区公民与港澳台同胞结婚的有14人。其中，常德市12人、桃源县2人。

2005年3月，全国涉外、涉港澳台和华侨婚姻登记信息系统正式启动，常德市民政局积极创造条件，实现了涉外婚姻登记的实时在线登记和全国联网，确保了婚姻登记质量，为婚姻登记工作规范化建设打下了基础。

1989—2013年，常德市婚姻登记处共办理涉港澳婚姻登记2943对。

五、婚姻登记管理

1988—2013年，全市各地切实加大婚姻法律、法规的宣传执行力度，稳步落实婚姻管理的改革措施，婚姻登记队伍不断夯实，婚姻登记程序日趋规范，婚姻登记收费更加严格，婚姻登记制度更加健全，婚姻档案管理更加科学，婚姻登记服务更加优化，婚姻管理工作逐步进入法治化、正规化的轨道。

(一)婚姻习俗

1950年5月1日，《中华人民共和国婚姻法》颁布实施，常德区内各地人们的婚姻观念发生根本变化，婚姻习俗随之改变。男女自由恋爱公开，双方亲属承认关系，两家行走，社会舆论不再干扰，不少在相识之后，找一个双方信任的介绍人，以玉成其事。结婚前，男女双方到婚姻登记机关履行登记手续，领取内务部统一规定尺寸的"婚姻证书"。婚礼多为简单的结婚仪式所代替，一般由父、母或男、女任何一方的单位领导主婚，亲友或当地干部证婚，介绍人、新郎、新娘讲话，大家恭贺一番。

二十世纪五十年代后期到六十年代初期，受物质条件限制，嫁妆婚宴多不讲究。"文化大革命"中，提倡破四旧、革命化、不讲彩礼，有的则由新娘家给新郎送一套《毛泽东选集》或一把农用工具，婚宴亦从简。七十年代后期至八十年代中期，随着人民生活水平提高，大操大办之风逐渐兴起，谈婚论嫁先需达成物质协议。嫁妆逐渐由"36条腿"(木床一张、厨柜一个、四方大平柜两个、餐桌一张、长板凳四根)、"三转""一响"(收音机、自行车、缝纫机及手表)，转向全套豪华型组合家具、彩电、电冰箱的购置。随着黄金首饰市场的开放，贵重黄金首饰亦为嫁妆必备之物。由于家庭小型化和婚宴规模扩大，城镇结婚多到饭店、招待所乃至宾馆酒家定做宴席，男女双方结婚花费，除极少部分系婚姻当事人双方积累外，大多由父母承担，尤以男方父母负担沉重，礼尚往来，不堪忍受。据临澧县城关镇1988年的抽样调查，30对青年结婚，共耗费19.0996万元，每对平均6366元，其中购置高档商品4594元，占72%。他们的经济来源，自筹只有3300元，其余都是向亲友借来。婚后，洞房琳琅满目，但负债累累，一喜带百愁。

二十世纪九十年代以后，男女双方经父母同意领取结婚证后，商定结婚日期，开始置办嫁妆，装修新房。结婚前一天，男方送女方礼服、首饰、化妆用品，以便新娘装新。是日，新娘开脸、梳头、戴花、着新衣，并宴请亲友。晚上举行"辞家礼"，专为女儿设宴席，并邀女之至亲挚友相陪，称为"女儿宴"。席间，亲友临别赠言，父母告以为人处世之道。成婚之日，新郎及伴郎等迎亲人员至女家迎接新娘。多以小轿车车队迎亲，偶见花轿等其他形式。女家于迎亲人员来到之前紧闭大门，要"开门利市"，经过讨价还价之后始开门"发亲"。陪送新娘出嫁曰"送亲"，陪送者称"上亲"。"上亲"为大，男方须请对等人员相陪。中午举行结婚仪式。新婚之夜，有闹房习俗。婚礼次日，新郎偕新娘至岳父母家省亲，与女家亲友晤面，称为"回门"。岳家设宴款待新郎，但不留宿，习俗新婚一月不空房。夫妻当日回家，婚礼便告结束。

现今结婚多由男方准备新房，女方陪嫁小车或装修新房，请婚庆公司布置婚礼，酒店宴请亲朋好友，父母为子女花光一生积蓄，只为子女能风光结婚。结婚成本"与时俱进"地不断上涨，确实是一个不争的事实。有市民这样描述："50年代一张床，60年代一包糖，70年代红宝书，80年代三转一响，90年代讲排场，21世纪特色婚宴个性张扬。"中国式婚礼在一个个年代中逐步演变，婚姻大操大办、铺张浪费之风日盛，值得引起各级党委、政府和社会的广泛关注。

（二）婚姻证件

新中国成立后，一张小小的结婚证书也发生了不小的变化。它见证的不单单是一对新人走到一起，组建起一个家庭，更多的则是它见证了一代人的生活和国家在不同时期的发展状况。

1949年以前，常德境内民间的婚嫁习俗一般沿袭旧制，联姻的关键不是男女当事人同意，而是遵从父母之命、媒妁之言，因此，那时的婚书上介绍人、主婚人、订婚人、结婚人以及祖父母甚至曾祖父母的名字，都要写出来，有的还要写清楚订婚或举行婚礼时的饭庄，各种名称排了长长一串。新中国成立后，婚书已变为体积小巧的结婚证。1950年的结婚证只有两个巴掌大的薄纸片，上面除结婚人的姓名、年龄、籍贯、签名以及证婚人的签名外，没有任何绚丽的图案。封面有这样一段话："我俩本中华人民共和国婚姻法之精神，自愿结为夫妻，平等相待，互爱互敬，互相帮助，互相扶养，和睦团结，劳动生产，抚育子女，为家庭幸福和新社会建设而共同奋斗。"

从1952年到二十世纪七十年代末，结婚证上都印有充满浓郁的民族风格的图案，在

1952 年至 1959 年的结婚证上,还有和平鸽的图案。稻穗、棉花也是当时结婚证上的主角,这反映当时的农业在国民经济中占了相当大的比重。五六十年代的结婚证上都刻有一句简洁的口号。如在一张 1954 年的结婚证上,醒目地印着“自主自愿”4 个粉红色的大字。六十年代初期的结婚证出现了鸳鸯戏水、并蒂莲、梅花等传统吉祥物,象征着人们期待社会稳定,风调雨顺。到了“文化大革命”期间,一切东西都被披上了政治色彩,那时每张结婚证上都必有一段毛主席语录:“我们都是来自五湖四海,为了一个共同的革命目标,走到一起来了……一切革命队伍的人都要互相关心,互相爱护,互相帮助。”

随着我国法制的逐步完善,婚姻证件不再是夫妻两人压在箱底的婚姻纪念品,而是成为真正意义上的法律文书。人们使用结婚证的次数日趋增多,于是结婚证也随之“返璞归真”,逐步取消了复杂的图案,并由奖状式变为护照式,方便结婚当事人携带。自 1979 年 9 月 1 日起,仍由各省、市、自治区民政局统一定制结(离)婚证,其大小一般可按新闻纸的三十二开。1981 年 1 月 1 日起实施新颁布的《中华人民共和国婚姻法》,其婚姻登记证件为护照式,由省、自治区、直辖市人民政府统一印制,由县(旗)、市辖区或不设区的市人民政府加盖印章。1986 年 5 月 10 日,民政部根据国务院 1985 年 12 月 31 日批准的《婚姻登记办法》第 11 条要求,规定(〔1986〕民办字第 43 号)了“结婚证”“离婚证”“夫妻关系证明书”“解除夫妻关系证明书”的式样,并规定式样的内容、格式全国统一。上述 4 种证件统一用 16 开的尺码,对折使用。

1991 年 9 月 23 日,民政部以民婚函〔1991〕289 号文,重新设计颁布了“结婚证”“离婚证”“夫妻关系证明书”“解除夫妻关系证明书”式样,明确规定,婚姻证件由民政部监制,各省、自治区、直辖市、计划单列市民政厅(局)印制,各地旧的婚姻证件用到 1992 年 9 月 30 日,自 1992 年 10 月 1 日起全国统一使用新式婚姻证件。时上述 4 种婚姻证件均为护照式,婚姻证件合起来的规格为 128 毫米 × 92 毫米,张开的规格为 185 毫米 × 128 毫米,封面及内芯共 4 页 8 面。同时,4 种婚姻证件的封面均冠有“中华人民共和国”字样及其拼音,并印有中华人民共和国国徽图案。“结婚证”“夫妻关系证明书”的封面为红色护照革,内芯为粉红色并带有五角星暗记的水印钱币纸。“离婚证”“解除夫妻关系证明书”的封面为墨绿色护照革,内芯为淡绿色并带有五角星暗记的水印钱币纸。

2003 年,民政部规定(民办函〔2003〕166 号),自 2004 年 1 月 1 日起启用新式婚姻登记证,启用时新证必须用计算机打印,实时在线登记,手写无效。新式婚姻登记证只分为“结婚证”“离婚证”两类。取消了以前的“夫妻关系证明书”和“解除夫妻关系证明书”。同时规定,原有的旧式婚姻登记证自 2004 年 6 月 30 日停止使用。新式结婚证、离婚证封面均为枣红色,结婚证封面烫金,离婚证封面烫银,改变了以前结婚证为红色、离婚证为绿色的做法。同时,新式婚姻登记证增加了证件印制号,以利加强对婚姻证件的管理。

（三）登记制度

二十世纪八十年代，常德市域婚姻登记工作均由城市街道办事处和农村乡镇政权机关办理。男女双方自愿结婚，须到一方户口所在地婚姻登记机关提出申请，在申请结婚时，须持本人居民身份证或户籍证明，所在单位或村（居）民委员会出具的本人出生年月和婚姻状况的证明。

1991 年 9 月 28 日，常德市民政局临街设《中华人民共和国婚姻法》咨询台

二十世纪九十年代中期至二十一世纪初期，常德市境办理结婚登记时，坚持领取结婚证必须由男女双方的基层组织出具正规的婚姻状况证明，对当事人的年龄、婚姻状况均有详细记载。另外，还需要身份证件和婚前医学检查的报告。办理离婚证需要提交所在单位、村民委员会或者居民委员会出具的介绍信，且具有不大于一个月的审查期。这时的婚姻登记工作，统一由城市街道或乡镇政府的民政干部负责办理。时政府干预力度加强，对证明证件的要求趋向规范完整，人们的法律意识逐渐增强，终因乡镇政府的人事变动频繁，没有相对固定的相关工作人员，发证过程缺乏有力监管，婚姻档案时有丢失。

2001 年，九届全国人大常委会通过的《中华人民共和国婚姻法》，增加补办结婚登记、无效婚姻和可撤销婚姻等内容。此次立法过程，被称为“20 世纪末 21 世纪初中国人国家观念、法律观念、道德观念、婚姻家庭观念和性观念的一次大普查”，在当时，“包二奶”、家庭暴力等问题都是人们关注的焦点。据此，2001 年《中华人民共和国婚姻法》规定：“夫妻应当相互忠实，互相尊重；家庭成员间应当敬老爱幼，维护平等、和睦、文明的婚姻家庭关系”；禁止“有配偶者与他人同居”。同时，对婚姻中的弱势或无过错方、家庭暴力的受害方，设计了更多保障性规定。

2003 年 9 月 28 日，常德市人民政府召开全市贯彻实施“婚姻登记条例”工作会议，具体部署《条例》的贯彻实施。各县（区、市）党委、政府高度重视，先后召开常委扩大会或政府常务会进行专门研究和部署，建立由政府主管领导牵头，各有关部门参与的工作协调机制，保证条例的实施。是年 9 月 30 日，常德市人民政府批转《常德市民政局关于贯彻实施〈婚姻登记条例〉的意见》（常政办函〔2003〕80 号）。全市从 11 月 1 日起，婚姻登记工作统一集中到各区县市民政部门办理,乡镇人民政府、街道办事处不再办理婚姻登记。德山开发区、柳叶湖旅游度假区城乡居民到武陵区民政局办理,西洞庭管理区、西湖管理区分别由鼎城区、汉寿县民政局设点办理。石门县民政局也在边远的壶瓶山镇、太平镇设立了2个婚姻登记点,方便群众办理婚姻登记,时全市共设立4个婚姻登记分点。截至11月20日,武陵区、鼎城区、临澧县、石门县、桃源县、安乡县、津市市、鼎城区、汉寿县民政局完成与乡镇人民政府、街道办事处的工作职能、印章、婚姻档案的交接工作。各县(区、市)民政局建立专门的婚姻登记机构,基本解决婚姻集中登记所必需的人员、经费和办公场所等问题。时全市共选配32名政治素质高、业务素质好的公务员负责婚姻登记工作。

2004年6月25日,常德市民政局下发"关于认真贯彻省民政厅《关于认真贯彻民政部〈关于严格制止借婚姻登记乱收费的通知〉的通知》和《关于严禁超越授权范围办理结婚登记的通知》的通知"。是年8月20日起,全市按照《湖南省财政厅、湖南省物价局关于发布2003年度湖南省行政事业性收费项目目录的通知》(湘财综〔2004〕19号)要求,婚姻登记收费依据湘价费〔2001〕56号文件规定标准收取,即结婚登记每对10元,离婚登记每对10元,婚姻登记中的各种表格不再另收费。

是年9月,常德市民政局根据省民政厅《关于〈湖南省婚姻登记员资格证书〉使用管理有关规定的通知》(湘民基发〔2004〕16号)要求,对全市婚姻登记员进行业务培训,对考试合格的50名婚姻登记员发放了"湖南省婚姻登记员资格证书",考试内容包括:婚姻法、婚姻登记条例、婚姻登记工作暂行规范及相关政策、民事诉讼法、行政诉讼法、行政复议法、计算机知识等。是月,全省婚姻登记工作会议在澧县召开,与会代表参观了澧县民政局婚姻登记处。常德市民政局、澧县人民政府作典型发言。会上,常德市民政局、澧县民政局、临澧县民政局婚姻登记处受到表彰。

2005年起,全市婚姻登记字号启用省民政厅规定的统一格式,并一律采用电脑打印婚姻登记证件。常德市民政局婚姻登记处行政区域简称为"湘常",各县(区、市)行政区域简称为常加县(区、市)名称第一个字,如鼎城西洞庭婚姻登记处、汉寿西湖婚姻登记处的行政区域简称和序号分别确定为"常鼎02""常汉02",石门县所设的婚姻登记点的序号由石门县民政局确定。

2007年7月1日起,全市全部实现婚姻登记的实时在线登记和全省联网。

(四)登记机关

2005年,常德市民政局部署开展婚姻登记工作规范化建设活动,确定临澧县民政局婚姻登记处为全市婚姻登记工作规范化建设活动试点单位。各地将婚姻登记机关、婚姻登记队伍、婚姻登记网络信息、婚姻登记办公场所规范化纳入活动的主要内容。是年,武陵区、鼎城区、安乡县、汉寿县、桃源县、临澧县、澧县、石门县、津市市9个区县市婚姻登记机关和西湖管理区、西洞庭管理区2个婚姻登记点，均明确为股级行政或事业单位，共配备45名专职工作人员。各婚姻登记机关严格按照《条例》规定的程序和条件办理婚姻登记，婚姻登记合格率100%。各县(区、市)每月还向当地计划生育部门及时准确地通报结婚妇女名单，实现信息共享，为计生部门掌握育龄人员动态提供便利。凡婚姻登记处独立办公的县(区、市)，一律按要求悬挂"××民政局婚姻登记处"标志牌，一律按标准设立候登室、结离婚登记室、档案室，全面实行政务公开。

2006年1月23日，民政部、国家档案局联合发布《婚姻登记档案管理办法》。"办法"的公布实施，对进一步完善全市婚姻登记制度，规范婚姻登记档案的管理，切实推行依法行政，保证婚姻登记档案的合理利用，维护广大群众的基本权益起到积极作用。2008年，临澧县、澧县、桃源县婚姻登记处被民政部授予"2007—2008年度全国婚姻登记规范化单位"称号；临澧县、澧县、安乡县婚姻登记处被评为"全省先进婚姻登记机关"。

2009—2013年，常德市民政局采取一系列措施加强全市婚姻登记管理，这主要是：净化婚姻登记机关环境。对婚姻登记场所安排在行政审批大厅的，改由民政部门设置专门场所，便于当事人办理婚姻登记并保护当事人隐私；严禁婚姻登记机关与社会商业服务机构合作开展婚姻服务，严禁将有关婚姻服务项目制定、承包给商业服务单位或个人；严禁婚姻登记机关的办公场所内悬挂、张贴商业性广告、资料、图片，严禁任何商业服务单位或个人在婚姻登记机关办公场所内从事商业性咨询、推介和商品销售活动；严禁婚庆公司在婚姻登记处招揽业务，切实维护婚姻登记机关的良好形象和婚姻登记秩序。

严格执行收费标准，严禁乱收费。全市办理结婚、离婚登记按每对9元的收费标准执行。婚姻登记与婚姻有偿服务必须严格实行人员、场地、收费三分开，婚姻有偿服务收费必须坚持告知和自愿的原则，服务收费项目及标准应报经当地物价部门核准并公示，严禁违规收费、乱收费和搭车收费。

建立和完善婚姻登记工作责任制。各地将婚姻登记规范化建设工作纳入民政工作年度计划，建立健全婚姻登记规范化建设工作领导小组，明确主要领导为第一责任人，切实履行婚姻管理部门职能，落实有关人员职责，确保目标和任务的完成。加强婚姻登记员的业务培训和行为礼仪规范教育，努力提高婚姻登记员的业务能力和自身素质，确保婚姻登记质量和服务质量不断巩固和提高。

2009年年初，全市共有县级婚姻登记机关9个，其中，符合规范化要求的5个，占机关总数的55.56%。是年9月，安乡县、石门县民政局婚姻登记处荣获"2009年全国婚姻登记规范化单位"称号。2010年，鼎城区民政局获得"全国婚姻登记规范化建设'十一五'贡献突出单位"称号。2013年年底，全市县级婚姻登记机关全部达到婚姻登记规范化建设标准。

第三节　殡葬管理

殡葬是人类自然的淘汰,是对死者遗体进行处理的文明形式,是社会发展的产物,也是文化传统的组成部分。殡葬原是土葬的文言用词,今指处理死者遗体的方法和对死者的哀悼形式。

1988—2013 年,全市各地大力改进殡葬管理,各县(区、市)划定火葬区和土葬改革区,提倡简办丧事,共产党员和国家公务员带头实行火葬,对于推行火葬,改革土葬产生了良好的影响。殡葬事业单位开展优质高效服务,社会效益和经济效益明显提高。期间,全市共火化遗体 8.2264 万具。

一、法规建设

1988—2013 年,常德市、县(区、市)党委、政府逐步建立健全各项殡葬法规制度,以达到推行火葬,逐步限制土葬,最终完全用火葬代替土葬的目的,同时,改革旧的殡葬礼俗,破除看风水、选坟地、搭灵棚、摆路祭、出大殡、打幡摔盆、烧香化纸、收送挽幛等迷信和铺张浪费现象,大力提倡文明、俭朴、节约办丧事的殡葬礼俗。

1993 年 2 月 28 日,时任市长吴定宪签署常德市人民政府第 2 号令,发布《常德市殡葬管理办法》,共 18 条。“办法”明确,在各级人民政府的领导下,民政部门负责管理殡管工作,负责宣传、贯彻执行殡葬管理的各项法规、规章和政策;检查、监督指导各职能部门及其单位对殡葬管理法规的执行,制止和处理违反殡葬管理法规的行为,对重大问题向上级提出处理意见和建议;对违反殡葬管理法规的行为涉及其他部门职权的,督促有关部门进行处理;为单位或个人文明治丧活动提供有偿服务;负责处理殡葬管理中的其他事宜。

2004 年 4 月 5 日,常德市人民政府发布《关于加强殡葬管理严格保护耕地的通告》,并于 5 月 1 日起实施。2006 年 3 月 20 日,常德市殡葬改革领导小组发出《关于进一步加强殡葬改革工作的意见》(常殡组〔2006〕1 号)和《关于明确有关单位在殡葬改革中职责的通知》(常殡组〔2006〕2 号),要求各区县(市)人民政府、德山开发区、柳叶湖旅游度假区、西湖、西洞庭管理区及市直机关各单位,加强领导,落实责任;明确目标,突出重点;建立机制,长效管理。明确市殡葬改革领导小组成员单位的共同职责是:加强领导、尽职尽责、垂范带头、经常督查、积极配合、严格执法。同时明确,武陵区、鼎城区人民政府及德山开发区、柳叶湖旅游度假区管委会的职责是:实行属地管理、经常检查督导、搞好组织协调。同时,还对民政、公安、工商行政管理、城管、国土、交通、卫生、监察、文化、林业、财政、物价、人事、劳动保障、新闻、政府法制、信访等相关职能部门和机构的职责作了具体规定。

各区县(市)根据《湖南省实施〈殡葬管理条例〉办法》和常德市人民政府及常德市殡葬改革领导小组的有关要求,相继制定并出台相关殡葬改革配套政策和措施。

1994 年 5 月 16 日,武陵区召开全区殡葬改革工作会议,区政府常务副区长韦绍斌作工作报告,区委副书记任承忠、市政府副秘书长王德盛出席会议并讲话。同日,武陵区物价局、区财政局发出《关于重新审定部分殡葬服务收费标准的通知》(常武价业字〔1994〕13 号),从 7 月 1 日起,调整遗体火化费、骨灰寄存费、殡仪厅租金标准。2004 年 8 月 18 日,武陵区人民政府印发《关于加强殡葬管理工作的通知》(常武政发〔2004〕22 号)。是年 9 月 6 日,该区成立以副区长徐术福为组长、区政府办副主任顾群惠、区民政局局长戴嘉庆为副组长,宣传、公安等区直相关部门负责人为成员的殡葬改革领导小组。

1997 年 7 月 7 日,津市市人民政府,发布《关于进一步加强居民遗体火化管理工作的通告》(津政办通〔1997〕57 号),2004 年 9 月 30 日,津市市人民政府出台《关于加强殡葬管理、扩大火化范围的暂行规定》(津政办发〔2004〕41 号),对殡葬改革涉及的行政与执法、市民责任与义务、违规与处罚、管理与服务等进行了详细具体的界定。市政府还与各部门单位"一把手"签订了目标管理责任状,要求各职能部门无条件支持殡改工作,建立健全了市民政局、街道、社区三级殡改工作网络体系,确保了有机构运转、有专人专抓、有目标考核、有机制保障。

2004 年 5 月 25 日, 柳叶湖旅游度假区成立由管委会主任陈本祥任组长的殡葬改革领导小组。5 月 31 日,柳叶湖旅游度假区出台《关于做好殡葬管理工作的实施方案》。

2004 年 6 月 22 日,桃源县人民政府转发《常德市人民政府关于加强殡葬管理严格保护耕地的通告》的通知,并于 6 月 24 日召开全县殡葬改革动员大会。

2005 年 4 月 7 日,汉寿县召开全县殡葬改革动员大会,各乡镇乡镇长和民政专干、社区书记、中小学校长、县直相关单位负责人共 500 多人参加的会议。5 月 1 日,汉寿县在县城休闲广场组织万人签名活动,支持殡葬改革。

2005 年 4 月 12 日,安乡县召开全县殡葬改革动员大会,县委、人大、政府、政协四大家领导,县直各单位和乡镇负责人等 1000 多人参加大会。县长王先蒙做了动员报告,县委书记张开松作重要讲话。同日,安乡县人民政府发布《关于加强殡葬管理的通告》。4 月 28 日,安乡县人民政府下发《关于殡葬改革工作责任分工的通知》,明确县直各部门在殡葬改革中的工作职责。2006 年 2 月,安乡县政府在制定五年社会经济发展规划时,把殡葬改革纳入发展规划,提出殡葬改革分三步走的工作思路。2007 年 4 月 25 日,安乡县政府发布《关于乡镇社区居委会推行强制火化通告》,《通告》主题是扩大强制火化区的范围和注意事项。2007 年 5 月 9 日,安乡县召开全县乡镇殡葬改革动员大会,全县各乡镇党政一把手、县直各单位一把手和各社区居委会负责人 1000 多人参加会议。会议全面部署了全县乡镇殡葬改革工作。2007 年 5 月 9 日,安乡县人民政府印发《关于在乡镇社区居委会推行强制火化的通告》(安政通〔2007〕3 号),文件规定从 2007 年 5 月 20 日起,全县城镇居民和一、二农场职工死亡后一律实行强制火化。2007年5月10日,安乡县县长王先蒙与全县20个乡(镇)长及一、二场场长分别签订殡改工作责任状,强化殡葬改革工作责任。2007年10月,安乡县委、县政府首次把殡葬改革纳入各乡镇责任制考评范围。

2004年8月9日,澧县召开全县殡葬改革工作会议,会议印发了《澧县人民政府关于加强殡葬改革和管理的通告》,明确澧阳镇为强制火化区。2006年4月11日,澧县澧阳镇召开殡葬改革部署大会,副县长廖爱民强调要改变澧县殡葬改革落后的面貌,加强领导、宣传和执法力度,促进殡葬改革有序开展。2006年5月10日,澧县人民政府发布《关于明确殡葬改革工作职责的通知》(澧政发〔2006〕58号)。

2005年11月1日,临澧县人民政府发布《临澧县殡葬管理实施细则》。是年12月5日,临澧县委、县政府召开全县殡葬改革工作动员会议。动员全县各级各部门要贯彻落实中央、省、市领导对殡葬改革问题的批示和讲话精神,认真执行《临澧县殡葬管理实施细则》,打一场声势浩大的殡葬改革"翻身仗"。各乡镇区、县直各单位的殡改率要达到100%,国家公职人员的直系亲属的殡改率要达到100%,从2005年12月1日起安福镇城镇居民和国家公职人员(包括离退休人员)必须实行火葬。

2008年9月28日,石门县人民政府颁布《石门县殡葬管理暂行办法》(石政发〔2008〕12号)和《石门县人民政府关于推进我县殡葬改革的通告》(石政通告〔2008〕8号),自2008年12月1日起施行。2008年11月15日,石门县在兰园会议中心召开全县殡葬改革动员大会。会议由县委常委、县政府副县长蓝小明主持,县委常委卢岳宣读了《石门县人民政府关于推进我县殡葬改革的通告》,县委常委、县政府常务副县长高德知作了重要讲话,参会的各县直单位及各乡镇场区负责人向大会递交了石门县殡葬改革工作目标管理责任状,在家的县领导出席了殡葬改革动员大会并参加了倡导殡葬改革的签名活动。2008年12月1日起,石门县楚江镇所辖15个社区、二都乡所辖月亮山等4个社区被该县划定为殡葬改革火化实行区。

二、基础设施

1988—1998年,常德市域受各种因素制约,殡葬服务设施极不配套,殡葬事业发展缓慢。当时,全市6个火葬场建于二十世纪六七十年代,且均在"5万元钱、5亩地、5个人"的"三五"口号下兴建,除常德市城区外,各县市的殡葬设施基本是自制的土炉子,设施陈旧,设备老化,火化功能差,效率低,污染严重。安乡、澧县、汉寿火葬场,火化一具尸体要消耗柴油50多斤,焚烧好几个小时才能完成,不仅增加了火化成本,同时增添了丧户的悲痛心情。悼念厅少且面积小,餐厅等附属设施亦不配套,难以适应丧户的治丧需要。时石门、临澧两县尚没有火葬场,人们只好随意搭棚办丧,乱埋乱葬,无法推行火葬,不仅殡葬改革的难度大,群众也怨声载道。

2004 年，常德市殡葬改革大潮兴起，全市各地殡葬基础建设坚持政府主导、民政推动和社会参与的方式，分期建设；殡葬服务单位采取“自我积累、自主经营、自我发展”的滚动发展经营方式，注重与市场需求相协调，与群众丧葬消费水平相适应，避免盲目超前而背负过多包袱，先后筹措 1.2 亿多元资金，加强殡葬基础设施建设，为殡葬改革健康持续发展奠定了坚实的基础。

各区县（市）政府不断加大财政投入力度，殡葬事业不断发展。津市市自 1997 年起，共投资 687.6 万元，兴建殡仪馆、火葬场。2008 年以前，石门县一直未建火葬场，殡葬改革停滞不前。2008 年，石门县引资 1500 万元，成立石门德源殡葬服务有限公司，高标准、高起点新建了火葬场、殡仪馆、公墓和殡葬服务楼。是年 12 月，正式启动殡葬改革，火化率连续三年达 100%。澧县采取以村出土地，经营权、管理权、所有权归县民政局所有，工程建设采取由建设方全额投资，县民政局边出售墓穴，边付工程款的经营方式修建了乔家河公墓；投资 2000 万元，新建县殡仪馆拥有 15 个吊唁厅，面积达 30 亩。2008 年 8 月 8 日，临澧县殡仪馆（火葬场）在陈二乡大塘村老屋组动工，同年年底竣工。共投资 750 万元（其中省民政厅拨款 40 万元、县财政 150 万元、自筹资金 560 万元），修建殡仪厅 4 个，装有火化炉 2 台，占地面积 27 亩。桃源县筹资 235 万元，改造县殡仪馆，修建了艺术公墓，并完善了相关殡葬设施。汉寿县引资 800 万元，新建太子陵园，墓区面貌焕然一新。鼎城区引资 100 万元，改造更新殡仪馆，添置殡仪车，治丧环境大大改善。西湖管理区和西洞庭管理区分别投资 200 多万元，修建殡仪馆，有效地规范了办丧秩序。

至 2013 年，常德市共建立经营性公墓（陵园）8 处，占地 1684 亩，共建墓穴 4.9986 万座。分别是：

常德市万金公墓：坐落在白鹤山乡，与“中国城市第一湖”——柳叶湖相邻，距城区仅 10 余公里。公墓占地面积 260 余亩，由麻王山、玉皇岭、皇山等几个独立山头组成，至 2013 年底，已安葬墓穴 1.8 万座。

2000 年 3 月 10 日，市万金公墓推行节地葬法的壁葬墙竣工，开始承接骨灰盒的安葬。修建了墓区水泥道路、公墓综合服务楼、大型停车坪等。此外，万金公墓还提供瓷像烧制，特殊墓型设计、制作，祭拜用品出租、出售，落葬仪式，代客祭扫，草坪音响等多项便民服务。值勤人员 24 小时墓区巡逻，监控设备全天候启用，智能化、人性化的服务，精心呵护客户的每一个细节，方方面面塑造出万金公墓人生后花园的顶级品质。积极倡导健康生态文化，开辟了树葬和草坪葬墓区，引导市民选择理性、文明、环保、节俭的殡仪消费方式，移风易俗，促进人与自然的和谐，把万金公墓建设成鸟语花香、四季常青、景色宜人的花园，人文纪念园。

津市市刘家山公墓：坐落在津市市大同路 13 号，占地面积 320 亩。1994 年 2 月 4 日，省民政厅批复（湘民事发〔1994〕第 02 号），同意津市市建立刘家山公墓。2004 年 7 月，经多方努力，津市市林业局将刘家山公墓移交津市市民政局管理，并成立刘家山公墓管理处。安葬墓穴 3.2 万座。2004 年 9 月 1 日，津市市民政局任命刘朝忠任公墓主任。

汉寿县太子陵园:坐落在汉寿县太子庙镇,占地面积99.4亩。1994年8月19日,省民政厅批复(湘民事发〔1994〕第16号),同意汉寿县建立“清水坝公墓”。2003年,汉寿县政府招商引资,将清水湖整体招商建立了湖南涉外经济学院水湖校区(今为湖南高尔夫旅游职业技术学院),要求公墓进行整体搬迁。2004年,公墓迁至汉寿县太子庙镇倒流坪村十八垱水库旁,定名为太子陵园。已建墓穴750座,安葬墓穴505座。2005年4月25日,聂建军任汉寿县晋安殡葬服务有限公司副经理,负责陵园全面工作。

桃源县千梯山公墓:坐落在桃源县江镇二里岗社区,占地面积120亩。1998年11月25日,省民政厅批复(湘民事发〔1998〕第31号),同意桃源县修建千梯山公墓。墓园内交通方便,有停车坪和客户休息场所,并配备专门的消防设备和专人管理。已建墓穴1000多座,安葬墓穴900座。2008年3月8日,桃源县民政局党组成员、老龄办主任朱文朗分管公墓工作。

安乡县潺陵公墓:分为两个墓区,即官陵湖墓区和黄山头墓区,分别坐落在安乡县深柳镇南安路357号和安乡县黄山头镇,共占地面积359.45亩。1994年10月6日,省民政厅批复(湘民事发〔1994〕06号),同意安乡县建立官陵湖墓区和黄山头墓区(统称为潺陵公墓),其中:官陵湖墓区占地面积9.45亩,2005年12月21日开始建设,2010年已基本使用完毕,截至2011年,安葬墓穴1808座。明壶山陵园(即黄山头墓区),占地面积350亩,2011年1月1日启动建设,已开发6大墓区。2010年1月10日,中共安乡县委组织部任命袁炳新为县殡葬管理所所长,负责公墓全面工作。

临澧县湘北庙山鹤亭陵园:坐落在临澧县陈二乡大塘村,占地面积50亩。1998年9月23日,省民政厅批复(湘民事发〔1998〕24号),同意临澧县兴建湘北庙山鹤亭陵园。1998年12月,临澧县民政局与苏州市物资贸易中心合资动工建设,2001年年底完工。庙山陵园曾因经营者炒卖墓穴,被省民政厅、常德市委、市政府查处。事后,临澧县民政局负责经营管理。2008年5月22日,临澧县委、县政府将陵园整体出让,成立临澧县庙山鹤亭陵园有限责任公司。截至2011年,墓葬区已安葬墓穴420座,骨灰堂已安葬骨灰1万多个。2008年5月22日,肖才辉任陵园总经理,负责陵园全面工作。

石门县白云山陵园:坐落在石门县楚江镇红土社区,占地面积36亩。2003年12月31日,省民政厅批复(湘民福事发〔2003〕号文),同意石门县在楚江镇二天门社区仙鹤山建立仙鹤山公墓。2005年8月24日,省民政厅批复(湘民福事函〔2005〕8号),同意石门县在楚江镇红土社区建立白云山陵园,2008年5月启动一期工程建设,占地面积17.7亩,于2011年1月正式投入使用。截至2011年,已建墓穴258座,销售墓穴112座,安葬墓穴104座。2008年5月25日,覃事军任石门德源殡葬服务有限公司董事长,负责陵园全面工作。

澧县乔家河公墓:坐落在澧南镇乔家河社区,占地面积25亩。1998年5月18日,省民政厅批复(湘民事发〔1998〕第13号),同意澧县兴建乔家河公墓。是年,乔家河公墓揭家山公墓区建成投入使用。截至2013年,已建墓穴2500座,安葬墓穴2000座。2009年5月8

日，澧县发改物价局以澧发改投〔2009〕35号文、省林业厅批复（湘林地〔2010〕0640号），同意澧县建设大地岭公墓。坐落在道河乡分水村和长木村交界处，规划200亩，投资500多万元已完成"24孝"、牌楼、办公楼、服务用房以及墓区硬化、进山道路4.2公里长的修建等基础设施建设。2006年3月18日，县民政局任命李成望任县殡葬管理所所长，负责公墓全面工作。

至2013年，常德市共有殡仪馆11个，其中市本级和安乡县各2个，鼎城、汉寿、澧县、临澧、桃源、石门、津市各1个；共有殡葬服务厅76个，有殡仪车辆30台，配有火化炉20台。至2013年，常德市、县（区、市）殡仪馆共10个，分别是：

常德市火葬场（又名白鹤山殡仪馆）：原建在常德市德郊境内的老虎窝。1966年10月开始动工兴建，1970年1月竣工，总投资23.8万元，占地15亩。建筑面积1641平方米，其中吊唁厅140平方米、火化房160平方米、停尸间45平方米、车库、油库75平方米、其他设施房132平方米。场设：接运、整容、焚化34组，场内营造果木206株，风景林8180株，花木茂盛，绿树成荫，环境肃静。初期采用烧煤焚化，后来采用燃油。1990年，购买江西省火化机械厂生产的燃油焚尸炉，取代自建的燃油土炉，消烟除尘效果更好，得到了人们的认同。

2002年11月，搬迁重建，坐落在白鹤乡东山村S306省道旁。新火葬场占地面积70亩，总建筑面积9600平方米。内建有大、中、小殡仪厅7个，火化车间、骨灰寄存间一栋，能同时容纳700人就餐，42人住宿，集餐饮、住宿、购物、休闲于一体的综合服务楼，均为园林古典式建筑风格。院内花草树木四季常春，三季有花，绿化面积3万平方米，绿化覆盖率达80%以上。

常德市殡仪馆：坐落在市城区城北街道新乐巷。1978年11月动土兴建，1981年7月19日竣工，即开始殡仪接待，实行与火葬场配套服务。市殡仪馆占地面积7.27亩，其中绿化面积2.5亩，余为殡仪用房，总投资28.5万元。

1988年，市殡仪馆购置控温安息床，俗称"冰棺"，防止遗体腐烂，结束了夏季治丧摆放冰块降温的历史。1995年3月，引进获首届中国金榜技术与产品博览会金奖的国家专利产品——蜂窝纸芯卫生棺，改变了以往反复使用活动木棺装运遗体的习惯。1998年5月1日起，常德市殡仪馆实行治丧禁止燃放烟花爆竹，此举措消除了鞭炮嗓音对殡仪馆周边居民的侵扰。从2004年5月1日起，殡仪馆取消乐队闹丧，禁止释放超标准音量和使用超标准音响设备，最大限度地减轻了殡仪馆治丧对周边居民的环境影响。

常德市殡仪馆自开展殡仪接待工作伊始，即探索性试行一包到底的殡葬服务方式，全面落实殡葬服务项目、收费标准、服务内容、服务程序、服务监督"六公开"制度。已经形成从接到电话通知，到上门接运遗体，实行遗体装殓、遗体整容、防腐处理、灵堂布置、遗体火化等项目的全天候服务。

2013年10月28日，常德市政府副市长朱晓平主持召开武陵区、鼎城区、常德经济技术开发区、柳叶湖旅游度假区和相关市直部门负责人参加的协调会，通报拟关闭新二村殡仪馆的相关情况，并征求意见。11月13日，常德市人民政府发布《关于市城区新二村殡仪馆迁址的通知》(常政发〔2013〕16号),决定市城区新二村殡仪馆于2013年12月20日正式关闭,迁址位于白鹤山乡的市殡仪馆正式营运。为方便市民赴白鹤山殡仪馆吊唁,从排云阁开往市殡仪馆的13路公交车,每日19日至次日凌晨1时增开夜间班车,定时定点服务。12月20日凌晨,在新二村运行了30多年的殡仪馆按时关闭。

鼎城区殡仪馆:位于武陵镇停车场社区(当时系停车场村三、四组),占地9.725亩。1992年7月1日动工修建,1992年12月底主体工程完工,1993年3月, 因资金未到位、领导调动等因素,殡仪馆工程停工,1996年年初再次启动,是年年底竣工。总投资121万元,共有吊唁厅5个,其中大厅1个、小厅4个,建筑面积共820平方米。鼎城区殡仪馆核定编制8人,其中馆长1名。

2001年5月,鼎城区民政局与福建客商吴达武签订殡仪馆出租30年的协议,法人更改为吴达武,并由其投资、经营。2001年7月动工改扩建殡仪馆,2002年3月18日竣工开业。现有办公楼1栋,职工宿舍4套,总筑建面积1071平方米,新添置冰棺4台,三层藏尸柜1台,殡仪服务车1台。历任馆长刘维富、涂绍明、吴达武。

安乡县殡仪馆:始建于1978年,其前身为安乡县杨家河火葬场(仅有一台火化土炉子)。1992年, 投资20万元修建了一个简单的悼念厅。为启动全县殡葬改革,2005年筹资676万元修建了设施一流的殡仪馆, 重修了杨家河火葬场。在原址上向前扩充征用土地12亩,修建吊唁厅7间、共1480平方米;火葬场火化车间500平方米,安装2台平板火化炉。馆内有餐厅600平方米、招待所300平方米、门面用房400平方米、办公用房700平方米、宿舍900平方米、配套用房200平方米,车库10间、300平方米。

2009年以后,安乡县财政先后拨款500万元,县民政局筹资207. 5万元,收回县殡仪馆股权,县殡仪馆由股份制转型为公办性质,隶属县民政局管理。殡仪馆有恒温棺10台,音响10套,桌椅1000余套。殡仪车7台,执法车1台、公务车1台。殡仪馆(火葬场、公墓)共有干部职工37人,其中正式职工14人,聘用临时工23人。历任馆长熊景安、刘远湘、谢林龙。

汉寿县殡仪馆:始建于1977年,位于株木山清水坝水库旁,占地面积79.9亩,其中公墓面积12.7亩,火葬场面积3.4亩。由于殡仪馆离县城较远,县城居民办丧很不方便。同时,大多数居民办丧时在大街小巷和居民生活区乱搭灵棚、乱设灵堂、丧事大办、鞭炮丧乐扰民,这些严重影响了居民正常的生产生活,居民意见很大。二十世纪九十年代末,部分县人大代表和县政协委员建议在县城城郊修建吊唁堂,以方便居民办丧。2000年,经县政府研究同意,在龙阳镇杨旗嘴社区修建吊唁堂。2003年,县政府招商引资,将清水湖整体招商建立了湖南涉外经济学院清水湖校区(现为湖南高尔夫旅游职业技术学院),要求县殡仪馆整体搬迁至龙阳镇杨旗嘴社区。殡仪馆占地面积12亩,建筑面积3300平方米,绿化面积2000平方米。公墓迁至太子庙镇倒流坪村十八垱水库旁,占地99.4亩,已建墓穴470座,安葬410座。

县殡仪馆建有吊唁厅7个,其中大厅1个,中厅2个,小厅4个。厅内配有电视,坐椅、鲜花拱门、清洁池等设施。配有3台殡仪车、火化机2台,大型防腐冰柜2组(可以同时存放6

具遗体)、移动式冰棺 8 台。骨灰存放室配有可以同时存放 300 个骨灰盒的防火骨灰寄存架。县殡仪馆可以提供遗体接运、遗体冷藏、化妆整容、举办追悼会、遗体火化和骨灰安置等殡仪服务,基本上满足了广大丧户的消费需求。历任馆长聂国爱、廖铁桥、袁序庭、聂建军、伍深求;书记周金福;副馆长袁定胜。

津市市殡仪馆:创建于 1996 年,先后投入 900 多万元(其中美化绿化资金投入达 46 万元)将原已停产关闭的津市市社会福利工厂改建成设施齐全的殡仪馆。殡仪馆占地面积 9 亩,建筑面积 3000 多平方米,2005 年被评为常德市"园林式单位"。现有干部职工 162 人,其中残疾人 97 人。设有高、中、低吊唁厅 9 个,馆内餐厅全部安装空调,可一次容纳 800 多人次就餐。津市殡仪馆自己创建了一支高素质的演艺队伍专门为丧户服务,有轻音乐队、洋鼓队、腰鼓队等服务项目。

殡仪服务实现了一条龙服务,包括遗体接运、整容、吊唁厅布置、花圈出租、出售、丧葬用品、就餐、演艺活动安排、遗体火化、骨灰存放、入葬公墓等,基本上满足了丧户多层次的需求,殡仪馆和公墓年收入在 400 万元—500 万元。历任馆长毕家平、叶利平;副馆长程学荣、蔡德生、王金鹅、张洁。

澧县殡仪馆:1979 年,省民政厅批准,在澧水流域设立中心火葬场,澧县是常德市殡葬工作起步较早并设有火葬场的县(市)之一。1980 年,澧县火葬场开始从事遗体火化工作。

1996 年,投资 200 万元在澧阳镇多安桥修建澧县殡仪馆,1998 年正式对外营业。殡仪馆设有办公室、财务室、吊唁厅、门市部、餐厅和车队 6 个部门,担负着县城区的治丧服务工作。殡仪馆占地 5 亩,建筑面积 2000 平方米,固定资产 200 万元,共有从业人员 15 人。设有 4 个吊唁厅(其中 2 个小厅和 2 个大厅),厅内配有休息室、储藏室,餐厅 1 栋,可同时满足 300 人就餐、招待所综合楼 1 栋;公务车 1 台以及金杯殡仪车 2 台,基本满足了全县广大丧户的殡葬需求。

2003 年,投资 300 余万元对火葬场进行整体搬迁。2006 年,在澧阳镇群星村征地 30 余亩,筹建新殡仪馆。2011 年 1 月实行馆所分立。历任馆长赵远清、李经华、李承望、邓超;副馆长尹化柏、张弦。

临澧县殡仪馆:始建于 1996 年,位于安福镇农丰村,设有 3 个悼念厅。2008 年,投资 450 多万元(其中 2009 年兴建于新殡仪馆内的火葬场投入 80 余万元)在望城乡同欢村与陈二乡大塘村交界处异地新建殡仪馆。2009 年 9 月竣工并正式营业。殡仪馆占地 50 亩,馆内设吊唁厅 4 个、建有餐厅 1 栋、办公楼 1 栋及火化车间一处,设有平板火化炉 2 台。全年可办理丧事 400 余场次,基本满足全县群众治丧的需求。历任馆长尹绪锦、邓跃平、胡良武、胡家珍、游志刚。

石门县殡仪馆:始建于 2007 年,位于石门县红土社区,距县城 1.5 公里,2008 年 12 月正式运行,共投资 2927.57 万元。殡仪馆共分为 2 个区域,即殡葬服务区和公墓区,占地面积 90 亩,其中殡葬服务区占地面积 44 亩,公墓区占地面积 46 亩(其中一期工程 17.7 亩,于

2011年1月正式投入使用)。殡仪馆建有吊唁厅、火化车间、骨灰堂、冷藏间、业务综合大楼,食堂和超市等配套设施一应俱全,建筑面积达7000平方米。历任馆长宋龙福、唐文东。

桃源县殡仪馆:坐落在桃源县城漳江北路68号,始建于1996年6月,1997年10月正式对外营业。殡仪馆占地面积12亩,设有吊唁厅4个(1号厅、2号厅、3号厅、6号厅),吊唁厅设施齐全,配有专门的音响和空调,殡仪车1台、执法车1台,有殡仪瞻仰棺10多台和三屉式冷冻柜1个;有可供300人同时就餐的包厢和餐厅;有娱乐室2间和供丧户休息的客房4套;有丧葬用品商店和鲜花、花圈经营门店;院内绿树成荫,有大型的停车场。承担办理丧事、遗体整容、遗体接运、遗体火化,公墓经营管理等有偿服务活动。历任馆长刘义林、胡瑞林、王其宏、李勇,书记林柏秋;副馆长戴元松、邓孔平、张竹恒。

三、舆论宣传

2004年5月18日,中共常德市委、常德市人民政府召开大规模的殡葬改革工作动员大会,全市殡葬改革的大幕正式拉开。之后,各区县(市)及市直各有关单位,为迅速贯彻落实全市殡葬改革会议精神,开展了声势浩大的殡葬改革宣传活动。

集中宣传:2005—2013年,全市各地在每年的清明节和春节期间,殡改宣传活动相对集中进行,主要采取出动宣传车、发放宣传资料、悬挂横幅标语、制作专题电视宣传片等形式展开。据统计,全市共发放殡改政策、法规、业务知识宣传单20万份,出动宣传车8000台次,张贴政府《通告》1万份,悬挂横幅标语2100余条,制作殡改专题宣传片12部(市殡葬管理处在全国率先拍摄推行农村殡葬改革电教片),宣传市民30万人次。为了更好地推动全市殡葬改革,市殡葬管理处创办了《殡改动态》简报,自2004年6月8日创刊,已印发43期计30万字1.3万份。同时,各地殡改工作人员结合平时工作,开展上门宣传20万人次。仅2010年,市殡葬执法监察大队全年发放殡改政策、法规、业务知识宣传单近万份,宣传群众1.53万人次。市殡葬服务中心通过电视、报纸、宣传车、短信、标语等形式,主要抓了"文明祭扫、平安清明"为主题的宣传活动和在市城区殡仪服务场所禁放烟花爆竹的宣传活动,努力弘扬"传递亲情、传承文化"的殡葬文化理念和文明丧葬新风。津市市深入乡镇、街道及企事业单位,结合新农村建设宣传殡葬改革,全年发放殡改宣传资料2000余份;发送短信6000余条,在各级各类报刊发表文章10篇。石门县充分利用电视、报纸等媒介广泛宣传,积极引导干部群众普及科学知识,破除封建迷信,倡导文明丧葬新风。汉寿县采取经常性宣传和重点宣传相结合,全年出动宣传车400台次,发放宣传单4000份,张贴通告80余张,刷写标语52余条。武陵区、鼎城区利用媒体、张贴标语、发放传单等方式,重点向郊区火化区、村改居单位群众宣传殡葬政策法规,城郊群众对殡改认识得到了加强。桃源县重点加大了清明祭扫宣传力度,围绕"倡导绿色祭扫、共创和谐社会"主题进行宣传。澧县通过召开会议、出动宣传车、发放宣传资料、张贴《通告》等形式,开展宣传。临澧采取多形式、多层次宣传方式,营造了良好的殡改氛围，使殡改政策、法规基本家喻户晓。安乡县第三次修改《安乡县人民政府关于进一步加强殡葬管理的通告》和《安乡县殡葬改革和管理实施细则》，采取多种形式广泛宣传，收到了较好的宣传效果。常德经济技术开发区、柳叶湖旅游度假区结合执法上门宣传殡改政策，普及殡改知识，受到群众好评。

媒体宣传：这主要是及时收集掌握工作中好的先进典型和经验做法，加以推介，树立典型，在本地媒体上刊发相关工作报道；积极通过市长热线、嘉宾访谈、行风热线等栏目，与群众积极互动，认真倾听市民心声，在《常德晚报》上开辟殡改专栏，解答市民疑难，宣传殡改政策。积极在各相关媒体上全方位、多角度地宣传报道殡改动态。据统计，2005—2013 年，全市共在国家、省、市媒体发表文章 731 篇，其中市殡葬管理处在《中国殡葬周报》发表经验总结、理论探讨、典型报道等文章 349 篇，有 10 篇被《中国民政》《中国社会报》《中国殡葬周报》和《湖南社会事务通讯》作为工作范文在全国和全省殡葬行业推荐。2010 年 10 月 28 日，《中国殡葬周报》，首次用两个版面的篇幅，采取图文并茂的形式，以“常德殡葬改革印象”为题，重点报道了市殡葬服务中心、安乡县、津市市及石门县的殡改工作，肯定了全市殡改工作成绩，向全国推介了常德殡葬改革工作经验，提升了常德殡改工作的知名度。2010 年 10 月、2011 年 6 月《中国殡葬周报》主编两次到常德调研殡改工作，《中国殡葬周报》以专版的形式报道市殡葬职工庆祝建党 90 周年系列活动。2007 年，市殡葬管理处参加民政部、省民政厅的殡改调研活动，共组稿 5 篇，获一等奖；2008 年，在省民政厅组织的殡葬调研活动中获一等奖；2009 年，参加国务院法制办举办的“殡葬改革与殡葬服务论坛”征文中获一等奖；2010 年，被省民政厅评为“清明征文”组织奖。

清明节期间常德市民到万金公墓开展祭扫活动(2010.4)

网络宣传：2005 年，市殡管处建立常德殡葬网，2009 年改版。网站建成后，充分利用常德殡葬网进行宣传，将工作进度及时进行宣传，接受群众监督，上网浏览人数达 1.5 万人次。同时，积极向常德民政网、常德新闻网、尚一网、省民政网、红网、中国殡葬网和民政部网等网站平台，推介在殡改过程中出现的好的做法和先进人物。

典型宣传：2009—2013 年，以常德市殡管处为主，先后组织推荐先进典型 52 个。这些典型中，有刘朝忠、谭博文、白井成、刘燕、张桌林、罗红军、洪辉波、王德红等殡葬优秀观察员；有常德市万金公墓、津市市刘家山公墓、桃源县千梯山公墓、澧县乔家河公墓等群众祭扫

“优秀观察点”;有李燕喜、刘燕、汪国良、张明焕等优秀通讯员;还有如常德市民政局、常德市殡管处、津市市民政局、津市市、石门县殡葬事业管理所等单位和汉寿县民政局长罗小平、津市市民政局副局长林德意及陈勇、谢林龙、揭运安、李承望、游志刚、王孟桂等殡葬改革的突出集体和个人。

通过全方位、多层次的宣传,使全市殡改宣传工作真正实现了电视上有图像、报纸上有文字、汇报有典型有经验。通过深入持久地宣传,群众对于殡葬改革由不理解逐渐变为理解,殡改政策日渐深入人心,执行殡改政策日渐变成了广大群众的自觉行动。

四、惠民殡葬

2002—2013 年,常德市、县(区、市)人民政府建立健全了弱势群体丧葬救助体系,先后出台对“三无”人员、“五保”对象和低保对象的殡改优惠政策,并逐年提高了补助额度。2004—2013 年,全市共为弱势群体减免丧葬费用 2436.82 多万元,极大地减轻了丧户负担。

2006 年 7 月 15 日,常德市财政局向市民政局发出《关于解决市城区弱势群体丧葬补助费的函》,对无名死尸、“三无”低保户和其他低保户,财政均按平板炉火化费 410 元 / 名补助丧葬费。其动用殡葬车、遗体上下车等费用由市殡葬服务中心解决或通过捐赠赞助资金解决。

2007 年 8 月 2 日,常德市人民政府下发《关于进一步做好“三无”对象困难救助工作的通知》(常政办发〔2007〕8 号),明确各区县(市)建立丧葬基金,对“三无”对象(指无生活来源、无自理能力、无住房的城乡特困对象)自然减员后,由丧事承办单位持相关证明到当地民政部门领取 1000 元丧葬补助金。2010 年 8 月 1 日实施的《常德市农村五保供养工作实施办法》规定,农村五保供养对象死亡后,集中供养对象的基本丧葬费用按每人不低于 2400 元的标准执行,分散供养对象的基本丧葬费用按每人不低于 2000 元的标准执行。常德市殡葬服务中心在严格执行政府定价的同时,对低保户家庭成员(含死者本人和办丧家属是低保人员)和“三无”人员(无劳动能力、无生活来源、无法定赡养人)两类人员的遗体免收基本接运费、存放费、火化费以及骨灰寄存费,并在万金公墓特别修建了一批 1000—5000 元不等的低档墓,以低于成本价进行销售。据统计,2002—2013 年,常德市殡葬服务中心开通免费班车 1100 余趟次,运送 2 万余人上山祭扫、购墓,共为弱势群体保本或低于成本价销售低档位墓穴 2100 座,直接补贴达 110 万元,收敛无名尸体 1000 具,为城区特困户、低保户、下岗职工免费派车 352 次,共减免丧葬费用 180 余万元。

2006—2013 年,常德市殡管处直属的市殡葬执法监察大队共为 1500 多名城区低保(特困)对象办理了每人 410 元的基本火化费减免手续,减免金额共计 70 余万元。津市市每年为全市去世的五保户无偿提供遗体接运、冷藏和遗体火化,还为低保去世对象给予 300-500 元的殡葬费用减免,已为社会弱势群体减免丧葬服务收费 90 多万元。2010 年 6 月,安乡县殡葬服务机构收归国有以后，殡葬服务价格比原来的价格降低20%—40%，大大减轻了市民的治丧负担。桃源县自2004年起对无基本生活来源的居民、企业的下岗职工、低保人员死亡后到殡仪馆办丧或火化的，实行“三减二免一自选”的优惠措施，即减半收取冰棺租用金，减半收取客房住宿费，减半收取活动室租金；免费提供灵堂，免费运输遗体；丧主自愿选择就餐标准，只收成本费。临澧县、汉寿县、石门县和澧县等地坚持“丧属至上”服务原则，亦出台了弱势群体办丧优惠政策，竭力为弱势群体减免丧葬费，受到社会的好评。

五、殡葬执法

殡葬执法是民政行政执法中一项重要的行政执法活动。常德市、县（区、市）殡葬管理部门依照《殡葬管理条例》等法规政策具体实施执法行为。2004—2013年，全市的殡葬执法工作逐步规范化、法治化。

2002年，常德市民政局会同市殡管处对临澧县湘北庙山陵园非法传销事件进行处理，妥善解决诸多遗留问题。

1998年12月，临澧县民政局响应县政府招商引资的号召，与苏州市物资贸易中心合资建设的湘北庙山陵园，共投资800多万元，2001年年底完工。位于临澧县陈二乡大塘村同欢水库畔、207国道东侧。根据政企分开的原则，庙山陵园于2001年9月13日组建临澧湘北庙山陵园有限责任公司。改制后，临澧县民政局由原来的主办部门变为行业监管部门。陵园先后有了四任法人代表，即：第一任法人代表是来自苏州的投资商邢永明；第二、三任法人代表分别为临澧县民政局纪检组组长李本明和原副局长张明楚兼任；第四任法人代表是郭冬平，负责陵园后期的具体开发。从2002年起，经营者在实际操作中没有严格遵守国家的有关政策法规，采取广泛布点（在常德市区、石门县、澧县、津市市、鼎城区、临澧县和桃源县等地设立了7个办事处）、拉人讲课（大力宣扬“自由买卖”的概念，劝说客户大量购买）、许诺高额回报（承诺一个穴位几年内可增值若干倍）等方式大肆进行墓穴预售和买卖，价格在2000～6000元不等，投资性客户销售比例居高不下，经营方式涉嫌传销。截至2001年12月底，预售炒卖墓穴1.5万多个，销售金额达3200余万元，3000多名群众购买了穴位，有人甚至一次投入了26万元资金购买墓穴，庙山陵园的业绩红极一时。按照当初买卖双方签订的合同，穴位要在2002年12月31日前交付使用，但逾期几个月后，交付使用遥遥无期，且当初承诺的高额回报没有得到兑现。购买墓穴的大部分为市城区的下岗工人，他们认为自己上当受骗，多次到临澧县民政局、临澧县委、县政府，常德市委、市政府，省民政厅、省信访局、省工商局，民政部等部门进行上访，导致群体性事件发生。

2002年1月30日和2月7日，为了解决庙山陵园事件，常德市民政局局长卜功元、副局长唐子钧，市殡管处主任陈怀祥、书记陈大忠两次到临澧县进行督导。是年3月26日，省民政厅社会福利和社会事务处副处长范政文专程到临澧县进行督导。是年3月28日，市民政局、市殡葬管理处就庙山陵园有关问题向市政府递交了书面报告。是年4月16日,市政府副市长刘春林签署意见,要求临澧县政府妥善处理。是年6月14日,市政府副市长刘春林召集市政府办、市民政局、市工商局、市公安局、临澧县委、县政府、县政法委、县政府办、县民政局、县工商局、县公安局、县地税局、县审计局、人民银行临澧县支行等单位负责人,专题研究湘北庙山陵园有关问题的处理意见。是年6月24日,市政府办印发市政府第67次专题会议纪要。会议议定由临澧县全权负责处理好湘北庙山陵园事件,市民政局、市工商局、市公安局、市殡葬管理处积极协助。立即停止湘北陵园的一切违法违规经营活动,设在县外的7个办事处要立即停止经营活动。清查湘北庙山陵园的财务,集中资金加快对陵园塔位、穴位的建设进度,确保塔位、穴位的兑现。临澧县委、县政府对此高度重视,成立了由政法委、民政局、工商局、地税局、公安局、建设局、人民银行临澧支行组成的工作组,由县委书记吴友云亲自挂帅。工作组查封了7个办事处,吊销了其营业执照,同时冻结了陵园公司的银行账户,缉拿涉嫌违法人员(2003年年中,庙山陵园公司法人代表郭冬平被临澧县公安局提请批准逮捕)。清理了陵园公司财务,完成了陵园穴位安装工程,做好了群众的宣传和解释工作,协调好了与上级部门关系,确保了群众的情绪稳定。此案发生后,该县县委、县政府高度重视,并成立由县委书记吴友云挂帅的专案组,负责调查处理。为了最大限度地保护投资性客户的利益,临澧县制定了“承诺保本、三年付清”的赔付方针。赔付具体方案为:在2004年1月10日前,对属于兑付范围(即投资性客户)的客户在第一期已兑付10%的基础上再兑付一次,比例为所剩余额的10%;2004年兑付30%;2005年再兑付30%;2006年12月25日全部付清。至2006年12月25日,兑付资金全部落实。

2004年,是全市殡葬执法的开局之年,也是殡葬执法最艰苦的一年。市殡葬执法监察大队发扬一不怕苦、二不怕累的精神,敢于碰硬,不厌其烦,确保殡葬执法取得了良好的开局。是年,市殡葬执法监察大队上门做思想工作80多起400多人次,蹲点守夜17次,劝阻有土葬意向的丧户自动火化遗体40多具,起棺火化4起(其中会同市交通局、市老干局、市城管局、市环卫处起棺火化2起),会同市公安局、市工商局查处违规销售丧葬用品3起,会同市城管局拆除违规灵棚8起,会同市交警支队查处非法营运殡仪车辆6台次。是年8月18日,武陵区人民政府印发《武陵区人民政府关于加强殡葬管理工作的通知》,成立区、乡镇(街道)、社区(村)三级殡葬改革领导小组,明确强制火葬区范围,加强了乡镇(街道)、社区(村)的督查;积极配合市殡葬执法监察大队对武陵区周边棺木市场、花山村及河洑国家森林公园违规丧葬用地进行了清理并督导整改,协助上门做思想工作20多次,协助查处违规土葬事件10多起;建立健全了殡改信息网络,组建了190人的信息队伍。是年,鼎城区召开全区殡葬改革动员大会,区及区直各单位均成立了殡葬改革领导小组,制定了全区殡改工作方案、相关部门职责分工及重大违规案件处置预案,确定了强制火化区范围,设立了违规举报电话;开展了集中宣传,共出动宣传车20台次,悬挂横幅80多条,开办宣传栏40多个,发放宣传资料4000余份;协助市殡葬执法监察大队查处违规土葬3起,起棺火化1起,对重点乡镇违规出售(租)墓地进行了调查处理。柳叶湖旅游度假区召开了全区动员大会,成立了区、场(村)殡改领导小组,制订了实施方案,在全区范围内开展了殡改巡回宣传,对每个火化对象给予800元的丧葬补助。是年5月28日,市殡葬执法监察大队会同常德卷烟厂工会做某丧户(系常德卷烟厂职工)的思想工作,丧户主动将其父亲遗体(葬在安乡县农村)起棺火化。是年7月4日,市交通系统离休干部纪某的遗体在市殡葬执法监察大队的监督下被起棺送往桃源县火葬场火化,打响了常德起棺火化第一炮。是年7月22日,在丧户周老师(北正街小学老师)的积极配合下,市殡葬执法监察大队联合鼎城区殡葬管理所,将张某(系周老师的岳母)的遗体起棺火化。是年8月10日,市环卫处退休职工陈某的遗体违规土葬后,市城管局、市环卫处领导进行亲自督办,其侄儿主动将陈某遗体进行起棺火化。是年8月23日,市殡葬执法监察大队会同桃源县殡管所、县国土局、县供销社、县老干局对漆河镇供销社院内一活人墓(墓主系漆河供销社离休干部刘云桂夫妇),强制进行了平毁。从2004年11月1日起,市殡管处禁止乐队在市殡仪馆内闹丧,受到周边居民的高度赞扬。同时,常德卷烟厂悼念堂、市第一医院悼念厅亦照此办理。是年11月4日,市殡葬执法监察大队对市城区临江公园(今屈原公园)旁一豪华狗墓进行了平毁。

2005年,殡葬执法监察以严厉打击违规土葬行为为主展开,全年共起棺火化8起,劝阻违规土葬40起,现场焚毁棺木一副。是年1月6日,市殡葬执法监察大队会同桃源县殡管所将原桃源县运输公司退休职工陈某(在湖南文理学院办丧,土葬在桃源县漳江镇红岩村7组一村民的自留地里)的遗体进行强制起棺火化。是年3月21日,在丧户的积极配合下,市殡葬执法监察大队将已违规土葬在河洑山上40天的何某(系武陵区三岔路街道落路口社区居民)的遗体进行起棺火化。是年4月29日,市殡葬执法监察大队会同东郊乡政府、白鹤山乡政府和三间港社区干部反复做思想工作,在白鹤山乡太阳村将准备下葬的易某的遗体送往市火葬场火化。是年7月8日,市殡葬执法监察大队会同武陵区民政局、护城乡政府及张家台社区依法将土葬在南坪岗乡花山村的高某(系武陵区护城乡张家台社区居民)遗体进行强制起棺火化。是年10月27日,在市人大和政协部分代表、委员的监督下,市公安局、市国土局、市规划局和武陵区东郊乡政府等相关部门紧密配合,市殡管处会同市民政局、武陵区民政局采取强制措施,将违规土葬在市城区规划区红线内100天的朱某遗体,强制起棺火化。是年7月29日,在市殡葬执法监察大队的监督下,葬在鼎城区斗姆湖镇葛麻山村的鲁某(系武陵区城东街道牯牛岗社区居民)遗体被其子女就地进行了火化。

2006年,市殡葬处将执法监察范围从武陵区城市社区扩展到武陵区近郊的村改居社区、德山开发区和鼎城区武陵镇,加强了与武陵区、鼎城区、德山开发区、柳叶湖旅游度假区、桃源县、汉寿县、临澧县和市直相关部门的横向联系与协作。同时,加强了对市城区殡葬用品市场及周边的棺木市场和非法公墓的执法力度。重点打击违规土葬,在武陵区的积极配合与支持下,全年起棺火化12起。是年2月18日,在市政府值班室、市台办和市民政局领导的大力支持下,市殡管处对居住在武陵区护城乡皂果树社区刘某(系台胞,已违规土葬)的遗体进行起棺火化。是年12月31日,土葬80天的马某(系临澧县安福镇文化街社区居民)被临澧县殡葬执法领导小组强制起棺火化。

2007年,全市开展殡葬执法699次,制止违规土葬11起,强制起棺火化18起,处理群众投诉408起。市殡葬执法监察大队为市城区低保户办理基本火化费减免手续195人次,减免丧葬费用10万元。市城区火化遗体1530具。武陵区、鼎城区积极支持市殡葬执法监察大队开展殡葬执法,柳叶湖旅游度假区火化率继续保持100%。

2008年,全市开展殡葬执法664次,制止违规土葬62起,强制起棺火化12起。市殡葬执法监察大队为市城区低保户办理基本火化费减免手续205人次,赠送骨灰盒28个,减免丧葬费用10万元,市城区火化遗体1601具。是年,武陵区、鼎城区、德山开发区、柳叶湖旅游度假区民政部门及有关乡镇(街道)、社区积极支持配合开展执法工作。市殡葬执法监察大队联合武陵区民政局对河洑森林公园周边乱埋乱葬、207国道绕城线内乱埋乱葬进行了调查处理；联合鼎城区民政局对武陵镇停车坪等社区在鼎城区草坪镇的乱埋乱葬进行了调查处理,有效地扼制乱埋乱葬的势头。

2009年,市殡管处严格执法纪律,明确执法秩序;严肃执法行为,规范执法文书,殡葬执法受到市政府法制办的充分肯定。市殡管处、石门县殡管所制作的执法文书受到民政部政策法规司和省民政厅领导的好评。是年,全市制止违规土葬85起,强制起棺火化42起,开展殡葬执法1103次,为市城区低保户办理基本火化费减免手续233人次,赠送骨灰盒19个,减免丧葬费用10万元,市城区火化遗体1792具。

2010年,全市开展殡葬执法1095次,制止违规土葬83起,强制起棺火化39起。市殡葬执法监察大队为市城区低保户办理基本火化费减免手续236人次,赠送骨灰盒38个,减免丧葬费用10万元。市城区火化遗体1750具。是年2月6日,市殡管处出台《关于加强城区殡仪活动管理的通知》,严禁在市城区(含鼎城区武陵镇、德山开发区、柳叶湖旅游度假管理区)临街占道搭灵棚办丧,在社区、单位办丧严禁扰民,严禁在出殡途中燃放鞭炮、抛撒冥纸,严禁非法灵棚、灵车、礼炮车在城区开展经营性殡仪活动。

2010年10月14日,市城市建设投资集团公司在武陵区东郊乡唐家溶社区建设安置小区,共征用唐家溶社区5组土地17亩(包括耕地和阴地),涉及迁坟40座。是年10月30日至11月12日,5组部分居民将31座祖坟迁葬在东方嘉园小区西北角围墙外与居民住宅区之间2.5亩面积的集体闲置土地上。新迁坟墓葬在城市住宅区内,与部分居民房屋仅几米之隔,开门见坟,阴森恐怖,严重干扰了周围居民正常的生产生活,引发居民不断上访。是年11月22日,市民向市长热线投诉5次,向武陵区区长热线投诉3次,向红网、常德政府网、《常德日报》、《常德晚报》及省、市电视台投诉60余次,向市民政局、市国土局、市信访局、市规划局、市城管局等部门投诉30余次。事件发生后,市殡管处先后12次到现场调查了解情况,宣传殡改政策,制止乱葬行为。先后6次会同武陵区民政局、规划分局、国土分局等部门和东郊乡政府、唐家溶社区商讨解决办法。是年11月17日,市民政局局长熊国建带队,到东郊乡、唐家溶社区与当地党政主要负责人商讨解决办法，乡、社区负责人答应尽快整改。是年11月19日、22日，市民政局、市殡管处两次现场督促整改。是月25日，乱葬坟墓全部迁走，乱葬事件得到平息。

2011年，全市开展殡葬执法1128次，制止违规土葬75起，强制起棺火化38起。市殡葬执法监察大队为市城区低保户办理基本火化费减免手续241人次，赠送骨灰盒156个，减免丧葬费用19万元。市城区火化遗体1802具。是年12月27日，常德市人民政府发布《关于禁止在市城区殡葬服务场所燃放烟花爆竹的通告》，从2011年1月1日起在市城区所有殡葬服务场所禁炮。自禁炮工作启动以来，市城区殡仪服务场所祭祀秩序井然有序，市民普遍采用哀乐、鲜花和电子鞭炮寄托哀思，没有出现一起违规燃放烟花爆竹现象，实现了"平稳过渡、一炮不响"的目标，受到市民的普遍欢迎。是年，全市各殡葬单位注重强化保障措施，提升服务水平，清明祭扫工作井然有序。仅万金公墓清明期间共接待祭祀人数15万人次，车辆超过8万台次，鲜花漫山遍野，鞭炮"一炮不响"，真正实现"文明清明、绿色祭祀"的目标，市殡管处被省民政厅评为清明节管理工作优秀单位。

2012—2013年，常德市民政局会同市殡管处统一协调市、县（区、市）殡葬执法事宜，全面落实《关于加强城区殡仪活动管理的通知》精神，严禁在城区（含鼎城区武陵镇、常德经开区、柳叶湖旅游度假管理区）临街占道搭灵棚办丧，在社区、单位办丧严禁扰民，严禁在出殡途中燃放鞭炮、抛撒冥纸，严禁非法灵棚、灵车、礼炮车在城区开展经营性殡仪活动。期间，全市共开展殡葬执法8523次，制止违规土葬501起，强制起棺火化75起。同时，全市各地强化保障措施，提升服务水平，祭扫活动井然有序。津市市被民政部评为殡葬改革示范单位；市殡管处连续被民政部和省民政厅评为清明节管理工作优秀单位。

常德市1988—2013年火葬情况

表12-3-1　　　　单位:人

单位 火化量 年份	殡葬服务中心	津市市	澧县	安乡	桃源	临澧	汉寿	石门	合计
1988	811	350	594	43	260	—	65	—	2123
1989	725	486	498	48	263	—	67	—	2087
1990	773	512	537	52	253	—	63	—	2190
1991	781	497	563	50	258	—	62	—	2211
1992	774	521	509	49	269	—	63	—	2185
1993	701	508	531	48	265	—	66	—	2119
1994	705	492	528	50	282	—	64	—	2121
1995	857	518	496	47	275	—	66	—	2259
1996	928	521	457	53	287	—	67	—	2313
1997	865	460	273	54	296	—	71	—	2019
1998	975	524	165	56	302	—	74	—	2096
1999	855	490	187	51	312	—	75	—	1970
2000	895	513	225	52	309	—	96	—	2090
2001	932	498	270	49	328	72	135	—	2284
2002	911	536	320	53	330	79	168	—	2397
2003	926	548	380	54	336	73	154	—	2471
2004	1162	520	420	50	345	85	0	—	2582
2005	1400	565	470	360	364	76	234	—	3469
2006	1464	614	485	510	388	80	415	—	3956
2007	1517	580	550	780	420	114	421	—	4382
2008	1602	571	590	801	450	196	453	—	4663
2009	1792	596	592	832	496	210	517	498	5533
2010	1750	616	483	827	447	216	423	514	5276
2011	1818	615	625	835	630	257	340	545	5665
2012	1923	655	511	858	601	258	349	550	5705
2013	2254	604	520	889	664	268	355	544	6098
合计	30096	13910	11779	7551	9430	1974	4863	2651	82264

注:1.市殡葬服务中心2001年以前为常德殡葬管理所,常德市城区(含武陵区、鼎城区、常德经济技术开发区、柳叶湖旅游度假区)的火化量统计在市殡葬服务中心内;2.临澧、石门分别于2007年和2008年才建成火葬场,在火葬场建成之前若需火葬的到附近县市火葬场进行火化,在哪里火化的统计在该县市,故两县的数字显得不完整

第四节　救助管理

救助管理沿袭收容遣送，古称赍送。新中国成立后，常德专署为安定社会秩序，在全区交通要塞之地设收容遣送站，专司流浪乞讨人员收容、教育、遣送、安置之责。

1988—2003 年 7 月，常德市境普遍实行流浪乞讨人员收容遣送制度，2003 年 8 月 1 日以后，收容遣送改制为救助管理，旨在为流浪城市生活无着的乞讨人员提供临时性救助。

一、收容遣送

1988 年 10 月，根据常德市编制委员会《关于撤区建市后直属单位更换名称的通知》(常编发〔1988〕1 号)精神，常德地区收容遣送站更名为常德市收容遣送站。时鼎城、澧县、临澧、安乡、汉寿、桃源、石门、津市等区县(市)收容遣送站均予以保留，隶属区县(市)民政局管理。1988—2003 年 7 月，常德市域各收容遣送站根据 1982 年国务院发布的《城市流浪乞讨人员收容遣送办法》的规定，对盲目流入城市的农村乞讨者以及其他无业人员和灾民，实行及时收容、教育、救济和遣送安置。

2006 年 6 月 13 日，常德市人民政府办公室下发《关于明确救助管理工作部门职责的通知》，就民政、财政、公安、卫生、交通、火车站、城管、教育、残联等部门救助管理职责分工进行了明确，为理顺救助管理体制，保障流浪乞讨人员基本权益奠定了良好基础。

1988 年，常德市共收容流浪乞讨人员 1961 人，其中男性 1316 人、女性 645 人。本地区的 698 人、外地区的 789 人、外省的 456 人、交公安部门处理的 18 人。对 698 名市域流浪乞讨人员，在通过教育之后，安置进农村乡村企业的 18 人，从事专业户 15 人，进农林场的 32 人，落户农村务农的 160 人；进城镇居委会所办企事业单位的 210 人，进县市企业的 25 人，从事个体户 41 人，由教养院、福利院等收养的 15 人，总计 516 人，占 74%。

1989—1991 年，各收容遣送站经费紧张，收遣工作处于半停滞状态，每年收容量仅 200—300 人次左右，最多时不超过 500 人次。主要原因是：随着社会主义市场经济的发展，收遣对象范围变窄，盲流人员不再轻易作为收遣对象。同时，工作条件限制，只得变主动上街收容为消极奉命收容；收容人员住房破旧，难以保证被收容人员的居住安全；被收容人员中治安对象占 80%以上，因缺少收容工具，且缺乏防卫器械，严重威胁到收遣工作人员的人身安全。此外，收遣法规不够完善，制约收遣工作开展。收容人员中有 20%是政府指令收容的危重病人、精神病人等，处理难度很大。时常德市收容遣送站采取“边收边遣、人头经费垫付业务经费”等办法，同时，积极与卫生部门衔接，收治好危重、精神、急性传染病人等三类人员，以保证收遣工作正常开展。

1992年年初,全市收容对象扩大到"三无"人员(无合法证件、无固定住所、无稳定收入)。1994年7月,常德市、县(区、市)收容遣送站的收容对象定为:生活无着落,露宿街头的;患精神病或者智力残疾,露宿街头的;主动向收容遣送机构求助的;其他流浪街头乞讨的。对上述人员的收容遣送坚持救济、教育、集中管理和妥善安置的原则。收容遣送工作由民政、公安部门负责。1995年9月,全市各地根据中共中央办公厅厅字〔1995〕42号文件要求,收容遣送对象主要是无合法证件、无固定住所和无正当生活来源的流浪乞讨人员。收容遣送工作由民政部门和公安部门共同承担。

1995年12月,省民政厅在长沙召开地、州、市收容遣送站联谊会,全省12个地、州、市和3个县(市)的收容遣送站派代表参加了会议,市收容遣送站副站长黄培抟出席会议。会议达成三点共识,即:急待理顺工作关系,尽快在收容遣送站设立公安派出所,负责维护收遣工作治安秩序,进行审查、管理和遣送工作;按照中共中央办公厅〔1995〕42号文件精神,落实职责,加强民政与公安部门的协作;切实解决精神病人、危重病人、急性传染病人的收容治疗问题。同时,解决收遣经费严重不足问题,实行收容遣送站人头经费包干,业务经费实报实销。建立劳动教育基地,将那些一时无法查清地址、无家可归的外流人员安排在基地,边审查,边教育,边处理,边组织他们开展生产创收,减轻国家负担。

1996—1997年,全市的收容遣送工作仍面临着法治不全、经费紧张、关系不顺、无专用车辆等困难。收容对象主要为常德市境城关地区食宿无着的自流人员以及外站送来市收容遣送站中转遣送人员。按上级指示,各地亦上街定向收容及"110"送来的盲流人员,年收容量不足400人次。

2003年6月20日,国务院总理温家宝签署国务院第381号令,发布《城市生活无着的流浪乞讨人员救助管理办法》,自2003年8月1日实施,原《城市流浪乞讨人员收容遣送办法》同时废止,这是收容遣送制度的重大改革。

是年,常德市、县(区、市)收容遣送站一律改为救助管理站,承担为城市生活无着的流浪乞讨人员、流浪未成年人提供临时性救助(最长期限为10天),保障其基本生活权益;负责做好入站求助人员的登记、查核、甄别、管理等工作,及时做好流浪乞讨人员、流浪未成年人的返乡与安置工作;做好受助人员住宿管理和饮食卫生工作,严防责任事故发生,确保受助人员的人身安全;做好街头主动救助工作等。

2004年11月27日,常德市人民政府市长陈君文主持召开市长办公会议,将市救助管理站相关救助事宜列入会议议程,并形成《常德市人民政府第15次市长办公会议纪要》。

2005年10月,常德市各救助管理站针对冒充流浪乞讨人员骗取乘车凭证,以团伙跑站形式恶意求助,以达到骗票目的等职业乞讨行为,严格工作制度,做好甄别工作。利用全国流浪乞讨人员救助管理信息系统和其他辅助方式进行甄别查询;对提供虚假情况和拒不如实提供个人情况的,告知其理由,坚决不予救助;对受助人员原则上只提供实物救助。是年12

月28日，常德市人民政府第16次市长办公会议专题研究救助管理工作，并形成会议纪要。"纪要"明确：市城区流浪乞讨人员救助管理工作坚持"重点管理，分级负责"的原则；抓好市流浪儿童保护教育中心救助房建设工程；救助管理工作经费列入财政预算，救助经费从低保经费中解决；救助专用车辆由市民政局专项报告，政府统一采购；常德市政府副市长徐超文负责，组织民政、公安、城管、卫生、财政、法制等部门，制定市城区流浪乞讨人员救助管理实施办法。

1998—2003年上半年，全市各地收容对象及收容量发生很大变化。"三无"人员为主，包括异地务工经商无证人员、有劣迹无证人员以及因灾和病困盲目流入城市人员。年收容量逐年上升，达到2000余人次。据此，各地一方面想方设法改善被收容人员住宿条件；另一方面采取分管分教、文明管理的办法，对长期流浪的精神病人、走失对象等，做到耐心、细心，热情提供服务；对无证人员，以礼相待，有的放矢进行教育，督促办证；对有劣迹人员，组织学习、宣传法制，确保了多年收容遣送工作无安全责任事故。

1998年11月19日，常德市民政局召开各区县（市）收容遣送站长座谈会，常德市收遣站副站长谢正起传达省收遣工作座谈会精神，介绍长沙、郴州等地收遣工作经验；站党支部书记黄培抟汇报市收遣站收遣工作做法，各区县（市）收遣站交流了相关经验。是年，常德市物价局同意对被收容人员中的非救济对象适当收取住宿、医疗、交通等费用。

1999年11月下旬，长沙市人民政府55号令加大了对违规流动人员的收容，辐射到常德市域，境内流动人口管理工作量大增。长沙市收容遣送站送往常德市收容遣送站的流动人口400余人，最多时一日收达130人。工作人员夜以继日，连续作战，克服重重困难，确保了工作正常运转。

2000年6月，根据常德市人民政府法制办公室建议，时任市长程海波等批示，市收容遣送站正式取消"三无"人员收费服务项目，规范收容范围。

1988—2013年，常德市共收容遣送、救助安置外流人员13.8877万人。

二、管理服务

2003年8月，"广州孙志刚事件" 引起党和国家领导人对现行收容遣送制度的极大关注，随即《城市生活无着的流浪乞讨人员救助管理办法》（以下简称《办法》）以国务院第381号令下达，并于2003年8月1日起颁布实施，全国流浪乞讨人员收容遣送转制为救助管理。

《办法》颁布后，全市各地开展了大张旗鼓地宣传活动。"求助指示卡""告市民书""倡议书"等宣传品遍布市境各乡镇，宣传单在城区张贴、散发，流浪乞讨人员的救助管理原则、措施等基本家喻户晓，为净化城市环境，加强城市管理，预防流浪未成年人犯罪等发挥了积极作用。

从2004年开始，常德市、县（区、市）救助管理站注重探索多种工作创新模式，针对流浪乞讨人员的活动特点,工作人员走出站门,走上街头,分白天与夜间两个不同时间段,定期或不定期地在各区县、市城区的商业中心、步行街、各大宾馆、车站、超市、公园、人群集散地及政府、大型企业路段,分组开展劝导流浪乞讨人员行动。2005 年 8 月 18 日,民政部在郑州召开全国救助管理工作暨流浪儿童救助保护工作现场会,常德市救助管理站"主动救助"模式经验得到推广,为全国救助管理工作的创新发展起到了领航示范作用。2007 年,常德市救助管理站联合武陵、鼎城区民政局,实行救助管理工作站领导分片责任制,将常德市城区分为东、西、北、中四个片区,每个片区由一名站领导带队,每日上街巡访。在救助过程中坚持讲政策、有耐心、细心、热心,不怕脏累,给予人性化关爱,救助管理成效较为显著,充分体现了党和政府对弱势群体的关怀。

全市各救助管理站先后实践了如下主动救助措施,即:开通求助热线,设立求助热线电话,确保需要救助的流浪乞讨人员及时求助、接受救助;设置求助指示牌。在城镇各车站、各大机关驻地及繁华地段,设置流浪乞讨人员救助指示牌,公布求助电话、救助单位、求助地点、受助人员界定等内容,同时,绘制求助指示图,设立临时救助点,开通救助管理信息系统,规范救助登记流程,严格按照民政部《救助管理站行风评议标准》开展工作,卓见成效。

2004 年 5 月 1 日,常德市救助管理站在常德城区设立临时救助点

2010—2013 年,常德市、县(区、市)救助管理站,对市域长期流浪乞讨儿童从调查入手,逐人建立档案,依靠法定监护人和基层村(居)组织,落实就地安置,避免流浪儿童救助保护陷入"送—返—送"的怪圈,帮助流浪未成年人回归正常生活。常德市救助管理站通过深入走访,对 50 多名湘西、贵州籍的随父母亲友到常德市拾荒乞讨、卖花献艺、跪地行乞、强讨强要的未成年人,从 2010 年开始,为他们中的每一名成员建立了档案,除了助学金和奖学金,每月还提供 200—300 元生活补贴,引导帮助适龄儿童就近入学,并且每月进行一次回访,及时解决他们遇到的困难和问题,保障他们顺利接受正规教育。各县(区、市)救助管理站对建档的流浪儿童,定期提供心理疏导、技能培训、教育矫治等延伸服务,组织志愿救助服务,开展慈善助学活动,帮助流浪未成年人真正回归家庭、回归校园、回归社会。

2007 年 4 月,常德市民政局实施首次救助工作进社区试点,会同市救助管理站及武陵区民政局选择紫桥、红卫 2 个社区,每个社区选定 2~3 名志愿者,协助开展流浪乞讨人员劝导、救助管理办法宣传等工作。

2008—2010年，救助管理工作在各社区继续铺开。每个社区选定3名志愿者，其主要职责是，积极配合救助管理站按照国务院第381号令在本社区开展主动救助服务工作；为流入社区的流浪乞讨人员提供政策咨询、求助登记和护送入站等服务，使其得到及时救助；负责本社区居民有乞讨意向和正在乞讨的人员进行登记并建立台账，做好劝导、落实基本生活保障，严肃教育，制止职业乞讨行为。

2011年，各区县、市人民政府所在地的城关地区，由常德市救助管理站统一协调，全面推进救助管理工作进社区，以扩大救助管理辐射范围，全方位保障流浪乞讨人员和流浪未成年弱势群体的生存权、发展权。各救助管理站在站长的带领下，全体总动员，以拓展救助平台、延伸救助触角为着力点，以救助对象、救助信息和救助规范"三个对接"为突破口，成功打造救助管理工作社区平台，从工作人员、工作阵地到工作机制做到"三健全"，实现了救助管理工作在城区真正意义上的全方位覆盖。

2012—2013年，常德市城区及各县（区、市）政府所在地依托救助管理与社区平台，发动志愿者救助；开展救助管理政策宣传与咨询服务；发放大量救助物资；及时进行救助登记，准确实现救助管理站与各救助平台信息对接，确保应救助流浪乞讨人员得到及时救助。同时，成功开展了"冬季送温暖""夏日送清凉""接送流浪孩子回家"专项行动等集中救助活动。全市各地普遍建立起了以市、县（区、市）救助站为中心、社区平台为依托，上下联动、横向互动、整体行动的城市救助管理体系。

常德市收遣(救助)流浪乞讨人员情况

(1988—2013年)

表12-4-1　　单位:人

年份	收遣(救助)总人数								
	鼎城区	汉寿县	桃源县	临澧县	石门县	澧县	安乡县	津市市	合计
1988	—	79	135	256	235	151	182	302	1340
1989	—	155	126	289	232	160	185	468	1615
1990	—	130	151	331	453	143	213	437	1858
1991	—	106	108	320	364	205	230	374	1707
1992	—	89	162	313	267	158	193	510	1692
1993	—	190	189	344	421	140	200	588	2072
1994	—	220	175	326	312	185	168	711	2097
1995	—	168	148	367	398	157	178	754	2170
1996	—	126	130	405	317	210	198	886	2272
1997	—	54	231	398	376	174	238	622	2093
1998	—	196	209	452	357	166	300	509	2189
1999	—	274	195	574	402	181	475	443	2544
2000	—	308	258	735	436	170	500	391	2798
2001	—	210	220	982	476	220	513	640	3261
2002	186	149	269	1068	576	231	587	523	3589
2003	179	414	467	1322	1047	283	578	382	4672
2004	183	657	558	1763	1258	578	681	425	6103
2005	199	1507	564	1872	1347	658	690	461	7298
2006	185	1774	602	2129	1459	828	678	504	8159
2007	191	1800	665	2335	1476	829	650	569	8515
2008	203	2030	615	2351	1453	955	913	578	9098
2009	822	2547	411	2408	1538	1079	899	902	10606
2010	960	2603	857	2449	1679	858	850	1074	11330
2011	1271	2780	921	2006	1563	869	1170	1206	11786
2012	1342	1493	1789	1441	2362	1197	1789	1663	13076
2013	1489	2470	2093	1512	2421	1243	1872	1837	14937
合计	7210	22529	12248	28748	23225	12028	15130	17759	138877

第十三章《

信息建设

第十三章　信息建设

民政信息化，是衡量民政工作社会作用、民政事业发展水平、民政工作现代化程度、民政干部素质高低的重要标志。随着民政工作在履行政府社会管理和公共服务职能，保障民生，构建社会主义和谐社会中作用的凸显，加快民政信息化进程，以信息化促进民政事业发展，势在必行。

第一节　信息化基础设施建设

一、信息平台建设

2008 年，常德市民政局开始网络信息平台一期建设项目立项的准备工作。

2009 年 6 月，常德市民政局将信息平台一期建设方案报送常德市人民政府副市长徐万发审核签字，并报市电子政务办进行多轮评审和修订。

是年 8 月 14 日，常德市电子政务办下发《关于对民政信息平台建设方案评审的函》。随即进行技术和资金的审核评审，并组织前期考察和现场评审，并核准下发《关于市民政局社会救助网络信息平台建设方案的审查意见》（常信办通〔2009〕20 号），评审项目建设资金为 108 万元。

是年 9 月初，常德市民政局信息中心按照市财政局投资评审程序，提交市财政局投资评审中心审核项目资金和建设内容。

9 月 10 日，常德市财政局下发《关于市民政局社会救助网络信息平台建设预算审核的报告》（常财审〔2009〕预字 128 号），审核确定建设项目资金为 100.25 万元，其中：项目建设费用为 98.8 万元、项目监理费为 1.45 万元，资金渠道由市财政拨付解决。

此后，信息中心积极联系湖南天平招标公司，按照规定程序进行网上招投标，通过公招、审查和现场开标等程序，公平、公开、公正地确定了湖南伟华科技公司为市民政局信息平台建设项目的系统集成商和施工建设方。

10 月底，常德市民政局聘请市财政局核定的湖南万恒监理公司为建设项目的监理方，并签订了监理协议，进驻现场全程监理。

是年 11 月 3 日，市民政局信息中心召开建设方、施工方和监理方的三方会议，明确了施工要求和进度安排,正式组织开展项目施工。市民政局信息平台建设按照每天有计划,每周有周报,每月有小结的要求,紧张而有序地运行。按照系统保密要求,使用屏蔽网线、屏蔽模块和水晶头以及光纤线路,确保机关内外网208个网络点的布线工程,以及屏蔽五类线和屏蔽六类线的技术测试,均获通过。

是年12月17日,常德市民政局机关全面启用试运行新外网,停止旧网络使用。机房建设基本成型,新机柜和墙柜、防火墙、UTM入侵检测、安全准入以及各交换机设备均以安装完成,4级防雷设备安装完成,内外网杀毒软件服务器安装到位,同时所有办公台式计算机加装双硬盘和物理隔离卡,确保外网上网操作与内网办公处理的保密安全。

2010年1月,常德市民政局信息平台建设进入外网试运行的监控调试和线路标记工作的扫尾阶段。新购设备基本陆续到位,视频会议室灯光改造和摄像头线路移位,大会议室功放、调音台设备改造完成。至2月底,按照省民政厅全面建设全省民政VPN广域网的工作部署,常德市民政局在各县(区、市)民政局统一安装标准型号的天融信防火墙设备,完成省、市、县民政VPN隧道联网工作,实现各项民政业务数据的加密传输报送。

是年3月,常德市民政局信息平台一期建设项目通过常德市电子政务办验收和常德市财政局的结算审核。

这个项目的具体建设内容包括:

中心机房设备。装备了3个标准机柜,UPS 1部,杀毒软件服务器2台,安全准入服务器1台,精细化管理系统服务器1台。

综合布线。实行内、外网隔离双网综合布线。从中心机房至右副楼采用光纤连接,中心机房至主办公楼各楼层、左副楼采用超六类屏蔽网线连接,各墙柜交换机至各信息点采用超五类屏蔽网线连接。

网络交换设备。有天融信防火墙内、外网各1台,其中外网防火墙可连接省民政系统VPN广域网;外网UTM防毒墙1台;内网安全准入设备1台;内外网核心交换机各1台,楼层交换机各7台。

2010年7月起,常德市民政局信息中心展开信息平台二期项目的建设准备工作。是年10月26日,常德市电子政务办核准下发《关于市民政局网络信息平台二期建设方案的审查意见》(常信办通〔2010〕30号),评审项目建设资金为119.38万元。

2011年3月1日,常德市财政局下发《关于市民政局网络信息平台二期建设项目预算评审的结论》(常财审〔2011〕预字第34号),审核确定建设项目资金为110.306万元。

是年5月,该项目完成招投标工作。是年6月起,全面进入建设实施阶段。

这个项目的具体建设内容包括:

新大楼网络系统。对新大楼进行内、外网隔离双网综合布线,信息点共295个。添置内外网核心交换机各1台,楼层交换机各7台。

中心机房扩建。扩大中心机房面积,机房面积扩大三倍,更换UPS,添置精细化管理系统数据库服务器4台，应用服务器2台，磁盘阵列1台。更换1台旧的杀毒软件服务器。

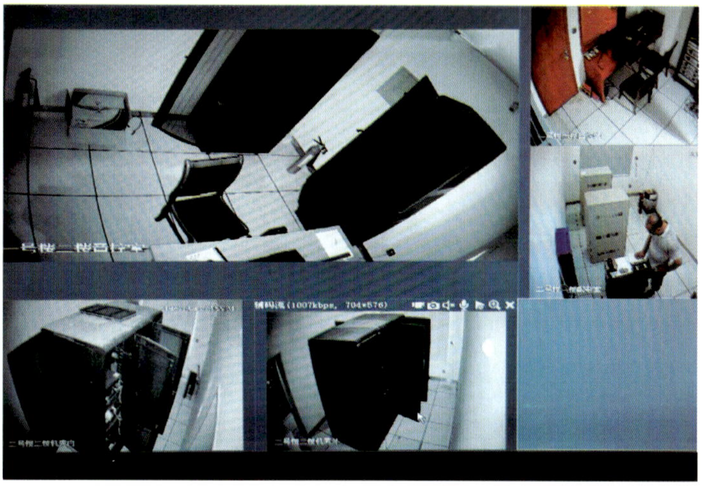

常德市民政局信息化机房（2009—2014）

办公设施添置。增加42台台式电脑，办公用电脑全部采用双硬盘物理隔离。增加打印机20台，以及录音笔、高拍仪等办公设备，确保全局机关工作人员人手一台计算机、每间办公室一台打印设备的工作需求。

政务查询触摸一体机系统。购买了两台政务查询触摸一体机，自主完成了“常德市民政局政务触摸查询系统”的主界面、分属栏目的美工设计，协调联系相关科室完成系统的栏目规划布置，并与系统集成软件公司进行了软件整合研发。

二、民政视频会议系统

2011年8月12日，常德市财政局下发《关于市民政局服务大厅及荣誉展厅装饰工程预算审核的结论》（常财审〔2011〕预字第233号），审核确定建设项目资金为168.742万元，其中视频会议系统和监控系统部分的建设资金为71.81万元。

是年11月，局信息中心负责完成了市民政局新办公楼视频会议系统和监控系统的招投标工作并进入建设实施。

该部分具体建设内容包括：新办公楼六楼视频会议中心与二楼小会议室音视频系统设备安装，一楼办事大厅LED显示屏与展播电视机的安装，机关院落视频监控系统和红外报警平台的安装。

常德市民政局信息平台二期项目和新办公楼视频会议系统与监控系统项目，对信息网络平台和中心机房服务器群及数据库系统进行了扩充，并结合整体院落改造对LED显示屏系统、视频会议配套设备及报警监控系统以及办公计算机设备添置等部分进行全面配置。在局机关政务服务大厅与民政文化大厅窗口处同时启用了政务查询触摸一体机系统系统。项目建设过程中，常德市民政局信息中心始终紧密跟进，结合新大楼装修施工，及时做出相应的完善与调整。

2012年11月，常德市民政局信息平台二期建设项目先后通过常德市电子政务办的验收和市财政局的结算审核。经过一、二期信息平台建设，常德市民政局办公大楼与机关院落

常德市民政局机关监控系统(2009—2014)

常德市民政局机关监控系统(2009—2014)

监控系统已基本完善,共包括监控点38处。即:一、二号办公楼楼道共安装监控摄像头20个;一、二号办公楼中心机房、会议室控制室及UPS电源机房共安装监控摄像头6个。机关院落共安装监控摄像头6个;办事大厅、文化展厅共安装球形摄像机6个。

2013年7月,按照省民政厅统一部署,常德市民政局启动民政视频会议系统建设。该项目是全省统一布局,统一设备采购、安装和调试,系统延伸到各区县市,形成以省厅为中心,覆盖14个市州、133个区县市的视频会议系统网络。常德市民政局新办公楼改造施工时,已在6楼会议室为网络专线、视频会议中心控制设备和高清摄像头预留了位置,并安装了投影仪、液晶电视等显示设备和调音台、鹅颈麦克风、音响功放等音频设备。至8月底,信息中心配合电信部门完成了网络专线建设,并进行网络设备安装调试和视频会议设备安装调试。

第二节　信息化管理与服务

2009年6月4日,常德市编委办下发《关于设立市民政局信息中心的批复》(常编办〔2009〕79号),同意设立常德市民政局信息中心。同时,确定信息中心为常德市民政局管理的正科级事业单位。其主要工作任务是:负责制订全市民政系统信息化建设规划及年度工作计划；负责建设和管理市民政局机关局域网，指导和管理全市民政系统广域网建设；负责本系统信息资源的统一管理，数据分析和信息发布。

2009 年 8 月 10 日，常德市民政局信息中心制定《信息中心工作管理制度》，针对各工作环节进行规范设定，确保规范运作、有序管理。

一、设施日常维护

随着信息技术的发展，计算机、打印机等自动化办公设备的使用大大提高了办公效率，已成为日常办公必不可少的硬件。同时，为保持办公的正常运转，办公设备的维护工作也愈发重要。

对办公设备，信息中心明确技术员负责办公电脑、打印机、一体机的维护工作。接到故障申请后，技术员第一时间现场查看情况，简易故障当场进行处理，对于无法现场解决的问题，技术员联系系统集成商进行处理。信息中心建立了办公设备维修台账，对涉及设备维修、耗材更换的事件及相应费用全部登记在册。

对网络系统与设备，信息中心负责确保全局网络系统、视频会议系统的正常运行。通过 UTM、防火墙和安全准入等设备，对局机关的网络运行状况进行实时监控，及时查找运行异常的原因，并做出相应处理；及时更新杀毒软件病毒库，并通过杀毒软件服务器查看病毒报警，排除隐患；在有视频会议召开时做到提前调试，全程跟进，确保会议的正常进行。

随着信息技术的发展，计算机等自动化办公设备日益普及，这些设备在带来便利、提高工作效率的同时也暴露出安全保密方面的隐患。

2010 年 4 月 13 日，常德市民政局信息中心以《中华人民共和国保密法》及国家关于加强涉密计算机信息系统管理工作的政策规定为依据，结合民政实际，制定了《市民政局计算机系统保密管理工作方案》。该方案根据市国家保密局工作部署，按照计算机信息系统保密管理要求，就组织领导、工作范围以及严格保密要害部位涉密管理、落实计算机信息系统“四定一贴”、加强办公计算机使用管理规范和移动存储设备管理规范、规范办公网络监管、建立健全计算机系统保密制度体系和上网信息保密审查机制、严格涉密载体清理销毁程序、确保计算机及网络系统保密管理有效运行等具体工作提出了严格要求。

是年 6 月 21 日，常德市民政局信息中心各区、县（市）民政局信息化专干和网站管理员集中开展民政信息化工作培训班，特别邀请省民政厅信息中心副主任陈苏宁、工程师孙磊为培训人员授课，培训内容主要涵盖计算机系统安全保密事宜以及网站后台管理等方面。市民政局党组副书记、常务副局长、市民间组织管理局局长李巨开亲临培训现场并讲话。

是年 8 月 30 日，常德市民政局信息中心以《中华人民共和国保密法》及国家关于加强涉密计算机信息系统和移动存储介质管理工作的政策规定为依据，按照《中共常德市委办公室常德市人民政府办公室关于在全市装备使用移动存储介质管理系统的通知》（常办发电

〔2010〕53 号)要求,制定了《常德市民政局移动存储介质管理系统装备方案》。该方案主要包括,组织领导和移动存储介质的使用规范以及安装物理隔离卡和杀毒软件、配备中间机等准备工作。信息中心按要求完善了系统的安装环境,只待上级主管部门统一部署安装。

2010 年 11 月,常德市民政局信息中心在局机关组织进行了全面的计算机安全保密自查,对自查中存在的少数内外网交叉使用移动存储介质、外网存放办公文档等问题进行了整改。

是年 12 月,市民政局顺利通过了市国家保密局的保密检查。

二、民政网站建设

随着互联网的日益普及,各政府机关单位均十分重视网站建设工作。2008 年,常德市民政局网站作为市政府网站群子网站正式投入运行。

2008 年,常德市民政局信息中心对常德市政府民政子网站进行了整合设置,使网站功能更为合理、栏目设置更为规范。网站中不仅有突出本地特色的特色栏目,而且功能性栏目设置齐全。结合民政业务和工作动态,信息中心先后在网站中设置了"精细化管理""建设人民满意机关""城乡困难群众基本生活保障""创建双拥模范城""常德社会组织报电子版""'点燃希望'助学行动""常德烈士先进事迹"等专题。为方便市民浏览和熟知民政工作情况,还设置了一系列咨询、反馈、指南、下载等便民栏目,在政务中心系统中开设了六项民政工作的网上申报工作程序接入,并在常德民政网增设在线申请的连接,最大程度方便网民网上办事。

2009 年,常德市民政局信息中心按照市政府信息化办的要求与政务公开工作规范,在市政府民政子网站的政务公开专栏中设立了 "公开目录索引""公开指南""公开领导小组""公开规定""公开年度报告""办事指南"6 个必设子栏目,并自设了"单位简介""部门文件""政策法规""应急管理""领导讲话""重大决策""工作计划""工作总结""人事任免""建议提案""自然灾害""社会捐助"等 12 个子栏目。其中,"政策法规""部门文件"栏目,公布了市民政局行政执法依据;"办事指南"栏目,公布了市民政局行政事项流程图、行政事业收费公示表、服务事项信息资料,为人民群众办事提供便利。"公开年度报告",对每年市民政局政务公开的详细情况作出总结,包括概述、主动公开政府信息情况、依申请公开政府信息情况、政府信息公开咨询处理情况、政府信息公开复议、诉讼情况,政府信息公开支出和收费情况、其他相关工作情况以及存在的主要问题和改进措施等,方便广大人民群众监督。

2009 年 9 月,常德市民政局信息中心制定并报请市局印发《常德市民政系统政务信息报送工作实施方案》(常民函〔2009〕68 号),对网站维护、信息采编、更新录入、审核把关等多个环节进行了认真梳理和明确分工,建立了健全网站管理与维护工作制度体系,理顺工作职责和管理规范要求,制定一套完整、严谨的信息审批、发布、上报程序。

2009年，全市民政系统对民政信息宣传工作统一认识，加强对民政政务信息报送工作领导，各县（区、市）民政局和市局直属各单位明确1名领导分管，确定1名政务信息工作专干具体负责政务信息工作；常德市民政局机关各科室明确1名信息员具体负责信息收集、整理、报送工作，并报市局办公室备案；同时，把握报送原则，这主要是：提高信息报送时效性、准确性和全面性。各县（区、市）民政局、市局机关各科室和直属各单位对信息的收集和处理要快，传递要迅速，重要信息要早发现、早收集、早报送，确保在第一时间报送到位。对所报的信息要加强分析核实，做到准确无误，反映工作进展和成绩的信息要恰如其分，反映问题的信息要真实可靠，反映困难的信息要实在准确。要确保信息的完整性，坚持全方位、多领域、多角度地提供信息，力戒报喜不报忧。

是年，各区县、市民政局以及市局相关部门和单位统一了信息的采编范围、报送程序等。

信息采编范围主要包括九个方面，即：各级民政业务中心、热点和专题工作；省市“八·十”件实事；民政工作调查研究报告；各级领导开展视察、调研、走访等工作情况；市局领导班子成员深入县市区调研、走访等工作情况；民政系统各类活动开展情况；民政各类业务工作进展情况，如灾情、募捐、救助等工作实时情况；民政行政综合工作情况，如人事、财务、监察、法治等工作情况；全市民政系统各类典型工作或先进工作者、典型事迹等材料。对于贯彻落实中央、省、市重大决策的新举措；影响社会的苗头性、倾向性新问题，如重大突发事件、群体事件、自然灾害、社情民意以及改革和发展过程中遇到的新问题等要及时收集、及时报送市局。

此外，各单位加强信息值班制度，确保信息渠道畅通。严格执行上报信息工作纪律，向市局报送重大涉稳信息、重大突发事件、重大自然灾害不得晚于事发（或灾发）后2个小时；工作动态类信息需在24小时之内适时上报；上级领导视察、调研、走访等活动和大型活动、会议的信息原则上需配备相应照片信息；调查研究类信息材料字数需在1500字以上；经验典型类信息材料1000字以上。上报的信息要主题突出、文字精练、数字准确、逻辑性强，既短小精悍，又有情况、有分析，能够反映有关工作的基本面貌、主要特点、问题原因和发展趋势，努力提高信息质量和采用率。同时做到，凡报送市局的政务信息，必须由各县（区、市）民政局和市局直属各单位分管负责人审核后上报；常德市民政局机关各科室报送信息需经分管领导审核后报送。凡是属于涉密、涉稳的民政工作资料和信息，一律不允许通过网上传送和发布。各单位上报的信息采用电子文档形式，统一用word格式以电子邮件方式，报送至市民政局信息报送专用邮箱mzj0736@163.com。全市民政系统以“常德市民政局网站www.cdsmzj.gov.cn”（简称“常德民政网”）为政务信息宣传的第一阵地。全市民政系统所有政务信息将全部在“常德民政网”上择优发布。同时，由常德市民政局办公室对所有报送信息进行筛选、整理，有针对性的向省民政厅、中共常德市委、常德市政府、常德市委政法委等上级机关进行报送。

按照工作性质和业务工作实际情况，常德市民政局还对市局机关各科室、直属各单位和各县（区、市）民政局每月（全年按12个月计算）报送政务信息提出了建议指标，并督促落实。

常德市民政局机关各科室:

办公室	民间组织管理科	优抚安置科	救灾科	基政科	社会福利与社会事务科	人事科
2条/月	2条/月	2条/月	2条/月	2条/月	2条/月	1条/月
财务科	法制科	机关党委	老龄办	老区办	社区办	福彩中心
1条/月	1条/月	1条/月	1条/月	1条/月	1条/月	1条/月
慈善办	军休办	军供站	信息中心	精细化办		
1条/月	1条/月	1条/月	1条/月	1条/月		

常德市民政局直属各单位:

社会救助局	康复医院	福利院	军干所	殡管处	殡葬服务中心	救助站
3条/月	2条/月	2条/月	2条/月	2条/月	1条/月	1条/月

各县(区、市)民政局:

武陵区	鼎城区	汉寿县	桃源县	临澧县	石门县	澧县
4条/月	4条/月	4条/月	4条/月	4条/月	4条/月	4条/月
安乡县	津市市	德山开发区	柳叶湖度假区	西湖管理区	西洞庭管理区	
4条/月	4条/月	2条/月	2条/月	2条/月	2条/月	

同时,常德市民政局将信息报送工作纳入各县(区、市)民政工作和市局直属各单位工作年度考核的内容,纳入相关科室目标管理考评及信息员岗位责任制。对单位的信息报送情况每季度(月任务指标数×3)通报一次,年底进行一次汇总评比(月任务指标数×12)。对报送信息长期不积极、不认真或发生迟报、漏报重大信息的单位,予以通报批评;对发生迟报、漏报信息造成重大损失和严重后果的,要追究相关责任人的责任。

2010年5月,为贯彻落实民政部、省民政厅民政网站群工作部署,推进全市民政系统网站群常德民政子网站系列建设,市民政局信息中心制订了《全国民政网站群常德子网站系列建设工作方案》,方案明确了常德民政网站群建设的组织领导及工作机构,并列出了详细的工作内容,即:

各单位必设栏目包括:

信息公开类:机构概览、工作动态、通知公告、政策文件、计划规划、领导讲话、政府信息公开专栏。

公共服务类:在线办事、办事指南、服务机构名录、表格下载。

互动交流类：局长信箱、留言咨询。

此外，自设栏目由各区县、市民政局参照省民政厅（hunan.mca.gov.cn）、市民政局网站及民政网站群内其他兄弟单位的网站栏目设置情况，根据自己的业务需求，对反映各单位业务组成、工作特色、服务公众和工作及其他个性需求等类别的栏目进行设置。

各区县、市民政局网站维护发布管理员负责网站的更新维护，办公室负责人对其发布的信息进行审核。网站信息主要包括单位的工作动态、调研文章、通知公告、政策法规等，也可转载上级机构的相关信息。

信息中心在网站管理中将信息更新量作为第一指标来抓，加强信息采集力度，做到随时有信息，第一时间采编、第一时间上报审核、第一时间网上发布，确保每天有信息更新。为扩宽信息渠道，该中心研究制定了《常德民政网站信息报送工作方案》和《网站发布审核报送工作制度》，以理顺工作职责和管理规范要求，建立一套完整、严谨的信息采编、录入、审核、发布工作机制。

2010 年 7 月，为配合精细化管理考核工作，按照《常德市民政系统政务信息报送工作实施方案》的要求，信息中心制定《关于进一步明确政务信息报送责任的通知》，要求各科室按要求填报政务信息报送责任人备案表，并送至信息中心备案。在精细化管理逐月考核中，将对未完成报送指标的科室的政务信息责任人予以直接扣分。

2010 年 4 月，常德市民政局信息中心主动要求加入民政网站群建设体系。2011 年，常德民政网站已成为跨全国民政网站群和常德政府网站群两大平台，双站同步更新运行与维护模式（市政府子网站地址：www.cdsmzj.gov.cn，民政子网站地址：changde.mca.gov.cn）。

2011 年，常德市民政局信息中心结合政务公开、党务公开与新办公楼政务管理等工作需要，在信息平台二期项目建设中积极争取政务查询触摸一体机系统，自主设计“常德市民政局政务触摸查询系统”，协调联系相关科室完成触摸查询软件系统的栏目规划布置，同时，自主完成了系统主界面、分属栏目的美工设计，并与系统集成软件公司进行了软件整合研发。该系统已于 2012 年 6 月在局机关政务服务大厅与民政文化大厅窗口处同时启用。

2010 年，常德市民政局网站更新各类信息 3335 条；2011 年，共更新各类信息 3891 条；2012 年，更新 4089 条；2013 年，更新信息 4687 条，平均每个工作日更新信息 20 条以上。每月信息更新量一直稳居常德政府网站群子网站前三名。

三、网上诉求处理

2009 年 5 月，为了畅通网络民意表达渠道，快速办理市民网上合理诉求，实现市民与政府的网上顺畅互动，市政府要求各县市区、市直各单位在常德论坛“市民留言”版块中注册专用账号，对广大网民的在线诉求给予回复。

2010 年 5 月，常德市民政局信息中心接管此项工作。

是年8月9日,为贯彻常德市政府关于建设人民满意政府的工作要求,畅通网络民意表达渠道,提高市民网上合理诉求办理效率,提升民政机关“以人为本、为民解困、为民服务”的良好形象,对常德政府网站“市民留言”和“市长信箱”及“局长信箱”栏目中市民对民政系列工作的合理网上诉求,采取有效措施,快速处理、及时反馈,实现民政工作与市民网上顺畅互动,根据《常德市政府办公室关于建立市民网上诉求快速处理制度的通知》(常政办函〔2009〕38号)和《常德市政府办公室关于进一步加强市长热线网上诉求快速处理工作的通知》(常政办函〔2010〕67号)文件精神,常德市民政局信息中心制定了《常德市民政局关于市民网上诉求快速处理工作实施方案》。该方案明确了网上诉求的办理程序,并就及时在线收件、实时处理办件、确保回复质量、回复反馈公开、加强政策宣传、严格考核管理等具体事宜提出了详尽的工作要求。

2010年8月24日,一位署名“一枪”的网友在“市民留言”发帖,反映其祖母生活困难,并咨询关于五保老人的福利待遇问题以及危房改造政策。常德市民政局信息中心迅速受理该帖,并按程序转交市社会救助局、救灾科,请他们按要求给出回复。

是年8月31日,常德市民政局信息中心分别收到来自这两个部门的回复,并综合双方的文字内容,在网上发布了正式回复。回复首先依据《常德市农村五保供养工作实施办法》,解释了农村五保供养的基本含义,并分别对农村五保供养对象在吃、穿、住、医、葬等方面的优惠政策作出了详细解释;回复随后解释了农村危房改造的有关政策和申报程序,并建议其立即按程序向村委会提出申请。

2010年11月5日,一位署名“揪心”的网友在“市民留言”发帖,反映东郊乡唐家溶社区部分居民私自违规迁坟,引起众多网友热议,市政府网站也对此事进行了深入报道。

常德市民政局信息中心在查看该帖后通知了社会事务科,并建议向局领导汇报。随后,常德市民政局与市殡葬管理处工作人员到现场调查取证,制止乱葬行为,两次协同武陵区民政局、东郊乡政府、武陵区规划、国土部门及唐家溶社区负责人商讨解决办法。11月9日,常德市民政局就此事在“市民留言”发帖,表示“唐家溶社区5组部分居民的行为是严重违反殡葬管理规定和上级政策、破坏市城区规划、影响市容市貌和文明创建工作的行为,应予坚决制止和纠正。国务院《殡葬管理条例》、湖南省《实施〈殡葬管理条例〉办法》明确规定不能在城区住宅区内葬坟。湖南省人民政府也明文规定,禁止在城市建成区和规划区乱葬坟墓。唐家溶社区部分居民的行为已造成了不良的社会影响,扰乱了周边居民的正常生活秩序,影响了社会稳定和谐。根据属地管理原则,市民政局将会同武陵区政府尽快地解决好此问题,还广大市民一个安宁、祥和的工作、生活环境”。从11月10日起,唐家溶社区33座违法安葬的坟墓陆续被清走。在此事件中,常德市民政局敢于正视矛盾,态度积极真诚,适用法律准确,用实际行动为政府形象加了分,赢得了广大市民的一致称赞。

2011年2月17日,一位署名“一枪”的网友在市民留言中发问:请问市民政局,今天打电话问乡里的乡长有关奶奶可以享受哪些福利,被告知我奶奶现在已不是“五保户”了!我就纳闷了！我奶奶自己无后代！是中年和我爷爷组成的家庭！当时我父亲且年幼，在我年幼时爷爷和父亲相继去世，母亲改嫁，我随奶奶生活，从那时起政府就一直是把我按孤儿抚养，奶奶按“五保户”赡养，我虽已长大，可奶奶怎么突然不是“五保户”了？乡长说我奶奶当时没评上。原来不一直是吗？我查了下“五保户”评定标准：1.有法定赡养人的，或法定赡养人没有赡养能力的；2.生活不能自理的；3.没有经济收入来源的。三点中我奶奶符合两点，国家的政策是收养也算法定赡养人，我父亲早逝，我属于养孙了，是不是这点不符合标准？另外，我听乡长说咱村的养老院只接纳生活可以自理的“五保户”，养老院也只有个院长和一个种菜的，我问乡长那些无儿无女又不能生活自理的“五保户”怎么办？乡长说，那也没办法，养老院不收，虽国家说养老政策好了，到了农村也就这条件，我们也没办法。乡长是个老实人，我觉得他是实话实说，可人上了年纪都是一身病，那些生活不能自理的“五保户”怎么办？

市民政局信息中心收到这位网友的投诉后，第一时间受理，并及时转到相关科室进行调查回复。回复内容如下：“一枪”网友，您好，您的网上诉求我们已收悉，首先感谢您对我们的信任。现就农村“五保”的有关内容为你解答如下：享受农村“五保”条件的标准，根据《常德市农村五保供养工作实施办法》第五条之规定：1.无劳动能力。年满 60 周岁以上的老年人、持有“中华人民共和国残疾人证”的二级以上残疾人，未满 16 周岁或者已满 16 周岁但仍在接受义务教育的青少年，视为无劳动能力。2.无生活来源。虽然有土地承包经营收入、集体经营分配收入或者其他收入，但其生活水平仍低于当地村民平均生活水平的，视为无生活来源。3.无法定赡养、扶养、抚养义务人，或者其法定赡养、扶养、抚养义务人无赡养、扶养、抚养能力的。法定赡养、扶养、抚养义务人因生活困难需要经常救济，或者法定赡养、扶养、抚养义务人年老、多病、残疾、无劳动能力、无生活来源或者失踪的，视为无赡养、扶养、抚养能力。只有同时具备以上三点，才能享受农村五保待遇。根据您的诉求，您现在已有一定的经济基础，是奶奶法定上的赡养人，所以奶奶已不符合享受农村“五保”条件的标准。另外，有关入住敬老院的问题，首要条件是他（她）必须是“五保户”。您奶奶现在已不是“五保”对象，但根据她生活不能自理的状况，建议可入住农村敬老院、幸福院、养老院、福利中心等农村“五保”供养服务机构进行自费寄养。

2011 年 11 月 9 日，信息中心收到“市长信箱——申请公开”栏目中一位来自临澧县九里乡岩桥村，署名为“w101901”的网友的诉求。该诉求人称：自己表弟的父母于 1999 年相继双亡，由爷爷奶奶抚养，生活贫困，想寻求政府对于孤儿的帮助与建议。常德市民政局信息中心将该诉求转交给常德市社会救助局和市局社会事务科，请他们按要求给出回复。

是年 11 月 14 日，信息中心分别收到来自这两个部门的回复，并综合双方的文字内容，发布了正式回复。回复首先就对当事人的调查情况进行了公布，指出当事人已享受农村低保，其补助金是与同村另一名低保户共同发放至一张储蓄卡中。回复给出的处理意见为：将当事人保障标准提标为每月 80 元，责成九里乡岩桥村对两位低保户实行分户打卡，各自领取救助金，九里乡人民政府已按程序对当事人申报了孤儿救助。回复中还依照 2010 年民政部出台的《国务院办公厅关于加强孤儿保障工作的意见》、民政部、财政部出台的《关于发放孤儿基本生活费的通知》,就国家对孤儿的补助政策给出了详细的解释。

2011 年 11 月 9 日,一名署名“游客”的网友在市民留言中咨询求助:我爸爸是 1961 年下放的知青,由于当时农村缺乏有文化的村干部,我爸被强留农村,没能返回,到现在每年只能领 600 元生活费,我想问下,国家对他们这样的人群是否有什么补贴?

市民政局信息中心在收到此诉求后立即受理,并交相关科室调查、处理。回复内容如下:“游客”网友,首先,感谢您对民政工作的关注,现就你提出的“下放知青是否有补贴”作以下回复:我们对于下放知青没有特殊政策,只能从社会救助的角度向您做解释说明。对于农村救助,我们按政策对符合条件的农村特困家庭实施低保救助或农村临时救助。具有本市常住农业户口、家庭年人均纯收入低于当地农村最低生活保障标准(全市农村最低生活保障标准暂为 1067 元)的农村困难家庭,可在户籍所在地申请享受农村最低生活保障。优先将因病、因残、年老体弱、丧失劳动能力以及生存条件恶劣的“五类”对象纳入农村低保救助范围。因灾、病、残或其他原因造成生活暂时困难的低收入人员可申请临时生活救助。针对您反映的您父亲每年只领取 600 元生活费,由于我们对您的家庭情况不是很清楚,又没有提供详细地址,我们无法通过调查给予相关救助。若政策上有疑问,可直接咨询当地社会救助部门。再次感谢您对我们工作的信任和支持!

2012 年 6 月 18 日,一位署名“我丑故我在”的网友在“市民留言”发帖,反映武陵区 5 岁儿童肖仁杰身患白血病,在深受病痛折磨的同时还背负了沉重的医疗费用。该网友呼吁政府部门和社会大众伸出援手,引起了网民的关注。

市民政局信息中心在第一时间受理该帖,并向局领导汇报。常德市民政局有关领导亲自前往武陵区民政部门了解情况,进行督导。6 月 21 日,武陵区民政局分管领导带队前往肖仁杰家中了解情况,按照临时医疗救助政策和有关办理程序给予重点救助,落实民政部门的相关政策,并表示将按照政策帮助其解决临时生活困难救助金。信息中心在第一时间将上述情况在网上发布,并表示市民政局将对此事继续给予关注和督办跟进。

2012 年 9 月 10 日,常德市民政局部门信箱集中平台收到一封来自“退伍老兵”的诉求:“尊敬的首长,我是常德澧县人,作为 2009 年入伍的大学生士兵,农村户口,享受城镇待遇安置,但是现在澧县民政局以农村户口,不予安置为由,不发放一次性安置费。当时国防部、总参谋部的政策明文规定,应届毕业大学生,享受城镇户口安置待遇。请问首长,我们的事该怎么办,我们尽了义务,本因享受合理的待遇。我们这一批,有相当一部分战友跟我都是同样的情况。恳请首长百忙之中,解决这个问题!”

市民政局信息中心在收到此诉求后立即受理,并交于相关科室调查、处理。回复内容如下:我局在收到此帖后第一时间与当事人龚 XX 同志电话取得联系,并当面回复。经了解,龚 XX,男,1987 年 12 月出生,2009 年入伍,2011 年退伍,属于退役两年的城镇义务兵,但在其原始档案应征公民政治审查表中户籍情况一栏填写为农业。目前,我们已经将龚 XX 同志列为安置对象，根据澧县安置原则明确：1.省、市属单位家属、子女（不限服役年限）由省、市属有关单位接收安置或置换安置。2.服役两年的城镇义务兵推行自谋职业（发给一次性经济补助金）或安置到民营企业。

2013年1月8日，常德市民政局公务邮箱收到一封来自“肖兵”的邮件，其具体内容是：我是安乡县三岔河镇致惠村的一个村民。现在小孩2岁多点，检查出有先心病，在湘雅二医院检查后，医院让我们回县里办好新农合的手续后来住院手术，现在县卫生局的新农合已经办好了，但民政局不给盖章，说我们不符合报销条件。请问：①我市民政局是否有小儿先心病手术补助（按医院说是新农合80%，民政局报20%）？②如果有要怎样的条件才符合？③如果有，我们要怎么申请？

市民政局信息中心在收到此诉求后立即受理，并交相关科室调查、处理。回复内容如下：网友肖兵，你好！根据省卫生厅、民政厅、财政厅《关于进一步提高全省农村重大疾病医疗救治保障水平的意见》（湘卫合医发〔2011〕3号）要求，14周岁以下农村参合儿童得先心病救治的相关救助政策是：1.救助病种及报销受理单位：先心病中的“先天性室间隔缺损、房间隔缺损、动脉导管未闭”三类病的治疗费用由当地卫生部门新农合办全额承担；先心病中的“肺动脉狭窄、主动脉缩窄、法洛氏四联症、完全性大动脉转位及室缺合并肺动脉高压”这四类病的治疗费用由当地新农合办和民政部门医疗救助共同承担，其中新农合办负担80%，民政部门医疗救助负担20%。2.救助程序：①向所在县级合管办提出救治申请；②县级合管办批准转诊至定点救治医院。其中患先天性肺动脉狭窄、主动脉缩窄、法洛氏四联症、完全性大动脉转位及室缺合并肺动脉高压的患儿应同时报当地县级民政部门审批备案。对照以上政策，请患者按要求到当地卫生新农合办或民政救助部门予以解决。如符合民政部门救助条件，我们将责成安乡救助部门及时解决。

2013年7月20日，一位署名“游客”的网友在“市民留言”发帖，反映津市市灵泉镇小学一年级学生周承程在使用沼气时发生意外，致全身约90%面积的烧伤，生命垂危，正在常德市第一人民医院抢救，巨额的医疗费用让其原本就困难的家庭雪上加霜。该网友呼吁相关部门和广大爱心人士伸出援助之手，引起网民的广泛关注。

常德市民政局信息中心及时受理该贴，并向局领导汇报。常德市慈善总会领导高度重视，及时安排总会办公室与津市市慈善总会联系，受理了小承程的求助，为小承程一家申请了临时救助，同时向社会发出倡议书，为其开展爱心募捐，不到一周即筹集爱心捐款15万余元。7月30日下午，省人大常委会委员、省人大法制委副主任委员、常德市慈善总会会长曹儒国，常德市民政局局长、市慈善总会副会长龚美爱，津市市副市长李阳专程赶到常武医院看望周承程，为他送去3万元救助资金。曹儒国现场要求市慈善办与“鼎洋基金”“大湖祖亮基金”等慈善基金搞好衔接，为小承程争取更多的支持。常德市慈善总会、市民政局在处理此次事件过程中反应迅速，充分体现了民政部门“以民为本，为民解困，为民服务”的宗旨，受到网民一致好评。2014年1月16日，常德市民政局在“市民留言”发布的《关于援助周承程的回复》中,被常德政府网站授予2013年度“最佳部门回复”奖。

2010年8月9日至2013年12月31日,常德市民政局信息中心严格按照上述方案处理网上诉求工作,共收集、回复来自“市民留言”“市长信箱”“局长信箱”等栏目的各类民政相关合理诉求194条,全部及时受理并给予回复。

四、系统信息指导

在网络信息平台一期建设中,常德市民政局将全市县级民政局用于连接省民政广域网的VPN防火墙纳入了计划。从2010年1月起,常德市民政局信息中心带领工程师先后赴9个区县(市)民政局为其安装调试好防火墙。同时,就机房建设、网络布线和安全管理等方面对网络信息平台的建设提出指导意见。是年,各区县(市)分别结合自身实际情况,开展了信息化建设工作。

2010年5月27日,常德市民政局信息中心下发《信息化工作目标考核评分标准表》,明确了工作机构配备、民政网站群子网站建设、民政VPN广域网建设、网络信息平台建设、计算机安全保密工作为考核内容,并详细列出了各项内容的目标要求、评分标准及相应分值。是年底,按照该标准对各县市区民政局的信息化工作进行了考核评分。

2010年4月,市局信息中心拟定了常德市民政局机关干部职工计算机培训计划,并开展了第一次计算机操作培训。培训内容包括计算机基础知识和办公软件PowerPoint的操作。2011年9月,信息中心再次组织培训,内容包括计算机基础操作、上网基本操作和办公软件Word的操作,从而有效地提高了市局机关干部职工的计算机应用水平。

截至2012年,常德市9个县(区、市)民政局均成功搭建外网系统,实现互联网以及民政VPN广域网的省、市、县三级联网,建立了民政网站群子网站。大部分县市区明确了专职的信息化工作人员,办公电脑的配备满足了工作人员人均一台,并建立了中心机房。其中,临澧县民政局在此基础上还进行了网络平台的升级改造,搭建了内网系统,对办公电脑加装隔离卡和硬盘,实现了内外网隔离办公,并配备了服务器和安全管理设备。武陵区、汉寿县、桃源县民政局也正在建设新的网络信息平台。

2010年,按照“建设人民满意民政,全面推行精细化管理”这一主线,常德市民政局自主研发了局机关精细化管理信息考评系统。该系统建设以内网为载体,以精细化管理体系为依托,以精细化考核办法为主设计框架,以精细化“4S管理”(行为标准、素养标准、工作标准和绩效标准)以及“6卡管理”(每日整理卡、每周小结卡、每月评分卡、年度总评卡、现场扣分卡、申报加分卡)考评为主轴线,围绕精细化6卡管理,设计制作成A\B\C\D\E\F卡,并相应延伸出系列统计查询表单,对局领导、精细化领导小组、精细化考核办、各科室负责人以及普通工作人员建立登录账户,并分配相应的填报权限、修改权限、查阅权限、扣分权限和审批权限,从而实现用户通过办公电脑在内网上登录精细化管理系统进行应用操作。具体实现功能包括:在线填报、在线审批、在线查阅、统计考核等。是年 6 月,精细化管理考评系统正式启用。在信息中心的维护管理下一直运行正常,该系统较好地体现了市民政局精细化管理考核体系,为实现精细化考核提供了有力的信息化手段。

2012 年,根据近两年来精细化管理工作的实际运行情况,常德市民政局信息中心启动该系统的改版升级工作,在不变化运行大格局的情况下,主要针对整合操作的简单性、修订分值的公式性、预先设置的规范性、增加实用的功能性等方面进行修正。在改版升级过程中,信息中心一直紧密跟进,反复测试,及时发现问题并反馈给开发人员,督促他们进行修正。是年 11 月,新版精细化管理系统通过试运行,并正式投入使用。

第三节　精细化管理

2009—2013 年,常德市民政局推行并深化精细化管理,以适应行政体制改革,创建人民满意政府的需要。

一、模式探讨

中国历史上对精细化管理的探索和实践较多。道家学说的创始人老子认为,天下大事,必做于细;天下难事,必成于易。“一举而三役济”的典故,就是古代精细化管理的经典范例之一。宋真宗时期,皇城失火,皇宫被焚,宋真宗命大臣丁谓重修皇宫。完成这个工程不仅要设计施工,运输材料,还要清理废墟,任务十分庞杂而艰巨。丁谓通过系统考虑,在施工时对工序进行了精细管理,他首先让工匠在皇宫前开沟渠,然后利用开沟取出的土烧砖,再把京城附近的汴水引入沟中,使船只运送建筑材料直达工地。工程完工后,丁谓又命人将建筑废弃物填入沟中,复原大街,一举解决了取土烧砖、材料运输、清理废墟三个难题,不仅使工程如期完成,还节省开支数以亿万计。被誉为“现代管理之父”的美国人泰勒,1911 年发表了《科学管理原理》一书,这是世界上第一部精细化管理著作。第二次世界大战后,企业规模扩大,生产技术日趋复杂,产品更新换代周期缩短,生产协作要求更高,在这种情况下,对企业经营管理提出了更加精细的要求。于是,包括决策理论、运筹学、系统工程在内的很多理论被引用到企业管理领域。这些理论和方法以对细节的追求为重点,通过定量分析与数学应用,逐步形成以精细化管理为主要特征的现代管理科学。

2008 年 2 月 27 日,中共十七届二中全会做出了深化行政管理体制改革的决策,提出了行政运行机制和政府管理方式向规范有序、公开透明、便民高效的根本转变的总体要求。要实现深化行政管理体制改革的目标,解决管理方式粗放、行政成本过高等问题,通过实行精细化管理来进行控制和改良,是一种必然选择。在管理科学进入现代管理阶段后,有力促进了管理学在思想内容、组织方法、形式手段等方面快速发展,各种先进管理理念层出不穷,各种独特管理模式不断涌现, 管理科学总体上由过去的粗放型向针对性与实效性更强的精细化方向发展,精细化管理日益成为一种管理的潮流和时尚。

随着民政业务范围不断拓展,管理幅度不断扩大,依靠传统的经验型管理、手工操作已难以满足工作需要,迫切需要管理方式的提质升级。同时,民政部门除了有一个“以人为本、为民解困”的抽象执政理念之外,整个队伍的价值追求、服务标准、管理方式尚未形成体系,民政团队文化还没有形成特色。

2009 年 9 月,常德市民政局党组书记、局长熊国建提出将现代管理学的企业精细化管理理念植入民政工作领域,同时确定以局党组成员、市民间组织管理局副局长李云峰为主,组织专门工作班子研究精细化管理导入问题, 以期实现民政管理方式由传统型向科学型转变。常德市民政局党组一致认为,三分战略,七分执行,对工作时效进行界定,对各项业务流程科学设置和严密控制,可以有效缩短工作周期,提高行政效能。同时,对具体行政行为进行随时跟踪,坚持过程纠偏,最大程度减少工作失误,确保工作效率和效果。通过精细化管理“组合拳”的持续作用,不断提高行政效能、提升政府执行力,达到“政令畅通、执行有力”的良好效果。

鉴于机关干部流动频繁,每到一个新岗位都要花大量时间和精力熟悉工作,如果有了一整套标准,就能通过对办公标准的熟悉,在短时间内迅速进入角色。通过实施精细化管理,可以对整个民政机关的岗位职能、工作内容、办公流程、服务时限逐一精确定位,进而形成一整套民政行政服务管理规范。民政工作覆盖面十分广泛,各项事业都需要全面协调发展。但在实际操作中,工作难免会出现发展不均衡、不同步的现象。为统一工作进度,形成整体争先的态势,非常需要建立一套完整的民政日常监控体系和考核评估体系,随时掌控工作进程,随时评估事业发展中的各种失误和不足,以便针对工作中的薄弱环节进行“外科手术”式的整改,顺利推动民政事业均衡发展,从而在民政政务标准化建设上走出一条新路来,打造创新民政。

二、举措策划

常德市民政局的精细化管理经历了探索研究、培训启动、典型示范、全面实施四个阶段,分为局机关和直属单位两个层面进行。

2009 年 9 月 22 日,常德市民政局出台“实施精细化管理工作方案”,并正式成立精细化管理工作领导小组,由局长、党组书记熊国建任组长,副局长、党组副书记李巨开任副组长,局领导班子成员为成员。同年 10 月 22 日,常德市民政局印发“市民政局精细化管理领导小组办公室工作人员职责分工的通知”(常民函〔2009〕83 号),明确局党组成员李云峰兼任办公室主任，龚学军兼任副主任，抽调精干人员集中办公，负责日常工作。

2009 年 10 月至 2010 年 5 月 21 日，常德市民政局全面系统地收集、整理了 2007—2009 年 3 年间民政各类工作统计数据，已颁布的法律、法规、规章和职能职责等情况，自主研发了一整套局机关精细化管理信息系统，初步形成了"职能职责、政策法规、工作流程、管理制度、考核奖惩、信息化管理"等六大体系为主体的精细化管理框架，然后，组织集中会审，反复论证，系统开发。

2010 年 6 月 5 日，常德市民政局邀请中南大学管理学院许民利教授举办精细化管理理论知识讲座，组织集中辅导，开展精细化管理理论培训。

是年 6 月 8 日，常德市民政局召开全局实施精细化管理动员大会，局党组书记、局长熊国建作动员报告。他强调："在实践中，我们要牢固树立落实观念，迅速、全面、真实、有效地落实精细化管理工作。"随后研究并统一了具体实施步骤和要求，这主要是：

加强领导，合力推进。精细化管理领导小组及其办公室以强烈的责任感、使命感和紧迫感，迅速理清思路，加强指导，争取在最短的时间内完成各项准备工作并迅速组织实施。各相关单位负责人积极配合领导小组办公室开展工作，不讲价钱，不打折扣，与本单位人员一道按质按量完成领导小组办公室交办的各项工作任务。全局上下要树立'一盘棋'的思想，相互沟通，相互学习，形成合力，确保工作进展顺利。

坚持标准，分步推进。强化精品意识，坚持高起点、高标准、高效率地开展工作，按照科学、合理、严谨、细致的要求，全面摸清各项职能和服务的底子，彻底清查各项制度规定，做到在岗位职责的设置上力求准备完整，在工作流程的修订上力求规范统一，进而形成横向到边、纵向到底的民政政务标准化体系。整个精细化管理的推行要分三步走：第一步，2010 年初开始在市局机关推行；第二步，积累经验后，2010 年年中在各直属单位逐步推广；第三步，修订完善，部署在全市民政系统全面推广。

统筹兼顾，整体推进。在充分理解、积极支持配合的基础上，广开言路，集思广益，广泛征求各个方面的意见，结合民政工作的特殊性和民政队伍状况的现实性，做到既适度超前，又尊重客观现实；既体现民主、又尊重科学；既注重规范化，又体现人性化，使这一全新的工作能在一种更为适合的外部环境中推进。要正确处理好业务工作和开展精细化管理的关系，既不能因前期的准备影响业务工作，也不得以工作繁忙推诿拖延，要把开展精细化管理和业务工作有机结合起来，做到两手都要抓，两手都要硬，用精细化管理促进业务工作，以业务工作成效体现精细化管理成效。

完善配套，科学推进。在推进精细化管理中，光有一套理论和标准还不行，还必须建立综合支撑体系，完善配套措施，使这套理论和标准能落到实处，不至成为空中楼阁。因此，必须做到完善资金保障，即优先安排精细化管理工作经费，确保有钱办事；完善人员保障，即精细化管理办公室要成为机关内的常设机构，并安排专职工作人员；完善技术保障，即依托信息平台开展精细化日常管理，使之成为一个快速反应的指挥所，一个了解业务的瞭望台，一个干部业绩的公示栏，一个交流心声的真情角。

是年6月17日，常德市民政局机关和常德市社会救助局正式启动实施精细化管理。

2009年10月22日至2010年7月20日，常德市民政局在常德市军干所开展精细化管理试点，为直属单位实施精细化管理创造经验，提供示范。

2010年7月20日，常德市民政局在市军干所召开精细化管理现场经验交流会，推介市军干所精细化管理经验和做法，要求常德市康复医院、市殡葬管理处、市社会福利院、市救助管理站、市殡葬服务中心等5家单位在2010年国庆节后全面启动实施精细化管理。

常德市民政局的精细化管理涵盖职能职责、工作流程、政策法规、管理制度、考核奖惩、信息化管理六大内容，在结构上体现为“岗位定位化、工作流程化、考核标准化、制度规范化、管理信息化”的“五化”模式。

岗位定位化：即坚持明晰职责，以民政部门的“三定”方案和科室实际承担的工作职责为依据，全面清理每个科室或单位承担的全部工作任务，使所有工作人员清楚自己在总体目标中肩负的责任和所处的位置。做到：

科学设岗。对岗位实行规范化称谓，力求简明扼要，反映该岗位的工作性质、级别和层次。同时按照“事事有人管、岗岗工作量相当”的原则，明确了每一个岗位的职责任务，并注重了每个岗位设置的合理性，理顺了各个岗位间的相互关系，使岗位设置与人力资源优化组合达到最佳状态。

按岗定位：实际运行中，市民政局坚持定岗到人，工作责任落实到人，最大限度地激发了全体工作人员的主观能动性。

工作流程化：即坚持量化民政政务程序、简化民政业务分类、精化民政业务办理过程、细化民政工作绩效考核标准，确保每个工作流程有主体、有内容、有要求、有时限、有说明、有关键点、有流向，脉络清晰，过程齐备，一目了然。

考核标准化：即坚持全面覆盖、全员纳入、全程监控，完善以考评实施办法、考核细则(包括科室与个人、直属单位)、考核整理卡、奖惩办法四个部分为主体的考核体系。做到：

明确考核内容。以“4S考评法”为核心，具体包括对行为标准(standardization of office behavior)、素养标准(standardization of basic literacy)、工作标准(standardization of work)和绩效标准(standardization of performance)进行考核。

明确考核细则。一方面对“4S”考评内容逐项按科室和个人制定考核标准，防止出错。另一方面，设定了工作评先类、工作推介类、调研宣传类、学习强能类、敬业奉献类、工作创新类、争资争项类七类加分项目，引导各科室和广大干部职工争先夺牌，为机关建设积极作贡献。

明确考核主体。由精细化办牵头抓总，人事科、办公室、法制科、财务科、信息中心五个科室为日常考核主体，这五个科室根据职能范围分别对考核内容进行考核。

明确考核方式。采取日整理、周小结、月考评、年总评的方式进行考核，每月公布集中考核结果，年底实行总评比。

明确奖惩办法。改变了以往靠开会投票选先进的做法，直接以精细化考评得分为依据来确定先进，兑现奖惩，一切凭分数说话。

制度规范化：即坚持“用制度管权、按制度管事、靠制度管人”的管理制度体系，主要包括四大类，即：队伍建设类。包括党务工作制度、廉政建设制度、机关会议制度、机关学习制度、工作人员日常管理制度等。政务管理类。包括机关办文制度、信访值班制度、政务公开制度、机要保密制度等。后勤保障类。包括财务管理制度、公务接待制度、车辆管理制度、后勤管理制度等。依法行政类。包括服务承诺制度、行政效能告诫制度、行政执法过错追究办法等。通过建立严密的规章制度，把各个工作环节有机联合起来，让各项工作有制可依、有章可循，确保了各个岗位、各位干部保持步调一致，做到令行禁止，避免了因管理混乱而影响工作。

管理信息化：即坚持自主研发与升级整合相结合，形成市民政局一整套精细化管理信息系统。该系统以内网为载体，以精细化管理体系为依托，以精细化考核办法为主制定框架，以精细化 4S 管理和 6 卡管理考评为主轴线进行了精心设计。局机关的文件传达、日常考核、日志填报、统计发布等都通过该套系统来运作。局领导、科室负责人随时可查询、掌握工作进度。同时，以精细化管理平台为基础，组织专门力量研发具有自主知识产权的民政全业务平台管理系统，从而避免以往各个业务口上操作系统互不兼容、各自为战的局面，实现对民政工作进度、日常工作动态和人员管理的实时监控，使得精细化管理和市民政局的日常业务联系更加紧密。

2010 年 7 月 20 日，常德市民政局在市军休所召开市直民政系统精细化管理现场经验交流会

在具体操作上实现“两个结合”，即理论和实践结合；自力更生和借力发展结合。常德市民政局加强对民政精细化管理理论的研究，先后组织多个研究团队深入区县市、乡镇（街道）、基层民政部门调研，促使民政精细化理论与民政工作管理实践有效对接。在精细化管理体系制定过程中，市民政局的研究团队多次到湖南大学、中南大学拜师请教，两所高校的专家学者也多次应邀到市民政局现场指导、授课。有关教授学者对局精细化管理体系进行评估论证后一致认为，常德市民政局的管理理念、体系设计以及操作模式在全国行政机关管理实践中尚属先进。

三、工作成效

为确保精细化管理顺利实施,常德市民政局制定了详细的“考核实施办法”和“奖惩办法”。“考核实施办法”共分十三章,对考核目的、组织领导、考核原则、考核对象、考核内容、考核主体、考核要求、分值分配、考核加分、计分说明、一票否决事项、考核方式、附则等均作出了明确规定。“奖惩办法”共分三章,分别就奖惩原则、科室及单位奖惩、干部个人奖惩、局领导考核以及奖惩程序等作出了具体规定。

常德市民政局精细化管理具体实施以来,先后20余次被《中国社会报》、《常德日报》、《常德社会组织报》、市政府办《调查研究》、《常德通讯》、“常德政府网”、“常德民政网”等媒体推介。常德市人力资源和社会保障局、市工商局、市交警支队、市武陵监狱和沈阳军区空军后勤部等单位先后派员到市民政局观摩学习。2011年9月5日、9月18日,常德市民政局党组书记、局长熊国建分别在湖南省民政厅组织召开的市州和县市区民政局长培训班上交流市局精细化管理经验。2011年9月,常德市民政局精细化管理参加第六届“中国地方政府创新奖”评选活动,已入选“中国地方政府创新”数据库和案例库,列入“中国政府创新简报”,并享有参与“中国地方政府创新奖”组委会组织的包括中国政府创新论坛在内的国际国内内容交流活动的优先权。

2011—2013年,按照创单项工作全国领先市、全面工作全省领先市的总体目标,每年年初,市民政局精细化办与分管领导一道,对每一个科室的年度目标进行审定,按照“跳起脚摘桃子”的原则,对目标进行适度拔高,明确要求各科室在事业发展上实行自我超越。如在政策制度上,常德市民政局积极争取中共常德市委、常德市人民政府、常德市人大常委会、常德市政协的重视与支持,2011年,中共常德市委常委会两次专题研究民政工作,常德市人民政府常务会六次专题研究民政工作,常德市人大常委会、市政协各两次专题审议民政工作,并先后出台《关于鼓励发展社会养老服务业的意见》《常德市农村五保供养工作实施办法》、《关于加强社会组织建设与管理的意见》《关于进一步加强和创新社区管理的意见》等一批事关民政长远发展的规范性文件,为民政事业发展提供了良好的政策支撑。

同时,依托精细化管理,开展各项工作时任务分配有流程、评价进度有标准,检验效果有尺度,追究责任有依据,确保了任务落实,切实避免了工作进展时快时慢、工作力度时大时小、工作效果时好时坏等不稳定现象。市局借助精细化管理,随时把握了每项工作的现状和在全省的排位,针对优势工作,及时总结经验,积极打造亮点、争先创牌;针对薄弱环节,集中力量攻坚,及时补齐了短板。此外,结合目标审定,市民政局通过精细化管理引导各个科室制定年度创新计划和五年创新规划。常德市社会养老服务工作、全国农村社区建设实验全覆盖示范单位建设工作、农村敬老院星级管理工作、城乡困难家庭医疗救助“一站式”即时结算工作、社会组织管理与建设工作、流浪乞讨未成年人就地安置工作等实现了创新发展,在全省均属首创。2011 年上半年，常德市民政局将 16 项行政审批、办事服务等四类权限下放到县（市、区），有效减少了审批环节，提高了行政审批效率。按照公开为原则、不公开为例外的要求，及时、准确、全面公开了群众普遍关心、涉及群众切身利益的政务信息，确保了行政权力公开透明运行。2011 年出台的《湖南省政府服务规定》是全国首部全面规范政府服务行为的省级政府规章，开创了政府服务法治化的先河。常德市民政局的精细化管理中的相关内容正好与之契合，为有效落实《规定》打下良好基础。

常德市民政局运用“4S”考评法，以精细化管理考核结果作为评判干部的重要依据，具有客观、公正、公平的特点。同时，在实施精细化管理过程中，常德市民政局党组对每一名工作人员都设定了绩效、素养、行为、工作四大标准，严格实行考核，并根据考核结果实行“三挂钩”（干部使用、评先评优、经济待遇挂钩）的激励措施，及时兑现奖惩，真正让肯干的有奔头，干好的有甜头，有力激发干部干事创业的热情。此外，把精细化管理引入干部培养中，做到学习经常化、活动特色化，通过精细化管理实践的不断磨炼，一批优秀的管理人才脱颖而出。

常德市民政局及市局直属单位在精细化管理的推动下，取得了令人欣慰的成绩。2010—2011 年，常德市民政局及市局直属单位先后有 60 件（项）工作获市以上集体荣誉。其中：

常德市民政局，2010 年度被湖南省委、省政府评为为民办实事先进集体、双拥模范单位；被省民政厅评为全省行政区划地名管理工作先进单位、全省综合减灾示范社区创建活动优秀组织单位、全省优抚工作综合评估先进单位、全省民政信息化建设先进单位、全省和谐社区创建工作先进单位、全省农村社区建设实验工作先进单位、全省村务公开和民主管理“难点村”治理工作先进单位、全省福利彩票发行工作组织工作一等奖、销售总量一等奖、宣传工作一等奖；被市政府评为全市“十佳”人民满意机关；被市委、市政府评为全市人口和计划生育工作综合治理先进单位、机关效能建设与优化经济环境工作先进单位。2011 年度，被省民政厅评为全省福利工作先进单位、全省殡葬工作先进单位、县级社会救助工作规范建设创优活动组织奖、全省社会救助工作先进单位、社会管理综合治理工作先进单位、社会组织工作创新先进单位、社会组织宣传工作先进单位、评残工作先进单位、解困维稳工作先进单位；被省民政厅、省减灾委员会评为“全省搭建救灾帐篷技能比赛”优胜单位；被市政府评为全市“十佳”人民满意机关标兵单位、被市委评为维护稳定工作先进单位、610 工作先进单位。2010 年、2011 年，被省民政厅评为全省民政工作先进单位、全省民政规划财务工作先进单位、社会组织管理工作目标管理考核先进单位；被市委、市政府评为全市文明单位、市直目标管理红旗（先进）单位、全市维护稳定工作先进单位。

常德市殡葬管理处，2010 年、2011 年，被省民政厅评为清明节管理工作先进单位；常德市社会救助局，2010 年被省民政厅评为全省县级社会救助工作规范化建设优胜单位、获全省农村五保供养工作先进单位组织奖，2011 年被省民政厅评为县级社会救助工作规范建设创优活动组织奖；常德市社会福利院，2010 年、2011 年，被省民政厅评为全省社会福利工作先进单位，2010年被省档案局评为档案管理省特级单位，被市委、市政府评为2010年度全市文明标兵单位；常德市军干所，2010年被中华全国妇女联合会评为全国三八红旗集体，被省民政厅评为全省军休工作先进单位，2010年、2011年，被省委老干局评为全省老干工作先进单位，2011年被省民政厅评为全省军休干部纪念建党90周年“与党同呼吸、共命运、心连心”征文活动组织奖；常德市殡葬服务中心，2010年被民政部评为全国殡葬工作先进单位，2010年、2011年，被民政部评为清明节祭扫工作表现突出单位；常德市救助管理站，2010年被民政部评为上海世博会、广州亚运会、亚残运会举办期间救助管理先进单位，2010年、2011年，被省民政厅评为全省救助管理机构规范化建设先进单位，2011年被省民政厅授予阳光和尊严行动先进单位荣誉称号、全省救助管理机构规范化建设先进单位，被市委授予全市先进基层党组织荣誉称号。

2010—2011年，市民政局机关及直属单位有27人(次)获市以上表彰奖励。其中：

2010年，熊国建被民政部评为全国农村五保供养工作先进个人，被市委、市政府评为争做“四型”领导干部先进个人，被市政府评为2010年度“十佳人民满意公仆”，被市委、市政府记二等功1次；2010年，高泽宏被湖南省政府授予“湖南省爱国拥军模范”称号；周强被广州军区评为“十一五”军供工作先进个人；李巨开、高科被市委、市政府记三等功1次；戴平、周晓平、徐力、王冠华被市委、市政府嘉奖1次；高蔚被市委、市政府评为全市人口和计划生育工作先进个人；舒燕辉被市委、市政府评为全市老干工作先进个人；张献斌被省民政厅评为全省民政规划财务工作先进个人；张力文获2010年度湖南省福利彩票发行工作发展贡献奖；王赛红获2010年度湖南省福利彩票发行工作先进个人奖。2011年，熊国建、李巨开、顾付明被市委评为创建全国文明城市工作先进个人；李巨开被市政府评为全市“十佳”人民满意公仆；李云峰、王赛红被市委、市政府记三等功一次；郭欣被市委表彰为全市优秀共产党员；白井成被民政部评为2011年清明节工作突出观察员；汪学英被省民政厅评为2011年度全省民政规划财务工作先进个人；谭博文被省民政厅评为2011年清明节管理工作优秀个人。

2012—2013年，常德市民政局及市局直属单位获国家部委、省委、省政府表彰的先进单位12个，先进个人3人；获省直部门及中共常德市委、常德市人民政府表彰的先进单位65个，先进个人20人；获市直有关部门表彰的先进单位54个，先进个人16人；获市以上各级协调机构、议事机构、临时机构表彰的先进单位15个，先进个人11人。

第十四章

民政建制

第十四章　民政建制

常德民政建置，历史悠久。西汉置武陵郡，郡守执掌民政，此后历朝郡、府、州之太守、刺史、知府、知州掌理民政。民国时期的道、府、州、行政督察专署分别置总务科或内务科、一科、民政科（局）等掌理民政，为常德地方官府之要政。

1988—2013年，常德市（地区）域的民政机构建立健全，是常德市（地区）各级人民政府的重要组成部分，行“为国分忧、为民解愁”之政。

第一节　常德市民政局

新中国成立后，常德市（地区）民政局机构经过多次变更。但一直是常德专署、常德市人民政府的重要工作部门。1949年6月12日，南下工作队在河南省开封市一带组建常澧区行政专员公署民政科。8月，成立常德区行政专员公署民政科，立即接受原民国湖南省第四行政督察区专员公署民政科全部事务。

“文化大革命”中，专署民政科一度处于瘫痪半瘫痪状态。1969年11月，军管会批准设立常德地区革命委员会办事组民政组，行使“文化大革命”前专署民政科部分职能。1973年9月20日，组建常德地区革命委员会民政局，管理全区优抚安置、行政区划、救灾救济、收容遣送、社会福利、婚姻登记、殡葬改革等项工作。1979年8月，改置常德地区民政局。

1988年8月24日，中共常德市委下发《关于常德市市直党政群机关机构设置的通知》（常通字〔1988〕11号），置常德市民政局，为常德市人民政府工作部门。

一、机构设置

1988—2013年，常德市民政局机构名称未变，其工作职能多次进行过调整。1996年1月22日，公务员制度改革之后，经过调整，市民政局两项工作职能发生转变，即加强救灾、社会救济、社会福利、优抚安置及农村养老保险等社会保障的宏观管理；综合运用行政、经济和法律手段管理社会事务，弱化直接管理。2001年11月27日，市民政局工作职能再次进行调整，将农村社会养老保险职能交给劳动和社会保障局。新增4项职能，即负责全市民办非企业单位的登记管理工作;负责老龄工作的宏观指导和综合协调管理;负责全市城市居民最低生活保障制度工作的管理、协调工作,承担中央、省属及市属事业单位低保对象的审定工作;负责市直破产企业无固定收入的离休干部遗孀、配偶的管理和生活费发放工作。取消一项职能,即指导农村救灾保险工作。2010 年 12 月 11 日,市民政局增加指导基层群众自治组织和社区组织干部的表彰、推进社会工作人才队伍建设、加强社会救助,统筹城乡社会救助体系建设共三项职责。

至 2013 年,常德市民政局的主要职责是:1.贯彻执行党和国家关于民政工作的法律、法规和方针、政策;拟定全市民政工作相关办法和全市民政事业发展规划,并组织实施和监督检查。2.承担依法对全市社会团体、民办非企业单位登记管理和监察责任。3.负责各类优抚对象的抚恤、优待、补助工作;承办褒扬革命烈士的审核、呈报工作;承办公务员、人民警察、参照公务员管理的国家机关工作人员及退役军人等有关人员伤残评定的审核呈报工作和伤残(亡)抚恤工作;指导优抚事业单位的管理;组织和指导拥军优属、拥政爱民工作;承担市双拥工作领导小组办公室的日常工作;负责全市革命老区扶贫、开发工作。4.组织、协调退伍士兵和移交地方安置的军队离退休干部、退休士官、军队无军籍退休(退职)职工的接收安置工作;负责成批过境部队、入伍新兵、退伍老兵、支前民兵、民工运输途中的饮食供应保障工作;协调、指导全市军地两用人才的开发使用;指导全市军队离退休干部休养所的建设与服务管理,落实军队离退休干部的有关政治、生活待遇。5.组织、协调救灾减灾工作;组织自然灾害救助应急体系建设;组织查核、统计上报并统一发布灾情;筹措、管理、分配救灾款物并监督使用;组织、指导救灾捐赠工作;组织救灾物资的储备和发放工作;承担市减灾委员会的日常工作;会同有关部门组织实施农村危房改造。6.组织拟订全市社会救助规划、办法和标准;指导、协调城乡居民最低生活保障、医疗救助、临时救助工作;指导、协调农村五保供养和敬老院建设工作;负责城乡社会救助体系建设工作。7.指导、组织城乡社区建设和服务管理工作;推动村(居)务公开和基层民主政治建设;指导基层群众自治组织和社区组织干部的表彰。8.拟订全市行政区划总体规划,负责县市区、乡镇的设立、撤销、调整、更名和行政区域界线变更的审核、报批工作;承办与相邻市州边界的勘界和边界纠纷的调处工作;指导、协调县市区行政区划工作和边界争议的调处工作。负责地名管理工作。9.拟订全市社会福利事业发展规划、办法并组织实施;指导全市社会福利机构的建设和管理;指导老年人、孤儿和残疾人等特殊群体的权益保障工作;拟订全市社会福利企业的扶持办法,负责社会福利企业的审核,指导社会福利企业管理工作。组织拟订促进慈善事业发展的规划和办法;组织、指导社会捐助工作;组织、指导发行福利彩票;管理本级福利彩票公益金;指导、监督县市区福利彩票公益金的管理使用。10.贯彻执行国家的婚姻登记、殡葬管理和儿童收养法律、法规和政策并组织实施;推进婚俗和殡葬改革;指导婚姻、殡葬、收养服务机构的管理工作;承办涉港澳婚姻登记工作和涉港澳台、华侨儿童收养登记工作。11.指导城市生活无着人员救助管理工作;指导全市救助管理站建设工作;协调跨市及跨县市区生活无着人员救助管理工作。12.会同有关部门按规定拟订全市社会工作发展规划，推进社会工作人才队伍建设；指导全市基层民政干部职工队伍建设；推进民政科技和民政行业标准化工作。13.负责民政事业经费的内部审计和监督；负责民政统计工作。14.协调老龄工作法律法规和方针政策的贯彻执行，拟订全市老龄工作相关办法，编制全市老龄事业发展规划并组织实施和监督检查。15.承办市委、市政府交办的其他事项。

1978 年，常德地区民政局始置二层骨干，设秘书。1980 年，始设二级机构，置地区民政局办公室，具体负责地区民政局承担的各项民政业务工作和机关事务的综合调度与协调等。至 1988 年 8 月，常德地区民政局内设和归口管理机构共 8 个，即办公室、优抚科、社会科、双退科、基层政权建设科，常德扶贫福利服务公司、常德地区复员退伍军人接待站、常德地区收容遣送站。

1988 年 9 月至 2013 年，因工作职能调整，常德市民政局内设及归口管理机构进行撤并、更名或增设，负责人亦有异动。

办公室，1988 年 9 月置。其主要职能是：负责机关日常工作的协调和督办；负责文电、会务、机要、档案等机关日常运转工作；负责来信来访、政务公开、人事劳资、安全保密、综合治理、维护稳定工作；负责信息、综合调研、宣传报道、计划财务、机关后勤服务管理等工作。至 1995 年，戴士发、蔡荣华先后任办公室主任，陈礼平、戴淑本任办公室副主任。这时，计划财务职能析出。1996—2013 年，陈怀祥、陈大忠、曾庆华、曹吉飞历任办公室主任，曹慧、万绍成、白井成、谢科家历任办公室副主任。后金伟接任办公室主任。

基层政权建设与区划科，1988 年 9 月置。其主要职能是：负责城乡基层政权和基层群众性自治组织建设的日常工作；承办乡镇行政区域的设立、撤销、更名、界线变更和边界纠纷的调处工作；指导区县（市）的勘界工作；组织、指导全市地名管理工作等。1995 年 10 月 21 日，常德市委编委批复（常编发〔1995〕33 号），基政科更名为基层政权建设与区划科。是年，帅承前任科长。2009 年 7 月 28 日，市民政局任命（常民干〔2009〕1 号）吴开清任科长。2013 年 4 月 17 日，中共常德市委组织部任命（常组函〔2013〕30 号）杨磊任科长。后析置基政科（曾志明任科长、黄嬿任副科长）、区划地名科（杨磊任科长）。

救灾救济科，1988 年 9 月置。其主要职能是：组织协调救灾减灾工作，核查、统计并发布灾情，负责灾民社会救助、组织全市救灾物资储备、管理工作；组织开展救灾募捐工作；指导扶贫济困等社会互助活动和农村互助互济工作等。至 2013 年，黄明河、李云峰、曾庆华历任救灾科科长。后伍先华接任救灾科科长，陈建军任副科长。2009 年 12 月 31 日，常德市委编委办批复（常编办〔2009〕150 号），同意析置市救灾物资储备中心。是年，程涛任中心副主任。后张文权、高蔚历任中心主任。

优抚安置科，2010 年 12 月置。其主要职能是：承办各类优抚对象的抚恤、优待、补助，褒扬革命烈士以及有关人员伤残评定的审核呈报工作；指导开展拥军优属活动；负责退役军人接收安置以及老区扶贫开发工作等。1988 年 9 月，市民政局内设退伍军人和军队离退休干部管理科(简称双退科)。1995 年,常德市委编委批复(常编发〔1995〕33 号文),将双退科更名为安置科。夏法勤、帅承前历任科长。2006 年 4 月 19 日,常德市委编委办批复(常编办〔2006〕43 号文),单设市军队离退休干部安置管理办公室。文兴明、高蔚、陈静历任主任,陈建军、陈伟任副主任。2010 年 12 月 11 日,优抚科和安置科合并,改置优抚安置科,至 2013 年,谭亚东、吴开清历任科长,龚学军、揭人杰任副科长。

计划财务科,1995 年置。其主要职能是:负责局机关和直属单位的财务会计、资产管理、基本建设和内部审计等工作;负责全市民政事业费的管理、使用和监督;负责民政统计工作。1995 年 10 月 21 日,常德市委编委批复(常编发〔1995〕33 号),同意市民政局内设计划财务科。1996 年 2 月,市民政局任命黄明河任科长。2002 年 1 月,徐力任科长。2010 年 8 月 20 日,市民政局任命(常民干〔2010〕6 号)汪学英任科长。是年 12 月,更名为规划财务科。

社会福利与社会事务科,1995 年 10 月置。其主要职能是:负责全市性社团和委托代管的全省社团的登记与监督管理;指导区、县(市)社团管理工作;协调各业务部门的社团管理工作;负责对全市性社团违法行为的查处;管理社团行政复议应诉工作等。1990 年 7 月 10 日,常德市委编委办批复(常编办直〔1990〕51 号),同意基层政权建设科加挂社团管理科牌子。1995 年 10 月 21 日,常德市委编委通知(常编发〔1995〕33 号),市民政局置社团管理与社会事务科,负责全市性社团和委托代管的全省性社团的登记与监督管理以及社会事务等。至 2001 年,戴士发、蔡荣华、杨海滨历任科长。2002 年,析置社会福利与社会事务科,杨海滨任科长。2009 年 7 月 28 日,市民政局任命(常民干〔2009〕1 号)刘兴国任科长。后析置社会福利与慈善事业促进科(陈立初任科长、滕刚任副科长)、社会事务科(曾庆华任科长)。

民间组织管理科, 2002 年置。其主要职能是:负责全市性社团及其分支机构、市属和挂靠的民办非企业单位的登记、年检及党建工作;指导和监督各区县、市民间组织的登记管理和执法监察工作等。沈靖、伍先华、陈立初历任科长。后更名为社会组织管理科,何绍喜任科长。2011 年 10 月 11 日,常德市委编委办批复(常编办〔2011〕193 号),同意设立市社会组织发展指导中心。后张文权任主任;金伟、侯琳历任中心副主任。

社会科,1988 年 9 月置。其主要职能是:负责全市社会福利和社会事务管理以及救灾救济等。至 1995 年,黄明河、杨海滨历任社会科科长。1995 年后,先后析置社会福利与社会事务科、救灾救济福利科、社会事务科、民管科、医疗和临时救助科(康存新任科长)、最低生活保障科(陈本喜任科长、邹卉任副科长)等。社会科承担的职能被分解,其机构自行撤销。

人事教育科,2003 年 6 月置。其主要职能是:负责局机关和直属单位的劳动和社会保障、人事、机构编制管理工作;负责全市民政系统干部职工教育培训、局机关和直属单位的党群工作、纪检监察工作等。2003 年 6 月,傅宏伟任科长。2007 年 2 月 27 日,中共常德市委组织部批复(常组委干〔2007〕5 号),沈靖任科长。2013 年 3 月 5 日,市民政局任命(常民干〔2013〕01 号)罗炎任科长。后王曲接任人事科科长,陈延任社会工作科科长,并安排陈高龙(主任科员)具体负责人事科承担的机构编制和劳资福利等工作。

法制科，2005 年 9 月置。其主要职能是：负责拟定和审查民政系统有关行政执法的规范性文件草案、法定权限内的执法解释、民政行政处罚听证、指导、监督全市民政执法等。2005 年 9 月 6 日，常德市委编委办批复（常编办〔2005〕104 号），同意市民政局内设法制科。2009 年 7 月 28 日，市民政局任命（常民干〔2009〕1 号）杨磊任科长。2013 年 4 月 17 日，中共常德市委组织部任命（常组函〔2013〕30 号）龚学军任科长。

行政许可办公室，2011 年 9 月置。其主要职能是：负责市政府规定由市民政局实施的行政许可、非行政许可和管理服务事项的统一受理、审核或审批和送达等。2011 年 9 月 5 日，常德市委编委办批复（常编办〔2011〕147 号），同意市民政局增设行政许可办公室，核定行政编制 2 名。2011 年 12 月 27 日，市民政局任命（常民干〔2011〕07 号）白井成任主任。

常德市复员退伍军人接待站，1980 年 2 月置。其主要职能是：接待、中转区内及区外途经常德的退出现役的复员退伍军人等。1988 年 9 月，更名为常德市复员退伍军人接待站。至 2013 年，胡忠娥、高蔚、张文权、曾凡嘉历任接待站副站长。

常德市福利彩票发行中心，2003 年 8 月置。其主要职能是：负责制定全市福利彩票发行计划；组织实施并开展福利彩票的发行和福利资金的筹集，全市福利彩票的结算以及全市福利彩票投注站的日常管理和城区投注站的设备维护等。1990 年 6 月 17 日，常德市人民政府决定（常政办函〔1990〕35 号），成立市社会福利有奖募捐委员会。下设办公室，张力文任办公室副主任。1993 年 4 月，罗尚杰任主任。2003 年 4 月，张力文任主任。是年 8 月 21 日，常德市委编委办批复（常编办〔2003〕58 号），常德市社会福利有奖募捐委员会办公室更名为常德市社会福利彩票发行中心（简称市福彩中心）。2011 年 5 月 25 日，市民政局任命（常民干〔2011〕03 号）王赛红任主任。2013 年 7 月 31 日，曾晓菊任副主任。2011 年 3 月 29 日，颜峰陵任副主任，后接任市福彩中心主任；顾付明、陈勇任副主任。

市革命老区工作办公室，1996 年 11 月置。其主要职能是：及时向市委、市政府提供有关老区扶贫工作的决策依据；负责全市老区扶持项目的考察、论证、审核和呈报、老区扶贫资金的分配监督与管理等。1996 年 11 月 21 日，常德市委编委办批复（常编办直〔1996〕78 号），成立常德市革命老区办公室。是年，市民政局任命刘兴国任主任。2009 年 7 月 28 日，市民政局任命（常民干〔2009〕1 号）王荷莲任主任。后王淑媛任市老区办主任。

市老龄工作办公室，1993 年 5 月置。其主要职能是：负责协调和推动有关部门做好维护老年人权益的保障工作；加强对老龄工作的宏观指导和综合管理等。王德盛、李继华、陈怀祥、徐力历任主任；陈隆豪、曾庆华、康存新、何绍喜、周三保历任副主任。

市慈善协会办公室，2002 年 10 月置。其主要职能是：负责组织开展义演、义卖、专项捐赠，拓展海外慈善业务，组织大型募捐活动，开展国内外有关慈善交流等。2002 年 10 月 28 日，常德市委编委办批复（常编办〔2002〕51 号），同意设立市慈善协会办公室。曹吉飞、曾志明、金伟历任主任。

市社区建设办公室，2002 年 10 月置。负责指导全市社区建设工作。2002 年 10 月 28

日,常德市委编委办批复(常编办〔2002〕52 号),同意成立常德市社区建设办公室。2003 年,市民政局党组成员、纪检组组长曹慧兼任市社区办主任。2004—2007 年,市局基政科长帅承前兼任主任。2007 年 12 月 28 日,市民政局任命郭欣任主任。后谭博文、曾晓菊任副主任。

常德军供站,2003 年 6 月置。担负常德市及周边区域的相关军事供给保障任务。周强、陈绪霖历任站长,颜峰陵、姚珍国、张献斌、陈嗣林任副站长。

市双拥工作办公室,2007 年 7 月置。其主要职能是:负责组织开展拥军优属、拥政爱民工作的宣传,并做好优抚对象的政治思想教育工作;负责指导烈士纪念建筑物的管理等。2007 年 7 月 26 日,常德市委编委办批复(常编办〔2007〕74 号),同意成立市双拥办公室。2013 年 3 月 5 日,市民政局任命(常民干〔2013〕1 号)陈静任市双拥办主任,胡静敏任副主任。后郭欣任主任;王继辉任副主任。

信息中心,2009 年 6 月置。其主要职能是:负责建设和管理市民政局机关局域网,指导和管理全市民政系统广域网建设;负责全系统信息资源的统一管理,数据分析和信息发布等。2009 年 6 月 4 日,常德市委编委办批复(常编办〔2009〕79 号)同意成立市民政局信息中心。2010 年 8 月 20 日,市民政局任命(常民干〔2010〕6 号)罗炎任中心主任。2013 年 3 月 5 日,市民政局任命(常民干〔2013〕01 号)高泽宏任中心主任。

精细化管理工作办公室,2009 年 9 月置。其主要职能是:具体负责市民政局机关和直属单位两个层面的民政日常监督和考核评估等,以推动民政政务标准化建设。2009 年 9 月 22 日,市民政局成立市民政局精细化管理工作办公室,党组成员李云峰兼任主任,龚学军兼任副主任。2010 年 6 月,卞德荣任主任。2011 年 3 月,康存新任主任。

市军休服务管理站,2011 年 5 月置。2011 年 5 月 23 日,取消原加挂在常德市复员退伍军人接待站的军队离退休干部服务管理站的牌子,机构单列,归口市民政局管理。

中共常德市社会组织工作委员会办公室,2011 年 10 月置。其主要职能是:负责市民政局主管的社会组织及无业务主管单位的全市性社会组织的党建工作,指导业务主管单位抓好的主管的社会组织党建工作;指导各县(区、市)社会组织党工委负责的社会组织党建工作。2011 年 12 月 27 日,市民政局任命(常民干〔2011〕07 号)吴万龙任市社会组织党工委办主任。

至 2013 年,市民政局内设和归口管理机构为 20 个,即办公室、人事科、规划财务科、法制科、民间组织管理科、优抚安置科、救灾科、基层政权建设与区划科、社会福利与社会事务科、军休办、双拥办、老龄办、老区办、社区办、慈善办、精细化办、行政许可办、社会组织党工委办、信息中心、福彩中心。

二、人员编制

民国时期，道、府、直隶工作和行政督察署的民政主管人员，设兼职或专职，专职为正职。这些人员由省府(署)派遣或委任，没有固定任期。1949 年 7 月，常德解放。是年 11 月 22 日，钟汉九任常德区行政专员公署民政科第一任科长，主管全区民政。1951—1953 年 7 月，常德专署民政科始置一正一副职，正职职掌全区民政及机关主要事务，副职协助正职管理民政，并负责民政科内的具体业务、事务。以后，有时置一正一副职，有时置一正二副职。1973—1983 年 9 月，常德地区民政局的主管人员，由一正一副或一正二副增至一正三副，一正四副，正、副局长分工明确，职责到人。1984 年 3 月至 1985 年 9 月，常德地区民政局正职主管人员实行党政分置，并在退居二线和暂未明确分工的主管人员中，置顾问、调研员等职。1988 年，常德“撤区建市”以后，市民政局局长由市人大常委会任命，中共局党组书记副书记及其他党组成员由中共常德市委任命，市民政局副职主管人员由常德市人民政府任命。1985—1994 年 12 月，常德市(地区)民政局正职人员实行党政合一，局长主管全市(地区)民政。1995—2009 年，常德市民政局正职人员复实行党政分置，局长主管全市民政。1996—2002 年，涂春堂任市民政局局长，庹朝明、卜功元先后任中共局党组书记；2002—2008 年，卜功元任市民政局局长，涂春堂、李继华、滕明友先后任中共局党组书记；2008 年至今，市民政局正职人员复实行党政合一。2008 年 1 月，滕明友任市民政局局长、中共局党组书记；2009—2012 年，熊国建任市民政局局长、中共局党组书记；2012 年至今，龚美爱任市民政局局长、中共局党组书记。

新中国成立后，常德地区民政局机关人员及其编制，是随着国家政治经济形势的发展和民政工作任务确定的。1949—1953 年，常德各地处于经济恢复时期，民政业务主要集中在接管和改造旧民政，医治战争创伤，治理社会病态，稳定局势。这段时间，全区民政科(局)人员编制 80～100 人，其中专署民政科人员 7～8 人。1967—1977 年，地区民政机构处于半瘫痪状态，编制人员大为减少，原专署民政科工作人员无一人在编，仅从其他单位和部门抽调部分人员，组成临时民政工作班子，1977 年有 14 人。1988 年，增加到 25 人。

1988—2013 年的 25 年中，常德市民政局随着民政业务的拓展和工作职能调整，机关工作人员编制逐步有所增加。1995 年，市民政局机关人员编制达 28 人，其中行政编制 24 人。至 2013 年年底，市民政局机关工作人员共 95 人，其中行政编制 37 人，全额拨款事业编制 58人。

第二节　市民政局直属管理机构

一、常德市社会救助管理局

2001 年 10 月 29 日,常德市成立市城市居民最低生活保障中心。2006 年 1 月 16 日,改置常德市社会救助管理处,余普阳任主任。2008 年 3 月 31 日,更名为常德市社会救助管理局,为归口管理社会救助工作的具有行政职能的副处级事业单位。主要负责全市城乡居民最低生活保障、农村五保供养和乡镇敬老院建设及管理、城乡特困家庭医疗救助等工作。余普阳任局长,沈绪国任中共常德市社会救助管理局党支部书记,刘兴国、张燕任副局长。内设综合科,周三保任科长;财务科,王淑媛任科长;城市救助科,陈延任科长;农村救助科,陈本喜任科长;医疗救助科,黄燏任科长;五保供养科,刘湘源任科长。2015 年 9 月以后,常德市社会救助管理局不再保留。

二、常德市康复医院

常德市康复医院,是隶属常德市民政局管理的具有公益性质的副处级事业单位,系省民政厅确定的优抚医院,坐落在武陵区城西滨湖路 2118 号。

(一)机构演变

1959 年 9 月 12 日,常德专区编制委员会通知,成立常德专区精神病人收容疗养院,隶属专署民政科管理,主要承担复员退伍军人中的精神病人和社会上无依无靠、无生活来源、到处流浪的精神病患者的门诊和收容治疗任务。是年,专署民政科任命庹朝君任院长。时全院有工作人员 19 名。

1968 年,根据省革委通知(湘革发〔1968〕090 号)精神,常德专区精神病人收容疗养院移交地区卫生局管理。是年 9 月 25 日,常德地革委批复〔(68)261 号〕,庹朝君任院革委主任兼党支部书记,熊丕芝、龚光潮任院革委副主任,刘道渠任院党支部副书记。时全院有工作人员 28 名。

1977 年 6 月 6 日,常德地革委批复(〔1977〕17 号):“同意按照地区民政局、地区卫生局商定的意见执行,将常德地区精神病人收容疗养院全部移交民政部门管理。”1978 年 12 月 2 日,地区政法委党组任命(常政法〔1978〕2 号)谢佐群为院党支部副书记、刘玉衡为党支部委员、副院长。1979 年 1 月 20 日，中共常德地委任命（常干〔1979〕009 号）高荣堂任院长。

1980 年 3 月 6 日，中共常德市委组织部任命（常组〔1980〕13 号）李德初为副院长。是年，常德地区精神病疗养院更名为常德地区精神病医院。1984 年 6 月 13 日，地委组织部任命（常组干〔1984〕65 号）彭跃堂任院党支部书记，周海滨、陈培贞任副院长。1988 年，"常德地区精神病医院更名为常德市神经精神病医院。

1990 年 5 月 8 日，常德市民政局任命（〔1990〕常民干字 1 号）周海滨任院长。1991 年 5 月 23 日，常德市委编委办批复（常编办直〔1991〕39 号）："同意根据省民政厅湘民优函字〔1991〕第 014 号批复核定的你院 180 张床位，按 1：1.1 的比例配备事业编制 198 名，即在现有 150 名编制的基础上增加 48 名。新增编制所需经费自理，地方财政不负责开支。"1993 年 8 月 18 日，常德市委编委办批复（常编办直〔1993〕51 号），同意市神经精神病医院加挂常德市康复医院牌子。自此，常德市康复医院院名沿用至今。1994 年 2 月 19 日，常德市民政局任命（〔1994〕常民干第 01 号）高建平任院党支部书记。1997 年 6 月 16 日，常德市民政局任命（〔1997〕常民干字第 01 号）李玉明任副院长。1998 年 4 月 14 日，常德市委编委通知（常编发〔1998〕8 号），常德市神经精神病医院（常德市康复医院）定为副处级机构管理的事业单位，其隶属关系等仍维持不变。

2000 年 1 月 28 日，中共常德市委通知（常委试干〔2001〕1 号），高建平任院党支部书记。是年 12 月 12 日，常德市民政局任命（常民干字〔2000〕01 号）周海滨、周昭桀、杜元中任副院长。2001 年 4 月 2 日，常德市委编委批复（常编发〔2001〕5 号），市康复医院内设 6 个职能科室，核定事业编制 197 名。2002 年 3 月 25 日，中共常德市委组织部同意（常组〔2002〕45 号），黄俊任副院长。2003 年 5 月 15 日，常德市人民政府任命（常政人字〔2003〕10 号）李南璋任常德市康复医院院长。2004 年 1 月 14 日，常德市民政局任命（常民干字〔2004〕1 号）杜元中、黄俊、王丽群任副院长，刘桂华任工会主席。2005 年 8 月 3 日，中共常德市委决定（常委干〔2005〕27 号），李南璋任院长兼党总支书记。2007 年 12 月 15 日，常德市慈善总会批复（常慈字〔2007〕01 号），同意医院加挂市慈善医院机构名称。2008 年 2 月 1 日，常德市总工会批复（常工组字〔2008〕8 号），胡国平任院工会主席。是年 3 月 10 日，常德市卫生局批复（常卫〔2008〕11 号），同意市康复医院增加编制床位 300 张，扩编后编制床位共 480 张。是年 3 月 18 日，中共常德市委任命（常委干字〔2008〕19 号）彭先友任院党总支书记。是年 3 月 27 日，省民政厅批准（湘民办函〔2008〕52 号），医院加挂"常德市荣誉军人精神病医院"牌子，并视为优抚医院对待。2009 年 7 月 28 日，常德市民政局任命（常民干字〔2009〕2 号）周先勇任副院长。是年 12 月 2 日，市卫生局、市发改委、市财政局批复（常卫发〔2009〕68 号），核定市康复医院编制床位数为 480 张。

2011 年 3 月 1 日，常德市委编委批复（常编发〔2011〕17 号），市康复医院增加事业编制 30 名。调整后，市康复医院事业编制总数为 227 名。是年 9 月 27 日，常德市卫生局通知（常卫函〔2011〕88 号），成立常德市精神疾病防治工作领导小组，市康复医院院长李南璋任副组长。市康复医院为市级精神卫生防治技术管理和指导机构。2012年11月5日,常德市卫生局下发《关于成立重性精神病管理治疗工作领导和技术指导小组的通知》(常卫函〔2012〕26号),市康复医院院长李南璋任领导小组副组长,滕玲玲任领导小组办公室副主任;市康复医院副院长黄俊任技术指导小组组长,副院长周先勇、工会主席胡国平任副组长,朱斌、彭东桃、彭妍、崔晓媛、陈艳君、陈邦定、阳波为成员。2013年9月26日,常德市卫生局通知(常卫函〔2013〕71号),市康复医院确定为常德市精神卫生中心。院长李南璋任中心主任,黄俊任副主任,周先勇、胡国平、滕玲玲、朱斌、彭东桃、彭妍、崔晓媛、王宏、商小萌、覃丽英、陈艳君为成员。滕玲玲兼任卫生中心办公室主任。是年11月22日,市康复医院被授牌"湖南省脑科医院医疗联合体成员单位",并与省脑科医院签订了合作协议。是年12月18日,经中国社会福利协会审查批准,接纳常德市康复医院为中国社会福利协会常务理事单位。2017年2月17日,市人民政府决定(常政人〔2017〕4号),王丽群任市康复医院院长。是年5月11日,市民政局党组决定(常民干〔2017〕02号),胡国平任市康复医院副院长,刘宁任市康复医院纪检员。是年5月19日,中共常德市委批复(常委干〔2017〕29号),魏云任市康复医院党总支书记。

(二)基础设施

1959年9月,经常德专署并专署建设科批准,常德专区精神病人收容疗养院在常德市(今武陵区)郊区人民公社城西大队征地7831平方米,用于医院基本建设。是年8—9月,修建了一幢占地435平方米的平房和能容纳80个病人的病室。至年底,疗养院又陆续修建两幢病房共占地350平方米。

1960年至1962年8月,常德专区精神病人收容疗养院先后修建房屋6栋,计106间,建筑面积达2300平方米。1967年4月,疗养院在护城公社征用土地面积830平方米建设用地。1978—1979年,疗养院分别两次征用护城乡高车四组和护城乡东风五队的土地,先后扩建病房1100平方米和3000平方米。1980年,医院建起一幢三层楼面积达3200平方米的住院部。

1983年,湖南省人民政府下达《关于常德市总体规划纲要的报告的批复》(湘政函〔1983〕13号),新建的环城路(60米宽)和西四路(38米宽)交叉穿过常德地区精神病院,占用该院土地4/5以上,院内1.1万平方米的建筑设施均需全部拆除,时常德行署和常德市政府提出该院搬迁河洑山下。据此,地区民政局领导多次研究并出面协商。1985年12月17日,常德市(今武陵区)政府副市长沈国凡在院召开联席会议,确定了"现址北移,分段实施"的方案。

1991年10月,医院修建的主体为六层楼、总面积达6000平方米的门诊大楼竣工验收,随即投入使用。1992年12月,常德市政建设规划的滨湖大道西段、长庚路及常澧公路都穿过常德市神经精神病院，占去医院土地面积1.0533万平方米，并将医院一分为二。时常德市政府又动议该院搬迁市郊区河洑山下。据此，常德市民政局与医院党政领导反复商议，通过艰难的工作，最后报请市政府同意，决定“不予搬迁，现址北移”。1993—1998年，在市规划局等部门支持下，先后于医院原址北面征用同等面积土地用于该院基本建设。

2007年9月11日，常德市人民政府代市长卿渐伟主持召开市长办公会议，同意立项建设市康复医院住院大楼。是年，常德市发展和改革委员会批复（常发改社〔2007〕221号），批准医院住院大楼工程项目立项，选址在医院现门诊大楼北面，建设规模为1.69万平方米，共十三层，总投资3200万元，后调整为4800万元。2009年8月20日，医院新住院大楼奠基，中共常德市委副书记曹儒国、常德市政府副市长石谋军、常德市政协副主席敖建斌等出席奠基仪式。经过近5年的艰苦努力，2014年7月，新住院大楼正式投入使用。

1988—2013年，医院既拥有先进的精神专科诊疗仪器，如：脑涨落图仪、MECT机（无抽搐电休克治疗仪），也拥有具现代高科技水平的检测、化验仪器，如：电解质分析仪、微生物鉴定系统、血液流变测试仪、全自动血细胞分析仪、全自动生化分析仪、GE彩超以及法国产DR数字X光机；医院骨科及手术室拥有一批高科技诊疗设备，如：C形臂X光机、呼吸麻醉机、骨科治疗仪、心电监护仪等重症监护设备；残疾人康复中心则拥有专科治疗仪器，如痉挛机、脑循环治疗仪、中频治疗仪、导平治疗仪、减重步态仪等多种康复治疗器材和设备等。2002年后，医院先后开通职工医保报账系统、门诊挂号系统、门诊划价收费系统、住院病人入、出、转管理系统、住院收费系统、医保系统、药库管理系统、门诊急诊药房管理系统、住院药房管理系统、财务管理系统、病案管理系统、住院护士工作站、医疗保险新农合系统、心理测试系统、OA办公系统，门诊楼前增设电子显示屏。

精神科、神经症科、心理咨询、康复医学科是医院的四大特色专科，担负着全市精神卫生医疗、预防、康复以及精神病医学鉴定、心理咨询、心理危机干预等医疗重任。

精神科。1960年起，医院精神科根据病人不同类型，分为三个病区（轻、重、工疗区）分别进行管理。1972年10月16—21日，疗养院派员参加全省精神病科研协作会议，该院介绍的“中草药加新电针小剂量安适剂治疗精神病174例观察”做法，在会上得到重视和推广。1986年，医务科长刘福元、副科长黄汝新、医师颜嘉新负责，在省内率先进行“精神病流行病学”调查。省卫生厅先后两次在常德地区召开现场会议。1987年，副院长周海滨带领20名医务人员在桃源县枫树乡开展“维吾尔族村民社会文化及精神病流行病学”调查，提出的加强精神卫生保健、减少生物—心理—社会综合致病因素的见解，在1987年第二届中国民族心理学与精神病学术交流会上获得专家好评。

1988—2013年，医院设置三个精神科病室，第一、二病室为男病室，第三病室为女病室。各病室向社会开放，病房管理亦由禁闭式改为开放式。同时，医院严格落实首诊负责、三级医师查房、疑难病例讨论、会诊、危重患者抢救等核心制度，抓好相关技能培训，指导临床合理用药，规范护理行为。

神经症科。1985 年 1 月，医院在全省专科医院率先增设神经内科，门诊开设神经内科病床 50 张，由副院长周海滨、李德初和有实践经验的医师黄汝新、任振新、彭超平及护士长刘桂华具体负责，收治身患脑血管意外后遗症、脑性瘫痪、脑动脉硬化、坐骨神经痛、三叉神经痛、血管性头痛等 45 种疾病患者，普遍采用穴位埋线、穴位注射及中西医结合治疗，取得一定疗效。至 1986 年，神经内科门诊 9512 人，住院患者 533 人次，其中采取穴位埋线的患者 2025 例。《湖南日报》《大众卫生报》和省、地电视台先后作了专题报道。

1996 年，医院逐步完善神经内科病房，主要收治：抑郁症、焦虑症、神经衰弱、失眠症、心理障碍、情绪冲动、遗尿症等病人。1997 年，医院引进开展“自血光量子治疗仪”（即血疗）和激光治疗，对神经症及“中风”后遗症等中枢神经系统缺血缺氧性疾病的治疗产生较好疗效。2007 年，医院成为“全国难治性抑郁症科研协作单位”。2008 年，参加由国际卫生组织举办的《精神分裂症早期干预治疗研究》和美国哈佛大学、麻省理工学院组织的《单相抑郁症的遗传易感染性研究》等科研活动，并成为上述两项国际性科研项目协作单位。

心理咨询。2005 年 9 月，在中南大学精神卫生研究所的指导下，市康复医院率先在地市级医院成立集心理咨询、治疗、康复于一体的“心理卫生中心”。主要诊治儿童及青少年情绪障碍、儿童行为障碍以及各种成年人心理问题；为在学习、工作、人际交往、婚姻恋爱等情况下所产生心理困扰的来询者，提供心理咨询和心理治疗。

至 2013 年，心理咨询与治疗的求助者呈逐年上升趋势，医院成功化解了多例包括精神分裂症、抑郁症等有明显自杀倾向严重心理危机事件。此外，心理卫生中心还充分利用宣传窗、电视等宣传媒体，多渠道、多形式地宣传心理健康知识，举办心理健康讲座，以加深广大市民对心理知识的了解。同时，对咨询者进行评分，并建议其或到医院先接受药物治疗，或辅之以心理治疗和职业训练，待病情缓解后进入家庭康复和社区康复，最终回归社会。在每年的“世界睡眠日”“世界精神卫生日”之际开展系列宣传活动，如心理健康图片展、义诊活动等，以提高广大市民对心理健康的关注度。

康复医学科。2010 年 3 月，医院成立常德市残疾脑瘫儿童医疗康复中心，中心有语训老师、特教老师、言语治疗师、PT 治疗师、OT 治疗师、心理咨询师、副主任医师、医师、护士等专业技术人员 40 余人，设有成人康复部、脑瘫康复部、自闭症康复部、家长培训学校、精残工疗站等。

2007—2010 年，医院被确定为中华慈善总会“微笑列车”唇腭裂修复慈善项目合作医院、“健行天下”股骨头坏死大型医疗援助项目首批合作医院。2009 年 5 月 30 日，常德市“关注留守儿童，建立情感通道”大型公益启动仪式上，桃源县深水港乡白鹤村刘丹受到关注。刘丹 8 岁时患先天性双侧唇裂、腭裂Ⅲ级，因家境贫寒，其唇腭裂一直没能得到治疗。6 月 25 日，常德市妇联、市民政局、市康复医院决定，将刘丹唇腭裂治疗列入“微笑列车”项目。7 月 5 日，中南六省唇腭裂专家傅豫川教授在市康复医院为刘丹实施手术，且圆满成功。2010～2013 年，康复中心共收治残疾儿童 718 名，显效率达到 86%，家长满意率达到 95%。中残联、省残联领导多次到院视察并给予了充分肯定。先后有株洲、岳阳、娄底、衡阳、郴州等地市前来参观学习。

其他。1994年10月，医院置外科。能开展肺叶切除、颅内血肿清除、肿瘤切除、肝叶切除、胆石症、胆囊摘除、胆道梗阻L–Y手术改道、胰腺炎、乳腺癌根治、甲状腺恶性肿瘤切除、泌尿系统肿瘤及结石、胰腺囊肿肠引流、胃切除及吻合、直肠癌根治、急性阑尾炎、疝修补术等。同时，医院置骨科。能开展髋关节置换术、骨折后钢板螺钉内固定、腰椎骨折内固定术、腰椎间盘突出症髓核摘除术、骨髓炎病灶清除术、骨结核、股骨头坏死治疗及各种骨折后的康复治疗。

1995年，医院置妇产科。能开展剖腹产、平产接生、子宫肌瘤、卵巢囊肿、输卵管再道、子宫内膜炎、功血、性病、宫颈炎、LEEP刀治疗。

1995年，医院置肢残康复科。能开展先天性马蹄足内翻矫形术、脑瘫儿童下肢畸形肌力调整术、神经阻滞术、肌腱延长术、三关节融合术等。

2004年，医院置口腔科。能开展先天性唇腭裂修复术、根管治疗、牙列不齐矫治、固定烤瓷修复、活动义齿修复术、超声波洁牙等。

1995年，医院置麻醉科。能开展全身麻醉、儿科全麻、神经阻滞麻醉、重症监护、无痛人流、喉镜可视气管插管及MECT（无抽搐电休克治疗）、疼痛患者神经阻滞等治疗。

1995年，医院置手术室。2014年8月，创建全新手术室，系全市一流层流手术室，能开展各类手术活动。

1990年，医院单设药剂科。负责全院医疗药品、设备、器材的采购、供应、管理及设备的保养、维护与维修等项工作。开设有门诊药房、住院药房、中药房、药品与器械仓库、临床医学室、煎药房等6个部门。

（三）改革发展历程

常德市康复医院坚持走改革发展之路，不断增强综合实力和医疗市场竞争力，一步一个脚印向前迈进。

1988—1989年，医院由过去单纯收治民政对象精神病人，改为同时收治社会上的精神病人；由单纯依靠药物治疗，采取药物与心理治疗相结合，收养与收治相结合，集中治疗和分散治疗相结合的办法，开展群防群治，赢得了社会的赞誉。1989年，医院被省民政厅评为全省城市福利改革先进单位。

1990年，医院党支部书记彭跃堂、院长周海滨、副院长陈培贞、周昭渠、刘玉衡、李德初负责，先后与岳阳化工厂、湘澧盐矿、湘西金矿、石门磷肥厂等100多个单位签订定包床位合同。医院还采取开办综合病房、将病床向社会开放及开设家庭病床的举措，极大地方便了周边地区的就医群众。中医主治医师董明树，根据自己多年临床经验总结的对康复期病人疗效甚佳的“安神合剂”1号、2号处方,由药剂科组织生产。2001年,董明树被评为湖南省首届“十佳精神科医师”。1993年5月,院长周海滨带队赴广东考察,并与广东省普宁市流沙医院合作创办“普宁市神经精神病治疗中心”。是年,医院召开全市大型厂(场)矿医院领导联谊会,稳定病源。1994年,医院医务科牵头完成了自血光量子神经官能症的临床研究。是年6—10月,医院相继组建戒毒病室和骨外科病室,开展“儿麻”矫治诊疗项目。1995年,医院先后引进新设备、新技术,尤其是骨外科开展血管移植、断指再植、经皮穿刺、X线介入治疗腰椎间盘突出等新的手术项目,受到患者好评。1996年6月,医院被授予“全省残疾人康复工作先进单位”称号。1997年,医院开展技术难度较大的普外手术,增设B超、经颅多普勒、电动手术刀等医疗项目及设施,拓展了医疗服务领域。1998年11月,院长周海滨、副院长周昭椝赴广东澄海市考察,旋与溪南华侨医院合作,共同创办广东溪南华侨医院神经精神病治疗中心。1999年,医院面向农村,重点宣传医院精神科、神经症科、外科、妇产科及中长期托管业务。2001年8月,党支部书记高建平、副院长杜元中赴安乡县,与县血防院联合开办安乡县精神病防治中心。2003年,医院与市医保中心签订《精神病人住院协议书》,规范医保病人就诊住院程序和收费标准。同时,医院成功开展了难度较大的“经腹腔治疗腰椎滑脱”等手术。此外,医院继续推行后勤管理服务社会化,在医院病人食堂和职工食堂的承包及汽车修理厂实行新的承包方案。

2004—2007年,医院在院长李南璋的带领下,提出“改革兴院、科技兴院”的办院理念,把提高医疗服务质量的任务和目标放在首位,深入开展“以病人为中心、以提高医疗服务质量为主题”的“医院管理年”活动。2006年10月,医院全体工作人员的工资标准按套改办法予以提高,改革完善了收入分配制度。2007年,医院加强医疗和行政查房,规范医疗行为;加强督导检查;调整医疗流程,修订医疗制度,以提高医疗质量;通过举办培训讲座、开展技术比武等形式,以提高服务水平。同时,对科室设置及执业人员实行严格管理,从源头上保证医疗安全,出台《常德市康复医院行风建设实施办法》《医务人员行业纪律》等;医院开展的多种形式的医德医风教育活动,使“爱岗敬业、无私奉献”的良好院风逐步形成。2005年3月,医院精神科女病室护理组被中华全国妇女联合会授予“全国巾帼文明岗”称号。2007年12月,精神科主治医师周先勇被评选为“湖南省优秀科技特派员”。是年,医院被评为全市卫生系统“医院管理年”活动先进单位。

2008—2009年,医院把坚持走“大专科、小综合”,创建有专科特色的综合性医院作为发展方向,确立精神科、神经内科、心理咨询为三大医疗品牌专科,并作为调整医院经济结构和转变经济增长方式的突破口,深入打造品牌效应。医院特设立“医疗市场部”,分别与怀化、岳阳等地的厂(矿)续签了精神病人托管合同。在常德市政府及市民政局的支持下,医院成为“常德市社区医疗定点医院”“慈善医疗金叶卡定点医院”“城镇居民医疗保险定点医院”。同时,抓住机遇,精心运作,积极稳妥开展股骨头坏死患者的接诊服务和唇腭裂患者的修复治疗,从而,以内、外、口腔等多学科为一体的慈善医疗模式初步形成。期间,“微笑列车”项目在医院成功实施近百例手术，没有出现一例不良反应，受到国家、省、市慈善总会的高度关注。2009 年 7 月，中央电视台 7 频道还对此特别进行了 3 次长达 25 分钟的专题报道。是年 9 月 29 日，医院医保办主任于萍荣获中华慈善总会颁发的“微笑列车十周年——突出贡献奖”。医院被评为全市卫生系统“抗击甲型 H1N1 流感”先进单位、“2009 年度湖南省卫生质量信得过会员单位”“2009 年度湖南省疫情报告管理先进单位”。

2010—2013 年，在院长李南璋、党总支书记彭先友的带领下，医院坚持“突出专科特色、拓展慈善医疗、增强综合实力”的发展方向，稳步向前迈进。2010 年，医院积极寻求新的业务与综合效益增长点，精心谋划，密切同市残联的协作，加强市残疾人医疗康复中心的建设，增设了自闭症儿童康复治疗项目。同时，医院积极开展整顿规范药品、医疗器械市场流通秩序专项治理工作，坚持网上药品集中采购，并实行采购工作全程监督。2011 年 4 月，医院被确定为第一批实施岗位绩效工资制度的常德市直公共卫生事业单位，至 2012 年年底，绩效工资制度改革全面完成，绩效工资全额发放到位。2012 年，5 月 18 日，常德市残疾人联合会工疗站揭牌启动仪式在医院隆重举行，这是全市第一家专门为成年精神病康复者提供就业、康复等服务的综合窗口。是年 10 月 25—26 日，湖南省预防医学会精神卫生专业委员会会议在常德市召开，全省与会的 60 余名相关负责人对该院的精神卫生工作给予了高度评价。2013 年 7 月 11 日，全省实事项目（康复）工作中期讲评暨康复管理干部培训现场会在市康复医院召开，医院的康复医疗工作经验得到与会者的好评。7 月 19 日，民政部徐建中副司长一行到院视察，充分肯定了医院为残疾人康复事业所作的工作。9 月，医院启动“优抚对象医疗巡诊服务”活动，通过免费体检、诊治，赠送相关药品等形式，全方位为优抚对象服务，深受欢迎。期间，医院党总支被评为市直党务工作先进单位，医院先后被授予“常德市卫生工作目标管理先进单位”“常德市文明城市创建工作先进单位”“常德市五一先锋集体”“常德市模范残疾人之家”“湖南省扶残助残先进集体”“常德市平安医院”“常德市卫生系统行业作风建设先进集体”等荣誉称号。护理部主任覃丽英被湖南省民政厅评为“先进工作者”。

经过 50 多年的改革发展，随着新住院大楼的投入使用，标志着常德市康复医院又将跨入一个新的历史时期！

三、常德市社会福利院

常德市社会福利院，是一所集收养、托养、抚孤、医疗、康复、服务于一体的综合性省一级社会福利机构。位于常德市人民路 3588 号。

（一）机构演变

1950 年 5 月，常德市（今武陵区）民政局（年底改为科）接管常德县救济院，改名为常德市孤儿院。驻地城北独狮子,刘明煌任主任。1952 年 1 月,迁址德山苏家渡,改名为常德市生产教养院。1953 年 2 月,搬迁至常德县斗姆湖裴家码头。1956 年,更名为常德市残老院。1959 年 10 月,院址迁回常德市东江乡白龙村。

1961 年 8 月,更名为常德市养老院。1962 年 1 月,刘长福任主任,赵爱珍任副主任。1965 年,将分置的常德市儿童福利院和常德市幼育院合并,改名为常德市综合福利院。1972 年,改名为常德市社会福利院。是年 1 月 27 日,中共常德市委员会(今武陵区)批复(常发〔1972〕26 号),龙万升任主任、党支部书记。1983—1998 年,何光义、罗丕庭、李应福历任院长或兼党支部书记,陈新儒、覃震林历任院党支部书记,梁立雄、陈昌锷、黄忠孝、陈远来、潘志刚、龚金华历任副院长。

2000 年 9 月 26 日,市人民政府第 65 次"专题会议纪要"明确,"经市委、市政府同意,武陵区属的福利院……移交市民政局管理"。2001 年 5 月 21 日,常德市委编委办批复(常编办〔2001〕22 号),市福利院定为正科级事业单位,归口常德市民政局管理,核定全额拨款事业编制 55 名。2002 年 2 月 4 日,市民政局任命(常民干〔2002〕4 号)夏法勤任院长,陈新儒任院党支部书记,戴炎生、张永常、潘志刚任副院长。是年 3 月 29 日,省民政厅决定(湘民福事函〔2002〕5 号),将市福利院涉外送养儿童定点医院改为常德市妇幼保健院。2004 年 8 月 25 日,市民政局任命(常民干字〔2004〕9 号)夏法勤任院党支部书记。

2006 年 7 月 21 日,常德市委编委(常编发〔2006〕20 号),市社会福利院升格为市民政局管理的副处级事业单位。2007 年 3 月,常德市人民政府任命(常政人〔2007〕2 号)王冠华任院长。中共常德市委任命(常委干〔2007〕6 号)王琍任院党支部书记。是年 10 月,常德市民政局任命戴炎生、张永常任副院长(正科级)。8 月 1 日,常德市委编委办批复(常编办〔2007〕124 号),同意市福利院增设财务部。调整后,市福利院全额拨款事业编制为 59 名,内设 6 个部室(监察室与办公室合署办公)。2008 年 5 月 12 日,中共常德市委政法委员会任命(常政法干复字〔2008〕4 号)庄千惠任院监察室主任,黄爱云任儿童服务部主任,赵勇任老人服务部主任,王国清任办公室主任,潘治贵任后勤服务部主任,刘斌任财务部主任。是年 6 月,在市第三人民医院的协助下,成立常德市众康脑瘫研究所,开始接收各区县、市的脑瘫患儿。2009 年 7 月 28 日,市民政局任命(常民干〔2009〕2 号)梁志勇任副院长(正科级)。

2010 年 3 月 16 日,常德市委编委批复(常编发〔2010〕17 号),同意市福利院加挂市残疾人托管中心牌子。2011 年 6 月 13 日,常德市委编委办批复(常编办〔2011〕90 号),同意市福利院增设市儿童福利指导中心,与儿童服务部合署办公。同意增设残疾人托管部(副科级),调整后,市福利院共内设 7 个部室。2015 年 9 月 29 日,市人民政府决定(常政人〔2015〕7 号),彭先友为市社会福利院院长。后曾志明接任市社会福利院党支部书记。

(二)搬迁重建

常德市社会福利院自建院起,历经4次整体搬迁,如今展现给世人的是一所现代化、园林化的新型福利院。

常德市社会福利院旧址,坐落在市城区防洪大堤外侧马家吉河的河洲上,地势低洼,每年汛期都要遭受水淹1个多月,许多房屋由于浸泡而成为危房,严重威胁院内人员的生命财产安全。2001年,经省平垸行洪领导小组办公室同意,实行第四次整体搬迁重建。新院址定在洞庭大道以南,人民路以西,东傍新河渠,占地面积4.5万平方米。

2001年1月16日,常德市人民政府向省人民政府呈送《关于将我市社会福利院尽快纳入平垸行洪移民搬迁计划的请示》(常政〔2001〕6号)。4月,常德市民政局向省民政厅、国家民政部专题报告搬迁福利院的计划,得到民政部的支持,并下拨搬迁启动资金50万元。2002年4月29日上午,常德市人民政府市长办公会议对市福利院搬迁工作进行专题研究。市长陈君文、副市长杨光宏明确表示,同意市福利院搬迁重建的设计规模、设计方案及建设工期;同意解决搬迁建设资金600万元。是年9月4日上午,常德市人民政府副市长刘春林主持,就市福利院搬迁事宜召开第121次专题会议,并形成"专题会议纪要"。2003年1月1日,基建开始打桩,一期工程兴建老人收养楼等七栋大楼,共完成建筑面积1.38万平方米。2004年1月8日,完成工程验收并交付使用。是年,新建车库、小卖部、收养部餐厅等3栋小型建筑,共计247平方米。完成休闲广场和道路硬化1300平方米,并修建儿童游乐园、门球场、篮球场,配套设置洗衣房、热水供应室、预防接种室、儿童配餐室、活动室、健身房。2006年,常德市获民政部"蓝天计划"资助480万元,将该院儿童福利设施建设纳入常德市基本建设规划和财政预算。1月17日,该院儿童康复中心项目通过市发改委审批,同意立项兴建。

该院搬迁后,原院址荒废严重,破损不堪。2006年,通过广泛寻求合作,经拍卖出租经营权20年给常德现代科技职业学校办校,获得捐赠收入30万元,并且每年有6万元租金。

2007年,完成建筑面积为1709平方米的医疗附属楼建设,并完成了按照国家二甲医院的标准对医疗楼以及面积为3652平方米的儿童生活楼的全面装修、周边道路改造及绿化等。2008年,完成食堂的改造,设施的配套,锅炉的维护以及食堂燃料的煤改气工程。2009年,对儿童楼南院进行装修改造;对锅炉和水电设施进行检修和维护;安装电子监控系统。2010年,建成"关爱"主题雕塑、院锅炉、水电、墙面等设施、设备的大摸底、大排查、大检修、硬件建设、行院内5处4种无障碍设施改造,即:球场出入口,儿童楼、办公楼、收养楼、食堂的安全走道和楼梯扶手,铺设PVC防滑地板,加装鱼塘围栏扶手等。2011年9月底,开始实施1700平方米的收养楼维修改造工程,11月中旬全面竣工。

2012—2013年,共投入资金146万元,先后完成儿童楼外装饰墙改造和托养楼2~5楼走廊休闲座位的更换、"党员之家""职工之家""妇女之家"的改造装修及设施添置、对办公楼进行防漏水处理、墙面粉刷及过道墙面改造、儿童楼天井顶棚的改造、院内大门入口处“婴儿安全岛的建造”以及安装太阳能热水系统、完成儿童特教教室改造和儿童游乐设施的改造等。

(三)热诚服务

市福利院始终围绕医疗、康复、娱乐、教育开展各项工作,服务功能逐步多样化,管理机制日趋科学化,从业队伍不断专业化,服务过程彰显人性化,为弱势群体撑起一片蓝天。

1988—2013年,常德市委、市政府以及各级民政主管部门和社会各界十分关心市福利院的发展和院民生活,走访慰问等各类活动持续不断。

1988年,市福利院共收到市副食品公司等10多个单位和个人的赞助款4497.5元,粮票96.85公斤。1990年3月初,市福利院建院40周年之际,在市城区绿化办和华南光学仪器厂等16个单位的大力支持下,举办第一次大规模的老人长寿花卉展览,共展出花卉盆景、根雕1024盆(钵)。2004年6月30日,市福利院举行新院开院庆典。市民政局党组副书记、副局长李巨开主持,张成桂、戴军勇、刘春林、陈立云、张元英、谭友仁、田晓川、卜功元、徐术福等领导出席,并为福利院的开院剪彩。社会各界人士纷纷踊跃为福利院的新建捐款,累计20万元。

2007—2013年,民政部部长李学举、副部长窦玉沛、姜力,司长张明亮、王振耀、副局长徐建中等;省、市党政军主要领导张春贤、武吉海、卿渐伟、董正武、曹儒国、刘春林、覃清香、刘明、欧运崇、陈文浩、徐超文、莫道宏、何英平、徐万发、赵应云、文承保、朱晓平等;省民政厅厅长余长明、副厅长张成桂、李劲夫、邓磊等;市民政局局长熊国建、龚美爱,副局长朱绍松、戴平,纪检组组长唐建军等先后到院视察,慰问院民。

1988—2003年,市福利院组织开展种植养殖、加工及其对外门诊有偿服务等,综合创收共计162.52万元。院内猪肉、鲜鱼、蔬菜及柑橘水果自给有余,确保了院民基本生活之急需。2004年该院搬迁新址。此后,各项服务工作正常开展,实行无偿和有偿相结合,采取合法渠道创收,以保正常运转。

1988—2013年,市福利院把关怀老人摆在重要位置,完善老年设施,经常更新食谱,开展健身活动,组织恳谈对话等确保老年人安度晚年。1997年,市福利院通过自产蔬菜、生猪以及从行政经费中拨款等形式补贴老人食堂,使老人的平均月生活费实际达到每人130元。1999年中秋节,院党支部书记覃振林请来专人为每位老人量体裁衣,共裁新衣163套。2001年,加强院内老年人服务设施改造,更换纱门、纱窗、衣柜、书桌等。2008—2013年,市福利院共收养“三无”老年人55名,托养老年人632人次。2011年,院成立老管会和兴趣小组,开展休闲娱乐、文体健身等群体性服务。是年10月23日,院举办首届老年人趣味运动会,2013年10月12日,院举办第二届老年人趣味运动会,大大丰富了老年人的文娱体育生活。

1999年,市福利院共收养弃婴98名。同时,开展涉外领养工作,和中国收养中心建立起友好合作关系。2000 年,更新全护区屋顶;修建育婴室遮阴墙;添置生活必需品,并派专人操作。2001 年,建立配备有空调的小儿康复活动室,配备专门人员组织小儿体能训练。2005 年,先后与美国爱德基金会和美国国际中华儿童收养协会进行联系,使 50 多名残疾儿童得到养育资助。是年 6 月 1 日,院长夏法勤、书记陈新儒带着 10 多名孤残儿童到滨湖公园游玩,欢度“六一”儿童节。2006 年,为 14 名残疾儿童寻找到领养家庭。同时,与美国“爱心无国界”组织联系,成立“相信自己”特殊教育学校,引入蒙台利梭式教育。2007 年,“相信自己”特教学校规范设置课程。2008 年,全院收养孤残儿童、弃婴 22 名,送养儿童 20 名。与国际爱心组织合作,积极开展助学活动。2009 年,全年收弃养婴 22 名,残疾儿童托管 1 名,送养弃婴、残儿 13 名(其中涉外送养儿童 8 名,国内送养儿童 5 名),办理国内事实收养手续 2 名,“微笑列车”手术 2 名。2010—2013 年,该院共接收入院育、弃婴及残疾人儿童 54 人,涉外送养 20 人,国内送养 19 人,办理国内事实收养子女手续 14 人。2010 年,应届高中毕业生江小武考入长沙民政职业技术学院,成为该院培养的第一名孤儿大学生。2011 年 6 月 1 日,副院长张永常组织在院儿童到滨湖公园参观游览,到肯德基餐厅就餐、玩游戏,庆祝“六一”节。2012 年 10 月 8 日,院长王冠华、党支部书记王琍及儿童服务部工作人员专门为 3 名孤儿庆生。2013 年,该院多次向相关领导和部门争取成年孤儿廉租住房,并出台资助方案。成年孤儿李小燕出嫁,发动职工捐款 1 万余元,置办嫁妆,送其出嫁,人人啧啧称赞。

1989 年,在保证提高院民生活水平的基础上,大力开展各种康复活动。2001 年,该院和常德市第三人民医院签订医疗服务合作协议,由医院委派 2 名经验丰富的儿科医生在院内设立儿科诊室。全院儿童发病率降低 35%,群发病情现象明显减少。2004 年,新建预防接种室,院内预防接种无一漏失。2005 年,争取到民政部对残疾儿童实施手术康复“明天计划”项目,对 8 名残疾儿童进行手术康复治疗,对 2 名儿童进行唇腭裂修补手术。2006 年 6 月,正式创办脑瘫儿童康复中心,开始对院内儿童开展康复训练。2008 年,全年预防接种 173 人次,完成孤残儿童康复手术 9 例。2009 年,对 20 多名残疾儿童实施康复训练。全年接待咨询就诊患儿 50 人次,入院接受康复训练和托管服务 34 名。2010 年,预防接种 188 人次。2011 年,实施“微笑列车”唇腭裂手术 1 名,“明天计划”手术 3 名。同时,开展“2011 年度脊髓灰质炎疫苗强化免疫活动”,按时按计划对儿童进行免疫接种。2012 年,该院送诊老人 210 人次,儿童 120 人次,住院 21 人次,预防接种 46 人次。为 1 名先天性肛门闭锁患儿进行住院救治手续,为 2 名儿童实施先天性马蹄内翻足、先天性双下肢肌腱挛缩畸形矫正手术。为 12 名脑瘫患儿制定康复训练计划。2013 年,该院送诊老人、儿童门诊 400 人次,转专科医院治疗 20 人次,预防接种 59 人次。与市第一人民医院、市妇幼保健院联系,为1 名先天病弃婴、2 名早产弃婴和 1 名严重褥疮弃婴成功实施了手术救治。

1988—2013 年,常德市社会福利院传承中华民族尊老爱幼的优良传统,满怀“老吾老以及人之老,幼吾幼以及人之幼”的人本情怀,为推动科学发展、构建和谐社会做出了重要贡献,赢得了许多荣誉。先后被授予省一级社会福利事业单位、省级园林式单位、省级巾帼文明岗、省特级档案工作规范化管理单位、省福利院管理服务先进单位、省民政系统先进集体、省敬老模范单位、省示范社会福利机构、全国涉外送养工作先进福利机构、省级文明单位、省“敬老文明号”、全国“敬老文明号”等光荣称号。

四、常德市军队离退休干部休养所

常德市军队离休退休干部休养所,坐落在武陵区城东办事处的楠沙社区红庙街599号。1985年7月17日至2013年12月31日,先后共接收安置军队离退休干部(含士官)91名。经过20多年的建设发展,所内服务设施门类齐全,庭院环境优美,为军队离退休干部安度晚年提供了较好的服务场所。

(一)机构演变

1985年8月17日,常德市(今武陵区)编委批复(常编〔1985〕5号),同意成立常德市军队离休退休干部休养所,为市民政局所属独立的股级事业单位。是年10月25日,常德市(今武陵区)民政局任命(常民字〔1985〕5号)莫书德任所长。内设办公室、财务室、医务室。

1987年12月13日,常德市(今武陵区)民政局任命(常民发〔1987〕56号)李绍球任所长,莫书德任党支书记。1988年8月,常德市民政局改置常德市武陵区民政局,军队离休退休干部休养所名称不变,隶属武陵区民政局领导。1989—1999年,莫书德、李绍球、翟士英历任所党总支书记,蒋方基任所长、肖忠义任副所长。

2000年9月26日,市政府办印发常德市人民政府第65次“专题会议纪要”,明确军干所移交市民政局管理。2004年1月7日,市民政局任命蒋方基任军休所所长兼党总支书记;肖际彩、舒燕辉、周强任副所长。按照市民政局的要求,所内设立二层管理机构(即办公室、财务科、服务管理科),中层骨干实行竞聘上岗。聘任童正龙任办公室主任,林丹任财务科科长,向学元任服务管理科科长。同时,成立工会,由副所长舒燕辉兼任工会主席。2006年7月24日,市民政局聘任(常民干字〔2006〕3号)李建军任军休所副所长。

2007年8月21日,常德市委编委批复(常编发〔2007〕33号),同意市军队离休退休干部休养所升格为副处级事业单位,仍归口市民政局管理。2009年7月13日,常德市人民政府决定(常政人〔2009〕6号),聘任高科任市军休所所长。是年11月30日,市民政局任命(常民干〔2009〕6号)舒燕辉任副所长;李建军任军休所纪检员。2010年2月2日,市民政局任命(常民干〔2010〕2号)聂小兰任军休所办公室主任;林丹任财务科科长;童正龙任服务管理科科长。是年10月,市民政局党组批准,同意军休所成立分散居住军休干部生活党支部。

2011年3月4日,中共常德市委组织部批复(常组干函〔2011〕12号),同意侯建文试用期满,正式任市军休所党总支书记。是年8月31日,设医疗保健科。市民政局任命(常民干

〔2011〕04 号)向学元任医保科科长;吴金娥任管理科科长。2012 年 2 月 24 日,中共常德市委决定(常委干〔2012〕8 号),张燕任市军休所党总支书记。2015 年 9 月 29 日,常德市人民政府决定(常政人〔2015〕7 号),王冠华为市军休所所长。后吴海燕接任市军休所党总支书记。

(二)基本建设

常德市军休所建所之初,常德市(今武陵区)人民政府将位于新一村 23、26 两栋 32 套、计 2080 平方米的宿舍交付给市军休所,作为安置第 1 批军队离休退休干部住房之用。

1985 年 12 月,市军休所对第 2、3、4、5 批进常德市(今武陵区)安置的军队离退休干部住宅按一次设计,一次征用土地的原则,进行初步设计,随后在常德市(今武陵区)东郊乡楠竹山村 9 组(今楠沙社区),分两次征用土地 11.11 亩。1986 年 6 月 17 日,待建的办公楼以及团职干部住宅楼和营团住宅混合楼,全由常德县(今鼎城区)武陵镇建筑公司中标。同年 12 月 30 日,待建工程验收竣工,交付使用。1987—1988 年,进行院内的配套设施及庭院的美化建设,修建大门、传达室、车库、食堂等附属设施,浇制院内通道,栽树植草,造假山、筑水池,并将空余之地建成橘子园。

1993 年 2 月,省计划委员会下达常德市军休所第 4 批军队离退休干部建房面积 1150 平方米(含附属设施)(湘计基〔1993〕64 号)。该项建筑工程由常德市第一建筑工程公司承建,于同年 10 月完工并验收交付使用。与此同时,师团职住房楼(8 户)亦由鼎城区斗姆湖建筑公司中标,于 1996 年完工并验收交付使用(因款项不到位停工 2 年)。1994 年 4 月,修建门球场。1999 年 11 月,第 5 批军休干部 680 平方米的 8 套团职干部住房竣工。

2000 年 11 月,将办公楼、门面粘贴釉面砖,门窗予以改造。2006—2009 年,该所累计投资 150 万元,进行房屋的维修和所内环境改造。2010—2013 年,先期投资 46.8 万元,修建市军休所活动中心,建筑面积为 1996 平方米。

(三)主要工作

建所之初,常德市军休所借鉴常德军分区干休所和常德市(今武陵区)老干所的经验,整章建制,制定了切合该所实际的规章制度 11 个,用制度管人管事,从而,确保各项工作有条不紊地开展。

1989—1993 年,市军休所坚持因地制宜,因陋就简,相继办起了印刷厂、自行车翻新厂、服装厂、商店、煤店、理发店、医疗门诊部、建材门市部、招待所。印刷厂经常赶任务,工作人员就经常加班,最长一次连续加班 17 天。服装厂的衣服要销售,工作人员经常到鼎城区、桃源县、临澧县、汉寿县的一些乡镇墟场赶场叫卖。1990 年 10 月,市军休所在牛鼻滩乡的橘子园,摘了 2 卡车橘子,拉回所里进行保鲜,想在来年初春卖个好价钱。要赶时间,怕橘子烂,工作人员和几名军休干部连续 9 天没回家。辛勤的付出,得到了丰厚的回报,连续 4 年,人平创纯收入 600 余元。该所退休(后改为离休)干部雷汉卿,为军休所的建设和发展付出了艰辛的劳动,赢得了工作人员的赞扬。1986 年 11 月,他顾不得当时身患感冒,和军休所的同志乘车到武汉 3506 厂拉回由他给离退休干部联系的服装,使同志们及时穿上了合体的冬装。所里营建第三批军队离退休干部住房,他帮助找人审阅图纸和预算,联系施工队伍。所里修筑下水道,他请技术人员一同到现场搞勘测,设计,并指导和监督施工质量。1989 年,他带头开办的小商店、煤店和理发店,当年的生产经营创纯利 1.6 万元,人平 320 元。事后工休人员都感慨地说:"这 1.6 万元凝着老雷的心血啊!"

1990 年 9 月 20 日,市军休所决定筹办湖南省地、州、市军休干部代表钓鱼邀请赛。是年 10 月 10—11 日,来自全省各地的 16 支军休干部代表队,共 48 人参赛,经过 4 个小时的角逐,常德市代表队获钓鱼总重量和个人钓鱼总重量第一名;衡阳市代表队获单尾重量第一名;岳阳市获单尾数量第一名,邀请赛取得圆满成功。省民政厅副厅长余先端、安置处长毛远英出席了此次邀请赛。

2003 年,市军休所组织工作人员到岳阳、吉首等地参观学习后,修订制度 31 个,做到人人有专责,事事有人管,杜绝了工作盲区。平时,军休所给每位军休人员订早餐鲜奶一份,过生日赠现金 200 元,食用油 5 公斤,面条 5 公斤,由所领导带队上门祝贺。生病住院全程跟踪服务。文体活动天天有,周有小集体活动,月有所集中活动。所内党支部会,党小组会,管委会定期互动,不拘形式地聊天,谈心活动广泛开展,离休与退休之间的一条杠没了,公休人员之间的一堵墙没了,和谐的氛围浓郁了。

从 1988 年开始,每年的"八一"建军节都组织大型的文体娱乐活动,全所人员踊跃参加。1994 年,市军休所组建门球队,每年都要参加 10 次以上的球艺比赛并获奖。气排球队曾 2 次代表湖南省军休系统参加全省的老年人气排球赛,均获优胜奖和风尚奖。太极拳队曾两次参加省老年体协组织的竞赛,均取得较好成绩。2002 年开始,市军休所变每年开展一次钓鱼活动为两次。1988—2011 年,市军休所先后 13 次组织军休干部去省外参观考察、旅游。

1988—2013 年,常德市军休所 20 余次被民政主管部门评为先进单位;8 次被省民政厅、省军区政治部评为先进军休所。并被民政部、解放军总政治部评为先进集体,被全国妇联授予全国"三八红旗集体"称号。2011 年 7 月 21—23 日,湖南省军休服务管理工作现场会在常德市召开。省民政厅副厅长陈慈英,军休处处长李世民出席会议,市政府副市长徐万发致欢迎词。常德市军休所创新实施精细化服务管理,全面提升军休工作水平的经验得到推广。2012 年 7 月 17 日,在民政部举办的"民政部军休服务管理和军休文化建设研讨活动"上,市军休所所长高科作关于市军休所军休精细化服务管理经验的专题发言,受到与会人员的一致好评。

五、常德市殡葬管理处

常德市殡葬管理处(简称市殡管处),坐落在武陵区城北街道新乐巷 118 号。

(一)机构设置

2000 年 4 月 20 日,常德市委编委批复(常编发〔2000〕7 号),同意设立常德市殡葬事业管理处,为副处级事业单位,隶属市民政局管理。是年 9 月 9 日,常德市人民政府任命(常政人试〔2000〕5 号文)陈怀祥任市殡管处主任。

2001 年 11 月 16 日,常德市人民政府印发《常德市殡葬事业管理处职能配置、内设机构和人员编制规定的通知》(常政办发〔2001〕43 号),明确规定市殡管处的主要职责是:负责宣传贯彻落实国家、省有关殡葬改革和管理的方针、政策、法规和规章,研究制订有关制度、办法并监督实施;负责依法监督、检查市直各部门、单位和个人执行殡葬法规的情况;负责市城区殡葬事务管理,会同有关部门协调处理全市殡葬改革和管理中出现的有关问题;指导区县(市)殡葬改革和管理工作等。市殡管处内设办公室和殡葬事务科(加挂市殡葬执法监察大队牌子),核定全额拨款事业编制 12 名。

2002 年 1 月 4 日,中共常德市委政法委任命(常政法干字〔2002〕4 号)王冠华任市殡管处副主任。是年 4 月 27 日,中共常德市委组织部任命(常组干函〔2002〕19 号)陈大忠任党支部书记。2005 年 7 月 6 日,中共常德市委组织部任命(常组干〔2005〕19 号)康存新任纪检员。是年 9 月 30 日,常德市人民政府任命(常政人〔2005〕6 号)高建平任主任。2007 年 3 月 30 日,中共常德市委任命(常委干〔2007〕31 号)张燕任党支部书记。是年 12 月 28 日,常德市民政局任命(常民干〔2007〕3 号)康存新任副主任、魏登科任纪检员。2011 年 4 月 6 日,常德市民政局任命(常民干〔2011〕2 号)杨安权任副主任。2012 年 2 月 24 日,中共常德市委任命(常委干〔2012〕8 号)侯建文任党支部书记。2015 年 9 月 29 日,常德市人民政府决定(常政人〔2015〕6 号),沈绪国任市殡葬事业管理处主任。

(二)管理服务

2000—2013 年,常德市殡管处指导全市各殡葬单位内强素质,外树形象,自加压力,负重奋进,突出殡葬管理和殡葬服务两个重点,殡葬改革取得明显成效。全市先后筹措 1.37 亿元资金新建、改建殡葬服务设施,夯实殡葬改革基础,基本能够满足群众多层次的办丧需求。各县(区、市)殡葬事业管理所不辱使命,严格执法,全力推动殡葬改革,全市火葬实行区火化率从 2003 年的 19.7%提高到 2013 年的 85.1%; 为弱势群体优惠和减免丧葬费用共计 1260

万元。

常德市殡管处与市公安局、市工商局、市城管局等相关职能部门积极配合,协调联动,通过取消执法罚款、禁止在市殡仪馆内丧乐扰民、在市殡仪馆内低价出租花圈、在市城区殡葬服务场所禁炮、整顿市城区丧葬用品市场、整治“三沿六区”乱埋乱葬、加大殡葬执法力度等措施,有效规范殡仪服务市场,促进了殡葬改革的健康有序发展。2005 年 10 月,处理武陵区东郊乡三间港社区刘某违规土葬事件时,市殡管处主任陈怀祥、副主任王冠华、纪检员康存新、市殡葬执法监察大队队长袁亚东会同市民政局、武陵区民政局及武陵区东郊乡、三间港社区的负责人和家属多次协调,邀请市人大和市政协的部分代表和委员进行现场监督,对违规土葬 100 天的刘某遗体进行强制起棺火化。2010 年 10 月 14 日至 11 月 25 日,在处置武陵区东郊乡唐家溶社区迁坟乱葬事件过程中,常德市殡管处会同市民政局、武陵区民政局先后 15 次到东郊乡和唐家溶社区与居民面对面交换意见,向他们反复宣传殡葬管理法规和政策,同时通过《中国殡葬周报》、红网、《常德日报》《常德晚报》、常德电视台、常德广播电台、常德政府网等媒体对该事件的处置实行全程公开,对广大市民进行正面、理性引导,使该事件在较短时间内得到了很好的解决。

2000—2013 年,常德市殡管处坚持政府主导、民政推动和社会参与的方式,合理布局,分期建设,指导各殡葬服务单位采取“自我积累、自主经营、自我发展”的滚动发展经营方式和多元化经营模式,注重与市场需求相协调,与群众丧葬消费水平相适应,避免盲目超前而背负过多债务包袱。各殡葬服务单位共筹措 1.37 亿元资金新建、改建殡葬服务设施,全市殡葬事业走上了良性的持续发展之路,没有出现一家殡葬服务单位负债过多、运作艰难的情况。

2004 年以后,常德市殡管处对经营性公墓每年组织年度检查,规范经营性公墓的经营和收费行为。2009 年 5 月 25—27 日,市殡管处组织全市公墓清理整顿工作暨观摩现场会。与会人员参观了万金公墓、石门殡仪馆、澧县农村公益性墓地和津市刘家山公墓等的建设与管理情况,市民政局副局长朱绍松、市殡管处主任高建平、副主任康存新出席会议。通过现场查看、听取情况汇报、查看资料、明察暗访等方式进行检查。共查出问题 15 个,其中公墓建设问题 13 个,公墓经营问题 2 个,截至 2010 年上半年全部整改完毕。2008 年,常德市殡管处指导各县(区、市)建立农村公益性墓地,要求至少建设 1 处,并将此项工作纳入全市殡葬工作的考核内容。2011 年年底,常德市殡管处起草《常德市农村公益性墓地管理暂行办法》,旨在解决城市建设中迁坟乱葬矛盾,指导全市农村公益性墓地建设。

2005 年以后,常德市殡管处先后制定《市直单位殡葬管理工作目标责任制考评标准》《城市社区殡葬改革工作考评标准》《区县市殡改工作目标管理考核标准》和《殡葬改革工作考核细则》。通过创先争优、规范殡葬管理和服务行为,全市殡葬形象大为提升。从 2006 年起,常德市殡管处会同市社区办每年通报表彰一批市城区殡葬改革工作先进社区,召开市城区殡葬工作先进社区联席会议,组织全市殡葬单位先后在汉寿县、市殡葬服务中心、桃源县、临澧县、津市市、澧县、石门县等地召开全市殡葬改革工作年会，以促进全市殡葬改革工作的协调有序发展。

2009—2011年，常德市殡管处被武陵区评为“综合治理模范单位”；2011年，津市市殡仪馆被民政部命名“全国民政系统行风建设示范单位”；2010年12月2日，常德市万金公墓被民政部授予“全国殡葬工作先进单位”。

六、常德市救助管理站

常德市救助管理站，坐落在武陵区光荣路188号。

（一）机构演变

1988年10月，常德市委编委批复（常编发〔1988〕91号），常德地区收容遣送站更名为常德市收容遣送站。常德市民政局任命廖经国任站长兼党支部书记，周本桥任副站长。1994年2月19日，常德市民政局任命（常民干〔1994〕1号）黄培抟为副站长。1998年6月19日，常德市民政局任命（常民干〔1988〕2号）黄培抟任市收容遣送站党支部书记兼副站长，谢正起任副站长。

2000年12月12日，常德市民政局任命（常民干〔2000〕1号）李程鹏任市收容遣送站副站长。2002年3月14日，常德市民政局任命（常民干〔2002〕4号）肖忠义任市收容遣送站站长兼党支部书记，李程鹏、周敏任副站长。2003年7月31日，常德市编委办批复（常编办〔2003〕41号），常德市收容遣送站更名为常德市救助管理站。2006年7月24日，常德市民政局任命（常民干〔2006〕3号）段成富任市救助管理站副科级纪检员。2007年7月16日，常德市委编委办批复（常编办〔2007〕83号），市救助管理站加挂的常德市流浪儿童保护教育中心牌子更名为常德市未成年人救助保护中心。2009年7月28日，常德市民政局任命（常民干〔2009〕2号）陈林任市救助管理站副站长。

2010年7月8日，市救助管理站加挂常德市救助管理站家庭暴力庇护中心。2011年3月29日，常德市民政局任命（常民干〔2011〕2号）卞德荣任市救助管理站站长兼党支部书记。2012年2月20日，常德市民政局任命（常民干〔2012〕1号）潘琴任市救助管理站副站长。

（二）换址搬迁

1987年7月，常德地区行政公署专员办公会议决定，常德地区收容遣送中心站与地区文物工作队互换地址，筹建地区博物馆。是年8月，全国人大常委会将地区民政局的相关报告批转民政部会同湖南省人民政府调查处理。时换址未被批准。

1990 年 8 月 18 日，中共常德市委书记陈彰嘉一行到市收容遣送站察看，重提在收容遣送站要建博物馆。至 9 月 19 日，市委政法委书记韩林安、市政协主席王大元、市政府副市长颜永盛等多次约见市局及站主要领导，要求从城区建设大局出发，将收容遣送站搬出现址。市民政局先后召开局老领导座谈会、机关骨干座谈会、收遣站干部座谈会等征求意见。局党组最后统一两点看法，即建议市委、市政府与省民政厅进行磋商，征求看法；坚持“依法办事，等价有偿”原则。9 月 27 日上午，韩林安书记在市委政法委会议室召集局、站领导，通报 9 月 3 日市委常委会议相关决议，要求局、站服从城市规划大局，做好搬迁换址工作。是年 12 月 17 日下午，省民政厅副厅长(后任厅长)许岳松专程到常德，市委书记庞道沐、市委秘书长何星甫，市委常委、市委宣传部长彭孟芝，副市长杨万柱陪同，实地察看了市文物队与市收遣站的房舍及周围环境，尔后在桃林宾馆会议室就文物队与收遣站换址问题进行座谈。许厅长表态：原则同意将市收容遣送站与市文物队的地址互换。是月 24 日，中共常德市委办公室印发“中共常德市委常委办公会议纪要”(十四)。

1991 年 5 月 22—29 日，通过市民政局及站党支部不厌其烦的艰苦细致的工作，市收容遣送站最终坚持“四项基本原则”和“四个服从”，由常德市武陵大道(时为鼎城中路)东侧搬迁至城北光荣路 334 号，与市文物队换址。换址后，市收容遣送站占地面积由 24.9 亩缩减至 7 亩，建筑面积(危房)2000 余平方米。

是年 6 月 17 日，常德市收容遣送站正式动工维修宿舍。9 月，着手新建外流人员用房，总计建筑面积 769.24 平方米，共 3 层，一层为住房，2—3 层为办公用房和流浪乞讨人员衣物存放仓库。1992 年 3 月，主体工程竣工。随即着手修复围墙，进行低洼污水排放改造，修建外流人员食堂等。

2003 年 8 月起，对原有的站房进行全方位的整改、维修、拆除原有的铁门、铁窗、水泥通铺、高位围墙；房间铺设地面砖，墙裙贴瓷砖；开设餐厅，配备了餐桌、椅子；改造卫生间，分设洗浴室，改造公共洗漱间；开通空气对流的窗户，并安装铝合金窗、防盗网；安装木制门；每个房间设置电视柜，安装了电扇；人均一个床头柜，一人一铺，三人一室的住宿房间，基本上整齐统一。新建了园林式的围墙，活动场地打了水泥地面，购置了露天文娱桌，安装了凉棚、玻璃钢休闲椅等，购置了新的被服及生活日用品。是年 8—12 月，共救助城市流浪乞讨人员 400 人次，本着以人为本的思想理念，区别不同情况，给予了适当救助，以保证其基本生活直至返乡。2007 年 12 月，新建的常德市流浪未成年人救助保护中心大楼和救助房先后投入使用。两项工程总建筑面积 3700 平方米。分设流浪未成年人男童生活区、女童生活区以及流浪乞讨人员男性、女性生活区，设有教室和室内活动区。

2011 年，常德市救助管理站启动位于河洑镇朱湖村的“常德市第二福利院”，即“常德市流浪乞讨人员安置基地和流浪未成年人技能培训中心”的兴建。该项目占地 23 亩，总投资 1700 万元。2012 年 11 月下旬，全面完成市发改委二次立项、拆迁补偿和土地交接等项目前期准备工作，项目进入待建阶段。2013 年 6 月 25 日，中共常德市委副书记、市长周德睿在副市长朱晓平、市民政局局长龚美爱等人陪同下，带领市发改委、市财政、市国土、市住建、市规划、市城市办等部门负责人，现场调研常德市第二福利院项目建设基地。7月初，市人民政府召开专题会议并下发第33次专题会议纪要，将安置基地建设项目作为市城区示范性公办养老机构列入常德市“十二五”规划重点建设项目。

(三)履行职责

1988—2013年，常德市救助管理站共接收外流人员5.7303万人，其中1988—2003年7月，共收容遣送外流人员1.9413万人；2003年8月至2013年年底，共接待救助外流人员3.789万人。

2005年4月8日，一名年仅10岁的新疆籍维吾尔族男孩玉山江到站求助。此前，他被当地人拐骗到湖南，强制行窃，胁迫至常德后，头目带出作案时偷偷脱离控制逃跑出来。在语言不通的情况下，市救助管理站为其安排好衣、食和住宿，最大限度地保护他的人身安全。经新疆民政厅的语言翻译与他交流，发掘一些关于他的信息。救助站多方努力，终于找到他的家庭住址(新疆叶城梅格堤乡)。紧接着，市救助管理站向市民政局、省民政厅汇报，衔接由其家人接回事宜。玉山江家境贫困，他20天前被新疆盗窃团伙拐骗出来后，家人一直在担心，但却无钱前来接儿子回家。其后，市救助管理站又多次接到在常德的新疆人打来的电话，冒充是玉山江的亲人，要将其接走，玉山江随时有再次被拐走的可能。市救助管理站在与新疆乌鲁木齐市救助管理站和玉山江父亲取得联系后决定送其安全回家。4月13日，副站长李程鹏带队，一行3人监护着渴望尽快回家的小山江，从常德出发踏上了漫漫归家路。虽然沿途险象环生，但护送人员丝毫没有懈怠。4月16日，护送人员与乌鲁木齐车站维吾尔族警察一起将玉山江安全地送达了乌鲁木齐管理站，并办妥交接手续。至此，历时7天，行程8000多公里的护送任务圆满完成。

2003年以后，市救助管理站加大未成年人救护工作力度，不断实践，规范管理，成效显著。2005年8月18日，全国救助管理暨流浪儿童救助保护工作现场会在河南省郑州市召开，站长肖忠义在会上作题为《践行人本理念，探索主动救助》的典型发言。2007年12月，市救助管理站被省民政厅评为2007年度文明救助管理站；2008年9月，被民政部评为2008年奥运期间救助管理工作先进单位。2008年4月29日，站长肖忠义在全省救助管理工作会议上作题为《提升救助理念，推进和谐救助》的发言，受到省民政厅的肯定和与会人员的一致好评。2009年12月，市救助站被省民政厅评为全省文明救助管理站。2010年12月，被省民政厅评为全省机构规范化建设先进单位；站工会被评为常德市工会工作先进单位。2011年9月，第六届全国救助管理站长座谈会在湖北省武汉市召开，站长卞德荣作题为《建立多层次全方位救助模式，深度关爱流浪未成年人》的典型发言，介绍了全市“就地安置”流浪未成年人的经验。2013年6月29日，在全国民政系统窗口单位为民服务创先争优活动总结暨第二批行风建设示范单位命名视频会议上,常德市救助管理站"家庭式救助,亲情式关怀"的成功做法,被民政部授予"优质服务品牌",给予通报表彰。是年8月8日,省民政厅社会事务处副处长黄金胜一行到市救助管理站调研流浪未成年人保护工作和"接送流浪孩子回家"专项行动开展情况,现场察看了"就地安置"流浪乞讨未成年人聚居区、教育矫治基地等,并形成《阳光照亮流浪的童年》一文,向全省进行推介。10月25—26日,民政部监察局局长肖登峰一行4人,在湖南省民政厅社会事务处处长高景然的陪同下,对常德市救助管理站进行现场评审。是年12月24日,民政部印发《关于授予国家等级救助管理站机构称号的决定》(民发〔2012〕232号),常德市救助管理站被认定为"国家二级救助管理机构"。

七、常德市殡葬服务中心

常德市殡葬服务中心的前身,系常德市(今武陵区)火葬场、殡仪馆、万金公墓的综合管理机构。

(一)机构演变

1996年6月18日,常德市民政局向市委、市政府呈送《关于理顺我市城区殡葬管理工作关系、搬迁火葬场有关问题的请示》,建议成立常德市殡葬管理领导小组及综合协调办事机构;要求明确武陵区民政局管理的殡葬事业单位是否上收,并就在麻王山修建火葬场提出具体实施意见。

2000年8月10日,武陵区人民政府向常德市人民政府呈交《关于要求将区殡葬机构和前进福利厂移交市民政局管辖的请示》(常武政〔2000〕71号)。是年9月26日,市政府办印发"常德市人民政府专题会议纪要(第65次),同意武陵区属的……殡葬机构(含殡仪馆、殡葬执法大队、火葬场、万金公墓)……移交市民政局管理。移交单位所有的人、财、物实行整体移交。……从10月1日起按新的管理体制运行"。

2001年2月22日,常德市委编委办批复(常编办〔2001〕14号),同意将上收的原武陵区殡葬管理所(武陵区万金公墓管理处)、武陵区殡仪馆和武陵区火葬场等机构合并,成立常德市殡葬服务中心,归口市殡管处管理。

2002年2月4日,常德市民政局任命(常民干字〔2002〕4号)李应福任殡葬服务中心主任,陈远来任中心党支部书记;覃振林、彭庭斌任中心副主任。2009年7月28日,常德市民政局任命(常民干〔2009〕2号)陈勇任中心主任,李年贵、丁晓虹任中心副主任。至2011年年底,共核定事业编制53个,内设办公室、财务室、车队、经管办、综治办等5个股室,直接管理市殡仪馆、火葬场、万金公墓等3个服务部门。2012年2月20日,常德市民政局任命(常民干〔2012〕1号)覃振林任中心党支部书记、顾付明任中心副主任、徐世雄任中心副科级纪检员。是年7月13日，常德市民政局任命（常民干〔2012〕2号）李承望任中心副主任。2016年4月19日，市民政局党组任命（常民干〔2016〕01号）沈勇任市殡葬服务中心主任。

（二）基础设施

常德市殡葬服务中心成立后，立即着手进行新火葬场的建设工作。在征得国土、规划、环保等部门的同意之后，在白鹤山乡东山村位于S306省道旁征用70亩土地。同时，根据常德市计划委员会的批文（常计投〔2001〕95号、〔2001〕208号），于2001年9月正式动工修建常德市火葬场。一期工程共投资1500多万元，修建3个殡仪悼念厅，1个火化车间，安装4台火化炉。火葬场一期工程2002年11月竣工。不久，启用新建的常德市火葬场，顺利完成了市委、市政府下达搬迁德山火葬场的任务。

2001年6月，常德市建筑勘测设计院拟搬迁转址，市殡葬服务中心与其签订了有偿转让合同。2002年初，市建筑勘测设计院搬迁，市殡葬服务中心办事机构随即从殡仪馆内搬出。是年4月，市殡葬服务中心对殡仪馆内原有车库和办公室进行改造，利用原有房屋新建4个悼念厅，以满足市民治丧的需求。

1993年2月10日，武陵区民政局与白鹤山乡政府联系，双方达成联合兴办经营性万金公墓的意向和相关协议。随后，白鹤山乡和武陵区民政局分别向各自的主管领导进行专题汇报，得到双方领导的大力支持。常德市民政局局长庹朝明当即委派副局长丁忠庭负责协调工作，市局社会事务科科长杨海滨参与万金公墓的筹建事宜。

1993年2月28日，中共武陵区委、区人民政府决定成立常德市万金公墓领导小组，由区民政局局长罗上林任组长，白鹤山乡党委书记尹大军任副组长，杨海滨、张秋桂、雷立刚、戴定炳、曾宪文、李应福、陈远来为成员。同时，成立常德市万金公墓管理处，由陈远来任主任，梅三喜（白鹤山乡）任副主任，康皓担任会计兼业务员，杨四堂（白鹤山乡）任出纳兼业务员。随后，正式签订了常德市万金公墓联营合同书。是年3月22日，省民政厅批复（湘民事发〔1993〕第04号），同意建立常德市万金公墓，并成立常德市万金公墓管理处。是年4月，万金公墓开始正式接受骨灰落葬，并将首批落葬的墓穴式样拍成照片，在火葬场、殡仪馆、殡葬管理所的宣传橱窗里进行宣传、推介。

2009年，常德市殡葬服务中心先后考察长沙、广州、东莞等地的殡仪设施建设情况，吸取外地同行的先进经验，并拟制A区3个殡仪厅装修和B区4个殡仪厅建设以及一栋集餐饮、住宿、超市为一体的综合服务楼建设方案，这个方案于2010年正式动工实施。至2011年年底，基本完成综合服务楼的主体建筑施工和装修；A区3个殡仪厅的装修和中央空调的安装以及B区4个殡仪厅的主体建筑施工。2012—2013年，设备、设施全部到位，并开展集餐饮、住宿、殡仪服务、遗体火化、骨灰寄存的“一站式”服务。

(三)殡仪服务

殡仪服务，是殡葬事业单位在特定环境下，用特定的方式和礼仪，为特定人群或对象而提供的特殊性丧葬活动服务。

2004年，常德市物价局根据《湖南省服务价格管理条例》和《湖南省殡葬服务价格管理试行办法》，委托常德市价格成本调查队对殡葬服务项目中政府定价的遗体火化、遗体接运和骨灰寄存三大基本服务经营成本进行审核，并依法进行价格听证，对殡葬基本服务价格和政府指导价服务项目收费标准作了调整，分别从2005年1月1日和2005年2月1日起执行。市殡葬服务中心实行明码标价，阳光收费，充分保障丧户的知情权和选择权。殡仪馆、火葬场出售的丧葬用品均使用物价部门统一监制的商品标价签，做到一货一签标，价签价目齐全，标价详尽准确，字迹清晰，摆放位置醒目。该中心各项服务内容明确，标准规范，做到职责到岗、责任到人，杜绝了只收费不服务或多收费少服务现象的产生，以诚信的服务取信于民，得到市民的肯定。

2010年12月27日，常德市人民政府发布《关于禁止在市城区殡葬服务场所燃放烟花爆竹的通告》(常政通告〔2010〕5号)，市殡葬服务中心一方面根据"通告"精神，增设保安执勤，狠抓宣传检查工作的落实；一方面抓好禁放后替代品的供应工作，在公墓安装了草坪音响，推出"天堂之声"点歌服务，以哀乐和听众喜爱的歌曲代替烟花爆竹，引进电子鞭炮、鲜花等供市民祭祀时使用。多措并举，工作到位，从而确保了"禁放"工作自2011年1月1日起实施，收到"不响一炮""一炮打响"的好成效。此举得到民政部、省民政厅的高度赞扬，受到民政部、省民政厅的表彰。《中国社会报》等多家媒体，以重要篇幅报道了常德文明殡葬的典型做法。

2001—2013年，常德市殡葬服务中心不断深化"以民为本"的服务理念，加大便民、惠民、利民的服务力度，凸显殡葬公益性质，营造和谐殡葬氛围。具体落实"五个服务"，即：坚持全年全天候昼夜服务制度。做到遗体随到随火化，殡仪随到随接待，骨灰安葬即便是节假日也照常服务。坚持便民、惠民、利民服务。常年开通市城区至万金公墓免费班车，方便市民看墓、购墓和扫墓。坚持抓好亮点服务。每年春节、清明节等重点服务时段，市殡葬服务中心主任李应福、陈勇均身先士卒，带队参加公益服务，确保优质安全，文明祭祀。抓好规范服务。坚持工作人员统一着装，接待采用文明用语等一系列规范服务措施，实行检查、巡视相结合，确保规范服务落实到位。坚持为群众分忧解难服务。各岗位职工自觉按照"主动、亲切、耐心、周到、优质"的工作标准，做到询问有回答声，误会有解释声，过失有道歉声，要求有答复声；做到仪容淡雅，仪表端庄，礼仪规范，使丧户在办理丧事的过程中感受到"不是亲人胜似亲人"的温暖，体会到现代殡仪服务"慎终追远、民德归厚"之精华。

第三节　县级民政机构

新中国成立后，常德市（地区）所辖各县（区、市）民政机构相继设置，且职责职能随地区（市）民政机构的变更而变化。

1949年8月5日，常德市（今武陵区）人民政府设立民政局，并置行政、社会、优抚三科。至9月底，常德专区所辖常德县（今鼎城区）、桃源县、石门县、澧县、临澧县、安乡县和华容县（今岳阳市）、南县（今益阳市）、慈利县（今张家界市）以及隶属澧县管辖的津市市人民政府先后设立民政科（1950年10月19日，津市市民政科改为民政局）。时县级民政部门的主要工作任务，除民主建政外，还有优抚、复员安置、社会救济、生产救灾、困难补助、地政、户政、国籍、行政区划、边界纠纷调处、社团登记、婚姻登记、民工动员、移民安置、游民改造、老区建设以及宗教、侨务等项工作。

1954年，常德市（今武陵区）、津市市和常德专署所辖各县的县级民政机构通称民政科。1988—2013年，常德市所辖各区县、市民政机构均改为民政局。

一、武陵区

（一）武陵区民政局

1980年12月，置常德市民政局。1988年，原常德市民政局更名为常德市武陵区民政局，为区人民政府工作部门。坐落在常德市朝阳路212号。

1988年，区民政局内设机构为6个，即办公室、基层政权建设、优抚安置股、社会股、政工股、财会股。

1991年7月，恢复社会团体登记管理职能。1992年，武陵区民政局开始履行农村社会养老保险职能。1995年6月，设立农村社会养老保险站。到2002年，将所收取的保险费全额退还给投保人后，向武陵区劳动和社会保障局全部移交。1993年，武陵区的城市社区建设和社区服务工作开始启动。从1997年10月起，武陵区城市居民最低生活保障制度开始实施。1998年，武陵区民政局将对民办非企业单位的登记管理工作配置给社会团体管理股。2002年2月，加挂武陵区民间组织管理局牌子。是年，区老龄办挂靠武陵区民政局。2009年3月，将农村五保救助及乡镇敬老院管理职能从民政局救灾救济股分离出来，调整移交区社会救助管理局。

至2013年年底，武陵区民政局内设职能机构为8个，即办公室、规划财务股、人事教育股、纪检监察室、救灾救济与社会福利股、优抚安置股、基层政权与社区建设股、民间组织管理股。

(二)区民政局直属机构

1990年4月,武陵区人民政府第十八次常务会议决定成立区光荣院。2002年3月,武陵区老龄办从区政府办转挂到区民政局。是年5月,设立武陵区城市居民最低生活保障中心,专职履行低保对象“动态管理”职能。2005年,更名为武陵区社会救助管理局。2006年5月,区社会救助管理局内设综合督导股、城市救助管理股和农村救助管理股。2009年9月,区社会救助管理局增设医疗救助股、农村五保供养股和财务股。2003年3月31日,成立武陵区敬老院。是年9月,设立武陵区社区建设办公室。2004年6月,设立武陵区婚姻登记中心。

1996年4月,成立武陵区慈善总会。2011年11月,设立武陵区慈善工作办公室。2010年8月,设立武陵区双拥工作领导小组办公室。

至2013年年底,武陵区民政局直属和归口管理机构共8个,即区老龄办、区社会救助管理局、区光荣院、区婚姻登记中心、区社区办、区慈善办、区双拥办、区社会福利彩票管理站。

二、鼎城区

(一)鼎城区民政局

1977年1月,置常德县民政局。1988年6月9日,常德县民政局更名为常德市鼎城区民政局,为区人民政府工作部门。坐落在武陵镇临沅路56号。

2002年3月,鼎城区民政局内设职能机构为5个,即办公室(纪检监察合署办公)、优抚安置股、救灾救济股、基层政权建设股、社会福利和社会事务股。

至2013年年底,鼎城区民政局内设机构为7个,即办公室(法制股)、人事股、规划财务股、优抚安置股、救灾股、基层政权建设和区划股、社会福利和社会事务股(保留民间组织管理股牌子,加挂行政审批办公室牌子)。

(二)区民政局直属机构

1988年,常德县老龄工作委员会更名为常德市鼎城区老龄工作委员会,下设办公室。1995年,归口区政府办管理。1996年4月,区编委批准设立鼎城区革命老区办公室。是年12月,成立鼎城区殡仪馆,核定事业编制8名。

2001年,成立鼎城区民间组织管理局。2002年,成立区低保中心,区福利院、区光荣院、区敬老院(简称三院),区殡葬管理所,区有奖募捐办公室。是年7月,区老龄办由区政府办转挂到区民政局。2004年3月,鼎城区收容遣送站更名为区救助管理站。2005年7月,区低保中心更名为区社会救助管理局。2009年3月,“三院”更名为鼎城区社会福利中心,同时加挂光荣院、敬老院两块牌子。是年5月,成立区慈善总会办公室。是年6月,区殡葬管理所更名为区殡葬事业管理所。

至2013年年底,区民政局直属和归口管理机构为12个,即:区老龄办、区老区办、区殡葬事业管理所、区社会救助管理局、区社区办、区救助管理站、区军队离退休干部休养所、区地名办、区社会福利彩票管理站、区社会福利服务中心、区殡仪馆、区慈善办。

三、津市市

(一)津市市民政局

1981年7月,置津市市民政局,为市人民政府工作部门。坐落在津市市银苑路。

1988年,市民政局内设机构为4个,即办公室、基政股(亦称政建股)、社会股、优抚股。1989年,社会股改称社救股,增设政工股、财务股。1990年4月13日,成立津市市地名办。1991年3月21日,增设社团管理股。1995年,成立津市市革命老区办公室。1996年1月,津市市编委核定市民政局内设机构为5个,即办公室、优抚安置股(对外加挂残联办牌子)、救灾救济福利股、基层政权建设与社会事务股、计划财务股。老区办的职能划入优抚安置股,地名办的职能划入基层政权建设和社会事务投,政工股的职能并入办公室。2002年4月,津市市民政局内设职能机构压缩到4个,即办公室、优抚安置股、救灾救济福利股、基层政权建设和社会事务股。计划财务股的职能并入办公室。

至2013年年底,津市市民政局内设职能机构为9个,即办公室、政工股、财务股、优抚安置股、救灾股、基层政权建设和区划股、社会福利和慈善股、社会福利彩票管理中心、社会事务股。

(二)市民政局直属机构

1988年,津市市民政局直属和归口管理机构有8个,即市社会福利工厂(1960年建)、市收容遣送站(1963年置)、市社会福利院(1980年建)、市盲聋哑人协会(1984年成立)、市扶贫福利服务公司(1984年成立)、市殡葬管理所(1987年建)以及市军队离退休干部休养所。

1990年4月,津市市盲聋哑人协会撤销,另成立津市市残疾人联合会。是年10月,成立津市市光荣院。1992年3月,成立津市市农村社会养老保险办公室。1996年,原福利工厂改建为殡仪馆。1997年6月9日,市扶贫福利服务公司撤销,成立津市市社区服务中心。

2001年,成立津市市城市居民最低生活保障中心,核定事业编制4名。是年11月15

日,成立阳由敬老院,有偿提供托老、养老服务。是年,市民政局加挂津市市民间组织管理局牌子。2004年,刘家山公墓由市林业局移交市民政局管理。是年3月5日,成立津市市老龄工作委员会办公室。2005年8月25日,市城市居民最低生活保障中心更名为市社会救助管理局。2007年4月,成立津市市慈善总会,设立慈善办公室。

至2013年年底,津市市民政局直属和归口管理机构共15个,即津市市老龄办、市社会救助管理局、市社区办、市慈善办、市救助管理站、市殡葬事业管理所、刘家山公墓管理处、市殡仪馆、市军队离退休干部休养所、市社会福利院、市光荣院、市阳由敬老院、市低收入家庭认定中心、市养老服务中心、市社会福利彩票管理站。

四、安乡县

(一)安乡县民政局

1974年10月5日,置安乡县民政局,为县人民政府工作部门,坐落在深柳镇洞庭大道北段。

1993年,县民政局内设办公室、优抚股、基层政权建设股、社会福利救济股等4个职能股室。县残联并入县民政局,保留牌子。1997年10月,析置计财股。1998年县民政局办公地点从原址(城关镇南门口)搬迁至县社区服务大楼。1999年,增设政工股。2002年,新增民办非企业单位的登记管理、城镇居民最低生活保障的管理与协作、老龄工作的宏观指导和综合协调管理等职能,取消指导农村救灾保险工作职能。2004年4月,成立县革命老区办公室。2006年4月,设立县慈善协会办公室。

至2013年年底,县民政局内设职能机构为6个,即办公室、民间组织管理股、优抚安置股、救灾救济股、基层政权建设股、社会福利和社会事务股。

(二)县民政局直属机构

1993年,县民政局直属和归口管理机构共5个,即县收容遣送站、县殡葬管理所、县殡仪馆、县老区办、县农村社会养老保险办公室。1997年10月,县农村社会养老保险办公室更名为县农村社会养老保险站,新置社会福利所。

2001年12月,增设县城市居民最低生活保障管理处。是年,县老龄办并入县民政局。2004年3月,恢复县军队离退休干部管理所,核定全额拨款事业编制3名。2005年7月,安乡县城镇居民最低生活保障管理站更名为安乡县社会救助管理局。2010年,安乡县殡葬管理所更名为安乡县殡葬事业管理所。2011年4月,县人民政府明确县民政局保留县民间组织管理局牌子;县老龄办单列,挂靠县民政局。

至2013年年底,县民政局直属和归口管理机构为12个,即县老龄办、县社会救助管理局、县殡葬事业管理所、县老区办、县救助管理站、县婚姻登记管理处、县慈善办、县农村社会养老保险站、县殡仪馆、县社会福利彩票管理站、县社会福利院。

五、汉寿县

（一）汉寿县民政局

1973 年 7 月，置汉寿县民政局，为县人民政府工作部门。坐落在龙阳镇龙阳中路。

1993 年，将社会救济股办理的行政区划、婚姻登记、殡葬、基层政权业务分出，析置基层政权建设股。是年，县民政局内设 4 个股室，即办公室、基层政权建设股、优抚安置股、社会救济股。2002 年 4 月，县民政局改置 5 个职能机构即办公室、民间组织管理股、优抚安置股、救灾救济股、基层政权建设与区划股。2006 年 4 月，县民政局析置计财股。

至 2013 年年底，县民政局内设职能机构为 6 个，即办公室（人事股）、规划财务股、民间组织管理股、优抚安置股、救灾救济股、基层政权建设与区划股。

（二）县民政局直属机构

1990 年 10 月，成立汉寿县革命老区办公室。1991 年 5 月，县民政局社会救济股负责的“盲聋哑人协会”“肢残人协会”析出，成立汉寿县残疾人联合会。是年 6 月，成立汉寿县收容遣送安置站。 1996 年 3 月，县民政局社会救济股办理的“农村社会养老保险”业务析出，成立县农村社会养老保险管理站。1999 年，汉寿县残疾人联合会改隶县政府办管理。

2002 年，成立汉寿县殡葬事业管理所。是年，县老龄办归口县民政局管理。2004 年 5 月 30 日，县复退军人接待站正式改制。2005 年 9 月 21 日，县低保中心升格为县社会救助管理局。2007 年 4 月 28 日，成立县社区办公室、县慈善协会办公室。2008 年 6 月 17 日，成立县福利彩票发行中心。

至 2013 年年底，县民政局直属和归口管理机构共 11 个，即县老龄办、县老区办、县殡葬事业管理所、县军干所、县社区办、县慈善办、县婚姻登记处、县社会救助管理局、县殡仪馆、县救助管理站、县福彩中心。

六、澧　县

（一）澧县民政局

1973 年 11 月，置澧县民政局，为县人民政府工作部门。坐落在澧阳镇澧州路 1068 号。

1990年2月19日,增设政工股、计财股。1997年10月20日,设立澧县革命老区工作办公室。

2002年4月25日,县人民政府批复,县民政局加挂县民间组织管理局牌子。同时,明确民政局办公室加挂政工股、计划财务股牌子;救灾救济与社会福利股加挂澧县慈善办公室、澧县福利彩票发行中心、澧县经常性社会捐助站牌子。2005年9月13日,县城乡居民最低生活保障中心更名为县社会救助管理局。2012年6月1日,县编办同意县民政局增设行政审批办公室。

至2013年年底,县民政局内设职能机构为7个,即办公室、政工股、法制股、规划财务股、民间组织管理股、优抚安置股、基层政权建设与社会事务股、行政审批办公室、社会救济与社会福利股。

(二)县民政局直属机构

1958年11月,省民政厅同意建立澧县盲人聋哑人生产工厂,隶属城关镇。1978年10月,移交澧县民政局主管,更名为澧县社会福利工厂。2000年,停产关闭。

1976年8月,建立澧县火葬场,始址在澧南公社红旗大队,后迁至澧澹公社蚕桑大队(原县水管厂)。1979的9月16日,成立澧县殡葬管理所。1986年1月,成立澧县殡仪馆。1987年2月,设立澧县军队离退休干部休养所。

1970年5月底,正式成立澧县收遣站(设县公安局内),隶属县革委会人保组。2003年9月22日,澧县收容遣送站更名为澧县救助管理站。

1984年7月,常德地区民政局批准成立澧县社会福利院。1999年,县社会福利院在澧阳镇黄桥村新征地2.04亩与光荣院原有征地统一布局。2001年4月,县社会福利院正式迁入新址,原址产权等均交给县社区服务中心。

1986年11月,县民政局在县社会福利院内设立光荣间。1990年2月,常德市民政局批复,同意新建澧县光荣院。院址位于澧阳乡新河村,后迁至黄桥村。1996年10月17日,成立澧县社区服务中心。

2002年4月25日,设置澧县革命老区工作办公室。2005年9月13日,澧县城乡居民最低生活保障中心更名为澧县社会救助管理局。2003年8月11日,设立澧县老龄工作委员会办公室。2004年9月15日,成立澧县婚姻登记处。2006年8月15日,设置澧县慈善总会办公室。1991年,撤销澧县盲人聋哑人协会,成立澧县残疾人联合会。1998年11月10日,县残联实行人、财、物单列。

1988年12月,湖南省民政厅批复,同意澧县列入全国第二批农村救灾合作保险试点县。澧县随即成立澧县农村救灾合作保险基金会,下设办公室(设县民政局)。1996年9月24日,将澧县农村救灾合作保险基金会办公室更名为澧县农村社会保险办公室。2002年8月,县政府常务会议研究决定，撤销澧县农村社会保险办公室。

至2013年年底，县民政局直属和归口管理机构共15个，即县救助管理站、县社会福利院、县军队离休退休干部休养所、县低收入家庭认定中心、县儿童福利中心、县社会福利彩票管理站、县殡仪馆、县殡葬事业管理所、县光荣院、县社区服务中心、县老区办、县社会救助管理局、县老龄办、县民政局婚姻登记处、县慈善办。

七、临澧县

（一）临澧县民政局

1973年11月，置临澧县民政局，为县人民政府工作部门。坐落在安福镇朝阳东街70号。

1984年，县民政局始置二层机构，内设办公室、基政股、财务股、社救股、优抚股、政工股、军退股。2002年4月20日，县人民政府决定，将县民政局的农村社会养老保险职能移交县劳动和社会保障局。2003年9月，增设社区办。2006年9月，增设法制办。2011年6月24日，县老龄办挂靠县民政局。

至2013年年底，临澧县民政局内设职能机构为8个，即办公室（信访办）、政工室（法制办）、计划财务股、民间组织管理股、优抚安置股、救灾股、基层政权建设和地名区划股、社会福利和社会事务股。

（二）县民政局直属机构

1998年，县民政局直属和归口管理部门共6个，即县保险办、县残联、县福利院、县殡仪馆、县收遣站、县慈善办。

2002年5月，成立临澧县城镇居民最低生活保障中心。2003年6月，临澧县农村救灾社会养老保险办公室更名为临澧县自然灾害救助中心，内设综合股、减灾股、救助互济股。2005年8月，临澧县城镇居民最低生活保障中心更名为临澧县社会救助管理局，内设综合股、城市救助业务股、农村救助业务股。2008年5月，临澧县社会福利院加挂县光荣院和县老年公寓牌子，内设办公室、后勤部、护理部、医务部。2009年6月，核销临澧县殡仪馆，人员编制划转到县殡葬事业管理所。2010年，县殡管所升格为副科级事业单位。

至2013年年底，县民政局直属和归口管理机构共14个，即县社会救助管理局、县自然灾害救助中心、县社会福利院、县殡葬事业管理所、县社区办公室、县双拥办、县军队离退休干部管理所、县婚姻登记处、县社会福利彩票管理站、县慈善办、县老区办、县救助管理站、县民政局老干部管理服务中心。挂靠管理县老龄工作委员会办公室。

八、桃源县

(一)桃源县民政局

1979年7月,置桃源县民政局,为县人民政府工作部门。坐落在漳江镇漳江南路004号。

1988年,县民政局内设4个股室,即办公室、优待抚恤股、社会救济股、基政股。是年底,全局实有干部职28人,离退休人员2人,离退休人员10人。2008年年底,工作人员增至84人,离退休人员25人。2011年4月11日,县民政局增设人事股、民间组织管理股。

至2013年年底,县民政局内设职能机构共7个,即办公室、人事股、计划财务股、优抚安置股、民间组织管理股、救灾救济股、基层政权建设与区划股。

(二)县民政局直属机构

1988年,县民政局归口管理的直属机构共6个,即军干所、殡仪馆、收遗站、农村救灾保险基金会(后更名为互济会)、县扶贫福利服务公司、县残联办。

1991年5月10日,撤销县扶贫福利公司,设置县社会福利生产办公室。是年12月31日,成立县社会福利院。1996年3月,设置县农村社会养老保险站,与县农村救灾保险互济会两块牌子,一套人马。1999年4月,停止救灾保险试点工作。时因保险责任关系,工作和机构维持到2002年3月。1999年12月8日,成立桃源县慈善委员会办公室。2000年3月27日,成立桃源县慈善总会。2002年,成立桃源县城镇居民最低生活保障中心。是年5月9日,县残疾人联合会改隶县人民政府办公室领导。2003年12月20日,县收容遣送站更名为县救助管理站。2005年7月14日,县城镇居民最低生活保障中心更名为县社会救助管理局。2006年12月,成立县殡葬事业管理所。2008年1月28日,设置桃源县革命老区工作办公室;是月,设置县社区建设办公室;是年6月30日,设置县婚姻登记处;是年8月,撤销县社会福利生产办公室,成立县社会福利中心,加挂县敬老院、县光荣院两块牌子。

至2013年年底,县民政局直属和归口管理机构共13个。即县老龄办;县社会救助管理局;县社区办、县老区办、县慈善办、县婚姻登记处、县军队离退休干部休养所、县社会福利彩票管理站、县殡仪馆、县殡葬事业管理所、县社会福利中心(加挂县敬老院、县光荣院两块牌子)、县救助管理站、县低收入家庭认定中心。

九、石门县

(一)石门县民政局

1973年10月,置石门县民政局,为县人民政府工作部门。坐落在楚江镇宝峰开发区市场路。

1988年9月,增设基层政权建设股。1991年3月,增设县社会团体登记管理办公室。2002年,县民政局内设职能机构为6个,即办公室(政工股、法制股与其合署办公)、民间组织管理股、优抚安置股、救灾救济股(社会福利股与其合署办公)、基层政权建设与区划股(社会事务股与其合署办公)、计划财务股。2004年,设立社区建设与管理协调小组办公室。2006年,增设社会事务与社会福利股。2009年,政工室更名为人事教育法制股。

至2013年年底,县民政局内设职能机构为8个,即办公室、人事股、规划财务股、民间组织管理股、优抚安置股、救灾股、基层政权建设和区划股、社会福利和社会事务股。

(二)县民政局直属机构

1970年9月,置石门县收遣站。2003年,更名为县救助管理站。

1986年3月,成立石门县军队离退休干部管理所。1988年9月,兴建石门县光荣院。1986年成立石门县生产自救服务总公司,1999年撤销,更名为石门县革命老区办公室。

2000年10月,成立石门县低保中心。2005年10月,更名为县社会救助管理局。2002年4月,成立石门县民间组织管理局,挂靠县民政局。2004年,县婚姻登记中心更名为县婚姻登记处。2009年,成立县殡葬事业管理所。是年,成立县老龄办。

至2013年年底,县民政局直属和归口管理机构共13个。即县老龄办、县社会救助管理局、县殡葬事业管理所、县老区办、县社区办、县军队离退休干部休养所、县婚姻登记处、县救助管理站、县慈善办,县光荣院、县社会福利彩票管理站、县低收入家庭认定办公室、民生档案馆。

十、常德经济技术开发区

1992年5月,成立德山经济技术开发区社会事务部,内设民政办公室。

2010年6月,德山经济技术开发区更名为常德经济技术开发区,置区社会事务管理局,为副处级机构,内设民政局(残联)。

十一、西湖管理区

1984年1月,置西湖农场民政科。2002年5月24日,将西湖农场民政科更名为西湖管理区民政局,挂牌于区委政法委员会机关院内,位于西湖镇西湖东路。区民政局比照县级民政机关行使职能,业务上直隶于常德市民政局,行政区划和婚姻登记仍由汉寿县民政局代管。

2004年10月16日,成立夕阳红敬老院,隶属区民政局管理。2007年11月16日,成立紫东敬老院,隶属区民政局管理。2009年6月30日,成立区殡仪馆,归口区民政局领导。

2011年3月15日,西湖管理区民政局单独设置,其行政区划业务仍由汉寿县民政局代管;福利彩票发行仍由常德市民政局直接管理。

十二、西洞庭管理区

2001年2月,西洞庭管理区管理委员会设置民政司法局,位于西洞庭管理区机关办公大楼内。是年9月23日,中共常德市委机构编制委员会办公室批复,设立区司法局,加挂区民政局牌子。是年9月,区民政局内设机构5个,即办公室、基政股、救灾救济股、优抚安置股、婚姻登记处。

2005年12月,区民政局增设社会福利与社会事务股、慈善办。2007年6月,成立老区办公室,隶属区民政局领导。2008年6月,增设财务股。是年12月,增设区社会救助管理局,原救灾救济股中的救济职能划转给社会救助局。是月,增设民间组织管理股。是年10月,引进民间投资修建区殡仪馆。2009年3月,增设人事政工股,与局办公室合署办公。2010年5月,成立区敬老院,同时加挂区社会福利中心牌子。核定事业编制4名,实行差额拨款。2011年,将原国营西洞庭农场设立的二分场敬老院,更名为祝丰敬老院。

至2013年年底,区民政局内设职能机构为8个,即办公室(加挂老区办、老龄办)、基层政权建设股、救灾股、优抚股、婚姻登记处(加挂民间组织管理股)、社会福利与社会事务股(区慈善办与其合署办公)、财务股和社会救助管理局。

十三、柳叶湖旅游度假区

1994年6月,柳叶湖旅游度假区设置区社会事业局,负责区内民政、残联、综治等工作,位于柳叶湖旅游度假区环湖路1号。

2009年8月,社会事业局将民政和社会保障职能析出,成立区民政和社会保障局,同时加挂区残联牌子，行使基层政权建设、救灾、优抚、民间组织管理、老龄办、社会福利与社会事务、慈善、社会救助管理等职能。

十四、桃花源旅游管理区

2010年10月12日，桃花源旅游管理区成立，统一领导和管理区内各项社会事务。

2015年12月，桃花源旅游管理区设置农村工作局，承担区内民政等日常管理工作。农村工作局明确一名副局长，具体负责各项民政事务。

第四节　基层民政组织

乡、镇、街道、村(居)设置的民政管理机构，是常德市域的基层民政组织，承担基层政权建设、救灾救济、社会福利、优抚安置、社会事务管理等大量日常事务，为保持社会稳定，促进社会经济发展起着不可替代的重要作用。

1988年，常德市(地区)所辖9个县(区、市)及267个乡、镇和10个街道办事处均设置民政办公室，其专干为民政助理员，大多担任民政办主任。全市4075个村设置社会福利委员会，直隶于村民委员会，其成员由村委会委员兼任，负责相关民政事务。全市367个居民委员会设置民政优抚委员会，直隶于居委会，其成员由居委会主任或副主任兼任，负责相关民政事务。

1991年，全市共建立乡、镇(街道)民政办公室237个，配备民政助理员305人。其中安乡县21个、26人；汉寿县34个、43人；澧县32个、43人；临澧县17个、17人；桃源县50个、68人；石门县25个、40人；津市市9个、13人；武陵区4个、10人；鼎城区45个、54人。

是年，全市3641个村委会设置社会福利委员会，专司民政事务。其中安乡县253个、汉寿县504个、澧县604个、临澧县326个、桃源县400个、石门县783个、津市市115个、武陵区29个、鼎城区656个。全市347个居民委员会设置民政优抚委员会，负责处理民政日常工作。其中安乡县40个、汉寿县22个、澧县32个、临澧县16个、桃源县16个、石门县16个、津市市56个、武陵区106个、鼎城区43个。

1992年，全市乡、镇(街道)所设民政办公室统一改为民政管理所，村(居)委会置社会福利委员会或民政优抚委员会，统称民政委员会，其职能职责不变。

1996年4月25日，中共常德市委机构编制委员会办公室、常德市经济体制改革委员会、常德市民政局联合发出《关于全市乡镇机构改革中明确乡镇民政管理所关系的具体实施意见》(常民字〔1996〕第27号)，明确规定：乡镇民政所实行双重领导，县乡共管，以乡镇党委、政府管理为主,即人财物原则上以乡镇管理为主,区县、市民政局进行业务指导和依法监督;乡镇民政所是乡镇人民政府管理本行政区域内各项民政事务的基层民政机构。

1997—2001年,全市各区县(市)党委、政府将加强基层民政组织建设纳入重要议事日程,乡镇(街道)民政所普遍建立,并配备至少一名专干负责民政事务。各乡镇(街道)党委、政府按照归口管理的原则,对乡镇民政所人、财、物实行统一管理。普遍做到:乡镇民政所机构编制,由乡镇党委、政府按有关要求提出意见,报区县、市机构编制部门审批确定;考核任免调整乡镇民政所人员(其中所长任免前需征得区县、市民政局的同意)抄送区县、市民政局备案;管理民政所的党、团和户口关系,组织开展民政所的日常党务活动及干部职工的思想政治工作;负责制订本区域内民政事业发展规划和民政工作年度计划,并组织实施;负责乡镇民政所的财务和物资的统一管理和调度;负责各项民政专项经费的统一分配(除上级民政部门有要求的外);负责乡镇民政所的日常工作安排。全市各乡镇(街道)民政所根据职权管理划分原则,服从当地党委、政府的领导,自觉接受区县、市民政局的指导和监督,并明确岗位责任,规范内部管理,不断深化民政工作改革,扎实完成各项民政工作任务,为维护社会稳定,促进社会经济发展,做出了不懈的努力。

2002年,各乡镇撤销民政管理所,改置民政办公室,为股级行政机构,配备专干或兼职干部,管理辖区内的民政事务。民政办由县、乡(镇)两级共管,即人财物以乡镇管理为主,县民政局实行业务指导和依法监督,是乡镇人民政府管理辖区内各项民政事务的基层民政机构,由财政定额拨付事业费。

2008年,常德市民政局组织专门力量对全市乡镇民政组织建设展开专题调研,发现乡镇民政工作机构不仅在新农村建设中的地位日益凸显,而且面临的各种困难和问题也十分突出,加强与规范乡镇民政机构建设已成为新时期民政工作一个不可回避的重要课题。全市乡镇民政工作机构建设,在自我完善和发展的过程中,仍然还存在一些不容忽视的困难和问题,有些深层次的问题还在一定程度上影响了基层民政工作的正常开展,对高效为民解困造成了"瓶颈",主要表现在:队伍结构与工作需要存在三个"不对称"。即人员配备"不对称"。全市226个乡镇,只有民政工作人员289人,绝大部分乡镇只有1名民政干部;文化素质"不对称"。乡镇民政干部中,具有大学本、专科学历的比例甚少,绝大部分都是党校函授文凭,且几乎没有全日制大学毕业生、没有一个民政专科毕业生,中专及高中学历者仅为总数的1/3;年龄结构"不对称"。乡镇民政干部中,年龄结构呈倒金字塔形,老龄化特征明显,年轻干部少,队伍"青黄不接"。同时,工作条件与工作负荷"不对等"。乡镇民政办公室简陋的工作条件与超负荷工作的"剪刀差"正在不断扩大,特别是办公条件、工作力量、福利待遇不对等的问题十分突出。绝大多数县市区的乡镇民政干部没有"公务员"身份,连国家规定的正常津补贴都没法享受。且至今乡镇民政工作,全国、全省既没有统一的机构名称,也没有统一规定人员编制数,办公设施陈旧,工作量成倍增长,大部分乡镇民政工作人员存在疲于应付,夹缝里工作的状态。此外,工作现状与工作职能“不相符”。这主要是工作量日益增多。随着市场经济体制的不断完善,乡镇基层民政办公室所承担的工作已由传统的救灾救济、优抚安置等几项内容,增加到5大类、20余大项工作,而且工作重点分散,关联度较松。工作难度日益加大。民政服务对象大多是社会弱势群体,除了熟练掌握国家有关方面的法律政策外,还要做大量的说服、解释、劝导工作,并要富有一颗善待的爱心、足够的耐心和甘于奉献的精神。民政干部兼职日趋常态化。乡镇大多数民政办公室唯一的一名干部,除了负担大量的民政业务工作外,还兼人大、计生、综治、老区、老龄、残联、新农合、领导交办任务等多项工作。民政干部超负荷兼职,直接导致工作主次不分,民政工作被边缘化,自身职责严重错位。此外,社会地位与社会期待“不一致”。老百姓对乡镇民政工作的期望值越来越高,但乡镇机构改革后,不少乡镇的民政工作还面临着无牌、无位、无章、无钱办公的现实问题,由于对上无名位、对下无权威,民政干部的社会地位一落千丈,民政人员对明显恶化的工作环境深感忧虑。

2009年,常德市人民政府印发《关于进一步加强民政工作的意见》(常政发〔2009〕18号)。2010年起,各区县(市)党委、政府按照市政府“意见”的要求,将基层民政工作经费列入本级财政预算作出相应安排;充实基层民政工作力量,完善乡镇(街道办事处)民政工作机构,配备与工作任务相适应的民政工作人员,人员编制从现有的乡镇干部中划转;农村村委会(城市社区)配备1名专(兼)职人员,负责做好基层民政工作;加强民政部门领导班子和队伍建设,提高民政工作者的业务能力和工作水平,努力造就一支奉献型、学习型、务实型的民政干部队伍。

至2013年年底,全市共设置乡镇(街道)民政办公室219个,其中单独设立的154个,合署办公的65个;核定人员编制276人,实际工作人员524人(在编262人)。全市农村每万人配备民政干部为0.52人;乡镇民政办公室办公用房平均为1.26间,专用电脑平均0.48台。

附:

民政财务与统计

民政财务与统计是民政工作的重要组成部分,关系着各项民政事业的健康发展。

1988年,常德市民政局未单独设置民政财务机构,只内设财务室,归口局办公室管理。时谢雪安任主管会计,具体负责全市民政财务事宜。1993年4月1日,常德市民政局任命戴淑本为局办公室副主任,全面负责财务室的工作。是年,财务室编制4人,各有分工,职责明确。

1995年10月21日,常德市编委批复(常编发〔1995〕33号),同意市民政局内设计划财务科。至2013年,全市民政财务管理机构不断建立健全。共设置民政财务机构61个,配备专职财务工作人员91人,其中有专业技术职称的38人。

1996年,全市民政财务管理步入规范化轨道。常德市民政局从有利于发挥计财部门的调控职能和各业务部门的积极主动性出发,进行深化民政财务统管改革的探索与实践,这主要是:

1997年6月13日,湖南省民政财务工作会议在常德市召开

统一编制计划、预算和各项资金的筹措与分配。凡属民政事业发展计划的制定和各项基本建设计划的申报,以及各项事业费、机关行政经费等年度预算安排,归口计财部门提出初步方案,交局务会议和局党组审议,再由计财部门组织实施,并负责与有关部门的衔接。凡属上级拨款,根据有关文件规定向下的有关收款,各种募捐资金的收取以及各类资金的支付拨发都由计财部门归口办理,并确定专人管理收据,任何业务部门不得自行办理资金收、付。

统一对银行账户和各项资金核算的管理。1996年上半年,市民政局对各单位银行账户普遍进行了一次认真审查,在此基础上,明确规定;原则上只设三个银行账户(行政账户、往来账户和预算外资金专户);机关所属独立事业单位确需单独设立帐户的,由计财科(股)统一衔接,监督管理;其他任何业务部门不得设立账户,有关资金按其性质进入计财统管的有关账户。对于各项民政事业费、行政经费、基本建设费和各种预算外资金、周转金、专项资金使用效益的评估及会计核算,都由计财部门统一进行。对于具有一定行政职能的事业单位的账务亦统一由各计财科(股)建立专账进行管理,这样既有利于强化统一管理体制,也有利于缓解机关人手不足的矛盾。

统一开展审计监督。年初,制定和下达全市内审工作计划和目标,作为计财统管和评比表彰的内容。同时,采取专项审计与综合审计、全面审计与抽查审计相结合的办法开展审计监督活动。1996年,由市局计财科牵头,对全市农村社会养老保险基金和社会福利有奖募捐资金进行了专项审计,对汉寿、桃源、鼎城等区县民政局及市属二级单位进行了全面内审。各区县、市民政局计财股对所属二级单位和1/3以上的乡镇民政经费使用也进行了审计。是年,全国开展的预算外资金清理和会计秩序整顿工作中,虽然把民政部门作为重点检查和整顿的对象，但全市没有发现一处严重违纪问题。这样做，理顺了与各有关部门的关系，加大了对民政事业的投入。据统计，1996—1998年，全市列入当地财政预算安排的民政事业费保持了递增10%以上的幅度。其中，1996年比1995年递增22.1%，1997年比1996年递增25%以上。

1997年6月10—13日，湖南省民政财务工作会议在常德市召开。民政部计财司副司长陈淼、湖南省政府副省长庞道沐、省财政厅副厅长李友志等出席会议并讲话。省民政厅厅长李定坤作工作报告，副厅长余先端作会议总结。会上，常德市民政局作题为《立统管之策，拓理财新路》的典型发言，并作为全省民政计财工作先进单位受到表彰。

2000年起，常德市民政局建立健全了由局长和分管局长为正、副组长的民主理财工作领导小组，做到经常听取汇报、经常研究调度，确保财务工作稳健运行。为规范理财，着力加强了财务制度体系建设。市民政局在健全制度的过程中，注重"四性"，即"现实性"，按照最新时期财政、纪检监察等部门的文件精神来制定制度；"系统性"，做到各个方面都有制度；"可操作性"，本着厉行节约的原则，不喊漫无边际的空口号，不提不着边际的高指标，确保制度可行、好操作；"严肃性"，局党组召开专题会议对财务制度进行讨论、研究并且发文。制度一经制定，坚决贯彻执行，严防成为一纸空文。同时，在健全制度上，不搞"零打碎敲"，而是在完善财务制度体系上做文章。据此，市民政局先后修订完善了《机关财务管理制度》《机关接待工作制度》《财政票据管理制度》《市民政局机关固定资产管理办法》《常德市民政系统及二级事业单位内部审计管理规定》等一整套财务管理制度，收到了较好的效果，得到了省厅的肯定。

2009年3月10日，湖南省民政计财工作会议在常德市澧县召开。省民政厅副厅长杨明波、常德市副市长徐万发等出席。会上，常德市民政局、澧县民政局作典型发言并作为全省计财工作先进单位受到表彰和奖励。

是年5月5—16日，常德市民政局局长滕明友，副局长李巨开、殷宗仁，纪检组组长唐建军带队，组成4个检查组，对各区、县(市)和市直有关单位2008年度民政专项资金管理情况进行了一次专项执法监察。这次检查涉及面广、涵盖量大，主要包括2008年度救灾救济、城乡低保、大病医疗救助、五保供养、优抚、军休、老区、福彩公益、"5·12"汶川地震募捐等资金，总额达4.2亿元。各检查组采取"听、看、查、问"相结合的方式，共抽查乡镇、街道、社区、村、组110个，随机抽样入户核查1200人次，查阅相关文件资料，比对信息数据1万余个，较好地查到了实情，掌握了底数。从执法监察情况看，全市民政专项资金的接收手续较完备、账目较清楚、拨付较规范、内部监督制度较健全。专项资金的使用基本做到了专款专用，分配方案的制定和实施基本符合规定程序，做到了发放对象公开，发放金额公开且能及时张榜公布。是年6月18日，常德市民政局召开全市民政专项资金执法监察情况点评会。常德市民政局党组成员、纪检组组长唐建军通报了全市2008年度民政专项资金执法监察情况，副局长李巨开强调，点评的问题客观真实，各单位要正确对待，认真整改，确实保证各项民政资金专款专用,安全平稳运行。

2010年,常德市民政局计财科把资金监管作为计财工作的重要内容,通过完善三级备案制度,加大自查和抽查力度及主动曝光一些违纪违规问题等措施,强化对民政资金的监督管理。是年,配合市财政部门,对市直民政系统相关单位和武陵区、常德经开区、柳叶湖旅游度假区2009年度城市低保资金的拨付使用及管理情况进行了绩效评价;部署并开展全市民政系统强农惠农资金专项清理,自查面达100%;重点抽查面达50%;加强乡镇民政资金管理,配合桃源县民政局对全县40个乡镇民政办的财务收支情况进行了全面审计,并召开财务审计讲评暨业务培训会。是年7月28日,常德市民政局下发《关于印发〈常德市民政系统强农惠农资金专项清理和检查工作方案〉的通知》,强农惠农资金专项清理工作从7月份起,至年底结束,分为四个阶段,即全面启动、自查自纠、重点检查和总结整改。是年8月16—18日,省民政厅强农惠农资金专项清理检查第二小组在副巡视员余贤规的带领下,赴常德市开展重点检查。对常德市民政系统强农惠农资金使用情况给予了充分肯定。

2011年,常德市民政局规财科以2009年12月31日资产数据为基础,结合2010年的增减变化,对资产数据、会计账簿、实物资产进行了全面清理,核实后录入行政事业单位资产管理信息系统,并做到适时更新,成为较为完备的资产管理动态数据库。同时,紧紧把握省民政厅建立基层民政部门工作经费保障机制和工作经费月报表制度的机遇,主动争取市人民政府及其财政部门的重视支持,加大对民政工作经费的保障力度。是年,市财政共安排民政部门工作经费990.55万元,比2010年增加480.55万元,占2010年上级下达民政专项资金总量的1.4%。是年,全市共争取省级福利公益金补助1475万元,资助35个敬老院改扩建,6个社会福利院、8个老年服务示范点、20个社区和2个救助管理站的基本建设。

1988—1993年,常德市民政统计工作逐步开展,统计报表实行年报,其指标解释比较简单。1994年,第十次全国民政会议以后,民政部对民政事业统计报表制度进行重大修改和补充,形成包括民间组织管理工作统计表、优抚安置工作统计表等若干总表、明细表和指标解释以及报表资料的采集、整理和汇总等详尽要求的民政事业统计报表制度。这套报表涵盖了除自然灾害统计以外的民政部门的全部业务。

1998—2001年,常德市、县(区、市)民政局开始实行民政统计季报制度。2000年9月,根据省民政厅《关于编报年报快报有关事项的通知》(湘民财发〔2000〕第3号),常德市民政局进一步完善制度,加强民政统计工作。

2002年11月24日,民政部印发《民政统计代码编制规则》(民发〔2002〕170号)。常德市、县(区、市)以及不是国家标准的行政区划单列区县级单位,均按要求设置民政统计代码,时市本级为430700999:武陵区为430702;鼎城区为30703;津市市为430781;安乡县为430721;汉寿县为430722;澧县为430723;临澧县为430724;桃源县为430725;石门县为430726。常德经济技术开发区为430791;柳叶湖旅游度假区为430792;西湖管理区为430793;西洞庭管理区为430794;贺家山原种场为430795。是年12月5日,民政部印发《民政统计工作评价办法》(民函〔2002〕202号)。此后,常德市民政局严格按照统一制定的“通报标准”执行,全市民政事业统计报表报送情况、民政事业统计台账报送情况、民政事业统计制度建设情况、民政统计工作管理情况均受到省民政厅的肯定。

2005年9月6日,民政部印发修订后的《民政事业统计台账制度》(民发〔2005〕130号),共四章、十五条。根据民政业务工作的范围分类,民政统计台账分为民政对象、民政行业单位和社会行政事务管理三大类共29种台卡。

2008—2011年,常德市市、县(区、市)民政局全面落实民政统计月报、季报和年报制度。

全市民政统计月报,分为:1月、2月、4月、5月、7月、8月、10月、11月月报。均由乡、镇、街道一级形成原始台账、报表逐级上报。各区县、市民政局初审汇总本级报表、电子台账,并于次月的5日前将报表和本级单位的电子台账上报市民政局汇总、审核、分析。市民政局12日前上报省民政厅,电子台账随月报一同上报。全市民政统计季报,分四个季度进行,与月报上报方式相同。全市民政统计年报工作,于次年的2月份开始汇总,分三上三下,反复审核、修改。每年,省民政厅在12月集中地、州、市民政局统计人员召开年报布置会,更换新的统计软件(软件根据实际情况在日常工作中不断升级,升级包括民政网在线下载)。3月份,再次集中地、州、市民政局统计人员统一上报汇总、审核、分析,每年上半年,统计年报定稿发布。至2013年年底,全市对常德市民政局上报民政统计报表及电子台账的县级单位共14个,市局直属单位7个,共有专、兼职统计人员22人,归口市局规划财务科,由张献斌汇总负责。

常德市民政局科学、有效地组织民政统计工作,严格规范民政统计调查行为,切实保证民政统计资料的准确性和及时性,充分发挥了统计及月报、季报、年报在常德民政事业发展中的重要作用。

2011年3月,常德市民政局党组根据规划财务科送交的2010年年报,重点参考市本级和各县(区、市)民政专项资金总量,制定了2011年各单位民政专项资金的总体目标。通过一年的艰苦努力,2011年年报数据显示,成效显著:

2010年,全市民政专项资金总量分别为:常德市本级:69824.8万元;武陵区:6321.7万元;鼎城区:8773万元;安乡县:6440万元;汉寿县7392.3万元;澧县:8469.4万元;临澧县5900万元;桃源县9755.5万元;石门县:6915.5万元;津市市:4221万元;合计:134013.2万元。2011年,全市民政专项资金总量分别为:常德市本级:99690.8万元;武陵区:8251.2万元;鼎城区:12032.6万元;安乡县:9274.9万元;汉寿县10588万元;澧县:13336.2万元;临澧县7694.8万元;桃源县13185.2万元;石门县:10837.8万元;津市市:6023.7万元;总计:190915.2万元。2011年的民政专项资金总量与2010年相比,市本级增长42%,各县(区、市)也相应得到增长。

2012—2013年,市民政局根据统计年报动态,将重点放在争取把社会福利院、敬老院等社会福利类项目,优抚医院、光荣院等优抚类项目,地方各级减灾中心、灾害应急指挥中心等救灾减灾类项目,以及救助站、殡仪馆和城乡社区服务中心(站)、社区信息服务平台等其他公共服务类项目建设,纳入政府扩大内需的项目规划,纳入全市基础建设的笼子,在资金上支持,在税费上减免,项目建设取得重大进展。仅市属殡葬设施建设一项,至2013年12月,完成白鹤山殡仪馆二期配套工程,建综合服务楼一栋(四层),建筑面积3400平方米,投资510万元。建殡仪厅四个,建筑面积1050平方米,投资189万元。两项配套工程的其他附属设施和用品投入资金546万元,总投入1245万元。

人　物

诗 人

人 物

一、先进典型人物选介

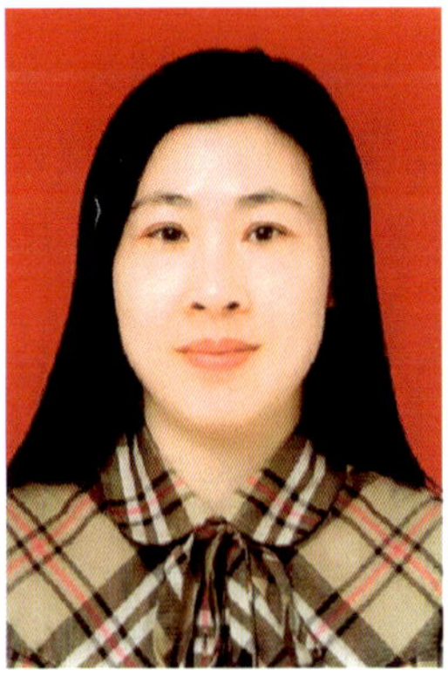

【**全国爱国拥军模范——谭亚东**】女，汉族，1968年1月出生，湖南省长沙县人。

1987年12月参加工作。1997年12月加入中国共产党，大学本科学历。1989—1993年，在中共常德市委政法委工作。1994年1月，调入常德市民政局工作。1999年4月至今，历任市民政局副主任科员、优抚安置科副科长、市民政局主任科员、优抚安置科科长、市民政局副调研员。

谭亚东以高度的政治责任感，严谨负责的工作态度和求真务实的工作作风，舍小家为大家，以大局为重，兢兢业业，投身双拥日常工作，赢得了各级领导和服务对象的一致好评，多次被评为优秀共产党员和先进个人。2006年7月，被湖南省双拥工作领导小组、省人事厅、省民政厅、省军区政治部授予“湖南省爱国拥军模范”称号；2008年1月，被人事部、全国双拥办授予“全国爱国拥军模范”称号。

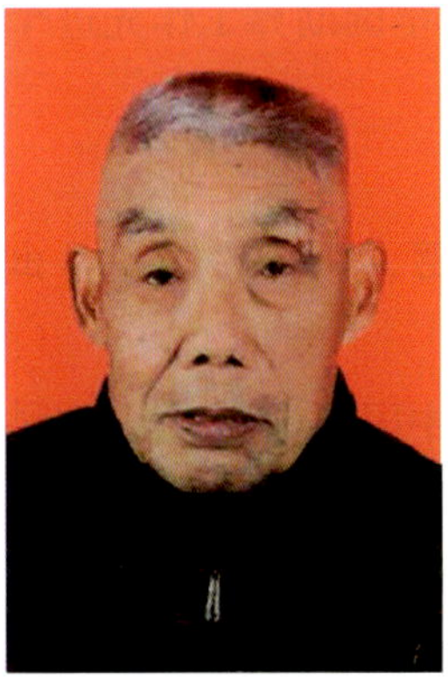

【**全国民政系统抗灾救灾模范——陈久富**】男，汉族，1936年8月出生，湖南省澧县金罗镇玉溪村人。

1953年3月参加基层工作，任民兵中队长。是年11月，参加治理南洞庭湖，任民工中队长。1954年3月加入中国共产党。是年4月，任玉溪乡乡长；是年10月，任共青团甘溪区区委书记。1955年4月，任甘溪区区委秘书；是年5月，撤区并乡后调任中共澧县县委工交部干事；是年11月，调任中共马溪乡党委副书记。1958年10月，任中共太青公社党委副书记。1960年，参加桃源县整风整社运动，任工作组组长。1961年5月，任共青团澧县王家厂区区委书记。1962—1985年，历任澧县金山公社党委副书记、书记；甘溪区区委书记。1986年1月，调任澧县民政局局长。1991年，被民政部授予“全国民政系统抗灾救灾劳动模范”。

【全国民政系统劳动模范——林德意】男,汉族,1959年8月出生,湖南省醴陵市人。

1976年11月入伍,中专文化。1980年加入中国共产党。同年,被部队记三等功1次。1982年,从津市市消防中队退伍,分配到津市市社会福利院工作。1984年任福利院院长、党支部书记。1992年任津市市民政局党组副书记。1999年任津市市残联党组书记。2001年任津市市民政局副局长至今。1987年,被民政部授予"全国民政系统劳动模范";1985—1990年,连续五年被评为津市市劳动模范、优秀共产党员;1987年,荣获"全国敬老院好儿女金榜奖";1989年,被评为"全国特殊教育先进个人";1990年,被授予"全国五一劳动奖章"、省级劳动模范;1990年,被评为湖南省"十大"杰出青年;1993年,被中宣部、国务院办公厅、中国人民解放军总政治部、团中央评为全国学雷锋先进个人。

【全国勘界工作先进个人——曾宪文】男,汉族,1956年农历十月出生,常德市鼎城区石门桥镇人。

1976年12月入伍,1973年3月加入中国共产党,历任陆军第41军班长、排长、团政治处干事,师政治部干事等职。1987年11月转业,分配到常德市(今武陵区)民政局工作,历任武陵区残联党组书记、武陵区民政局副局长等职。该同志曾参加南疆保卫战,并于1979年4月18日因作战英勇荣立三等功1次。1984年12月15日,因教育训练成绩突出立三等功1次。1991年、1998年,先后被武陵区人民政府记功1次、记三等功1次。1999年3月,被省勘办评为全省勘界工作先进个人,并记三等功1次;2003年1月23日,被民政部、人事部评为全国勘界工作先进个人,并记一等功1次。

【全国老龄系统先进工作者——杜登庆】男,汉族,1977年月出生,湖南省石门县人。

1998年12月参加工作。1998年5月加入中国共产党,大学本科学历。2001年至今,历任石门县民政局优抚安置股股长、县低保中心副主任、主任、县老区办主任、县老龄办主任等职。2003年、2004年,获县人民政府嘉奖;2008年,被县人民政府记三等功1次。2011年,荣获"全国老龄系统先进工作者"称号,是年12月,被省总工会批准为"省部级劳动模范",获县人民政府嘉奖1次;2015年,获"全省最美民政人”称号，受县人民政府嘉奖。

【全国民政系统劳动模范——胡小红】女，汉族，1970年8月出生，常德市武陵区熊家台社区人。

1993年参加工作，大专文化。2004年加入中国共产党。历任市殡葬服务中心城区殡仪馆馆长、综治办主任等职。她爱岗敬业，勤恳工作，优质服务，一心倾注于殡葬事业，她的许多感人肺腑的动人事迹，影响激励着一批批殡葬行业青年纷纷争先创优，乐将青春献殡葬。2004年，她被湖南省妇联授予“巾帼建功标兵”“三八红旗手”称号；2006年，被推荐为“常德市十佳杰出青年”候选人；2007年，荣获常德市“杰出青年提名奖”；2012年，被民政部、人力资源和社会保障部授予“全国民政系统劳动模范”荣誉称号。

戴笃伯 男，汉族，湖南省汉寿县人，1930年出生，中共党员。

1950年，他参加抗美援朝战争，被授予“一等战斗功臣”、“模范共青团员”称号。著名作家魏巍曾到部队采访他的事迹，发表长篇通讯《年轻人，让你的青春更美丽吧！》。1952年5月，参加上甘岭战役时，三次负伤，身中8块炮弹片，膝部、颈部、胸部和双眼被炸伤。伤后转国内治疗，右眼球被摘除，左眼只剩0.01微弱光感，为二级盲，定为一等残废军人。

1955年，他转业被分配到汉寿县花纱布公司任人事秘书股副股长。1958年，他的左眼也全部失明。1963年，调汉寿县供销社采购经理部麻线门市部工作。1965年8月17日，出席全国供销合作总社召开的专业会议，受到毛主席接见。是年，原所在部队军党委作出“向戴笃伯学习的决定”。

1976年后，历任供销合作社和供销合作联社党委书记、理事会主任、监事会主任等职。1978年，被评为全国财贸先进工作者并出席全国财贸大会。1979年12月，被授予“全国劳动模范”称号。

1980年，他随中国人民友好代表团访问朝鲜，受到金日成主席接见，并授予二级国际勋章。1982年，被选为中国共产党第十二次全国代表大会代表。是年，被授予“湖南省劳动模范”称号。1983年，被商业部授予“劳动模范”称号。1985年，被授予“全国商业特级劳动模范”称号。1986年，被中共湖南省委、常德地委分别授予“优秀共产党员”称号。1987年，再次被选为中国共产党第十三次全国代表大会代表。1991年5月，被民政部、人事部、中国残联表彰为“全国自强模范”。

张世云 女,汉族,常德市武陵区人,1942年出生,中共党员。

1965年6月16日,在常德电厂进行66千伏高压线路接地操作时,双臂被强大的电流烧伤,在医院做了高位截肢手术,为一级肢残。1966年1月,装假肢后,被安排做广播员。在广播室工作16年,每天早晨四五点钟起床,没睡过一次午觉,没误过一次班,被厂里职工誉为“标准钟”。期间,还写下10多万字的笔记。

1979年,她被评为“全国三八红旗手”,全国电力工业劳动模范。1981年,被授予湖南省电力系统先进生产者称号。1982年3月,调常德电业局任油库管理员。离开油库以后,她担任过电业局计生专干,该局被评为计划生育先进单位;当过保管员,被职工誉为“红管家”;担任过居委会领导,居委会被评为“十好居委会”。1980年,她当选为常德市(今武陵区)人大代表。1983年9月,全国妇联授予她“全国三八红旗手”称号;11月,中共常德地委授予她“模范共产党员”称号,并作出“开展向张世云同志学习活动的决定”。1984年12月,被水电部授予“特等劳动模范”称号。1986年,被水电部华中电力管理局评为先进个人,荣获湖南省常德电业局、常德电业局工会授予的标兵称号。1987年,她赴北京参加全国部分残疾妇女座谈会,受到王震、康克清及邓朴方等领导接见。是年6月,她参加湖南省第二届伤残人运动会,获得女子A5级100米、200米、400米赛跑三项第一名。1991年5月,被民政部、人事部、中国残联表彰为“全国自强模范”。

周学元 女,汉族,湖南省津市市人,1969年出生。

她曾当选为第九届省妇代会代表,第三、四届常德市政协委员。现任津市市残联副理事长、常德市残联副主席、湖南省盲协副主席、湖南省按摩学会副会长。她曾多次受到胡锦涛、江泽民、李鹏、朱镕基、李瑞环等党和国家领导人的亲切接见,先后被评为“全国自强模范”“全国美好家庭”“省三八红旗手”“省新长征突击手”“省巾帼建功标兵”“省学雷锋先进个人”等。

1974年,她因生病发高烧致双目失明,为一级盲。她从小非常坚强,没有因看不见而意志消沉。1984年年初,报名参加残疾人游泳学习班,坚持刻苦训练。是年8月,她第一次参加湖南省首届伤残人运动会,获得女子B1级3个游泳项目金牌。同年10月,参加在合肥举行的全国首届残疾人运动会,又获女子B1级游泳比赛2枚金牌、2枚银牌。1988年、1992年,参加韩国汉城第八届残疾人奥运会和西班牙巴塞罗那第九届残疾人奥运会,获女子B1级游泳比赛铜牌,实现了常德市在奥运会上奖牌零的突破。

1999年8月,她退役后自筹资金50万元,创办嘉禾盲人按摩培训中心。2006年5月,更名为"周学元按摩康复中心"。她坚持"服务零距离、服务零障碍、服务零投诉"的服务目标，切实履行"无事不扰、有事不推、难事必帮、做事尽责"的服务承诺，引导高雅的休闲养身，使来按摩康复消费者越来越多，赢得了社会的赞誉。

田工 男，汉族，常德市鼎城区人，1947年出生。中共党员。

一等伤残退伍军人，毕业于中国书画函大。系"中国常德诗墙"修建工程镌刻总监，中华教育艺术研究会会员、武陵区诗社会员、常德书画家协会会员。在部队服役期间曾荣立二等功1次，三等功3次。退役后，多次出席省、市、区先进代表大会，三次被评为湖南省"优抚对象先进个人"，被授予"全国优秀复员退伍军人""全国残疾人工作先进个人""全国优秀志愿者""湖南省自强模范"等称号，获2008年"感动常德十大人物"提名奖，多次被省、市评为"优秀共产党员"。他的事迹已被《武陵区志》《中华诗人大辞典》《世界人物辞海》《一代名家》等名典书刊，《解放军报》《工程兵报》《湖南日报》《常德日报》《常德晚报》、中央人民广播电台、湖南电视台、常德电视台等新闻媒体相继报道过。

1968年3月，他光荣地参加中国人民解放军。1971年4月28日晚，在河北省怀来县官厅火车站，为抢救失火油罐车身负重伤，失去了整条右腿。1981年7月退伍回家。

至1993年，他许多义务帮工，助人为乐，支穷帮困的动人事迹广为流传。

1994年4月起，他一直参加并负责大型文化工程"中国常德诗墙"的镌刻施工。他战寒暑，顶风雨，以手摇三轮车载着残躯，用拐杖支撑独腿，来回奔走在6华里长的诗墙墙体旁，周密筹划；忙碌在条件艰苦的工棚里，精心施工。在全体诗墙建设者的共同努力下，以常德市城区沅江防洪大堤为载体，分六个篇章，镌刻1200多幅书画的"中国常德诗墙"于2001年建成，并被纳入世界吉尼斯总部确认为"世界最长的诗书画刻艺术墙"。后来，他又参加了常德诗墙维修和续建的镌刻工作。为诗墙的保护和扩建，他除做组织、调度、质检等负责性工作外，还兼作碑刻排版、石材规划、字模雕刻、安装布置、施工记录等多项关键性的具体工作，并在一张用水泥砌成的工作台上，亲手编排了1200多幅书法字碑的版画，规划了3700多平方米各类品种、形状和规格的石材，雕刻了368幅书法碑的字模（计3.0726万字），布置和安排多幅碑刻的具体安装，记录、整理上交了十卷镌刻施工资料。他的事迹被当地群众称赞为"荣誉军人活雷锋"。

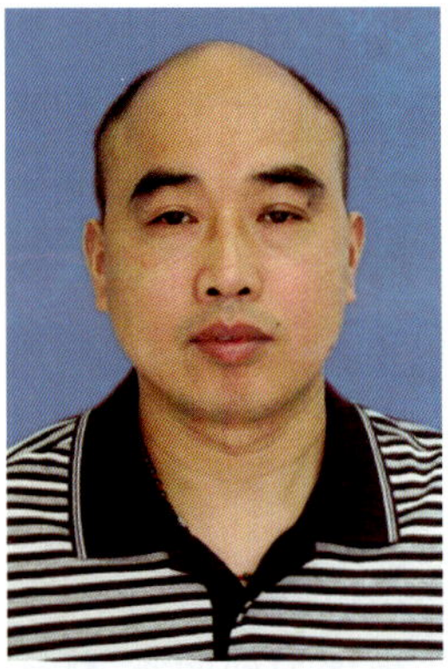

吴光清 男,汉族,湖南省石门县人,1971年出生。

他因患小儿麻痹症导致双腿瘫痪,靠双拐行走。1989年,在长沙九三电子学校学习毕业后,回石门县先后开设家电维修服务部、柑橘销售服务部、大型综合批发部,取得了经商经验,收获了第一桶金。2001年,携家人到常德市区步行街租下三间门面,做起了服装生意。这时,他富裕起来了,却想到农村还有许多孤寡老人、残疾人、五保户生活十分贫困,联想到自己是一位残疾人,曾受过社会很多的关爱应该回报给社会,毅然地下定决心拿出自己多年的积蓄创办一家敬老院。2006年,几经周析,选定了南坪岗乡竹根潭村,在原停办的小学校舍建起了南坪岗乡敬老院。招收南坪岗乡境内及周边孤寡老人、残疾人、困难五保户共50人,采取集中供养的方式,为他们提供热情周到的起居生活服务。仅此一项,他每年投入补贴费用就达10万余元。

2007年,他当选武陵区第十五届人民代表大会代表。2009年9月,获常德市"十佳敬老院院长"荣誉称号。2010年1月,荣获"常德慈善奖"个人奖。2010年3月,荣获"2009年度人大代表活动积极分子"。2010年,被评为湖南省劳动模范和先进工作者。2011年,被评为湖南省扶残助残先进个人。

胡诗词 男,汉族,湖南省汉寿县人,1968年出生。

幼时因患小儿麻痹症双腿残废。仅仅只读过小学三年半书,却在轮椅上靠自学获得了汉语言文学本科文凭。

他从1987年开始创作,先后在《中国校园文学》《中国残疾人》《佛山文艺》《湖南日报》《作品》等报刊发表作品600多篇(首),著有《笔谈创作》等专著。1994年,加入湖南省作家协会。2001年,加入湖南省民间文艺家协会。此后,曾担任汉寿县文联《沧浪》杂志执行主编、全国公开刊物《辽河,精彩阅读》执行主编以及汉寿县作家协会常务副主席、汉寿县残联副主席、常德市政协委员、常德市春华广告筹划有限公司董事长等职。2006年6月,他应邀参加了中宣部、团中央、中国文联、广东省委举办的丛飞先进事迹巡回报告会。

他曾摆过书摊、开过歌厅、创办过汉寿县莹光文学社、汉寿县"强者之音"歌舞团,也曾任过汉寿县城关福利厂副厂长,最后还是归位到文学艺术事业上。1998年5月,复刊汉寿县文学刊物《沧浪》杂志,自筹资金30多万元,出版刊物近40期,推荐发表青年习作共计1000多篇。2007年1月,他又来到常德,自筹资金50多万元,复刊了《企业文化、魅力常德》。他为感恩回报社会,还拿出自己的稿费,资助六名贫苦的学生读书。曾被评为"汉寿县十大杰出青年""湖南省自强模范""湖南省五四青年奖章""湖南省首批青年文化名人奖""全国2011年度品牌创意筹划大师”“常德市第二届十佳优秀创业人物”等。

丁明　男，汉族，湖南省津市市人，1973年出生。

他在出生8个月时，因高烧导致链霉素中毒致耳聋。从此，生活在无声的世界里。他自幼酷爱绘画，《社》《风》《自画像》等油画习作出自少年时，轰动了常德市美术界，有人称他是“美术天才”。1994年，被破格免试录取到中央美术学院徐悲鸿画室研究生班深造。新华社、《光明日报》等媒体纷纷报道了这位破格录取的奇才。1997年，他的油画《恐怖》，获全国首届“环保杯”美术书法大赛一等奖、全国新世纪美术大赛银奖，并在中国历史博物馆展出。1999年，丁明在中国美术馆成功举办个人画展，这是迄今为止全国第一个在中国美术馆举办个人画展的聋哑人，艺术大师吴冠中参观了画展，并给予他肯定和鼓励。2002年，他在广州博物馆举办个人画展，画作《太湖烟雨》被广州博物馆收藏。2008年，中国残联举办“奥林匹克文化节之中国残疾人书画作品展”，他有3幅油画作品参展，《中国当代书画家》杂志将其中2幅作品刊出。他的《瑶寨小雨》《洞庭晨雾》《遗弃的材落》《常德的船》《早春》《城镇一角》等油画作品，还被著名画家鲁慕迅评价为“驰骋想象、空间创造、时代艺术”。同行的油画家胡锡贤称赞道：“充满了现代元素，借鉴了凡·高的风格。”

丁明生活在一个多难的家庭，两个姐姐一个耳聋、一个患有结核性脑膜炎，他本人耳朵失聪，其弟出生3个月后发现是脑瘫，7岁时离开人世；一直呵护着他的父亲在2011年过早去世，这些使他精神上受到了沉重打击。他家境拮据，然而，他从没有放弃对艺术的追求。每天坚持创作，就连他家住的一套60平方米的居室里，也摆满了油画、奇石、木纹画等，犹如一个小型艺术馆。他的事迹曾在新华社、《北京晚报》《光明日报》《中国社会报》《中国残疾人》《中国书画报》等报刊报道，中央电视台、浙江电视台“文化时空”、湖南卫视“乡村发现”、常德电视台等录放了他的艺术专题。2001年5月29日，他被授予“湖南省自强模范”称号。2011年3月19日，《常德日报》报道了他的事迹，市委书记卿渐伟感慨地说：“丁明的艺术、艺德和奋斗精神，令人起敬！”

毛自赋　男，汉族，湖南省澧县人，1963年出生。

1984年，从湖南师范学院毕业，分配到常德市信息工程学校任教。1985年3月，不幸遭车祸致高位截瘫，使胸以下肢体无知觉，双手十指运动功能丧失，生活不能自理，但他没有因此绝望下去。1986年年底，开始自学世界语。本来游刃有余，挥洒自如的钢笔，可在他的手中再也不听使唤，他右手中的钢笔都无法在纸上画上一道残痕，换上左手也是一样。试验、失败、再试验、再失败……，等候他的母亲实在不忍心看他这样下去，劝道：“赋儿，你就再不要为难自己了，认命吧!”望着母亲噙满泪水的双眼,他禁不住失声痛哭起来:“妈,我真的不甘心啊!”此时已至深夜,忽地想起何不试试两只手卡住钢笔写呢!不料,下笔能在纸上画下一道道墨迹。于是,又反反复复练习笔画,到天明时,已经能够稳稳当当地在纸上写上“世界语”3个字。他就是凭着这种顽强的毅力,很快自学完了世界语初级和中级课程,并迷上了世界语诗歌,开始尝试用世界语来写诗。

1990年,他怀着惴惴不安的心情将第一首小诗《南方的五月》,投寄到中华全国世界语协会主办的《世界》杂志,仅20天编辑部就回信决定采用,极大地鼓舞了他的信心。从此,他走上了世界语诗歌与文学创作之路。

自1991年起,他在国内外世界语报纸杂志共发表文学作品近300篇。如诗作《变迁》,由法国LKK社出版;小说《啊,阿梅》,被收入由国际世界语协会英国人奥尔德编的小说集《时间逃遁》中。作品《一生》《裂缝》两首诗,1995年,获国际世界语协会文学竞赛“新人才奖”;1997年,获国际世界语格拉博夫斯基美文学奖。1999年,诗作《安泰之国》获中华全国世界语协会颁发的世界语文学奖。2000年,湖南省民革和常德市民革在常德举办毛自赋世界语创作国际研讨会。1998年,他被共青团常德市委授予“自强不息优秀青年”。1999年,被授予“常德市十大新闻人物”“常德市十大杰出青年”。2001年,被授予“第五届湖南省十大杰出青年”“湖南省自强模范”荣誉称号。

二、常德市(地区)民政局历届领导班子成员名录(一)

(1988—2013年)

表1

姓　名	性别	籍　贯	职　务	任免时间		备　　注
				任职	免职	
庹朝明	男	湖南省澧县	局长	1984.3	1996.4	1985.9—1994.12 任党组书记
卢金泉	男	湖南省桃源县	党组书记	1984.3	1985.9	
涂春堂	男	湖南省桃源县	党组书记	1994.12	1996.4	
程　涛	男	湖南省澧县	党组副书记 副局长	1992.7	—	1992.8 任副局长
卜功元	男	湖南省临澧县	党组成员 副局长	1994.12	—	
周明志	男	湖南省桃源县	党组成员 副局长	1978.11	1984.8	1984.8—1990.2 任顾问
王华桢	男	常德市鼎城区	党组成员 副局长	1984.3	1985.9	1985.9—1990.7 任顾问
陆　勤	男	吉林省榆树县	党组成员 副局长	1976.3	1985.9	1985.9—1990.7 任调研员
方继辉	男	湖南省岳阳市	党组成员 副局长	1981.2	1993.3	1993.3—1996.4 任顾问
丁忠庭	男	常德市鼎城区	党组成员 副局长	1989.10	1995.12	
樊长富	男	湖南省桃源县	党组成员 副局长	1985.9	1994.3	1990.12 兼任市残联理事长
罗平之	男	常德市鼎城区	党组成员 副局长	1991.5	1994.12	
谢佐群	男	常德市鼎城区	党组成员 纪检组组长	1990.12	1994.12	1994.12 任助理调研员
罗尚杰	男	常德市鼎城区	党组成员 市残联理事长	1994.3	—	

常德市(地区)民政局历届领导班子成员名录(二)

(1988—2013年)

表2

姓　名	性别	籍　贯	职　务	任免时间		备　注
				任职	免职	
涂春堂	男	湖南省桃源县	局　长	1996.4	2000.2	1994.12—1996.4 任副局长、党组书记
庹朝明	男	湖南省澧县	党组书记	1996.4	1997.11	
卜功元	男	湖南省临澧县	党组书记	1997.11	2000.1	1994.12 任副局长
程　涛	男	湖南省澧县	党组副书记 副局长	1992.7	2000.1	2000.1 任调研员
黄生忠	男	常德市鼎城区	党组成员 副局长	1998.10	—	
罗平之	男	常德市鼎城区	党组成员 副局长	1991.5	1994.12	
罗尚杰	男	常德市鼎城区	党组成员 市残联理事长	1994.3	—	
唐子钧	男	常德市鼎城区	党组成员 副局长	2000.8	—	
曹　慧	女	湖南省澧县	党组成员 纪检组组长	2001.8	—	

常德市(地区)民政局历届领导班子成员名录(三)

(1988—2013年)

表3

姓　名	性别	籍　贯	职　务	任免时间		备　注
				任职	免职	
卜功元	男	湖南省临澧县	局长	2000.2	—	2005.1—2007.12 任党组书记 2005.8 兼任市民管局局长
涂春堂	男	湖南省桃源县	党组书记 副局长	2000.1	—	
李继华	女	常德市鼎城区	党组书记 副局长	2002.10	2005.1	2005.1 任调研员
何英平	女	湖南省汉寿县	党组副书记 副局长	2000.1	2002.5	2001.8 任党组副书记
李巨开	男	常德市鼎城区	党组副书记 副局长	2002.5	—	2007.12 兼任市民管局局长
殷宗仁	男	常德市鼎城区	党组副书记 副局长	2006.6	—	
黄生忠	男	常德市鼎城区	党组成员 副局长	1998.10	2006.6	2006.6 任调研员
唐子钧	男	常德市鼎城区	党组成员 副局长	2000.8	2005.1	
戴　平	男	湖南省澧县	党组成员 副局长	2005.8	—	
周晓平	男	湖南省澧县	党组成员 工会主席	2007.2	—	
罗平之	男	常德市鼎城区	党组成员 纪检组组长	1994.12	2001.8	
曹　慧	女	湖南省澧县	党组成员 纪检组组长	2001.8	2003.8	

常德市（地区）民政局历届领导班子成员名录（四）

（1988—2013 年）

表 4

姓　名	性别	籍　贯	职　务	任免时间		备　注
				任职	免职	
滕明友	男	湖南省汉寿县	党组书记 局长	2008.1	2009.6	2007.12 任党组书记
卜功元	男	湖南省临澧县	局长	2000.2	2008.1	2008.1—2013.2 任调研员
李巨开	男	常德市鼎城区	党组副书记 副局长	2002.5	—	
殷宗仁	男	常德市鼎城区	党组副书记 副局长	2006.6	—	
戴　平	男	湖南省澧县	党组成员 副局长	2005.8	—	
周晓平	男	湖南省澧县	党组成员 副局长	2007.2	—	
朱绍松	男	湖南省澧县	党组成员 副局长	2008.5	—	
杨健全	男	常德市鼎城区	副局长	2008.11	—	
唐建军	男	常德市鼎城区	党组成员 纪检组组长	2003.8	—	
李云峰	男	湖南省石门县	党组成员 市民管局副局长	2008.7	—	
彭志莉	女	常德市鼎城区	党组成员 工会主席	2007.2	—	

常德市(地区)民政局历届领导班子成员名录(五)

(1988—2013年)

表5

姓　名	性别	籍　贯	职　务	任免时间		备　注
				任职	免职	
熊国建	男	常德市鼎城区	党组书记 局长	2009.6	2012.2	
李巨开	男	常德市鼎城区	党组副书记 副局长	2002.5	—	
殷宗仁	男	常德市鼎城区	党组副书记 副局长	2006.6	—	2010.10 兼任市民管局局长
戴　平	男	湖南省澧县	党组成员 副局长	2005.8	—	
周晓平	男	湖南省澧县	党组成员 副局长	2007.2	—	
朱绍松	男	湖南省澧县	党组成员 副局长	2008.5	—	
傅临南	男	北京市通州区	党组成员 副局长	2011.6	—	
杨健全	男	常德市鼎城区	副局长	2008.11	—	
李云峰	男	湖南省石门县	党组成员 市民管局副局长	2008.7	—	
彭志莉	女	常德市鼎城区	党组成员 工会主席	2007.2	—	
唐建军	男	常德市鼎城区	党组成员 纪检组组长	2003.8	2009.10	

常德市(地区)民政局历届领导班子成员名录(六)

(1988—2013年)

表6

姓名	性别	籍贯	职务	任免时间		备注
				任职	免职	
龚美爱	女	湖南省桃源县	党组书记 局长	2012.2	—	
李巨开	男	常德市鼎城区	党组副书记 副局长	2002.5	—	
殷宗仁	男	常德市鼎城区	党组副书记 副局长	2006.6	—	
李新辉	男	湖南省汉寿县	党组成员 副局长	—	—	2018.2 任党组成员
戴平	男	湖南省澧县	党组成员 副局长	2005.8	—	
朱绍松	男	湖南省澧县	党组成员 副局长	2008.5	—	
周晓平	男	湖南省澧县	党组成员 副局长	2007.2	—	
傅临南	男	北京市通州区	党组成员 副局长	2011.6	—	
邓保平	男	湖南省汉寿县	党组成员 副局长	2012.2	—	
杨健全	男	常德市鼎城区	副局长	2008.11	2012.9	
沈英琼	女	湖南省澧县	副局长	2012.9	—	
彭志莉	女	常德市鼎城区	党组成员 工会主席	2007.1	—	
杨庭贵	男	常德市鼎城区	党组成员 纪检组组长	2015.9	—	
李云峰	男	湖南省石门县	党组成员 市民管局副局长	2008.7	2012.2	
余普阳	男	湖南省汉寿县	党组成员 市社会救助管理局局长	2012.2	—	

三、常德市各区县、市民政局历任局(科)长名录(一)

(1949—2013年)

常德市武陵区民政局(1949年8月5日成立常德专区常德市民政局;1988年改置常德市武陵区民政局)

表7

姓　名	性别	职　务	任职时间	备　注
张力更	男	局　长	1949.8—1949.12	第一任
孙鸣久	男	局　长	1949.10—1952.8	第二任
李光新	男	科　长	1952.8—1953.12	第三任
谢琛璞	男	科　长	1955.10—1956.5	第四任
韩学均	男	科　长	1956.5—1957.6	第五任
杨云琪	男	科　长	1957.6—1961.2	第六任
李志坚	男	科　长	1961.2—1962.7	第七任
沈万庆	男	科　长	1962.7—1962.12	第八任
顾国忠	男	科　长	1964.2—1968.12	第九任
周福成	男	组　长	1968.12—1969.12	第十任
刘腊珍	女	负责人	1970.1—1971.2	第十一任
王裕庆	男	组　长	1971.2—1973.1	第十二任
李明梁	男	局　长	1980.12—1991.12	第十三任
罗上林	男	局　长	1991.12—1995.9	第十四任
罗明顺	男	局　长	1995.9—2002.1	第十五任
戴嘉庆	男	局　长	2002.2—2011.7	第十六任
刘湘海	男	局　长	2011.8—	第十七任

常德市各区县、市民政局历任局(科)长名录(二)

(1949—2013年)

常德市鼎城区民政局（1949年8月成立常德县人民政府民政科;1988年8月改置常德市鼎城区民政局）

表8

姓　名	性别	职　务	任职时间	备　注
侯彦林	男	科　长	1949.—1950.11	第一任
杨志光	男	科　长	1950.11—1951.5	第二任
李树棕	男	科　长	1952.5—1952.11	第三任
胡绍明	男	科　长	1952.12—1954.	第四任
唐　敏	男	科　长	1954.—1958.3	第五任
李德清	男	科　长	1959.6—1959.7	第六任
姚湘杰	男	科　长	1959.7—1966.8	第七任
刘巨甫	男	科　长	1966.8—1977.1	第八任
李光汉	男	局　长	1977.1—1983.2	第九任
聂远山	男	局　长	1983.3—1984.2	第十任
陈孝定	男	局　长	1984.3—1990.1	第十一任
粟长云	男	局　长	1989.3—1990.2	第十二任
陈大坤	男	局　长	1990.3—1991.8	第十三任
罗尚杰	男	局　长	1991.3—1993.2	第十四任
彭友汉	男	局　长	1993.8—1995.3	第十五任
唐性初	男	局　长	1995.1—1999.2	第十六任
罗　辉	男	党组书记		
张国芳	男	局　长	1999.3—2005.4	第十七任
雷必球	男	党组书记		
顾成国	男	局　长	2005.5—2007.11	第十八任
许道诚	男	党组书记		
廖再文	男	局　长	2007.11—2008.4	第十九任
杨桉权	男	局　长	2008.4—2011.6	第二十任
李圣祝	男	局　长	2011.6—2015.11	第二十一任
李书跃	男	局　长	2015.12—	第二十二任

常德市各区县、市民政局历任局（科）长名录（三）

（1949—2013年）

安乡县民政局（1949年8月成立安乡县人民政府民政科）

表9

姓　名	性别	职　务	任职时间	备　注
程茂轩	男	(县政府秘书兼)科　长	1949.8—1950.4	第一任
苏建中	男	科　长	1950.4—1950.5	第二任
李子云	男	科　长	1950.5—1952.12	第三任
张心田	男	科　长	1953.7—1953.10	第四任
谭忠敏	男	科　长	1953.10—1954.12	第五任
鄢秉炎	男	科　长	1954.12—1955.11	第六任
吕德盛	男	科　长	1960.5—1961.2	第七任
孙书恒	男	科　长	1964.11—1968.4	第八任
秦金葵	男	组　长	1972.1—1974.10	第九任
康福清	男	局　长	1977.4—1981.3	第十任
周世文	男	局　长	1981.3—1984.1	第十一任
彭志明	男	局　长	1984.1—1992.12	第十二任
严钦恒	男	局　长	1992.12—1994.10	第十三任
何学华	男	局　长	1994.10—2000.1	第十四任
卜茂柏	男	局　长	2000.1—2002.12	第十五任
张先华	男	局　长	2002.12—2008.4	第十六任
唐志平	男	局　长	2008.4—2014.3	第十七任
廖大富	男	局　长	2014.3—	第十八任

常德市各区县、市民政局历任局(科)长名录(四)

(1949—2013年)

汉寿县民政局(1949年9月成立汉寿县人民政府民政科)

表10

姓　名	性别	职　务	任职时间	备　注
李季正	男	科　长	1949.9—1950.8	第一任
刘多三	男	科　长	1950.8—1952.3	第二任
李冬海	男	科　长	1952.3—1953.3	第三任
李季正	男	科　长	1953.5—1954.7	第四任
林海英	男	科　长	1954.9—1956.5	第五任
袁定鼎	男	科　长	1956.5—1959.12	第六任
郭　芳	女	科　长	1960.—1961.9	第七任
曲长胜	男	科　长	1961.9—1965.11	第八任
吕　志	男	组　长	1969.9—1973.11	第九任
陈福初	男	局　长	1973.7—1974.11	第十任
王德才	男	局　长	1974.12—1978.11	第十一任
吴宪章	男	局　长	1978.12—1985.12	第十二任
樊孝主	男	局　长	1985.12—1993.12	第十三任
童栋章	男	局　长	1993.12—2001.1	第十四任
罗小平	女	局　长	2001.1—2011.3	第十五任
刘运华	男	局　长	2011.3—	第十六任

常德市各区县、市民政局历任局(科)长名录(五)

(1949—2013年)

澧县民政局(1949年8月4日成立澧县人民政府民政科)

表11

姓　名	性别	职　务	任职时间	备　注
王雨亭	男	科　长	1949.8—1949.11	第一任
刘玉舫	男	科　长	1949.11—1951.7	第二任
张金洪	男	科　长	1951.9—1955.6	第三任
郑先荣	男	科　长	1955.6—1959.3	第四任
万帮义	男	科　长	1959.3—1965.12	第五任
张运梅	男	科　长	1965.12—1968.9	第六任
张运梅	男	组　长	1969.9—1969.11	第七任
李俊治	男	组　长	1969.12—1973.11	第八任
缺	—	局　长	1973.11—1975.1	第九任
任绪金	男	局　长	1975.2—1979.11	第十任
孙佩贤	男	局　长	1979.12—1985.12	第十一任
陈久富	男	局　长	1986.1—1992.8	第十二任
滕自柏	男	局　长	1992.9—1998.1	第十三任
李绍生	男	局　长	1998.2—2001.9	第十四任
刘伊锋	男	局　长	2001.10—2003.10	第十五任
缺	—	局　长	2003.11—2004.11	第十六任
傅爱民	男	局　长	2004.12—2010.11	第十七任
陈章明	男	局　长	2010.12—2016.9	第十八任
陈祖毅	男	局　长	2016.10—	第十九任

常德市各区县、市民政局历任局(科)长名录(六)

(1949—2013年)

临澧县民政局(1949年8月成立临澧县人民政府民政科)

表12

姓　名	性别	职　务	任职时间	备　注
张鹤年	男	科　长	1949.8—1952.9	第一任
缺	—	科　长	1952.9—1955.5	第二任
颜允楚	男	副科长	1952.9—1955.5	
刘银涛	男	副科长	1950.10—1968.3	
陆振林	男	科　长	1955.5—1957.7	第三任
聂振邦	男	科　长	1957.7—1959.12	第四任
缺	—	科　长	1960.1—1961.6	第五任
羡福禄	男	副科长		
徐进祥	男	科　长	1962.1—1962.7	第六任
缺	—	科　长	1962.7—1968.3	第七任
李乐胜	男	副科长		
缺	—	组　长	1969.12—1973.11	第八任
文树涛	男	副组长		
李乐胜	男	局　长	1973.11—1983.12	第九任
钟朝来	男	局　长	1984.3—1988.12	第十任
卜功元	男	局　长	1989.1—1992.12	第十一任
王承荣	男	局　长	1993.1—1994.12	第十二任
黄家益	男	局　长	1995.1—2001.2	第十三任
蒋宗海	男	局　长	2001.3—2001.7	第十四任
于乾华	男	局　长	2002.—2012.3	第十五任
林德新	男	局　长	2012.3—2017.2	第十六任
刘艳菊	女	局　长	2017.3—	第十七任

常德市各区县、市民政局历任局（科）长名录（七）

（1949—2013年）

桃源县民政局（1949年8月成立桃源县人民政府民政科）

表13

姓　名	性别	职　务	任职时间	备　注
张兴华	男	科　长	1949.9—1950	第一任
赵其泽	男	科　长	1951.1—1951.12	第二任
李子孟	男	科　长	1952—1954	第三任
杨春荣	男	科　长	1955—1957	第四任
缺	—	科　长	1955—1957	第五任
陈万信	男	副科长	1958—1959	第五任
孙　庆	男	科　长	1960—1961	第六任
陈万信	男	科　长	1962—1963	第七任
于振海	男	科　长	1964—1967	第八任
于振海	男	组　长	1968—1972	第九任
孙　庆	男	科　长	1973—1978	第十任
孙　庆	男	局　长	1979.7—1982	第十一任
缺	—	局　长	1983—1986	第十二任
陈光宪	男	副局长	1983—1986	第十二任
黄世荣	男	局　长	1984.4—1986.1	第十三任
缺	—	局　长	1984.2—1986.12	第十四任
张宏恒	男	副局长	1984.2—1986.12	第十四任
张宏恒	男	局　长	1987.1—1990.11	第十五任
郭建溪	男	局　长	1990.12—1995.5	第十六任
刘新早	男	局　长	1995.6—1997.12	第十七任
刘光建	男	局　长	1995.6—1997.12	第十八任
杨德志	男	局　长	2003.1—2010.10	第十九任
朱子龙	男	局　长	2013.1—2017.3	第二十任
祁怀鑫	男	局　长	2017.4—	第二十一任

常德市各区县、市民政局历任局(科)长名录(八)

(1949—2013年)

石门县民政局(1949年8月成立石门县人民政府民政科)

表14

姓　名	性别	职　务	任职时间	备　注
刘济华	男	科　长	1949.8—1949.10	第一任
张渠亭	男	科　长	1949.11—1951.12	第二任
万　林	男	科　长	1951.9—1952.8	第三任
胡国保	男	科　长	1952.8—1953.8	第四任
李春明	男	科　长	1954.2—1956.8	第五任
张治国	男	科　长	1956.8—1958.3	第六任
吴善富	男	科　长	1958.4—1958.12	第七任
谷清明	女	科　长	1960.10—1961.5	第八任
陈宝莲	男	科　长	1961.7—1965.2	第九任
侯德福	男	科　长	1965.2—1968.9	第十任
李登银	男	组　长	1969.5—1969.12	第十一任
陈宝莲	男	组　长	1969.12—1973.10	第十二任
陈宝莲	男	局　长	1973.10—1977.4	第十三任
张自柱	男	局　长	1977.5—1979.2	第十四任
陈绍元	男	局　长	1979.2—1985.7	第十五任
周克勤	男	局　长	1985.10—1988.12	第十六任
陈启财	男	局　长	1989.1—1997.12	第十七任
覃事蒲	男	局　长	1997.12—2002.12	第十八任
李　钢	男	局　长	2003.1—2015.8	第十九任
林　华	女	局　长	2016.1—	第二十任

常德市各区县、市民政局历任局(科)长名录(九)

(1949—2013年)

津市市民政局(1949年8月成立津市市民政科)

表15

姓　名	性别	职　务	任职时间	备　注
刘英世	男	科　长	1949.8—1950.9	第一任
郭耀先	男	局　长	1950.12—1954.4	第二任
王利民	男	科　长	1954.5—1954.11	第三任
章金红	男	科　长	1954.12—1962.6	第四任
张联华	男	科　长	1962.7—1962.10	第五任
郑　毅	男	科　长	1962.11—1964.7	第六任
孙国忠	男	科　长	1964.8—1968.9	第七任
冯玉成	男	科　长	1974.10—1981.6	第八任
杨厚福	男	局　长	1981.7—1985.12	第九任
廖捷凯	男	局　长	1986.1—1986.12	第十任
杨玉林	男	局　长	1987.1—1993.12	第十一任
刘禄斌	男	局　长	1994.1—1997.5	第十二任
赵明珍	女	局　长	1997.6—2000.11	第十三任
李仁杰	男	局　长	2000.12—2002.7	第十四任
李亚林	男	局　长	2002.8—2012.10	第十五任
辛吉忠	男	局　长	2012.10—	第十六任

常德市各区县、市民政局历任局(科)长名录(十)

(1949—2013年)

表16

单位	姓名	性别	职务	任职时间	备注
常德市西湖管理区民政局	张人述	男	科长	1984.1—1992.12	第一任
	孟广芳	男	科长	1993.1—1998.12	第二任
	胡同福	男	科长	1999.1—2002.9	第三任
	戴菊华	女	局长	2002.10—2015.12	第四任
	郭建民	男	局长	2016.1—	第五任
常德市柳叶湖旅游度假区民政局	邹启元	男	局长	1996.1—2004.9	第一任
	许瑛	女	局长	2004.9—2006.4	第二任
	姚爱国	男	局长	2006.4—2008.3	第三任
	毛国平	男	局长	2008.3—2010.5	第四任
	李德伟	男	局长	2010.5—2016.5	第五任
	万开宪	男	局长	2016.5—	第六任
常德经济技术开发区民政局	涂自广	男	局长	2007.3—2011.8	第一任
	谭志华	男	局长	2011.8—	第二任
常德市西洞庭管理区民政局	杨国祥	男	局长	2001.8—2004.7	第一任
	龙贤岩	男	局长	2004.7—2015.12	第二任
	陈新政	男	局长	2016.1—	第三任
桃花源旅游管理区	张世平	男	农村工作局局长	2016.1—	第一任

四、常德市民政系统受省部级以上表彰的先进单位名录

（1988—2013年）

表17

受奖单位	表彰时间	荣　誉　称　号	颁　奖　机　关
常德地区民政局	1988.1.12	全国民政系统先进集体	中华人民共和国民政部（以下简称民政部）
武陵区	1988.8.1	全国拥军优属先进单位	民政部、总政治部
桃源县民政局	1988.12	全国殡葬改革先进单位	民政部
临澧县民政局	1990	全国救灾保险试点先进单位	民政部
武陵区东郊乡	1990	全国民政工作“中国乡镇百颗星”	民政部
临澧县民政局	1991	全国救灾救济工作先进单位	民政部
临澧县民政局	1991	全国民政系统抗灾救灾先进集体	民政部
澧县民政局	1991	全国民政系统抗灾救灾先进集体	民政部
津市市	1991	全省“双拥模范城”	省人民政府、省军区
常德市民政局	1992.5	全国退伍安置工作先进集体	民政部
临澧县民政局	1992	全国农村社会养老保险先进单位	民政部
临澧县民政局	1992	全国民政基层基础工作达标竞赛优胜单位	民政部
临澧县民政局	1993	全国农村社会养老保险先进单位	民政部
津市市	1993	全省“双拥模范城”	省人民政府、省军区
临澧县	1994	全国民政工作先进县	民政部
临澧县民政局	1994	全国民政信息工作先进单位	民政部
常德市殡仪馆	1994	全国“三级殡仪馆”	民政部
常德市民政局	1995.2	全省福利彩票销售总量第二名	省募委
常德市民政局	1995.2	全省福利资金结算先进单位	省募委
临澧县	1995.11	全国村民自治模范县	民政部
临澧县	1995.11	全省村民自治模范县	省人民政府
临澧县新安镇	1995.11	全国村民自治模范镇	民政部
临澧县合口镇白鹤村	1995.11	全国村民自治模范村	民政部
临澧县民政局	1995	全国民政信息工作先进单位	民政部
鼎城区民政局	1995	全国农村社会养老保险工作铜奖	民政部
临澧县民政局	1995	全省老龄工作先进单位	省人民政府
津市市光荣院	1995.9	全国文明光荣院	民政部
常德市民政局	1996.4	全省社会团体管理工作先进单位	省人民政府
常德市康复医院	1996.6	全省残疾人康复工作先进单位	省政府残疾人工作协调委
临澧县民政局	1996	全国农村社会养老保险先进单位	民政部

续表 17

受奖单位	表彰时间	荣 誉 称 号	颁 奖 机 关
津市市	1996	全省"双拥模范城"	省人民政府、省军区
临澧县	1997	全省村民自治模范县	省人民政府
临澧县	1997	全国民政工作先进县	民政部
临澧县民政局	1997	全省民政财务工作先进单位	省人民政府
临澧县	1997.10	全国农村社会养老保险先进单位	民政部
临澧县	1998	全国村民自治模范县	民政部
临澧县民政局	1998	全国民政信息工作先进单位	民政部
澧县民政局	1998	全国民政系统抗灾救灾先进集体	民政部
常德市民政局	1999.6	《中国社会报》宣传发行工作先进单位	民政部
常德市民政局	1999.12	全国国道设标先进单位	民政部、交通部、公安部、建设部
临澧县	1999	全国村民自治模范县	民政部
临澧县	1999.12	全国"爱心献功臣行动"先进单位	民政部
武陵区	1999.12	全国"爱心献功臣行动"先进单位	民政部
津市市	1999.12	全国"爱心献功臣行动"先进单位	民政部
澧 县	1999	全省双拥模范县	省委、省政府、省军区
常德市民政局	2000.10	全省老龄工作先进单位	省人民政府
临澧县	2000	全国民政工作先进县	民政部
临澧县	2000	全国村民自治模范县	民政部
临澧县民政局	2000	全国民政信息工作先进单位	民政部
临澧县	2000	全国"爱心献功臣行动"先进单位	民政部
武陵区	2000	全国"爱心献功臣模范区"	民政部
津市市	2000	全省"双拥模范城"	省人民政府、省军区
常德市民政局	2001.3	全省勘界工作先进集体	省人民政府
鼎城区民政局	2001	全省勘界工作先进集体	省人民政府
临澧县	2001	全省村民自治先进县	省人民政府
临澧县民政局	2001	全省老龄宣传工作先进单位	省老龄委
常德市民政局	2002.1	全省福利彩票销售先进单位	省募委
临澧县	2002	全国民政工作先进县	民政部
临澧县民政局	2002	广州杯"民政一日"摄影大赛组织奖	民政部
临澧县	2003	全国村民自治模范县	民政部
临澧县	2003	全省村民自治模范县	省人民政府
临澧县	2003.3	全省双拥模范县	省委、省政府、省军区
临澧县	2003	全省社区建设示范县	省人民政府

续表 17

受奖单位	表彰时间	荣 誉 称 号	颁 奖 机 关
澧 县	2003.3	全省双拥模范县	省委、省政府、省军区
临澧县民政局	2003	承办"全国洪涝灾害救灾演练"先进单位	民政部
常德市民政局	2004.5	全国先进婚姻登记机关	民政部
常德市民政局	2004.7	全国民政政务信息工作先进单位	民政部
临澧县	2004	全国老龄工作先进单位	民政部
武陵区	2004	全省社区建设示范区	省人民政府
武陵区	2004	全省村民自治模范区(县)	省人民政府
澧县民政局	2004	全省老区工作先进单位	省民政厅、省老促会
常德市康复医院女病室护理组	2005.3	全国"巾帼文明岗"	全国妇联
常德市	2005.8	全国地名标志设置工作先进城市	民政部、交通部、工商行政管理总局、质量监督检验检疫总局
常德市	2005	全国城市设标先进市	民政部
临澧县	2005	全国老龄工作先进县	民政部
临澧县	2005	全省老龄工作先进县	省人民政府
武陵区	2005	全省创建和谐社区先进区(县)	省人民政府
常德市民政局	2006.1	全省老龄工作先进单位	省老龄委
常德市民政局	2006.2	湖南省为民办八件实事先进集体	省人民政府
常德市民政局	2006	全国民政系统法制宣传工作先进集体	民政部
常德市民政局	2006	全省爱国拥军模范单位	省委、省政府、省军区
桃源县民政局	2006.3	全国民政宣传工作先进单位	民政部
临澧县	2006	全国民政工作先进县	民政部
临澧县民政局	2006	中华慈善事业突出贡献奖(为了残疾儿童的微笑)	民政部
临澧县民政局	2006	《中国民政》宣传工作先进单位	民政部
临澧县	2006	全省村务公开民主管理示范县	省人民政府
临澧县	2006	全省双拥模范县	省委、省政府、省军区
武陵区	2006	全省创建和谐社区示范区	省人民政府
津市市	2006	全省创建和谐社区示范区	省人民政府
澧 县	2006	全省小城镇建设先进县	省基政和社区建设领导小组
武陵区民政局	2006	全省基层政权建设信息工作先进单位	省基政和社区建设领导小组
武陵区民政局	2007	全省基层政权建设信息工作先进单位	省基政和社区建设领导小组
常德市民政局	2007.12	湖南省首届社区文化节暨市民满意社区主任系列评选活动最佳组织奖	省精文建设指导办、省基政建设办、潇湘晨报社、红网
常德市民政局	2007	全国减灾宣传工作先进单位	民政部
临澧县	2007	全国农村社区建设实验县	民政部
临澧县	2007	全省农村社区建设实验县	省人民政府

续表 17

受奖单位	表彰时间	荣 誉 称 号	颁 奖 机 关
武陵区	2007	全国社区志愿服务活动示范城区	中国社工协会志愿者工委
常德市民政局	2008.1.2	全省《三湘英烈传》编纂工作先进单位	省烈编委
常德市民政局	2008.2	2006—2007 年为民办八件实事先进集体	省人民政府
常德市民政局	2008.12.12	全省烈编工作先进单位	省烈编委
津市市民政局	2008.12	全省基层政权和社区建设工作先进单位	省基政和社区建设领导小组
武陵区民政局	2008.12	全省基层政权和社区建设工作先进单位	省基政和社区建设领导小组
澧县民政局婚姻登记处	2008.12	全国婚姻登记规范化单位	民政部
常德市救助管理站	2008.12	奥运会期间全国救助管理先进单位	民政部
桃源县民政局	2008.1.2	全省《三湘英烈传》编纂工作先进单位	省烈编委
桃源县民政局	2008.12	全国婚姻登记规范化建设先进单位	民政部
鼎城区民政局	2008.1.2	全省《三湘英烈传》编纂工作先进单位	省烈编委
澧县民政局	2008	全国婚姻登记规范化建设先进单位	民政部
澧县民政局	2008.1.2	全省《三湘英烈传》编纂工作先进单位	省烈编委
澧　县	2008	全省村务公开民主管理示范县	省基政和社区建设领导小组
武陵区民政局	2008	全国社区志愿者注册工作先进单位	中国社工协会志愿者工委
临澧县民政局	2008	全国农村社区建设试点工作先进单位	民政部
临澧县	2008	全国婚姻登记规范化建设先进县	民政部
临澧县民政局	2008	全国基层低保规范化建设示范单位	民政部
临澧县	2008	全省低保规范化建设先进县	省人民政府
石门县民政局	2008.12.12	全省烈编工作先进单位	省烈编委
常德市民政局	2009	全国贯彻实施居民委员会组织法先进单位	民政部
常德市	2009	全省和谐社区建设先进市	省人民政府
常德市军休所	2009.9	全国军休系统先进单位	民政部、总政治部
常德市康复医院	2009.12.8	全省卫生质量信得过会员单位、全省疫情报告管理先进单位	省预防医学会
澧　县	2009.2	全国村务公开民主管理示范县	民政部
桃源县民政局	2009.12	全省基层政权和社区建设工作先进单位	省基政和社区建设领导小组
武陵区民政局	2009.12	全省基层政权和社区建设工作先进单位	省基政和社区建设领导小组
武陵区	2009	全国和谐社区建设示范区	民政部
武陵区	2009	全省和谐社区建设工作先进县（区、市）	省人民政府
临澧县	2009	全省和谐社区建设工作先进县	省人民政府
鼎城区	2009	全省和谐社区建设工作先进县（区、市）	省人民政府
安乡县民政局	2009	全国婚姻登记规范化合格单位	民政部
石门县民政局	2009	全国婚姻登记规范化合格单位	民政部

续表 17

受奖单位	表彰时间	荣　誉　称　号	颁　奖　机　关
津市市	2009	全省和谐社区建设工作先进县(区、市)	省人民政府
临澧县安福镇	2009	全国基层低保规范化建设典型单位	民政部
临澧县九里乡同心村	2009	全国基层低保规范化建设典型单位	民政部
临澧县安福镇农丰社区	2009	全国综合减灾示范社区	民政部
常德市民政局	2010	全省老区业务工作目标管理先进单位	省老促会
常德市民政局	2010	全省老龄工作先进单位	省老龄委
常德市民政局	2010	全省基政社区建设通讯报道先进单位	省基政和社区建设领导小组
常德市民政局	2010	全省为民办实事先进集体	省委、省人民政府
常德市万金公墓	2010.4	全国殡葬工作先进单位	民政部
常德市万金公墓	2010.12	全国殡葬工作先进单位	民政部
常德市社会救助管理局	2010	全省社会救助工作先进单位	省城乡救助领导小组
常德市救助管理站	2010	上海世博会、亚运会期间 救助管理工作先进单位	民政部
澧　县	2010	全省双拥模范城（县）	省委、省政府、省军区
常德市	2010	全省双拥模范城	省委、省政府、省军区
桃源县民政局	2010	《中国民政》宣传发行先进单位	民政部
桃源县	2010	全国先进老促会	中国老促会
临澧县	2010	全国综合减灾示范县建设先进单位	民政部
临澧县民政局	2010	全国农村五保供养工作先进单位	民政部
临澧县安福镇敬老院	2010	全国模范敬老院	民政部
临澧县安福镇朝阳街社区	2010	全国综合减灾示范社区	民政部
汉寿县民政局	2010	全国老龄工作先进单位	全国老龄委
石门县民政局	2010	全国民政系统法制宣传教育工作成绩突出集体	民政部
常德市军休所	2011.2	全国三八红旗集体	中华全国妇女联合会
常德市民政局	2011	清明节工作突出单位	民政部
常德市民政局	2011	全省搭建救灾帐篷技能比赛优胜单位	省民政厅、省减灾委
常德市民政局	2011	全国社会组织创先争优优秀指导单位	全国社会组织创先争优指导小组
常德市民政局	2011	社会组织宣传工作先进单位	民政部、中国社会报社
常德市民政局	2011	第三次中国城乡老年人口状况追踪调查工作先进单位	全国老龄委
常德市民政局	2011	全省村(居)民自治工作先进单位	省基政和社区建设领导小组
常德市民政局	2011	全省基政建设宣传工作先进单位	省基政和社区建设领导小组
常德市万金公墓	2011	清明节工作突出单位	民政部
武陵区城北街道光荣路社区	2011	全国减灾防灾示范社区	民政部

续表 17

受奖单位	表彰时间	荣誉称号	颁奖机关
常德市军休所	2011	“和谐军休家园”	民政部
常德市康复医院	2011	全省扶贫助残先进集体	省残疾人工作委员会
常德市殡葬管理处	2011	全国殡葬宣传工作先进单位	中国殡葬协会
常德市殡葬服务中心	2011	全国殡葬宣传工作先进单位	中国殡葬协会
临澧县	2011	全国农村社区建设全覆盖示范单位	民政部
临澧县慈善办	2011	全省慈善工作先进单位	省慈善总会
津市市民政局	2011	全国民政宣传工作先进单位	中国社会报社
津市市殡仪馆	2011	全国民政系统行风建设示范单位	民政部
津市市民政局	2011.3	民政部中国社会报宣传基地	中国社会报社
常德市民政局	2011.3	民政部中国社会报宣传基地	中国社会报社
常德市民政局	2012	全国清明节工作优秀单位	民政部
常德市民政局	2012	全国宣传表彰支持和促进革命老区建设发展先进单位	中国老促会
常德市民政局	2012	全省老龄信息宣传先进单位	省老龄委
常德市民政局	2012	全省老区业务目标管理先进单位	省老促会
常德市民政局	2012	《中国社会报》民政宣传先进单位	中国社会报社
常德市救助管理站	2012	“家庭式救助、亲情式关怀”救助工作为“优质服务品牌”	民政部
常德市救助管理站	2012	全省“接送流浪孩子回家”专项行动先进单位	省救助管理领导小组
常德市殡管处	2012	清明节工作通报表彰	民政部
常德市万金公墓	2012	清明节工作突出单位	民政部
武陵区三岔路街道惠家坪社区	2012.12	全国综合减灾示范社区	全国减灾委、民政部
武陵区城南街道东湖巷社区	2012.12	全省综合减灾示范社区	省减灾委、省民政厅
武陵区城南街道体育东路社区	2012.10	湖南省敬老模范单位	省老龄委
常德市三闾实验学校党支部	2012.6	全省社会组织创先争优活动先进基层党组织	省社会组织党工委
鼎城区民政局	2012.12	《中国民政》宣传工作先进集体	民政部政策研究中心
鼎城区武陵镇停车场社区	2012.12	全省综合减灾示范社区	省减灾委、省民政厅
津市市刘家山公墓	2012.4	全国清明节工作突出单位	民政部
津市市	2012.3	全国养老服务示范活动示范单位	民政部
临澧县民政局	2012.12	《中国社会报》宣传工作先进单位	中国社会报社
临澧县望城乡同欢社区	2012	全省综合减灾示范社区	省减灾委、省民政厅
临澧县安福镇总庙社区	2012	全省综合减灾示范社区	省减灾委、省民政厅
石门县民政局	2012.3	全国民政系统先进集体	人社部　民政部
石门县秀坪木山村	2012.12	全省综合减灾示范社区	省减灾委、省民政厅
汉寿县民政局	2012	全国民政系统信访工作先进集体	民政部

续表 17

受奖单位	表彰时间	荣誉称号	颁奖机关
石门县夹山镇浮坪村	2012.12	全省综合减灾示范社区	省减灾委、省民政厅
石门县维新镇银湾村	2012.12	全省综合减灾示范社区	省减灾委、省民政厅
桃源县民政局	2012	全省基层政权和社区建设工作先进单位	省基政和社区建设领导小组
常德市民政局	2013	社会组织宣传工作先进单位	中国社会报社
常德市民政局	2013	全国清明节工作优秀单位	民政部
常德市民政局	2013	全国居民家庭经济状况核对试点工作优秀单位	民政部
常德市老促会	2013	支持和促进老区建设发展先进单位	中国老促会
常德市老龄办	2013	全省老龄信息宣传工作先进单位	省老龄委
常德市福利院	2013	全国涉外收养工作先进单位	中国儿童福利和收养中心
常德市福利院	2013	全国“敬老文明号”	全国老龄委
常德市救助管理站	2013	全国未成年人社会保护试点城市	民政部
常德市万金公墓	2013	全国清明节工作优秀观察点	民政部
津市市刘家山公墓	2013	全国清明节工作优秀观察点	民政部
常德市慈善办	2013	2012 年度慈善工作红旗单位	省慈善总会、省民政厅
常德市老区办	2013	老区业务目标管理工作先进单位	省老促会
武陵区富强社区	2013.9	湖南省“敬老文明号”	省老龄委
鼎城区民政局	2013.12	《中国社会报》民政宣传先进单位	中国社会报社
汉寿县民政局	2013.11	全国减灾救灾技能比赛三等奖	民政部
汉寿县民政局	2013.12	《中国社会报》民政宣传先进单位	中国社会报社
澧县民政局	2013	全国养老服务体系建设示范单位	民政部
澧县婚姻登记处	2013.12	全国“3A”婚姻登记机关	民政部
临澧县新安镇下坪村	2013.12	全国综合减灾示范社区	民政部
临澧县九里乡同心村	2013.9	湖南省“敬老文明号”	省老龄委
临澧县九里乡同心村	2013.10	全国“敬老文明号”	全国老龄委
临澧县民政局	2013.12	《中国社会报》民政宣传先进单位	中国社会报社
桃源县民政局	2013.10	《中国社会报》民政宣传先进单位	中国社会报社
石门县民政局	2013.10	全国“敬老文明号”	全国老龄委
石门县蒙泉镇将军山社区	2013.12	全国综合减灾示范社区	全国减灾委、民政部
石门县民政局	2013.10	湖南省“敬老文明号”	省老龄委
常德市社会福利院	2013	全国“敬老文明号”	全国老龄委
常德市救助管理站	2013	全省社会管理综合治理先进集体	省社会管理综治委、省人社厅

五、常德市民政系统受省部级以上表彰的先进个人名录

（1988—2013年）

表18

姓　名	表彰时间	荣　誉　称　号	颁　奖　机　关	备　注
林德意	1988.1.12	全国民政系统劳动模范	中华人民共和国民政部（以下简称民政部）	津市市
汤月进	1989	全国军队离退休干部服务管理先进工作者	民政部	桃源县
林德意	1990.5	“全国五一劳动奖章”	全国总工会	津市市
林德意	1990	湖南省“十大”杰出青年	省人民政府、团省委	津市市
林德意	1990	湖南省劳动模范	省人民政府	津市市
卜功元	1991	全国民政系统抗灾救灾模范	民政部	
陈久富	1991	全国民政系统抗灾救灾模范	民政部	澧　县
庹朝明	1992.1	全省社会福利有奖募捐先进工作者	省民政厅、省募委会	
沈友喜	1992	全国殡葬事业单位先进工作者	民政部	
杨玉林	1993.12	全国民政工作先进工作者	民政部	津市市
林德意	1993	全国学雷锋先进个人	中宣部、国务院办公厅、总政治部、团中央	津市市
戚维进	1997.10	全国见义勇为先进个人	中央综治委	汉寿县
陈礼平	1997.12	全省老年体育先进工作者	省老年人体育协会	
戚维进	1998.2	首届全国十大见义勇为英雄	中央综治委	汉寿县
夏先友	1999.9	全国见义勇为先进个人	中央综治委	安乡县
彭庭斌	2000.5	湖南省先进工作者	省人民政府	
董明树	2001.3	全省首届“十佳精神科医师”	省精神病院管委会	
黄生忠	2001.3	记一等功1次	省人民政府	
刘存刚	2001.3	记二等功1次	省人民政府	
卜功元	2001.9	记一等功1次	省人民政府	
陈定生	2001	全省民政系统先进个人、记二等功1次	省民政厅	临澧县
陈　峰	2002	全省民政系统先进个人、记二等功1次	省民政厅	汉寿县
曾宪文	2003.1	全国勘界工作一等功	人事部、民政部	武陵区
谭亚东	2003.3	湖南省拥军优属先进个人	省委办公厅、省政府办公厅、省军区政治部	
罗小平	2003	全国民政信访工作先进个人	民政部	汉寿县

续表 18

姓 名	表彰时间	荣 誉 称 号	颁 奖 机 关	备 注
杨 松	2004.2	全国先进军队离休干部	民政部、总政治部、总后勤部	
李 钢	2004	首届全国百名优秀管理者	中国管理科学院	石门县
符坤忠	2004	全省老区工作先进个人	省民政厅、省老促会	澧 县
彭泽华	2005.1	记二等功 1 次	省委组织部、省人事厅、省民政厅	澧 县
帅承前	2005.9	湖南省社区建设先进个人、记二等功 1 次	省民政厅	
龚学军	2005.9	湖南省社区建设先进个人、记二等功 1 次	省民政厅	
符坤忠	2005	全省老区工作先进个人	省人民政府	澧 县
李立波	2005	全省为民办八件实事二等功	省人民政府	武陵区
邓文富	2005	全国孝亲敬老之星	民政部	临澧县
黄文新	2005	全国民政优秀通讯员	民政部政策研究中心	鼎城区
曾庆华	2006.1	湖南省老龄工作先进个人	省人民政府	
谭亚东	2006.7	湖南省爱国拥军模范	省双拥领导小组等 4 单位	
龚学军	2006.11	全省村务公开民主管理先进个人、记二等功 1 次	省委组织部、省人事厅、省民政厅	
周晓平	2006.11	全省村务公开民主管理先进个人、记二等功 1 次	省委组织部、省人事厅、省民政厅	
卜功元	2006.11	全省村务公开民主管理先进个人、记二等功 1 次	省委组织部、省人事厅、省民政厅	
帅承前	2006.11	全省村务公开民主管理先进个人、记二等功 1 次	省委组织部、省人事厅、省民政厅	
祝安顺	2006	中华慈善事业突出贡献奖、中华慈善人物	民政部	
雷新华	2006.11	全省村务公开民主管理先进个人、记二等功 1 次	省委组织部、省人事厅、省民政厅	安乡县
刘祖玲	2006.11	全省村务公开民主管理先进个人、记二等功 1 次	省委组织部、省人事厅、省民政厅	安乡县
李亚林	2006.11	全省村务公开民主管理先进个人、记二等功 1 次	省委组织部、省人事厅、省民政厅	津市市
曾 轲	2006	全省村务公开民主管理先进个人、记二等功 1 次	省委组织部、省人事厅、省民政厅	石门县
彭小萍	2006	全省民政系统先进个人、记一等功 1 次	省民政厅、省人事厅	鼎城区
黄文新	2006	全省村务公开民主管理先进个人、记二等功 1 次	省委组织部、省人事厅、省民政厅	鼎城区
李忠诚	2006	全省村务公开民主管理先进个人、记二等功 1 次	省委组织部、省人事厅、省民政厅	桃源县
李爱民	2006	全省村务公开民主管理先进个人、记二等功 1 次	省委组织部、省人事厅、省民政厅	澧 县
王 平	2006	百姓心中好村官征文及评选活动纪念奖	省委组织部、省民政厅	澧 县
李 钢	2006	全省村务公开民主管理先进个人、记二等功 1 次	省委组织部、省人事厅、省民政厅	石门县
刘亚霞	2006	全国孝亲敬老之星	民政部	临澧县

续表 18

姓　名	表彰时间	荣　誉　称　号	颁　奖　机　关	备　注
于乾华	2006	《中国民政》宣传工作先进个人	民政部	临澧县
于乾华	2006	全省村务公开民主管理先进个人、记二等功1次	省委组织部、省人事厅、省民政厅	临澧县
肖爱武	2006	全国民间组织登记管理工作先进个人	民政部	石门县
黄文新	2006	全国优秀社会调查员	民政部基政和社区建设司	鼎城区
曾宪文	2006.12	省"基层政权和社区建设通讯"通讯报道先进个人	省基政和社区建设领导小组	武陵区
卜功元	2007.1	湖南省民政系统先进工作者	省人民政府	
周先勇	2007.12	全省优秀科技特派员	省人才领导小组、省科技特派员工作协调小组	
李亚林	2007.1	全省民政系统先进个人、记二等功1次	省人事厅、省民政厅	津市市
易春初	2007	全省民政系统先进个人、记二等功1次	省民政厅	桃源县
罗孝中	2007	全省民政系统先进个人、记二等功1次	省民政厅	汉寿县
罗孝中	2007	全省民政系统先进个人、记二等功1次	省民政厅	汉寿县
庹朝明	2008.1.2	全省《三湘英烈传》编纂工作先进个人	省烈编委	
庹朝明	2008.12.12	全省烈编工作先进个人	省烈编委	
谭亚东	2008.1.2	全省《三湘英烈传》编纂工作先进个人	省烈编委	
李菊英	2008.1.2	全省《三湘英烈传》编纂工作先进个人	省烈编委	武陵区
李晓山	2008.1.2	全省《三湘英烈传》编纂工作先进个人	省烈编委	汉寿县
宋玉铎	2008.1.2	全省《三湘英烈传》编纂工作先进个人	省烈编委	澧　县
杜登庆	2008.1.2	全省《三湘英烈传》编纂工作先进个人	省烈编委	石门县
谭亚东	2008.1	全国爱国拥军模范	人事部、国家双拥办	
李　钢	2008.6	改革开放30年中国管理科学成就奖	中国管理科学院	石门县
黄约清	2008.12	省农村安居工程建设工作先进个人、记二等功1次	省民政厅	桃源县
杨德志	2008	《中国民政》宣传工作先进个人	民政部	桃源县
李　钢	2008	全国基层低保规范化建设先进个人	民政部	石门县
王伟林	2008.1.2	全省《三湘英烈传》编纂工作先进个人	省烈编委	津市市
黄　波	2008.1.2	全省《三湘英烈传》编纂工作先进个人	省烈编委	鼎城区
滕建国	2008.1.2	全省《三湘英烈传》编纂工作先进个人	省烈编委	桃源县
云昌世	2008.1.2	全省《三湘英烈传》编纂工作先进个人	省烈编委	安乡县
唐桃杰	2008.1.2	全省《三湘英烈传》编纂工作先进个人	省烈编委	临澧县

续表 18

姓 名	表彰时间	荣 誉 称 号	颁 奖 机 关	备 注
唐桃杰	2008.12.12	全省烈编工作先进个人	省烈编委	临澧县
祝安顺	2009	中华慈善事业突出贡献奖优秀工作者	民政部	
于 萍	2009.9	“微笑列车十周年——突出贡献奖”	中华慈善总会	
李 钢	2009	中国管理科学成就十大杰出人物	中国管理科学院	石门县
梁慧刚	2009	全省机关效能建设和优化经济发展环境工作先进个人、记三等功1次	省机关效能建设领导小组	石门县
刘早安	2009	全省模范军队转业干部	省军转干部安置领导小组 省委组织部、省人事厅、省军区政治部	桃源县
熊国建	2010	全国农村五保供养先进个人	民政部	
高泽宏	2010	全省爱国拥军模范	省人民政府	
周 强	2010	“十一五”军供工作先进个人	广州军区	
唐志平	2010.11	全国老区工作先进个人	中国老促会	安乡县
熊军妮	2010.11	全国老龄工作先进个人	全国老龄委	安乡县
郭桂秋	2010.11	全国孝亲敬老之星	民政部	安乡县
云昌世	2010.11	全省爱国拥军模范	省委、省政府、省军区	安乡县
祁开楚	2010	全国第四届“孝亲敬老之星”	民政部	临澧县
宋玉海	2010	全国老区开发工作先进个人	中国老促会	石门县
林德意	2010	全国殡葬工作先进个人	民政部	津市市
刘 燕	2010	全国殡葬工作先进个人	民政部	
罗小平	2010	全国殡葬工作先进个人	民政部	汉寿县
白井成	2011	清明节工作突出观察员	民政部	
陈立初	2011	全国社会组织宣传工作先进个人	中国社会报社	
张文权	2011	第三次中国城乡老年人口状况追踪调查工作先进个人	全国老龄办	
刘 燕	2011	全国清明节工作突出观察员	民政部	
康存新	2011	全省“清明征文”优秀个人奖	省殡葬协会	
杜登庆	2011	全国老龄系统先进工作者	人社部、全国老龄委	石门县
李巨开	2012.8	全省民政工作先进个人、记一等功1次	省人社厅、省民政厅	
张文权	2012	全省老龄信息宣传工作先进个人	省老龄委	
陈立初	2012	社会组织新闻宣传先进个人	中国社会报社	
吴光清	2012.12	全国孝亲敬老之星	全国敬老爱老助老活动组委会	武陵区

续表 18

姓　名	表彰时间	荣　誉　称　号	颁　奖　机　关	备　注
王承宗	2012.12	全国孝亲敬老之星	全国敬老爱老助老活动组委会	临澧县
胡小红	2012	全国民政系统劳动模范	民政部、人力资源和社会保障部	
刘　燕	2012.4	全国清明节工作突出观察员	民政部	
吴光清	2012.10	湖南省孝亲敬老之星	省老龄委	武陵区
汪福秀	2012.10	湖南省孝亲敬老之星	省老龄委	武陵区
曾剑武	2012.9	全省民政工作先进个人、记二等功1次	省人社厅、省民政厅	武陵区
吴建江	2012.12	全省社会组织创先争优活动先进个人	省社会组织工作委员会	鼎城区
李亚林	2012.8	全省民政工作先进个人、记二等功1次	省人社厅、省民政厅	津市市
张明焕	2012.12	《中国民政》宣传发行先进个人	民政部政策研究中心	津市市
刘朝忠	2012.4	全国清明节工作突出观察员	民政部	津市市
全厚君	2012.6	全省创先争优优秀共产党员、记一等功1次	中共湖南省委、省人社厅	安乡县
全厚君	2012.8	全省民政工作先进个人、记二等功1次	省人社厅、省民政厅	安乡县
唐汇刚	2012.10	湖南省孝亲敬老之星	省老龄委	临澧县
辛兰珍	2012.10	湖南省孝亲敬老之星	省老龄委	临澧县
王承宗	2012.10	湖南省孝亲敬老之星	省老龄委	临澧县
杨德志	2012.8	全省民政工作先进个人、记二等功1次	省人社厅、省民政厅	桃源县
陈立初	2013	社会组织新闻宣传先进个人	中国社会报社	
周群英	2013	全国巾帼建功标兵	全国妇联	
蒋　毅	2013	全省未成年人思想道德建设先进工作者	省文明委	
刘　燕	2013	全国清明节工作优秀观察员	民政部	
周群英	2013	湖南省孝亲敬老之星	省敬老爱老助老主题活动组委会	
张松远	2013.5	全省农村危房改造工作先进个人、记二等功1次	省人民政府	鼎城区
刘朝忠	2013.4	全国清明节工作优秀观察员	民政部	津市市
谢林龙	2014.3	2013年度全国殡葬工作先进个人	民政部	安乡县
张明焕	2013	《中国民政》宣传工作先进个人	民政部政策研究中心	津市市

索 引

说 明：

1.本索引的标目内容分为两类，一是志书中一个或几个自然段内容的概括，一般为目或子目的标题，个别专指度较高的章节标题也在选取之列；二是主题要素，包括志书所涉及的机构、人物、事件等。

2.标引词后面的阿拉伯数字表示内容所在页面。

3.为方便检索，书中机构按习惯称谓标引。

4.本索引采用汉语拼音字母顺序排列，第一字相同，按第二字音序排列，依此类推。

A

B

C

R

S

T

W

编后记

《常德市民政志》在中共常德市委、常德市人民政府和常德市民政局的领导下，经过相关人员通力合作，历时4年多编纂定稿，出版发行。

本志篇目框架，坚持以事务属性横排竖写和突出特点的原则，先后进行12次修改。

2011年3月23日，根据中共常德市委办公室、常德市人民政府办公室〔2010〕47号文件规定和市方志办的具体部署，常德市民政局党组副书记、副局长李巨开主持召开《常德市民政志》编修工作内部动员大会，并成立本志编纂领导小组及办公室，开始培训人员，筹办修志事宜。是年4月19日，常德市人民政府方志办发出《关于对〈常德市民政志〉篇目的审读意见》，充分肯定"大纲设置符合'事以类从'的原则，做到了横不缺项"，要求"结合实际情况，按照拟定大纲开展资料征集工作和撰写资料长篇，并在实施过程中，根据突出地方、行业特色的需要，适时进行微调完善"。4月26日，常德市民政局对局机关各科室、局直属各单位发出《关于提供编修〈民政志〉部分资料的通知》；同时，向各区县、市民政局下达《关于报送〈民政志〉重要资料的通知》。9月17日，常德市民政局印发《关于编写〈民政志〉资料长篇初稿的通知》，将各章节的主要内容分层次记述意见具体安排到相关部门和单位，明确专人执笔，按时报送。2012年2月1日，常德市民政局发出《关于〈常德市民政志〉初稿编写的通知》，将局机关各科室、局直属各单位和市残联应承担的相关章、节志稿内容细化，并提出具体要求。6月13日，常德市民政局办公室主任曹吉飞主持召开各区县、市民政局办公室主任会议，现场交办相关资料报送事宜。6月12日，常德市民政局印发《关于〈民政志〉初稿编写情况的通报》，要求各部门、各单位严格按照局修志专题会议精神，抓紧开展工作。

2014年10月起，本志进入总纂阶段。根据本志"编修大纲"的要求，在各部门和单位对相关章节拟定资料长篇、编写初稿的基础上，集中精力逐章协调、汇总、修改，注重把好政治关、保密关、史实关、体例关、文字关，力求主题突出、归并得当、排列有序、结构严谨。通过艰苦努力，六易其稿，基本达到行文规格统一，全志笔调一致，浑然一体。2016年7月19日，常德市地方志办主任刘李波、副主任周华辉等主持召开《常德市民政志》专家评审会，对《常德市民政志(送审稿)》给予了充分的肯定。随后，市民政局组织专门力量修改定稿，报审出版。

常德市民政局和常德市残联及其党组对本志编纂工作极为关心，着力解决修志中的重大问题，提供必要的人力、财力，确保修志工作顺利进行。常德市民政局党组书记、局长熊国建、龚美爱，党组副书记、副局长李巨开、殷宗仁，市残联党组书记、副理事长李云峰等多次莅临修志办检查指导工作；市民政局办公室主任曹吉飞、金伟，市残联办公室主任梅其柱、王飞等在繁忙的日常工作中，直接指导并为本志编修不断排忧解难。

本志在编纂过程中，承蒙常德市方志办的高度关心，方志办副主任周华辉、科长周波等亲临修志办进行指导。同时，具体承担本志资料长篇或初稿草稿编写的王曲、王继辉、王荷莲、白井成、李争、李燕喜、江庆、刘燕、金伟、张献斌、张永常、张文权、陈青、陈冬梅、陈延、陈高龙、陈嗣林、陈出新、陈建军、邹卉、吴开清、吴万龙、罗伟、周强、周三保、侯琳、郭欣、贺鹏任、高泽宏、高明英、秦乃珏、黄生祥、康存新、董敏、童正龙、程涛、揭人杰、滕刚、谭博文、廖经国等顶烈日，战酷暑，任劳任怨，尽职尽责，付出了艰辛的劳动，在此一并致以感谢！

本志是一部社会主义新型地方志，也是常德市有史以来续编的第二部民政部门志。它的编纂问世，为进行社会主义和人民民主政治教育，增强爱国主义意识和社会主义法治观念，提供了翔实的历史资料，必将有益于推动常德市民政事业和残疾人事业的蓬勃发展。但是，由于我们的水平有限，书内错漏之处在所难免，恳请广大读者批评、见谅。

编　者

2017年10月1日